KB082760

새로운 학문

대우고전총서

Daewoo Classical Library

050

새로운 학문

Scienza Nuova

잠바티스타 비코 | 조한욱 옮김

아카넷

차례

제2권
시적 지혜에 관하여

제3권
참된 호메로스의 발견에 관하여

제4권
민족들이 밟는 과정

제5권
민족이 다시 일어났을 때 인간사의 반복

ABC

이 저작의 개념

이 저작의 서론 몫을 하면서 안표지에 있는 그림에 대한 설명

[1][1] 테베 사람 케베스[2]가 도덕에 관한 도판[3]을 만들었던 것처럼, 여기에서 우리는 문명[4]에 관한 도판을 보여주려고 하는데, 그

---

1) 비코의 『새로운 학문』에 대한 학계 연구의 관례를 따라 이 번역에서도 단락의 순서를 앞에 표시한다.

2) 그는 소크라테스와 필롤라오스의 제자이다. 그는 플라톤의 대화편 『파이돈』에 논리가 예리하면서도 결정은 신중하게 내리는 화자로 등장하여 덕성과 진리를 열렬하게 추구한다.

3) 케베스의 저작으로 알려진 『피낙스』(*Pinax*)에 나오는 도판을 가리킨다. 그것은 1세기에 만들어진 것으로서, 인간의 도덕에 관한 알레고리 그림을 제시하고 설명한 것이다. 1689년 암스테르담에서 출판된 이 저작은 아고스티노 마스카르디(Agostino Mascardi)가 이탈리아어로 번역했지만, 『새로운 학문』의 권위적인 판본을 편집한 파우스토 니콜리니(Fausto Nicolini)에 따르면 비코는 이 이탈리아어 번역본을 알지 못했던 것으로 보인다.

4) "문명"은 cose civili를 번역한 것이다. 1948년에 로망스어 전공자인 Thomas Goddard Bergin과 철학 전공자인 Max Harold Fisch가 영어로 번역한 책에서는 이것을 'civil institution'으로 옮겼다. 그들이 그렇게 번역한 이유는 이탈리아어

것은 독자가 이 저작을 읽기 전에 그 개념을 파악하는 데 도움이 되도록 하고, 책을 읽은 뒤에도 상상력이 제공할 수 있는 도움을 통해 이 책의 개념을 더 쉽게 기억할 수 있도록 하기 위해서이다.

[2] 지구의(地球儀) 또는 자연의 세계 위에 올라서 있으며, 관자놀이에 날개가 달린 여자는 형이상학이다. 왜냐하면 형이상학이라는 이름은 바로 그런 의미를 뜻하기 때문이다.[5] 바라보는 눈을 내부에 갖고 있는 빛나는 삼각형은 섭리[6]의 시선을 갖춘 신이다.

---

cosa의 복수형인 cose는 라틴어의 res와 같은 의미를 갖고 그것을 'institution'으로 옮기는 것이 타당한 경우가 많기 때문이다. 그렇지만 비코는 원전에서 istituzione라는 단어 대신 cosa라는 단어를 선택했다. 그 이유는 istituzione라는 이탈리아어는 이미 이론적으로 의미가 어느 정도 고정되어 있었고, 그 고정된 의미는 비코가 공격하려던 대상이었기 때문이다. 따라서 비코는 이론적으로 중립적인 cosa라는 단어를 사용했던 것으로 보인다. '제도'라는 번역보다는 경우에 따라 '사물'이나 '것'이나 '일'로 번역하는 것이 비코의 의미를 충실하게 살리는 것으로 판단된다. 물론 '제도'라고 번역하는 것이 옳을 경우도 있다. 그때마다 역주를 통해 그 사실을 밝힐 것이다. 한편 civili를 번역하는 것에도 난점이 따른다. '문명적'이나 '시민적'으로 번역이 가능한 한편, 일본의 우에무라 타다오는 2008년에 나온 최근의 번역에서 '국가제도적'이라고 옮겼다. 우에무라의 번역이 갖는 타당성도 있지만, 그것은 의미를 지나치게 근대적인 의미의 국가라는 틀에 국한시켜 파악하게 만들 위험이 있는 것처럼 보인다. 비코의 철학이 갖는 궁극적인 의미는 동물과 비슷한 상태의 인간이 어떻게 하여 문명사회를 건설하게 되었는지를 그 기원을 거슬러 올라가 살펴보려는 데 있다. 따라서 cose civili는 '문명적인 것'으로 번역하는 것이 타당할 것으로 사료된다. 그렇다 할지라도 그것은 지나치게 원전의 자구를 그대로 따라 옮기는 것으로 보이며, 오늘날 우리의 어법에서는 큰 의미가 없어 보인다. 여기에서는 그 둘을 합쳐 "문명"으로 번역했다.

5) "형이상학"이란 말 그대로 형상을 가진 자연물보다 위에 있는 것을 탐구하는 학문이다.

그 시선을 통해 형이상학은 황홀경에 빠져 자연의 질서 위에 있는 신을 바라본다. 지금까지 철학자들은 자연의 질서 속에서 신을 보아왔을 뿐이다. 반면 이 저작에서는 가장 높은 곳에 위치하는 형이상학이 신 안에서 인간 정신의 세계를 바라본다. 그 세계는 형이상학적인 세계로서 인간 영혼의 세계에서 섭리를 증명하려 하며, 그 형이상학적인 세계는 문명의 세계이자 여러 민족의 세계이기 때문이다.

문명의 세계, 또는 민족의 세계의 요소는 그림의 아래쪽에 전시되어 있는 상형문자로 표현되는 모든 것으로 이루어진다. 그런 이유로 물질의 세계 또는 자연의 세계를 가리키는 지구의는 일부분만이 제단에 의해 지탱되고 있다. 왜냐하면 지금까지 철학자들은 자연계의 질서를 통해서만 신의 섭리를 관조하면서 단지 그 일부분만을 증명해왔기 때문이다. 그리하여 인간은 자유롭게 절대적으로 자연을 지배하는 정신인 것처럼 신을 받아들였다. 인간은 그러한 신을 경배하면서 제물이나 그 밖의 다른 경의를 바쳐왔던 것이다(왜냐하면 신은 영원한 배려를 갖고 자연을 통해 우리의 존재를 부여하고, 그것을 보존해왔기 때문이다). 그러나 철학자들은 아직까지 인간의 가장 고유한 특성인 인간이 사회적이라는 일차적인 본성을 갖고 있다는 것에 대해 고려하지 않았다.

신은 인간에게 그런 본성을 부여함으로써 인간의 문물을 다음과 같이 명하고 정한 것이었다. 원죄 때문에 완전한 정의(正義)의

---

6) 여기에서 말하는 "섭리"란 앞서서 보고 통찰할 수 있다는 의미이다.

상태로부터 전락한 인간은 언제나 어떤 일을 의도한다 하여도 때로는 정반대의 일을 하게 된다. 그리하여 사익(私益)을 쫓기 위해 흉포한 짐승처럼 고독하게 살면서 다양하고 상반된 삶을 살기도 하지만, 바로 그 사익 때문에 자연적인 사회적 본성을 지키기 위해 사회 속에서 정의를 지키며 스스로를 보존하는 것이다. 이 저작에서는 그러한 사회적 본성이 인간의 진정한 본성이며, 또한 자연 속에 법[7]이 존재하고 있음을 증명하려 한다[341, 342, 344]. 그렇게 신의 섭리가 이끄는 길이야말로 우리의 『새로운 학문』이 애써 논증하려고 하는 일차적인 주제이며, 『새로운 학문』은 이런 측면에서 신의 섭리에 대한 합리적인 문명 신학이 된다[342].

[3] 지구의를 둘러싸고 있는 황도대(黃道帶) 가운데 사자자리와 처녀자리의 두 별자리만이 위엄이나 이를테면 균형에 있어 다른 것들에 비해 두드러진다. 그것은 이 『새로운 학문』이 그 출발점으로서 무엇보다도 고대의 민족[8]들마다 창건자라고 말하고 있는 헤라

---

7) 원어는 diritto. 이것은 legge와 대비된다. 이탈리아어에서 diritto와 legge의 차이란 라틴어에서 ius와 lex의 차이에 해당한다. legge나 lex가 입법기관에 의해 만들어져 명문화된 실정법을 가리킨다면, diritto와 ius는 법의 질서나 체계 또는 구조를 가리킨다. 이것은 완벽한 이성에 의해 상정된 이상적인 법을 말한다. 실정법을 지켜야 하는 이유가 그렇게 사람들이 합의를 하였기 때문이라면, diritto나 ius는 그 자체로서 정의롭고 올바르고 합리적이기 때문에 따라야 한다.

8) 원어는 nazione gentile antica. 이탈리아어의 gentile와 영어의 gentile은 모두 '이교도'를 가리키며, 특히 유대교도가 본 이교도인 그리스도 교도를 지칭한다. 그렇지만 여기에서는 gentile의 어원을 라틴어의 gens나 이탈리아어의 gente로 보아야 할 것이며, gentile가 거기에서 파생된 형용사라고 한다면, 그 말은 이교도가 아니라 모든 민족에게 적용된다고 봐야 할 것이다. 만민법이 ius gentium인

클레스를 고찰하고 있다는 것을 의미한다[47]. 그리고 이 『새로운 학문』은 입에서 화염을 토하며 네메아 숲을 불태운 사자를 죽이고 그 가죽으로 몸을 치장하여 별자리에 오른 헤라클레스의 최대의 노고를 고찰하고 있기도 하다[733].[9] 여기에서 말하는 이 사자는 대지에 있던 태고의 거대한 삼림이었던 것으로 보이며[540], 그것은 헤라클레스에 의해 불태워져 경작지가 된 것인데, 헤라클레스는 전쟁의 영웅에 앞서 나타났던 정치적 영웅의 인격체[10]였던 것으로 보인다.

다른 한편으로 사자는 시간의 시작이기도 한데, 고대 민족에 대해 우리가 알고 있는 모든 것을 의존하고 있는 그리스 사람들 사이에서는 헤라클레스가 창시자였다고 알려져 있는 올림픽 경기인 올림피아드로부터 시간이 시작되었다. 올림픽 경기는 사자를 죽인 헤라클레스의 승리를 축하하기 위해 도입되어 네메아에서 시작되었던 것이 확실하다. 따라서 그리스 사람들에게 시간은 그들이 밭을 경작하기 시작한 것과 함께 시작하였다는 것이다[87, 407, 732].

천문학자들에 따르면 곡식의 이삭으로 만든 관(冠)을 썼다고 시인들이 묘사한 처녀자리 여신의 모습은 그리스의 역사가 황금시대

것을 생각한다면 이러한 주장에 설득력이 더해진다. 단지 비코가 그리스도교와 이교를 구분하여 비교할 경우에는 '이교'의 의미를 살렸다. 역주 34)를 참고할 것.

9) 황도대의 사자자리는 영웅에 의해 살해된 사자에 그 기원을 두고 있다는 의미이다.

10) 원어는 carattere.

에서 출발했다는 것을 뜻한다. 시인들은 세계 최초의 시대가 황금시대였다고 공공연히 말해왔고, 오랜 세기에 걸쳐 햇수는 곡식의 추수로 계산해왔는데, 곡식이야말로 이 세상 최초의 황금이었다. 그리스 사람들의 황금시대에는 라틴 사람들의 사투르누스 시대가 상응하는데, 그 말은 '씨를 뿌리다'라는 뜻의 단어인 '사티스'에서 유래한다[73]. 이 황금의 시대에 신들은 지상에서 영웅들과 함께 뒤섞여 살았다고 시인들은 진심으로 말했다. 왜냐하면 앞으로 증명할 것이지만[713] 단순하고 조야했던 민족들 최초의 인간은 대단히 강한 상상력의 강력한 주문(呪文)에 빠져 만들어진 끔찍한 미신에 휩싸인 채 실제로 지상에서 신을 봤다고 믿었기 때문이다. 게다가 오리엔트인, 이집트인, 그리스인, 라틴인들은 서로를 조금도 알지 못한 채 동일한 관념을 갖고 모두가 신들을 행성에, 영웅들을 항성에 모셨던 것이다[727ff].[11] 그리하여 그리스인의 크로노스(Χρονος: 크로노스란 시간 자체이다)에 해당하는 사투르누스로부터 연대기 또는 시간에 대한 학설의 다른 원리가 파생되었다[732].

[4] 제단이 천구의 아래에서 그것을 받쳐주고 있는 것이 적절하지 못하다고 생각해서는 안 된다. 왜냐하면 여러 민족에게 세상 최초의 제단이란 시인들이 말하는 최초의 하늘에 건립되었음을 알게 될 것이기 때문이다. 시인들은 그들의 신화에서 하늘이 지상의 사람들을 지배하며 그들에게 큰 은혜를 내렸다는 이야기를 진심

11) 행성에는 신들의 이름이, 별자리의 항성에는 영웅의 이름이 붙어 있다.

으로 우리에게 전해준다[64]. 인류가 이른바 갓 태어난 어린아이와 같았던 최초 인간의 시절에 사람들은 어린아이가 하늘이 집의 지붕보다 약간 더 높다고 믿는 것처럼 하늘이 산 높이 정도를 넘지 못한다고 믿었다. 이후 그리스 사람들의 정신이 발전함에 따라 제단도 올림포스와 같은 높은 산의 꼭대기에 지어졌다. 호메로스는 자신의 시대에 신들이 그곳에 머무른다고 말했던 것이다. 그리고 마침내 오늘날 천문학이 우리에게 증명하듯이 하늘도 천구의 위쪽으로 격상되어 올림포스도 항성이 있는 하늘 위로 올려졌다. 그와 동시에 하늘로 격상된 제단은 천상의 한 별자리를 형성하게 되었다[712]. 제단 위에 있던 불은 그림에 보이는 것처럼 이웃한 집인 사자자리로 옮겨졌다. 사자자리는 앞서 말한 것처럼[3] 네메아의 숲이었으며, 헤라클레스가 여기에 불을 붙여 경작이 시작된 것이다. 그리고 사자의 가죽은 헤라클레스의 공적을 기리기 위해 별자리로 높여졌다.

[5] 형이상학의 가슴을 장식하는 볼록한 보석을 비추고 있는 신의 섭리의 빛줄기는 형이상학이 갖고 있는 것이 확실한 맑고 순수한 마음을 뜻하는데, 그 마음은 정신의 오만함이나 육체적 쾌락의 천박함에 더렵혀지거나 혼탁해지지 않았음을 뜻한다. 첫 번째로 제논은 정신의 오만함 때문에 운명에 헌신했고, 두 번째로 에피쿠로스는 육체적 쾌락 때문에 우연에 헌신했는데, 그 둘은 실로 신의 섭리를 부정한 것이었다[130].[12] 더구나 그것은 신에 대한 인식이

---

12) 제논은 스토아 철학을, 에피쿠로스는 쾌락주의를 상징한다.

형이상학에 이르러 멈추게 되었음을 뜻하지 않는다. 왜냐하면 형이상학은 스스로 지성의 빛을 뿜지 않았기 때문이다. 즉 그 형이상학은 지금까지 철학자들이 해왔던 것처럼 자신만의 도덕을 규정한 것이 아니었다. 만일 그랬더라면 그 보석을 평평하게 형상화시켰어야 했을 것이다. 그러나 보석은 볼록하며, 그것으로부터 빛줄기가 반사되어 외부로 확산된다. 왜냐하면 형이상학은 공적인 도덕, 또는 사회의 관습 속에서 신의 섭리를 인식하기 때문이며, 그것과 함께 여러 민족이 세상에 출현하거나 유지된다.

[6] 형이상학의 가슴에서 반사된 바로 그 빛줄기는 호메로스의 동상을 비추는데, 그는 우리에게 전해져 내려오는 최초의 저자이다[903]. 형이상학은 애초에 인간 사상의 역사 위에 만들어졌으며[347, 391], 형이상학 이후 사람들은 인간적으로 생각하기 시작한 것인데, 그 덕분에 아주 강건한 감각과 방대한 상상력이 여러 민족의 최초 건립자들의 조야한 정신 속으로 마침내 침투해 들어갈 수 있었던 것이다[338, 375]. 그들은 인간의 정신을 사용하고 분별할 수 있는 능력에 있어서는 몽매하고 우둔했을 뿐이다. 바로 그런 이유에서 지금까지 사람들이 생각해왔던 것과 다른 정도가 아니라 정반대로 시의 출발점이 생겨난 것이다. 왜냐하면 시의 출발점은 바로 시적 지혜[13]의 출발점에 놓여 있었기 때문이다. 그것

---

13) 원어는 sapienza poetica. 시적 지혜의 바탕에는 인간의 상상력이 깔려 있다. 비코에 따르면 태초의 인간은 논리적 능력이 부족한 반면 상상력이 풍부했고, 바로 그런 이유에서 인간적 사고의 출발점에는 시적 지혜가 존재한다. 즉 시적, 또는 비유적 사고가 먼저이고 직설적, 논리적 사고가 그에 뒤따르는 것인데,

역시 지금까지 사람들이 생각해왔던 것과는 다를 뿐 아니라 정반대로서, 바로 그런 이유 때문에 우리에게는 숨겨져 왔던 것이다. 신학 시인[14]의 지식을 가리키는 시적 지혜는 의심의 여지없이 여러 민족의 세계에서 최초의 지혜이다.

금이 간 받침대 위에 있는 호메로스의 동상은 참된 호메로스의 발견을 의미한다. 『새로운 학문』의 초판본에서 우리는 이것을 감지하긴 했지만 이해하지는 못했다.[15] [세 번째 판본인] 이 책에서는 그것을 반영하고 충실하게 논증하였다[780~914]. 지금까지 알려져 있지 않았지만, 호메로스는 여러 민족의 신화의 시대의 진정한 모습을 숨겨놓고 있었던 것이며, 모두가 알 수 없어 좌절하였던 암흑의 시대에 대해서는 더욱 그러했다. 그 결과 역사적 시간에 대한 참된 최초의 기원도 알려져 있지 않았다. 그것은 고대 로마에 대한 가장 박식한 저자였던 마르쿠스 테렌티우스 바로[16]가 오늘날에는 전해지지 않는 『신의 일과 인간의 일』[17]이라는 제목이

사람들은 비유적 사고가 직설적 사고보다 뒤에 생겨났다고 오해하고 있다는 것이다.

14) 원어는 poeti teologica. 아우구스티누스의 『신국』 14권에 이러한 어휘의 사용 용례가 나온다.

15) 초판본 제3권 295~297 단락. 니콜리니가 편집한 다음 판본에서 확인할 수 있다. Vico, *Opere*, III, ch. 295~297.

16) Marcus Terentius Varro(BC 116~BC 27). 이탈리아어로는 Marco Terenzio Varrone. 고대 로마에서 최고로 박식한 학자로 알려져 있지만, 저작은 단 하나만이 전해져 내려온다. 그는 로마 시대의 역사를 자신의 시대에 이르기까지 연도별로 기록한 연대기를 남겼고, 약간의 오류가 있기는 하지만 대체적으로 정설로 받아들여지고 있다.

붙은 위대한 저작에서 우리를 위해 기록해두었던 세계에 대한 세 가지의 시간을 말한다.

[7] 게다가 이 저작에서 지금 지적해두고 싶은 것이 있다. 즉 지금까지는 존재하지 않았던 새로운 비판의 기술의 도움을 얻어 바로 그 민족의 창건자들[18]과 관련된 진리의 탐구에 들어서면서 철학은 문헌학[19]을 검토하게 되었다는 사실이다. 예전의 비판의 기술을 사용하던 작가들이 그 민족의 창건자들에 대해 관심을 갖기 시작한 것은 그들이 살았던 것보다 1천 년 이상이 지난 뒤의 일이었다. 문헌학이란 인간의 임의적인 선택에 의존하는 모든 것에 대한 학문으로서, 예컨대 언어와 관습의 역사는 물론, 전쟁과 평화의 시기에 사람들이 하는 행동의 모든 역사를 다룬다. 그런데 그런 모든 것의 원인이란 통탄할 만큼 모호하며 결과란 무한에 가까울 정도로 다양하기 때문에 이전의 철학은 그것을 다루기에 공포까지 느낄 지경이었다. 그러나 이제 철학은 모든 민족의 역사가 시간적으로[20] 밟아가고 있는 이념의 영원한 역사[21]를 발견함으

---

17) *Rerum divinarum et humanarum*. 원저의 제목은 *Antiquitates rerum humanarum et divinarum*이다. 여기에서 rerum은 비코가 사용하는 cosa의 cose에 상응하는 단어인데, 그것은 통례적으로 institution으로 번역한다.

18) 원어는 autori. 축어적으로는 '저자'를 가리키지만, 저자란 어떤 작품을 고안하여 처음으로 만든 사람이므로, 비코는 그런 의미에서 창건자를 autori로 표현하는 경우가 많다.

19) 원어는 la filologia. 추상적인 논리나 개념을 대상으로 하는 것이 아니라 사람들이 실제로 사용하는 언어를 바탕으로 사회를 연구하는 방식을 가리킨다.

20) 모든 민족의 역사가 시간적으로 같은 과정을 밟아간다는 것은 비코의 철학을 파악하는 데 핵심적이다. 이전까지, (그리고 지금도 어느 정도) 학자들은 어떤

로써 그것을 학문[22]의 형태로 환원시킨다[349]. 그리하여 이렇듯 또 다른 원리의 측면에서 본다면 이 책은 권위의 철학[23]이 된다 [350].

따라서 이 책에서 발견된 새로운 시의 원리[24]의 결과로서 드러난 신화의 새로운 원리 덕분에 신화는 태곳적 그리스 민족의 관습에 대한 진정하고 신뢰할 수 있는 역사라는 것이 증명된다. 첫째로 신들에 대한 신화란 아직 인간이 가장 조야한 인간성을 지닌 상태에서 인간에게 필요하거나 유용한 모든 사물은 신성(神性)이라고 믿었던 시대의 역사이다. 그런 시[25]의 작가는 최초의 민중이었

제도나 사상에 대해 연구하며 그것이 한 지역에서 다른 지역으로 전파되었을 것임을 상정하는 경우가 많기 때문이다. 비코에 따르면 모든 민족은 시간적인 차이가 있을지는 몰라도 같은 과정을 밟고 있기 때문에 그 어떤 것이라도 자생적으로 만들어낼 수 있다는 것이다. 그것이 다음 역주에서 설명하는 '이념의 영원한 역사'의 한 측면일 수 있다.

21) 원어는 una storia ideal eterna. 이것은 비코의 철학에서 대단히 중요한 개념으로서, 모든 민족의 역사는 개별적인 다양성을 갖고 있지만, 그것이 전개되는 유형에는 어느 정도 정해진 틀이 있다는 것이다. 그 틀 가운데 하나는 신의 섭리에 의해 정해진 역사의 방향일 수도 있다.

22) 원어는 scienza. '과학'이라기보다는 '학문'으로 번역하는 것이 옳아 보인다.

23) 원어는 una filosofia dell'autorità. 축어적으로는 '권위'를 가리키지만, 주 18)에서 밝힌 것처럼 autore는 '저자'이자 '창건자'일 수도 있다. 따라서 '권위의 철학'은 '저자의 철학', '창건의 철학', '창시의 철학'이라는 의미로도 받아들여야 한다. 그것이 어떤 제도라도 그것이 만들어졌던 출발점으로 되돌아가서 그 원리를 알아야 한다는 비코의 철학에 합당하다.

24) 사실 니콜리니는 비코가 신화와 시를 거의 구분이 없이 사용하고 있다는 것을 지적하고 있다. 이런 점을 염두에 두고 특히 이 단락의 뒷부분까지 읽어야 오해를 피할 수 있다. 다음을 참고할 것. Vico, *Opere*, III, p. 371, n. 6.

으며, 그들은 신학 시인이었음이 드러났는데, 의심의 여지없이 그들은 신화와 함께 민족의 기반을 닦았다고 전해진다. 여기에서 우리는 이러한 새로운 비판 기술의 원리를 이용하여 신의 기원에 대해 생각해볼 것이다. 즉 여러 민족들 세계의 초기의 민중은 어떤 결정적인 시기의 어떤 특수한 경우에 인간적 필요성과 유용성을 느껴 그들이 믿는 체하거나 혹은 진정으로 믿는 경외로운 종교와 함께 이러저러한 신들을 상상해냈다는 것이다. 이 초기의 민중의 정신 속에서 자연적으로 형성된 자연신통기, 또는 신들의 계보는 신의 시적 역사에 대한 합리적인 연대기를 우리에게 제공한다.

둘째로, 영웅에 대한 신화는 영웅과 그들의 영웅적인 관습에 대한 진정한 역사로서, 그것은 모든 민족이 야만적이었던 시대에 성행했다. 따라서 호메로스의 시 두 편은 여전히 야만적이었던 그리스 민족의 자연법을 발견할 수 있는 두 개의 거대한 보고이다 [904]. 본 저작 『새로운 학문』에서 그리스 사람들의 야만 시대는 그리스 역사의 아버지라고 불리는 헤로도토스의 시대에서 끝나게 되는데, 헤로도토스의 책에는 전반적으로 신화가 많이 들어 있고, 호메로스의 문체도 많이 유지되고 있다. 그 이후에 등장하는 역사가들은 시적인 문체[26]와 민중적인[27] 문체 중간의 문체를 사용하면

---

25) 주 24)를 참고할 것. 여기에서의 '시'는 곧 '신화'를 가리킨다.

26) 원어는 frase.

27) 원어는 volgare. 이 단어도 번역이 까다로운데, 전체적으로 "민중적"이라고 번역했다. 평민들이 사용하던 말이라는 의미를 강조하기 위해서이다. 독일어의 Volk와 어원이 같음을 알 수 있다. 한글이 '언문'이라 불렸던 것도 이와 무관

서 그런 특징을 유지하고 있다. 반면 그리스 최초로 엄정하고 진지한 역사가인 투키디데스는 자신의 역사서의 초두부터 그의 아버지 시대에 살던 그리스 사람들이 다른 민족은 물론 자기 자신의 고대에 대해서도 전혀 알지 못했다고 고백했다. 그에게 아버지의 시대란 헤로도토스의 시대를 가리킨다. 투키디데스가 어린아이였을 때 헤로도토스는 나이가 많았던 것이다. 로마인들을 제외하면 우리가 다른 민족들에 대해 아는 것은 모두가 그리스 사람들을 통해서이다[101]. 이렇듯 잘 알지 못하는 고대는 그림 배경의 짙게 어두운 부분을 가리키는데, 형이상학으로부터 온 신의 섭리의 빛이 호메로스에게 반사되어 그곳으로부터 모든 상형문자[28]에 빛을 발하고 있다. 그 상형문자는 여러 민족의 세계에 대해 지금까지 결과적으로만 알려져 있는 원리들을 의미한다.

[8] 이들 [상형문자] 가운데 가장 눈에 띄는 것은 제단인데, 왜냐하면 사람들 사이에 문명의 세계가 시작된 것은 종교와 함께였기 때문이며, 그것은 우리가 얼마 전에 간단히 언급했고[2], 곧 조금 더 상세하게 살펴볼 것이다[9].

[9] 제단 위 왼쪽에서 처음 눈에 띄는 것은 지팡이 또는 막대기인데, 그것으로 신관[29]이 전조를 예언하거나 길흉을 점쳤다. 그것

하지 않다.

28) 비코는 도형화된 문자뿐 아니라 그림으로 표현된 것까지도 상형문자라고 부른다. 사실상 그 그림이 다른 깊은 의미를 포괄하고 있는 한, 그것은 상형문자인 것이며, 따라서 비코가 말하는 '상형문자'는 때때로 '상징'으로 받아들여도 무방할 것이다.

은 점복(占卜)[30]을 상징하는데, 여러 이교도 민족들[31] 사이에서는 여기에서 신에 관한 최초의 생각이 시작되었다. 왜냐하면 히브리 사람들에게 참된 신의 섭리[32]가 갖는 특징이란 신이 하나의 무한한 정신이며 그 결과로 언제나 영원성의 한 시점만을 바라보고 있는 것이기 때문이다. 히브리 사람들은 신 자신이 그들 민족에게 닥칠 일들을 예언한다고 생각했던 것이다. 때로는 신의 정신인 천사나 예언자들을 통하기도 했다. 신이 예언자들의 정신에 말을 했다는 것이다. 반면 이교도 민족들은 육체가 신이라고 생각했고, 그리하여 감각으로 느낄 수 있는 신호를 통해 그들에게 닥칠 일들을 예언한다고 생각했다. 결과적으로 모든 인류는 보편적으로 동일한 관념으로부터 신의 본성에 '신성'(神性, divinità)이라는 이름을 붙이게 되었고, 라틴인들은 '미래를 예언하다'라는 말을 '점치다'(divinari)라는 말로 부르게 되었다[342, 365]. 그렇지만 이 『새로운 학문』에서 논증하고 있듯이 히브리 사람들의 자연법과 이교도 민족들의 자연법[33] 사이의 본질적인 차이는 앞서 논했던 근본적인

29) 원어는 àuguri.

30) 원어는 divinazione.

31) 여기에서는 gentili를 '이교도 민족들'로 옮겼다. 그 이유는 곧 바로 이어질 문장에서 보이듯 히브리 사람들과 그 밖의 민족들을 비교하는 내용이 나타나기 때문이다.

32) 니콜리니는 비코에게서 여러 다양한 의미를 갖는 단어 가운데 하나로 이 말을 꼽고 있다. 그는 이 단어가 이곳에서는 특히 divinazione의 의미로 사용되었음을 강조한다. Vico, *Opere*, III, p. 372, n. 6.

33) 니콜리니는 '자연법'이라는 용어도 비코에게서 다양한 의미를 갖는 단어 가운데 하나임을 지적하고 있다. 비코에게서 때로 그 단어는 법학자들이 말하는

차이에서 오는 것이다.

이교도 민족들의 자연법[34]을 로마의 법학자들은 신의 섭리에 의해 정해진 인간의 관습이라고 정의했다. 따라서 앞서 언급한 지팡이는 이교도 민족들의 보편적인 역사의 시작을 뜻하기도 하는데, 역사의 시작이 전 세계적인 대홍수와 함께 시작되었다는 것은 자연학적으로, 문헌학적으로도 증명되고 있다[369]. 그 이후 두 세기가 지난 뒤 신화적 역사에서 말하듯 하늘은 땅을 지배했고, 인류에게 큰 축복을 많이 베풀었다. 그리고 동방인, 이집트인, 그리스인, 라틴인과 많은 이교도 민족들 사이에 존재하는 관념의 통일성 때문에 그만한 숫자의 유피테르[35]를 믿는 종교가 각 나라에서 동일하게 생겨났다. 왜냐하면 대홍수 이후 일정 기간이 지난 뒤 하늘에서는 천둥과 번개가 일어났을 것이 확실하며[377], 각기 자신의 유피테르를 갖고 있는 각 민족은 천둥과 번개로부터 길흉을 점치기 시작했을 것이기 때문이다.[36] 이집트 사람들이 자신들의

'자연법'을 의미하기도 하지만 때로는 힘과 폭력에 의한 법처럼 기원에 존재하던 법을 지칭하는 적도 있다. Vico, *Opere*, III, p. 373, n. 1.

34) 니콜리니는 로마의 법학자들이 비코가 말한 이러한 표현을 사용한 적이 없음을 지적한다. 'diritto natural delle genti'라는 용어는 비코에 의해 만들어진 말일 뿐으로서, 로마의 법학자들은 '자연법'(diritto naturale)과 로마 제국의 다양한 민족에게 공통적으로 통용되는 '만민법'(diritto delle genti: ius gentium)이라는 용어만을 사용했다. Vico, *Opere*, III, p. 373, n. 3.

35) 비코가 사용한 말은 Giovi이다. 그리스의 명칭으로는 제우스를 가리킨다. 앞으로 신화에 등장하는 신들의 이름은 대체적으로 로마의 명칭으로 사용할 것이다. 간혹 필요에 따라서 그리스의 명칭을 사용할 경우에는 각주로 명기할 것이다.

유피테르를 아몬이라고 부르면서 가장 오래된 신이라고 말했듯, 유피테르가 많이 나타나는 것[37]이 지금까지 문헌학자들에게는 놀라움이었다[47]. 이와 같은 증거들에 의해 히브리 사람들의 종교가 이교도 민족들의 밑바탕이 된 종교보다 더 오래되었다는 것이 증명되며, 따라서 그리스도교의 진리를 증명한다.[38]

[10] 제단 위에 있는 지팡이 옆에 불과 항아리에 담긴 물이 보이는데, 그것은 희생물을 바치는 점복에 필요한 것이다. 여러 민족들은 그들 공통의 관습으로 희생물을 바쳤는데 그것을 라틴 사람들은 "전조 획득하기"(procurare auspicia)라고 불렀다. 그것은 신의 조언, 즉 유피테르의 명령을 잘 따르기 위한 목적으로 전조[39]를 잘 이해하기 위해 희생물을 바치는 것을 뜻한다. 이것이 이교도 민족에게 있어서 신에 관한 일이며, 이후 그것으로부터 모든 인간사가 비롯되었다[250, 332, 371, 382].

---

36) 천둥과 번개는 짐승과 다름없던 인류가 문명사회를 이루게 만드는 데 중요한 계기가 된다. 그런 계기가 된 천둥과 번개가 떨어지는 것과 비코의 성격이 어릴 적에 바뀐 계기가 된 사다리에서 떨어진 사건의 유사성에 착안하여 제임스 조이스는 『피네간의 경야』(*Finnegans Wake*)에서 사건의 전개에 계기가 이루어지는 순간마다 각 언어에서 천둥과 번개를 가리키는 말들로 조합한 단어를 만들어 삽입시켰다. 그 단어들은 99~100개의 자모로 이루어졌다.

37) 원어는 moltiplicità di Giovi. 역주 20)을 참고할 것.

38) 비코를 해석함에 있어서 그가 독실한 기독교 신자였고 그 신앙에 바탕을 두고 『새로운 학문』을 집필하였다고 주장하는 학자들과, 당시 에스파냐의 종교 재판소 관할 아래 있던 나폴리에서 검열을 피하기 위해 독실한 기독교도로서 행세했다고 주장하는 학자들이 맞서고 있다. 이 문장은 그러한 논란을 불러일으키는 구절 가운데 하나이다.

39) 원어는 augùri. 역주 29)의 àuguri와 강조점이 다름.

[11] 최초의 인간사는 혼례이며[336], 그것은 제단 위에 있는 항아리에 기대 타오르고 있는 횃불로 상징된다. 모든 정치학자들이 동의하듯 가족이 국가의 씨앗인 것처럼 결혼은 가족의 씨앗이다. 그 의미를 밝히기 위해 횃불은 인간적인 것임에도 불구하고 제단 위에 올라 신적인 제례의 상형문자인 물과 불 사이에 놓인 것이다. 그것은 고대 로마인들이 결혼을 '물과 불'(aqua et igni)로 축하한 것과 마찬가지이다[549]. 왜냐하면 신의 조언에 의해 이 두 가지 공통적인 것들이 인간으로 하여금 사회 속에서 살도록 이끌었다고 여겨지기 때문이다. 불보다는 언제나 있어야 하는 물이 먼저인데, 그것이 삶에 더 필수적이다.

[12] 두 번째의 인간사는 매장이다[337]. 라틴 사람들이 말하는 '후마니타스'(humanitas)는 매장을 뜻하는 라틴어 '후만도'(humando)에서 비롯되었음이 확실하다[537]. 매장은 숲의 한쪽에 떨어져 있는 뼈로 된 항아리로 표현되는데, 그것은 인간이 아직 여름에는 과일을, 겨울에는 도토리를 먹던 시절로 매장 관습이 거슬러 올라감을 의미한다. 항아리에는 'D. M.'이라는 글자가 새겨져 있는데, 그 의미는 '죽은 자들의 선량한 영혼에게'라는 것이다.[40] 그 문구는 모든 인류가 공통으로 동의한 견해를 말해주는데, 훗날 플라톤이 증명한 것처럼 인간의 영혼은 육체와 함께 사멸하는 것이 아니라 불멸이라는 것을 뜻한다[130].

40) D. M.은 dii manes의 약자이다. '신의 손'을 뜻하는 그 말은 '죽은 자들의 영혼'(animae mortuorum)을 의미한다.

[13] 그 뼈 항아리는 민족들 사이의 농지 분할의 기원을 말해주기도 한다. 도시와 민중, 그리고 궁극적으로 국가가 구분된 것은 이것으로부터 비롯된다.

노아의 세 아들은 혼례를 통해 자연 상태 속에서 가족 사회를 유지시켰던 아버지의 종교를 부정하였다. 처음에는 함족, 다음에는 야벳족과 마지막으로 셈족에 이르는 여러 종족들은 대지의 큰 삼림 속에서 수줍지만 다루기 힘든 여자들을 쫓거나, 태곳적 큰 삼림 속에 번성했던 야생 동물로부터 도망 다니면서 짐승처럼 방황하거나 길을 잃으며[369] 흩어지게 되었다. 게다가 그들은 목초지와 물을 찾아 헤매었고, 그 모든 것의 결과로 오랜 세월이 지난 뒤 짐승의 상태로 있게 되었다. 그러다가 신의 섭리에 의해 명해진 어떤 기회에 (『새로운 학문』은 그 기회를 연구하고 발견하려 한다[377]) 그들이 만들어내고 믿게 된 신 우라노스[41]와 유피테르의 신성에 유래하는 엄청난 공포에 의해 흔들리고 동요되어 마침내 어떤 자들은 방황을 멈추고 어떤 장소에 정착했다. 거기에서 그들은 어떤 여자들과 함께 살았지만 두려워하던 신에 대한 공포 때문에 비밀리에 혼례를 올려 종교적이고 소박한 육체적 결합을 축복하고, 어떤[42] 아이들을 만들어 가족을 구성하기에 이르렀다.

---

41) 원어는 Cielo.

42) 여기에서 '어떤'이라는 형용사가 중요한 의미를 갖는다. 이탈리아어에서 certo라는 단어는 '어떤'이라는 의미 외에도 '확실한'이라는 뜻을 갖는다. 역사의 출발점이란 어떤 공허한 추정 속에 존재하는 것이 아니라 어떤 확실한 공간과 시간에 확실한 사람들에 의해 만들어졌다는 것이다.

그곳에 오랜 기간에 걸쳐 정착하고 조상들을 땅에 묻음으로써 그들은 최초의 토지 소유권[43]을 확립하고 그 땅을 분할하였다. 토지의 소유자들은 거인이라고 불렸다. 그리스어에서 그것은 '대지의 자식들'[370]을 뜻하는데 매장당한 사람의 후손을 가리킨다. 그리하여 그들은 스스로를 귀족이라고 여겼다. 그들은 인간 문명의 초기 단계에서 신성에 대한 두려움을 갖고 인간답게 태어난 자신들이야말로 정당한 귀족이라고 판단했던 것이다[51]. 다름 아닌 이런 방식으로 인간답게 태어난다는 것으로부터 인류라는 이름이 주어졌다. 여기에서 가문은 여러 가족으로 분가되었고, 그렇게 생성된 가족에서 최초의 '씨족'[44]이 형성되었다. 이렇듯 아주 오래된 시점에 씨족의 자연법의 소재[45]가 시작되었던 것처럼 그것에 대한 학설[46] 역시 그 당시에 시작되었고[314], 이것이 우리의 『새로운 학문』이 마땅히 고찰해야 하는 또 하나의 중요한 측면이다. 그 거인들이 정상을 넘어선 힘과 체격을 갖고 있다는 것에 대해서는 역사적 전거는 물론이고 물리적이고 도덕적인 이유까지 있다. 그것은 세계와 모든 인류의 시조인 아담의 창조주인 참된 신을 믿는 자들과는 무관한 일이어서 히브리인은 세계의 시초부터 정상적인

43) 원어는 i primi domini della terra. 이것은 사유 재산의 기원으로 볼 수 있다. [387, 388, 389]를 참고할 것.

44) 원어는 genti. 이 말은 거의 대부분 민족으로 옮겼지만, 이곳에서는 문맥으로 판단하여 '씨족'으로 옮겼다.

45) 원어는 materia.

46) 원어는 dottrina.

신체를 가졌다[170, 372]. 이렇듯 첫 번째 신의 섭리, 두 번째 엄숙한 혼례의 뒤를 이어 영혼의 불멸에 대한 널리 퍼진 믿음은 매장과 함께 시작되었다. 그 삼대 원리 가운데 세 번째가 매장인 것이다. 이 『새로운 학문』은 수없이 많은 온갖 다양한 사물의 기원을 그 원리들 위에서 논증한다[333, 337].

[14] 항아리가 놓여 있는 숲에는 쟁기가 하나 눈에 띄는데, 그것은 최초 민족의 아버지들이 역사 최초의 강한 사람들이었음을 의미한다[372, 516]. 앞서 언급한 것처럼[3], 민족들 최초의 창건자는 헤라클레스들이었다(헤라클레스에 대해 바로는 40명 이상이 있다고 했고, 이집트 사람들은 자신들의 헤라클레스가 가장 오래되었다고 말했다[47]). 왜냐하면 헤라클레스들이 세상에서 처음으로 대지를 길들여 경작할 수 있도록 만들었기 때문이다. 여러 민족들 최초의 아버지들은 유피테르 신의 신성한 명령이라고 믿었던 전조를 준수한다는 경건함 때문에 정의로운 사람들이었다. (유피테르의 라틴어 이름인 Ious에서 법을 가리키는 옛말 ious가 나왔고,[47] 그것이 훗날 축소되어 ius가 되었다[398]. 그리하여 모든 민족들은 경건함과 함께 정의를 자연스럽게 가르치고 있다.) 또한 그 아버지들은 전조를 획득하고 잘 이해하기 위해 제물을 바치며, 유피테르의 명령에 따라 삶에서 무엇을 행해야 할지 조언을 잘 받아들인다는 점에서 신중한 사람들이기도 했다. 또한 그들은 혼례를 통해 절제하는 사람들이었고, 조금 전에 언급했던 것처럼 강한 사람들이기도 했다[516].

---

47) 유피테르의 그리스어 명칭인 제우스와 갖는 발음의 유사성에 주목해야 한다.

여기에서 도덕 철학에 또 다른 원리들이 생겨나는데, 그것은 철학자들의 심원한 지혜와 입법자들의 민중적 지혜가 호흡을 같이 하도록 만드는 것이다. 이러한 원리들에 의해 모든 덕성[48]은 경건함과 종교에 뿌리를 내릴 수 있게 되고, 그 원리들에 의해서만 덕성은 효과적으로 작용할 수 있으며, 결과적으로 인간은 신이 바라는 모든 선을 의도해야 하는 것이다[502 이하]. 가정교육[49]에는 다른 원리들이 부여되었는데, 그 원리에 따르면 아들들은 아버지들의 권력 아래 있을 때 가족 국가 안에 있는 것으로 간주되어야 하며, 그 결과 그들의 교육은 경건함과 종교 속에서만 형성되고 확인되어야 한다[520 이하]. 아직 국가나 법률을 이해할 능력이 없는 그들은 아버지를 살아 있는 신의 형상처럼 존경하고 두려워해야 하며, 그리하여 자연적으로 아버지의 종교를 따르고 조국을 수호해야 할 성향을 갖게 된다. 조국은 그들을 위해 가족을 보존해주기 때문에 그들은 종교와 조국을 수호하기 위해 제정된 법을 따라야 한다. 이와 같이 신의 섭리는 그 영원한 조언을 통해 인간사를 명했다. 그것은 먼저 종교로 가족의 기초를 닦았고, 그 뒤 법으로 국가를 세운 것이다[25].

[15] 쟁기의 자루는 어느 정도 위엄을 갖추고 제단에 걸쳐져 있는데, 그것은 경작된 토지가 여러 민족들 최초의 제단이었음을

48) 원어는 virtù.

49) 원어는 dottrina iconomica. 원어는 '경제학'에 가깝지만, 니콜리니가 지적하는 것처럼 여기에서 이 단어는 가정교육이나 가정의 경영을 뜻한다. Vico, *Opere*, III, p. 376, n. 7.

우리에게 말해준다[4, 549, 775]. 또한 그것은 영웅들이[50] 그들의 동맹자들에 대해 갖고 있던 타고난 우월성도 보여준다. 곧 설명하겠지만[17], 이 동맹자들은 제단의 바닥 부분에 있는 구부러진 방향타로 상징된다. 영웅들이 법과 학문을 장악하여 신성한 일들, 즉 신성한 의례를 관리하게 된 것은 바로 이 타고난 우월성에 근거하고 있다.

[16] 쟁기는 날의 끝단만 보일 뿐 구부러진 부분은 보이지 않는다. 철의 사용법이 알려지기 전에는 흙을 깨고 갈 수 있을 만큼 아주 단단하고 구부러진 나무를 쟁기 날로 사용했을 것이다. 그 구부러진 부분을 라틴인은 "우릅스"(urbs)라고 불렀는데 여기에서 "구부러졌다"는 의미의 옛 라틴어 "우르붐"(urbum)이 나왔다[541, 550]. 그 구부러진 부분이 보이지 않는 것은 경작된 땅 위에 세워진 최초의 도시들이[51] 신성한 숲에 대한 성스러운 경외감 때문에 오랫동안 숨어서 살아왔던 가족들과 함께 생겨나게 되었다는 것을 의미한다. 이 신성한 숲은 고대의 모든 민족들에게서 찾을 수 있는데 모든 사람들에게 공통적인 관념으로서 라틴 민족은 그것을 "루쿠스"(lucus, 복수형은 luci)라고 불렀으며, 그것은 "숲으로 둘러싸인 불에 탄 땅"을 말했다[564]. 모세는 숲을 비난하여 신의 백성이 그 정복지를 확장하려 하는 곳이면 어디든 불태우라고 했다[479, 481]. 이것은 신의 섭리의 조언에 따른 것이었으며, 그리하여

50) 이 저작에서 수없이 나오는 단어 '영웅'은 귀족과 동의어로 받아들여야 한다.
51) 도시의 라틴어가 urbs이다.

이미 인간성에 도달한 자들이 여전히 물건과 여자를 사악하게도 공유하는 방랑자들 무리와 다시 뒤섞이지 않도록 하기 위함이다[553].

[17] 제단의 왼편에는 방향타가 보이는데, 그것은 사람들의 이동이 항해를 수단으로 하여 시작되었음을 뜻한다[300]. 제단의 아래쪽에 구부러져 있는 것처럼 보이는 방향타는 훗날 이동을 주도했던 자들의 조상을 의미한다. 이들은 처음에 신성을 전혀 인정하지 않는 불경한 사람들이었다. 그들은 결혼에 의해 인척 관계가 구분되지 않았기 때문에 때로는 아들이 어머니와, 딸이 아버지와 잠자리를 같이하는 일이 있는 것으로 악명이 높았다. 그리고 마지막으로 그들은 수치스럽게도 물건을 공유하는 와중에 사회를 이해하지 못했기 때문에 야생 동물과 같았고, 삶을 안전하게 보존하도록 만들어주는 모든 물품이 부족했기 때문에 나약하고 궁극적으로는 비참하고 불행했다[369, 553]. 이러한 야수적인 공유의 상태가 초래했던 다툼으로 고통받던 그들은 자신들의 여러 악을 피하기 위해 이미 가족 사회로 단결되어 있던 경건하고 소박하고 강하고 권력이 있는 자들이 경작하던 땅을 찾아 나섰다[18, 553].

이런 땅 때문에 고대 민족들 세계를 통틀어 도시는 '아라'(ara), 즉 제단이라고 불리게 되었다[775]. 왜냐하면 도시는 틀림없이 민족들 나라의 최초의 제단이었기 때문이다. 그 위에 붙은 최초의 불은 나무숲을 태워 경작지로 만드는 데 도움이 되었던 불이었다. 또한 최초의 물은 마르지 않는 샘의 물로서, 그것은 인간성의 기초를 닦게 된 사람들이 더 이상 물을 찾아 야수처럼 방황하지 않고

한 장소에 오래 정착하면서 방랑을 포기하는 데 필요한 물이었다 [4, 15, 549, 775]. 그리고 이러한 제단은 세상 최초의 도피처였기 때문에 최초의 도시는 거의 대부분이 제단이라고 불린다[561]. 리비우스는 도피처를 일반적으로 "도시 창건자들의 오래된 평의회"(vetus urbes condentium consilium)라고 정의했고,[52] 로물루스는 숲으로 둘러싸인 불에 탄 땅[16]에 열린 도피처에 로마를 건설하였다고 한다.

이 작은 발견에 다른 더욱 큰 발견을 덧붙이자. 이미 언급했듯이 [3], 고대 민족에 대해 알고 있는 모든 것을 우리는 그리스인들로부터 배웠다. 그 그리스인들에 따르면 최초의 트라키아와 스키타이(즉 최초의 북방[53]), 최초의 아시아와 최초의 인도(즉 최초의 동방[54]), 최초의 마우레타니아와 리비아(즉 최초의 남방[55]), 최초의 유럽과 최초의 헤스페리아(즉 최초의 서방[56])는 물론 그들과 함께 최초의 대양[57]도 그리스 내부에서 태어났다. 그 뒤 그리스 사람들이 세계로 진출하면서 그 네 방향의 유사성 및 그것을 둘러싸고 있는 대양이 갖는 유사성에 맞춰 그 이름을 확장시켰다. 우리는 이런 발견이 지리학에 새로운 원리를 부여할 것이라고 단언한다. 지리학

52) Titus Livius, *Ab urbe condita libri*, 1.8.5.

53) 원어는 Settentrione.

54) 원어는 Oriente.

55) 원어는 Mezzodi.

56) 원어는 Occidente.

57) 원어는 Oceano.

의 새로운 원리는 연대기에 약속된 새로운 원리[3]와 마찬가지로 앞서 언급했던[7] 이념의 영원한 역사를 읽기 위해 필요하다[732~769]. 그 둘은 역사의 두 눈이다.

[18] 불경하고 방황하며 나약한 자들이 더 강한 자들에게 쫓기면서 삶을 찾아 이 제단으로 몰려들었고, 경건하고 강한 자들이 그들 가운데 난폭한 자들을 죽이고 약한 자들을 보호해주었다. 이 약한 자들은 그들의 목숨밖에 아무것도 가져온 것이 없기 때문에 그들을 예속민[58]의 자격으로 받아들이고 생계 수단을 제공했다[17, 553]. 가족[59]이라는 단어는 본디 '예속민'으로부터 파생되었는데[557], 그들의 지위는 훗날 전쟁의 포로와 함께 생겨난 노예[556]와 대략 비슷했다. 따라서 하나의 줄기에서 많은 가지들이 나오듯 여기에서 다음에 열거할 여러 가지 기원이 생겨났다.

(1) 전술했던 도피처의 기원[17]

(2) 곧 상술할 도시 건립의 바탕이 되는 가족의 기원[25]

(3) 사람들이 불공정하고 폭력적인 사람들로부터 안전하게 살 수 있도록 만든 도시 창건의 기원

(4) 자신의 영지 내부에서 행사할 수 있는 사법권의 기원[722]

(5) 군주와 국가의 가장 빛나는 덕성인 정의와 힘과 아량을 실행함으로써 생기는 지배권 확대의 기원[1024]

(6) 문장(紋章)의 기원.[60] 그중에서도 야전지 깃발의 문장은 최초

---

58) 원어는 famoli.

59) 원어는 famiglia.

로 씨를 뿌린 경작지를 뜻했다[484~488].

(7) 명성(fama)의 기원, 이것에서 예속민을 가리키는 단어 '파몰리'(famoli)가 파생되었다. 또한 영광의 기원은 인류를 위해 봉사함에 언제나 달려 있다[555].

(8) 도덕적 덕성을 실천함에서 자연적으로 발생하는 참된 고귀성의 기원[531][61)]

(9) 오만한 자들을 진압하고 위험에 처한 사람들에게 도움을 주는 참된 영웅주의의 기원[553, 666]. 이러한 영웅주의에서 로마인들은 땅 위의 다른 모든 민족들을 앞섰고, 따라서 세계의 지배자가 되었다.

(10) 전쟁과 평화의 기원[562, 959~964, 1023]. 그중에서도 전쟁의 기원은 세계로부터 자신을 방어하는 것으로부터 출발하며, 그곳에 힘의 참된 미덕이 존재한다.

이러한 모든 기원들 속에서 국가의 영원한 대계의 윤곽을 잡을 수 있으며, 폭력과 술수를 통해 세워진 나라라 할지라도 존속하기 위해서는 그러한 대계에 대한 견지를 확고하게 다져야 한다. 그에 반하여 덕성을 통해 세워진 나라라도 폭력과 술수를 통해서는 훗날 패망할 것이기 때문이다[522, 1011~1013]. 이러한 국가의 대계는 이러한 민족들 세계와 관련된 두 가지의 영원한 원리 위에 세워져야 하는데, 그것은 국가를 구성하는 사람들의 정신과 육체

---

60) 이것은 귀족 가문의 문장을 말한다.

61) '고귀성'과 '귀족'은 같은 어원으로부터 나왔다.

를 가리킨다. 실로 사람들은 그 두 부분으로 구성되어 있는데, 정신은 고귀하고 따라서 명령해야 하며, 육체는 비천하고 따라서 복종해야 한다. 그런데 인간의 본성은 타락하였고 철학은 단지 극소수에게만 도움을 줄 수 있을 뿐이다. 따라서 보편적인 인간에게서 정신이 육체에 명령을 하지 복종하지 않는다는 결말을 이끌어낼 수는 없다. 그리하여 신의 섭리는 다음과 같은 영원한 질서로 인간적인 일을 정해놓았다. 즉 국가 안에서 정신을 사용하는 사람이 명령을 하고 육체를 사용하는 사람이 복종하도록 정한 것이다[630].

[19] 방향타가 제단의 아래쪽에 굽어져 있는 것에는 다음과 같은 이유가 있다. 신을 모르는 사람들인 예속민들은 신과 관련된 일들에 대해 어떤 몫도 차지하지 못했고, 따라서 귀족들과 함께하는 인간사에도 참여할 수 없었으며, 특히 엄숙한 혼례를 거행할 근거도 찾을 수 없었다. 라틴 사람들은 엄숙한 혼례를 '콘누비움'(connubium)이라 불렀다. 그 가운데 가장 엄숙한 부분은 신의 전조를 받는 것인데 그것 때문에 귀족들은 스스로의 출신이 신성하다고 생각했고, 사악한 교접으로 태어난 예속민들은 출신이 짐승과 같다고 생각했다. 우리는 이집트인과 그리스인과 라틴인 사이에서 평민에 비해 귀족의 본성이 우월하다는 이런 구분이 똑같이 나타남을 알 수 있다. 그것은 이른바 자연적 영웅주의라고 말하는 것으로서 고대 로마의 역사는 그 사례를 충분히 제시하고 있다[917].

[20] 마지막으로 방향타는 쟁기로부터 꽤 멀리 떨어져 있는데,

쟁기는 제단의 앞쪽에서 방향타를 대면하며 그 날로 적대감과 위협을 가하고 있다. 이미 살펴보았듯 예속민은 토지 소유권에서 아무런 몫도 차지하지 못했고, 토지는 모두 귀족의 수중으로 들어갔기 때문에 예속민들은 언제나 주인을 섬겨야 한다는 것에 싫증이 났다. 그렇게 오랜 시간이 지난 뒤 마침내 그들은 토지의 소유권을 주장하며 봉기를 일으키고 농지 분쟁을 일으켜 영웅들에 반항했다. 그것은 훗날의 로마 역사서에서 우리가 읽는 것보다 훨씬 더 오래되었고 그것과는 아주 다르다는 것을 우리는 알게 될 것이다 [583]. 페테르 반 데르 퀸이 『히브리 사람들의 국가』[62]에서 고찰하듯 이집트의 반란 지도자들은 성직자인 경우가 흔했는데, 영웅들에게 저항했고 그들에게 진압되었던 예속민 무리의 많은 지도자들은 예속민들과 함께 박해를 피하고 안전한 도피처를 찾아 바다에 운명을 맡기고 빈 땅을 찾아 당시 사람들이 살지 않던 지중해의 서쪽 해안으로 나아갔다.

이것이 이미 종교에 의해 인간성을 찾은 사람들의 이동의 기원으로서, 특히 페니키아를 비롯한 동방과 이집트에서, 이후에는 같은 방식으로 그리스 사람들에게도 일어났던 일이다. 이렇듯 사람들의 이동의 원인은 인구의 팽창이 아니었다. 그들은 아직 항해를

---

62) Pietro van der Kuhn, *De republica hebraeorum*. 라틴어 이름인 쿠나이우스로도 알려져 있는 네덜란드의 학자인 페테르 반 데르 퀸(1586~1638)이 쓴 이 내용은 1674년에 나온 초판에는 26쪽부터, 1703년에 나온 재판에는 47쪽부터 나타나고 있다. 니콜리니에 따르면 비코는 자신의 관점에 따라 그 내용을 풍부한 상상력을 갖고 해석하고 있다. Vico, *Opere*, III, p. 380, n. 4.

하지 못했다. 또한 그것은 먼 땅에 식민지를 세워 획득물을 보호하려는 민족들마다의 경쟁 때문도 아니었다. 동방에서도 이집트에서도 그리스에서도 서쪽으로 어떤 제국을 확장시켰다는 기록을 읽은 적이 없기 때문이다. 교역 때문도 아니었다. 서쪽의 해안은 아직 사람이 살지 않았기 때문이다. 오히려 그러한 민족들로 하여금 자신의 땅을 포기할 수밖에 없도록 만든 것은 영웅들의 법, 즉 귀족들의 법이었다. 그것은 당연히 어떤 극단적인 필요성이 있는 경우에만 포기할 수 있는 일이었다[299~300, 560]. 인류가 야수적인 방황을 통해 육지에서 전파되었듯, "영웅들의 해외 식민지"라고 불리게 된 그런 식민지와 함께 인류는 바다를 통해 세계의 다른 부분으로 전파되었다.

[21] 약간 더 바깥쪽으로 쟁기의 앞에는 고대 라틴어의 알파벳이 쓰여 있는 널빤지가 놓여 있다. 타키투스가 말한 것처럼 그것은 고대 그리스어를 닮았다[307, 440].[63] 그리고 그 아래에는 우리에게 전해지는 최근의 알파벳이 있다. 이 널빤지는 민중적[64]이라 불리는 언어와 문자의 기원을 상징하는데, 그것은 민족의 기원이 확립되고 오랜 세월이 지난 뒤에 일어났던 일로서 문자는 언어보다 훨씬 늦게 생겼다[428 이하, 928~936]. 그것을 상징하기 위해서 이 널빤지는 건축의 순서에 있어 늦게 일어났던 코린트식 기둥

---

63) Cornelius Tacitus, *Annales*, 11.14.

64) 원어는 volgari. 주 27)을 참고할 것. 니콜리니에 따르면 이 말의 의미는 알파벳으로 쓰였다는 것이다. Vico, *Opere*, III, p. 381, n. 3. 참고로 한글도 알파벳으로 쓰인 언어이다.

의 파편 위에 놓여 있다.

[22] 널빤지가 쟁기의 바로 옆에, 방향타로부터는 상당히 멀리 떨어져 놓여 있는 것은 토속 언어들[65]의 기원을 의미하기 위해서이다. 그것은 각기 그 자체의 땅에서 최초로 형성되었다는데, 앞서 이야기했던 것처럼 대지의 큰 삼림[13] 곳곳에 흩어져 퍼져 있던 여러 민족의 창건자들은 마침내 우연히 정착하게 되어 야수적인 방랑을 끝냈다. 오랜 세월이 지난 뒤 이 토속 언어는 앞에 설명한 것처럼[20] 지중해와 대양의 바다를 통해 민족의 이동이 이루어지면서 동방과 이집트와 그리스의 언어와 뒤섞였다[63]. 이 저작을 통틀어 아주 빈번히 예시할 것이지만, 여기에서 어원의 또 다른 원리가 주어지는데 그 원리를 통하여 토속어[145, 162, 455][66]와 의심의 여지없는 외래어[304]의 기원이 구분된다. 그 차이는 대단히 중요하다. 토속어의 어원이란 관념의 자연적 질서 속에서 단어가 의미하는 사물의 역사를 보여준다는 것이다[239~240]. 즉 첫 번째로는 숲, 그다음은 경작지와 오두막, 그다음은 집과 마을, 그다음은 도시, 마지막으로는 대학과 철학자들의 말이 생겨난 것처럼 모든 것이 최초의 기원에서 발생해간 순서를 보여준다는 것이다. 그러나 외래어의 어원은 하나의 언어에서 다른 언어를 받아들인 단어의 순서에 대한 단순한 역사를 보여줄 뿐이다.

[23] 이 널빤지는 알파벳의 첫 자모들만을 보여주며 호메로스

65) 원어는 lingue natie.

66) 원어는 voci natie.

동상을 마주보고 있다. 왜냐하면 그리스의 구전이 전해주는 것처럼 그리스 문자란 한꺼번에 만들어진 것이 결코 아니기 때문이다. 최소한 호메로스의 시대까지 문자가 완전하게 만들어지지 않았던 것만은 확실하다. 왜냐하면 그는 자신의 서사시를 한 줄도 글로 써서 남겨놓지 않았음이 증명되었기 때문이다[66]. 토속 언어의 기원에 관해서는 앞으로 더 상세한 견해를 제시할 것이다[428].

[24] 마지막으로 그림에서 가장 밝은 표면에는 상형문자가 펼쳐져 있는데 그것은 잘 알려진 인간사를 의미한다.[67] 이 천재적인 화가는 로마의 파스키스[68]와 칼과 파스키스에 걸쳐진 손가방과 저울과 메르쿠리우스의 지팡이를 재치 있게 배치하여 보여주고 있다[435].

[25] 이러한 상징들 가운데 첫 번째가 파스키스인 이유는 여러 민족 최초의 사회적 권력은 아버지들의 결속된 가부장권 위에 세워졌기 때문이다[617]. 여러 민족들의 아버지들은 신성한 전조에 대한 지식에 능통한 현인이자, 희생물을 바쳐 점을 치거나 그 의미를 잘 이해하는 사제이며, 동시에 전조에서 보이는 것을 신의 의지라고 믿으며 명령을 내렸던 군주였기 때문에 그들은 신 이외

---

67) 주 28)에서 밝혔던 것처럼 여기에서 비코가 말하는 '상형문자'는 그림의 전면에 있는 여러 그림을 가리킨다. 그 그림으로 표현되는 사물이 다른 의미를 상징하고 있기 때문이다.

68) 원어는 fascio. 파쇼는 막대기 사이에 도끼를 끼운 무기로서 로마 집정관의 권위를 나타내는 상징이다. '파시즘'이라는 단어의 어원이다. 그러나 여기에서는 같은 뜻의 라틴어 '파스키스'로 통일한다.

에는 누구에게도 복종하지 않았다[250]. 따라서 파스키스는 한 묶음의 점지팡이로서, 이 세상 최초의 홀(笏)이었다.

앞서 언급했던 농지 분쟁에서[20] 아버지들은 그들에 반항하여 봉기를 일으킨 예속민들에 대항하기 위해 자연적으로 단결하여 최초의 폐쇄된 지배하는 원로 계급을 만들었는데, 이들이야말로 가족의 왕이었다[590, 694]. 이들이 영웅들의 도시의 최초의 국왕이었던 것이다[251~255, 583~585]. 고대의 역사는 대단히 모호하게나마 민족들 최초의 세계에서 왕들이 자연적으로 만들어졌다고 말해주고 있으며, 우리는 그 방식을 고찰하려 한다. 이제 그 지배하는 원로들은 반역하는 예속민 무리를 만족시키고 복종시키기 위해 그들에게 일종의 농지법을 부여하였는데, 그것이 세상에 태어난 최초의 시민법이었다. 그리고 이 법에 의해 진압된 예속민들이 자연적으로 도시 최초의 평민이 되었다[595]. 귀족들이 평민에게 부여한 것은 토지의 '자연적 소유권'으로서 '법적 소유권'은 여전히 귀족들에게 남아 있었고, 그들만이 영웅들의 도시에서 시민이었다. 이러한 소유권으로부터 훗날 귀족 계급에게는 '탁월한 소유권'이 발생하게 되었는데, 그것이 국민들 최초의 시민권 또는 자치권이었다[266]. 세 종류의 소유권은 모두 국가가 탄생했을 때부터 발생하여 서로 간에 구분되었다. 모든 민족은 이러한 국가를 다른 언어로 설명했다 할지라도 동일한 관념에 바탕을 두고 "헤라클레스의 국가"[69]라고 불렀는데, 그것은 공공 집회에 모인 무장한

69) 원어는 repubbliche erculee.

사람들인 쿠레테스(curetes)의 국가를 가리켰다[592~593]. 여기에서 그 유명한 〈로마 공민법〉(ius quiritium)의 원리가 명확해진다. 로마법 해석자들은 이 법이 로마 말기의 상황에 적절하기 때문에 그것이 로마 시민들 고유의 것이라고 믿었다. 그렇지만 이전의 초기 로마 시대에 이것은 모든 귀족의 자연법이었다[595].

하나의 공통적인 원천에서 여러 갈래의 강물이 흘러나오듯 여기에서 다음과 같이 많은 기원들이 발생했다.

(1) 아들들뿐 아니라 예속민까지 포함하는 가족을 바탕으로 건설된 도시의 기원. 우리는 도시가 본질적으로 두 개의 공동체 위에 건설되었다는 것을 알 수 있는데, 그 하나는 명령하는 귀족들의 공동체이며, 다른 하나는 복종하는 평민들의 공동체이다. 시민 정부의 모든 정체(政體) 또는 법은 그 두 부분으로 이루어졌다. 아들들만으로 이루어진 최초의 도시는 실로 세상에 태어날 수 없다는 것이 증명된다[597].

(2) 가족 국가에 존재하던 가부장들의 사적 권한의 결속으로부터 태어난 공적인 권력의 기원[585]

(3) 모든 국가는 무기의 힘에 의해 발생했다가 법에 의해 구성되기에 이르는데, 그에 따른 전쟁과 평화의 기원. 이러한 두 가지의 인간사의 본질로부터 사람들이 전쟁을 벌이는 것은 평화 속에서 안전하게 살기 위해서라는 불변의 특징이 나타난다[18, 562, 959~964, 1023].

(4) 두 가지 종류의 봉토의 기원[599]. 첫 번째로 촌락의 봉토에서 평민들은 귀족에 복종하게 된다. 다른 종류인 귀족적 봉토,

또는 군사적 봉토에서 귀족은 자신 가족의 주인인 한편 그들 귀족 계급이 갖는 더 큰 권한에 복종한다. 야만 시대에 왕국은 언제나 봉토 위에 세워졌다[601]. 그것은 바로가 전해주고 있는 최초의 야만 시대보다 이후의 야만 시대[1057][70]에서 불명확하기는 하지만 그럼에도 불구하고 왕국에 언제나 봉토가 존재했다는 사실은 유럽의 새로운 왕국들의 역사를 명확하게 해준다. 귀족이 평민에게 준 이러한 최초의 농지에 대해 평민은 소작료를 부담해야 했는데, 그것을 그리스 사람들은 "헤라클레스의 십일조"[71]라고 불렀다 [541]. 로마인들은 그것을 "국세"[72] 또는 "공물"[73]이라고 불렀는데 그것은 세르비우스 툴리우스[74]에 의해 확립되었다. 평민들은 전쟁이 벌어지면 귀족들에게 추가적인 부담을 져야 했는데 그것이 고대 로마의 역사에서 확실하게 찾아볼 수 있는 공물이다.

(5) 이 공물에서 국세의 기원을 찾을 수 있는데, 그것이 민중의 국가에 확실하게 남아 있던 기본적인 제도였다. 로마의 제도[75]에 대한 연구에서 우리가 가장 큰 공을 들인 것이 세르비우스 툴리우스로부터 국세가 발전해왔던 과정을 추적하는 것이었는데, 그 결론은 국세가 고대 귀족 국가의 기본적인 제도였다는 것이다. 그런데

---

70) 비코는 이 시대를 '두 번째 야만의 시대' 또는 '돌아온 야만의 시대'라고 부르기도 한다. 오늘날의 용어로는 '중세'를 가리킨다. 주 82)를 참고할 것.

71) 원어는 decima d'Ercole.

72) 원어는 censo.

73) 원어는 tributo.

74) Servius Tullius(BC 578~BC 535). 고대 로마의 전설적인 제6대 왕.

75) 원어는 cose. 이곳에서는 '제도'로 옮기는 것이 문맥에 상통한다.

후대의 학자들은 혼란에 빠져 세르비우스 툴리우스가 민중의 자유에 바탕을 두고 있는 국세를 확립시켰다고 가정하는 오류를 범하게 되었다[107, 111, 619~623].

[26] 동일한 원천으로부터 다음과 같은 것들의 기원도 발생했다.

(6) 교역의 기원. 우리가 지적했던 것처럼 교역은 도시의 출발과 함께 부동산으로부터 시작되었다[606]. '교역'[76]이라 부르는 것은 이 세상 최초의 '지불'[77]에서 나온 말인데, 그것은 앞서 언급한 법에 따라 귀족들이 예속민들에게 봉사의 의무를 지게 하면서 그들에게 주었던 농지를 뜻한다[603, 622].

(7) 국고(erari)의 기원도 여기에서 비롯된다. 국가가 탄생할 때부터 국고의 흔적을 찾을 수 있는데, 그것은 돈을 뜻하던 청동(aes, aeris)으로부터 파생된 것이 확실하다. 그것은 전쟁 시 평민에게 자금을 지불해야 할 필요성에서 발생한 것으로 이해된다.

(8) 식민의 기원도 있는데, 처음에 그들은 생명을 유지하기 위해 귀족들에게 봉사했던 농민들 무리였다가, 후에는 앞서 언급했던 것처럼 현물로서 개인적인 의무를 지면서 스스로 토지를 경작하였던 봉신들이었다. 이들은 앞서 언급했던[20] 해외 식민과는 구분되는 귀족들의 내륙의 식민[78]이라고 말할 수 있다.

(9) 마지막으로 국가의 기원이 있다. 국가는 가장 엄격한 귀족제

---

76) 원어는 commerzi.

77) 원어는 mercede.

78) 원어는 colonie eroiche mediterranee. 여기에서 mediterranee는 '지중해'가 아니라 어원적인 의미 그대로 '육지를 통한'이라는 의미로 받아들여야 한다.

의 형태로 태어났는데, 여기에서 평민들은 시민의 어떤 권리도 차지하지 못했다[583]. 이런 맥락에서 로마도 처음에는 귀족제 왕국이었다. 이후 타르퀴니우스 수페르부스[79]의 치하에서 독재가 되었는데, 그는 귀족들을 최악으로 다스리면서 원로원을 거의 붕괴시켰다. 루크레티아[80]가 능욕을 당한 뒤 자해했을 때 유니우스 브루투스는 기회를 잡아 타르퀴니우스 가문에 대항하도록 평민들을 부추겨 로마를 그들 가문으로부터 해방시키고 원로원을 재건하면서 원래의 귀족제 원리 위에 국가를 재정비했다. 이렇게 한 명의 종신 왕을 임기 1년의 두 명의 집정관으로 대체함으로써 그는 인민의 자유를 도입했다기보다는 귀족들의 자유를 재확인한 것이었다[662~665].

이러한 귀족의 자유는 푸블릴리우스 법이 생길 때까지 성행했는데, 그 법은 푸블릴리우스 필로가 '인민 집정관'이라는 별명을 얻도록 만들었고, 그는 로마 공화국이 인민의 국가가 되었다고 선언하기도 했다. 실지로 귀족의 자유는 마침내 페텔리아 법과 함께 소멸하였다. 페텔리아 법은 귀족이 평민 채무자들에게 개인적으로 부담시켰던 촌락의 봉건적인 법으로부터 평민들을 완전히 해방시켰다[104~115]. 이 두 법은 로마의 역사에서 대단히 중요한 두 개의 시점을 포착하고 있지만, 정치가도 법학자도 로마법의 박식한

79) Tarquinius Superbus(?~BC 496). 고대 로마의 제7대 왕.

80) 루크레티아(Lucretia)는 로마 왕의 아들 섹스투스 타르퀴니우스에게 능욕을 당한 후 가슴에 비수를 꽂아 자살을 함으로써 가문의 명예를 지켰다. 유니우스 브루투스는 그녀의 시체를 평민들에게 보임으로써 그들을 자극시켜 폭동을 이끌었다.

해석자들도 모두 주목하지 않았다. 왜냐하면 그들은 자유로운 아테네에서 전해진 〈12표법〉이 로마에 민중의 자유를 확립시켰다고 오해했기 때문인데, 이 두 법은 로마 민중의 자유가 로마인들 자신에 의해 그들의 자연적 관습에 따라 국내에서 성립되었다고 선언하고 있다. 이 이야기에 대해서는 오래 전에 출간되었던 나의 『보편법의 원리』[81]에서 밝힌 바 있다. 따라서 국가의 법이란 그 국가의 제도에 견주어 해석되어야 하기 때문에 로마 정치의 이러한 여러 원리는 로마법의 새로운 원리를 포괄하고 있는 것이다.

[27] 파스키스에 기대어 있는 칼은 귀족의 법이 힘의 법이었음을 뜻하지만[923], 힘보다 종교가 선행했으며, 아직 법이 없던 시대에, 혹은 있더라도 제대로 인정받지 못하던 시대에, 종교만이 힘과 무기를 관리할 수 있었다. 귀족의 법은 곧바로 아킬레우스의 법이었는데, 아킬레우스는 호메로스가 그리스 사람들에게 영웅적 덕성의 귀감이라고 노래했던 인물로서, 권리에 관한 모든 다툼을 무력으로 해결했다. 결투의 기원도 여기에서 보인다[959~964]. 결투는 돌아온 야만의 시대[82]에 성행했던 것이 확실하지만, 힘이 센 자들이 사법에 호소하여 그들이 당한 모욕이나 상해에 복수하

---

81) *Principi del Diritto universale*. Vico, *Opere*, II, pp. 564~580.

82) '돌아온 야만의 시대'는 구체적으로 중세를 가리킨다. 비코는 '중세'라는 단어를 사용한 적이 없고 언제나 '돌아온 야만의 시대' 또는 '두 번째 야만의 시대'라고 표현하는데, 『새로운 학문』의 영역본을 1999년에 새롭게 출간한 데이비드 마시가 지적하듯 그것은 '중세'를 가리킨다. Cf: Giambattista Vico, *New Science*, tr. David Marsh(Penguin Books, 1999), p. 19.

려고 할 만큼 교화되지 않았던 최초의 야만 시대에도 행해졌다. 그들이 행했던 결투는 일종의 신의 정의에 호소하는 것으로서[955], 그들은 신을 증인으로 불러 평결을 신에게 맡기고, 운명에 의해 결정되는 결투의 결과가 어떻게 되든 그것을 존중하여 설사 모욕을 받은 측이 패한다 할지라도 그를 유죄로 간주하였다. 이것은 신의 섭리의 고귀한 배려로서, 그 목적이란 법이 아직 제대로 이해되지 않던 흉포하고 야만적인 시대에 [결투의] 승패는 신의 가호가 어느 쪽으로 향하는지를 보여주는 것으로 판단되어, 그런 개인적인 결투가 인류의 절멸로 끝날 수 있는 전쟁의 씨앗을 뿌리는 것을 막았다는 것이다. 이렇듯 야만인들에게 자연스러웠던 인식은 선한 사람들이 억압을 받고 악한 사람들이 번창하는 것을 보더라도 그것을 신의 섭리로 받아들이지 않으면 안 된다는 사람들의 본연적인 개념 위에만 바탕을 둘 수 있다. 따라서 결투는 일종의 신성한 정죄로 받아들여졌다. 그런 이유로 형법과 민법이 법령으로 정해져 있는 오늘날 문명의 시대에 결투는 금지되었지만, 야만의 시대에는 그것이 필요하다고 여겨진 것이다. 이런 방식으로 결투나 개인적인 전투에서 공공의 전쟁의 기원을 찾을 수 있다. 공공의 전쟁을 수행하는 국가의 권력도 신 이외에는 그 누구에게도 종속하지 않으며, 신은 승리를 부여하여 전쟁을 종료시킴으로써 인류가 문명국가에 대한 확신을 갖고 편히 살 수 있도록 만들려는 목적을 갖고 있는 것이다. 이것이 이른바 전쟁의 외적 정의(正義)[83)]

83) 원어는 giustizia esterna.

의 원리이다[350, 964].

[28] 파스키스 위에 놓여 있는 손가방은 화폐를 매개로 한 교역이 상당히 늦게, 즉 시민 주권이 확립된 이후 시작되었음을 나타낸다. 우리는 호메로스의 시 두 편 어디에서도 주조 화폐에 대해 읽지 못한다. 손가방이라는 이 상형문자는 주조 화폐의 기원에 대해 말해주고 있는데[487], 그것은 가문의 문장(紋章)과 같은 기원으로부터 파생되었다. 야전지 최초의 깃발과 관련하여 앞서 암시하였던 것처럼[18] 문장은 어떤 가문이 다른 가문과는 다른 그들만의 귀족의 권리와 특권을 갖고 있음을 의미한다. 그것에 국기와 같은 공적인 휘장 또는 민중의 기장(記章)이 기원을 두고 있는데, 그것은 침묵의 언어처럼 군대의 기강을 바로잡는 데 도움이 되는 군기로 격상되고, 마침내 동전에 새겨져 모든 사람들에게 흔적을 남긴다[487]. 여기에서 화폐학과 이른바 문장학(紋章學)에 새로운 원리가 주어진다. 이것은 『새로운 학문』의 초판본에서 충분하게 논한 세 주제 가운데 하나이다.[84]

[29] 손가방 옆에 있는 저울은 영웅의 정부(政府)였던 귀족주의 정부 이후 민중의 정부가 들어섰음을 의미하는 것으로서[927, 994~998, 1006], 처음에 그 성격은 민주적이었다. 이 정부에서 사람들은 마침내 인간의 참된 본성인 이성적 본성이 모든 인간에게 평등하게 존재한다는 것을 이해하게 되었다. 이 자연적 평등에 의해 귀족들은 점차 인민의 공화국에서 시민으로서 평등하게 취급

84) Vico, *Opere*, III, ch. 329.

받기에 이르렀다. 이것을 보여주는 사건들은 내가 상정하는 이념의 영원한 역사는 물론 로마의 역사에서 바로 그대로 마주치게 된다. 그리스 사람들이 말한 것처럼 민중의 공화국에서는 모든 것이 추첨이나 형평에 의해 결정되기 때문에 이러한 시민적 평등은 저울에 의해 상징되었다. 그러나 마침내 강한 자들이 파당을 만들었기에 자유민들은 법으로 시민적 평등을 유지할 수 없었고 오히려 내란으로 붕괴되기에 이르렀다. 그들은 자구책을 찾아 자연스럽게 왕의 자연법 또는 인류의 자연적인 관습에 따름으로써 군주에게서 보호를 받으려 했고, 그것은 다른 형태의 인간 정부인 군주제를 구성하는 것이었다[927, 994, 1007]. 이 왕의 자연법은 민주주의가 타락하게 된 국가에서는 언제나 공통적으로 나타난다. 왕의 시민법은 아우구스투스라는 인물에게서 로마의 군주제를 정당화시키려는 로마인들에 의해 제정된 것이라고 전해지지만 그것은 『보편법의 원리』에서 허구에 지나지 않음이 증명되었다.[85] 그것은 〈12표법〉이 아테네에서 왔다는 이야기의 허구성과 함께 우리가 이 저작을 헛되이 집필하고 있지 않음을 보이는 두 구절이다[564~580].

오늘날의 문명 상태에서는 그 두 가지 형태의 인간 정치, 즉 민주제와 군주제가 번갈아 지배해왔지만, 그 둘 중 어느 것도 귀족들만 명령을 내리고 다른 사람들은 복종하는 귀족제 국가로 자연스럽게 전환할 수는 없었다. 따라서 오늘날까지 남아 있는 귀족제

---

85) Vico, *Opere*, II, pp. 169~170.

국가는 아주 드물다. 독일의 뉘른베르크, 달마티아의 라구사, 이탈리아의 베네치아, 제노바, 루카 등을 꼽을 수 있다[1018, 1094]. 그렇다면 신의 섭리가 여러 민족의 자연적 관습과 함께 세상에 탄생시켰던 국가의 종류는 세 가지인데, 그 셋은 자연적인 순서에 따라 교체된다. 이러한 세 종류 이외의 다른 국가 형태는 인간의 정신이 인위적으로 이 세 가지를 혼합하여 만든 것으로서, 여러 민족의 본성은 그것을 지지하지 않는다. 타키투스는 원인이라기보다는 결과만을 보았다 할지라도, 그 혼합 정체에 대해 "칭찬할 만하더라도 실행하기는 어렵고, 실행한다 할지라도 유지하기는 어렵다"라고 정의한 바 있다[1004].[86] 이 발견은 정치학에 새로운 원리를 제공하는데, 그것은 지금까지 상상해왔던 것과는 다를 뿐 아니라 정반대이다.

[30] 마지막 상형문자는 지팡이이다. 그것은 힘이라는 자연법이 지배하던 영웅시대 초기의 사람들이 언제나 서로를 적으로 간주했으며[638, 639], 약탈과 해적질이 계속되었다는 것을 말해준다. 실로 첫 번째의 야만 시대에 영웅들은 도둑이라고 불리는 것을 명예의 호칭이라고 생각했으며[634~673], 다시 돌아온 야만의 시대에는 강한 자들이 해적이라고 불리는 것을 명예롭게 여겼다[1053]. 그들 사이에는 언제나 전쟁이 벌어지고 있어서 선전포고를 할 필요가 없었다. 그러나 민주제건 군주제건 인간의 정부가 들어서자 인간의 법에 따라 선전을 포고하는 사자(使者)가 도입되었고 적대

86) Publius Cornelius Tacitus, *Annales*, 4.33.

관계는 평화조약을 통해 끝내기 시작했다. 여기에서도 우리는 야만의 시대에 베풀어진 신의 섭리의 고귀한 배려를 본다. 왜냐하면 야만의 시대에 세상에 새롭게 나타나 번성하려던 여러 민족이 자신의 영역에 국한되어 남아 있음으로써 흉포하고 길들여져 있지 않던 그들이 경계를 넘어 전쟁을 벌이며 서로를 박멸하지 않도록 하였기 때문이다. 그 뒤 그들은 서로 간에 친근해지고 상대방의 관습에 대해서도 관용을 베풀게 되어 정복한 사람들이 승리의 정당한 법칙에 따라 정복당한 사람들에게 자비를 베푸는 일이 더욱 쉬워졌다[1023].

[31] 이렇듯 신의 섭리에 비추어 여러 민족의 공통적인 본성을 연구하는 나의 『새로운 학문』 또는 나의 형이상학은 신의 일과 인간의 일의 기원을 발견하여 여러 민족들의 자연법의 체계를 확립하려고 한다. 그것은 이집트 사람들이 우리에게 전해준 세 시대를 말하는데, 이전까지 세계의 모든 역사는 항상 일정하게 그 세 시대를 거쳐 발전해왔다는 것이다[52].

(1) 첫 번째는 신의 시대이다. 이 시대에 여러 민족은 신의 다스림 속에 살고 있다고 믿었고, 그들의 모든 행동도 전조와 신탁에 의해 그들에게 명해진 것이라고 믿었다. 이 시대가 가장 오래된 인간의 역사이다.

(2) 두 번째의 영웅의 시대에는 영웅들, 즉 귀족들이 모든 곳에서 평민들보다 자연적으로 우월하다고 여겼기 때문에 모든 곳에서 귀족제 국가로 다스렸다.

(3) 세 번째인 인간의 시대에 모든 사람들은 인간 본성이 평등하

다고 인정했고, 따라서 처음에는 민주제를 그 뒤에는 군주제를 확립하였는데, 앞서 말했던 것처럼 그 둘은 모두 인간 정치의 형태이다[29, 916, 925].

[32] 이 세 가지 종류의 본성 및 정치 체제에 부합하며 세 가지 종류의 언어[928~931]가 사용되는데, 그것이 이 『새로운 학문』의 어휘를 구성한다.

(1) 첫 번째는 여러 민족의 사람들이 문명에 새롭게 들어선 시기의 가족의 언어이다. 이것은 그들이 표현하고자 한 생각과 자연적으로 연결되는 몸짓이나 물건으로 이루어진 침묵의 언어이다[227, 401, 431, 437].

(2) 두 번째는 귀족들의 상징으로 이루어진 언어로서, 직유, 비유, 이미지, 은유, 자연의 묘사 같은 것인데 귀족들이 지배하던 시대에 사용되었던 영웅 언어의 큰 부분을 이루고 있다[438, 456].

(3) 세 번째는 민중의 합의에 따른 어휘를 사용하는 인간의 언어가 있다. 민중이 이 언어의 절대적인 지배자이며, 이것은 민주제와 군주제에 적합한 언어이다[439~440]. 그러한 국가에서는 평민이 법에 의미를 부여하며, 평민은 물론 귀족도 그 법을 따라야 한다. 따라서 모든 민족들 사이에서 법은 민중의 언어로 표기되었으며, 법에 대한 지식 역시 귀족의 수중을 떠났다[953]. 지금까지 모든 민족의 귀족은 사제이기도 했는데, 그들은 법을 신성한 사물처럼 비밀 언어로 유지해왔다. 그것이 로마에서 민중의 자유가 발생하기 전까지 귀족들 사이에서 법이 비밀로 지켜졌던 당연한 이유였다[999].

이 세 가지 종류의 언어는 이집트 사람들이 이전부터 그들의 세계에서 사용했다고 주장하는 세 가지 종류의 언어와 동일하다. 즉 이전에 그들이 살았던 시대의 숫자와 순서에 있어서 정확하게 일치한다는 것이다[437].

(1) 첫 번째는 무언의 몸짓을 매개로 하는 상형어, 또는 신성한 언어 혹은 비밀의 언어로서, 그것은 말하는 것보다는 준수하는 것이 더 중요한 종교에 적합한 언어이다.

(2) 두 번째는 우리가 방금 살펴본 영웅의 언어처럼 비유를 매개로 하는 상징어이다.

(3) 세 번째는 서간체 언어 또는 민중어로서 삶의 일상적인 용도에 사용되는 언어이다.

이 세 가지 종류의 언어는 칼데아 사람, 스키타이 사람, 이집트 사람, 게르만 사람과 고대의 다른 모든 민족에게서 찾아볼 수 있다. 상형문자는 이집트 사람들 사이에서 가장 오래 남아 있었지만, 그것은 그들이 다른 사람들보다 더 오랫동안 외부 민족과 단절되어 있었기 때문이다[90, 95]. 중국인들이 상형문자를 여전히 사용하는 것도 같은 이유 때문이다[50]. 이것이 이집트인들이 자신의 고대가 가장 오래되었다고 상상하는 것이 허영심에 불과하다는 증거가 된다.

[33] 여기에서 언어뿐 아니라 문자의 시작[428~472]도 명확해지는데 지금까지 문헌학은 그 기원을 알 수 없다고 좌절해왔다. 우리는 지금까지 주장된 견해 가운데 허황되고 기괴한 사례를 제시할 것이다[430]. 그러한 견해에 대한 불행한 원인은 문헌학자들

이 여러 민족들 사이에서 언어가 먼저 생겨나고 문자가 나중에 생겼다고 믿었다는 사실이다. 뒤에 이 책에서 충실하게 증명하겠지만[430], 여기에서 간략하게 지적한다면 언어와 문자는 쌍둥이로 태어나 똑같은 세 가지 단계를 통해 발전해왔다는 것이다. 그 출발점에 대해서는 『새로운 학문』 초판본에 라틴어의 [발생] 원인 부분에 정확하게 진술되어 있다(그것은 그 책에 대해 우리가 후회하지 않는 세 구절 가운데 다른 하나이다)[28, 35, 63].[87] 그러한 원인들에 대해 추론하면서 로마의 역사와 정치와 법률에 대해 많은 발견이 이루어졌고, 독자들은 이 책에서 그것을 무수히 마주치게 될 것이다. 옛 동방의 언어와 그리스어는 물론 오늘날의 언어에서는 모어(母語)와 같은 역할을 하는 독일어 학자들은 이러한 예로부터 고대에 대해 예상을 훨씬 뛰어넘는 많은 것들을 발견할 수 있게 될 것이다[153].

[34] 언어와 문자의 기원에 관한 원리는 민족들마다 초기의 사람들이 시적인 상징의 언어로 말을 하는 시인들이었다는 것으로서, 그것은 그들의 본성이 그럴 수밖에 없었다는 필연성 때문임을 증명할 수 있다.[88] 이러한 발견이 『새로운 학문』의 모든 수수께끼를 푸는 열쇠인데, 나의 학문 생활 대부분은 그에 대한 집요한 연구였다. 왜냐하면 문명화된 본성을 갖고 있는 우리들은 초기의 인간들이 갖고 있던 시적인 본성을 상상조차 할 수 없으며 그것을

87) Vico, *Opere*, III, 368~373.

88) 역주 13)을 참고할 것.

이해하려 하는 데는 상당한 노력이 필요하기 때문이다. 여기에서 말하는 그러한 시적인 언어란 어떤 상상력의 속(屬)[89]을 가리킨다. 그것은 신이나 영웅처럼 생명을 갖고 있는 실체에 대해 그들의 상상력[90]이 만들어낸 마음속의 상[91]을 말한다. 그들은 속이라는 범주를 구성하는 모든 종(種)[92]이나 특수한 사물들을 이것으로 환원시켰다[412~427, 816]. 그것은 인간 시대의 신화의 경우에도 정확하게 해당된다. 예컨대 후기 시대의 희극[93]의 줄거리는 도덕 철학에 의해 추론되는 유개념(類槪念)[94]이었던 것으로서 시인들은 그것으로부터 상상력의 속을 만들어냈고, 그것이 바로 등장인물들

---

89) 원어는 generi fantastici. 도널드 필립 버린은 『비코의 상상력의 학문』이라는 저서에서 이것을 "보편적인 상상력"의 개념으로 이해한다. 『새로운 학문』을 영어로 새롭게 번역한 데이비드 마시가 이것을 "원형"(archetype)으로 받아들인 것도 같은 맥락이다. '속'과 '종'이라는 생물학적 개념에서 파생된 '일반적인'(general)과 '특별한'(special)이라는 형용사가 사용된다는 것을 감안한다면 이러한 "상상력의 속"이란 모든 사람들이 보편적으로 갖고 있는 상상의 능력이라고 받아들일 수 있을 것이다. 다음을 참고할 것. Donald Phillip Verene, *Vico's Science of Imagination*(Cornell University Press, 1981).

90) 원어는 fantasia. 비코의 철학에서 대단히 중요한 개념 가운데 하나이다. 비코의 철학은 개념을 통한 철학이 아니라 상상력을 통한 철학으로서, 그것을 통해 많은 심상들이 함께 연결된다. 아르날도 모밀리아노, 피에트로 피오바니 같은 이탈리아의 선구적 철학자들이 이에 주목했고, 도널드 필립 버린과 같은 헤겔 전공의 철학자들이 비코 연구로 돌아서게 된 이유 가운데 하나도 철학의 새로운 가능성의 하나로서 바로 이러한 상상력의 철학에 눈을 돌렸다는 사실이다.

91) 원어는 imagini.

92) 원어는 le spezie.

93) 메난드로스로 대표되는 그리스의 후기 희극을 가리킨다.

94) 원어는 generi intelligibili.

이었다. 바꾸어 말해 그러한 희극에 등장하는 다양한 인물들은 다양한 인간 군상의 유형에 대해 만들어낸 최적의 인물이었다는 것이다[808]. 이렇듯 신과 영웅에 대한 마음속의 상이 우화, 즉 참된 신화가 된다[401]. 그러한 신화에 나타나는 알레고리는 민중 시대 그리스에 대해 비유가 아니라 직설적으로 말하고 있는 것으로서, 따라서 그것은 철학적 인식이 아닌 역사적인 인식인 것으로 나타난다[210, 403].

신화는 본질적으로 이러한 상상력의 속인데, 그것은 추론의 능력은 약하지만 상상력은 가장 강건한 사람들에 의해 만들어진다. 참된 시의 문장이 그러한 것으로서[219, 825], 그것은 가장 위대한 감정이라는 옷을 입고 있고, 따라서 숭고함으로 가득 차 경이를 불러일으킨다[703~704]. 모든 시적인 표현은 두 가지 원천으로부터 나오는데, 그 하나는 언어의 빈곤성이며 다른 하나는 설명을 하고 이해를 시켜야 할 필요성이다. 그 증거는 영웅들의 생생한 연설에서 찾을 수 있다[456]. 영웅의 언어는 침묵의 언어의 뒤를 이었던 것인데, 침묵의 언어는 사람들의 생각과 자연적으로 연관되는 몸짓과 물건을 통한 언어로서 신의 시대에 사용되었다. 마지막으로 인간사의 필연적이고 자연적인 과정을 거쳐 아시리아, 시리아, 페니키아, 이집트, 그리스, 라틴의 언어는 영웅시로부터 시작하여 약강격을 거쳐 마침내 산문으로 정착되었다[232~233, 463]. 이것은 고대 시인들의 역사에 확실성을 부여하며[464], 왜 독일어권 내에서도 농촌 지대인 슐레지엔에 타고난 시인들이 많이 나타났는지, 에스파냐어와 프랑스어와 이탈리아어에서 최초의 작가들이 시로 글을 썼는지 그 이유를 제공한다[438].

[35] 이런 세 가지의 언어로부터 정신적 어휘[145]가 만들어지는데, 그것에 의해 우리는 다양한 분기된 언어들 고유의 의미를 파악할 수 있게 되며, 필요할 때마다 그것을 사용한다. 『새로운 학문』의 초판본에서는 이 점을 상세하게 논했고[95] 다음과 같은 생각을 제시했다. 즉 이 『새로운 학문』 덕분에 언어가 처음으로 형성되었던 가족 국가와 귀족들의 최초의 도시에서 우리는 아버지의 (또는 가부장들의) 영원한 속성을 연구해왔고, 현존하거나 사멸한 15가지 다른 언어에서 그 의미를 찾았다. 그 결과 우리는 아버지가 경우에 따라 다른 의미로 다양하게 불리고 있다는 것을 알았다. 이것이 그 초판본에 대해 우리가 만족하는 세 번째 대목이다[28, 33]. 그러한 용어는 모든 민족의 역사가 시간적으로 밟아가는 이념의 영원한 역사[7, 349, 393]에서 사용되는 언어를 배우는 데 필요하다. 또한 그것은 민족들의 자연법에 대한 우리의 고찰을 확인하기 위한 전거를 학문적으로 인용함에 필요하고, 그것은 모든 개별적인 법에 대해서도 적용된다.

[36] 민족들마다 그 과정을 밟을 때 변화하는 세 종류의 사회적 본성에 부합하는 세 종류의 정부가 지배했던 세 종류의 시대에 고유한 세 종류의 언어가 존재하며, 그것과 같은 순서로 그 시대에 적합한 [세 종류의] 법학이 같은 순서로 진행되어왔다[915~941].

[37] 그중 최초는 신비신학인데 여러 민족이 신의 명령을 받던

95) Vico, *Opere*, III, 387~388.

시대에 성행했다[938]. 그 시대의 현자는 그들 문명의 창시자라고 전해지는 신학 시인이었는데, 그들은 모든 민족에게서 운문으로 전해졌다고 하는 신탁의 신비를 해석했다[381, 464]. 따라서 우리는 민중 지혜의 신비가 우화에 숨겨져 있다는 것을 알고 있다. 그리하여 우리는 철학자들이 왜 그렇게 고대인들의 지혜를 복구하려는 열망을 가졌는지, 또한 철학자들이 철학의 가장 고매한 것들을 사색하려고 노력하면서 그들 자신의 숨겨진 지혜를 신화 속에서 읽어내려고 하는지 그 이유들을 숙고해보아야 한다[515, 779].

[38] 두 번째는 영웅시대의 법학인데[939], 언어 사용의 신중함과 관련을 맺는 것으로서 그 명백한 예가 신중한 오디세우스였다. 영웅시대의 법학은 로마의 법학자들이 "시민적 형평"(aequitas civilis)이라고 불렀던 것[320, 949]을 지향하는데, 오늘날 우리는 그것을 "국가 이성"이라고 부른다. 귀족들은 그들의 한정된 생각으로 말 속에 정확하게 어떤 종류의 무엇이 얼마만큼이나 담겨 있는지 정의하는 것이 그들의 당연한 권리라고 생각했다. 지금까지도 농부나 그 밖의 미숙한 사람들이 말과 의미 사이에 충돌이 일어났을 때 그들의 정당성이 말에 있다고 완고하게 우기는 것을 본다. 여기에서도 우리는 신의 섭리가 베푼 배려를 본다. 왜냐하면 좋은 법이 마땅히 포괄해야 하는 보편 개념을 아직 이해하지 못했던 여러 민족은 그들의 말에 대한 각별한 집착 때문에 법률을 보편적으로 준수하도록 인도되었기 때문이다. 그리고 만일 이러한 형평성의 결과로 법이 어떤 경우에 가혹할 뿐 아니라 잔인한 것으로 판명된다 할지라도 그들은 법이 원래 그렇다고 생각했기 때문에 그

것을 당연히 감내했다. 더구나 그 귀족들은 최고의 개인적인 이익을 위해 법을 준수하도록 이끌렸다. 그들은 자기들만이 시민이라고 간주했기 때문에 국가의 이익과 자신의 이익을 동일시했던 것이다[584]. 따라서 그들은 그들 조국의 안녕을 위해 거리낌 없이 자신과 가족을 법의 뜻에 희생시켰다. 법은 조국의 공통적인 안전을 유지해줌으로써 귀족들 각자의 가족에 대해 군주와도 같은 개인적인 지배권을 확보해줄 것이었기 때문이다. 게다가 이렇듯 큰 개인적 이익은 야만 시대의 특징이었던 극도의 오만함과 결부되어 그들의 귀족적 본성을 형성하였는데, 그것이 그들에게 조국을 수호한다는 수많은 영웅적인 행동을 고취시켰던 것이다.

귀족들의 이러한 영웅적 행동에는 견디기 어려운 오만과 끝을 모를 탐욕과 비정한 잔인함이 더해진다. 고대 로마의 귀족들이 불행한 평민들을 어떻게 대우했는지는 리비우스 자신이 로마의 유덕한 시대였다고 기술한 바로 그 시대에도, 로마에서 아직 꿈꿀 수조차 없었던 인민의 자유가 번성했던 시기에도 명확하게 찾아볼 수 있다[666]. 그렇다면 이러한 공공의 선[96]도 암울하고 추악하고 잔인한 개인의 악을 신의 섭리가 잘 활용한 결과에 불과하다. 왜냐하면 개별적인 특수한 것만을 이해하던 인간의 정신이 공동의 선을 당연히 이해할 수 없었던 시기에도 이러한 법이 계속하여 도시를 유지시켰기 때문이다. 이것으로부터 아우구스티누스가 로마인의 덕성에 대해 논했던 논지를 증명하는 새로운 원리가 유래

---

96) 원어는 pubblica virtù

한다.[97] 이와 함께 초기의 민족들의 영웅주의와 관련하여 학자들이 지금까지 주장해왔던 논지도 무산되기에 이르는 것이다[666, 677]. 이런 종류의 사회적 형평은 전쟁은 물론 평화가 유지될 때에도 당연하게 준수되었다. 그 현저한 예는 초기 야만 시대의 역사는 물론 중세의 돌아온 야만 시대의 역사에서도 인용할 수 있다. 로마가 귀족제 국가였을 때 이러한 사회적 형평은 사적인 영역에서도 실행되었다. 바꾸어 말해 푸블릴리아 법과 페텔리아 법[104]의 시대까지 그러했는데, 그 이전에는 모든 것이 〈12표법〉에 근거했었다[985].

[39] 세 번째 법학은 자연적 형평인데[324~326, 951], 그것은 당연히 자유로운 국가를 지배한다. 자유로운 국가에서는 사람들마다 똑같이 자신들의 개별적인 이익을 추구하는데, 그럼으로써 부지불식간에 보편법을 요구하게 된다. 따라서 그들은 혜택이 평등하게 분배되기를 요구하는 세세한 상황까지 그 법이 자비롭고 유연하게 적용되기를 바랐다. 이것이 후대 로마 법학자들의 주제가 된 '평등선'(aequum bonum)이며, 그것은 키케로의 시대부터 로마 법무관의 고시(告示)에 의해 재정비되었다. 이 법은 어쩌면 민주제보다 군주제와 공존하기가 더 쉬웠다. 왜냐하면 군주제에서 군주는 그들의 신민이 그들 자신의 개인적인 이익을 돌보는 데 익숙해지도록 만드는 한편, 그들 스스로는 모든 공적인 임무에 책임을 졌기 때문이다. 그리하여 그들은 자신에게 복종하는 국민 모두

97) St. Augustine of Hippo, *De civitate Dei*, II. 18, X. 12.

가 법에 의해 평등해져서 국가에 모두 공평하게 관심을 갖기를 바랐던 것이다. 이리하여 하드리아누스 황제[98]는 속주의 인간시대의 자연법의 도움을 얻어 로마의 영웅시대의 자연법 전체를 개혁하였고, 살비우스 율리아누스[99]는 거의 전적으로 속주의 법령집을 참고하여 편찬한 『영원한 법령』(*Editto perpetuo*)에 근거한 법률을 제정했던 것이다.

[40] 이제 이 민족들의 세계 최초의 요인들을 상형문자들이 의미하는 것과 관련시켜 요약해보자. 제단 위의 지팡이는 점복을, 물과 불은 희생물과 아들들만을 포함하는 최초의 가족을 뜻한다. 숲 안의 뼈로 된 항아리는 매장 관습을, 제단에 기대어 놓은 쟁기는 농지의 경작과 분할과 도피처와 예속민을 포함하는 후대의 가족과 최초의 농지 분쟁을 의미한다. 제단의 아래쪽에 엎어져 있는 방향타는 농지 분쟁에 따른 최초의 내륙 식민지와 그것이 실패했을 때의 해외 식민지와 그에 따른 민족 최초의 이동을 의미한다. 이 모든 것은 이집트의 신의 시대에 일어난 일인데, 바로는 무지 때문인지 태만 때문인지 이 시대를 암흑시대라고 불렀다[6, 52].

파스키스는 최초의 영웅시대의 귀족제 국가를 뜻한다. 여기에서 자연적 소유권, 법적 소유권, 탁월한 소유권으로 나뉘는 세 가지 종류의 소유권이 구분되었고, 최초의 공적 권력이 발생했으며,

---

98) Hadrianus(76~138, 재위 기간 117~138). 로마의 평화 시대를 이끌었던 오현제 중의 한 명.

99) Salvius Julianus(100?~170). 하드리아누스 황제부터 마르쿠스 아우렐리우스 황제까지 보필한 로마 제국의 법학자.

최초의 농지법에 의해 부과된 불평등한 연합이 이루어졌다. 그 농지법에 의해 평민의 농촌 봉토에 최초의 도시가 세워졌는데, 평민은 영웅들의 귀족 봉토의 봉건적 신하였으며, 귀족은 스스로 주군이었지만 지배하는 귀족의 계급 속에서 더 높은 주군의 신하가 되었다. 파스키스에 기대어 있는 칼은 약탈과 해적질로 시작되어 이러한 도시들 사이에서 벌어진 공적인 전쟁을 의미한다. 결투, 즉 개인적인 전쟁은 훨씬 이전에 가족 국가 내부에서 시작했던 것이 확실하다[959]. 손가방은 귀족의 가문(家紋) 또는 가족의 문장(紋章)을 뜻하며 여기에서 민족 최초의 휘장인 메달이 생겼고, 그것이 훗날 군기(軍旗)가 되고 마지막으로 주화가 되었다. 여기에서 주화는 교역이 돈을 매개로 한 동산으로 확대되었음을 의미한다. 작물이나 노역의 자연적인 가치에 따라 이루어진 부동산의 거래는 최초의 농지법과 함께 신의 시대 이전에 시작되었으며, 농지법의 토대 위에 국가가 탄생했다. 저울은 평등의 법을 뜻하는데 그것이 본래의 올바른 법이다. 마지막으로 [헤르메스의] 지팡이는 공식적으로 선포된 전쟁이 평화 조약으로 끝나게 되었음을 의미한다.

이 모든 상형문자들은 제단에서 멀리 떨어져 있다. 왜냐하면 그 모두는 그릇된 종교가 서서히 사라지던 시대의 인간사를 의미하기 때문이다. 그것은 귀족들의 농지 분쟁과 함께 시작하는데, 이집트 사람들은 이 시대를 영웅시대라고 불렀고 바로는 "신화의 시대"라고 불렀다. 알파벳이 있는 널빤지는 신적인 상징과 인간적인 상징 사이에 놓여 있다. 왜냐하면 철학의 시작을 알리는 문자와 함께 그릇된 종교가 사라지기 시작했기 때문이다. 우리의 그리스도교는 그릇된 종교에 대비되는 참된 종교로서, 인간의 세계에서는 가장 장엄한 플라톤의 철학과 그에 부합하는 한도 내에서 [아리스토텔레스의] 소요학파의 철학과 합치하는 것으로 확인된다.

[41] 따라서 이 저작의 개념 전체는 다음과 같이 요약될 수 있다. 그림의 배경에 있는 암흑은 이 『새로운 학문』의 소재로서, 그것은 불확실하고 형체가 없고 모호한데, 연표와 그것에 대한 주에서 설명하고 있다. 신의 섭리가 형이상학의 가슴을 비추고 있는 빛줄기는 공리와 정의와 준거를 뜻한다. 이 『새로운 학문』은 그것들을 요인으로 삼아 그것의 근거가 되는 원리와 그것이 진행되는 방법을 추론하려 한다. 그 모든 것들은 제1권에 포함되어 있다. 형이상학의 가슴에서 호메로스의 동상으로 반사된 빛은 제2권에서 시적 지혜에 부여된 바로 그 빛이자, 제3권에서 참된 호메로스를 밝혀주는 바로 그 빛이다. "참된 호메로스의 발견"에 의해 이러한 민족의 세계를 구성하고 있는 모든 것들이 명확해지며, 그것은 참된 호메로스로부터 나온 빛이 상형문자들을 비추는 순서에 따라 그 기원을 추적한다. 이것이 제4권에서 고찰하고 있는 "민족들이 밟는 과정"이다. 마침내 호메로스 동상의 발치에 이르러 또 다른 과정이 같은 순서로 시작된다. 그것을 다섯 번째 마지막 권에서 다룬다.

[42] 마지막으로 이 책의 개념을 가장 짧게 요약하자면 다음과 같다. 이 그림 전체는 여러 민족의 인간 정신이 땅으로부터 하늘로 격상되는 세 가지 세계의 순서를 표현한다. 땅 위에 보이는 모든 상형문자는 인류가 가장 먼저 몰두했던 여러 민족의 세계를 뜻

한다. 가운데에 있는 지구의는 이후 물리학자들이 관찰한 자연의 세계를 나타낸다. 위에 있는 상형문자는 정신의 세계와 형이상학자들이 마침내 관조하게 되는 신의 세계를 의미한다.

제1권

원리의 확립에 관하여

제1부

소재(素材)가 순서별로 정렬되어 있는 연표에 대한 주(註)

I

[이 연표는 지금까지의 모든 세계는 신의 시대, 영웅의 시대, 인간의 시대라는 세 개의 시대를 거쳐 진행되어왔다고 말했던 이집트인들의 세 시대에 따라 작성되었다][52].

[43] 이 연표는 대홍수로부터 시작하여 제2차 카르타고 전쟁에 이르기까지 히브리인, 칼데아인, 스키타이인, 페니키아인, 이집트인, 그리스인, 로마인의 고대 세계의 모습을 개괄한다. 여기에는 가장 잘 알려진 인물과 사건이 보이는데, 학자들의 공동체에서는 그것들을 특정의 시간과 장소로 확증해놓았다. 그러나 사실상 이러한 인물이나 사건은 그렇게 공동으로 확증한 시간이나 장소에 존재하지 않았거나, 전혀 이 세상에 존재하지 않았을 수도 있다. 또는 인간의 역사에서 가장 위대한 순간들이 일어나도록 만든 저명한

| 연표 |

히브리인(2)	칼데아인(3)	스키타이인(4)	페니키아인(5)	이집트인(6)
대홍수				
	조로아스터, 또는 칼데아인의 왕국(7)			
	님로드, 또는 언어의 혼란(9)			
				이집트 왕조
아브라함의 소명				대(大)헤르메스 트리스메기스투스, 또는 이집트 신의 시대(12)
신이 모세에게 성문법을 수여하다.				
				소(小)헤르메스 트리스메기스투스, 또는 이집트 영웅의 시대(18)
	아시리아인 니노스가 지배			

그리스인	로마인	세계력	로마력
		1656	
		1756	
거인족의 조상, 야벳(8), 그중 한 명인 프로메테우스가 태양으로부터 불을 훔치다(10).		1856	
데우칼리온(11)			
황금시대, 또는 그리스 신의 시대(13)			
데우칼리온의 아들이자 프로메테우스의 손자이자 야벳의 증손자인 헬렌의 세 아들로부터 그리스에 세 종류의 방언이 퍼지다(14).		2082	
이집트인 케크롭스가 아티카에 열두 개의 식민지를 두고, 거기에 테세우스가 아테네를 건립하다(15).			
페니키아인 카드모스가 보이오티아에 테베를 건설하고 그리스에 민중 문자를 도입하였다(16).		2448	
	사투르누스, 또는 라티움 신의 시대(17)	2491	
이집트의 다나오스가 아르고스 왕국으로부터 이나코스 일가를 추방하다(19). 프리기아인 펠롭스가 펠로폰네소스를 통치하다.		2553	
헤라클레스의 자손들이 그리스 전역으로 퍼져나가 영웅시대가 도래하다. 크레타 섬, 사투르니아 즉 이탈리아와 아시아에 크레타인 사제의 왕국이 도래하다(20).	원주민	2682	
		2737	

히브리인(2)	칼데아인(3)	스키타이인(4)	페니키아인(5)	이집트인(6)
			티레의 디도가 카르타고를 건설하러 가다(21).	
			티레가 항해와 식민지로 명성을 얻다.	
			상쿠니아테스 민중 문자로 역사를 쓰다(24).	
사울 왕의 통치				
				세소스트리스가 테베를 통치하다(26).
				프삼메티코스가 이집트를 이오니아와 카리아의 그리스인들에게만 개방(31)

그리스인	로마인	세계력	로마력
크레타의 왕 미노스, 민족의 최초 입법자, 에게 해 최초의 해적		2752	
오르페우스와 함께 신학 시인의 시대가 오다(22). 헤라클레스와 함께 그리스의 영웅시대가 절정에 달하다(23).	아르카디아인		
이아손, 폰투스와 해전을 시작하다. 테세우스, 아테네를 건설하고 아레오파고스를 확립하다.	헤라클레스 에반드로스와 라티움에. 이탈리아의 영웅시대	2800	
트로이 전쟁(25)		2820	
특히 오디세우스와 아이네이아스 같은 영웅들의 편력			
	알바 왕국	2830	
		2909	
아시아, 시칠리아, 이탈리아의 그리스 식민지		2949	
리쿠르고스, 라케다이몬인들에게 법을 부여		3120	
헤라클레스가 처음 창설한 뒤 중단되었다가 이시필로스에 의해 부활된 올림픽 경기(28)		3223	
	로마 창건(29)		1
아직 민중 문자가 발명되지 않았던 시대에, 이집트를 본 적도 없었던 호메로스(30)	누마 왕	3290	37
민중적 도덕 철학자, 아이소포스(32)		3334	

히브리인(2)	칼데아인(3)	스키타이인(4)	페니키아인(5)	이집트인(6)
	페르시아의 키로스가 아시리아 지배			
		스키타이 왕 이단티르소스 (38)		

그리스인	로마인	세계력	로마력
그리스의 칠현(七賢), 그중 솔론이 아테네에 민중의 자유를 확립; 밀레토스의 탈레스는 자연학으로 철학을 시작함(33).		3406	
리비우스에 따르면 피타고라스는 생존 기간에 로마에 이름조차 알려지지 않았을 것이다(34).	세르비우스 툴리우스 왕(35)	3468	225
폭군 페이시스트라토스, 아테네로부터 추방		3491	
	타르퀴니우스, 독재자들을 로마에서 추방하다.	3499	245
헤시오도스(36), 헤로도토스, 히포크라테스(37)		3500	
펠로폰네소스 전쟁. 투키디데스는 그리스인들이 아버지의 시대까지 자신의 과거에 대해 전혀 몰랐다고 기록하며, 그래서 이 전쟁을 기록하는 작업에 착수했다(39).		3530	
소크라테스가 합리적 도덕 철학을 창시함. 플라톤이 형이상학을 부흥함. 아테네는 가장 고양된 인간성의 예술로 충만함(40).	〈12표법〉	3553	303
그리스 군대를 페르시아 심장부로 데려간 크세노폰은 페르시아의 제도를 어느 정도 확실하게 안 최초의 인물(41)		3583	333
	푸블릴리아 법(42)	3658	416
알렉산드로스 대왕, 페르시아 제국을 전복시키고 마케도니아에 종속시킴. 아리스토텔레스가 동방을 방문하여 동방에 대한 이전의 그리스 기술이 우화였다고 고찰		3660	
	페텔리아 법(43)	3661	419
	타란토 전투. 라틴 사람과 그리스 사람의 교류가 시작되다(44).	3708	489
	제2차 카르타고 전쟁. 리비우스는 이와 함께 로마사를 시작함. 그는 세 가지 중요한 상황에 대해서는 알지 못한다고 공언(45)	3849	

인간이나 영향력이 큰 사건들이 길고 어두운 그림자 속에 묻혀 누워 있다가 새삼 밖으로 나온 것일 수도 있다. 여러 민족의 문명이 시초에는 얼마나 불확실하고 꼴사납고 결함 많고 허황한지 이 주(註)에서 그 모든 것을 볼 수 있을 것이다.

[44] 더구나 이 연표는 존 마셤이 『이집트, 히브리, 그리스의 연대기 규범』에서 확립한 기준과 정반대의 입장을 제시한다.[1] 마셤은 정치와 종교에서 이집트인들이 세계의 모든 민족을 앞섰기에 그들의 종교 의례와 사회적 법령이 다른 민족에게 전파되었고, 히브리인들은 어느 정도 수정을 가해 그것을 받아들였다는 사실을 증명하려고 했다. 스펜서가 「우림과 툼밈에 관하여」라는 논문에서 이 견해를 따랐다.[2] 스펜서는 이스라엘인[즉 히브리인]들이 신성한 카발라를 매개로 신에 대한 모든 지식을 이집트인들로부터 배웠으리라고 주장한다. 마지막으로 반 회른은 『야만 철학의 태고』[3]라는 저서의 '칼데아'라는 소제목이 붙은 장절에서 마셤을 칭찬했다.[4] 이 책에서 반 회른은 이집트인들로부터 신에 대한 지식을 습득한

---

1) John Marsham, *Canon chronicus aegyptiacus, hebraicus graecus et disquisitiones*(1670). 존 마셤(1602~1683)은 영국의 기사로서 이 책은 런던에서 출판되었다.

2) John Spencer, *Dissertatio de Urim et Tummim*(1670). 영국인 존 스펜서(1630~1695)의 이 논문은 케임브리지에서 출판되었는데. 니콜리니는 비코의 기록과는 달리 스펜서가 마셤을 따른 것이 아니라, 마셤보다 시간적으로 더 앞섰을 것이라고 추측한다. Vico, *Opere*, III, p. 398, n. 1.

3) Ottone van Heurn, *Antichità della barbaresca filosofia*(1660). 회른(1577~1648)은 네덜란드 사람으로 이 책은 라이덴에서 발간되었다.

모세가 자신의 율법을 통해 히브리인들에게 전달했을 것이라고 기록했다. 헤르만 비츠는 여기에 반대한다. 비츠는 '이집트학, 또는 이집트와 히브리의 종교 제례 비교'[5]라는 제목이 붙은 저작에서 이집트인들에 대해 최초로 확실한 정보를 제공한 이교도 저자는 철학자 마르쿠스 아우렐리우스 밑에서 활약했던 디오 카시우스[6]였다고 기술했다. 이에 대해서는 타키투스의 『연대기』로 반박할 수 있다.[7] 그에 따르면 게르마니쿠스[8]는 동방을 지날 때 테베의 유명한 고적을 보기 위해 이집트로 향했는데 몇몇 기념비[9]에 새겨져 있는 상형문자에 대해 그곳 신관들 중 한 사람에게 설명해달라고 했다. 그 신관은 어리석게도 그 문자는 아프리카에서 오리엔트를 거쳐 소아시아에 이르기까지 로마인들의 전성기에 버금갈 정도로 무한한 권력을 지녔던 그들의 왕 람세스[10]에 대한 기억을 보존하고 있다고 대답했다는 것이다. 아마도 비츠는 이 내용에 동의하지 않기 때문에 그 문장에 대해 입을 다물었을 것이다.

---

4) 여기에서도 또다시 전거에 대한 비코의 부주의가 드러난다. 반 회른의 책이 마셤의 책보다 출판 연도가 빠르기 때문에 반 회른이 마셤의 책을 칭찬했을 수는 없다.

5) Hermann Witz, *Aegyptiaca sive de aegyptiacorum sacrorum cum hebraicis collatione*(1683). 헤르만 비츠(1636~1708)는 네덜란드 신학자로서 이 책은 암스테르담에서 발간되었다.

6) Dio Cassius(155?~235). 로마 시대의 역사가.

7) Publius Cornelius Tacitus, *Annales*, 2. 60.

8) 로마 제국의 장군으로 게르마니아에 원정한 이후 그런 칭호를 얻었다.

9) 오벨리스크를 가리킨다.

10) 람세스 2세를 가리킨다.

[45] 그러나 그렇게 무한하게 펼쳐진 고대 [이집트] 세계라 할지라도 내륙의 이집트인들에게 풍부한 지식을 결실로 남겨주지는 못했다. 알렉산드리아의 클레멘스가 『잡기』(雜記)[11]에서 기술하였듯, 그들의 제례에 관한 책은 42권에 달했는데, 철학과 천문학에 관해서는 중대한 잘못을 포함하고 있다. 이것 때문에 아레오파고스의 성 디오니시우스[12]의 스승이었던 카이레몬은 때때로[13] 스트라본의 조롱을 받았다. 갈레노스의 책 『헤르메스의 의학』에서 찾을 수 있는 [이집트의] 의학과 관련된 일들은 명백한 헛소리나 단순한 사술에 불과했다.[14] 도덕도 방탕해서 매춘부를 용인하고 허용하는 것은 물론 존경하기까지 했다. 신학은 미신과 주술과 마법으로 가득 차 있었다. 그들의 오벨리스크와 피라미드의 장대함도 큰 것을 선호하는 야만성의 산물이라고 할 수 있다[816]. 실로 이집트의 조각과 주조물은 오늘날까지도 대단히 조잡하다고 비난받는다. 이와는 대조적으로 섬세함이란 철학의 결실인데, 철학자들의 나라인 그리스만이 인간의 재능이 지금까지 발견해왔던 모든 예술을 빛낼

---

11) Clemens Alexandrinus, *Stromati*, iv, 4. 알렉산드리아의 클레멘스는 로마의 교황 클레멘스 1세와 구분하기 위해 이렇게 불린다. 그는 기독교 신학자로서 그리스 철학에 깊은 조예를 보였다.

12) 또다시 전거에 대한 비코의 오류이다. 아레오파고스의 성 디오니시우스가 아니라 알렉산드리아의 문법학자였던 디오니시우스를 가리킨다. Vico, *Opere*, III, p. 398, n. 11.

13) "때때로"라는 비코의 표현과 달리 스트라본은 단 한 차례만 카이레몬을 조롱했을 뿐이다. 카이레몬은 고대 그리스의 스토아 철학자로서 알렉산드리아의 도서관을 감독했다.

14) *Opera*, Kuhn ed., xi, 798.

수 있었다. 회화, 조각, 주조, 조판술 등은 섬세함의 극치인데, 이들은 표현하려는 대상의 표면을 추출하여 전달해야 하기 때문이다[794].

[46] 반면 알렉산드로스 대제가 바닷가에 건설한 알렉산드리아에서는 이집트 사람들의 오래된 지혜가 별나라까지 격상되었다. 그곳은 아프리카의 명민함과 그리스의 섬세함을 결합시키면서 신학에 탁월한 철학자들을 배출하였다. 그들을 통하여 알렉산드리아는 고도의 신학적 지식의 전당이라는 영광을 얻게 되어 알렉산드리아의 박물관은 아테네에 있던 아카데미[15]와 리케이온[16]과 스토아학파와 견유학파를 모두 합친 것에 버금가는 명성을 얻었다. 이 점에서 알렉산드리아는 "학문의 어머니"라고 불렸으며, 이러한 탁월성으로 말미암아 그리스 사람들로부터 단지 '폴리스'라고 불리게 된 것이다. 그것은 그리스인들이 아스투(Aστύ: 도시)라고 말하면 아테네를, 로마인들이 우릅스(Urbs: 도시)라고 말하면 로마를 가리키는 것이나 마찬가지이다. 이때 이집트 최고의 사제 마네토, 또는 마네토네가 출현했는데,[17] 그는 이집트의 역사 전체를 하나의 장엄한 자연 신학으로 바꾸었다[222]. 이것은 그리스의 철학자들이 그들의 신화를 대했던 것과 같은 관점인데, 신화가 그리스인들의 가장 오래된 역사였음을 이 책에서 알게 될 것이다. 즉 그리스

---

15) 플라톤의 아카데미.

16) 아리스토텔레스의 리케이온.

17) 정확하게는 기원전 3세기 후반 프톨레마이오스 2세 필라델포스의 시대에 살았던 이집트 헬리오폴리스 신전의 제사장.

의 신화에 관련하여 일어났던 일이 이집트의 상형문자에 관해서도 마찬가지로 일어났다는 것이다.

[47] 그렇듯 높은 지식에 대한 본성적인 자부심 때문에 알렉산드리아 사람들은 "명예욕의 동물"이라는 조롱을 받았다. 알렉산드리아는 지중해는 물론 홍해를 통해 인도양까지도 거래한 교역의 거대한 중심지였다. 타키투스는 금과옥조와 같은 문장에서 그들의 비난받을 만한 관습 중에는 "새로운 종교에 대한 탐욕"[18]이 있다고 기술했다. 그들은 자신의 역사가 형용할 수 없을 정도로 오래되었다는 편견 속에서 세상의 다른 모든 민족보다 앞섰고, 그리하여 예로부터 세상의 대부분을 지배해왔다고 허황하게 자랑을 해왔다. 게다가 그들은 서로 간에 아무것도 알지 못하는 민족들 사이에서 신과 영웅에 대한 동일한 관념이 어떻게 따로따로 태어났는지 알지 못했다. 이에 대해서는 앞으로 충분히 설명할 것이다[145], 그리하여 그들은 해상 교역을 통해 마주쳤던 민족들로부터 들었던 세상의 다른 곳에 퍼져 있던 거짓 신들 모두가 이집트로부터 발원했다고 믿었다. 그들은 자신의 유피테르인 암몬이 각 민족마다 하나씩 갖고 있는 유피테르들 중에서 가장 오래되었다고 믿었다. 바로는 유피테르의 숫자가 마흔에 달한다고 말했다[14]. 헤라클레스에 대해서도 다른 모든 민족이 이집트로부터 그 이름을 따왔

---

18) "명예욕의 동물"이라는 구절도 "새로운 종교에 대한 탐욕"이라는 구절도 타키투스의 저서에서는 찾을 수 없다. 이와 비슷한 구절을 다음에서는 확인할 수 있다. Flavio Vopisco, *Saturninus*, 7.

다고 믿었다. 이 모두는 타키투스가 기술한 것과 같다.[19)]

아우구스투스의 시대에 살았으며 너무도 편향된 시각으로 이집트인들을 칭찬했던 디오도로스 시쿨로스조차 이집트의 고대 역사에 2천 년 이상을 부여하지 않았다.[20)] 그의 판단은 자크 카펠이 『신성한 역사와 이집트의 역사』라는 책에서 뒤집어놓았다.[21)] 그는 크세노폰이 키로스 대왕에게 할당했고, 덧붙이자면 때때로 플라톤[22)]이 페르시아인들에 대해 생각했던 것과 같은 역할 정도를 이집트인들에게 상정했을 뿐이다. 마지막으로 이집트인들의 옛 지식이 가장 높았다는 주장이 허황되다는 것은 헤르메스의 비학이라는 허울로 알려진 책 『포이만드레스』의 날조에 의해 확인된다.[23)] 그 책

---

19) Cornelius Tacitus, *Annals*, II, 60. 그렇지만 타키투스는 헤라클레스에 대해서는 이집트의 헤라클레스만을 언급하고 있다.

20) Diodorus Siculus, *Bibliotheke*, I, 23. 니콜리니는 디오도로스가 1만 년 이상을 부여했다고 비코를 반박한다. Vico, *Opere*, III, p. 400, n. 4. 디오도로스 시쿨로스는 기원전 1세기 그리스의 역사가이다.

21) 이 책의 제목은 번역본마다 다르게 나타나는데, 그 일차적인 원인은 비코 자신이 제공하고 있다. 니콜리니에 따르면 프랑스의 신학자 카펠이 쓴 이 저서의 원제목은 '아담에서 아우구스투스까지 신성한 역사와 이국적인 역사'이다. 그런데 이것을 비코는 『신성한 역사와 이집트의 역사』(*Storia sagra ed egiziaca*)라고 오기했다. 니콜리니가 바로잡은 이 책에 관한 서지 사항은 다음과 같다. Jacques Cappel, *Historia sacra et exotica ab Adamo usque ad Augustum* (Sedan, 1613). Bergin과 Fisch는 그들의 번역본에서 니콜리니를 따라 이것을 바로잡아 놓았는데, David Marsh는 새로운 번역에서 또다시 이 책을 *The Sacred History of Egypt* 즉 『이집트의 신성한 역사』라고 비코의 원전에 맞추어 바꾸어놓았다. Vico, *Opere*, III, p. 400, n. 6.

22) *Alcibiades*, I, 120.

23) 16세기에는 모든 사람들이 『포이만드레스』를 헤르메스 트리스메기스투스의

의 주제는 플라톤주의자들이 설명했던 것과 다를 바 없고 그보다 더 오래되지도 않았다는 사실을 알게 되었다고 카조봉은 말했고,[24) 소메즈는 이 단편적 저작이 질서 없이 잘못 구성해놓은 이야기의 집산에 불과하다고 판단했다.[25)]

[48] 이집트인들이 자신의 과거가 그토록 위대하다는 그릇된 생각을 갖게 된 것은 불안정한 인간 정신의 속성[120] 때문인데, 인간 정신은 알지 못하는 사물에 대해 실제보다 훨씬 더 크다고 믿는 경우가 흔히 있다. 이 점에서 이집트인들은 중국인들을 닮았다. 중국인들이 모든 외국 민족과 절연되어 큰 나라로 성장했던 것은 이집트가 프삼메티코스 왕[26)] 때까지, 그리고 스키타이가 이단티르소스 왕 때까지 그러했던 것을 닮았다. 실로 고대에는 스키타이인들이 이집트인들보다 수준이 높았다는 전승도 있다.[27)] 이 전승이 이교도의 세계사가 시작한 곳에 출발점을 두었던 것은 확실해 보인다. 유스티누스에[28)] 따르면 세계사에는 아시리아 왕국

저작으로 알고 있었다. 즉 가장 오래된 지혜를 담은 저작이라고 생각하며 신성시했다. 이 책은 15세기 말에 마르실리오 피치노가 번역하여 비코는 그 번역본으로 이 책을 알게 되었다. 오늘날에는 이 책이 헬레니즘 시대에 편찬된 것으로 알고 있지만, 이와 달리 17세기 말에 사람들은 이 책이 뒤늦게 날조된 것이라고 생각했다.

24) 제네바 출신의 이삭 카조봉(1559~1614)의 책은 프랑크푸르트에서 발간되었다. Isaac Casaubon, *De rebus sacris et ecclesiasticis*(1615).

25) Claudio Saumaise, *Plinianae exercitationes*(1629). 프랑스의 문헌학자였던 클로드 소메즈(1588~1653)의 이 책은 파리에서 출판되었다.

26) 이집트의 프삼메티코스 1세(BC 664~BC 610).

27) 예를 들면, Van Heurn, op. cit., p. 200.

이전에 스키타이의 타나오스 왕과 이집트의 세소스트리스 왕이라는 두 명의 강력한 군주가 있었다. 그들이 세계가 사실보다 훨씬 더 오래된 것처럼 보이게 만든다. 유스티누스에 따르면 먼저 타나오스 왕이 동방을 통하여 대군을 이끌고 이집트를 정복하려고 했으나, 이집트는 천연적으로 군대를 이끌고 지나가기가 대단히 어려웠다. 다음으로는 세소스트리스 왕이 타나오스에 버금가는 대군과 함께 스키타이를 정복하려고 했다. 페르시아인들은 인접한 메디아인들까지는 지배하고 있었지만 대왕이라고 불리는 다리우스 왕의 시대 전까지는 스키타이인들에 대해서 알지 못했다.[29] 다리우스 왕은 스키타이의 왕 이단티르소스에게 선전포고를 했다. 페르시아의 문명이 대단히 발전했던 시대에 스키타이는 여전히 미개했기 때문에 이단티르소스 왕은 상형문자로 글을 쓰는 법조차 알지 못해 [99, 435], 다섯 개의 실물어[30]를 전해 대답했다. 이 두 명의 강력한 왕들은 각기 강력한 군대를 이끌고 아시아를 정복했지만, 아시아를 스키타이나 이집트의 속주로 만들지 않고 큰 자유를 준 채 방치하여 훗날 이곳에서 세계에서 가장 유명한 최초의 네 개의 왕국 중 하나가 일어나게 된 것이다. 그것이 아시리아 왕국이었다!

---

28) Marcus Justinus, *Historiarum Phillipicarum et totius mundi originum*, I, 1, 3. 유스티누스는 3세기 로마의 역사가이다.

29) 니콜리니는 유럽의 스키타이는 러시아를 가리킨다고 말한다. 반면 다리우스 왕의 시대에 페르시아인들이 스키타이에 대해 알지 못했다는 사실은 부인한다. Vico, *Opere*, III, p. 401, n. 3.

30) 원어는 parole reali. David Marsh는 "말 대신 물건을 사용해서 대답했다"는 방식으로 번역했는데, 그것이 '실물어'의 의미를 잘 설명해줄 것이다.

[49] 아마도 같은 이유로 내륙의 민족인 칼데아인들도 옛 역사가 오래되었다는 경쟁에 참여하지 않을 수 없었을 것이다. 뒤에 설명하겠지만 2만 8천 년 전부터 천문학적 관찰의 기록을 보존하고 있다고 허황된 주장을 펼친 두 민족[즉 이집트와 스키타이]보다 칼데아인들의 역사가 더 오래되었다.[31] 어쩌면 이것이 히브리인 플라비우스 요세푸스가 대리석과 벽돌로 된 두 개의 기둥에 새겨진 천문학적 관찰에 대한 기록이 대홍수 이전이었다는 그릇된 믿음을 가진 이유일 것이다.[32] 두 번의 대홍수 이전에 세워진 벽돌로 된 기둥과 대리석으로 된 기둥에 그 기록이 새겨져 있었다는 것인데, 대리석으로 된 기둥은 시리아에서 봤다고 생각했다. 고대의 민족들에게는 천문학적 기억을 보존하는 것이 그리도 중요했지만 그들의 뒤를 이은 민족들에게서는 사실상 그 의미가 사멸했다! 따라서 그런 기둥은 쉽게 믿는 사람들의 박물관에나 보내야 할 것이다.

[50] 그러나 옛날부터 중국인들은 글을 쓰는 법도 알지 못했던 스키타이인들은 물론[48], 이집트인들만큼 아니면 그들보다 더 많이 상형문자를 사용해왔다[435]. 그 세 민족들은 몇 천 년이 지나도록 세상이 참으로 얼마나 오래되었는지 그 정보를 알게 해줄 수 있는 민족들과 통상을 하지 못했다. 아주 작고 어두운 방에 갇혀

---

31) 니콜리니는 키케로를 인용하며 2만 8천 년이 아니라 4만 년이라고 주장했음을 밝혔다. Cf: Marcus Tullius Cicero, *De divinatione*, I, 1. Vico, *Opere*, III, p. 401, n. 6.

32) Flavius Josephus, *Antiquitates iudaicae*, I, 2, 3. 플라비우스 요세푸스(38?~100)는 유대인 역사가이다.

잠을 자고 있는 사람이 어둠에 대한 두려움 속에서 자신의 손으로 더듬고 있는 것이 실제보다 훨씬 더 크다고 믿는 것처럼 중국인들과 이집트인들과 함께 칼데아인들도 자신의 연대기에 대한 몽매함 속에서 같은 일을 했다. 그러나 예수회의 미켈레 데 루지에리 신부[33]는 예수 그리스도의 출현 이전에 출판된 [중국의] 책을 읽은 적이 있다고 했다.[34] 같은 예수회의 마르티니 신부는 자신의 『중국사』에서 공자가 대단히 오래된 인물이라고 기술했다.[35] 마르틴 스코키오가 『세계 대홍수 논고』에서 언급하듯 공자는 많은 사람들을 무신론으로 이끌었고,[36] 『아담 이전의 역사』의 저자인 이사크 들라페레르는 아마도 그 영향을 받아 가톨릭 신앙을 버리고[37] 대홍수

33) 루지에리 신부(1543~1606)는 나폴리 출신이다.

34) 니콜리니는 다음 책에 나오는 루지에리의 편지 두 통의 어느 곳에도 이런 내용이 없다고 밝힌다. *Nuovi avisi del Giappone* (Venezia, 1586), pp. 162~167, 170~174.

35) Martino Martini, *Sinicae historiae deca prima* (Monaco, 1658), p. 128. 트렌토 출신인 마르티니 신부(1614~1661)는 공자가 기원전 6세기 이전 사람은 아니라고 했다.

36) 니콜리니는 비코가 스코키오라고 언급한 인물이 네덜란드인 마르틴 스호크(Martin Schoock, 1614~1659)라고 바로잡는다. 비코의 책 제목도 다음과 같이 표기했다. *Demonstratione Diluvii universalis*. 그러나 이 책의 제목은 『노아의 대홍수』(*Diluvium Noachi universalis*)이다. 니콜리니는 이 책이 다음 책 제2판의 부록으로 출판되었다고 밝힌다. *Fabula Hamelensis* (Groeningen, 1692). 그러나 비코가 단언하는 본문의 내용은 이 책에 없다. Vico, *Opere*, III, p. 401, n. 5, 6.

37) 이와는 반대로 1656년 브뤼셀에서 체포된 그는 칼빈주의를 버리고 가톨릭으로 개종했다.

는 히브리인들 땅 위에만 뿌려졌다고 썼을 것이다.[38] 루지에리나 마르티니보다 박식했던 니콜라 트리고는『그리스도교의 중국 포교』에서 중국의 인쇄술은 유럽보다 두 세기 이상을 앞서지는 않았을 것이며, 공자의 전성기는 예수 그리스도보다 5백 년 이상 앞서지 않았을 것이라고 기술했다.[39] 실로 공자의 철학은 이집트의 종교 제례에 관한 책과 비슷해서 몇 안 되는 자연 현상에 대한 언급은 거칠고 조잡하며, 거의 모든 내용이 세속계의 도덕, 즉 법으로 국민에게 명하는 도덕을 언급하고 있다.

[51] 이집트인들을 필두로 이교도 민족들마다 자신의 역사가 대단히 길다는 허황한 견해에 대해 논의한 다음에야 우리는 이교도 지식에 대한 연구를 시작해야 한다. 우리의 중요한 출발점은 다음을 학문적으로 확인하는 것이다. 어디에서, 언제 그 지식은 이 세상에 처음으로 태어났을까? 또한 참된 신에 의해 세상이 창조되었을 때 창조된 아담이 군주였던 히브리인들이 세계 최초의 민족이었다는 사실로부터 출발한 그리스도교 신앙에 도움이 될 인간적 근거는 무엇일까? 앞으로 알게 되겠지만 이교도의 모든 역사는 출발점에 신화가 있기 때문에 우리가 최초로 배워야 할 학문은 신화

38) 보르도 출신 페레르의『아담 이전의 역사』는 상당히 유명한 책이었다. 단지 비코가 그 책의 제목을 *Storia preadamitica*라고 기술했던 것과 달리 정확한 제목은 *Praeadamitae*(1655)이다. 여기에서 그는 아담 이전에 인류가 존재했음을 인정했다.

39) Nicolas Trigault da Douai(1577~1618), *De Christiana expeditione apud Sinas*(1615).

또는 신화의 해석이어야 하며, 신화는 이교도 민족의 최초의 역사였다는 것이다[202]. 그리고 이렇게 확립된 방법으로 민족은 물론 학문의 출발점도 다시 찾아야 한다. 왜냐하면 학문은 다름 아닌 민족으로부터 나왔기 때문이다. 이 저작 전체를 통해 논증할 것이지만, 학문의 출발점은 민족의 공적인 필요성이나 유용성에 있었는데, 훗날 여기에 인간 개개인의 예리한 통찰력이 적용되어 완성되기에 이른 것이다[498]. 세계사는 바로 여기에서 시작되어야 하는데, 모든 학자들은 그러한 출발점이 [지금까지의 세계사에서] 결여되어 있었다고 말한다[399].

[52] 이 일을 하는 데 이집트인들의 고대가 큰 도움이 될 것이다. 그들은 피라미드만큼이나 경이로운 그들의 역사에 대한 두 개의 중요한 편린을 남겨두었는데, 그것은 두 가지의 위대한 문헌학적 진리를 가리킨다. 그중 한 가지에 대해서는 헤로도토스가 말한다. 그들은 자신의 지나간 시간 전체를 세 개의 시대로 구분했다는 것이다. 첫 번째는 신의 시대, 두 번째는 영웅의 시대, 세 번째는 인간의 시대이다.[40] 다른 하나는 순서대로 각 시대마다 그에 상응하는 세 개의 언어로 말을 했다는 것이다. 첫 번째는 신성한 문자인 상형 언어, 두 번째는 영웅의 문자인 상징 언어, 세 번째는 민중이 합의한 서간체 문자인데, 이에 대해서는 요한네스 셰퍼가

40) 니콜리니는 여기에서 비코가 헤로도토스와 디오도로스 시쿨로스를 혼동하고 있다며 세 개의 시대로 나눈 사람은 디오도로스 시쿨로스임을 밝힌다. Diodorus Siculus, *Bibliotheke*, I, 44. Vico, *Opere*, III, p. 403, n. 2.

『이탈리아 철학』에서 언급하고 있다.[41)]

이러한 시대 구분을 마르쿠스 테렌티우스 바로에게서는 찾을 수 없다. 로마가 가장 찬란했던 키케로의 시대에도 무한한 지식으로 "로마인들 중에서 가장 박식하다"는 칭송을 받아 마땅했던 바로는 그 구분을 따르는 법을 몰랐다기보다는 따르기를 원하지 않았다고 말해야 할 것이다. 그것은 아마도 그가 고대의 모든 민족에게 진리로 통용되었던 원리들을 로마에만 적용시켜 신과 인간에 관한 로마의 모든 일들은 라티움에 기원하고 있다고 보았기 때문일 것이다. 그리하여 그는 자신의 위대한 저작 『신적인 것과 인간적인 것』에서 모든 것의 기원을 라티움에 부여하려고 열심이었다. 그런데 시간은 불공평하게 우리로부터 그 책을 앗아갔다.[42)] 바로는 〈12표법〉이 아테네로부터 로마로 전해졌다는 허구를 믿지 않았던 것이다. 그는 세계의 모든 시간을 셋으로 나눴다. 그것은 이집트의 신의 시대에 상응하는 어둠의 시간, 영웅의 시대에 상응하는 신화의 시간, 인간의 시대에 상응하는 역사의 시간을 가리킨다 [364, 990].

[53] 더구나 이집트인들의 고대는 두 개의 자만심에 대한 기억으로 우리를 돕는데, 그중에 민족의 자만심은 디오도로스 시쿨로스[43)]

41) Johannes Scheffer, *De natura et constitutione philosophiae italicae* (Upsala, 1644). 요한네스 셰퍼(1621~1679)는 스트라스부르 출신이다.

42) 니콜리니에 따르면 소실된 바로의 이 저작 *Rerum divinarum et humanarum*의 일부가 성 아우구스티누스의 『신국』 제6권에 요약되어 있다. Vico, *Opere*, III, p. 404, n. 2.

가 고찰하듯 미개하든 개명되었든 모든 민족은 자신이 가장 오래되었으며 세계의 출발점으로부터의 기억을 보존하고 있다고 간주한다는 것을 말한다. 그렇지만 가장 오래되었다는 것은 히브리인들만의 특권이다. 우리가 살펴봤던바 이집트인들의 두 개의 자만심 중 하나는 그들의 유피테르인 암몬이 세계의 모든 유피테르보다 더 오래되었다는 것이며, 다른 하나는 모든 헤라클레스들이 이집트의 헤라클레스로부터 이름을 받았다는 것이다[47]. 다시 말해 모든 민족은 처음에 신의 시대를 거쳤는데 그 왕들마다 자신이 유피테르라고 믿었다. 다음으로 영웅의 시대에 그들은 신의 자손이라고 생각했는데, 그중에서는 헤라클레스가 가장 위대했다는 것이다.

II
히브리인

[54] 첫 번째 열은 히브리인들에게 헌정되는데, 곧 설명할[94] 히브리인 플라비우스 요세푸스와 피르미아누스 락탄티우스[44]의 엄중한 권위에 따르면 그들은 이교도 어느 민족에게도 알려지지 않은 채 살아왔다. 그럼에도 그들은 유대인 필론의 계산에 따르면

43) Diodorus Siculus, *Bibliotheke*, I, 9.

44) 락탄티우스(Lucius Caecilius Firmianus Lactantius, 240?~320)는 로마의 교부 철학자였다.

세계가 지나왔던 시간을 공정하게 산정하여 오늘날에는 가장 엄격한 비판자들조차 그것을 참이라고 받아들인다. 그의 계산이 에우세비우스의 계산과 다르다 할지라도 그것은 1500년 정도의 차이에 불과한데,[45] 칼데아인, 스키타이인, 이집트인, 그리고 마지막으로 오늘날의 중국인들의 계산마다 보이는 차이에 비교하면 대단히 짧은 시간일 뿐이다. 이것은 히브리인들이 우리 세계 최초의 민족이었으며 신성한 역사 속에서 그들의 기억을 세계의 시작부터 참되게 보존해왔다는 반박할 수 없는 증거이다[165].

III
칼데아인

[55] 두 번째 열에는 칼데아인을 넣는다. 왜냐하면 이 책의 "지리학"[46]에서 논증할 것처럼 인간이 살 수 있는 세계 중에서 가장 내륙에 아시리아 왕국이 있었으며, 이 『새로운 학문』은 민족들이 처음에 내륙에 거주했고 그 뒤 해안으로 이주했다고 주장하기 때문이다. 확실히 칼데아인들이 이교도들 중 최초로 지혜를 갖춘 민족이었으며 문헌학자들의 공동체에서는 조로아스터가 그들의 왕

---

45) 유대인 철학자 알렉산드리아의 필론(Philo Judaeus, BC 15?~AD 54)에 따르면 세계는 기원전 3761년에 창조되었다. 주교이자 역사가였던 에우세비우스(Eusebius, 260?~340)에 따르면 그것은 5202년이다.

46) 이 책의 "시적 지리학"을 말하는 듯하나, 실은 "시적 연대기"에서 이것을 언급하고 있다[736].

이었다고 받아들인다. 세계사의 출발점에 아시리아 왕국이 있었다는 것에는 의심이 있을 수 없으며, 그 왕국이 칼데아인들에 의해 형성되기 시작했다는 것도 확실하다. 칼데아인들이 아주 큰 규모로 팽창하자 그들은 니노스 왕 밑에서 아시리아인으로 바뀌었는데, 그는 외부로부터 불러 모은 사람들이 아니라 칼데아 내부에서 태어난 사람들로 그 왕국을 건설하면서 칼데아라는 이름을 버리고 아시리아를 만들었을 것이다. 그것은 니노스가 이 민족의 평민들 힘으로 군주로 올라섰음을 보여준다. 로마인들이 그러했던 것처럼 그러한 과정이 거의 모든 민족의 정치적 관례였다는 것을 이 저작은 보여줄 것이다.

세계사는 조로아스터가 니노스에 의해 살해되었다고 말한다. 그것은 영웅시대의 언어로서, 조로아스터라는 영웅적 인격체가 지배하던 귀족제 국가였던 칼데아 왕국이 평민의 민중적 자유에 의해 전복되었다는 것이다. 영웅시대에 평민은 귀족과 다른 민족이었고, 니노스는 이 평민의 도움으로 왕위에 오를 수 있었다. 그렇지 않다면, 즉 지금 설명한 것이 사실이 아니라면 아시리아 역사의 연대기에는 다음과 같은 괴물이 등장하게 될 것이다. 즉 조로아스터라는 한 인물의 일생 동안 무법의 유랑하는 무리였던 칼데아인들이 거대한 제국으로 발전하여 니노스가 가장 위대한 왕으로 자리 잡게 되었다는 것이다. 이러한 원리를 알지 못하면서 세계 최초의 출발점을 니노스 왕에게 부여했기 때문에 지금까지 아시리아 왕국은 여름 비 뒤에 개구리가 홀연히 태어난 것처럼 보이게 되었다[738].

IV
스키타이인

[56] 세 번째 열은 스키타이인들에게 마련되었다. 전술했듯[48] 민간전승은 오래된 역사의 경쟁에서 스키타이인들이 이집트인들을 이겼다고 말했다.

V
페니키아인

[57] 네 번째 열은 이집트인에 앞서 페니키아인들에게 할당한다. 그들은 사분의(四分儀) 사용법과 북극성의 고도 측정에 관한 지식을 칼데아인들로부터 이집트인들에게 전달했다고 전해져 내려온다[727]. 우리는 그들이 민중 문자[47]도 전달했음을 밝힐 것이다[440].

VI
이집트인

[58] 마셤은 『이집트, 히브리, 그리스의 연대기 규범』에서 이집트인들이 모든 민족 중에서 가장 오래되었다고 주장하지만[44],

---

47) 알파벳 문자를 가리킨다.

지금까지 논의했던 모든 것들을 감안할 때 그들에게는 〈연표〉의 다섯 번째 열이 합당하다.

VII
조로아스터 또는 칼데아 왕국
—세계력 1756년

[59] 이 『새로운 학문』에서 조로아스터는 동방 민족들을 창시한 시적 인격체임을 알게 될 것이다. 반대쪽인 서방에 많은 헤라클레스들이 흩어져 있는 것만큼이나 많은 조로아스터들이 동방에 있다. 바로가 고찰한 바에 따르면 티레나 페니키아처럼 아시아에도 어쩌면 서양의 헤라클레스를 닮은 헤라클레스들이 존재했을 것이었는데[14], 그것이 동방에서는 조로아스터들이었음이 확실하다. 그러나 자신들이 알고 있는 것이 세계만큼이나 오래되었다고 믿고 싶어 하는 학자의 자만심은 이 조로아스터들을 가장 오래된 비교(秘敎)의 지식이 넘쳐나는 한 명의 특수한 인간으로 만들었고, 철학적 신탁도 그가 했던 일로 돌렸다.[48] 그렇지만 그러한 신탁은 피타고라스주의자들이나 플라톤주의자들의 새로운 학설을 오래된 것처럼 가장한 것에 불과하다. 이러한 학자의 자만심은 여기에서

48) 이른바 "조로아스터의 신탁"은 1563년부터 다양한 그리스 문헌에서 언급되기 시작했는데 아마도 비코는 반 회른의 라틴어 번역본을 통해 이에 대해 알게 된 것으로 보인다.

멈추지 않았다. 왜냐하면 민족들마다 이 조로아스터로부터 학파가 이어져 나가 학자의 자부심이 더욱 팽창되었기 때문이다. 그들에 따르면 조로아스터는 칼데아에서는 베로수스를 가르쳤고, 베로수스는 이집트에서 헤르메스 트리스메기스투스를, 헤르메스 트리스메기스투스는 에티오피아에서 아틀라스를, 아틀라스는 트라키아에서 오르페우스를, 그리고 오르페우스는 그리스에서 자신의 학파를 정착시켰다는 것이다. 그러나 얼마 뒤[93] 우리는 최초의 민족들에게 있어서 이러한 긴 여정이 과연 쉬운 것이었는지 보여주려 한다. 왜냐하면 야생에서 갓 벗어난 그들은 인접한 이웃조차 모르고 살았으며, 전쟁이나 교역의 이유 말고는 서로 간에 알지 못했기 때문이다.

[60] 그러나 칼데아인들에 대해서는 문헌학자들마저 스스로 수집한 다양한 민간전승에 당혹하여 칼데아인이 특정의 인물인지 가족 전체인지 민중 전체인지 아니면 민족인지 알지 못한다. 이러한 모든 의문은 다음과 같은 원리로 해결될 것이다. 즉 처음에 그들은 특정의 인물이었다가 다음에는 가족 전체가 되었다가 그다음으로는 민중 전체가 되었다가 마지막으로 하나의 거대한 민족이 되어 아시리아 왕국을 세웠다는 것이다. 그들의 지식은 처음에는 밤에 떨어지는 별똥별의 궤적으로 미래를 점치는 것과 같은 민속적인 점이었다가 점성술이 되었다. 그래서 라틴인들은 아직도 점성술사를 칼데아 사람이라고 부른다.

VIII
거인족의 조상, 야벳
—세계력 1856년

[61] 그리스의 신화에서 찾을 수 있는 자연사(自然史)[49]와 인간의 역사에서 도출할 수 있는 육체적, 정신적 증거를 갖고 우리는 최초의 모든 민족들 사이에 거인이 존재했음을 증명할 것이다[369~373].

IX
님로드, 또는 언어의 혼란
—세계력 1856년

[62] 언어의 혼란은 기적적인 방법으로 이루어져 한순간에 다양한 언어가 형성되었다.[50] 교부철학자들은 이 언어의 혼란을 통해 대홍수 이전의 신성한 언어의 순수성이 점차 사라지게 되었다고 말한다.[51] 이것은 인류를 번성시킨 셈족을 포함하는 동방 민족들

---

49) 원어는 istorie fisiche.

50) 이 어려운 주제에 대한 충분한 설명으로는 다음을 참고할 것. Fausto Nicolini, *La Religiosità di Giambattista Vico* (Bari, 1949).

51) 니콜리니는 비코가 (신성한 언어인) 히브리어가 적지 아니 훼손되었던 "바빌로니아 유수"의 시기와 바벨탑의 혼란을 혼동한 것이 아닐까 추측한다. Vico, *Opere*, III, p. 408, n. 3.

의 언어에 대해 말한 것으로 받아들여야 할 것이다. 세계의 다른 민족들의 경우는 달랐을 것임이 확실하다. 왜냐하면 함과 야벳의 종족은 2백 년 동안 야수처럼 방황하며 이 땅의 거대한 삼림 속에 흩어져 살아야 했기 때문이다. 그처럼 그들은 홀로 방황하며 자손을 낳아 어떤 인간의 관습도 결여되고 어떤 인간의 언어도 결핍된 채로 마치 야생 동물의 상태에서 야수와 같은 교육을 받았다. 그리고 대지에 대홍수의 습기가 말라 번개가 생성될 수 있을 정도의 건조한 증발이[52] 가능하기까지는 많은 시간이 지나야 했다. 사람들은 번개에 놀라고 겁을 먹어 유피테르에 대한 그릇된 종교에 스스로를 맡겼는데, 바로는 유피테르의 숫자가 40에 달한다고 했으며, 이집트인들은 그들의 유피테르인 암몬이 가장 오래되었다고 말했다[14]. 그리고 그 그릇된 종교는 천둥과 번개, 그리고 유피테르의 새라고 생각했던 독수리의 비상으로 미래를 예견하려던 일종의 점으로 바뀌었다. 그러나 동방의 민족들 사이에선 행성의 움직임과 별들의 외관을 관찰하는 것으로부터 나온 훨씬 섬세한 종류의 점이 태어났다. 그리하여 조로아스터는 이교도들 사이에서 최초의 현자로 찬양되기에 이르렀고, 보샤르는 조로아스터를 "별의 관조자"라고 불렀다.[53] 최초의 민중적 지혜[54]가 동방에서 태어

52) 대지의 증발로 인한 건조함이 바람과 번개를 생성했으리라는 것은 기본적으로 아리스토텔레스의 이론인데, 니콜리니는 비코가 세네카로부터 이것을 알게 되었으리라고 추정한다. Lucius Annaeus Seneca, *Naturales quaestiones*, II, 12. Vico, *Opere*, III, p. 408, n. 5.

53) 루앙 출신의 사뮈엘 보샤르(1599~1667)는 신학자이다. Samuele Bochart,

났듯 최초의 군주국, 즉 아시리아 왕국도 여기에서 일어났다.

[63] 이런 이유로 세계의 모든 언어의 기원을 동방의 언어에 연관시키려 하는 최근 어원학자들의 시도는 모두가 부정된다. 함과 야벳에 기원을 두는 모든 민족은 처음에 내륙에서 그들의 토착어를 발전시켰으며, 그 뒤에야 바다로 내려와 페니키아인들과 교역을 하기 시작했는데, 페니키아인들은 지중해와 대서양의 해안을 따라 항해하고 식민을 했던 것으로 유명하다. 『새로운 학문』의 초판에서 저자는 라틴어의 기원도 내륙에 있었다는 사실을 증명했는데, 라틴어의 예를 따라 그것은 다른 모든 언어에도 적용될 것임이 확실하다.[55]

X
거인족의 한 명, 프로메테우스가 태양으로부터 불을 훔치다 —세계력 1856년

[64] 이 신화로부터 하늘이 산꼭대기만큼 높았다고 사람들이 믿었던 시절에 하늘이 땅을 지배했음을 알게 되었는데, 민간전승은 하늘이 인류에게 크고 많은 혜택을 남겨두었다고 말하기도 한다.

Geographia sacra seu Phaleg et Chanaan, 1692.

54) 점성술을 가리킨다.

55) 이 내용은 니콜리니가 편집한 비코 전집에 실려 있다. *Opera*, III, 368~373(숫자는 장절의 순서를 가리킴).

XI
데우칼리온

[65] 이 시대에는 정의의 여신인 테미스가 파르나소스 산 정상의 신전에서 지상의 인간사를 관장하고 있었다.

XII
대(大)헤르메스 트리스메기스투스 또는 이집트 신들의 시대

[66] 키케로가 『신들의 본성에 관하여』에서 언급하듯,[56] 이 헤르메스를 이집트인들은 "토트"라고 불렀다. 그리스인들이 말하는 신, 테오스(ϑεος)는 여기에서 파생되었다. 테우트가 이집트인들에게 문자와 법을 전달했고, 마셤에 따르면[57] 이집트인들이 세계의 다른 민족들에게 그것을 가르쳤다. 그렇지만 그리스 사람들은 그들의 법을 상형문자가 아닌 민중 문자로 기록했는데, 지금까지 민중 문자는 페니키아로부터 카드모스가 도입한 것으로 알려져 있다. 그렇지만 앞으로 살펴볼 것처럼[679] [도입 이후] 7백 년 이상이나 그것을 사용하지 않았다. 그 기간에 호메로스가 나타나는데

56) Marcus Tullius Cicero, *De natura deorum*, III, 22.

57) John Marsham, op. cit., pp. 36, 123. 그렇지만 여기에서 마셤은 "문자"만을 언급할 뿐 "법"에 대해서는 말하지 않았다.

파이트가 『호메로스의 고대』에서 고찰하듯[58] 호메로스의 시 어느 곳에서도 법(νσμος)이라는 단어는 전혀 보이지 않으며, 그는 자신의 시를 음유시인들의 기억에 맡겨놓았다. 왜냐하면 히브리인 플라비우스 요세푸스가 그리스의 문법학자 아피온을 결연하게 반박하듯 그의 시대에는 민중 문자가 아직까지 존재하지 않았기 때문이다.[59] 게다가 호메로스 이후 그리스의 문자는 페니키아의 문자와 아주 다르게 나타났다.

[67] 그러나 다음의 문제들과 비교하면 이것은 아주 사소한 어려움에 불과하다. 즉 법도 없는 곳에서 어떻게 민족이 형성될 수 있었는가? 어떻게 이집트는 헤르메스 이전에 왕조를 세울 수 있었던 것인가?

이러한 문제에 대해서는 다음과 같이 반박할 수 있다. 문자가 법에 필수적이라 한다면 리쿠르고스 법으로 문자에 대한 지식을 금지시켰던 스파르타의 법은 법이 아니고 무엇인가?[60] 법을 말로 입안하고 말로 공포하는 것이 사회적 본성에 비추어 불가능한 질서라고 한다면 호메로스가 말하는 두 가지 종류의 집회가 사실상 어떻게 있을 수 있겠는가? 그 하나는 불레(βουλή)라 불리는 것으

58) 17세기 네덜란드 학자 에베라르도 파이트의 다음 책은 그의 사후에 라이덴에서 출판되었다. Everardo Feith, *Antiquitatum homericarum libri sex* (1679), p. 118.

59) Flavius Josephus, *Contra Apionem*, I, 2.

60) 정확하게 말하자면 스파르타에서는 법을 기록하는 것을 금지시켰다. Plutarchus, *Licurgus*, 18.

로서 여기에는 영웅들이 모여 말로 법을 논의한다. 다른 하나는 아고라(ἀΥορά)라고 불리는데 여기에서도 말로 법을 공포한다![624] 마지막으로 모든 민족은 그들의 야만 시절에 문자가 없었기 때문에 처음에는 관습에 기반을 두다가 문명화가 되면서 법의 지배를 받는 방식으로 섭리는 인간의 필요성을 정해놓은 것이 아닌가. 그것은 마치 중세, 다시 도래한 야만의 시대에 유럽의 새로운 민족들의 최초의 법이 관습으로부터 태어난 것과 같다. 그러한 관습 중 가장 오래된 것이 봉건제인데, 이에 대해서는 앞으로 우리가 말할 것을 위하여 기억해둬야 할 필요가 있다[599]. 즉 봉건제는 오래되었든 새롭든 모든 민족들 사이에서 훗날 성장했던 모든 법들의 최초의 기원이다. 그러므로 민족들의 자연법은 실정법이 아니라 바로 이러한 인간 관습에 의해 정착되었다.

[68] 이제 모세가 히브리인들의 숭고한 신학을 이집트인들로부터 배운 것이 아니라는 기독교에서 중요한 주제가 등장한다. 여기에서는 연대기가 장애물인 것처럼 보이는데, 연대기에서는 모세를 헤르메스 트리스메기스투스 이후에 배정하기 때문이다. 그러나 그러한 어려움은 전술했던 이유들[44]로 대처했던 것 이외에도 이암블리코스의 『이집트인들의 신비에 관하여』에 나오는 진정 금과옥조 같은 한 문장에서 표현했던 원리를 통해 극복할 수 있다.[61] 여기에서 그는 이집트인들이 인간의 사회생활에 필요하거나 유용하다고 생각했던 모든 것을 헤르메스의 공으로 돌렸다고 말했다.

61) Iamblichos, *De mysteriis aegyptiorum*, I.

그렇듯 헤르메스는 비교(秘敎)에 대한 지혜가 풍부하여 신으로 받들어진 특정의 인물이 아니라 시적 인격체였다는 것이다. 즉 헤르메스는 민중적 지혜에 능통한 초기의 이집트인들로서 그들이 처음에는 가족을, 다음으로는 민중을, 마지막으로는 거대한 민족을 구성했다는 것이다. 이렇게 방금 이암블리코스에게서 인용했던 바로 그 문장에서 다음과 같은 결론이 뒤따른다. 이집트인들이 신과 영웅과 인간의 세 시대로 구분했고, 이 헤르메스 트리스메기스투스가 그들의 신이었다면 이 헤르메스의 삶은 이집트인들의 신의 시대 전체를 포괄해야 마땅하다.

XIII
황금시대, 또는 그리스 신들의 시대

[69] 이러한 신화적 역사가 우리에게 말해주는 특징 가운데 하나는 신들이 인간들과 함께 섞여 살았다는 것이다. 연대기의 원리에 확실성을 부여하기 위해 우리는 이 저작에서 자연신통기, 또는 신들의 계보를 고찰할 것이다[317]. 그것은 인간의 필요성이나 유용성에 따라 어떤 기회에 그리스인들의 상상력 속에서 자연적으로 형성된 것인데, 두려운 종교 때문에 겁에 질린 그들은 신들로부터 도움이나 위안을 얻음을 느꼈다. 그들은 어린아이처럼 초창기의 세계에 살았던 것이다. 그들이 무엇을 보고 상상하고 어떤 일을 하든 그들은 신성을 감지했다[183]. 이른바 대(大)씨족들의 유명한 12신, 즉 가족의 시대에 사람들에 의해 받들어지던 신들에

게 12개의 소(小)시기를 만들어줌으로써 시적 역사학의 합리적 연대기는 신들의 시대가 900년 동안 지속되었다고 결정하였다[734]. 여기에 세속적인 세계사의 출발점이 있다.

XIV
데우칼리온의 아들, 프로메테우스의 손자, 야벳의 증손자인 헬렌의 세 명의 아들로부터 그리스에는 세 개의 방언이 퍼졌다 —세계력 2082년

[70] 그리스 토착민들을 헬레네스라고 부르는 것은 이 헬렌에서 유래한다. 그러나 이탈리아의 그리스인들은 "그라이인"으로, 그들의 땅은 그라이키아(Γραιχία)라고 부르는데, 그래서 라틴인들이 그들을 "그라이키"라고 부르게 되었다. 이탈리아의 그리스인들은 이탈리아로 이주할 때 바다 저편 본국 그리스의 이름을 알고 있었다. 그래서 조반니 팔메리오가 『고대 그리스에 관한 서술』[62]에서 고찰하듯 그리스의 작가들에게서는 그라이키아라는 말을 찾을 수 없다.

62) 니콜리니는 그의 이름을 다음과 같이 바로잡는다. Jacques le Paulmier, *Graeciae antiquae descriptio*(1678), pp. 3~7. 자크 르 폴미에르(1583~1670)의 이 책은 그의 사후에 라이덴에서 출판되었다. Vico, *Opere*, III, p. 412, n. 2.

XV
이집트인 케크롭스가 아티카에 열두 개의 식민지를 두고, 거기에 테세우스가 아테네를 건립하다

[71] 그러나 스트라본은 아티카 땅의 척박함 때문에 외국인들이 와서 살게 하는 것이 불가능하여, 아티카의 방언이 그리스 토착의 방언들 가운데 최초에 속한다는 것을 증명하려고 했다.[63]

XVI
페니키아인 카드모스가 보이오티아에 테베를 건설하고 그리스에 민중 문자를 도입하였다 —세계력 2491년

[72] 카드모스가 페니키아 문자를 보이오티아에 전달했다고 한다면 보이오티아는 문자의 기원지로서 그리스의 모든 민족들 중 가장 창의적인 민족이 되었어야 했다. 그러나 어리석은 정신의 소유자들만 산출했는지 '보이오티아인'은 우둔한 사람이라고 속설로 전해진다.

---

63) Strabon, *Geografia*, 9.1.8.

XVII
사투르누스, 또는 라티움 신의 시대
—세계력 2491년

[73] 이것은 라티움의 민족들에서 시작된 신들의 시대를 가리키는데, 성격에 있어 그리스의 황금시대에 상응한다. 우리의 신화가 언급하듯[544~547] 그리스인들에게 최초의 황금은 곡물이었다. 오랜 세기를 거쳐 최초의 민족들은 수확으로 햇수를 계산했다. 라틴인들은 사투르누스를 "씨를 뿌리다"라는 의미의 "사티스"라고 말했고, 그리스인들은 크로노스(Χρόϒος)라고 불렀는데 그들에게 크로노스는 시간이었으며, 거기에서 연대기라는 말이 나왔다.

XVIII
소(小)헤르메스 트리스메기스투스, 또는 이집트 영웅의 시대
—세계력 2553년

[74] 이 소(小)헤르메스는 이집트 영웅의 시대에 시적인 인격체였음이 확실하다. 그리스에서 영웅시대는 신의 시대가 끝나고 9백 년이 지난 뒤에 이어졌다. 그러나 이집트에서는 아버지와 아들과 손자 3대의 시간이 필요할 뿐이다. 이집트 역사에서 보이는 이러한 시간의 격차는 아시리아 역사에서 조로아스터라는 인격체를 통해 고찰한 바 있다[55, 59].

XIX
이집트의 다나오스가 아르고스 왕국으로부터 이나코스 일가를 추방하다 —세계력 2553년

[75] 이러한 왕위의 계승은 연대기의 큰 기준이다. 예컨대 이나코스 일가의 아홉 명의 왕이 연대기의 규칙에 따라 3백 년 동안 다스렸다던 아르고스 왕국을 다나오스가 점령했던 것처럼, 알바를 통치했던 라티움의 열네 명의 왕은 5백 년 동안 다스렸다.

[76] 그러나 투키디데스는 영웅시대에 왕들이 거의 매일 같이 서로를 왕좌에서 내쫓았다고 말한다.[64] 아물리오스는 알바의 왕좌에서 누미토르를 쫓아냈고, 로물루스는 아물리오스를 쫓아낸 뒤 누미토르를 복귀시킨 것이다. 이것은 그 시대의 잔혹성 때문에 일어난 일이기도 하고, 그 당시 귀족의 도시에는 성벽도 요새도 사용되지 않았기 때문이기도 하다. 우리는 중세 돌아온 야만의 시대에도 똑같은 일이 일어났음을 알게 될 것이다[645, 1014].

64) Thucydides, *History of the Peloponnesian War*, I, 5.

XX
헤라클레스의 자손들이 그리스 전역으로 퍼져 나가 영웅시대가 도래하다. 크레타 섬, 사투르니아, 즉 이탈리아와 아시아에 크레타인 사제의 왕국이 도래하다—세계력 2682년

[77] 드니 프토가 고찰하듯[65] 이 두 일은 영웅시대 이전의 그리스 역사에서 일어난 두 개의 중요한 사건이다. 헤라클레이다이, 즉 헤라클레스의 자손들이 그리스 전역에 퍼진 것은 아버지인 헤라클레스가 등장한 것보다 백 년이 앞선다. 헤라클레스가 그렇게 많은 자손을 퍼뜨리기 위해서는 여러 세기 이전에 태어났어야 한다.

XXI
티레의 디도가 카르타고를 건설하러 가다

[78] 우리는 디도를 페니키아 영웅시대의 끝 무렵에 위치시킨다. 그녀는 귀족들의 경쟁에서 패배하여 쫓겨났음이 확실하다. 그것은 시동생의 노여움 때문에 떠나게 되었다는 그녀의 고백으로

---

65) 드니 프토(Denis Petau, 1583~1652)는 프랑스의 오를레앙 출신으로, 연대기를 기록하던 예수회 수도사였다. *De Ratione temporum* (1626).

확인된다.[66] 티레 남자들 다수가 귀족의 언어로 "여자"라 불리게 된 것은 그들이 약하고 패배했기 때문이다[989].

XXII
오르페우스와 함께 신학 시인의 시대가 오다

[79] 이 오르페우스는 그리스의 야생 동물들에게 인간성을 복구시켜주었는데, 그 자신은 수천의 괴물로 가득 찬 거대한 굴과 같았다. 그는 인문적인 철학자가 아니라 용맹한 전사 마르스의 나라였던 트라키아 출신이다. 트라키아인들은 이후의 시대에도 줄곧 야만적으로 남아 있어서, 철학자 안드로티온은 오르페우스가 트라키아에서 태어났다는 이유만으로 그를 현자의 반열에서 제외시켰다. 그렇지만 오르페우스는 그리스어에 대단히 능통하여 경이로운 시를 지을 정도였고, 트라키아의 초창기부터 시로서 귀를 통해 그 야만인들을 교화시켰다. 트라키아의 야만인들은 이미 민족으로 구성되어 있었지만 경이로 가득 찬 도시에 불을 던지지 않을 만큼 눈까지 교화되지는 않았다.

1천 년 이전에 데우칼리온이 신의 정의에 대한 존경과 두려움으

66) 니콜리니는 베르길리우스의 『아이네이아스』를 통해 전해져오는 이야기에 따르면 시동생이 아니라 친동생인 피그말리온의 노여움 때문이었다고 확인한다. Vico, *Opere*, III, p. 414, n. 5. Maro Publius Vergilius, *Aenaeas*, I. 310.

로 그리스인들에게 신앙심을 가르친 바 있지만, 오르페우스는 그리스인들이 여전히 야생의 동물처럼 살고 있다고 생각했다. 훗날 인문과 예술의 신인 뮤즈와 아폴론의 거처가 된 파르나소스 산 위의 신전 앞에서 데우칼리온은 아내 피라와 함께 머리에 베일을 쓰고, 발밑에 있던 돌을 주운 뒤, 어깨 뒤로 던져 그것이 사람이 되도록 만들었다. 바꾸어 말해 데우칼리온과 피라는 인간 육체의 결합, 즉 결혼에 대한 수줍음을 갖고 이전의 야수 같은 어리석은 삶을 버린 뒤 가족을 가정 경제의 규율 속에 있도록 만들었다는 것이다.

7백 년 전에 헬렌은 언어로 그리스인들을 통합시켜, 세 명의 아들을 통해 세 개의 방언을 퍼뜨렸다. 그리고 이나코스 일가는 3백 년 전에 왕국을 건설하여 왕위를 계승해왔음을 보여주었다. 마지막으로 오르페우스가 [그리스인들에게] 문명을 가르치러 왔다. 그는 그리스가 아직도 야만 상태에 있던 시절에 민족으로서의 광휘를 부여하며 황금 양털을 찾는 해양의 과업에서 이아손과 동료가 되었다. 해양 사업과 항해는 민중이 마지막으로 성취한 업적이었다. 게다가 그 항해에는 유명한 트로이 전쟁의 원인이 되었던 헬레네와 남매 사이였던 카스토르와 폴리데우케스도 동행했다. 몇 천 년은 족히 걸렸어야 할 이렇게 엄청난 일들이 한 사람의 생애에 일어나다니! 오르페우스라는 인물 속에서 보이는 이러한 그리스 연대기의 괴물[735]은 우리가 앞에서 살펴봤던 두 가지 경우를 닮았다. 하나는 조로아스터라는 인격체에서 보이는 아시리아 역사의 경우이고[55, 59], 다른 하나는 두 명의 헤르메스에서 보이는 이집트 역사의 경우이다[66, 74]. 아마도 바로 이러한 모든 것 때문에 키케로는『신들의 본성에 관하여』[67]에서 오르페우스는 세계에 결코 존재한 적이 없었을 것이라고 의심한 것이다.

[80] 이렇듯 연대기와 관련한 큰 어려움에 그에 못지않은 도덕적, 정치적 문제들이 더해진다. 왜냐하면 오르페우스는 간음을 하는 유피테르, 헤라클레스의 덕성에 대한 불구대천의 원수 유노, 밤마다 잠에 든 엔디미온을 유혹하는 정숙한 디아나, 신탁에 대답하며 순결한 처녀 다프네를 죽음에 이르기까지 괴롭힌 아폴론, 신들과 땅에서 간음하는 것으로도 모자라 베누스와 함께 바닷속까지 갔던 마르스의 사례 위에 그리스 문명의 기초를 닦은 것이기 때문이다. 이렇듯 무제한적인 신들의 호색은 여자들과의 금지된 성교에서 그치는 것도 아니다. 유피테르는 가니메데스를 위한 사악한 사랑을 불태운다. 거기에서 끝나지 않는다. 마침내 짐승의 경계까지 넘어선 유피테르는 백조로 변해 레다와 함께 눕는다. 인간과 짐승에게 범한 이러한 육욕은 무법천지에서나 일어날 치욕스러운 일임이 확실하다. 이러한 천상의 신과 여신들은 결혼하지도 않는다. 유피테르와 유노가 결혼을 하긴 했지만, 자식이 없었다. 그 결혼에는 자식이 없을 뿐만 아니라 격한 부부싸움으로 가득 차 있다. 실로 유피테르는 정절을 지키지만 질투가 많은 아내를 공중에 매달고 자신의 머리에서 미네르바를 낳는다. 그리고 마지막으로 사투르누스는 아이들을 낳고는 집어삼킨다.

---

67) Marcus Tullius Cicero, *De natura deorum*, I, 38.

이러한 사례들은 플라톤부터 우리 시대 베룰람의 베이컨의 『옛 사람들의 지혜』에 이르기까지 고대가 가지고 있기를 바랐던 비교(秘敎)의 지식을 모두 포함하고 있을지 모른다. 또한 그것은 신을 예증하는 강력한 사례이긴 하지만 액면 그대로 받아들인다면 양속에 익숙해진 민중을 타락시키고 그들을 오르페우스가 말한 짐승과 같은 야수가 되도록 이끌 것이다. 이러한 이야기들이 야생의 짐승과 같은 사람들에게 문명을 부여할 공산이 크고 타당하다고 여길 수 있다니! 이런 점들을 감안하면 성 아우구스티누스가 『신국』[68]에서 테렌티우스의 희곡 『환관』의 한 장면을 지적하며 이교도들의 신을 비난한 것은 사소한 일에 불과하다. 그 장면에서는 황금빛 소나기 속에서 다나에와 함께 누워 있는 유피테르의 그림에 자극받은 카이레아가 전에 없던 열정을 갖고 여자 노예를 범해 격렬한 사랑에 빠진다.

[81] 그러나 신화의 이러한 고질적 곤란성도 이 『새로운 학문』의 원리로 피할 수 있다. 이것은 그러한 신화들이 처음에는 모두가 사실이고 민족의 창건자들에게 엄정하게 걸맞은 것이었음을 보여줄 것이다. 그런데 오랜 시간이 지남에 따라 일부 의미가 모호해지고 엄격했던 관습이 나태해졌다. 사람들은 양심에 위안을 받으려고 신의 권위를 갖고 죄를 저지르기 위해 오늘날 우리에게까지 전해져 내려오는 음란한 의미가 주입되었다는 것이다.

연대기의 폭풍우 같은 오류는 시적 인격체의 발견으로 피할 수

68) St. Augustine of Hippo, *De civitate Dei*,, II, 7.

있을 것이다. 그러한 시적 인격체 중 하나가 오르페우스이다. 그는 신화 시인으로서 신화 본래의 의미에서 그리스 문명의 토대를 닦은 뒤 그것을 확인했다. 이러한 시적 인격체는 무엇보다도 그리스 도시에서 평민들과 벌인 귀족들의 투쟁에서 두드러지게 나타난다. 따라서 그 시대에는 오르페우스, 리노스, 무사이오스, 암피온과 같은 신화 시인들이 돋보이는 것이다. 카드모스가 3백 년 전에 세웠다던 테베의 성벽을 암피온은 노래로 바위를 움직여 쌓았다. 그 움직이는 바위가 어리석은 평민이었다. 이것은 십인관(十人官)의 손자였던 아피우스가 로마가 건립될 무렵에 귀족들만 독점하던 전조 속에서 보이는 신의 힘을 평민들에게 노래함으로써 로마에 영웅의 국가를 강화했다는 것과 비슷하다. 이러한 귀족, 즉 영웅들의 투쟁에서 영웅시대라는 말이 나왔다[661, 734].

XXIII
헤라클레스와 함께 그리스의 영웅시대가 절정에 달하다

[82] 헤라클레스도 이아손의 콜키스 원정에 동행했던 실존 인물이었다고 간주하면 똑같은 난관에 봉착한다. 뒤에서 설명할 테지만 그는 자신의 업적으로 민중의 시조가 되었던 영웅의 시적 인격체일 것이다[514].

XXIV

상쿠니아테스 민중 문자로 역사를 쓰다

—세계력 2800년

[83] 상쿠니아톤으로 불리기도 했고, 알렉산드리아의 클레멘스가 『잡기』(雜記)에서 언급하였듯[69] "진리의 역사가"라는 칭호로 불렸던 그는 민중 문자로 페니키아 역사를 기록했다. 이미 살펴보았듯 당시 이집트인들과 스키타이인들은 상형문자로 글을 썼고, 중국인들은 아직까지도 그러하다. 중국인들은 이집트인들이나 스키타이인들 못지않게 괴물 같은 옛 역사에 자만심을 갖는데, 왜냐하면 그들은 다른 민족들과 교역을 하지 않고 폐쇄된 어두움 속에서 시간의 참된 빛을 보지 못했기 때문이다. 그리고 상쿠니아테스는 페니키아의 민중 문자로 글을 썼는데, 전술했던 것처럼[66] 그 당시까지 그리스인들은 민중 문자를 쓰지 않았다.

XXV

트로이 전쟁

—세계력 2820년

[84] 신중한 비평가들은 호메로스가 해설하는 이 전쟁이 일어난 적이 없다고 판단한다. 그리고 크레타의 딕티스나 프리기아의 다레

69) 클레멘스가 아니라 다음 책이 전거이다. Eusebius, *Praeparatio evangelica*, I, 9.

스 같은 사람들도 그 당시의 역사가들처럼 운문으로 그 전쟁에 대해 글을 썼는데, 그 비평가들은 이들도 사기꾼의 도서관에 보존되어야 한다고 단언한다.

XXVI
세소스트리스가 테베를 통치하다
—세계력 2949년

[85] 그는 자신의 제국 아래 이집트의 다른 세 왕조를 복속시켰다. 타키투스에 따르면 이집트의 신관이 게르마니쿠스에게 람세스 왕에 대해 이야기했다고 하는데[44], 그 람세스 왕이 바로 이 세소스트리스일 것이다.

XXVII
아시아, 시칠리아, 이탈리아의 그리스 식민지
—세계력 2949년

[86] 이것은 우리가 강력한 이유 때문에 어쩔 수 없이 연대기의 권위를 따르지 않는 극소수의 사례 중 하나이다. 우리는 그리스인들이 이탈리아와 시칠리아로 이주한 것을 트로이 전쟁 이후 1백 년이 지난 시점이라고 본다. 따라서 연대기 학자들이 설정한 시점보다 3백 년 앞선 것인데, 연대기 학자들은 그 시기에 메넬라오스, 아이네이아스, 안테노르, 디오메데스, 오디세우스와 같은 영웅들

의 방랑을 위치시켰다. 그리스인들에게 일어났던 일들에 가장 접근했던 저자인 호메로스의 시대에 대해서도 연대기 학자들마다 460년 정도의 차이가 난다 할지라도 놀라서는 안 된다[803]. 왜냐하면 관습의 호화로운 광휘가 대륙보다는 섬에 훨씬 늦게 도입되던 시절이었음에도 카르타고 전쟁[70] 당시 시라쿠사의 장려함과 섬세함은 아테네와 손색이 없었기 때문이다. 리비우스는 자신의 시대에 크로톤 주민의 숫자가 적었음에 동정을 표했는데,[71] 한때는 수백만의 주민들이 살았다.

XXVIII
헤라클레스가 처음 창설한 뒤 중단되었다가 이시필로스에 의해 부활된 올림픽 경기 —세계력 3223년

[87] 헤라클레스는 수확으로 햇수를 셌음을 알고 있다[3, 73]. 이후 이시필로스[72]부터는 황도대의 별자리를 따라 태양이 회전하는 것으로 햇수를 셌다. 이것으로부터 그리스인들의 확실한 시간이 시작되었다[52].

70) 즉 포에니 전쟁.

71) Titus Livius, *Ab Urbe Condita Libri*, XXIII, 30. 크로톤은 칼라브리아에 있는 그리스의 식민도시였다.

72) 올림픽 경기를 창시했다고 알려져 있는 이피토스를 가리킨다.

XXIX
로마 창건
—로마력 1년

[88] 그러나 로마와 저명한 민족들의 수도였던 다른 모든 도시들의 출발점에 대해 지금까지 견지되어왔던 당당한 견해들은 바로의 금과옥조 같은 한 마디로 태양 앞의 안개처럼 바뀌었다. 이에 대해서는 성 아우구스티누스가 『신국』에서 인용하고 있다.[73] 즉 250년 동안 다스리던 왕들 밑에서 로마는 스물이 넘는 민족들을 복속시켰고, 제국은 20마일 너머로 확장되지 않았다는 것이다.

XXX
아직 민중 문자가 발명되지 않았던 시대에, 이집트를 본 적도 없었던 호메로스
—세계력 3290년, 로마력 35년

[89] 그리스 최초의 빛이 되었던 호메로스는 두 가지의 중요한 측면인 지리와 연대기에서 그리스 역사를 암흑 속에 남겨놓았으니, 그의 조국과 그의 시대에 대해서는 확실하게 도달한 결론이 아무것도 없다. 이 책의 제3권에서는 우리가 지금까지 생각해왔

73) St. Augustine of Hippo, *De civitate Dei*, III, 15. 그러나 아우구스티누스가 그것을 바로의 말이라고 인용한 것은 아니다.

던 것과 완전히 다른 호메로스를 발견하게 될 것이다. 그러나 그가 누구였든 그가 이집트를 보지 못한 것은 확실하다. 왜냐하면 『오디세이아』에서 그는 땅으로부터 알렉산드리아의 등대가 서 있는 섬까지는 짐을 싣지 않은 배가 돛에 북풍을 받아 순항하더라도 하루 온종일이 걸릴 것이라고 말했기 때문이다.[74] 또한 그는 페니키아도 보지 못했다. 그는 오기기아라고 부르던 칼립소의 섬이 너무도 멀어서 날개 달린 헤르메스 신이라도 가기 어렵다고 말했다.[75] 마치 호메로스 자신이 『일리아스』에서 신들이 살고 있다고 노래했던 올림포스 산이 있는 그리스로부터 그 섬까지의 거리가 우리의 세계와 아메리카만큼이나 되는 것처럼 말했던 것이다. 따라서 만일 호메로스의 시대에 그리스인들이 페니키아나 이집트와 교역을 했다면 그의 두 시는 모두 신빙성을 잃었을 것이다.

XXXI
프삼메티코스가 이집트를 이오니아와 카리아의 그리스인들에게만 개방 —세계력 3334년

[90] 헤로도토스가 이집트인들에 대해 한결 더 확인된 사실을 말하려 할 때에는 프삼메티코스로부터 시작한다.[76] 이것은 호메로

74) 『오디세이아』, IV, 354.
75) 『오디세이아』, V, 43~54.

스가 이집트를 보지 못했다는 것을 확인해준다. 따라서 호메로스가 이집트나 세계의 다른 나라들에 대해 말했던 정보들은 『시적 지리학』[741]에서 증명할 것처럼 그리스 내부에서 일어난 일들이었거나, 그리스인들 사이에 살던 페니키아나 이집트나 프리기아 사람들의 전승이 오랜 시간에 걸쳐 변형되었던 것이었다. 아니면 그것은 호메로스보다 훨씬 이전부터 그리스의 해안에서 교역을 했던 페니키아 여행자들의 이야기였을 것이다.

XXXII
민중적 도덕 철학자, 아이소포스
—세계력 3334년

[91] 시적 논리학[424]에서는 아이소포스가 본질적으로 특정의 인물이 아니라 상상 속의 한 속(屬)이었음을 알게 될 것이다. 즉 귀족들의 동맹자나 예속민들을 지칭하는 시적 인격체로서, 그 귀족들은 그리스의 칠현(七賢)보다 앞서 존재했던 것이 확실하다.

76) Herodotus, *Historiai*, II, 151~154. 이집트의 왕 프삼메티코스 1세(BC 664~BC 610).

XXXIII
그리스의 칠현(七賢), 그중 솔론이 아테네에 민중의 자유를 확립; 밀레토스의 탈레스는 자연학으로 철학을 시작함 —세계력 3406년

[92] 탈레스는 아주 단순한 원리인 물로부터 시작했다. 아마도 그가 호박이 물을 먹고 자라는 것을 관찰했기 때문일 것이다.

XXXIV
리비우스에 따르면 피타고라스는 생전에 로마에 이름조차 알려지지 않았을 것이다 —세계력 3468년, 로마력 225년

[93] 리비우스는 피타고라스를 세르비우스 툴리우스[77]의 시대에 위치시킨다.[78] 그럼에도 실로 피타고라스가 신성에 있어 누마[79]의 스승이었다고 말할 수 있겠는가! 누마보다 거의 2백 년 뒤에 살았던 이 세르비우스 툴리우스의 시대에도 이탈리아 내륙은 야만의 상태에 있었기 때문에 피타고라스 자신은 물론 그의 이름마저도

77) 로마의 6대 왕 Servius Tullius(재위 BC 578~BC 535).

78) Titus Livius, *Ab Urbe Condita Libri*, I, 18.

79) 로마의 2대 왕 Numa Pompilius(재위 BC 715~BC 672).

크로톤으로부터 다양한 언어와 관습을 가진 많은 민중들을 거쳐 로마에 도달하는 것은 불가능했다고 리비우스는 말한다. 그러니 피타고라스가 트라키아에 있는 오르페우스의 제자들, 페르시아에 있는 마법사들, 바빌론에 있는 칼데아 사람들, 인도에 있는 나체 수도자들을 만나러 떠난 긴 여정은 그리도 신속하고 손쉽게 이루어질 수 있었을까? 게다가 돌아오는 길에는 이집트에서 신관들을 만났고, 그리고 거친 아프리카를 가로질러 마우레타니아에서는 아틀라스의 제자들을 만났고, 다시 바다를 건너 갈리아에서 드루이드 교도들을 만났다니! 그 뒤에 반 회른이 말한바 야만적 지혜가 가득한 그의 조국으로 돌아갔다는 것이다. 오래 전에 테베의 헤라클레스는 괴물과 폭군을 살해하며 세계에 인간성을 전파하기 위해 한 야만 민족으로부터 다른 야만 민족으로 돌아다녔다. 오랜 세월이 지난 뒤 그리스인들은 바로 이 야만 민족들을 가르쳤다고 거만을 떨었지만 별로 효과는 없어서 그들은 여전히 야만의 상태로 남아 있었다. 전술한 반 회른이 말한 야만 철학의 학파는 진지하고 무겁게 이어져 내려와 그에 대한 학자의 자만심은 박수갈채를 받아오고 있다[59].

[94] 여기에서 피타고라스가 이사이아의 제자였다는 것에 결연히 반대하는 락탄티우스의 권위에 호소할 필요가 있을까?[80] 락탄티우스의 권위는 히브리인 요세푸스가 『유대인의 고대』에 썼던 한

80) Firmianus Lactantius, *Divinae Institutiones*, IV, 2. 락탄티우스(240?~320?)는 교부철학자의 한 사람이다.

문장에 크게 의존한다.[81] 이 책은 호메로스와 피타고라스의 시대에 히브리인들은 바다 건너 아주 멀리 떨어진 민족은 물론 내륙의 인접한 민족들에게조차 알려지지 않은 채 살고 있었음을 증명한다. 프톨레마이오스 필라델포스[82]가 어떤 시인과 어떤 역사가도 모세의 율법에 대해 아직까지 아무런 언급을 하지 않았다는 사실에 놀라자 유대인 데메트리오스[83]는 이교도들에게 모세의 율법을 말해주려던 사람들은 신에 의해 불가사의하게 처벌을 받았다고 대답했다는 것이다. 테오폼포스[84]가 미쳐버렸고 테오덱테스[85]가 시력을 잃은 것이 그 예라는 것이다.[86] 여기에서 요세푸스는 유대인들이 잘 알려져 있지 않았다는 사실을 관대하게 인정하면서 그 이유를 제시한다. "우리는 해안에 살지도 않고 교역을 하는 것도 좋아하지 않고 교역을 하려는 이유로 외국인과 접촉하는 것도 좋아하지 않습니다."[87] 이러한 관습에 대해 락탄티우스[88]는 신의 섭리

---

81) 그러나 니콜리니는 『유대인의 고대』(*Antiquitates Judaecai*)가 아니라 다음의 책이라고 정정한다. *Contra Apionem*, I, 12. Vico, *Opere*, III, p. 421, n. 5.

82) Ptolemy Philadelphus(BC 308~BC 246). 헬레니즘 시대 이집트의 왕.

83) 니콜리니는 데메트리오스라는 이름을 가진 관련된 인물이 몇 명 있는데, 비코가 말하는 이 인물이 그중 누구인지 확인할 수는 없지만 유대인이 아닌 것만은 확실하다고 말한다. Vico, *Opere*, III, p. 421, n. 6.

84) Theopompus(BC 378?~BC 323). 그리스의 역사가.

85) Theodectes 기원전 4세기 그리스의 비극 작가.

86) Flavius Josephus, *Antiquitates iudaicae*, XII,3.

87) *Contra Apionem*에 인용된 글.

88) 니콜리니는 이 말을 한 것은 락탄티우스가 아니라 플라비우스 요세푸스였다고 정정한다. *Antiquitates iudaicae*, loc. cit.

에 따른 결정이라고 회고한다. 즉 참된 신에 대한 신앙이 이교도들과의 교역으로 인해 손상당할지 모르기 때문이라는 것이다. 이런 락탄티우스의 견해는 페테르 반 데르 퀸이 『히브리 사람들의 국가』에서 물려받고 있다.[89]

이 모든 것은 히브리인들의 공동 고백에서도 확인된다. 그들은 『70인 역 성서』를 위해 매년 테베트, 즉 12월의 8일에 엄숙하게 단식을 한다.[90] 왜냐하면 그 책이 완성되었을 때 온 세상은 사흘 동안 어둠 속에 있었기 때문이다.[91] 카조봉이 『바로니우스의 연보에 대한 연습』에서,[92] 북스토르프가 『유대인의 시나고그』에서,[93] 호팅어가 『문헌학 사전』에서[94] 언급했듯 이것은 랍비들의 책에 기록된 것과 같다. 따라서 『70인 역 성서』의 대표자라고 불리던 아리스테아스[95]를 포함하여 성서를 그리스어로 옮기려던 유대인들은 "헬레니스트"라고 불렸는데, 그들은 그 책에 신성한 권위를 부여했다는 이유로 예루살렘의 유대인들로부터 치명적인 증오를 받았다.

---

89) Pietro van der Kuhn, *De republica hebraeorum*, pp. 19~20.

90) 히브리인 70명이 그리스어로 『구약성서』를 번역했는데, 이교도들과 접촉하여 자신의 종교를 전한 죄를 뉘우치기 위한 의식이라고 말할 수 있다.

91) 니콜리니는 이것이 탈무드에서 날조한 이야기라고 말한다. Vico, *Opere*, III, p. 422, n. 1.

92) Isaac Casaubon, *Exercitationes in Barunium*, p. 180.

93) Johannes Buxtorf, *Synagoga iudaica*(1712), p. 575.

94) Johann Heinrich Hottinger, *Thesaurus philologicus, sive clavis Scripturae* (1669), p. 336.

95) 니콜리니에 따르면 그는 유대인도 헬레니스트도 아닌 알렉산드리아 사람이었음은 물론 그 번역서의 대표자도 아니었다. Vico, *Opere*, III, p. 422, n. 5.

[95] 가장 문명화된 이집트인들조차 외국인들이 국경을 넘어오는 것을 금지시켰다. 국경을 넘는 것은 불가능하다고 여겨졌다. 이집트인들은 이집트를 그리스인들에게 개방한 지 오랜 세월이 지난 뒤에도 그리스인들에게 적의를 보였고, 그리스의 냄비나 꼬치나 나이프의 사용을 금지했고, 그리스의 나이프로 자른 고기조차 금지했다.[96] 속설에 따르면 목이 마른 외국인들에게는 샘으로 가는 길조차 가르쳐주지 않는다[97]고 이교도들에게 알려져 있던 히브리인들 사이로 험하고 불결한 길을 통해 공통의 언어도 없이 여행한다는 것은 불가능한 일이었다. 그러니 인간사의 본성에 비추어 볼 때 예언자들이 외국인이나 새로 온 사람들이나 그들이 모르는 사람들에게 신성한 교리를 전파함으로써 오염시켰다는 말은 어불성설이다. 세계의 어느 민족을 보더라도 신관들은 그러한 교리를 자신의 민중들에게조차 비밀로 하였으며[999], 따라서 모든 곳에서 "신성한"(sagra)이라는 말은 "비밀스러운"(segreta)라는 말과 동의어가 되었다.

이것으로부터 기독교의 진리를 위해 가장 명확한 증거가 귀결된다. 즉 피타고라스와 플라톤은 그들이 지닌 가장 숭고한 인간 학문에 힘입어 히브리인들이 참된 신으로부터 배웠던 신성한 진리에 대한 지식에 거의 도달했다는 것이다. 그러나 반면 신화는

---

96) Herodotus, *Historiai*, II, 42.

97) 특정의 샘에 대한 언급은 어디에서도 찾을 수 없고, 히브리인들의 일반적인 외국인 혐오에 대해서는 다음을 참고할 것. Tacitus, *Historiae*, V, 5.

특히 그리스인들을 포함한 이교도 민족들에 의해 변질된 신성한 이야기였으리라고 믿는 최근 신화학자들[98]의 오류에 찬 심각한 반박을 낳기도 했다. 그리고 비록 이집트인들은 히브리인들을 포로로 잡아 그들과 접촉을 하기는 했지만, 실로 그들은 포로를 신이 없는 사람들로 간주한다는 최초의 민중들 사이에서 공통적이었던 관습에 따라[958] 히브리의 종교와 역사를 중시했다기보다는 조롱했다. 즉 신성한 「창세기」[99]에서 말하는 것처럼 그들은 히브리인들에게 왜 너희들이 경배하는 신이 우리의 손에서 너희들을 해방시키기 위해 찾아오지 않느냐고 자주 조롱하듯 물어봤다는 것이다.

XXXV
세르비우스 툴리우스 왕
—세계력 3468년, 로마력 225년

[96] 일반적인 잘못은 이 왕이 민중의 자유를 위해 호구 조사를 단행했다고 지금까지 믿어왔다는 것이다. 그러나 앞으로 밝힐 것처럼[619~623] 호구 조사는 귀족의 자유를 위해 실시된 것이었다. 이 잘못은 또 다른 잘못과 짝을 이루는데 그것도 지금까지는 사실이라고 믿어왔다. 그 당시에 병에 걸린 채무자는 당나귀나

98) 니콜리니는 게르하르트 포스(Gerhard Voss, 1577~1649), 피에르 다니엘 위에(Pier Daniele Huet, 1630~1721) 등등을 가리킨다고 밝힌다. Vico, *Opere*, III, p. 422, n. 9.
99) 이 말은 「창세기」가 아니라 「출애굽기」에 있다.

수레를 타고 법무관 앞에 출두해야 했던 것에 불과했는데, 타르퀴니우스 프리스쿠스 왕이 훈장(勳章), 토가, 문장(紋章)과 상아로 만든 의자는 물론 마침내 개선의 황금 마차까지 제정하여 민중의 공화국이 가장 빛나던 시기에 로마의 위엄을 높였다는 것이다. 상아는 코끼리의 어금니로서, 로마인들은 루카니아에서 피로스 왕과 전쟁을 할 때 코끼리를 처음 보았는데, 그리하여 그들은 코끼리를 "루카니아의 황소"라고 불렀다.[100)]

XXXVI

헤시오도스

—세계력 3500년

[97] 그리스인들 사이에서 민중 문자가 도입된 시기와 관련하여 앞으로 제시할 증거들로 말미암아 우리는 헤시오도스를 헤로도토스와 거의 같은 시간대나 그보다 약간 전에 위치시킨다. 연대기 학자들은[101)] 확고한 과감성을 갖고 그를 호메로스보다 30년 전에 위치시키기도 하는데, 호메로스의 시대에 대해서도 저자들마다 460년의 차이가 있다. 그 밖에 『수이다스』[102)]를 따르는 포르피리오스[103)]와 벨레이우스 파테르쿨루스[104)]는 호메로스가 헤시오도

---

100) 플리니우스의 『박물지』 제8권 6장에 이 이야기가 나온다.

101) 마셤을 지칭한다.

102) 비잔틴 제국에서 만든 백과사전이다.

103) Porphyry of Tyre(234~305). 티레 출신의 신플라톤주의 철학자.

스보다 훨씬 앞선다고 주장했다. 그리고 헤시오도스가 노래로는 자신이 호메로스를 능가한다는 글을 새겨 헬리콘에서 아폴론에게 봉헌했다고 알려진 삼각대 이야기는 아울로스 겔리오스의 말을 받아들여[105] 바로가 인정했다고 할지라도 거짓의 박물관에 보존되어야 한다. 왜냐하면 그것은 오늘날 사기꾼들이 메달을 위조하여 큰 이득을 취하려 하는 짓과 마찬가지이기 때문이다.

XXXVII
헤로도토스, 히포크라테스
—세계력 3500년

[98] 히포크라테스는 연대기 학자들에 의해 그리스의 칠현과 같은 시대에 배치된다. 그는 아이스쿨라피오스의 아들이자 아폴론의 손자였다고 불릴 만큼[106] 그의 삶에서는 전설의 색채가 많이 나고, 또한 그는 민중 문자로 운문을 쓴 저작의 저자였던 것이 확실하기 때문에 헤로도토스의 시대 부근에 위치시킨다. 마찬가지로 헤로도토스도 민중 문자로 운문을 썼고, 자신의 역사 거의 전부를 우화로 엮었다[101].

---

104) Velleius Paterculus(BC 19?~AD 30). 로마의 역사가.

105) Aulus Gellius, *Noctes atticae*, III. 아울로스 겔리오스(125?~180)는 로마의 작가이다.

106) 실지로는 아이스쿨라피오스의 자손인 헤라클리데스의 아들이다.

XXXVIII
스키타이 왕 이단티르소스
—세계력 3530년

[99] 이 왕은 선전포고를 한 다리우스 대왕에게 다섯 개의 실물어로 대답했다. (앞으로 보여줄 것처럼 최초의 민중은 음성을, 다음으로는 문자를 사용하기 전에 실물어를 사용했다.) 그 다섯 개의 실물어는 개구리, 쥐, 새, 쟁기의 날과 활이었다. 앞으로 우리는 그것의 자연스럽고 적절한 의미를 모두 설명할 것이다[435]. 다리우스가 대답을 찾기 위해 소집한 회의에 대해 알렉산드리아의 키릴로스[107]가 했던 언급을 여기에서 인용해봐야 따분할 뿐이다. 왜냐하면 다리우스 자신이 참모들로부터 대답으로 받은 해석이 우스꽝스럽다고 비난했기 때문이다. 그런데 이단티르소스는 고대의 역사가 더 오래되었다고 다투는 경쟁에서 이집트를 이긴 스키타이의 왕이었는데, 그렇게 늦은 시대에도 상형문자로조차 글을 쓰는 법을 몰랐다는 것이다! 이단티르소스는 중국인들의 왕이나 마찬가지였음이 확실하다. 중국인들은 몇 세기 전까지만 하더라도 다른 모든 세계에 문호를 닫은 채 그들의 고대가 세계보다 더 컸다고 허황되게 자만했으며, 오랜 시간이 지난 뒤에도 상형문자로 글을 쓰고 있었다. 그리고 아주 온화한 기후 덕분에 대단히 훌륭한 재능을 보유하여 섬세한 노력이 들어간 경이를 산출했음에도 그림 속에 음영

---

107) 알렉산드리아의 클레멘스를 가리킨다. *Stromata*, v. 8.

을 넣는 법을 몰랐다. 어둠 위에서야 빛이 두드러지는 것인데, 그들의 그림은 양각도 깊이도 없기 때문에 아주 조잡하다. 도자기로 된 그들의 작은 조각상은 이집트의 주물만큼이나 조야하다고 비난받는다. 그러므로 이집트인들이 회화에 조야했던 것처럼 중국인들은 오늘날에도 그러하다는 평을 받는다.

[100] 조로아스터가 칼데아인들의 신탁 작가였던 것처럼 아나카르시스는 스키타이인들의 신탁 작가였다.[108] 처음에 그것은 점쟁이들의 신탁이었다가 뒤에는 학자의 자만심[127] 때문에 철학자들의 신탁이 되었다. 이교도들 사이에서 가장 유명한 두 개의 신탁인 델포이와 도도나 신탁[109]은 오늘날의 스키타이의 히페르보레오이족 또는 고대 그리스의 다른 민족으로부터 전해졌다. 헤로도토스가 그렇게 믿었고,[110] 그 뒤 핀다로스[111]와 페레니코스[112]가, 그리고 키케로가 『신의 본질에 관하여』[113]에서 그 뒤를 이었다. 아마도 그에 따라 아나카르시스가 유명한 신탁 작가이며 가장 오래된 예언가로 꼽힐 것이다. 이것은 시적 지리학[745]에서 살펴보게

---

108) 니콜리니는 비코가 아바리스를 아나카르시스로 혼동했다고 지적한다. 아나카르시스는 솔론의 시대에 그리스에 왔던 인물이고, 아바리스는 스키타이의 신탁 작가로서 트로이 전쟁 당시에 살았다. Vico, *Opere*, III, p. 425, n. 1.

109) 오늘날 도도나 신탁은 이집트에서 온 것으로 알려져 있다.

110) Herodotus, *Historiai*, IV, 33.

111) Pindarus, *Olympiche*, III, 28~29; *Pitiche*, X, 30. 테베 출신의 핀다로스(BC 522?~BC 443?)는 고대 그리스의 서정시인이다.

112) 이에 대해서는 다음에 인용되어 있다. *Scolii a Pindaro*, II, 96. 페레니코스는 기원전 2세기 그리스의 서사시인이다.

113) Marcus Tullius Cicero, *De natura deorum*, III, 23.

될 것이다.

지금으로서는 스키타이가 비교(秘敎)의 지식에 얼마나 능통했는지 알려면 그들이 살인을 하려 할 때에 그것을 정당화시키기 위해 칼을 땅에 꽂아놓고 그것을 신처럼 숭배했다는 사실을 아는 것만으로 충분하다. 디오도로스 시쿨로스[114)]와 유스티누스[115)]와 플리니우스[116)]가 말하듯, 그리고 이들 뒤에는 호라티우스가 칭찬하듯 이 야만의 종교로부터 그 대단한 도덕적, 시민적 덕성이 출현하였다. 그리하여 그리스의 법으로 스키타이에 질서를 잡으려던 아바리스[117)]는 형인 카두이다스에게 살해되었다. 이 정도가 반 회른의 "야만의 철학"의 혜택이었기 때문에[118)] 아바리스는 야만 민족을 문명 세계로 교화시킬 법을 스스로는 찾아낼 수 없어서 그리스인들로부터 배워올 수밖에 없었다는 것이다. 따라서 그리스인들과 스키타이인들의 관계는 이와 같은 것이었으며, 그것은 얼마 전에 이집트인들에 대해 말했던 것[90]과 같다. 즉 자신들의 지식에 외국 고대에서 유래한 거창한 기원을 부여하고 싶다는 허영심 때문에 그리스인들은 이집트의 신관이 솔론에게 했다고 하는 것과 똑같은 비난을 받아 마땅하다. 이에 대해서는 플라톤의 『알키비아

---

114) Diodorus Siculus(BC 80?~BC 20). 그리스의 역사가.

115) 3세기 로마의 역사가.

116) Gaius Plinius Secundus, *Naturalis Historia*, IV, 13. 대플리니우스(23~79)는 『박물지』로 유명한 로마의 역사가이다.

117) 여기에서 비코는 아바리스라고 기술하였다. 주 206)을 참고할 것. 여기에서 말하는 아바리스는 아나카르시스를 가리킨다.

118) Van Heurn, op. cit., p. 52.

데스』에서 크리티아스가 언급한다.[119] 즉 그리스인들은 언제나 어린아이 같다는 것이다. 이러한 자만심 때문에 그리스인들은 스키타이인들과 이집트인들과 관련하여 허명을 얻은 것만큼 참된 평판을 잃었다는 말을 듣는다.

XXXIX

펠로폰네소스 전쟁.
투키디데스는 그리스인들이 아버지의 시대까지
자신의 과거에 대해 전혀 몰랐다고 기록하며,
그래서 이 전쟁을 기록하는 작업에 착수했다
—세계력 3530년

[101] 투키디데스는 아버지일 수도 있었던 헤로도토스가 늙은 시절에 젊은이였고, 그리스가 빛을 발했던 시대에 살았다. 그것은 펠로폰네소스 전쟁의 시대였고, 그는 동시대인이었기 때문에 참된 사실을 기록하기 위해 그 역사를 썼다. 그는 그리스인들이 자신의 아버지 시대까지, 즉 헤로도토스의 시대까지 그들의 고대에 대해 아무것도 알지 못했다고 말했다. 그렇다면 이교도들의 야만스러운 고대에 대해 우리가 알고 있는 것은 모두가 그리스인들이 말했던 것뿐인데, 그들이 말하고 있는 외국의 일들에 대해서는 어

119) 니콜리니는 『알키비아데스』가 아니라 『티마이오스』가 출전이라고 바로잡는다. Vico, *Opere*, III, p. 425, n. 15.

떻게 평가해야 할 것인가? 투키디데스가 자신의 그리스인들이 신속하게 철학자들이 되고 있었다는 사실을 확립시키고 있었던 당시에조차 그리스인들이 고대에 대해 알지 못했다면 카르타고 전쟁의 시대까지도 농사와 군대의 일에만 관심을 가졌다던 로마인들의 고대사에 대해서는 어떻게 평가해야 할 것인가? 아마도 로마인들은 신에게서 특권을 받은 것이었을까.

XL

소크라테스가 합리적 도덕 철학을 창시함.
플라톤이 형이상학을 부흥함.
아테네는 가장 고양된 인간성의 예술로 충만함.
〈12표법〉
—세계력 3553년, 로마력 303년

[102] 이 시기에 아테네로부터 로마로 〈12표법〉이 전달되었다. 『보편법의 원리』에서 밝힌 것처럼 이 법은 대단히 비문명적이고, 조잡하고, 비인간적이고, 잔혹하며 야만적이다.[120)]

120) Vico, *Opera*, II, pp. 564~580.

XLI
그리스 군대를 페르시아 심장부로 데려간 크세노폰은 페르시아의 제도를 어느 정도 확실하게 안 최초의 인물
—세계력 3583년, 로마력 333년

[103] 이것은 성 히에로니무스가 『다니엘에 관하여』에서 고찰한 바와 같다. 그리스인들이 교역의 이익을 위해 이집트의 사정에 대해 알기 시작한 것이 프삼메티코스 왕 때부터였고, 따라서 헤로도토스도 이 시기부터 이집트인들에 대해 더 정확하게 기술하기 시작한다[90]. 그들은 크세노폰 이후 전쟁의 필요성을 위해 페르시아인들의 사정에 대해 처음으로 더욱 정확하게 알기 시작했다. 알렉산드로스 대왕과 동행하여 페르시아에 갔던 아리스토텔레스는 이전에는 그리스인들이 페르시아에 대한 신화밖에 들어본 적이 없다고 기술했고,[121] 이는 이 연표에서도 지적하고 있는 것과 같다. 이런 방식으로 그리스인들은 외국의 문물에 대해 정확한 정보를 얻기 시작했다.

---

121) 니콜리니는 아리스토텔레스가 이런 글을 쓴 적이 없다고 밝힌다. Vico, *Opere*, III, p. 427, n. 3.

XLII
푸블릴리아 법
—세계력 3658년, 로마력 416년

[104] 로마력 416년에 선포된 이 법은 로마사에서 가장 중요한 전환점이었다. 왜냐하면 이 법에 따라 로마 공화국은 귀족 국가에서 민중 국가로 바뀌었다고 선언한 것이기 때문이다. 거기에 이 법의 제정자인 푸블릴리우스 필로가 "민중 독재자"라고 불리는 이유가 있다. 이 법의 중요성이 간과된 것은 그 법의 언어를 제대로 이해하지 못했기 때문이다. 이것이 사실임은 앞으로 명확하게 증명할 것이지만[662], 여기에서는 가설로 개관하는 것으로 충분할 것이다.

[105] 이 법과 그 후속의 페텔리아 법[115]은 동등한 중요성을 갖는데 그 모두가 간과된 것은 '민중', '왕국', '자유'라는 세 용어가 잘못 정의되었기 때문이다. 그리하여 로마의 민중은 로물루스 시대 이래로 귀족과 평민이라는 두 시민 층으로 구성되었고, 로마는 군주제 왕국이었으며, 브루투스가 확립시킨 것은 민중의 자유였다는 그릇된 주장을 모두가 받아들이게 되었다. 그리고 잘못 정의된 이 세 단어는 모든 비평가들, 역사가들, 정치가들과 법률가들을 과오로 몰아넣었다. 왜냐하면 현존하는 그 어느 [정부] 형태로도 귀족 국가라는 개념을 만들어낼 수 없었기 때문이다. 귀족 국가란 가장 엄격한 귀족주의의 형태로서, 따라서 오늘날의 귀족 국가와는 완전히 다르다.

[106] 로물루스는 개간지[122]에 연 피신처에서 피보호제[123] 위에 로마를 창건하였다[564]. 로마의 가부장들이 피난민들을 일용노동자의 조건으로 피신처에 받아들여 보호했던 것이다. 그들은 시민의 특권은 물론 사회적 자유[124]마저 조금도 갖지 못했다. 그들은 삶을 유지하려고 피신한 것이었기 때문에 가부장들은 그들의 땅을 개별적으로 경작하게 함으로써 자연적 자유는 지켜주었다. 로물루스가 가부장들로 원로원을 구성했듯, 이 땅이 로마 영토의 공적인 기반이 되었다.

[107] 그 뒤 세르비우스 툴리우스는 일용노동자들에게 가부장들의 소유였던 땅의 소작권[125]을 허용하고 세금을 부과했다. 그들은 세금의 부담을 안고 스스로 경작하게 된 것이며, 전쟁이 일어나면 자신의 비용으로 가부장들을 위해 복무할 의무를 갖게 되었다. 사실상 그것은 지금까지 민중의 자유라는 미명 아래 평민들이 귀족들에게 봉사해왔던 것에 불과하다. 이 세르비우스 툴리우스 법은 세계 최초의 농지법으로서[109], 귀족 국가의 기반을 닦은 세금을 제정한 것이었다. 바꾸어 말해 그것이 모든 민족들 가운데 가장 오래된 귀족제였던 것이다[420, 619].

[108] 그 뒤 유니우스 브루투스는 폭군 타르퀴니우스를 추방한

122) 원어는 luco. 라틴어는 lucus로, 이에 대해서는 [564]에서 설명한다.

123) 원어는 clientele.

124) 원어는 civil libertà. 특히 이곳에서 '사회적 자유'로 번역한 이유는 곧 뒤에 나올 '자연적 자유'와 대비시키기 위해서이다.

125) 원어는 il dominio bonitario.

뒤 로마의 국제를 최초로 복구시켰다. 그리고 종신 왕 대신에 키케로가 『법률론』에서 말했던 것처럼[126] 1년 임기의 귀족 왕인 집정관을 두어 폭군으로부터 귀족이 갖는 자유를 재정비했다. 그것은 귀족으로부터 평민이 갖는 자유가 아니었다. 그러나 귀족들이 세르비우스 툴리우스의 농지법을 평민들에게 잘 준수하지 않자 평민들은 그들의 호민관을 만들고 귀족들로 하여금 맹세를 통해 그것을 받아들이도록 함으로써 땅의 소작권과 같은 평민의 자연적 자유를 보호하게 했다. 평민들은 귀족들로부터 사회적 소유권까지 확보하고자 원했는데, 그때 평민들의 호민관은 마르키우스 코리올라누스[127]를 로마에서 추방하였다. 왜냐하면 그가 평민들은 땅이나 갈아야 한다고 말했기 때문이다. 바꾸어 말해 코리올라누스는 평민들이 세르비우스 툴리우스의 농지법 정도로 만족하지 못한 채 훨씬 더 충실하고 강력한 농지법을 원하기 때문에 로물루스 시대의 일용노동자로 돌아가는 것이 좋겠다고 말한 것이었다. 그렇게 해석하지 않는다면 귀족들조차 명예롭게 존중했다고 알고 있는 농업을 평민들이 경멸했다는 어리석은 오만함을 어떻게 설명할 수 있을 것인가? 더구나 그렇게 사소한 이유로 그렇게 잔혹한 전쟁이 일어났다니? 마르키우스는 추방당한 것에 대한 보복으로 로마를 초토화시키려 했는데, 어머니와 아내의 측은한 눈물 때

---

126) Marcus Tullius Cicero, *De Legibus*, III, 2.

127) Gaius Marcius Coriolanus는 기원전 5세기에 살았다는 로마의 전설적인 장군이다. 셰익스피어가 그에 대한 희곡을 썼다.

문에 그 무모한 시도를 거뒀다.

[109] 이러한 모든 것 때문에 귀족들은 평민들이 농지를 경작한 뒤 그들로부터 계속 회수하려 하였고, 평민들은 그에 대응할 사회적 행동이 막혀 있었다. 그리하여 그들의 호민관은 〈12표법〉을 통과시킬 것을 요구했다. 『보편법의 원리』에서 논증한 것처럼 그 밖에 이 법으로 처리할 수 있는 것은 없었다[422].[128] 이 법으로 귀족은 평민에게 땅의 공민적 소유권[129]을 허용했다[266]. 이 공민적 소유권은 민족들의 자연법에 따라 외국인들에게도 허용되었다. 이것이 고대 민족들의 제2의 농지법이었다.

[110] 그 뒤 [공민적 소유권을 얻었다 할지라도] 평민들은 유언이 없다면 땅을 친척들에게 물려줄 수 없다는 것을 알게 되었다. 왜냐하면 그들에게는 직계 상속자[130]도, 부계 친족[131]도, 씨족[132]도 없었기 때문이다. 당시에는 이러한 인척 관계가 있어야만 정당한 상속이 이루어졌다. 그 이유란 평민들의 결혼은 엄숙한 의식을 통해 거행되지 않았기 때문이다. 또한 그들은 시민의 특권을 소유하지 못했기 때문에 유언으로 땅을 처분할 수도 없었다. 그리하여 그들은 귀족들처럼 의식을 통한 결혼을 요구했다. 이것이 혼례(connubium)라는 말의 뜻이다. 혼례에서 가장 엄숙한 부분은 전

128) Vico, *Opere*, II, pp. 572ff.
129) 원어는 il dominio quiritario.
130) 원어는 suità.
131) 원어는 agnazioni.
132) 원어는 gentilità.

조를 받는 것인데, 그것은 귀족에게만 허용되는 일이었다. 전조를 받는 일은 사법이든 공법이든 로마의 모든 법의 중요한 근원이었다. 법학자 모데스티누스는 결혼이란 "신적이고 인간적인 모든 권리를 공유하는 것"(omnis divini et humani iuris communicatio)[133]이라고 정의했다. 혼례가 가부장들로부터 평민들에게 전달된 것이라면, 모데스티누스가 내린 정의에 따라 그것은 시민의 특권을 평민에게 부여한 것이었다[598]. 그리고 일련의 인간 욕구에 따라 평민들은 전조에 의존하는 사권(私權)의 모든 것들을 공유할 것을 가부장들에게 요청하여 얻어냈다. 그 사권이란 부권, 직계 상속자, 부계 친족, 씨족 같은 것이었다. 또한 권리에 따라 정당한 상속권, 유언 [작성], 후견권과 같은 것도 확보했다. 그런 뒤에 그들은 공권(公權)을 요구하였는데, 처음에 그들은 집정관의 대권[134]을, 마지막으로는 성직자와 주교의 권력을 공유할 것을 요구했으며, 그와 함께 법에 대한 지식도 요구했던 것이다.

[111] 이런 방식으로 평민의 호민관은 평민의 자연적 자유를 수호한다는 설립 당시의 의도에 더해 점차 사회적 자유를 확보하는 일을 수행하게 되었다. 그리고 세르비우스 툴리우스에 의해 제정되었던 호구 조사와 그에 따른 세금은 이후에 귀족들에게 사적으로 지급되지 않고 국고에 귀속되어야 하며, 따라서 평민의 전쟁 비용은 국고에서 지불하도록 하는 조치가 있었다. 이렇게 자연적

133) *Digest*, XXIII, 2. 1.

134) 원어는 imperi.

으로 귀족의 자유를 위했던 계획이 민중의 자유를 위한 계획을 형성하였다. 그 방식에 대해서는 뒤에 알아볼 것이다[420, 619].

[112] 법을 집행할 호민관의 권한도 서서히 향상되었다. 실로 호라티우스 법과 호르텐시우스 법은 두 번의 특수한 긴급사태를 제외하고는 민중 전체가 투표에 의무적으로 참여할 권한을 부여하지 못했다. 첫 번째는 로마력 304년에 아벤티노 언덕에서 민중이 농성을 했을 때인데, 이 시기에는 아직 평민이 시민이 아니었다. 아직은 이것을 가설로서 말하고 있지만, 뒤에 사실임을 증명해 보일 것이다[582~598]. 두 번째는 로마력 367년 민중이 야니쿨룸 언덕에서 농성했을 때인데 이 시기에는 평민들이 집정관직을 공유할 수 있게 해달라고 귀족들과 여전히 싸우고 있었다.

그러나 호라티우스 법과 호르텐시우스 법의 근거 위에서 평민들은 마침내 귀족들까지 준수해야 하는 보편법을 제정하기에 이르렀다. 그것 때문에 로마에는 많은 소요와 폭동이 있었던 것이 확실하다. 그리하여 푸블릴리우스 필로를 독재자로 만들 필요가 생겨난 것이다. 이 사건처럼 국가에 큰 위기가 있지 않았더라면 독재자는 생겨나지 않았을 것이다. 왜냐하면 로마는 그 정치 체제 속에 시간과 자원과 영토에 아무런 차이도 없는 두 개의 최고 입법 권력을 배양하는 위중한 무질서 속으로 떨어져 확실한 붕괴에 직면했기 때문이다. 그리하여 필로는 국가의 병폐를 구제하기 위해 평민들이 부족 회의(comitia tributa)에서 투표를 통해 결정한 것은 그 어떤 것이라도 "모든 퀴리테스[135]에게 구속력이 있어야 한다"(omnes quirites teneret)라고 명했던 것이다. 즉 "모든 퀴리테스"(omnes qurites)가 소집되는 백인회(百人會, comitia centuriata)의 모든 민중에게 구속력이 있어야 한다는 것이었다. 로마인들은 공적인 모임으로 모였을 경우에만 자신들을 "퀴리테스"라고 불렀기 때문에 라틴어의 평범한 연설에서 "퀴리테스"의 단수형을 결코 말하지 않는다.[136] 이러한 형식을 통해서 필로는 투표에 반대되는 법을 제정할 수는 없다는 것을 확인하려 했다. 귀족들도 이 법을 지키기로 동의했기 때문에 평민들은 모든 면에서 귀족과 이미 평등해졌다. 게다가 이제 귀족들은 국가를 파멸시키지 않고는 반대할 수도 없게 되었다. 그리하여 이 법령 때문에 평민은 귀족보다 우월해진 것이다. 왜냐하면 원로원의 재가가 없더라도 평민들은 평민 전체를 위한 일반법을 제정할 수 있게 되었기 때문이다. 이렇듯 로마는 자연스럽게 자유로운 민중의 공화국이 되었다. 필로는 이 법으로 그렇게 선언했던 것이며, 따라서 "민중 독재자"라고 불리게 된 것이다.

[113] 그러한 본질적인 변화에 부응하여 그는 두 개의 법령을 제정했는데, 그것은 푸블릴리아 법의 다른 두 항에 포함되어 있다. 첫 번째로 원로원의 재가는 귀족들의 재가를 말하는 것이었는데, 이것은 민중이 결정하고 "그 뒤에 가부장들이 재가한다"(deinde

135) '퀴리테스'(quirites)는 고대 로마의 시민을 가리키는 말이다. 이 말이 '집회'를 가리키는 '쿠리아'의 어원이 되었다. 어원학자들은 '창'을 뜻하는 사비나인들의 언어에서 파생되었다고 추측한다.

136) 그러나 니콜리니는 단수형 '퀴리스'(quiris)가 존재하지 않는 것은 아니라고 지적한다. Vico, *Opere*, III, p. 431, n. 1.

patres fierent auctores)라는 것을 뜻한다[944]. 따라서 민중이 먼저 뽑는 집정관의 선출이란 그 후보의 공적에 대한 공식적인 표창장이었으며, 민중에 의한 법의 제정은 권리에 대한 그들의 공적인 요구였다. 이 독재자 필로는 가부장의 권한이 의회의 심의보다 이전에(in incertum comitiorum eventum) 자유롭고 주권을 가진 민중에게 양도될 것을 명했다[945]. 이렇게 가부장은 민중의 후견인이었지만 민중은 로마 대권의 주인이 된 것이다. 만일 민중이 법을 제정하기를 원했다면 그들은 원로원에서 그들에게 부여한 형식에 따라 제정했고, 원하지 않았다면 그들 최고의 권한을 행사하여 원로원에서 입안한 법을 "과거화"시킬 수 있었다. 이 말은 새로운 법을 원하지 않는다는 뜻이었다[945]. 따라서 민생과 관련하여 원로원의 앞으로의 법령은 원로원에서 민중에게 준 훈령에 불과하거나 민중이 원로원에 위임한 것일 뿐이었다.

마지막으로 호구 조사에 따른 세금이 남는다. 왜냐하면 지금까지는 국고가 귀족에 속해 귀족만이 세무관이 될 수 있었기 때문이다. 그러나 이 법에 의해 국고가 전체적으로 민중의 소유가 되었기 때문에 필로는 제3조에서 민중이 아직까지 공유하지 못했던 유일한 관직인 세무관도 민중이 공유할 수 있도록 명했다.

[114] 앞서 말했듯 '민중', '왕국', '자유'라는 세 용어는 잘못 정의되어왔다[105]. 그리하여 역사에서 말하는 로마사의 사건들 사이에서는 공통적인 근거나 서로 간의 관련성을 찾을 수 없었다. 그러나 만일 이 가설 위에서 로마의 역사를 다시 읽는다면, 그 사건들의 공통적인 근거와 일관성을 주는 증거를 천 개는 찾을 수

있을 것이다. 그러므로 이 가설은 사실로 받아들여야 할 것이다. 그러나 잘 생각해보면 이것은 가설이라기보다는 관념 속에서 명상으로 이끌어낸 진리로서, 역사적 근거를 갖는 사실임을 앞으로 알게 될 것이다[415]. 리비우스는 로물루스가 개간지에 열린 피신처에서 로마를 창건했기에 피신처는 "도시 창건자들의 오래된 평의회"(vetus urbes condentium consilium)라고[137] 일반적인 의미로 말했다. 그에 비추어볼 때 우리의 이 설명은 지금까지 알지 못했던 다른 도시들의 역사까지 알려줄 것이다. 그렇다면 이것은 모든 민족의 역사가 시간 속에서 밟아왔던 이상적인 영원한 역사의 한 예이다[349, 393].

XLIII
페텔리아 법
—세계력 3661년, 로마력 419년

[115] 데 넥수(de nexu)[138]라고 불리는 두 번째 법은 로마력 419년, 즉 푸블릴리아 법보다 3년 뒤 집정관 카이우스 포에텔리우스와 루키우스 파피리우스 무길라누스에 의해 제정되었다. 이 법은 로마사에서 또 다른 중요한 전환점이었다. 왜냐하면 이 법에 의해 로마인들은 빚 때문에 귀족들의 봉신이 되어야 하는 봉건적 책무에

137) Titus Livius, *Ab Urbe Condita Libri*, III, 1, 8.
138) "채무로 인한 노예에 관하여"라는 뜻.

서 벗어났기 때문이다. 이전에는 귀족에게 빚을 진 평민들이 때로는 평생을 그들의 개인적 감옥에서 노동해야 했던 것이다[612].

그러나 로마의 대권이 이미 민중에게 넘어갔음에도 그 땅에 대한 최고의 소유권은 원로원에 있었다. 그리고 로마 공화국이 자유로운 한 원로원은 "울티뭄"(ultimum)[139]이라고 불리던 원로원 결의(senatus consultum)를 통해 군대의 힘으로 그 소유권을 유지했다. 따라서 민중이 그라쿠스 형제의 농지법으로 땅을 처분하려 할 때마다 원로원은 집정관들을 무장시켰고, 그들은 이 법의 입안자들이었던 민중의 호민관들을 반역자라 선언하며 그들을 살해했던 것이다. 이렇듯 위중한 사태는 제국의 봉토가 최고의 주권에 속한다는 제도 아래에서가 아니었다면 초래될 수 없었다[1065ff]. 이러한 제도는 키케로의 『카틸리나』의 한 문장에서 확인되는데, 거기에서 그는 티베리우스 그라쿠스가 농지법으로 공화국 체제를 파괴했기 때문에 푸블리우스 스키피오 나시카에게 살해당한 것은 정당했다고 말한다. 그 근거는 이러한 법들의 입안자에 반대하여 집정관이 민중을 무장시킬 수 있게 만든 다음의 법의 형식을 통해 확립된 법이다. "공화국이 안전하기를 바라는 자라면 누구라도 집정관을 따르게 하라"(Qui rempublicam salvem velit consulem sequator).[140]

---

139) "최종적 결정" 정도의 의미이다.

140) 이 문장은 비코가 말한 것처럼 『카틸리나』에 있지 않다. 정확한 출전은 다음과 같다. Marcus Tullius Cicero, *Tusculanarium Disputationum*, IV, 23, 51.

XLIV

타란토 전투.
라틴 사람과 그리스 사람의 교류가 시작됨
—세계력 3708년, 로마력 489년

[116] 이 전쟁의 원인은 타란토 사람들이 그들의 해안에 도착한 로마의 배와 로마의 대사를 푸대접했던 일이다. 플로루스가 말하는[141] 그들의 변명이란 "그들이 누구인지 어디에서 왔는지 몰랐다"(qui essent aut unde venirent ignorabant)라는 것이었다. 뭍으로 가까운 거리에 살았음에도 그들 사이가 그러했다니 최초의 민족들의 교류란!

XLV

제2차 카르타고 전쟁.
리비우스는 이와 함께 로마사를 시작함.
그는 세 가지 중요한 상황에 대해서는 알지 못한다고 공언
—세계력 3849년, 로마력 552년

[117] 리비우스는 제2차 카르타고 전쟁부터 로마의 역사를 어느 정도 더 확실하게 기술했다고 공언하면서 로마인들이 당시까지

141) Lucius Annaeus Florus, *Epitome bellorum omnium annorum*, I. 플로루스는 2세기 로마의 역사가이다.

싸웠던 모든 전쟁 중에서 가장 기억에 남을 이 전쟁[142]을 기술하겠다고 약속했다. 그리고 유례를 찾을 수 없을 정도로 규모가 큰 전쟁이었기 때문에, 널리 회자되는 모든 것들이 그러하듯 그가 기술하는 기억들도 더욱 분명할 것임이 확실하다. 그렇지만 그조차도 세 가지 대단히 중요한 상황을 알지 못했다는 사실을 공개적으로 인정했다. 첫 번째는 한니발이 사군토를 점령한 뒤 에스파냐로부터 이탈리아로 행군했을 때 집정관이 누구였는가 하는 것이다. 두 번째는 알프스의 코티네 산맥과 아펜니노 산맥 중 어떤 경로를 통해 도착했는가 하는 것이다. 세 번째는 병력[의 규모]에 관한 것이다. 이에 대해서는 옛 연보들마다 큰 차이가 나서, 한 연보는 기병 6천과 보병 2만이라는 기록을 남겨두었지만, 다른 연보에는 기병 2만과 보병 8만으로 되어 있다.

결론

[118] 연표에 대한 이 주(註)에서 논한 모든 것에 비추어 이 연표가 포괄하는 시대에 이르기까지 고대 이교 민족들에 대해 우리에게 전해져 내려오는 것들은 모두가 불확실하다는 것을 알 수 있다. 그러므로 우리는 "먼저 차지한 사람이 임자"(occupanti conceduntur)라는 규칙이 통용되는 이른바 "무주공산"(nullius)에 들어온 것과 같다. 그렇기 때문에 여러 민족의 문명의 기원에 관하여 지금까지

142) Titus Livius, *Ab Urbe Condita Libri*, XXI, 1.

유지되었던 견해와 다르게, 그리고 때로는 정반대되게 우리가 추론한다고 하여도 어느 누구의 권리를 침해하는 것이 아니라고 믿는다. 오히려 그렇게 함으로써 우리는 그 견해들에 과학적 원리를 적용시켜 그 기원에 확실한 역사의 사실들이 할당될 수 있도록 하려는 것이다. 과학적 원리는 기원에 의존하며, 기원과 조화를 이루어야 한다. 지금까지는 이 문제에 관하여 어떤 공통 기반도, 따라야 할 어떤 연속성도, 어떤 일관성도 없었던 것으로 보인다.

제2부

요인(要因)[143]에 대하여

[119] 지금까지 연표에서 제시했던 질료에 형상을 부여하기 위해 이제 우리는 다음의 철학적, 문헌학적 공리(公理)[144] 또는 정리(定理)[145]를 제시하며, 몇몇 합리적이고 신중한 선결 조건[146]과 석명된 정의(定意)도 포함한다. 혈액이 신체에 활력을 주는 것처럼 이러한 요인들은 이 [새로운] 학문이 민족들의 공통적인 본성에 대해 설명하려는 모든 것을 관통해 흐르면서 활력을 불어넣을 것이다.

143) 원어는 elementi.

144) 원어는 assiomi.

145) 원어는 degnità. 이 말은 중세의 신학에서 사용하던 용어로서, 공리(公理)와 사실상 별 차이가 없다. 따라서 앞으로는 '공리'로 통일하여 번역할 것이다. 참고로 영어의 번역본들에서도 '공리'로 통일하였다.

146) 원어는 domande.

I

[120] 인간은 인간 정신의 불명확한 본성 때문에 무지로 빠져 들어갈 때마다 자기 자신을 만물의 척도로 만든다.

[121] 이러한 공리는 두 가지 인간의 공통적인 습관의 원인이다. 첫 번째는 "소문은 퍼지면서 커진다"(fama crescit eundo)라는 것이고, 두 번째는 "존재가 소문을 축소시킨다"(minuit praesentia famam)라는 것이다. 소문은 이 세계의 시작부터 아주 오랜 길을 거치면서 우리가 알지 못하는 대단히 먼 고대와 관련하여 우리가 지금까지 가져왔던 모든 과장된 견해의 끈질긴 원천이었다. 타키투스의 『아그리콜라 전기』에 나오는 다음과 같은 말은 이러한 인간 정신의 속성에 대한 것이다. "알지 못하는 것은 언제나 확대된다"(Omne ignotum pro magnifico est).[147]

II

[122] 인간 정신의 또 다른 속성은 멀리 떨어져 있고 알지 못하는 사물에 대해서는 그들이 알고 있는 것과 그들 앞에 존재하는 것에 의해 판단한다는 것이다.

[123] 이 공리는 인간성의 기원에 관해 모든 민족과 모든 학자들이 가져왔던 모든 잘못의 고갈되지 않는 원천을 지적한다. 왜냐

147) Tacitus, *De vita Julii Agricolae*, 20.

하면 민족들마다 그 기원에 주의를 기울이고 학자들마다 그것을 설명하기 시작할 때 그들은 개명되고 교화되고 장려한 시대에 비춰 인간성의 기원을 판단했기 때문이다. 그러나 그 기원은 본질적으로 왜소하고 조야하고 대단히 몽매하였을 것임이 확실하다.

[124] 앞에서 지적했던 것처럼[53, 59] 자만심에는 두 종류가 있는데, 하나는 민족의 자만심이고 다른 하나는 학자의 자만심이다.

III

[125] 민족의 자만심에 대해서는 디오도로스 시쿨로스의 금과 옥조에 귀를 기울이자[53]. 그에 따르면, 그리스인이든 야만인이든 모든 민족은 자만심을 갖고 있어서 다른 모든 민족들보다 앞서 자신들이 인간 삶의 안락함을 발견하였고, 그들의 역사에 대한 기억이 세계의 출발점으로 거슬러 올라간다는 것이다.

[126] 이 공리는 칼데아인들, 스키타이인들, 이집트인들, 중국인들마다 그들이 고대 세계에 최초로 인간성을 확립시켰다고 하는 [45, 48, 49, 50] 허황된 주장을 일거에 처리한다. 그러나 히브리인 플라비우스 요세푸스는 앞에서 들어봤던[94] 관후한 고백으로 자신의 민족을 [민족의 자만심으로부터] 면제시켜줬다. 즉 히브리인들은 다른 모든 이교도들과 격리되어 살아왔다는 것이다. 그리고 칼데아인들, 스키타이인들, 이집트인들로부터 오늘날의 중국인들에 이르기까지 세계가 얼마나 오래되었는지 믿고 있는 것과 비교할 때 세계의 역사는 훨씬 더 짧다고 신성한 역사[148]는 우리에게

확인시켜준다. 이것이 신성한 역사가 갖는 진리에 대한 하나의 위대한 증거이다.

IV

[127] 이러한 민족의 자만심에 학자의 자만심이 더해진다. 학자들은 그들이 알고 있는 것이 세계만큼이나 오래되었기를 바란다.

[128] 이러한 공리는 고대인들이 갖고 있었다는 견줄 바 없는 지식에 대한 학자들의 모든 견해를 일소한다. 이것은 칼데아인들의 조로아스터 신탁, 우리에게는 전해지지 않는 스키타이인들의 아나카르시스[149] 신탁, 헤르메스 트리스메기스투스가 썼다는 책 『포이만드레스』, 오르페우스의 시, 피타고라스의 『황금 노래』 등이 모두 날조였다고 확신하며, 여기에는 모든 신중한 비평가들이 동의한다. 또한 이것은 이집트의 상형문자에 학자들이 부여한 모든 신비한 의미와 그리스의 우화에 부여하는 철학적 알레고리도 모두 허위라고 비난한다.

V

[129] 철학이 인류에 도움이 되려면 넘어진 나약한 인간을 일으

148) 성서를 가리킨다.

149) 즉 아바리스.

켜 세우고 부축해줘야지 그의 본성을 탓하거나 그를 타락 속에 방치하면 안 된다.

[130] 이 공리는 감각을 말살시키려 하는 스토아학파나 그것을 기준으로 만들려고 하는 에피쿠로스학파 모두를 우리의 『새로운 학문』의 학파로부터 배제시킨다. 왜냐하면 스토아학파는 스스로를 운명에 끌려가게 만듦으로써, 에피쿠로스학파는 우연에 스스로를 맡김으로써 모두 신의 섭리를 부정하기 때문이다. 더구나 에피쿠로스학파는 인간의 영혼이 육체와 함께 죽는다고 주장한다. 그 둘 모두는 "수도원의 철학자 또는 고독한 철학자"로 불려 마땅하다. 반면 [이 공리는] 정치철학자들이 인정한다. 먼저 플라톤주의자들[150]인데, 그들은 다음 세 가지 중요한 논점에 관하여 모든 입법자들과 견해를 같이한다. 첫 번째로 신의 섭리는 존재한다. 두 번째로 인간의 감정은 조절하여 인간 덕성으로 만들어야 한다. 세 번째로 인간의 영혼은 불멸이다. 따라서 이 공리로부터 『새로운 학문』의 세 가지 원리가 주어질 것이다[333, 360].

VI

[131] 철학은 인간이 어떻게 되어야 하는가 하는 것만을 고려함

---

150) 니콜리니는 "플라톤주의자들"이라는 말로 비코가 염두에 둔 것은 고대의 신플라톤주의자들로부터 이탈리아 르네상스 시대의 신플라톤주의자들에 이른다고 밝힌다. Vico, *Opere*, III, p. 437, n. 1.

으로써 단지 극소수의 사람들에게만 혜택을 베풀었다. 즉 로물루스의 쓰레기더미 속으로 빠지지 않고 플라톤의 공화국 속에 살기를 원하는 사람들에게만 도움이 되었을 뿐이다.

VII

[132] 법은 인간을 인간 사회에 좋은 용도가 되도록 만들기 위해 인간을 있는 그대로 고찰한다. 법은 인류 모두가 갖고 있는 세 가지 악인 잔인함과 탐욕과 야망으로부터 군대와 상인과 궁정을, 즉 국가의 힘과 풍요와 지식을 만들었다. 세계의 모든 인류를 파멸시킬 수 있었음이 확실한 이 세 가지 거대한 악으로부터 사회의 행복이 만들어진 것이다.[151)]

[133] 이 공리는 신의 섭리가 존재하며 그것이 신의 입법 정신임을 증명한다. 자신의 사욕에 몰두하며 그것을 위해 야수처럼 홀로 사는 인간을 사회 속에서 살 수 있도록 만들기 위해 인간의 감정으로부터 사회적 질서를 만들어낸 것이 바로 신의 입법 정신이다.

VIII

[134] 사물은 자연 상태를 벗어나면 안정되지도 지속되지도 않

151) 니콜리니는 이 내용이 마키아벨리의 금언을 심화시킨 것이라고 주장한다. Machiavelli, *Discorsi*, I, 3. Vico, *Opere*, III, p. 437, n. 4.

는다.

[135] 지금까지도 최고의 철학자들과 윤리 신학자들은 회의주의자 카르네아데스[152]와 에피쿠로스에 대해 법은 자연 속에 존재하는가, 또는 인간 본성은 사회적인가 하는 본질적으로 동일한 문제를 놓고 거대한 논쟁을 벌이고 있다. 그로티우스조차 이 문제에 대한 생각은 정확하지 않다.[153] 그렇지만 인류는 세계에 대한 기억을 가졌을 때부터 사회 속에서 안락하게 살아왔고 지금도 그렇게 살고 있기 때문에 이 공리만으로 그 논쟁을 종식시킬 수 있다.

[136] 이 공리는 VII에서 말한 공리와 거기에서 파생된 추론과 함께 인간은 아무리 약하다 할지라도 자신의 감정으로부터 덕성을 만들어낼 자유의지를 갖고 있다는 것을 증명한다. 그러나 인간은 자연적으로는 신의 섭리에 의해, 초자연적으로는 신의 은총에 의해 도움을 받는다[310].

IX

[137] 사물에 대한 진리를 알지 못하는 인간은 확실한 것에 매달리려고 애쓴다. 왜냐하면 지식으로 지성을 충족시킬 수는 없다 할지라도 최소한 의지는 양심에 의존할 것이기 때문이다.[154]

---

152) Carneades는 기원전 2세기 그리스의 철학자이다.

153) Hugo Grotius, *De iure belli et pacis, Prolegomena*, V.

154) 지식은 scienza이며 양심은 coscienze이다. 이렇듯 비코는 칸트가 '순수이성'과 '실천이성'을 구분하였듯, 지식을 객관의 영역에, 의지를 주관의 영역에 배치

X

[138] 철학은 이성을 관조하며 그것으로부터 진리에 대한 지식이 생긴다. 문헌학은 인간 자유의지의 근거를 관찰하며 그것으로부터 확실한 것에 대한 공동 지식[155)]이 생긴다.

[139] 이 공리의 후반부에서 정의 내린 문헌학자에는 문법학자, 역사가, 비평가들이 있다. 그들은 민중의 언어와 행적에 대한 인식에 몰두하는 사람들이다. 그 예란 국내로는 관습과 법이 있으며, 국외로는 전쟁, 평화, 동맹, 여행, 교역 같은 것들이 있다.

[140] 이 공리는 다음을 증명하기도 한다. 즉 철학자들은 그들의 이성을 문헌학자들의 근거에 비추어 확인하지 않으며, 문헌학자들도 그들의 근거를 철학자들의 이성에 비추어 검증하는 데 신경을 쓰지 않음으로써 그들 모두가 절반의 실패를 하고 있다는 것이다. 만일 그들이 그렇게 했더라면 아마도 그들은 공화국에 훨씬 더 도움이 되었을 것이며, 우리보다 앞서 이 『새로운 학문』을 착상

하여 구분한 것으로 보인다. 이 점에 있어서 영어와 일어의 번역본들 모두가 coscienza를 '의식'으로 번역함으로써 의미를 충실하게 전달하지 못한 것 같다. 더구나 David Marsh의 영어 번역본에서는 원전에 없는 단어들까지 추가로 사용하면서 scienza를 "추상적 지식"으로 coscienza는 "공동 지식"으로 번역하는 오류를 범하고 있다. 한편 "공동 지식"이라는 번역은 [138] 이후의 단락에서는 적절한 번역인 것으로 보인다.

155) 앞의 주에서 밝힌 것처럼 coscienza는 이곳에서 "공동 지식"으로 번역하는 것이 적절한 것으로 보인다. 왜냐하면 '진리'는 절대적인 참을 말하며 '확실한 것'은 많은 사람들이 참이라고 믿는 것을 가리키기 때문이다.

했을 것이다.

XI

[141] 본질적으로 불확실한 인간의 자유의지는 인간의 필요성과 유용성에 대한 인간의 공통적인 인식[156]에 의해 확실하고 확정적인 것이 된다. 필요성과 유용성은 민족들 자연법의 두 원천이다.

XII

[142] 상식은 계급 전체, 민중 전체, 민족 전체, 또는 인류 전체가 심사숙고할 필요가 없이 공동으로 인식하는 판단이다.

[143] 이 공리는 다음의 정의와 함께 민족의 창시자들에 대한 새로운 비판의 기술을 제공해줄 것이다. 민족의 창시자들은 그들에 대한 비평의 글을 쓰는 데 몰두하는 작가들보다 1천 년 이상 더 오래 전에 출현했음이 확실하다[392].

XIII

[144] 서로 알지 못하는 모든 민족들 사이에서 발생한 동일한 관념은 진리의 공통적인 근거를 갖고 있음이 확실하다.

---

156) 원어는 senso comune. 즉 상식을 가리킨다. 이후로는 '상식'으로 번역한다.

[145] 이 공리는 민족들의 자연법[321]과 관련하여 확실한 것을 규정하기 위한 기준으로 인류의 상식을 확립시키는 위대한 원리로서 신의 섭리가 여러 민족들에게 가르쳐준 것이다. 즉 민족들은 자연법과 관련하여 세부에 있어서의 차이에도 불구하고 전체적으로 통용되는 실질적인 통일성을 인식함으로써 그 확실성에 도달하게 된다는 것이다. 여기에서 다양하게 분절된 모든 언어들에 [공동의] 어원을 제공하는 정신의 사전이 출현하는데, 이 사전을 통해 우리는 모든 민족들의 시간 속에 있는 이상적인 영원한 역사를 인식할 수 있다. 이 사전과 이 이상적 역사에 적절한 공리가 앞으로 제시될 것이다[162, 240, 294].

[146] 이 공리는 민족들의 자연법과 관련하여 지금까지 유지되어왔던 모든 관념들을 폐기시킨다. 자연법은 최초에 한 민족으로부터 출현하여 다른 민족들로 전파되었던 것이라고 믿어져왔다. 이집트인들과 그리스인들은 이러한 잘못에 추문까지 더해준 것이었는데, 그들은 허황되게도 자신들이 이 세계에 문명을 전파했다고 거드름을 부렸던 것이다[47]. 이 잘못으로 말미암아 〈12표법〉이 그리스인들로부터 로마인들에게 전파되었다는 설이 생기게 된 것이 확실하다[284~285]. 그러나 그렇게 전파된 것이 사실이라면 한 민족의 법이 인간적 고려에 의해 다른 민족으로 전해졌다는 것이 되며, 신의 섭리가 자연적으로 모든 민족에게 명한 하나의 법과 그에 병행하는 인간적 관습은 있을 수 없을 것이다. 이 책의 저자가 끈질기게 공을 들여 하려고 하는 일 중의 하나는 각 민족들이 서로를 알지 못할 때 자연법은 그 민족들에게서 개별적으로 발생

했다는 것을 증명하는 일이다. 그리고 이후에 자연법은 전쟁, 사절 교환, 동맹, 교역의 결과로 모든 인류에 공통적인 것이라고 인정되기에 이르렀다는 것이다.

XIV

[147] 사물의 본성이란 어떤 시간에 어떤 방식으로 발생하게 되었다는 것밖에 없다. 그 시간과 방식이 그대로 있다면, 사물은 다르게 태어날 수 없다.

XV

[148] 사물과 불가분한 속성은 그 사물이 태어날 때의 양태[157] 또는 방식인 것임이 확실하다. 이러한 양태에 의해 그 사물의 본성 또는 태생은 그대로일 뿐 다를 수 없다.

XVI

[149] 민간전승은 진실의 공공적 근거를 갖고 있음이 확실하다. 그러므로 그것은 존재하게 되었고, 오랜 시간에 걸쳐 민중 전체에 의해 보존되고 있다.

---

157) 원어는 modificazione.

[150] 그러나 오랜 시간이 지나고 언어와 관습이 바뀌면서 그 진실은 거짓이라고 포장되어 우리에게 전해진다. 그러한 진실의 근거를 되찾으려는 것이 이 학문에서 큰 공을 들여 하려고 하는 또 다른 일이다.

XVII

[151] 민중의 언어는 그 언어가 형성되던 시기에 사람들이 지켜오던 오랜 관습에 대한 무게 있는 증인임이 확실하다.

XVIII

[152] 완성 단계에 이르기까지 고대 민족이 지배적인 언어로 보존해온 언어는 세계 초기 민족들의 관습에 대한 중요한 증인이다.

[153] 이 공리는 민족들의 자연법에 관한 한 라틴어의 언술에서 이끌어낸 문헌학적 증거가 가장 중요하다는 것을 확인시켜준다. 자연법에 대한 이해에 있어 비교할 바가 없이 세계의 다른 모든 민족보다 앞섰던 것은 로마인이었다. 같은 이유로 독일어를 연구하는 학자들도 똑같은 일을 할 수 있을 것이다. 왜냐하면 독일어는 고대 로마의 언어와 똑같은 속성을 갖고 있기 때문이다.

XIX

[154] 만일 〈12표법〉이 사투르누스 시대에 살던 라티움 민족들의 관습을 반영한 것이라면 그것은 라티움 민족의 고대 자연법에 대한 중요한 증인이다. 다른 곳에서는 가변적이었던 그 관습을 로마인들은 동판에 새겨 고정시킨 뒤 법학자들로 하여금 종교적으로 보호받도록 했기 때문이다.

[155] 오래 전에 우리는『보편법의 원리』에서 이것이 확인된 사실임을 보여주었는데, 이『새로운 학문』에서 거기에 더 큰 빛을 더해줄 것이다.[158)]

XX

[156] 호메로스의 시가 그리스 사람들의 고대 관습에 대한 역사였다면 그것은 그리스 민족의 자연법에 대한 양대 보고일 것이다[904].

[157] 여기에서는 이 공리를 제기만 하고 후에 사실로서 증명할 것이다[780~904].

---

158) Vico, *Opere*, II, pp. 572ff.

XXI

[158] 그리스의 철학자들이 그들 민족이 마땅히 가야 했을 자연적 과정을 앞당겼다. 철학자들이 등장했을 때 그리스인들은 여전히 야만의 조야한 상태에 있었는데 갑자기 가장 세련된 상태로 진입하였다. 그렇지만 바로 그 시대에 그들은 신과 영웅들에 대한 그들의 신화 전체를 보존하고 있었다. 반면 자신들의 관습에 합당한 속도로 나아가던 로마인들은 자신들의 신의 역사를 사실상 잃어버리게 되었다. 따라서 이집트인들이 "영웅시대"라고 불렀던 것을 바로는 로마인들의 "암흑시대"라고 불렀다[52]. 그렇지만 로마인들은 민중적인 언술에서 영웅시대의 역사를 로물루스로부터 푸블릴리아 법과 페텔리아 법까지 연장시킨다. 그것은 그리스 영웅시대의 역사적 신화에 버금가는 것임을 알게 될 것이다.

[159] 이러한 인간사의 본질은 프랑스 민족에서도 확인할 수 있다. 12세기 야만의 한복판에서 유명한 파리 대학교가 개설되었다. 거기에서는 『명제집』으로 저명한 대가 페트루스 롬바르두스가 가장 정교한 스콜라 신학을 가르치는 데 몰두하고 있었다. 그렇지만 같은 시대의 그곳에는 파리의 주교였던 튀르팽[159]이 말하는 역사도 있었는데, 그것은 마치 호메로스의 시처럼 팔라딘이라고 부르는 프랑스 영웅들에 대한 신화로 가득 차 있었다. 그 신화는 훗날

159) 니콜리니는 튀르팽이 파리의 주교가 아니라 랭스의 대주교였다고 바로잡는다. Vico, *Opere*, III, p. 442, n. 5.

수많은 이야기와 시로 채워진다. 그렇듯 미성숙한 상태의 야만에서 가장 정교한 학문으로 이행했던 탓에 프랑스어는 가장 섬세한 언어로 남아 있다. 게다가 우리의 시대에 현존하는 모든 언어 중에서 그리스어의 특질을 잘 복구시켜놓았고, 그리스어와 마찬가지로 학문을 논하기에 다른 어떤 언어보다도 우월한 것처럼 보인다. 그렇지만 그리스어와 마찬가지로 프랑스어에도 많은 복모음이 남아 있는데, 그것은 여전히 자음과 모음을 결합시키기 힘들고 어려워하는 야만 언어의 속성이다[461].

이 두 언어에 대해 우리가 말했던 것들을 확인하기 위해 우리는 젊은이들에게서 찾아볼 수 있는 고찰을 덧붙인다. 기억력은 강건하고 상상력은 생생하며 창의력은 신속한 젊은이들은 언어나 선형기하학을 연구하면 좋은 결실을 맺게 될 것이다. 그들은 육체에 묶여 있는 정신의 소유자들이 갖는 조야함, 즉 지성의 야만이라 부를 법한 것에 굴복하지 않을 것이다. 그러나 아직 미숙한 젊은이들이 형이상학 비판이나 대수학과 같이 지나치게 정밀한 연구로 들어서게 되면 그들은 평생토록 그런 사고방식 때문에 지나치게 가냘파져 위대한 업적이 불가능하게 된다.

[160] 그러나 이 『새로운 학문』에 대해 더 깊이 생각하면서 우리는 로마에 그런 결과를 초래한 다른 이유를 발견하게 되는데, 어쩌면 그 이유가 더 적절할 것이다. 로물루스는 라티움에 있는 더 오래된 도시들 한복판에 로마를 건설했고, 그곳에 공개된 피신처를 만들었다. 리비우스는 이것에 대해 "도시 창건자들의 오래된 평의회"(vetus urbes condentium consilium)라고 일반적인 의미로

정의했다[17]. 여전히 폭력이 만연했기 때문에 로물루스가 세계 최초의 도시들이 창건되었을 때와 똑같은 계획 위에 로마를 세웠던 것은 당연한 일이었다[561]. 로마의 관습은 라티움에 민중 언어가 이미 많이 퍼져 있던 초기부터 발전해왔던 것이기 때문에 그리스 민중이 영웅의 언어로 자신들의 일을 설명했듯 로마인들은 민중 언어로 그들의 인간사를 말했음이 확실하다. 이렇듯 로마의 고대사는 그리스 영웅시대의 역사에 해당하는 신화였던 것이다. 그리고 이것이 로마인들이 세계의 영웅이 된 이유였던 것도 확실하다. 왜냐하면 로마가 라티움의 다른 도시들, 다음으로는 이탈리아, 그리고 마지막으로는 세계를 복속시킨 것은 영웅주의가 로마인들 사이에서는 여전히 젊었기 때문이었다. 반면 로마에 정복당함으로써 로마에 영광을 가져다 준 라티움의 다른 민족들 사이에서는 영웅주의가 늙어가고 있던 것이 확실하다.

XXII

[161] 인간사의 본질 속에는 모든 민족에게 공통적인 정신의 언어가 전제되어야 함이 확실하다. 이 언어는 인간의 사회생활 속에서 일어날 만한 일들의 본질을 균일하게 이해하도록 해주며 그 사물이 가질 수 있는 다양한 측면의 다양한 양태를 설명해준다[387]. 민중적 지혜의 금언인 속담이 그 예인데 고대와 현대의 모든 민족들 사이에서 본질적으로 같은 의미가 그 민족들 숫자만큼이나 다양한 방식으로 표현되는 것이다[445].

[162] 이 공통적인 정신의 언어야말로 『새로운 학문』에 고유한 것인데, 학자들이 이 언어의 요체를 연구한다면 그들은 현존하고 사멸한 다양하게 분절된 모든 언어들을 포괄하는 공통적인 정신적 어휘를 만들 수 있을 것이다. 우리는 『새로운 학문』의 초판에서 그 특수한 예를 하나 제시한 바 있다.[160] 거기에서 우리는 사멸하고 현존하는 수많은 언어에서 최초의 가부장이라는 명칭이 그들에게 주어진 것은 그들이 최초의 가족이나 국가 속에서 갖고 있던 다양한 속성이 반영된 것임을 증명했다. 비록 우리의 학식이 일천하다 할지라도 그 한도 안에서 우리가 논증하려고 하는 모든 문제에 우리는 그 정신적 어휘를 적용할 것이다.

[163] 지금까지 논했던 모든 공리들 가운데 첫 번째부터 네 번째까지는 문명의 기원에 관해 지금까지 제기되었던 모든 견해들을 반박하기 위한 토대를 제공한다. 그리하여 그러한 견해들은 개연성이 없고, 부조리하고, 모순되고, 가능성이 없다고 주장한다. 다섯 번째부터 열다섯 번째까지의 공리는 진리의 기반을 제시하는데, "학문은 보편적이고 영원한 것을 대상으로 해야 한다"(scientia debet esse de universalibus et aeternis)라는 아리스토텔레스의 지적을[161] 모든 학문에 적용시켜 영원한 관념 속에서 민족들의 세계를 고찰하는 데 도움이 될 것이다. 마지막으로 열다섯 번째부터 스물두 번째까지의 명제들은 확실한 것의 기준을 우리에게 제공할 것

160) Vico, *Opere*, III, 387~389.

161) Aristoteles, *Metaphysics*, 1003a 15.

이다. 그 명제들을 채택함으로써 우리가 관념 속에서 숙고해왔던 민족의 세계를 사실 속에서 볼 수 있을 것이다. 그것은 베룰람의 프랜시스 베이컨이 확인했던 철학의 방법을 따르는 것인데, 그의 책『사유와 관찰』[162]에서 공들였던 방법을 말하는 것이지만 그 대상은 자연으로부터 인간의 사회로 변경한다[137, 359].

[164] 지금까지의 명제들은 일반적인 것이며『새로운 학문』전체의 기반이 된다. 앞으로 이어질 명제들은 개별적인 것으로서 우리의 학문이 다루는 다양한 질료의 개별적인 토대를 확립시킨다.

XXIII

[165] 신성한 역사[163]는 우리에게 전해져 내려오는 가장 오래된 세속의 역사보다 더 오래되었다. 왜냐하면 그것은 가부장들의 지배를 받던 자연 상태에 대해 아주 상세하게, 그리고 8백 년 이상에 걸쳐서 말하고 있기 때문이다. 그것은 가족 국가로서, 그 뒤에 민중과 도시가 출현하였다는 데에는 모든 정치학자들이 동의한다. 세속의 역사는 이 가족 국가에 대해 말해주는 것이 거의 없고, 그마저도 혼란스럽다.

[166] 이 공리는 앞서 디오도로스 시쿨로스가 우리에게 지적해

---

162) Francis Bacon, *Cogitata et visa de interpretatione naturae, sive de inventione rerum et operum*(1609).

163) 즉 성서.

줬던[125] 민족의 자만심과 반대되는 신성한 역사의 진리를 증명한다. 왜냐하면 히브리인들은 세계가 시작했을 때부터 그들의 기억을 아주 상세하게 보존하고 있기 때문이다.

XXIV

[167] 히브리인들의 종교는 모든 이교도 민족들을 발생시킨 점복을 금지시킨 참된 신에 근거하고 있다[365, 381].

[168] 이 공리는 민족들의 세계 전체를 히브리인들과 이교도들로 구분하는 주된 이유 중의 하나이다.

XXV

[169] 대홍수가 세계 모든 곳에서 일어났다는 것은 마르틴 스코키오의 문헌학적 증거[50]에 의해 증명되지 않는다. 그것은 너무 경박하다. 그렇다고 추기경 피에르 데이[164]의 점성술에 의거한 증거 때문도 아니다. 그 증거는 부정확한 것을 넘어 그르기까지 한데, 『알폰소의 도표』[165]를 따르고 있으며 조반니 피코 델라 미란돌라가 데이 추기경을 이어받았다.[166] 『알폰소의 도표』는 히브리인들

---

164) Pierre d'Ailly, *Concordantia astronomiae cum theologia et concordantia astronomiae cum historia*(1490).

165) 카스티야의 알폰소 10세(1226~1284)가 편찬한 천문학적 도표이다.

166) Giovanni Pico della Mirandola, *Disputationum in astrologiam*(1572).

이 반박했고, 지금은 기독교도들도 반박하는데, 그들은 에우세비우스와 가경자(可敬者) 베데[167]의 계산도 인정하지 않으며, 오늘날에는 유대인 필론의 계산만을 받아들인다[54]. 그러나 우리는 앞으로 살펴볼 공리에서 밝힐 것처럼 신화에서 고찰할 수 있는 자연사를 통해 증명할 것이다.

XXVI

[170] 거인은 본질적으로 체구가 큰 사람들이다. 한 예가 아메리카의 발끝에 있어 파타고니아[168]라고 불리는 나라에서 여행자들이 봤다고 말한 흉하고 난폭한 자들이다. 카사니온이 『거인에 관하여』[169]에서 수집한 자료를 추종했던 철학자들이 거인에 대해 말하는 허황되고 미숙하고 그릇된 이유는 무시하자. 오히려 우리는 고대 게르만인이 왜 거구인지 율리우스 카이사르와[170] 코르넬리우스 타키투스[171]가 제시한 육체적인 이유와 정신적인 이유를 받아

그러나 니콜리니는 『알폰소의 도표』를 따른 것은 데이 추기경일 뿐, 미란돌라 백작은 아니라고 밝힌다. Vico, *Opere*, III, p. 445, n. 9.

167) 베데는 천지창조가 기원전 3952년에 있었다고 한다.

168) '큰 발'이라는 의미를 갖는다.

169) 그는 16세기의 개신교도 작가였다. Giovanni Chassagnon da Monistrol, *De gigantibus eorumque reliquiis ac de hominibus qui prodigiosis viribus ad gigantum naturam proximi videntur accedere* (1580).

170) Julius Caesar, *Commentari de Bello Gallico*, IV. 1.

171) Cornelius Tacitus, *Germania*, 4, 18.

들인다. 우리의 견해로 그 원인은 야생적인 아동 교육으로부터 나온다[195].

XXVII

[171] 로마인들을 제외한 고대의 이교 민족들 모두에 대해 우리가 알고 있는 모든 것을 제공한 그리스의 역사는 대홍수와 거인들을 출발점으로 삼는다.

[172] 이 두 개의 공리는 최초의 인류를 두 종으로 분류한다. 하나는 거인이며 다른 하나는 정상적 체격의 사람이다. 전자는 이교도이고 후자는 히브리인이다. 이러한 차이는 전자의 야생적 교육과 후자의 인간적 교육의 차이에서 발생한 것이 아닐 수 없다. 그 결과 히브리인들은 모든 이교도들과 기원이 다르다[369~374].

XXVIII

[173] 앞에서 고찰한 것처럼 이집트의 고대는 우리에게 두 개의 큰 흔적을 남겨놓았다. 그 하나는 이집트인들이 세계의 모든 시간을 신의 시대, 영웅의 시대, 인간의 시대라는 세 시대로 구분했다는 것이다. 다른 하나는 이 세 시대의 순서에 따라 각 시대마다 세 개의 언어를 사용했다고 하는 것이다. 즉 상형 언어 또는 신성한 언어, 상징 즉 비유를 통한 언어 또는 영웅의 언어, 서간체 언어 또는 인간의 민중 언어로 민중 언어란 일상적인 삶의 필요를 소통

하기 위해 기호를 사용한 언어이다[52, 432].

XXIX

[174] 후술하겠지만[437] 호메로스는 두 개의 서사시 가운데 다섯 문장에서 자신의 언어임이 확실했던 영웅의 언어보다 더 오래된 언어를 언급했으며, 그것을 "신의 언어"라고 불렀다.

XXX

[175] 바로는 신의 이름을 3만 개 정도 열심히 수집했는데, 그것은 그리스인들의 신이 그렇게 많았다는 것이다. 그 이름들은 그 이름만큼 많은 초기 시대의 자연적, 도덕적, 경제적, 사회적 삶의 필요성과 관련되어 있다.

[176] 이 세 가지의 공리는 모든 곳에서 인간의 세계는 종교로부터 시작되었음을 확인시킨다. 이것이 『새로운 학문』의 세 원리 가운데 첫 번째가 될 것이다[333].

XXXI

[177] 민중이 무기로 광폭해져서 더 이상 인간적인 법이 설 자리가 없게 된 곳에서 그것을 제어할 유일하게 강력한 수단은 종교이다.

[178] 이 공리는 무법의 상태에서 흉포하고 폭력적인 자들을 신의 섭리가 문명으로 이끌고, 그리하여 그들 사이에서 민족이 정비될 수 있는 출발점을 제공했음을 확인한다. 이것은 그들 내부에 신성과 혼동될 수 있는 생각이 일어나도록 만듦으로써 가능한 것인데, 그들은 무지 속에서 신성이 없는 것에 신성을 부여했다. 그리하여 이 거짓 신성에 두려움을 품으며 스스로에게 어떤 질서를 부여하기 시작했다[377].

[179] 토머스 홉스는 그 자신의 "흉포하고 폭력적인 자들"[172] 속에서 인간사가 섭리에 기원을 두고 있다는 이러한 원리를 보지 못했다. 왜냐하면 그는 자신만의 원리를 찾으며 그가 따르던 에피쿠로스의 "우연"이라는 잘못에 빠져 방황했기 때문이다. 그리하여 그는 그렇게 큰 공을 들였음에도 그렇게 불행한 결과에 봉착한 것이다. 그는 인류 사회 전체 속에서의 인간을 고찰함으로써 그리스 철학에 지금까지 결여되어 있던 부분을 크게 보충해줄 것이라고 믿었지만 사실은 바로 그런 면이 그에게 결여되어 있었던 것이다. 기오르기오 파쉬는『이번 세기에 발견된 지식』에서 바로 그 점을 언급하고 있다.[173] 그러나 모든 인류에게 정의뿐 아니라 자선도

---

172) Cf: Thomas Hobbes, *Leviathan*, 14장.

173) 그단스크 출신으로 킬 대학교의 윤리, 논리학, 형이상학 교수였던 기오르기오 파쉬(1661~1707)는 격렬한 반(反)홉스주의자였다. 비코는 본문에서 언급한 저서의 제목을 다음과 같이 기록하였다. Giorgio Pasch, *De eruditis huius saeculi inventis*. 정확한 제목은 다음과 같다. *De novis inventis, quorum accratiori cultui facem pertulit antiquitas* (1700).

명하는 기독교가 그에게 동기를 부여하지 않았더라면 홉스는 이런 일을 하지 않았을 것이다.[174] 이 시점에서 "이 세상에 철학자들만 있다면 종교의 필요성이 사라질 것"[175]이라는 폴리비오스의 그릇된 금언에 대한 반박이 시작된다. 즉 국가는 종교가 없이 탄생할 수 없기 때문에 국가가 없다면 철학자들도 있을 수 없다는 것이다.

XXXII

[180] 사람들은 사물을 발생시키는 자연적 원인을 알지 못하고 비슷한 사물을 통해서조차 설명하지 못할 때 자신들의 속성을 그 사물에 부여한다. 자석이 철을 사랑한다고 사람들이 말하는 것이 그 예이다.

[181] 이 공리는 "인간은 인간 정신의 불명확한 본성 때문에 무지로 빠져 들어갈 때마다 자기 자신을 만물의 척도로 만든다"는 첫 번째 공리[120]의 특수한 예이다.

XXXIII

[182] 무지한 사람들에게는 자연학이 형이상학이다. 그들은 자신

174) 여기에서 비코는 신의 섭리가 무지한 사람들에게 그릇된 신성을 만들어놓는 것을 홉스에게 적용시키고 있다.

175) Polybius, *Historiae*, 4.56.

이 알지 못하는 사물의 원인을 신의 의지의 탓으로 돌리는데, 신의 의지가 어떻게 작동하는지 그 방식에 대해서는 생각하지 않는다.

XXXIV

[183] 타키투스가 "한번 겁을 먹은 정신은 미신에 취약하다"(mobilis ad superstitionem perculsae semel mentes)라고 말했을 때[176] 그는 인간 본성의 참된 속성을 지적했다. 인간이 한번 끔찍한 미신에 놀라면 그들은 자신이 상상하고, 보고, 하는 일까지 모두 미신에 연관시킨다[379].

XXXV

[184] 경탄은 무지의 딸이다. 경탄의 대상이 커질수록 그에 비례하여 경탄도 커진다[375].

XXXVI

[185] 추론의 능력이 약한 것에 비례하여 상상력은 강건해진다.

---

176) Cornelius Tacitus, *Annals*, I.28.

XXXVII

[186] 시의 가장 숭고한 공적이란 무감각한 사물에 감각과 감정을 불어넣는 데 있다. 생명이 없는 물건을 손에 잡고 마치 살아 있는 사람을 대하듯 장난치고 말을 거는 것은 어린아이들의 특성이다.

[187] 이 문헌학적이자 철학적인 공리는 어렸을 적에는 사람들이 본성적으로 숭고한 시인들이었음을 세계가 증명해준다[186, 376].

XXXVIII

[188] 다음은 피르미아누스 락탄티우스가 우상숭배의 기원에 대해 말했던 금과옥조 같은 문장[177]이다. "조야한 사람들은 그들의 왕이 경이로운 덕성을 지녔다 하여 신이라고 불렀다. 조야하고 단순한 사람들은 실로 그것이 경이롭다고 생각한 것이다. 또는 흔히 있는 일이지만, 그들의 현재의 권력을 찬미하거나 문명으로 이끌어준 그들의 혜택 때문에 그렇게 부른다."

XXXIX

[189] 인간의 타고난 속성으로서 무지의 딸이자 지식의 어머니인 호기심은 놀라운 것에 우리의 정신이 노출되면 다음과 같이 행동

---

177) Firmianus Lactantius, *Divinae Institutiones*, I, 15.

하는 습관이 있다. 즉 유성이나 해무리[178]나 한낮의 별처럼 특이한 자연 현상을 보게 되면 그 의미가 무엇인지 즉각적으로 묻는 습관이 있다는 것이다.

XL

[190] 끔직한 미신으로 가득 차 있던 시대에 마녀들은 대단히 잔인하고 비인간적이었다. 실로 그들의 마법 의식을 치러야 할 필요가 있다면 그들은 무고한 어린아이들을 무자비하게 죽이고 신체를 훼손했다.

[191] 스물여덟 번째부터 서른여덟 번째까지의 명제들은 신성한 시 또는 시적 신학의 출발점을 보여준다. 서른한 번째부터는 우상숭배의 기원을, 서른아홉 번째부터는 점복의 기원을 말해주며, 마지막으로 마흔 번째는 피에 굶주린 종교와 관련된 희생의 출발점을 제시한다. 이러한 희생은 초기의 조야하고 잔인한 인간들 사이에서 서약과 인간 제물과 함께 시작하였다. 플라우투스가 말하듯 라틴인들은 이러한 희생을 "사투르누스의 제물"(Saturni hostiae)이라고 부르고 있다.[179] 페니키아인들은 몰록 신에게 제물을 바쳤는데, 그들은 거짓 신에게 바쳐진 어린이들을 불 속으로 던져 넣었다[517]. 이러한 제물의 봉헌은 〈12표법〉에도 기록되어

---

178) 구름이 태양을 반사하여 또 다른 태양처럼 보이는 현상이다.

179) Titus Maccius Plautus, *Amphitryon*, IV, 2.

있다. 이러한 제물 봉헌이 다음 금언의 올바른 의미를 보여준다. "두려움이 최초로 이 세상에 신을 만들었다"(Primos in orbe deos fecit timor).[180] 그릇된 종교는 타인의 속임수라기보다는 쉽게 믿는다는 결함으로부터 태어난다. 독실한 딸 이피게네이아에게 불행한 서약과 희생을 강요했던 아가멤논의 경우도 마찬가지인데, 이에 대해 루크레티우스는 경건하지 못하게 부르짖는다. "종교가 이렇게 큰 악을 부추기다니"(Tantum relligio potuit suadere malorum).[181] 게다가 그것이 섭리의 조언으로부터 나왔다는 것이다. 이런 모든 것 때문에 폴리페모스[182]의 자손들을 아리스티데스와 소크라테스와 라일리우스와 스키피오 아프리카누스의 문명으로 교화시켜야 할 필요가 있었던 것이다.

XLI

[192] 우리는 수백 년 동안 대홍수의 물에 흠뻑 젖은 대지가 마른 대기나 불이 붙을 물질을 배출하지 않아 공기 속에 번개를 발생시키지 못한 것이 아닌가 하는 신중한 가설을 제기한다.

---

180) Pullus Papinius Statius, *Thebais*, III, 661.

181) Titus Carus Lucretius, *De rerum natura*, I, 101.

182) 외눈의 거인족 키클롭스의 하나인데, 여기에서는 "미개인"과 같은 일반적인 의미로 받아들여야 한다고 니콜리니는 제안한다.

XLII

[193] 유피테르는 번개로 거인들을 쓰러뜨렸고, 모든 민족에게는 그들의 유피테르가 있다.

[194] 이 공리는 신화가 간직하고 있는 자연사를 포함하는데, 그것은 대홍수가 땅 전체를 덮었다는 것이다.

[195] 이 공리와 그에 앞선 가설은 다음을 확정해줄 것임이 확실하다. 즉 오랜 기간에 걸쳐 노아의 세 아들로부터 비롯된 불경한 종족들이 야수의 상태로 빠져 들어간 뒤 야생 짐승들처럼 방황하면서 대지 위의 큰 숲 속에 흩어져 번식하다가 야생의 교육으로 말미암아 거인이 되어 돌아왔는데 이때 대홍수 이후 처음으로 하늘에서 번개가 쳤다[369].

XLIII

[196] 모든 민족은 그들의 헤라클레스를 갖고 있는데, 그는 유피테르의 아들이다. 고대 최대의 학자인 바로는 그 숫자를 마흔까지 헤아린다[14].

[197] 이 공리는 최초 민중들의 영웅주의의 출발점이기도 한데, 그것은 영웅이 신에게 기원을 둔다는 잘못된 견해로부터 생겨났다[666].

[198] 이 공리와 민족들마다 각각의 유피테르와 헤라클레스를 갖고 있다는 그에 앞선 공리는 종교가 없이는 그 민족들이 창건될

수 없으며 덕성[183]이 없이는 위대해질 수 없다는 것을 증명한다. 그들은 처음에 숲 속에 고립되어 살았고 따라서 서로 알지 못했다. "서로 알지 못하는 모든 민족들 사이에서 발생한 동일한 관념은 진리의 공통적인 근거를 갖고 있음이 확실하다"[144]는 공리를 통해 다음의 위대한 원리가 나온다. 즉 최초의 신화는 사회적 진리를 포함하고 있음이 확실하고, 따라서 그것은 최초의 민중의 역사이다.

XLIV

[199] 그리스 세계 최초의 현자는 신학 시인이었는데, 유피테르가 헤라클레스의 아버지이듯 그들이 영웅 시인들보다 이전에 번성했음에는 의심의 여지가 없다.

[200] 이 공리와 그 앞의 두 공리들은 모든 민족들마다 그들의 유피테르와 헤라클레스를 갖고 있는 한 그 민족들 모두 처음에는 시적이었고, 그들 사이에서는 신성한 시가 먼저 태어났으며 그 뒤에 영웅시가 나왔음을 확인시켜준다.

XLV

[201] 인간은 그들을 사회 속에 결속시키는 법과 제도에 대한

183) 원어는 virtù.

기억을 보존하려는 경향이 있다.

XLVI

[202] 모든 야만의 역사는 신화에 출발점을 둔다.

[203] 마흔두 번째부터의 모든 공리는 우리의 역사적 신화의 출발점을 제공한다.

XLVII

[204] 인간 정신은 자연적으로 통일성을 좋아하는 경향이 있다.

[205] 신화에 적용되는 이 공리는 민중의 관습에 의해 확인된다. 그들은 어떤 일로 인하여 어떤 상황에서 유명해진 사람에 대해 고려할 때 그들이 마치 가장 합당한 상황에 있는 것처럼 상정하여 신화를 만들어낸다. 신화란 평범한 사람들이 말하려 하는 사람들의 장점에 부합하는 이상적 진리이다. 따라서 그 사람들의 실재보다 더 많은 장점이 부여되는 만큼 신화는 사실성에서는 잘못되었다. 그러므로 잘 생각해보면 시적 진리는 형이상학적 진리이며, 그에 대비되는 물리적[184] 진리라는 면에서는 잘못의 여지를 갖고

184) 바로 앞에 나오는 '형이상학적'(metafisico)에 대응하는 단어로 '물리적'(fisico)이라는 단어를 쓴 것인데, 과거의 기록으로서의 사실성에 대해 말하는 것이므로 '역사적'이라는 의미로 받아들여야 할 것이다.

있음이 확실하다. 여기에서 시의 이론에 관한 중요한 고찰이 출현한다. 예를 들어 참된 전쟁의 장수는 토르콰토 타소가 만들어낸 고프레도이다.[185] 이 고프레도에 모든 면에서 부합하지 않는 장수는 참된 전쟁의 장수가 아니다.

XLVIII

[206] 처음으로 사람이나 물건의 관념이나 이름을 알게 된 어린아이는 이후 알게 된 모든 사람이나 물건에 대해 처음 마주쳤던 것과 갖는 유사성이나 관련성을 통해 이해하거나 이름을 붙인다. 그것이 어린아이의 본성이다.

XLIX

[207] 전술하였듯[68] 이집트인들이 인간의 삶에 유용하거나 필요한 모든 것들을 헤르메스 트리스메기스투스의 공으로 돌렸다고 이암블리코스가 『이집트인들의 신비에 관하여』에서 했던 말은 금과옥조이다.

[208] 이러한 진술은 그 앞의 공리의 도움을 받아 이 신성한 철

185) Torquato Tasso, *Gerusalemme liberata*(1580). 토르콰토 타소(1544~1595)는 이탈리아의 시인으로서 『해방된 예루살렘』이라는 서사시를 썼다. 장군 고프레도가 성지 예루살렘을 탈환한다는 내용이다.

학자 이암블리코스가 이집트인들의 신비에 부여했던 숭고한 자연 신학의 모든 의미를 복구시켜줄 것이다

[209] 이 세 공리는 신화의 본질을 이루는 시적 인격체의 기원을 알려준다[412~427]. 그중 첫 번째 공리는 민중이 신화를 만들고, 그것도 호화롭게 만들려는 자연적인 경향을 보여준다. 두 번째는 인류의 소년기에 있던 초기의 인간은 사물을 개념화시킬 범주[186]를 형성할 능력이 없었기 때문에 시적인 인격체를 만들어야 할 자연적 필요성을 갖고 있었다. 시적인 인격체란 상상력의 속(屬) 또는 보편적 상상력으로서, 모델이나 이상적인 초상화처럼 그것을 닮은 모든 특수한 종(種)들을 거기에 맞추어 환원시킨다. 이러한 유사성 때문에 고대의 신화는 호화롭게 꾸며서 만들 수밖에 없었다. 이집트인들이 사회적 지혜의 특수한 결과로서 인간에게 유용하거나 필요하다고 생각했던 모든 것들을 '현자'라는 속의 범주로 환원시켰듯, 그들은 헤르메스 트리스메기스투스를 상상해냈다. 왜냐하면 그들은 '현자'라는 지적 범주를 추출해내는 방법을 알지 못했고, 이집트인들이 잘 알고 있었던 사회적 지혜의 형상은 더욱 몰랐기 때문이다. 이집트인들이 인류에게 필요하거나 유용한 것을 발견하여 세상을 풍요롭게 만들었던 시기에 이집트인들의 철학은 이 정도에 불과하여, 보편적 개념 또는 종이라는 개념은 이해가 불가능했다!

186) 원어는 generi intelligibili. '상상력의 속'에 견주어 '지력의 속'으로 번역할 수도 있겠으나, 이해를 돕기 위해 자유롭게 의역했다.

[210] 앞의 두 공리와 함께 이 마지막의 공리는 참된 시적 알레고리의 출발점이다. 알레고리는 시라는 장르 안에 포괄되는 다양한 개별에 비유적 의미가 아닌 단일한 의미를 제공한다. 그리하여 알레고리는 "다양어"(diversiloquia)라고도 불린다. 그것은 인간이나 사건이나 사물의 다양한 종을 하나의 일반적인 개념 속에 포괄하는 말을 가리킨다[403].

L

[211] 어린아이는 기억력이 가장 강하다. 따라서 그의 상상력은 지나칠 정도로 생생하다. 왜냐하면 상상력이란 확대되거나 구성된 기억과 다르지 않기 때문이다[699, 819].

[212] 이 공리는 최초의 소년기 시절에 형성했음이 확실한 시적 이미지가 갖는 표현력의 출발점이다[34].

LI

[213] 인간의 모든 능력은 타고나지 않았더라도 집요한 노력으로 얻을 수 있다. 그렇지만 시의 능력은 타고난 재능이 없이 노력만으로는 얻을 수 없다.

[214] 이 공리는 시가 민족들마다 문명의 토대로서[376] 시에서 모든 예술이 나왔기 때문에 최초의 시인들은 타고난 시인들이었음을 증명한다.

LII

[215] 어린아이들은 모방하는 능력이 탁월하다. 우리가 보기에 어린아이들은 그들이 이해할 수 있는 것들을 따라 하는 일을 더 즐거워한다.

[216] 이 공리는 소년기의 세계는 시적 민족들로 이루어졌음을 보여준다. 왜냐하면 시란 단지 모방이기 때문이다.

[217] 이 공리는 다음의 원리로 연결된다. 필요한 것, 유용한 것, 편리한 것, 게다가 즐거운 것의 대부분을 제공하는 모든 예술은 철학자들이 출현하기에 앞서 시인의 세기에 발견된 것이다. 왜냐하면 예술은 자연의 모방에 불과하며 따라서 그것은 어느 정도 사실을 다루는 시이기 때문이다[498, 794].

LIII

[218] 인간은 처음에는 인식하지 않고 느끼고, 다음으로는 고통받고 동요된 마음으로 인식하며, 마지막으로는 순수한 정신으로 사색한다.

[219] 이 공리는 감정과 열정의 느낌으로 만들어지는 시적 문장의 원리이다[703]. 시적 문장은 사색과 논리로 만들어지는 철학적 문장과 다르다. 철학적 문장은 보편 개념으로 올라갈수록 진리에 접근하지만, 시적 문장은 개별적인 것을 이용할수록 더욱 확실해진다[137].

LIV

[220] 인간은 의심스럽고 모호한 사물을 마주치면 자연스럽게 자신의 본성과 그 본성으로부터 나오는 감정과 관습에 따라 해석한다.

[221] 이 공리는 우리의 신화의 중요한 전범이다. 이에 따라 야만적이고 조야한 초기의 인간들에게서 보이는 신화는 대단히 거칠었는데, 그것은 난폭한 야수의 자유로부터 갓 벗어난 그 민족의 본성에 부합하는 것이다. 오랜 세월이 지나 관습이 변한 뒤 신화는 원래의 의미를 잃고 변화하여 호메로스 이전의 방종하고 타락한 시대에서 의미가 모호해졌다[708]. 그럼에도 그리스 사람들에게는 종교가 중요했기 때문에 신들이 그들의 관습은 물론 욕망에도 반대할까 두려워 그들은 그러한 관습이 신으로부터 왔다고 하며 신화에 음란하고 추악하고 호색적인 의미를 부여하였던 것이다.

LV

[222] 다음은 이집트인들의 지혜라는 특수한 사례를 다루었지만 다른 민족들에게도 적용시킬 수 있는 에우세비우스의 금과옥조와 같은 말이다. "이집트인들 최초의 신학은 신화가 삽입된 역사에 불과했다. 뒷날 후손들은 그 신화를 부끄럽게 생각해 점차 신비로운 의미를 덧붙이게 되었다."[187] 전술하였듯[46] 이집트 최고의 신관 마네토는 이집트 역사 전체를 하나의 장엄한 자연 신학

으로 바꾸어놓았던 것이다.

[223] 이 두 공리는 우리의 역사적 신화의 두 가지 중요한 증거이며[203],[188] 고대인들이 비견될 수 없는 지혜를 가졌다는 견해[128]를 뒤엎을 두 개의 회오리바람이다. 또한 그것은 신성한 역사 속에는 부끄러운 어떤 이야기도 들어 있지 않은 기독교 진리의 두 가지 위대한 원천이다.

LVI

[224] 동방과 이집트와 그리스와 라틴의 최초 작가들, 그리고 야만이 되돌아온 중세 유럽 근대어의 최초 작가들은 시인들이었다[464~471].

LVII

[225] 벙어리는 그들이 뜻하고자 하는 의미와 자연스럽게 연관된 몸짓이나 물건을 통해 이해받으려 한다.

[226] 이 공리는 상형문자의 원리인데, 모든 민족은 최초의 야만 시대에 상형언어로 말했다.

[227] 이것은 플라톤이 『크라틸로스』에서,[189] 그 뒤 이암블리코

---

187) Eusebius, *Praeparatio evangelica*, II.

188) 바꾸어 말해 비코가 주장하듯이 신화는 초창기 민족의 역사라는 것이다.

스가 『이집트인들의 신비에 관하여』에서[190] 한때 세상에 존재했다고 추측했던 자연어의 원리이기도 하다. 여기에는 스토아학파와 오리게네스가 『켈수스에 대한 반론』에서[191] 동의했다. 그러나 그들은 단지 추측으로 말했던 것일 뿐이기에 아리스토텔레스는 『해석론』에서, 갈레노스는 『히포크라테스와 플라톤의 학설에 대하여』[192]에서 그들을 반박했다. 이 논쟁에 대해서는 아울로스 겔리오스의 책[193]에서 푸블리우스 니기디우스가 논하고 있다. 이 자연어의 뒤를 이어 이미지와 직유와 비유와 자연적 속성을 통한 시적 언어가 나왔다[34].

LVIII

[228] 벙어리는 불분명한 소리로 노래를 하듯 내뱉고, 말더듬이는 노래를 함으로써 발성을 배우려 한다.

---

189) Plato, *Cratylus*, 425d, 438d.

190) Iamblichos, *De mysteriis aegyptiorum*, VII.

191) Origenes, *Contra Celsum*, I.24, V.4.

192) Claudius Galenus, *De decretis Hippocrates et Platonis*. 그러나 니콜리니는 이 저작의 어디에도 플라톤이나 아리스토텔레스에 대한 언급은 없다고 지적한다. Vico, Opere, III, p. 456, n. 15.

193) Aulus Gellius, *Noctes atticae*, X, 4. 겔리오스는 니기디우스의 언어 이론이 예리하다고 말했을 뿐이다.

LIX

[229] 큰 슬픔이나 큰 기쁨에 젖은 사람들의 예에서 보듯 사람들은 노래에 큰 감정을 불어넣는다.

[230] 이 두 공리는 민족의 창건자들이 노래함으로써 최초의 언어를 만들었으리라고 추측하게 만든다. 왜냐하면 그들은 말 못하는 짐승처럼 야생의 상태에서 어리석어져 아주 강렬한 감정의 자극이 있을 때에만 표현하고자 하였기 때문이다[461].

LX

[231] 현재 수많은 분절된 언어 속에서 태어난 아이들이 그 언어로 말하기에 필요한 유연한 기관 조직을 갖고 있음에도 불구하고 단음절어로 말을 시작하는 것처럼 언어는 단음절어로 시작하였음이 확실하다[454, 462].

LXI

[232] 영웅시가 가장 오래되었고, 강강격[194]은 가장 느린 운율인데, 앞으로 논하듯이[449] 영웅시는 강강격으로부터 태어났다.

---

194) 원어는 spondaico.

LXII

[233] 약강격[195]의 시는 가장 산문에 가까운데, 호라티우스가 잘 정의했듯 약강격은 "빠른 운율"[196]이다.

[234] 이 두 공리는 관념과 언어가 같은 보조로 진행되었다고 짐작하게 만든다.

[235] 마흔일곱 번째부터 시작하는 공리들은 물론 그것들과 함께 제시했던 사물의 원리는[I~XXII] 각기 시 이론을 구성한다. 거기에는 신화[205], 관습과 그것의 장식[220], 문장[219], 어법과 그 표현력[22, 212], 알레고리[210], 노래[228], 시[232] 등이 포함된다. 마지막의 일곱 공리들은 모든 민족에서 운율로 된 언어가 산문으로 된 언어보다 앞서 나왔다는 것을 보여준다[34].

LXIII

[236] 인간 정신은 정신 외부에 있는 육체 안에서 감각을 통해 스스로를 보려고 하는 자연적인 경향이 있고, 사색을 수단으로 하여 자신을 이해하려고 하는 것은 대단히 힘들어 한다.

[237] 이 공리는 모든 언어의 어원에 보편적 원리를 부여한다. 육체 또는 육체의 속성을 뜻하던 어휘가 정신 또는 영혼적인 것을

195) 원어는 giambico.

196) Quintus Horatius Flaccus, *Ad Pisones*, 252.

뜻하는 어휘로 바뀐다.

LXIV

[238] 관념의 순서는 사물의 순서를 따르는 것이 확실하다.

LXV

[239] 다음은 인간사의 순서이다. 먼저 숲, 다음에는 오두막, 그 뒤로는 촌락, 그 뒤에 도시, 그리고 마지막으로 학교.

[240] 이 공리는 어원의 위대한 원리이다. 왜냐하면 인간사의 이러한 순서는 토속 언어 속의 단어들의 역사를 말해주고 있음이 확실하기 때문이다. 우리가 라틴어에서 고찰하는 것처럼 라틴어 어휘 전체는 숲이나 시골에 기원을 두고 있다. "법"(lex)이라는 단어를 예로 들어보자. 처음에 그 말은 "도토리 무더기"였을 것이다. 그것으로부터 ilex라는 말이 나왔다고 보는데, 그것은 참나무(illex)를 가리킨다. "aquilex"라는 단어가 물을 모으는 사람이 확실한 것처럼 참나무는 도토리를 만들며, 그것이 돼지를 불러 모은다. 이후 "lex"는 "채소 무더기"가 되었는데, 여기에서 채소라는 단어 "legumina"가 나왔다. 훗날 민중 문자가 아직 "법"이라는 말을 찾아내지 못했을 때 사회적 본성의 필요성에 의해 "lex"라는 말은 "시민의 모임" 즉 민중의 의회가 되었음이 확실하다. 그리하여 민중의 출석이 곧 "lex" 즉 법이 되었고, 그것은 로마의 의회인

"칼라티스 코미티스"(calatis comitiis)에서의 증언에 권위를 부여했다. 마지막으로 문자를 모으는 것이나 각각의 단어로 묶음을 만드는 것이 'legere' 즉 '읽다'라는 말이 되었다.

LXVI

[241] 인간은 처음에 필요성을 느끼고, 다음으로는 유용성을 찾으며, 그 뒤에는 편안함을 알게 되고, 그보다 더 뒤에는 쾌락에 탐닉하여 사치 속에 방탕해지며, 마지막으로는 본질을 잃을 정도로 미쳐버린다.

LXVII

[242] 인간의 본성은 처음에는 조야했다가 다음에는 거칠어지고 그 뒤에는 관대해지고 그다음에는 섬세해진 뒤 마지막으로는 방탕해진다[916].

LXVIII

[243] 인류 최초에는 폴리페모스처럼 크고 흉한 자들이 출현했다. 다음으로는 아킬레우스처럼 도량 있고 오만한 자들이, 그다음으로는 아리스티데스나 스키피오 아프리카누스처럼 용감하고 정의로운 자들이 나타났고, 우리 시대와 더 가까이 오면 알렉산드로

스나 카이사르처럼 큰 덕성의 이미지를 갖춘 듯하면서 큰 악덕도 동반하고 있는 자들이 사람들로부터 참된 영광의 명성을 얻어왔다. 그 뒤에는 티베리우스처럼 우울하고 생각이 많은 자들이 출현했다. 마지막으로는 칼리굴라, 네로, 도미티아누스 같이 방탕하고 수치를 모르는 광인들이 나왔다.

[244] 이 공리는 최초의 인류는 가족 국가 속에서 한 사람이 다른 사람에게 복종해야 하고 다음으로 나타날 도시 국가에서는 그들이 법에 복종하도록 해야 할 필요성이 있었음을 보여준다. 두 번째의 인류는 본성적으로 자신의 동류에게 양보하지 않는데, 가족의 토대 위에서 귀족제 형태의 국가를 확립시킬 필요성이 있었다. 세 번째는 민중의 자유를 위한 길을 열어놓을 필요가 있었다. 네 번째는 군주국을 도입시킬, 다섯 번째는 그것을 확립시킬, 여섯 번째는 그것을 전복시킬 필요가 있었다.

[245] 이 공리와 그에 앞선 공리들은[LXV~LXVII] 모든 민족이 시간 속에서 출현하고 발전하고 성숙하고 쇠퇴하다가 종말을 맞으며 밟아가는 과정에 대한 이상적인 영원한 역사의 원리의 일부를 제시한다[294, 349, 393].

LXIX

[246] 통치하는 자들은 통치받는 사람들의 본성에 부응해야 한다.

[247] 인간사의 본질에 비추어 이 공리는 군주의 공식적인 학교

가 민중의 도덕이라는 것을 보여준다.

LXX

[248] 자연과 모순을 이루지 않고 훗날 참인 것으로 밝혀지는 것은 받아들이도록 하자. 처음에 몇몇의 더 강인한 사람들이 무법천지의 사악한 상태로부터 벗어나 가족을 만들었고, 그들과 함께 그들의 힘으로 땅을 경작했다. 오랜 시간이 흐른 뒤 다른 사람들도 그 상태를 벗어나 가부장들이 경작한 그 땅으로 도피했다 [553].

LXXI

[249] 토속의 관습은, 그리고 특히 자연적 자유에 대한 모든 관습 [290]은 한꺼번에 바뀌는 것이 아니라 오랜 시간에 걸쳐 조금씩 바뀐다.

LXXII

[250] 모든 민족은 어떠한 신성에 대한 숭배와 함께 시작하였기 때문에, 가족 국가의 가부장들은 전조를 통한 점복에 능통한 현자였음이 확실하다. 그들은 점복을 수행하고 그 의미를 이해하기 위해 희생 의식을 거행하는 신관이면서 그들 가족에게 신성한 법을

전달하는 왕이기도 하다.

LXIII

[251] 민간전승은 세계를 최초로 통치했던 사람들이 왕이었다고 전한다.

LXXIV

[252] 또 다른 민간전승은 최초로 왕이 된 사람들은 태생적으로 그 자격이 있었다고 전한다.

LXXV

[253] 또 다른 민간전승은 최초의 왕이 현자였다고 전하는데, 이에 대해 플라톤은 가장 오래된 시대에 철학자가 통치했다거나 왕들이 철학을 했다는 허황한 소망이 섞인 주장을 했다.[197)]

[254] 앞의 세 공리들은 최초의 가부장이라는 인격체 속에 지혜와 신권과 왕권이 통일되어 있었음을 보여준다. 왕권과 신권은 지혜에 의존했던 것이지 철학자들의 비교(秘敎) 지식이나 입법자들의 민중적인 지식에 의존하는 것이 아니었다. 그리하여 이후 모든

197) Platon, *Repubblica*, 473c~d.

민족에서 사제들이 왕관을 쓰게 된다.

LXXVI

[255] 민간전승은 세계 최초의 통치 형태가 군주제였다고 전한다.

LXXVII

[256] 그러나 예순일곱 번째 공리와 그에 이어지는 공리들, 그리고 특히 예순아홉 번째 공리에서 파생되는 추론은[244] 가족 국가의 가부장들이 단지 신에게만 복종하는 군주와 같은 권력을 행사했음이 확실하다고 제시하는데, 그들은 자식들의 인신과 재산에 대해서는 물론 그들의 땅으로 피신해온 예속민들 대다수에 대해서도 권력을 행사했던 것이다. 그렇게 그들은 세계 최초의 군주가 되었는데, 그들에 대해 신성한 역사가 "가부장 왕"(patriarchi) 즉 "아버지 군주"(padri prìncipi)라고 불렀을 때 이런 의미로 받아들여야 한다는 것이다. 이러한 군주의 권리는 로마 공화국 시대를 통틀어 〈12표법〉에 보존되어 있다. "가족의 아버지는 자식들의 삶과 죽음에 대한 권리를 자신의 뜻대로 한다"(Patrifamilias ius vitae et necis in liberos esto). 그 결과로서 "아들이 획득하는 것은 아버지가 획득하는 것이다"(Quicquid filius acquirit, patri acquirit).[198]

---

198) *Digest*, XLI, 2. 4.

LXXVIII

[257] 가족(famiglie)이라는 말은 그 기원의 특성으로 볼 때 자연 상태 속에서 아버지의 예속민(famoli)이라는 말로부터 온 것이 아닐 수 없다[552, 555].

LXXIX

[258] 최초의 동맹자는 이익을 서로 나누기 위해 동료가 된 사람들이었다. 그들이 생명을 구하기 위해 최초의 아버지들에게서 피신처를 구하려던 자들이 아니었다고는 상상하기도 이해하기도 힘들다. 그렇게 삶을 구한 그들은 아버지의 땅을 경작함으로써 삶을 유지할 의무를 갖게 되었다[555].

[259] 이들이 귀족의 진정한 동맹자들이다. 뒤에 이들이 귀족의 도시에서 평민이 되고 마침내 지배적 민족의 속주민이 된다[559, 1066].

LXXX

[260] 사람들은 개인적인 이익을 유지시키거나 증가시키면 자연히 봉건제(ragione de' benefizi)[199]로 모여든다. 왜냐하면 그것이

---

199) 이 용어에서 benefizi라는 단어는 '혜택'을 뜻한다.

사회적인 삶 속에서 바랄 수 있는 혜택이기 때문이다.

LXXXI

[261] 용맹으로 획득한 것을 나태함으로 잃지 않는 것이 강한 자들의 속성이다. 그렇지만 그들은 필요하거나 유용하다고 생각되면 가능한 한 조금씩 양보한다[585].

[262] 이 두 공리로부터 봉토의 지속적인 원천이 솟아나는데, 그것을 로마인들은 우아하게 "은혜"(beneficia)라고 불렀다[1063].

LXXXII

[263] 모든 고대 민족에게는 피보호민(clienti)과 피보호관계(clientele)가 퍼져 있었는데, 그것은 봉신과 봉토라는 말로서 가장 적절하게 이해할 수 있다[556]. 학식이 높은 봉건제 학자들도[200)]이것을 설명하기 위해 클리엔테스(clientes)와 클리엔텔라이(clientelae)보다 더 적절한 라틴어를 찾지 못했다.

[264] 마지막 세 개의 공리와 일흔 번째부터 시작하는 열한 개의 공리는 국가의 원리를 드러낸다. 그것은 예속민들에 의해 가족의 아버지들에게 부과된 거대한 필요성에서 발생한 것인데 이에

200) 대표적인 학자로는 기욤 뷔데가 있다. Guillaume Budé, *Annotationes in Pandectas*(1557), III, 270.

대해서는 앞으로 확인할 것이다[582]. 그 필요성 때문에 국가는 자연스럽게 귀족제의 형태를 갖게 된다. 왜냐하면 아버지들에게 반란을 일으키는 예속민들에 대항하기 위해 그 아버지들은 결속하며, 일단 결속하면 예속민들을 만족시켜 복종하도록 만들기 위해 그들에게 일종의 촌락의 봉토를 양도하였기 때문이다. 그리고 이 아버지들은 귀족들의 봉토와 연결시켜 이해해야 하는 가족 내 최고의 권력을 결속된 지배 계급의 최고 권위에 종속시켰다. 그 지배 계급의 우두머리는 스스로를 "왕"이라 불렀는데, 그들은 가장 용감한 자들로서 아버지들로 하여금 예속민들의 반란을 진압하도록 이끌었음이 확실하다. 이러한 도시 국가의 기원은 뒤에 사실인 것을 밝히겠지만, 가설이라 할지라도 참인 것으로 받아들여야 할 필연성이 있다. 왜냐하면 이 가설은 자연스럽고, 단순하며, 받아들일 경우 무수히 많은 사회적 현상을 설명할 수 있기 때문이다. 가족의 권력으로부터 사회적 권력이 어떻게 출현하였는지, 사적인 재산이 어떻게 공적인 재산이 되었는지 다른 방식으로는 이해할 수가 없다. 바꾸어 말해 소수의 지배 계급이 명령하고 다수의 평민이 복종하는 국가가 어떻게 갖춰질 수 있었는지 알게 될 것이다. 명령과 복종이 정치학을 이루는 두 주제이다. 예속민들을 제외한 자식들만의 가족으로는 도시 국가의 탄생이 불가능했다는 것은 앞으로 증명할 것이다[553].

LXXXIII

[265] 경작지와 관련된 이러한 법들이 세계 최초의 농지법으로 확립되었다[107]. 본질적으로 이것보다 더 엄격한 법은 상상할 수도 이해할 수도 없다.

[266] 이러한 농지법은 세 개의 소유권으로 구분되는데, 사회적 본질에 있어서 세 가지 종류의 인간에 근거하여 나눌 수 있다. 평민의 소작권, 무력의 결과로 귀족이 된 가부장들이 보유하는 공민적 소유권[111], 귀족제 국가의 질서 그 자체이자 최고의 권력자에게 주어지는 탁월한 소유권이 그 셋이다.

LXXXIV

[267] 아리스토텔레스의『정치학』에는 국가의 구분에 관한 금과옥조가 있다. 그중에 영웅의 왕국이 있는데, 거기에서 왕은 국내에서 법을 관장하고, 국외에서 전쟁을 수행하며, 종교의 수장이기도 하다.[201]

[268] 이 공리는 테세우스와 로물루스라는 두 영웅의 왕국에 정확하게 적용된다. 테세우스에 대해서는 플루타르코스의『영웅전』속의「테세우스 전」에서 고찰했고, 로물루스에 대해서는 그와 비교하여 로마사에서 설명했는데, 거기에 툴루스 호스틸리우스가 호라

201) Aristoteles, *Politica*, 1285b 4ff, 20ff.

티우스를 기소하기 위해 법을 입안하는 이야기가 나온다[500].[202] 당시 로마의 왕은 여전히 "신성한 의례의 왕"(reges sacrorum)이라고 불렸다. 따라서 왕이 로마에서 추방당했을 때에는 신성한 의식을 거행하기 위해 "신성한 의례의 왕"(rex sacrorum)이라 불리는 직위를 만들었는데, 그는 의전관(儀典官)[203]의 우두머리였다.

LXXXV

[269] 다음은 아리스토텔레스의 『정치학』에 나오는 또 다른 금과옥조이다. 아리스토텔레스는 고대의 공화국에는 개인적인 무례를 처벌하거나 개인적인 악을 바로잡는 법이 없었다고 말한다.[204] 그러한 관습은 야만 민족의 관습인데, 왜냐하면 그 민족이 처음에 야만이었던 것 자체가 아직 법에 교화되지 않았기 때문이라는 것이다.

[270] 이 공리는 재판을 통한 법이 없었던 야만 시절에 결투나 보복이 필요했음을 보여준다.

---

202) 플루타르코스의 『영웅전』은 그리스의 영웅을 소개하고 그와 비슷한 로마의 영웅을 대비시킨다. Plutarchus, *Vita di Romolo*, passim, *Parallo fra Teseo e Romolo*, 25.

203) 원어는 feciali. 라틴어의 fetialis(복수형은 fetiales)는 선전포고나 전쟁의 중단을 공식적으로 선포하는 성직자들을 가리킨다.

204) Aristoteles, *Politica*, 1268b 39f, 1269a 11f, 1324b 4ff.

LXXXVI

[271] 다음도 같은 책에 나오는 금과옥조인데, 아리스토텔레스는 고대 국가에서 귀족은 평민의 영원한 적이 될 것이라고 맹서했다고 말한다.[205)]

[272] 이 공리는 평민에 대한 귀족의 오만하고 탐욕스럽고 잔인한 관행의 원인을 설명해주는데, 그것은 로마의 고대사에서 공공연하게 드러난다. 지금까지 민중의 자유의 시대라고 잘못 알려져 있던 오랜 기간에 걸쳐 귀족은 민중으로 하여금 자신의 비용을 들여 전쟁에서 귀족을 위해 봉사하도록 부추기며 그들을 고리대금의 바다에 빠뜨렸다. 그런데도 이 비참한 자들이 그들을 만족시켜주지 못했기 때문에 그들을 평생 개인적인 감옥에 가둬놓고 일과 노역으로 빚을 갚도록 만들며, 마치 그들이 가장 비굴한 노예인 듯 폭군처럼 그들의 맨 어깨에 매질을 했다[668].

LXXXVII

[273] 귀족제 국가는 평민들 다수가 전사가 될까 두려워 전쟁에 나서는 것에 극도의 주의를 기울인다[1025].

[274] 이 공리는 카르타고 전쟁에 이르기까지 로마 군법의 원리였다.

---

205) Aristoteles, *Politica*, 1310a 9.

LXXXVIII

[275] 귀족제 국가에서는 부(富)를 귀족 계급 내부에 보존한다. 왜냐하면 부가 귀족 계급에 권력을 부여하기 때문이다.

[276] 이 공리는 전쟁에서 승리했을 때 로마인들이 베푼 관대함의 원리이다. 그들은 정복한 자들에게서 무기만을 빼앗고 모든 사람들에게 소작권을 허용하여 합당한 공납을 내도록 했다. 이것은 가부장들이 언제나 그라쿠스의 농지법에 반대했던 이유이기도 하다. 왜냐하면 그들은 평민이 부유해지는 것을 원하지 않았기 때문이다.

LXXXIX

[277] 명예는 군사적인 용맹에 대한 가장 고귀한 자극이다.

XC

[278] 사람들은 평화 시에 명예를 다투거나, 그것을 보존하거나, 획득하려 한다면 전쟁에서 영웅처럼 행동해야 한다.

[279] 이 공리는 폭군을 추방했던 시기부터 카르타고 전쟁에 이르기까지 로마 영웅주의의 원리이다. 그 기간에 귀족은 그들의 국가를 수호하기 위해 당연히 헌신하였고, 그렇게 함으로써 모든 사회적 명예를 그들 계급 내부에 보존할 수 있었다. 평민은 귀족의

명예를 그들도 얻을 수 있다는 것을 증명하기 위해 괄목할 만한 과업을 수행했다.

XCI

[280] 권리의 평등을 위해 도시의 계급들 사이에서 벌어졌던 투쟁은 국가를 위대하게 만드는 가장 강력한 수단이었다.

[281] 다음은 로마 영웅주의의 또 다른 원리이다. 이 영웅주의는 세 가지 공적인 덕성의 도움을 받는다. 첫 번째는 가부장의 법에 의거한 사회적 권리를 기꺼이 공유하려고 하는 평민들의 아량이고, 두 번째는 그 권리를 그들 계급 내부에 보존하려는 가부장들의 힘이며, 세 번째는 판결을 요구하는 새로운 사건에 맞추어 법을 해석하고 그 유용성을 점차 확대시키는 재판관들의 지혜이다. 로마법이 세계에서 특별한 명성을 얻게 된 것은 이 세 가지 덕분이다[999].

[282] 여든네 번째부터 시작하는 이 모든 공리들은 고대 로마의 역사를 적절하게 설명해준다. 다음의 세 공리도 어느 정도 거기에 적용된다.

XCII

[283] 약한 자는 법을 원한다. 강한 자는 법을 거부한다. 야심가는 추종자를 얻기 위해 법을 옹호한다. 군주는 강한 자와 약한 자를

평등하게 만들기 위해 법을 보호한다[952].

[284] 이 공리의 첫 번째와 두 번째 구절은 귀족제 국가 내부의 영웅의 투쟁에 점화하는 횃불이다. 귀족은 비밀리에 모든 법을 자신 계급의 전유물로 만들려고 한다. 왜냐하면 그들은 자신들의 뜻대로 행동하면서도 왕의 손(手)을 빌려 법을 집행하려 하기 때문이다. 법학자 폼포니우스가 로마 민중이 "비밀스럽고, 불확실한 법과 왕의 손"(ius latens, incertum et manus regia)이 무겁기 때문에 〈12표법〉을 원했다고 말했을 때, 그는 이 세 가지 이유를 거론한 것이었다.[206] 그리고 할리카르나소스의 디오니시우스[207]가 언급했던 것처럼 가부장들이 "아버지들의 관습은 보존해야 하는 한편 법은 공표되어서는 안 된다"(mores patrios servandos, leges ferri non oportere)라고 말하며 〈12표법〉을 민중에게 주는 것을 탐탁하지 않게 여겼을 때에도 이것이 근거였다. 디오니시우스는 티투스 리비우스보다 로마의 문물에 더 정통했다. 왜냐하면 그는 "로마인들 중에서 가장 학식이 높다"는 평판을 받는 마르쿠스 테렌티우스 바로의 지도 아래 그 글을 썼기 때문이다. 이러한 상황에서 그는 리비우스와 정반대였던 것이다. 리비우스 자신의 말을 인용한

---

206) *Digest*, 1.2.2. Pomponius는 2세기 로마의 법학자이다. 『로마법대전』의 「학설휘찬」(*Digest* 또는 *Pandectae*)에서 많이 거론될 만큼 중요한 법학자이다. "왕의 손"이란 귀족들이 왕을 자처하며 자의적으로 비밀스럽게 법을 만드는 것을 가리킨다.

207) Dionysius of Halicarnassus, *Roman Antiquities*, 10.3~4. 기원전 1세기 그리스의 역사가였다.

다면 귀족은 "평민의 요청을 조롱하지 않았다"(desideria plebis non aspernari)라는 것이었다.[208)]

『보편법의 원리』에서 나는 이것을 지적했다. 그 밖에도 다른 더 큰 모순들 때문에 거의 5백 년의 차이를 두고 〈12표법〉에 관한 신화를 기록했던 최초의 두 명의 작가들이 대립하지만 둘 중 어느 누구도 믿지 않는 것이 좋을 것이다. 그도 그럴 것이 같은 시기에 바로 그 자신도 『신의 일과 인간의 일』이라는 위대한 저작에서 신과 인간에 관한 로마의 모든 일들이 라티움에 기원을 둔다고 하며 그 신화를 믿지 않았기 때문이다. 키케로도 마찬가지였다. 그는 『웅변가에 대하여』에서 다음과 같은 장면을 연출한다.[209)] 웅변가 마르쿠스 크라수스가 당대 법학자들의 제왕이었던 퀸투스 무키우스 스카이볼라 앞에서 십인관들의 지혜가 아테네인들에게 법을 부여했던 드라콘이나 솔론, 또는 스파르타인들에게 법을 부여했던 리쿠르고스의 지혜보다 우월하다고 말하게 한 것이다. 그것은 〈12표법〉이 스파르타나 아테네에서 로마로 온 것이 아니라고 말하는 것과 다르지 않다. 여기에서 우리는 진리에 더 가까이 다가간다고 믿는다. 키케로의 시대에는 학자들이 그 신화를 많이 믿었는데, 그것은 자신들이 공언하는 지혜에 가장 지혜로운 기원을 부여하려 한다는 학자들의 자만심으로부터 태어난 것이다. "모두가 불평해도 나는 내 생각을 말한다"(Fremant omnes: dicam quod

208) Titus Livius, *Ab Urbe Condita Libri*, III.31.8.

209) Marcus Tullius Cicero, *De Oratore*, 1.44.197.

sentio)라고 한 크라수스의 말은 그렇게 이해해야 한다. 키케로가 퀸투스 무키우스를 대화 첫날 단 하루만 개입하게 만든 이유도 법학자들에게 통용되는 지식인 로마법의 역사에 대해 연설가가 말한 것을 반박하지 못하도록 만들려는 것밖에 없었다. 연설가와 법학자는 당시 아주 구분되는 두 직업이었다. 만일 크라수스가 이 문제에 대해 틀리게 말했더라면 무키우스가 그에 대해 비난했으리라는 것은 확실하다. 폼포니우스가 언급하듯, 무키우스는 그 토론에 개입했던 세르비우스 술피키우스를 다음과 같이 말하며 비난했던 것이다. "귀족이 자신의 직업인 법을 모른다는 것은 치욕이다"(turpe esse patricio viro ius, in quo versaretur, ignorare).

[285] 그러나 디오니시우스나 리비우스를 믿지 말아야 할 저항할 수 없는 논지는 키케로나 바로가 아닌 폴리비오스에게서 온다. 폴리비오스는 의심의 여지없이 그 둘보다 정치학에 더 정통했고 십인관과도 그 둘보다 2백 년 정도 더 근접한 시기에 살았다. 야콥 그로노프가 편집한 판본 제6권의 4장과 이후의 많은 곳에서[210] 그는 자신의 시대에 자유로운 것으로 가장 유명했던 국가의 법제를 검토하는 일에 착수하였는데 로마의 법제가 아테네와 스파르타의 법제와 대단히 달랐음을 알게 되었다. 그리고 스파르타보다는 아테네의 법제와 더 많이 달랐는데, 아티카[211]의 법을 로마의 법과 비교하는 사람들은 브루투스가 기반을 닦아 민중의 자유를 명한

210) 폴리비오스의 책 『역사』의 판본을 가리킨다.
211) 아테네가 포함된 지역을 말한다.

법이 스파르타가 아닌 아테네로부터 왔다고 말한다. 그러나 그와는 반대로 폴리비오스는 로마와 카르타고의 법제 사이에 유사성이 있다고 고찰한다. 그렇지만 어느 누구도 카르타고의 자유가 그리스의 법에 의해 제정된 것이라고는 꿈도 꿔본 적이 없다. 그도 그럴 것이 카르타고에는 카르타고인들이 그리스어를 배우는 것을 명확하게 금지하는 법이 있었기 때문이다. 국가에 대해 가장 많이 알고 있는 작가가 그 차이의 이유에 대해 어떻게 연구하지 않을 수 있으며, 다음과 같이 자연스럽고 명백한 생각을 담은 질문을 던지지 않을 수 있겠는가! 로마와 아테네의 국가는 다른데 어떻게 같은 법의 지배를 받았으며, 로마와 카르타고의 국가가 비슷한데 어떻게 다른 법의 지배를 받았는가? 그러므로 폴리비오스를 이렇듯 터무니없는 왜곡으로부터 면제시켜주려면 폴리비오스의 시대에는 아테네에서 온 그리스의 법이 로마에 민중의 자유 정부를 명하게 되었다는 신화가 아직 로마에는 태어나지 않았다고 말해야 한다.

[286] 이 공리의 세 번째 구절은 민중 국가의 야심 많은 자들이 평민의 자연적인 욕심을 지지해줌으로써 군주가 될 수 있는 길을 열어놓는다. 평민은 보편적 개념을 이해하지 못해 개별적인 사항에 대한 법을 원한다. 귀족의 우두머리였던 술라가 평민의 우두머리였던 마리우스에게 승리했던 사실은 귀족주의 정부로 민중의 국가를 재정비했던 것으로서[1084], 그것은 [개별적인 사항에 대한] 수많은 법들을 "영구 심문"(questioni perpetue)[212]으로 구조하려던 것이었다.

[287] 이 공리의 마지막 구절은 아우구스투스로부터 시작하여 로마의 황제들이 왜 사적인 이유로 수없이 많은 법들을 만들었는지, 그 이후 유럽의 군주와 권력자들은 왜 그들의 국가에 『로마법대전』과 교회법을 받아들였는지 그에 대한 숨겨진 이유를 말해준다 [1001].

XCIII

[288] 민중의 국가에서 명예의 문은 지배하는 다수에게 법적으로 활짝 열려 있기 때문에 권력을 다투는 사람들이 평화 시에 할 수 있는 일은 법이 아니라 무기에 의존하거나, 권력을 통해 재산을 증식시킬 법을 제정하는 것밖에 남지 않았다. 그런 것이 로마에서는 그라쿠스 형제의 농지법이었다. 그 결과는 국내에서는 내란이고 국외에서는 정당하지 못한 전쟁이었다.

[289] 역으로 이 공리는 그라쿠스 형제 이전 로마의 모든 시대는 귀족제였음을 확인시켜준다.

XCIV

[290] 천부의 자유는 삶에 더 필수적인 물건이 걸려 있을 때 더 맹렬하게 지키며, 삶에 필수적이 아닌 재물을 얻으려 할 때에는

---

212) 이것은 하나의 범죄에 대해 지속적으로 심문할 수 있는 상설 재판소를 말한다.

사회적 예속에 굴복한다.

[291] 이 공리의 전반부는 최초 민중의 영웅주의의 원리이며 [666] 후반부는 군주제의 자연적 원리이다[1007].

XCV

[292] 처음에 사람들은 예속에서 벗어나 평등해지기를 바란다. 귀족제 국가의 평민들이 마침내 그것을 민중 국가로 바꾼 것을 보라. 그 뒤 그들은 동료들보다 앞서려 했다. 그리하여 민중 국가의 평민들은 권력자의 국가 속에서 타락했다. 마지막으로 그들은 스스로를 법의 아래에 두기 원했다.[213] 그리하여 무정부상태 또는 제약이 없는 민중의 공화국이 생겼는데, 이것보다 더 나쁜 폭군제는 없다. 왜냐하면 여기에는 도시[국가]에서 과감하고 방탕한 사람들 수만큼 많은 폭군이 있었기 때문이다. 이 시점에서 평민들은 그 병폐를 경계하게 되어 구제책으로 군주들 밑에서 구원을 받으

---

213) 원어에서는 확실히 "sotto le leggi" 즉 "법의 아래"라고 명시했다. 그런데 영어 번역본들은 'sotto'를 모두 'above'로 번역했다. 즉 그들이 법보다 위에 있기를 원했다고 한 것이다. 일본어 번역본도 "법까지 복종시키려 했다"라는 방식으로 번역했다. 권력자들의 국가에서 법치로 가는 것이 문맥에서 어긋난다고 보아 비코가 실수하였으리라 짐작하여 그렇게 의역(?)한 것이 아닐까 한다. Vittorio Hösle와 Christoph Jermann이 독일어로 번역한 2009년의 판본에서도 "법을 발아래 두었다"라는 방식으로 옮겼다. 19세기 전반에 나온 Jules Michelet의 『비코 선집』에서도 마찬가지로 번역했다. 그렇지만 그렇게 타락한 국가마저 법의 이름으로 운영한 것이라고 본다면 이것이 오히려 무정부 상태일 것이다.

려 했다. 이것이 왕의 자연법인데[1007], 타키투스는 이것으로 아우구스투스 치하의 로마 군주제를 정당화시켰다. "그는 내란으로 피폐해졌을 때 '군주'라는 칭호로 모든 것을 자신의 권력에 종속시켰다."[214]

XCVI

[293] 최초의 도시가 가족의 토대 위에 창건되었을 때 무법의 자유를 갖고 태어난 귀족은 견제와 부담을 받아들이지 않았다. 그리하여 귀족들이 주인인 귀족제 국가가 생겼다. 그 뒤 숫자가 크게 늘고 호전적이 된 평민들 때문에 그들은 법과 부담을 평민들과 평등하게 분담하게 되었다. 민중 국가의 귀족을 보라. 마지막으로 편안한 삶을 보장받기 위해 그들은 자연스럽게 한 사람의 지배를 받아들이게 되었다. 이것이 군주제 속의 귀족들이다.

[294] 이 두 공리와 예순여섯 번째부터 시작하는 다른 공리들이 앞에 언급했던[145, 245] 이상적인 영원한 역사의 원리이다.

XCVII

[295] 대홍수 이후 사람들은 처음에 산 위에 살았다가 어느 정도 시간이 지난 뒤 평지로 내려왔으며, 마지막으로 오랜 시간이 지난

214) Cornelius Tacitus, *Annales*, I, 1.

뒤에야 해변에서 살아도 된다는 것을 확신하게 되었다. 이 가설을 논리에 위배되지 않는 것으로 받아들이자.

XCVIII

[296] 스트라본에 따르면[215] 플라톤은 오기고스와 데우칼리온 시대의 국지적인 홍수 이후 사람들이 산 위의 동굴 속에서 살았다는 중요한 말을 했다고 한다.[216] 플라톤은 이들이 폴리페모스였다고 인식했고, 다른 구절에서는 그들이 이 세상 최초의 가족의 아버지들이었다고 인정했다. 그 뒤 산비탈로 내려와 살던 사람들을 플라톤은 페르가몬의 창건자인 다르다노스와 관련시키는데, 페르가몬은 그 뒤 트로이의 요새가 되었다. 마지막으로 그들은 평지로 내려왔는데 플라톤이 보기에는 일로스가 그 대표적인 예이다. 일로스가 트로이를 바닷가 평지로 옮겼고, 그로부터 일리온이라는 이름이 유래했다.

XCIX

[297] 티레가 처음에 내륙에 창건되었다가 나중에 페니키아해의 해변으로 옮겨졌다는 오래된 전승도 있다. 티레가 인접한 섬으로

215) Strabon, *Geografia*, XIII, 1, 25.

216) Platon, *Nomoi*, pp. 677~684.

옮겨졌다가 이후 알렉산드로스 대왕에 의해 다시 대륙에 부착시켰다는 확실한 역사도 있다.

[298] 이 두 개의 공리와 그 앞의 가설은 내륙의 민족이 먼저 창건되었고, 해변의 민족은 그다음이었음을 보여준다. 이것은 히브리 민족의 고대를 증명해주는 큰 논리를 제시해주는데, 히브리 민족은 주거가 가능한 최초의 세계에서 가장 내륙에 위치한 메소포타미아에서 노아에 의해 창건되었으며, 따라서 히브리 민족이 모든 민족들 중에서 가장 오래되었다는 것이다. 이것은 최초의 군주국으로서 칼데아인들에 군림했던 아시리아 왕국이 그곳에서 창건되었다는 사실로도 확인된다. 그들로부터 세계 최초의 현자들이 출현하였는데, 조로아스터가 그들의 군주였다.

C

[299] 사람들은 자연스럽게 자신들이 태어난 곳에 애착을 갖기 때문에 생존에 절박한 사정에 내몰리지 않는 한 자신이 소유한 땅을 포기하려 하지 않는다. 교역을 통해 부유해지려는 탐욕이나 이미 획득한 것을 보존하려는 갈망 때문에 일시적으로 떠날 뿐이다.

[300] 이 공리는 사람들의 이동에 관한 원리이다. 이 공리는 영웅시대의 해변 식민지, 유일하게 볼프강 라티우스만 기록을 남긴[217]

---

217) 볼프강 라티우스(Wolfgang Latius, 1514~1565)는 의사이자 연대기 작가였다. *De aliquot gentium migrationibus, sedibus fixis, reliquiis, linguarumque*

만족의 침범, 최근에 알려진 로마의 식민지[595], 유럽인들이 인도에 세운 식민지와 같은 사실로부터 만들어졌다.

[301] 이 공리는 노아의 세 아들에 유래하는 사라진 세 인종에 관한 사실들을 보여준다. 그들은 야수처럼 방황을 하게 되었음이 확실하다. 왜냐하면 대지의 거대한 숲에는 짐승들이 넘치도록 많이 살았던 것이 확실하기 때문에 그들은 짐승들로부터 도피했다. 그러한 야만의 상태에서 여자들은 극도로 수줍음과 두려움이 많았는데, 그들은 그런 여자들을 찾아다녔고, 초원과 물을 찾아 땅위 곳곳에 흩어져 퍼졌는데, 그때 대홍수 이후 처음으로 하늘로부터 번개가 쳤다. 그리하여 모든 민족은 그들의 유피테르로부터 출발하게 되었다.[218] 왜냐하면 신의 민족, 히브리 사람들처럼 이들도 문명 속에서 존속하였더라면 이들도 아시아에 머물러 있었을 것이기 때문이다. 세상의 큰 부분을 차지하는 아시아는 광대했고 당시 사람들은 희소했기에 고향 땅을 포기할 필연적 이유는 아무데도 없었다. 왜냐하면 그 당시에는 태어난 땅을 버리는 변덕스러운 일은 자연적인 관습이 아니었기 때문이다.

CI

[302] 페니키아인들은 고대 세계 최초의 항해자들이었다[305].

---

initiis et imitationibus et dialectibus (1557).

218) 유피테르는 번개의 신이기도 하다.

CII

[303] 야만 상태의 민족들은 침투해 들어갈 수 없었다. 그들은 전쟁을 통해 밖으로부터 붕괴당하거나 교역의 이익을 위해 안으로부터 자발적으로 외국인들에게 문을 열어야 했다. 그렇듯 프삼메티코스는 이오니아와 카리아에 있는 그리스인들에게 이집트의 문호를 개방했는데, 그들의 해상 교역은 페니키아인들에게만 뒤질 정도로 유명했다. 그렇기에 그들은 막대한 재부로 세계 7대 불가사의로 꼽히는 사모스의 유노 신전을 이오니아에, 아르테미시아의 능을 카리아에 세울 수 있었다. 이러한 교역의 명성은 로도스 사람들에게 넘어가게 되었는데, 그 항구의 입구에 그들이 세운 태양신의 거상은 전술했던 7대 불가사의에 들어간다. 이와 마찬가지로 중국인들도 교역의 편의를 위해 최근에 우리 유럽인들에게 문호를 개방했다.

[304] 이 세 개의 공리는 확실히 외국에 기원을 두는 단어들의 어원에 대한 원리를 제시한다. 그것은 전술했던[240] 토속어의 어원과는 다르다. 그것은 외국 땅에 식민으로 이주해간 여러 민족들의 역사도 설명해준다. 나폴리가 전에는 시레나라고 불렸던 것이 한 예인데, 시레나는 세이렌을 가리키는 시리아 말이다. 그것은 시리아인들, 즉 페니키아인들이 교역을 이유로 그곳에 누구보다도 먼저 식민지를 세웠을 것이라는 증거이다. 그 뒤 이곳은 그리스의 영웅 언어로 파르테노페라고 불렸다가 마침내 그리스의 민중 언어로 나폴리라 불리게 되었다. 그것은 그 뒤 그리스인들이

교역 기지를 개설하기 위해 그곳으로 건너왔다는 증거이다. 여기에서 페니키아어와 그리스어가 혼성된 언어도 생겼을 것임이 확실한데, 티베리우스 황제는 순수한 그리스어보다 그 혼성어를 더 좋아했다고 전해진다. 타란토의 해변에는 시리스라고 불리던 시리아인들의 식민지가 있었는데, 그 주민들은 시리테스라고 불렸다. 훗날 그리스인들은 그곳을 폴리에이온이라고 불렀는데, 그곳에 신전이 있었던 미네르바는 폴리아스라고 불리게 되었다.

[305] 더구나 이 공리는 잠불라리가 기술했던,[219] 토스카나어[220]의 기원이 시리아어였다는 논리에 학문적 원리를 제공한다. 토스카나어는 초기의 페니키아인들로부터 유래한 것이 확실하다. 얼마 전에 우리가 하나의 공리로 제시했던 것처럼[302] 그들은 고대 세계 최초의 항해자들이었다. 그 뒤 그 영예는 카리아와 이오니아의 그리스인들, 그리고 마지막으로는 로도스인들로 이어졌다.

CIII

[306] 다음 가설은 받아들여야 할 필요가 있다. 라티움의 해안에는 그리스인들의 식민지가 세워져 있었는데 훗날 로마인들이 그곳을 정복하여 파괴한 뒤 고대의 그림자 속으로 묻히게 되었다

---

219) Pier Francesco Giambullari, *Origini della lingua italiana, altrimente il Gello*(1549). 잠불라리(1495~1555)는 피렌체 출신의 학자였다.

220) 에트루리아어를 말한다.

는 것이다[763, 770].

[307] 이것을 받아들이지 않으면 고대에 대해 깊이 생각하고 결론을 내리려는 사람들은 로마사 때문에 당황할 수밖에 없다. 로마사에 따르면 헤라클레스, 에반데르, 아르카디아인들, 프리기아인들이 라티움에 있었고, 세르비우스 툴리우스는 그리스인이며, 타르퀴니우스 프리스쿠스는 코린트인 데마라투스의 아들이고, 아이네이아스가 로마 민족의 창건자[761~773]이기 때문이다. 타키투스가 라틴 문자가 고대 그리스어와 닮았다고 고찰했던 것은 확실하다.[221] 그렇지만 리비우스의 견해에 따르면 세르비우스 툴리우스의 시대에 로마인들 어느 누구도 명성이 자자한 크로톤의 학교에서 가르쳤던 피타고라스의 그 유명한 이름을 들어볼 수 없었고, 게다가 그 로마인들은 이탈리아에 있던 그리스인들에 대해 타란토 전투 이후에야 비로소 알게 되었으며, 타란토 전투가 훗날 바다 건너편의 피로스 왕이 지휘하는 그리스인들과의 전쟁으로 이어졌던 것이다[116].

CIV

[308] 디오 카시우스[222]가 관습은 왕과 같고 법은 폭군과 같다고

221) Cornelius Tacitus, *Annales*, XI, 14.

222) 비코는 디오 크리소스토모스를 디오 카시우스로 잘못 인용했다. 이 글은 다음에 나온다. Jean Bodin, *De la république*(1597), p. 222.

말한 언급은 고찰할 가치가 있다. 이것은 관습은 합리적이지만 법은 자연적 이성으로부터 고취된 것이 아니라는 의미로 받아들여야 한다.

[309] 이 공리는 결과적으로 "법이 자연 속에 있는가 아니면 인간의 견해 속에 있는가" 하는 거대한 논쟁을 해결한다. 이것은 여덟 번째 공리에서 파생된 추론[135]인 인간 본성은 사회적인가 하는 문제와 같다. 자연법[223]은 관습에 의해 제정된 것으로서 디오의 비유에 따르면 왕이 즐겁게 명령한 것이다. 반면 실정법[224]은 디오의 말에 따르면 폭군이 힘으로 명령한 것이다. 왜냐하면 『새로운 학문』의 합당한 주제인 자연법은 민족들마다 공통적인 본성에 기인하는 인간의 관습에서 태어나고, 그러한 법이 인간 사회를 보존하기 때문이다. 게다가 자연법을 준수하는 것보다 더 자연스러운 일은 없다. 왜냐하면 그것보다 더 즐거운 일은 없기 때문이다.

[310] 여덟 번째 공리와 그에서 파생된 추론과 함께 이 공리는 인간이 절대적인 의미에서 불공정한 본성을 갖고 태어난 것이 아니라 본성에 의해 타락하고 나약해진다는 것을 보여준다. 그 결과로서 이것은 기독교의 첫 번째 원리를 증명해주는데, 타락하기 이

223) 원전에 따르면 il diritto natural delle genti로 되어 있어서 문자 그대로 직역을 한다면 '씨족의 자연법'이 되어야 한다. 그러나 니콜리니는 이것이 균일하게 통용되며 자발적으로 만들어진 '관습법'을 가리키기에 모든 민족에게 통용되어야 한다고 지적한다. 그에 따라 일반적인 의미의 '자연법'으로 옮겼다. Vico, *Opere*, III, p. 474, n. 1.

224) 원어는 leggi.

전의 아담은 신에 의해 궁극적인 이상 속에서 태어났음이 확실하다는 것이다. 그리고 이것은 가톨릭교의 은총의 원리도 증명한다. 은총이 인간 속에서 작동하는 것은 인간이 선행을 부정하기 때문이 아니라 인간에게 선행이 결핍되어 있기 때문이라는 것이다. 즉 [선행을 위한] 능력이 불충분하기 때문에 은총이 [그 능력을] 충분하게 만들어준다는 것이다. 실로 은총은 신과 신의 섭리의 도움을 받는 자유의지의 원리가 없이는 존재할 수 없다. 이것은 전술했던 여덟 번째 공리에서 파생된 두 번째 추론이 말해주고 있다. 이 점에 있어서 기독교는 다른 모든 종교와 일치한다. 그로티우스와 셀든과 푸펜도르프가 자신들의 체계를 정립하면서 모든 민족의 자연법이 신의 섭리에 따라 제정되었다고 정의를 내린 로마의 법학자들에 동의한 이유도 바로 여기에 있다.[225]

CV

[311] 씨족들의 자연법은 민족들의 관습과 함께 출현했고, 그것은 아무런 이성적 사고도 필요 없는 인간의 상식[226]에 일치하며, 따라서 민족들 사이에 모방도 없다.

---

225) Hugo Grotius(1583~1645)는 『전쟁과 평화의 법』을 지은 네덜란드의 법학자였다. John Selden(1584~1645)은 『자연법과 민족』을 지은 영국의 법학자였다. Samuel von Pufendorf(1632~1694)는 『자연과 민족의 법에 대하여』를 지은 독일의 법학자였다.

226) 또는 '공통감각' 또는 '공통인식.'

[312] 전술했던 디오의 언급과 함께 이 공리는 섭리가 자연법의 입안자임을 확인시켜준다. 왜냐하면 섭리는 인간사의 여왕[227]이기 때문이다.

[313] 이 공리는 히브리인들의 자연법[396]과 이교 민족들의 자연법과 철학자들의[228] 자연법이 서로 다르다는 사실을 확인해준다. 이교 민족은 섭리의 평상적인 도움만 받았지만, 히브리인들은 거기에 더해 참된 신의 특별한 도움까지 받은 유일한 민족이었기 때문이다. 그런 이유로 모든 민족을 히브리인과 이교 민족으로 구분한다. 철학자들은 이교 민족의 관습보다 더 완벽하게 자연법을 논한다. 철학자들이 출현한 것은 이교 민족들이 창건된 것보다 2천 년 정도 뒤의 일이다. 그 세 가지 [자연법]의 차이를 구분하지 못했기 때문에 그로티우스와 셀든과 푸펜도르프의 체계는 모두 실패할 수밖에 없었다.

CVI

[314] 학문은 그것이 다루는 소재[229]로부터 출발해야 한다.

[315] 민족들의 자연법이라는 특수한 소재를 위해 배정된 이 공리는 『새로운 학문』에서 논의되는 모든 소재에 보편적으로 적용

227) 이탈리아 문법에서 섭리(la provvedenza)라는 단어는 여성형이기에 거기에 맞춘 것이다.

228) 특히 자연법 학자들을 가리킨다.

229) 원어는 materie.

된다. 따라서 이것은 일반적인 공리[230]에 속한다고 볼 수도 있다. 그러나 이것을 여기에 위치시킨 것은 자연법이라는 소재에서 그 공리를 사용함으로써 그 공리의 정당성과 중요성을 더 잘 보여줄 수 있기 때문이다.

CVII

[316] 씨족[의 성립]이 도시보다 먼저였다. 로마인들은 그들을 "큰 씨족"(gentes maiores)이라고 불렀는데, 그것은 오래된 귀족 가문을 뜻했다. 로물루스가 그 가부장들로 원로원을 구성했고, 원로원으로 로마 시를 건설한 것이 그 예이다. 반대로 "작은 씨족"(gentes minores)이라 불리는 신흥 귀족 가문은 도시 [창건] 이후에 성립되었다. 이들은 유니우스 브루투스가 왕을 몰아낸 뒤 충원한 원로원을 구성한 가부장들이었다. 타르퀴니우스 수페르부스가 의원들을 처형함으로써 원로원은 인원이 고갈되어 있었다.

CVIII

[317] 그렇게 신들도 구분되었다. 첫 번째는 큰 씨족들의 신으로서, 도시가 창건되기 이전부터 가족들이 섬기는 신이다. 그리스인들과 로마인들에게 그 수는 열둘이었다. 최초의 아시리아인

230) 처음에 논한 22개의 공리를 말한다.

즉 칼데아인, 페니키아인, 이집트인들에게도 신의 수는 열둘이었음을 추후에 증명할 것이다. 그리스인들에게는 그 숫자가 너무도 잘 알려져 있어서 단지 "열둘"(δώδεχα)이라 말해도 12신이라고 알아들었다. 『보편법의 원리』에서는 이 신들에 대해 대구로 이루어진 한 라틴어 시에 혼란스럽게 설명한 것을 인용했다.[231] 그렇지만 『새로운 학문』의 제2권에서는 자연신통기, 즉 그리스인들의 정신 속에서 자연스럽게 만들어진 신의 계보를 다음과 같은 순서로 제시할 것이다. 제우스(유피테르)[502], 헤라(유노)[511], 아르테미스(디아나)[528], 아폴론(아폴론)[533], 헤파이스토스(불카누스), 크로노스(사투르누스), 헤스티아(베스타)[549], 아레스(마르스), 아프로디테(베누스)[562], 아테나(미네르바)[589], 헤르메스(메르쿠리우스)[604], 포세이돈(넵투누스)[634]. 다음으로 작은 씨족들의 신이 있다. 그들은 민중이 섬기던 신이었다. 로물루스가 그 예인데, 그의 죽음 이후 로마 민중은 그를 퀴리누스 신이라고 불렀다.

[318] 이 세 공리를 통해 그로티우스와 셀든과 푸펜도르프의 체계 속에는 이러한 원리가 결여되어 있음이 드러난다. 왜냐하면 그들의 체계는 인류 전체의 사회 속에서 서로 연결되어 있는 민족들로부터 시작하기 때문이다. 반면 우리가 여기에서 증명하듯이 초기의 모든 민족들에서 인류는 가족 국가의 시대에 '큰' 씨족들의 신으로부터 출발했다[502~661].

---

231) Vico, *Opere*, II, p. 413.

CIX

[319] 이해력이 부족한 사람들은 명확하게 말로 표현한 것만을 법으로 받아들인다[939].

CX

[320] 울피아누스가 사회적 형평에 대해 내린 다음의 정의는 금과 같다.[232] "모든 인간이 자연적으로 알 수 있는 것이 아니라, 신중함과 경험과 학식을 통해 인간 사회의 보존에 필요한 것이 무엇인지 말할 수 있는 소수만이 알 수 있는 개연적 판단"(probabilis quaedam ratio, non omnibus hominibus naturaliter cognita, sed paucis tantum, qui, prudentia, usu, doctrina praediti, didicerunt quae ad societatis humanae conservationem sunt necessaria)[949]. 모든 사람이 알 수 있는 것은 사회적 형평이 아닌 자연적 형평이다. 사회적 형평을 아름다운 이탈리아어로는 "국가 이성"(ragion de Stato)이라고 부른다.

---

232) 울피아누스는 3세기 로마의 법학자이다. 니콜리니는 울피아누스가 아니라 그 이후의 다른 자연법 학자라고 지적한다. Vico, *Opere*, III, p. 476, n. 6.

CXI

[321] [실정]법으로는 확실한 것이 권위에 의해서만 유지되는 [사법적] 판단의 어두운 면이다. 그런 법은 적용할 경우 가혹하다는 것을 알지만 단지 "확실하다는 이유"만으로 적용해야 한다. 좋은 라틴어에서 확실한 것은 "특수화된 것"을 뜻하며 여러 학파에서 말하듯 그것은 "개별화된 것"과 같다. 이런 의미에서 우아한 라틴어의 "확실한 것"(certum)과 "공통적인 것"(commune)은 서로 대립된다.

[322] 이 공리와 이어지는 두 개의 정의는 엄격법[233]의 원리를 이룬다. 이 법의 규칙은 사회적 형평이다. 그것은 확실성에 의존한다. 바꾸어 말해 법적 언어가 갖는 개별적인 특수성 때문에 보편적인 개념이 아닌 특수한 사물에 대해서만 생각할 수 있는 야만인도 만족할 수 있게 되어 그것이 자신들에 걸맞은 법이라고 생각하게 되었다는 것이다. 이러한 사례에 대해 울피아누스는 이렇게 말했다. "법은 엄격하지만 쓰여 있다"(lex dura est, sed scripta est).[234] 이것은 더 큰 법률적 우아함을 가진 더 아름다운 라틴어로 이렇게 고쳐 쓸 수 있을 것이다. "법은 엄격하지만 확실하다"(lex dura est, sed certa est).

233) 원어는 ragion stretta.

234) *Digest*, XI, 9.12.1.

CXII

[323] 지성적인 인간은 법이란 사례마다 동등하게 혜택을 적용시키는 것이라고 간주한다.

CXIII

[324] 법의 진리란 자연적 이성을 비춰주는 확실한 불빛이자 광휘이다. 그리하여 법학자들은 "옳은 것"(verum est)이 "공평한 것"(aequum est)이라는 말을 자주 한다.

[325] 백열한 번째 정의[321]처럼 이 정의도 특수한 명제인데, 그 목적은 일반적인 의미에서 옳은 것과 확실한 것을 다루었던 아홉 번째와 열 번째의 공리[137, 138]의 증거를 민족의 자연법이라는 특수한 소재 속에서 찾으려 하며, 그리하여 『새로운 학문』에서 다루고 있는 모든 소재에 적용될 수 있음을 보이려는 것이다.

CXIV

[326] 충실하게 전개된 인간 이성이 상정하는 자연적 형평이란 유용한 일을 하는 데 지혜를 실천한다는 것을 뜻한다. 왜냐하면 광범위한 의미에서 지혜란 사물의 본성에 맞추어 사물을 사용하는 것이기 때문이다[364].

[327] 이 공리와 이어지는 두 개의 정의[324, 326]는 자비법[235]

의 원리를 이룬다. 그것은 자연적 형평에 의해 규정되는데, 그것은 문명화된 민족마다 본성적으로 타고난 것이다. 뒤에 밝힐 것처럼 이것이 철학자들을 배출하는 공공의 학교이다[1040].

[328] 마지막 여섯 개의 명제(CIX~CXIV)는 자연법이 신의 섭리에 의해 제정되었음을 확인시켜준다[312]. 자연적 형평에 대해서는 훗날 철학자들이 밝혀놓았지만, 민족들마다 오랜 세월에 걸쳐 진리와 자연적 형평을 알지 못하고 살아왔기 때문에 섭리는 그들이 법과 규정을 문자 그대로 신중하게 지키도록 함으로써 확실한 것과 사회적 형평을 고수하게 만들었던 것이다. 그리하여 법이 가혹하다 할지라도 그 법을 준수하게 함으로써[321] 민족들을 보존하려 했던 것이다.

[329] 자연법 학설의 3대 제왕들은[236] 이 여섯 개의 명제를 알지 못했기 때문에[394] 셋 모두가 그들의 체계를 확립하는 데 잘못을 저질렀다. 왜냐하면 그들은 이교 민족들이 처음 시작되었을 때부터 자연적 형평에 대한 완벽한 생각을 갖고 있었다고 믿었기 때문이다. 그들은 그 어떤 민족에게서도 철학자가 출현하기까지는 2천년 정도가 걸렸다는 사실을 고려하지 못했다. 그리고 그들은 참된 신으로부터 한 민족만이[237] 특수하게 도움을 받는 특권을 누렸다는 것도 설명하지 못했다[310, 313, 318].

---

235) 원어는 ragion benigna.

236) 그로티우스, 셀든, 푸펜도르프를 가리킨다.

237) 히브리 민족을 가리킨다.

제3부

원리에 대하여

[330] 이제 지금까지 이 학문의 요인으로서 나열했던 명제들이 처음에 연표에서 준비했던 질료에 형상을 부여할 수 있을지 검증하기 위해 우리는 독자에게 다음을 고려해보라고 간청한다. 즉 신에 관한 것이든 인간에 관한 것이든 이교도들의 모든 지식의 원리에 대하여 지금까지 사람들이 기술해왔던 것들이 그 명제들 전체, 또는 그중 일부, 또는 어느 하나와 모순을 이루는 것이 아닌지 살펴봐 달라는 것이다. 하나와 모순을 이룬다면 그것은 전체와 모순을 이루는 것이다. 왜냐하면 나의 명제들은 서로 조화를 이루고 있기 때문이다. 그렇게 대조한다면 독자는 그 사람들이 기술해왔던 모든 것들이 혼란된 기억에서 나온 문장들일 뿐이고, 무질서한 상상력으로부터 나온 망상일 뿐임을 인식하게 될 것임이 확실하다. 즉 그들의 기술은 공리에서 거론했던 두 자만심[125, 127] 때문에 용도가 폐기될 수 있을 만큼 이해력이 결여되어 있다는 것이다.

한편으로 각 민족마다 자신들이 세계의 최초였다고 믿는 민족의 자만심은 우리 학문의 원리를 문헌학자들로부터 얻을 수 있으리라는 희망을 좌절시킨다. 다른 한편으로 학자들마다 자신이 알고 있는 것이 세계의 시초부터 그들만이 특출나게 이해한 것이었기를 바라는 학자의 자만심은 철학자들로부터 그 원리를 찾으려는 우리를 실망시킨다. 따라서 우리의 목적을 위하여 우리는 이 세상에 어떤 책도 없는 것처럼 탐구해야만 한다.

[331] 그러나 우리와는 가장 멀리 떨어진 최초의 고대를 감싸고 있는 두꺼운 어둠의 밤 속에 꺼지지 않는 영원한 진리의 빛이 나타난다. 누구도 의심할 수 없는 그 진리란 사회 세계는 인간이 만든 것이 확실하고, 따라서 그 원리는 인간 정신이 표출되는 여러 양태 속에서 찾을 수 있으며, 그렇게 찾아야 한다는 것이다. 이 문제에 대해 깊이 생각해본 사람이라면 신이 만들었기 때문에 신만이 알 수 있는 자연 세계에 대한 학문을 철학자들이 진지한 열정을 다해 추종해왔다는 사실에 놀라야 마땅하다. 철학자들은 인간이 만들었기 때문에 인간이 지식을 얻을 수 있는 민족의 세계 또는 사회 세계에 대해 사색하는 것을 간과했다. 그렇게 터무니없는 결과가 초래된 것은 공리[236]에서 확인했던 인간 정신의 나약함 때문이다. 즉 육체 속에 잠겨 있고 묻혀 있는 인간 정신은 자연적으로 형체가 있는 사물 위주로 인식하려는 경향이 있어서 정신 자체를 이해하려면 많은 노력과 공을 들여야 하기 때문이다. 그것은 마치 눈이 외부의 모든 대상을 보지만 그 자체를 보려면 거울이 필요한 것과 같은 이치이다.

[332] 이제 민족의 세계는 인간에 의해서 만들어진 것이니 모든 사람들이 어떤 일에 항상 동의해왔고 지금도 동의하고 있는지 살펴보도록 하자. 왜냐하면 그런 일들이 모든 학문에 마땅히 있어야 하는 보편적이고 영원한 원리를 제공해주기 때문인데, 모든 민족은 그런 원리 위에서 출현하고 존속해왔기 때문이다.

[333] 야만적이든 문명화되었든 모든 민족은 시간과 공간의 광막한 거리 때문에 서로 떨어져 개별적으로 출현했지만 세 개의 인간 관습을 공유하고 있다는 사실을 우리는 고찰한다. 모든 민족은 종교를 갖고 있고, 엄숙한 혼례를 거행하고, 죽은 사람들을 매장한다. 또한 아무리 야만적이고 조야한 민족이라 할지라도 종교와 결혼과 매장보다 더 정교하고 더 엄숙하게 거행하는 인간 의례는 없다. 왜냐하면 "서로 알지 못하는 모든 민족들 사이에서 발생한 동일한 관념은 진리의 공통적인 근거를 갖고 있음이 확실하다" [144]는 공리에 의해 모든 민족에게서 그 세 가지 의례로부터 문명이 출현하였고, 그렇기 때문에 그 의례는 가장 엄숙하게 거행되어야 한다는 것이다. 그래야만 세계가 또다시 야만의 숲으로 되돌아가지 않기 때문이다. 이런 이유로 우리는 영원하고 보편적인 이 세 의례를 『새로운 학문』의 기본적인 3대 원리로 채택한다.

[334] 오늘날의 여행자들은 이 원리가 그릇된 것이라고 비난하지 말도록 하자. 어떤 여행자들은 브라질과 [아프리카의] 카프라와 신세계의 다른 민족들이 신에 대한 어떤 지식도 없이 사회 속에서 살고 있다고 말한다. 앙투안 아르노는 안티예스라고 하는 섬의 주민들이 바로 그러했다고 믿는다.[238] 어쩌면 그들에게 설득당해서

인지 벨은 『유성에 관한 논고』[239]에서 신의 빛이 없더라도 사람들은 올바르게 살 수 있다고 시인했다. 이 세상에 법이 아닌 이성의 힘으로 정의롭게 살고 있는 철학자들만 있다면 종교의 필요성이 사라질 것이라고 말함으로써 큰 칭찬을 받았던 폴리비오스도 그 정도로 과감하지는 못했다[179]. 여행자들의 이런 이야기들은 진 풍경을 보여줌으로써 책의 판매를 촉진하려는 것에 불과했다. 오만하게도 '신성한'이라는 단어를 제목에 넣은 자연학 책[240]에서 안드레아스 뤼디거는 무신론과 미신 사이의 단 한 길만을 보여주려 함으로써 제네바 대학교의 검열관[241]들로부터 심각한 비판을 받았던 것이 확실하다. 제네바 공화국은 자유로운 민중 공화국으로서 저술의 자유가 상당히 컸다. 검열관들의 평결은 "그가 너무도 큰 확신을 갖고 주장을 펼쳤다"는 것이었는데, 그것은 지나치게 과감하게 기술했다는 말과 다르지 않다.

---

238) Antoine Arnauld, *Quatrième dénonciation de la nouvelle hérésie du péché philosophique, Œuvres*, XXXI (Paris, 1780), p. 274.

239) Pierre Bayle, *Pensées diverses écrites à un docteur de Sorbonne à l'occasion de la comète qui parut au mois de décembre* (Rotterdam, 1721).

240) Andreas Rüdiger, *Physica divina: recta via, eademque inter superstitionem et atheismum media, hominum felicitatem naturalem et moralem ducens* (1716). 오늘날에는 physics를 '물리학'으로 번역하겠지만, 이곳의 문맥으로 볼 때 '자연학'으로 번역하는 것이 적절해 보인다. 안드레아스 뤼디거(1673~1731)는 스위스의 철학자였다.

241) 니콜리니는 제네바 대학교가 아니라 라이프치히 대학교의 검열관들이 "라이프치히의 어떤 교수"에 대해 내린 평결이었다고 바로잡는다. Vico, *Opere*, III, p. 481, n. 4.

모든 민족이 하나의 섭리의 신을 믿었기 때문에 인간 세계의 오랜 시간과 광막한 공간 속에서 네 개를 넘어서는 기본적인 종교는 있을 수 없었다. 첫 번째는 히브리인들의 유대교, 두 번째는 거기에서 나온 기독교인데 그 둘은 무한히 자유로운 하나의 정신을 가진 신성을 믿는다. 세 번째는 이교도들의 종교인데, 복수(複數)의 신을 믿는다. 그 신들은 신체와 자유로운 정신으로 이루어졌다고 상정되는데, 따라서 이교 민족은 세계를 다스리고 보존하는 신성을 뜻하려 할 때 "불멸의 신"(deos immortales)이라고 말한다. 마지막으로 네 번째는 마호메트 교도의 종교이다. 그들은 무한한 육체 속에 무한한 정신을 갖고 있는 하나의 신을 믿는다. 왜냐하면 그들은 저승에서 감각의 즐거움을 보상으로 기대하고 있기 때문이다.

[335] 어떤 민족도 육체만을 가진 신이나 자유롭지 않은 정신만을 가진 신을 믿지 않는다. 따라서 신에게 육체만을, 그리고 육체와 함께 우연만을 부여하는 에피쿠로스학파도, 무한한 육체를 가진 신에게 무한한 정신을 부여하여 운명에 복종하게 만드는 스토아학파도 국가나 법에 대해 논할 수 없다. 이 점에 있어 그들은 그들 시대의 스피노자주의자들이라 말할 수 있다. 베네딕트 스피노자는 국가에 대해 마치 그것이 소상인들의 모임인 것처럼 말하고 있다. 키케로가 에피쿠로스주의자인 아티쿠스에게 신의 섭리가 존재한다는 것을 받아들이지 않는다면 법에 대해 함께 논할 수 없다고 했을 때 그는 바른 말을 한 것이었다.[242] 이렇듯 스토아와 에피

242) Marcus Tullius Cicero, *De legibus*, 1.7.

쿠로스라는 두 분파는 신의 섭리를 최고의 원리로 삼는 로마법과 양립할 수 없었던 것이다[979]!

[336] 다음으로 사실상 엄숙한 혼례가 없이 자유로운 남자와 자유로운 여자 사이에서 일어나는 성적 결합에는 어떤 자연적 사악함도 없다는 견해가 있다. 그러나 세계의 모든 민족은 혼례를 종교적으로 거행하는 인간의 관습에 따라 그것이 그릇된 일이라고 억압하며, 그들이 탐닉하는 정도에 따라 짐승과 같은 죄를 지었다고 결정한다. 그런 연유로 생겨난 부모들이 필수적인 법의 결속을 통해 결합되지 않는다면 그들은 사생아들을 버리게 될 것이다. 그 아이들은 부모가 언제라도 헤어질지 모르기 때문에 양친 모두로부터 버려져 개들이 먹이로 삼켜질 위험에 노출될 것임이 확실하다. 공적이든 사적이든 사회가 그들을 입양하여 양육하지 않는다면 그들은 종교도 언어도 그 밖의 다른 모든 관습도 배우지 못한 채 성장할 수밖에 없음이 확실하다. 그리하여 바로 그들이 인간 문명의 아름다운 예술로 풍요롭게 장식했던 민족의 세계를 먼 옛날의 거대한 숲으로 되돌려놓을 것이다. 그곳은 오르페우스의 잔혹한 짐승들이 사악하게 배회하던 곳으로서, 거기에서 아들은 어머니와 아버지는 딸과 짐승처럼 교접했다. 이것이 무법천지의 치욕스러운 사악함인데, 소크라테스는 이에 대해 자연적 이유를 대며 그것은 자연이 금지하는 것임을 증명하려 하였지만,[243] 그것은

---

243) 이 내용은 크세노폰의 『소크라테스의 회상』에 나온다. Xenophon, *Memorabilia Socratis*, IV, 4, 19~23.

다소 적절하지 못하다. 오히려 그것을 금지하는 것은 인간의 본성이다. 왜냐하면 이런 종류의 육체적 결합은 모든 민족이 자연적으로 혐오해왔던 것이며, 페르시아인들처럼 타락이 극심한 민족에게만 일어나는 관행이었기 때문이다.

[337] 마지막으로 매장이 얼마나 큰 문명의 원리인가 하는 것은 인간의 시체가 매장되지 않고 땅 위에 놓여 있다가 까마귀와 개의 먹이가 될 끔찍한 상태를 상상하는 것으로 충분히 알 수 있다. 확실히 이런 야수와 같은 관행은 경작되지 않은 땅과 사람이 살지 않는 도시에서 일어날 만한 일이며, 인간은 썩어가는 시체 곁에 떨어져있는 도토리를 돼지처럼 먹고 있을 것이다. 따라서 매장이 "인류의 서약"(foedera generis humani)이라는 장엄한 표현으로 정의된 데에도 충분한 이유가 있으며, 타키투스가 "문명의 교환"(humanitatis commercia)[244]이라고 기술한 것도 장엄함은 못 미치지만 맞는 이야기였다. 더구나 다음은 모든 이교 민족들이 동의한 것이 확실한 견해이다. 즉 매장되지 않은 사람들의 영혼은 정처 없이 떠돌아다니며 시체 주위를 맴돌아, 결과적으로 그들은 육체와 함께 죽지도 못하고 불멸로 남아 있게 되리라는 것이다. 그런 이야기가 고대의 야만인들 사이에서 공통적이었으리라는 사실은 오늘날 후고 반 린스호텐이 증언하는 기니 사람들[245], 아코스타가

244) Cornelius Tacitus, *Annales*, VI, 19.

245) Hugo van Linschoten, *Descriptio totius Guineae*. 린스호텐(1563~1611)은 네덜란드의 여행가였다. 그러나 린스호텐의 이 책에는 그런 내용이 없다는 사실을 지적하면서 니콜리니는 같은 이름의 그단스크 출신의 주교와 혼동했을

『서인도 사람들에 대하여』에서 증언하는 페루와 멕시코 사람들[246], 토머스 해리엇이 증언하는 버지니아 주민들[247], 리처드 휘트번이 증언하는 뉴잉글랜드 사람들의 사례[248]로 확인된다. 시암 왕국의 주민들에 대해서는 요스트 스호텐의 증언이 있다.[249] 이리하여 우리는 세네카의 결론에 도달한다. "불멸성을 논할 때 우리는 지하세계의 영혼들을 두려워하거나 숭배하는 인류의 일반적인 견해에 적지 아니 영향을 받는다. 나도 이 공공의 견해를 받아들인다"(Quum de immortalitate loquimur, non leve momentum apud nos habet consensus hominum aut colentium: hac persuasione publica utor).[250]

가능성을 제시한다. Vico, *Opere*, III, p. 483, n. 5.

246) José de Acosta, *Historia natural y moral de las Indias*(1591). 아코스타(1539~1600)는 에스파냐의 신학자이자 선교사였다.

247) Thomas Harriot, *A Brief and True Report*(1588). 해리엇(1560~1621)은 영국의 수학자였다.

248) Richard Whitbourne, *Discourse*(1620). 휘트번(1579~1626)은 영국의 탐험가였다.

249) Joost Schooten, *Beschrijvinge van des Conigricks Siam*(1636). 스호텐은 17세기 네덜란드의 식민지 총독이었다.

250) Lucius Annaeus Seneca, *Epistolae*, CXVII, 5~6.

제4부

방법에 대하여

[338] 『새로운 학문』이 채택해왔던 원리를 완전하게 확립하기 위하여 제1권에서 남은 일은 우리의 학문이 사용하려고 하는 방법에 대해 논의하는 것이다. 우리가 공리[314]에서 말했던 것처럼 학문은 그 소재가 시작하는 곳에서 시작해야 한다. 문헌학자들을 위해서는 데우칼리온과 피라의 돌[79], 암피온의 바위[81], 카드모스의 밭고랑이나 베르길리우스의 딱딱한 떡갈나무로부터 태어났다고 하는 사람들로 거슬러 올라가야 하고, 철학자들을 위해서는 에피쿠로스의 개구리, 홉스의 매미, 그로티우스의 멍청이, 신의 어떠한 배려나 도움도 없이 이 세상에 태어났다고 푸펜도르프가 말했으며 마젤란 해협에서 발견된 파타고니아라고 불리는 거인들[170]처럼 흉하고 거친 인간들로부터 시작해야 한다는 것이다. 이를테면 호메로스가 말하는 폴리페모스에서 시작해야 한다는 것인데, 플라톤은 그들이 가족 국가 최초의 가부장들이라고 인정

했다[296]. 문헌학자들과 철학자들은 인간 문명의 출발점에 대해 이런 지식들을 우리에게 제시했다.

우리는 이 초기의 피조물들이 인간적으로 생각하기 시작하였던 시점부터 우리의 논리를 풀어나가기 시작해야 한다. 그들의 흉측한 야만을 교화시키고 통제되지 않는 야수적 자유를 제어하기 위한 수단은 신성에 대해 경외하는 생각밖에 없는데, 공리[177]에서 말했던 것처럼 그 두려움이야말로 난폭해진 자유를 의무감으로 환원시키는 유일하게 강력한 수단이다. 이교의 세계에 최초로 인간적인 생각이 태어나게 된 방식을 발견하기 위해 우리는 근 20년에 걸친 고된 어려움을 겪었다. 그리고 우리는 우리의 인간적이고 문명화된 본성으로는 상상하기도 힘들고 큰 공을 들여야만 이해할 수 있는 실로 난폭하고 야만적인 본성으로 내려와야 했다.

[339] 이 모든 것을 위해서 우리는 아무리 야만적이고 난폭하고 기괴한 인간들이라 할지라도 필히 갖고 있는 신에 대한 그 어떤 생각으로부터 출발해야 한다. 그 인식은 다음과 같다. 자연에서 어떤 도움도 받을 수 없어 실망에 빠진 사람들은 구원을 받기 위해 우월한 무엇인가를 바란다. 그러나 자연보다 우월한 그 무엇은 신이며, 신이 모든 인간에게 발하는 빛이다. 여기에서 다음과 같은 인간 공통의 관습이 확인된다. 방종한 인간은 나이가 들어가면서 타고 난 힘이 결핍되는 것을 느끼기 때문에 자연적으로 신앙에 의존한다.

[340] 그러나 훗날 이교 민족들의 군주가 된 이 초기의 인간들은 난폭한 감정의 강한 자극을 받아 짐승처럼 생각했다. 그리하여

우리는 공리에서 살펴본 바 있는[182] 민중의 형이상학으로부터 출발해야 하는데, 뒤에 시인들의 신학도 그러했다는 것을 알게 될 것이다[366]. 그 형이상학의 도움을 받아 우리는 그 길을 잃은 사람들의 야수 같은 감정에 질서와 척도를 부여함으로써 그것을 인간적 감정으로 만드는 어떤 신성에 대한 두려운 생각을 찾아야 한다. 이러한 생각으로부터 인간 자유의지의 속성인 코나투스[251)]가 태어나는 것이 확실하다. 코나투스는 현자들로 하여금 육체에 의해 정신에 가해진 충격을 완전히 제어하도록 만들고, 문명인들에게는 그 충격을 최소한 더 좋은 방향으로 향하도록 만든다. 이렇게 육체의 운동을 통제하는 것은 인간 선택의 자유, 즉 인간의 자유의지의 결과임이 확실한데, 그것이야말로 정의를 포함한 모든 덕성의 고향이자 안방이다. 정의의 지시를 받아 자유의지는 모든 올바른 것의 원천이 되며, 올바른 것의 부름을 받은 모든 법의 원천이 된다. 육체가 자연 속에서 운동에 반드시 필요한 주체라면 코나투스가 육체에 통제를 부여하는 만큼 자유에는 육체의 운동에 대한 통제를 부여한다. 기계론자들이 말하는 "능력", "힘", "코나투스"와 같은 말들은 감각과 무관한 육체의 운동일 뿐으로서, 고대의 기계론자들은 그것들이 중력의 중심을 향한다고 말하며 현대의 기계론자들은 중력의 중심에서 벗어나려 한다고 말한다[504].

[341] 그러나 인간은 그들의 타락한 본성 때문에 이기심이라는 폭군의 지배를 받아 자기 자신의 이익만을 일차적으로 따른다.

---

251) 스스로를 향상시키려 노력하는 인간 심리의 충동이나 경향을 가리킨다.

그들은 동료는 조금도 배려하지 않고 자신의 이익만을 원했기에 감정을 정의로 이끌게 하는 코나투스에 복종할 수 없었다. 그리하여 우리는 다음을 확인한다. 야수의 상태에 있는 인간은 자신의 이익만을 사랑한다. 아내를 취하고 자식을 만들면서 그는 자신의 안녕과 함께 가족의 이익을 사랑한다. 문명의 삶으로 진입하면 그는 자신의 이익과 함께 도시의 이익도 사랑한다. 도시의 권력이 다른 민족들에게로 확대되면 그는 자신의 이익과 함께 다른 민족들의 이익도 사랑한다. 민족들이 전쟁과 평화와 동맹과 교역으로 하나가 되면 그는 자신의 이익과 함께 인류의 이익도 사랑한다. 이러한 모든 상황 속에서 사람들은 일차적으로 자기 자신의 이익을 사랑한다. 따라서 인간이 가족의 사회, 문명의 사회, 그리고 마지막으로 인간의 사회와 같은 질서 속에서 정의를 유지하게 된 것은 다름 아닌 신의 섭리 때문이었음이 확실하다. 그러한 질서를 위해 인간은 자신이 원하는 바를 그대로 따를 수 없었기 때문에 최소한으로 이익을 따르기를 원한 것이며, 그것을 "공정하다"라고 말한다. 따라서 인간에게 공정하다는 모든 것을 규정하는 것은 신의 정의이다. 그것은 인간 사회를 보존하기 위해 신의 섭리가 관장하고 있다.

[342] 따라서 『새로운 학문』은 한 가지 중요한 측면에서 신의 섭리에 대해 논하는 문명 신학임이 확실하다[385]. 그것은 지금까지 존재하지 않았던 것처럼 보인다. 왜냐하면 스토아학파나 에피쿠로스학파와 같은 철학자들은 사실상 그에 대해 알지 못했기 때문이다. 에피쿠로스학파는 인간사가 원자의 맹목적인 군집에 의

해 야기되는 것이라고 말했으며, 스토아학파는 그것이 냉혹한 인과관계의 연쇄에 의해 이끌리는 것이라고 말했다. 어떤 철학자들은 사물의 자연적 질서에 대해서만 고려하면서 거기에서 신의 속성을 관조하는 형이상학을 "자연신학"이라고 불렀다. 즉 신의 속성을 천체나 원소와 같은 물체의 움직임 속에서 관찰하는 물리적(자연적) 질서나 그 밖의 다른 자연적 사물이 드러내는 최종적 원인 속에서 확인하였던 것이다.

그렇지만 철학자들은 문명사회에서 일어나는 일들의 이치[252] 속에서 섭리를 논해야 했다. 즉 어떻게 섭리라는 용어가 "점치다"(dovinari)라는 말로부터 나온 "신성"(divinità)에 적용되었는지, 바꾸어 말해 인간에게 알려져 있지 않은 것, 즉 미래를 이해하거나, 인간 내부에 알려져 있지 않은 것, 즉 양심을 이해하는 일로부터 나왔는지 논해야 했다는 것이다. 그리고 이것이야말로 법률의 주제 중 일차적이고 중요한 부분을 차지하고 있다. 법률은 신과 관련된 일이었고, 인간사는 그것에 의존하며 그것을 보충할 뿐이다[398]. 따라서 『새로운 학문』은 이른바 섭리에 대한 역사적 사실을 증명해야 한다. 왜냐하면 이것은 인간의 지식이나 조언과 무관한 것은 물론 때로는 인간의 계획에 위배되어가면서까지 신의 섭리가 인류의 거대한 도시에 부여한 질서의 역사가 되어야 하기 때문이다. 비록 이 세계는 시간 속에서 특수한 개체로 창조된 것이었다 할지라도 섭리가 그 세계에 부여한 질서는 보편적이고 영원한 것이기

---

252) 원어는 iconomia.

때문이다.

[343] 이 무한하고 영원한 섭리를 관조한다면 그것은 우리의 『새로운 학문』의 정당성을 확인하고 증명할 신의 확실한 증거를 제시한다. 신의 섭리의 한 속성은 전능함[253]이기 때문에 인간의 관습이 자연스러운 것처럼 손쉽게 자신의 질서를 펼치는 것이 확실하다[309]. 섭리는 무한한 지혜의 조언을 받기 때문에 섭리가 행하는 모든 것이 질서[254] 그 자체임이 확실하다. 섭리의 목적은 그 자체의 무한한 선이기 때문에 섭리가 명한 것은 인간이 제시하는 그 어떤 선보다도 항상 우월한 선을 향하게 된다.

[344] 이러한 모든 것 때문에 민족들의 기원이 개탄스러울 정도로 불명확하고 그 관습이 헤아릴 수 없을 정도로 다양하다 할지라도 신이 모든 인간사를 포용한다는 논리를 위해서는 방금 언급한 섭리의 자연스러움과 질서와 목적보다 더 우월한 증거가 있을 수 없다. 그것이 인류를 보존한다. 때로 서로 멀리 떨어져있고, 게다가 인간이 제시한 것과는 정반대로 발생한 것들이 얼마나 쉽게 서로 간에 조화를 이루고 있는지 깊이 생각해본다면 이러한 증거들은 더욱 명확하게 빛을 발할 것이다. 전능은 그러한 증거를 제공한다. 그것들을 비교하고 거기에서 질서[또는 순서]를 보라. 지금 태어나야 했을 것들은 지금 그들에게 적합한 시간과 장소에서 태

253) 원어는 onnipotenza.

254) 여기에서 '질서'는 어떤 사물이 발생한 '순서'를 가리키는 것으로 받아들일 수 있다.

어나고 있고, 그렇지 않은 것들은 그들에게 적합한 시간과 장소를 기다려 탄생이 지체되고 있다. 호라티우스를 인용한다면[255] 이것이 '질서의 아름다움'을 이루고 있는 것이다[348]. 영원한 지혜는 우리에게 그 증거를 제시한다. 마지막으로 그러한 기회와 장소와 시간에 신의 다른 혜택이 발생하도록 만들어 결함과 병폐가 많은 인간이 그 사회를 더 잘 수행하고 보존하게 만들었다는 것을 어떻게 이해할 수 있을 것인지 생각해보라. 그것이 신이 영원히 선하다는 사실의 증거이다[342].

[345] 그러므로 우리가 여기에서 계속하여 인용한 신의 섭리에 대한 적절한 증거들은 다음을 생각해보도록 제시한다. 즉 우리의 인간 정신의 광범위한 가능성은 허용되는 것인지, 허용된다면 어디까지 허용되는지, 우리에게 보이는 사회 현상의 원인은 많은지 적은지, 아니면 생각했던 것과 전혀 다른 것인지 비교하고 고찰해보라는 것이다. 독자는 그렇게 할 경우 인간의 육체 속에서 신의 즐거움을 경험하게 될 터인데, 그것은 신의 관념 속에서 민족 세계의 장소와 시간과 다양성의 모든 범위를 관조한다는 것이다. 그리하여 독자는 에피쿠로스주의자들에게 어떤 출구도 찾지 못한 채 우연을 찾아 마냥 미친 듯이 헤맬 수는 없는 노릇이라고 확신시키게 될 것이다. 스토아주의자들이 말하고 있는 세계를 묶어놓는 인과관계의 영원한 연쇄는 결국 최선의, 최고의 신의 전능하고 현명하고 자비로운 의지에 달려 있는 것이라고 스토아주의자들에

255) Quintus Horatius Flaccus, *Ad Pisones*, 42~45.

게 확신시키게 될 것이다[342].

[346] 이렇듯 장엄한 자연신학의 증거는 다음에 논할 일종의 논리적 증거에 의해 확인될 것이다. 즉 여러 민족의 신에 관한 일과 인간에 관한 일의 기원을 논하면서 우리는 최초의 출발점에 도달한다. 그것보다 더 이전을 묻는다는 것은 어리석은 호기심에 불과할 뿐이다. 그것이 원리[256]의 고유한 속성이다. 우리는 원리가 탄생하게 된 개별적인 방식을 설명하는데, 그것을 우리는 "본성"[257]이라고 부르며, 그것이 학문에 가장 적합한 특성이다. 마지막으로 그 원리는 그것이 간직하고 있는 영원한 속성에 의해 확인되는데, 그것은 그 시간과 장소에 그 방식으로 태어난 것이지, 즉 그 본성으로부터 태어난 것이지 다르게 태어날 수는 없었다는 것이다. 이것은 앞의 두 공리[147, 148]에서 제시한 것과 같다.

[347] 인간에 관한 일의 본질을 찾기 위해서 우리의 『새로운 학문』은 사회적 삶에서 필요한 것과 유용한 것에 대한 엄밀한 분석을 진행시킬 것이다. 공리[141]에서 확인했던 것처럼 그 둘은 자연법의 지속적인 원천이다. 그러므로 또 다른 중요한 측면에서 『새로운 학문』은 인간 관념의 역사인데, 인간 정신의 형이상학은 그 바탕 위에서 펼쳐져야 하는 것처럼 보인다. 학문의 여왕인 형이상학은 "학문은 그것이 다루는 소재로부터 출발해야 한다"[314]

256) '출발점'으로 번역해도 무방하다. 이탈리아어에서 'princìpio'라는 단어는 '원리'와 '시작'을 모두 뜻한다.

257) 원어는 natura.

는 공리를 따라 철학자들이 인간의 관념에 대해 사색하기 시작한 시점이 아니라 최초의 인간이 인간적으로 생각하기 시작한 시점부터 시작한다. 그것은 최근에 『관념의 역사』라는 제목으로 출판된 박식하고 학문적인 소책자[258)]에서 요한 야콥 브루커가 밝힌 것과 같은데, 그 책은 오늘날의 두 천재 라이프니츠와 뉴턴 사이의 최근의 논쟁으로까지 이어진다.

[348] 우리는 이러한 관념의 역사의 시간과 장소를 결정해야 한다. 즉 언제 어디에서 인간적 사고가 처음으로 태어났는지를 확인해야 한다는 것이다. 그것을 위해 적절한 연대기와 지리학을 적용시켜야 한다. 그 연대기와 지리학도 형이상학적이라 말할 수 있다. 그 목적을 위해 『새로운 학문』은 마찬가지로 형이상학적인 비판의 기술을 민족의 창시자들에게 적용시킨다. 민족의 창시자들이 나타난 이후 그들에 대해 글을 쓴 작가들이 출현하기까지는 천 년 이상이 지났음이 확실한데도 지금까지의 문헌학은 그 작가들에만 몰두해왔다[392]. 전술했던 공리[142]에 의해 우리의 비판이 적용하려는 기준은 신의 섭리가 가르친 것으로서 모든 민족에 공통적이다. 그것은 인류의 상식으로서, 인간사에 필수적인 조화에 의해 결정되는데, 그것이 문명 세계의 모든 아름다움을 만든다[344]. 그러므로 『새로운 학문』에서는 이런 종류의 증거가 지배한다. 신의

---

258) 이 책에 대한 서지 사항은 다음과 같다. Johann Jacob Brucker, *Historia philosophica de ideis* (1723). 요한 야콥 브루커(1696~1770)는 독일의 사상사가였다.

섭리에 의해 사물의 순서가 정해졌다면 인간사란 『새로운 학문』이 논한 것처럼 진행되었고, 진행되어야 하고, 진행될 것이다. 때로는 무한한 세계가 언제나 그대로 있었던 것처럼 보일지라도 그것은 확실히 사실이 아니다[1096].

[349] 그러므로 『새로운 학문』은 모든 민족이 시간 속에서 출현하고 발전하고 성숙하고 쇠퇴하다가 종말을 맞으며 밟아가는 과정에 대한 이상적인 영원한 역사를 기술한다[145, 245, 294, 393]. 앞서 의심할 수 없는 최초의 원리로 제시했듯[331] 사회 세계란 인간이 만든 것이 확실하고 따라서 그 원리는 인간 정신이 표출되는 여러 양태 속에서 찾을 수 있다. 그 때문에 실로 『새로운 학문』에 대해 깊이 생각하는 사람은 "그래야 했고, 그래야 하고, 그래야 할 것"[348]이라는 증거에 의해 자기 자신을 만들고 있는 것이고, 따라서 스스로에게 이 이상적인 영원한 역사를 말하고 있는 것이라고 단언한다. 어떤 사물을 만든 사람이 그 사물에 대해 말할 때보다 더 확실한 역사는 있을 수 없다. 이렇게 『새로운 학문』은 기하학처럼 펼쳐진다. 기하학은 기본적인 요인들을 제시한 뒤 그 위에 공간의 세계를 설정하고 조망하면서 스스로를 만들어간다. 그러나 기하학이 점, 선, 면, 도형에 대해 갖는 질서보다는 우리의 학문이 인간이 만든 것들에 대해서 갖는 질서가 더 큰 만큼 우리의 학문이 더 큰 사실성을 갖는다. 그리고 독자들이여, 이것이야말로 이러한 증거가 신으로부터 왔으며 당신들에게 신성한 즐거움을 주리라는 논리이다. 왜냐하면 신에게는 아는 것과 만드는 것이 하나의 똑같은 일이기 때문이다.

[350] 위에서 제기했던 진리와 확실한 것에 대한 정의[138]에 의해 오랜 기간에 걸쳐 인간에게는 진리와 이성이 불가능했다. 그 둘은 지성을 충족시키는 내적 정의의 두 원천이다. 한편 참된 신의 빛을 받은 히브리인들은 그 내적 정의를 실천했다. 그들의 신성한 법은 정의에 못 미치는 생각을 하는 것조차 금지시켰고, 어떤 입법자들도 그것 때문에 고심한 적이 없었다. 왜냐하면 히브리인들은 정신으로만 이루어진, 인간의 마음에 도달하는 신을 믿었던 반면 이교도들은 육체와 정신으로 이루어진, 인간의 마음에 도달할 수 없는 신을 믿었기 때문이다. 훗날 철학자들도 이 내적 정의에 대해 논하게 되었지만, 그들은 민족이 세워지고 나서 2천 년이 지난 뒤에 출현했다. 그 사이에 사람들은 권위[259]의 확실성의 지배를 받았는데, 그것은 우리의 형이상학적 비판이 사용하는 것과 같은 기준으로서, 모든 민족의 양심이 근거하는 인류의 상식을 말한다. 이에 대한 정의는 앞의 "요인들"에서 제시한 바 있다[142~143]. 그리하여 또 다른 중요한 관점에서 우리의 학문은 권위의 철학이 된다[386]. 그것이 도덕신학자들이 "외적 정의"라고 말하는 것의 원천이다. 자연법에 관한 학설의 세 제왕들은[260] 작가들의 문장에서 인용한 권위가 아니라 최초의 창시자로서의 권위 자체에 대해 설명했어야 했다. 그 권위가 작가들이 출현한 것보다 1천 년 전부터 민족들을 지배해왔기 때문에 작가들은 거기에 대해 어떤 설명도 할

---

259) 원어는 autorità. 이 단어는 단락 [386]을 참조하면서 이해해야 한다.
260) 그로티우스, 셀든, 푸펜도르프를 말한다.

수 없었다. 그런 이유로 다른 두 사람보다 더 많이 연구했고 박식했던 그로티우스조차 이 문제와 관련된 모든 특수한 사항에서 로마의 법학자들과 전투를 벌였으나 그의 공격은 무위로 돌아갔다. 왜냐하면 로마의 법학자들은 정의에 대한 원리를 학자들의 권위가 아닌 인류의 확실한 권위 위에 확립하였기 때문이다.

[351] 지금까지 말한 것이 『새로운 학문』에서 사용하려고 하는 철학적 증거들이며, 따라서 『새로운 학문』을 추구하려는 사람들에게 필수적이다. 다음으로 문헌학적 증거들을 유지해야 하는데, 그것은 다음의 여러 종류로 환원된다.

[352] 첫째로 우리가 논하는 신화는 강요되거나 왜곡되어서가 아니라 직접적으로 쉽고 자연스럽게 그것이 다루는 대상과 일치한다. 따라서 신화는 초기 민중의 사회사였다는 것을 알게 될 것이다. 모든 곳에서 초기의 민중은 타고난 시인이었다[200, 203, 223, 579].

[353] 둘째로 대단히 참된 감정으로 자신의 속성을 표현하는 영웅의 구절들도 그 대상과 일치한다[34, 219, 411, 456, 825].

[354] 셋째로 토속어의 어원도 그 대상과 일치한다. 토속어는 단어가 지시하는 대상의 역사를 말해주는데, 그것은 그 대상이 본디부터 갖고 있던 속성으로부터 시작하여 관념의 순서에 따라 의미가 자연적으로 변형되어가는 과정을 추적한다. 전술했던 공리[238]에서 제시했던 것처럼 언어의 역사는 관념의 순서에 따라 진행되는 것이 확실하다.

[355] 넷째로 문헌학적 증거는 인간 사회의 일들에 대한 정신적

어휘를 설명해준다. 그것은 공리에서 언급했듯[161] 모든 민족이 본질에 있어서는 동일하다고 감지하지만, 그 표출 방식의 다양한 양태에 따라 다양한 언어로 설명된다.

[356] 다섯째로 문헌학적 증거는 민간전승이 수세기에 걸쳐 보존해왔던 모든 것들 중에서 옳은 것을 그른 것으로부터 걸러낸다. 민간전승은 오랜 세월에 걸쳐 민중 전체가 보존해왔던 것이기 때문에 진실의 공공적 근거를 갖고 있음이 확실하다[149].

[357] 여섯째로 고대의 편린들은 훼손되고 조각나고 흩어져 있었기에 지금까지 학문에 소용이 닿지 않았는데, 닦고 구성하고 적당한 장소에 배정하면 큰 빛을 발할 것이다.

[358] 마지막 일곱째로 확실한 역사가 말하고 있는 모든 현상은 그 필수적인 원인으로서 이 문헌학적 증거들 위에서 유지된다.

[359] 이 문헌학적 증거들은 민족의 세계와 관련하여 우리가 관념으로만 생각했던 것들을 우리에게 사실로서 보여주는 역할을 한다. 베룰람[261]이 철학하는 방식에 따르면 그것이 "생각하라. 그리고 보라"(cogitare vedere)라는 말의 의미이다[163]. 이렇게 앞서 확립했던 철학적 증거의 도움을 얻어 그 뒤에 이어진 문헌학적 증거는 그 권위를 이성적으로 확인하며, 동시에 그렇게 얻게 된 권위로 [철학적 증거의] 이성을 확인한다.

[360] 우리의 학문의 원리를 확립하는 것과 관련하여 일반적으로 설명했던 모든 것들의 결론을 내리자. 그 원리는 신의 섭리, 혼례를

261) 프랜시스 베이컨을 가리킨다.

통한 감정의 조절, 매장을 통한 인간 영혼의 불멸성이라는 세 가지이다. 『새로운 학문』이 사용하는 기준이란 사람들 전체 혹은 대부분이 옳다고 인식하는 것은 사회적 삶의 규칙이 되어야 마땅하다는 것이다. 이러한 원리와 기준에 대해서는 모든 입법자들의 민중적 지혜와 저명한 철학자들의 비교(秘敎)의 지식도 동의한다. 이것이 인간 이성의 한계이다. 누구든 그것을 넘어서려 한다면 인간성 전체를 넘어서려 하는 것이라고 경계하도록 하자[130].

제2권

시적 지혜에 관하여

서언

서문

[361] 앞서 우리가 공리에서 말했듯이[202] 모든 민족의 역사는 신화에 기원을 두며, 우리가 이교도의 고대에 대해 알고 있는 모든 것을 알려준 그리스인들에 따르면 최초의 현자는 신학 시인이었다[199]. 그리고 태어났든 만들어졌든 사물의 본성은 그 기원의 조야함을 지니고 있다[239]. 우리는 시적 지혜의 기원에 대해서도 조야하다고 보아야만 한다. 다른 방식은 없다. 그런데 시적 지혜에 대한 최고의, 최상의 평가가 우리에게까지 전해져 내려오는데, 그것은 공리에서 지적했던 두 가지 자만심, 즉 민족의 자만심[125]과 학자의 자만심[127]에서 비롯되었다. 시적 지혜의 문제에서는 학자의 자만심이 더 크게 작용하였다. 왜냐하면 이집트의 최고 신관이었던 마네토가 이집트의 모든 신화적 역사를 장엄한 자연 신학으로 바꾸어놓았듯, 그리스의 철학자들은 공리에서 말했던 것처럼[222] 그것을 철학으로 바꾸어놓았기 때문이다. 앞서 공리

에서 보았던 것처럼[221] 그 두 민족이 그렇게 했던 이유는 그 들에게 전해져 내려온 역사가 대단히 문란했기 때문만은 아니었다. 거기에는 다음의 다섯 가지 이유가 있었다.

[362] 첫 번째는 종교에 대한 경배하는 마음이었다. 왜냐하면 이교 민족들은 모든 곳에서 신화를 통해 종교의 토대 위에 성립되기 때문이다. 두 번째는 종교의 거대한 결과로서 문명 세계가 뒤따랐는데, 그것은 너무도 현명하게 질서가 잡혀 있어 초인간적인 지혜의 결과가 아닐 수 없다는 것이다. 세 번째는 그 신화가 종교에 대한 경배와 초인간적 지혜에 대한 믿음의 도움을 받아 철학자들로 하여금 철학의 고귀한 대상에 대해 연구하고 명상하도록 만든 경우이다. 이에 대해서는 앞으로 살펴볼 것이다. 네 번째는 그 철학자들이 명상했던 장엄한 주제에 대해 쉽게 설명할 수 있었기 때문인데, 다행히도 시인들이 그 철학자들에게 남겨놓은 표현 덕분에 그것이 가능했다는 것이다. 이에 대해서도 뒤에 알아볼 것이다. 마지막으로 다섯 번째는 이 모든 것을 포괄하는데, 철학자들이 종교의 권위와 시인의 지혜로부터 이끌어낸 명상을 확인하기 위한 것이었다. 이 다섯 개의 이유 중에서 처음의 둘은 철학자들이 민족의 세계에 질서를 명했던 신의 섭리를 잘못 말했을지라도 그들이 그것을 말했다는 것을 칭찬한다. 마지막 다섯 번째의 이유는 신의 섭리를 증언한다. 세 번째와 네 번째는 신의 섭리가 철학자들에게 허락해줬던 환상을 말하는데, 그 환상을 통해 철학자들은 궁극적으로 신의 섭리를 이해하게 된다. 즉 참된 신의 속성을 이해하게 된다는 것이다.

[363] 이 책을 통틀어 우리는 다음을 보여주려 할 것이다. 시인들이 민중의 지혜에 대해 처음에 느꼈던 것만큼 철학자들은 그 뒤에 비교(秘敎)의 지혜에 대해 이해하게 된다. 그렇기에 시인은 인류의 감각이며 철학자는 인류의 지성이라고 말할 수 있다. 아리스토텔레스가 인간 개개인에 대해 특수하게 했던 말은 일반적으로도 옳다. "그 어느 것도 감각 속에 먼저 존재하지 않는다면 지성 속에 존재할 수 없다"(Nihil est in intellectu quin prius fuerit in sensu).[1] 인간 정신은 먼저 감각으로부터 어떤 계기를 얻지 못했던 대상에 대해서는 이해하지 못한다는 뜻이다. 오늘날의 형이상학자들은[2] 그 계기를 "기회"라고 말한다. 이제 인간 정신은 느꼈던 것들 중에서 감각의 밑에 있다고 분류될 수 없는 것들을 수집해 그것에 대해 지성을 사용한다. 그것이 라틴어 "인식하다"(intelligere)라는 말의 올바른 의미이다.

제1장
일반적인 지혜에 대하여

[364] 이제 시적 지혜에 대해 논하기에 앞서 지혜가 무엇인지 일반적으로 살펴볼 필요가 있다. 지혜란 모든 학문에 명령을 내려

---

1) Aristoteles, *Peri Psychēs*, 432a 7f.

2) 특히 말브랑슈를 가리킨다.

인간성을 구성하는 모든 학문과 예술을 획득할 수 있게 만들어주는 능력이다. 플라톤은 지혜가 "인간을 완성시키는 것"이라고 정의했다.[3] 인간으로서의 인간은 정신과 영혼으로, 다르게 말하면 지성과 의지로 이루어진다. 지혜는 의지를 지성에 따르게 하여 인간이 그 둘 모두를 갖추게 만들며, 그리하여 가장 고귀한 것에 대한 인식으로 빛을 발하게 된 정신은 영혼으로 하여금 최선을 선택하도록 인도하는 것이 확실하다. 이 우주에서 가장 고귀한 일은 신을 이해하고 논하는 것이다. 최선의 일이란 인류 전체의 선을 지키는 일이다. 가장 고귀한 것을 "신의 일"이라고 말하며 최선은 "인간의 일"이라고 말한다. 이에 따라 참된 지혜란 신의 일에 대한 지식을 가르쳐서 인간의 일을 가장 높은 곳으로 이끄는 것이 되어야 한다. 우리는 "로마인들 중에서 가장 학식이 높다"는 칭호가 어울리는 마르쿠스 테렌티우스 바로가 이러한 계획 위에 『신의 일과 인간의 일』이라는 대작을 세웠다고 믿는다. 그렇지만 [이 저작이 유실되었기에] 우리가 느끼는 상실감은 시간의 불공정함 탓이다 [990]. 『새로운 학문』에서 우리는 우리 학설의 취약성과 우리 학식의 비천함에도 불구하고 이러한 논점들을 다룰 것이다.

[365] 이교 민족들의 지혜는 뮤즈[391, 508]와 함께 시작한다. 호메로스는 『오디세이아』의 한 황금 같은 구절에서 뮤즈를 "선과 악에 대한 지식"이라고 정의했으며 뒤에는 그것을 "점복"이라고 불렀다.[4] 점복은 당연히 사람들의 접근이 거부된 것이었기 때문에

3) Platon, *Alcibiades I*, 124.

그것을 금지시키면서 신은 히브리인들의 참된 종교를 건립했고, 거기에서 우리의 기독교가 나왔다. 그것은 우리가 한 공리[167]에서 지적한 것과 같다. 이렇듯 뮤즈는 최초에 전조를 예언하는 학문이었음이 확실하다. 앞서 공리[5]에서 말했고[342] 앞으로 더 논하겠지만, 그것은 모든 민족의 민중적 지혜로서, 신을 섭리라는 속성 속에서 관조하려는 것이다. 그리하여 "예언하다"(divinari)라는 말로부터 신의 본질이 "신성"(divinità)이라 불리게 되었다. 우리는 곧 그리스에서 문명의 기초를 닦아놓았음이 확실한 신학 시인들이 이러한 민중적 지혜에 밝았음을 알게 될 것이다. 지금도 라틴 사람들은 점성술 재판관들을 "지혜의 교수"라고 부른다. 그리하여 "지혜"는 인류에게 유용한 조언을 해주었던 명석한 사람들에게 주어진 말이 되었고, 그 예가 그리스의 칠현이다. 이후 "지혜"는 사람들과 민족의 복지를 위해 국가를 잘 운영하고 다스린 사람들까지 지칭하는 말이 되었다. 그보다도 더 뒤에 "지혜"라는 단어는 자연적으로 신성한 것에 대한 지식을 뜻하게 되었는데, 그것은 "신의 학문"이라고 불리는 형이상학을 말한다. 형이상학은 신 속에 있는 인간의 정신을 찾으려 하고[506], 신이 모든 진리의 근원이기 때문에 그를 모든 선의 조정자라고 인정한다. 따라서 형이상학은 기본적으로 인류의 선을 위해 채택되어야 마땅하며, 인류의 보존은 신의 섭리에 대한 보편적인 인식 위에 이루어져야 한다는

---

4) 『오디세이아』, VIII, 63.

5) 정확하게 말하자면 '공리'가 아니라 '방법'에서 말했다.

것이다. 어쩌면 플라톤은 이것을 증명했기 때문에 "신성하다"는 이름으로 불릴 자격이 있을 것이다. 이렇듯 섭리를 신에게 귀속시키지 않는다면 그것은 "지혜"가 아니라 "어리석음"이라고 불려 마땅하다. 마지막으로 히브리인들에게, 그리고 그에 따라 우리 기독교도들에게, "지혜"란 신에 의해 계시된 영원한 것에 대한 지식이라고 불렸다. 아마도 토스카나 사람들은 "지혜"가 참된 선과 악에 대한 지식이라는 관점에서 처음에 그것을 "신성에 대한 학문"이라고 불렀을 것이다.

[366] 따라서 우리는 세 가지 종류의 신학을 수행해야 하는데, 바로보다는 훨씬 더 큰 사실성을 갖고 그 일을 해야 한다. 첫 번째는 신학 시인들에 의한 시적 신학인데 그것은 모든 이교 민족들의 문명 신학이다. 두 번째는 형이상학자들에 의한 자연 신학이다. 우리는 세 번째 종류로 우리의 기독교 신학을 꼽는데, 그것은 문명 신학과 자연 신학과 지고한 계시 신학이 혼합된 것으로서 그 셋이 결합하여 신의 섭리를 명상한다. 우리와는 달리 바로는 세 번째로 시적 신학을 꼽았는데, 그것은 이교 민족의 문명 신학과 같은 것이었다. 바로는 시적 신학을 문명 신학이나 자연 신학과 구분했다. 왜냐하면 신화가 장엄한 철학의 높은 신비를 포함하고 있다는 민중적인 믿음을 공유하면서 그는 시적 신학이 문명 신학과 자연 신학을 결합시켰다고 믿었기 때문이다. 이제 우리의 구분으로 돌아온다면, 신의 섭리는 인간사를 그렇게 관장하여 사람들로 하여금 시적 신학과 자연 신학으로 계시 신학을 준비하게 만든다. 시적 신학은 감각을 통해 인지할 수 있는 어떤 기호로 인간사

를 조정하며, 그것이 신에 의해 인간에게 하달된 신성한 조언이라고 믿도록 만든다. 자연 신학은 감각에 종속하지 않는 영원한 원인을 통해 신의 섭리를 증명한다. 민족들은 초자연적인 것에 대한 믿음 덕분에 계시 신학을 얻게 되는데, 그것은 인간의 감각뿐 아니라 이성보다도 우월하다.

제2장
시적 지혜에 대한 설명과 그 구분

[367] 그러나 형이상학은 장엄한 학문으로서 "하위 학문"[6]이라고 불리는 다른 모든 학문에게 확실한 주제를 할당한다. 고대인들의 지혜는 신학 시인의 지혜였고, 공리에서 확인했던 것처럼[199] 그들은 의심의 여지없이 이교 민족 최초의 현자였다. 모든 사물의 기원은 본성적으로 조야했던 것이 확실하다. 이러한 모든 이유로 우리는 시적 지혜의 출발점을 조야한 형이상학에 부여하여야 한다. 그 형이상학을 나무줄기로 하여 거기에서 논리학, 도덕, 경제학, 정치학이 가지 쳐 나왔는데 그 모두가 시적이었다. 또 다른 가지에서는 물리학이 나왔는데 그것은 우주론과 천문학의 어머니라고 불린다. 천문학은 연대기와 지리학이라는 두 딸에게 확실성을 주었다. 이 모든 학문들 역시 시적이다. 우리는 민족들마다 문명

6) 원어는 subalterne.

의 창시자들이 자연 신학, 즉 형이상학으로 어떻게 신을 상정했는지 확실하고 분명하게 보여줄 것이다. 그들이 어떻게 논리학으로 언어를 발견했고, 도덕으로 영웅을 탄생시켰으며, 경제학으로 가정의 기초를 닦았고, 정치학으로 도시를 창건하였는지, 인간에게만 특수한 물리학[7]으로는 모든 신성한 것의 원리를 확립하였는지, 우주론으로는 신들의 우주를 그들 스스로가 상정하였는지, 천문학으로는 행성과 별자리를 어떻게 지상에서 천상으로 옮겼는지, 연대기로는 시간에 시작을 부여하였는지, 지리학으로는 예컨대 그리스인들이 그리스 내부에서 세계[전체]를 기술하였는지 보여주리라는 것이다.

[368] 이런 방식으로 『새로운 학문』은 곧 인류의 관념과 관습과 행적의 역사가 된다[347, 391]. 이 셋으로부터 인간 본성의 역사에 대한 원리가 출현하게 됨을 알게 될 것이다. 그것이 세계사의 원리인데, 지금까지는 그 원리가 없었던 것으로 보인다[399, 736].

제3장
대홍수와 거인에 대하여

[369] 이교 문명의 창건자들은 함, 그 뒤 야벳, 그 뒤 마지막으로

7) 니콜리니는 '인간에게만 특수한 물리학'이 해부학과 생리학을 뜻한다고 지적한다. Vico, Opere, III, p. 497, n. 5.

는 셈의 종족이었음이 확실한데, 그들 모두는 차례차례 아버지였던 노아의 참된 종교를 버렸다. 종교만이 가족 국가에서 결혼의 유대를 통해 인간 사회를, 그리고 그 결과로 가족 자체를 유지하도록 만들 수 있는 것이었다. 그 참된 종교를 버린 결과 그들은 의심스러운 교접을 함으로써 결혼을 파기하고 가족을 분산시켰다. 그러면서 대지의 거대한 숲 속에서 짐승처럼 방황하며 헤매게 되었다. 함족은 남아시아와 이집트와 그 밖의 아프리카로, 야벳족은 북아시아 즉 스키타이로, 그리고 그곳을 거쳐 유럽으로, 셈족은 동양을 향해 중앙아시아로 퍼졌다. 거대한 숲속에 넘쳐났던 짐승들을 피하고 그 당시에는 거칠고 고분고분하지 않고 수줍음이 많았던 여자를 찾으면서 그들은 먹이와 물을 구하려고 흩어졌다.

어머니는 자식들을 버렸고, 아이들은 인간의 관습을 배우기는커녕 사람의 목소리조차 듣지 못하고 자라서 진정 야수 같은 야만의 상태로 전락했다. 그런 상태에서 어머니는 짐승처럼 젖만 먹이고 벌거벗은 아이들을 배설물 위에 뒹굴게 하였으며 젖을 떼자마자 일거에 내다버렸다. 배설물 속에서 뒹굴었던 이 아이들의 몸에 묻은 질산염은 땅을 놀라울 정도로 비옥하게 만들었다. 이 아이들은 최근의 홍수로 빽빽해진 거대한 숲으로 침투하려고 힘을 쓰면서 그 힘으로 근육을 팽창하고 수축시켰다. 그 과정에서 신체에 충분한 양의 질산염을 흡수하였음이 확실하다. 아이들의 활력이 가장 왕성한 어릴 적에 그들을 통제할 신과 아버지와 스승에 대한 어떤 두려움도 그들에게는 없었다. 그리하여 그들의 살과 뼈는 과도하게 커지고 강건하게 성장하여 거인이 된 것이 확실하다. 이것이 야생의 교육인데, 앞의 공리[170]에서 확인했던 것처럼 카이사르와 타키투스가 고대 게르만인들의 신체가 큰 이유로 밝혔던 것보다 훨씬 더 야만적이다. 프로코피우스가 말한 고트족의 거구가 그러했고, 오늘날 마젤란 해협에 살고 있다고 사람들이 믿는 파타고니아의 거인이 그러하다. 오늘날 자연철학자들이 거인에 대해 말하고 있는 많은 허튼 이야기들은 카사니온이 쓴 『거인에 관하여』에서 수집한 것이다[170]. 거인들은 대체적으로 산에서 발견되었고 지금도 발견되고 있는데, 이러한 특수성은 앞으로 우리가 말하려는 것들에[377, 387] 대해 중요한 의미를 갖는다. 거대한 두개골과 기형적으로 큰 골격은 민간전승에 의해 크게 과장되었는데, 이 이유에 대해서도 적당한 곳에서 이야기할 것이다.

[370] 이 거인들은 대홍수 이후 대지 위에 흩어졌다. 그리하여 그리스의 신화에 그들이 나타나며, 라틴의 문헌학자들은 부지불식간에 이탈리아의 고대사에서 그들에 대해 서술했다. 즉 이탈리아에서 가장 오래 전부터 살았던 사람들을 "원주민"[8]이라고 부르는데, 그들은 스스로를 아우토크노테스(αὐτόχϑοϒες)라고 말했다. 그것은 "대지의 아들"이라는 뜻이었고, 그리스인들과 라틴인들에게 그 말은 귀족을 뜻했다. 그리고 적절하게도 그리스인들은 신화에서 "대지의 아들"을 거인이라 불렀는데, 따라서 거인들의 어머니는 대지였다.[9] 그리고 그리스의 아우토크노테스는 라틴어에

8) 원어는 aborigini.

9) Hesiodos, *Theogonia*, 154~210.

서 인디게나이(indigenae)라고 불렸는데, 그것 역시 적절하게도 땅에서 태어났다는 뜻이다. 그와 비슷하게 민중이나 민족에게서 토속 신은 "디이 인디게테스"(dii indigetes)라고 불리는데, 그것은 "그곳에서 태어났다"(inde geniti)는 말에 준하며, 그것을 오늘날에는 줄여서 "태어난 신"(ingeniti)이라고 말한다. 왜냐하면 음절 'de'는 민족 최초의 언어에서 중복되어 불필요한[10] 음절인데 이에 대해서는 뒤에 다시 논할 것이다. 라틴인들 중에는 "황제"를 뜻하는 "임페라토르"(imperator)를 "인두페라토르"(induperator)와 혼용하는 경우도 있고, 〈12표법〉에서는 "착수하다"라는 뜻의 "이니이키토"(iniicito)를 엔도이아키토(endoiacito)와 혼용하기도 했다. 아마도 이것이 휴전이 "인두키아이"(induciae)와 그에 준하는 "이니이키아이"(iniiciae)라고 불리게 된 이유일 것이다. 왜냐하면 그 말들은 "이케레 포이두스"(icere foedus) 즉 "평화 조약을 맺다"라는 말로부터 그렇게 불리게 되었을 것임이 확실하기 때문이다. 다시 우리의 명제로 돌아가면 토착민을 뜻하는 "인디제니"라는 말로부터 자유민을 뜻하는 "인제누이"라는 말이 나왔는데, 그 말 최초의 합당한 의미는 "귀족"이었다. 그것으로부터 "귀족의 예술"을 뜻하는 "아르테스 인게누아이"(artes ingenuae)라는 말이 나왔다. 그리고 마지막으로 그 말은 "자유롭다"라는 뜻을 의미하게 되었다. 그렇지만 "자유 예술"(artes liberalis)[11]이라는 말은 "귀족의 예술"이라는

---

10) 원어는 ridondanti.

11) 물론 이 말은 '인문학'을 가리키는 용어로 쓰이고 있다.

의미를 유지하고 있다. 왜냐하면 앞으로 증명할 것이지만[597] 귀족들만이 최초의 도시를 구성했고, 거기에서 평민은 노예이거나 노예가 될 사람들이었기 때문이다.

[371] 같은 라틴의 문헌학자들은 모든 고대의 민중을 "원주민"이라고 불렀다고 고찰했다. 성서는 에밈과 촘촘밈이라고 불렀던[12] 모든 민족에 대해 우리에게 말해주는데, 히브리어 학자들은 그들이 거인을 가리키며 그중 하나가 님로드였다고 설명했다. 성서는 대홍수 이전의 거인들에 대해 "시대의 강인하고 유명하고 유능한 사람들"이라고 정의했다.[13] 히브리인들은 정결한 교육과 신과 아버지들에 대한 두려움 때문에 신이 아담을 창조했고, 노아가 세 아들을 낳았을 때의 정상적인 체격을 유지했다. 아마도 히브리인들이 신체의 정결과 관련된 의례에 관한 법을 많이 갖고 있는 것은 이러한 거인에 대한 혐오감 때문이었을지 모른다. 로마인들은 희생을 바치는 공공의례에서 그 흔적을 보존하고 있다. 그들은 물과 불로 거행하는 그 의례가 시민들의 모든 죄를 사면해준다고 믿었다. 그들은 혼례도 물과 불로 거행했는데, 그 둘을 공유하는 것이 시민권의 특성이었고, 그 둘을 박탈하는 것을 "물과 불의 금지" (interdictum aqua et igni)[14]라고 말했다[610, 957]. 물과 불로 거행

---

12) 「창세기」, XIV, 5.

13) 「창세기」, VI, 4.

14) 여기에서 interdictum은 단순한 금지가 아니라 법적으로 강제하는 강력한 규제를 가리킨다. 죄를 지은 도시 전체에 온갖 종교 의식을 금지시키는 것도 바로 그 용어로 표현했다. 개인적인 '파문'을 도시 전체로 확대시킨 경우라고 말할

하는 의례를 "루스트룸"(lustrum)이라고 불렀는데, 그것은 의례들 사이에 걸리는 5년이라는 기간을 뜻하는 말이다. 그것은 그리스인들 사이에서 올림픽이 4년이라는 기간을 뜻하게 된 것과 비슷했다. 그렇지만 로마인들에게 "루스트룸"은 "야수의 소굴"(covile di fieri)을 뜻하기도 했다.

여기에서 "루스트라리"(lustrari)라는 동사가 나왔다. 그 말은 "염탐하다"와 "숙청하다"[15]라는 뜻을 동시에 갖는데, 처음에는 그 소굴 속을 엿보면서 그 안의 짐승들을 내쫓는다는 의미를 가졌을 것임이 확실하다. 의례에 사용하는 물을 "정화된 물"(auqa lustralis)이라고 말하는 것도 여기에서 유래했다. 그리스인들은 헤라클레스가 곡물을 파종하기 위해 네메아 숲을 불에 태운 시절부터 햇수를 세기 시작했다. 우리가 "이 저작의 개념"에서 살펴보았고[3] 앞으로 더 상술할 것처럼[733] 그것을 기념하기 위하여 올림픽을 창설했다. 로마인들은 더 큰 분별력을 갖고 루스트룸으로부터 해를 세기 시작했다. 즉 신성한 의례의 물로부터 햇수를 세기 시작한 것인데, 문명은 물에서 시작했고, 불보다 앞서 물의 필요성이 더 크게 느껴졌기 때문이다. 혼례와 금지의 의례에서도 불보다 먼저 물을 말한다. 이것이 희생의 의례에 앞서 목욕재계를 하는 관습의 기원인데, 그것은 모든 민족에 공통적이다. 그렇게 신체의 정결함

수 있을 것이다.

15) 또는 "정화하다"나 "깨끗하게 만들다"라는 말로 받아들일 수 있다. "숙청"이라는 것이 사회악을 제거하여 깨끗하게 만드는 것이기 때문이다.

과 신과 아버지들에 대한 두려움을 갖고 거인들은 우리와 같은 정상적인 체격으로 줄어들었다. 초기의 시대에 그러한 두려움은 공포를 불러일으켰던 것이다. 라틴어에서 '깨끗하다,' '정결하다'라는 뜻의 "폴리투스"(politus)가 '시민 정부'를 뜻하는 그리스어의 "폴리테이아"(πολιτεία)로부터 파생된 것은 아마도 이런 이유 때문일 것이다.

[372] 이러한 체격의 감소는 인간의 시대까지 지속되었던 것이 확실하다. 그것은 고대 영웅들의 과도하게 큰 무기로 증명되는데, 수에토니우스에 따르면 아우구스투스는 고대 거인들의 무기를 그들의 뼈와 두개골과 함께 자신의 박물관에 보존하고 있다고 한다.[16] 공리에서 밝혔듯[172] 초기 세계의 인간들은 정상적인 크기의 인간과 거인의 두 종류로 구분되는데, 히브리인들만 정상의 크기이고 나머지 이교 민족들은 거인이다. 거인에도 두 종류가 있다. 첫 번째는 대지의 아들, 즉 영웅이다. 그 단어 본령의 의미로부터 이른바 영웅시대라는 말이 나왔다. 성서는 이들을 "시대의 강인하고 유명하고 유능한 사람들"이라고 정의했다. 두 번째는 지배를 받던 다른 거인들을 말하는데, 거인이라 불리기에는 다소 적절성이 떨어진다.

[373] 이교 민족의 창시자들이 이러한 [거인의] 상태에 도달한 것은 셈족의 경우 대홍수보다 한 세기 뒤, 야벳족과 함족은 두 세

16) Gaius Suetonius Tranquillus, *De vita Caesarum*, 72.3. 수에토니우스는 1세기 로마의 역사가였다.

기 뒤였고, 그에 대해서는 앞에 가설을 내린 바 있는데[62] 뒤에 이 문제와 관련된 자연사를 논할 것이다[380]. 그리스의 신화가 이 이야기를 하고 있긴 하지만, 지금까지는 별 주목을 받지 못했는데, 우리는 대홍수의 자연사에 대해 새로운 사실을 제시할 것이다.

제1부

시적 형이상학

제1장
시학, 우상숭배, 점복과 희생 의례의 기원을 말해주는 시적 형이상학에 대하여

[374] 모든 철학자들과 문헌학자들은 고대 이교 민족들의 지혜에 대한 연구를 이 어리석고 무분별하고 끔찍한 짐승이었던 최초의 인간들로부터 시작해야 했다. 즉 그 본령의 의미에서 거인들로부터 시작해야 했다는 것이다. 이에 대해 불뒥 신부는『법 이전의 교회』에서 성서 속의 거인들의 이름은 “독실하고 존경을 받아야 하는 저명한 사람들”을 뜻한다고 말한다.[17] 이들은 점복으로 이교도

17) Jacques Boulduc, *De Ecclesia ante Legem*(1626). 불뒥 신부(1575?~1646)는 프랑스의 카푸친 수도회 소속 학자였다.

들에게 종교를 창시해주었고 귀족의 시대에 그 이름을 부여하였던 귀족 거인들이었다고 이해할 수밖에 없다. 그들은 형이상학으로부터 시작하였던 것이 확실하다. 그 형이상학은 증거를 외부 세계가 아니라 생각하는 사람의 정신 속에서 찾으려 하는 형이상학이다. 전술하였던 것처럼[331] 민족들의 이 세계는 인간에 의해 만들어진 것이 확실하고, 따라서 그 원리는 인간 정신의 변화 양태 속에서 찾아야 하기 때문이다. 인간 본성은 다음을 동물과 공유하는 속성으로 갖고 있다. 즉 사물에 대해 인식할 수 있는 유일한 길은 감각밖에 없다는 것이다.

[375] 따라서 민족들 최초의 지혜였던 시적 지혜는 오늘날 학자들의 이성으로 추론해내는 형이상학이 아니라 최초의 인간들이 그 당시에 느끼고 상상했던 형이상학으로부터 출발해야 한다. 그 최초의 인간들은 공리에서 확인했던 것처럼[185] 추론의 능력은 전혀 없고 강건한 감각과 왕성한 상상력으로 가득 차 있었다. 왜냐하면 그들은 그러한 감각과 상상력을 태생적으로 구비하고 있기 때문이다. 게다가 시는 원인에 대한 무지로부터 태어났고, 무지란 모든 사물에 대한 경이의 어머니이다. 공리에서 확인했던 것처럼[184] 알지 못하는 사람에게는 모든 것이 놀랍다. 이러한 시는 신성한 시로부터 시작했다. 왜냐하면 락탄티우스를 인용했던 공리에서 말했던 것처럼[188] 그 최초의 인간들은 그들이 느끼고 놀랐던 사물의 원인이 신이었다고 생각했기 때문이다. 이것은 아메리카 인디언의 사례로 확인이 되는데, 그들은 자신의 작은 능력을 넘어서는 것은 무엇이든 신이라고 말했다. 북극해 근처에 살았

던 고대 게르만인들의 예를 여기에 더할 수 있는데, 이에 대해서는 타키투스가 말하고 있다.[18] 그들은 밤에 바닷속에서 태양이 서쪽에서 동쪽으로 가고 있는 소리를 들었다고 말하면서, 신을 보았다고 단언했다는 것이다. 이 조야하고 단순한 민족이 우리가 지금 논하고 있는 이교 세계의 창건자들에 대해 더 잘 이해하도록 만들어준다. 동시에 그들은 그들을 놀라게 만든 사물에 그들이 생각하기에 적당한 실체를 부여했다. 공리에서 우리가 제기했던 것처럼 [186] 그들은 생명체가 아닌 물건을 손에 들고 마치 살아 있는 사람을 대하는 것처럼 같이 놀고 이야기하는 어린아이들의 본성을 닮았던 것이다.

[376] 앞서 공리에서 밝혔듯[209] 이러한 방식으로 초기의 인간들은 인류의 유년기에 있는 것처럼 어린아이와 같아서 그들의 생각에 맞추어 사물을 만들었다. 그러나 이것은 신의 창조와는 완전히 달랐다. 왜냐하면 신은 순수한 지성을 통해 사물을 알고, 또 앎으로써 사물을 만든 반면 초기의 인간들은 강건한 무지 속에서 완전히 신체를 통한 상상력을 갖고 그 일을 했기 때문이다. 그리고 신체를 통한 일이었기 때문에 그들이 만든 것에는 경이로운 장엄성이 들어 있었다. 그 장엄성은 그리도 큰 것이어서 그것을 만들었던 바로 그 사람들조차 황홀경[19]에 도달하도록 마음을 움직였다.

---

18) Cornelius Tacitus, *Germania*, 45.

19) 원어는 eccesso. 그 말은 '과잉'을 뜻하지만, 『새로운 학문』의 새로운 영어 번역자인 데이비드 마시는 그 말이 라틴어에서 'excessus mentis' 즉 '황홀경'을 뜻한다고 지적한다.

그리하여 그들은 "시인"이라 불렸는데, 그리스어에서 그 말은 "창조자"와 같다. 위대한 시란 다음 세 가지 일을 해야 한다. 민중이 이해하기에 적합한 장엄한 신화를 만드는 것, 황홀경에 도달할 정도로 마음을 움직여 목적을 달성하는 것, 시인들이 스스로를 가르치듯 민중이 유덕하게 행동하도록 만드는 것. 이에 대해서는 곧 상술할 것이다[379]. 이러한 인간사의 본질에 대해 말한 타키투스의 고귀한 표현은 불변의 진리이다. 놀란 인간은 헛되이도 "상상하면 곧 믿어버린다"(fingunt simul creduntque).[20]

[377] 대홍수 이후 처음으로 하늘이 천둥으로 무섭게 울리고 번개로 번쩍였을 때 이교 문명의 창시자들은 바로 그러한 본성을 갖고 있었던 것이 확실하다. 하늘로부터 그렇게 강렬한 인상을 처음으로 받았던 것에 뒤따르는 일이었을 것이다. 한 가설에서 논했듯[62, 195], 메소포타미아에서는 대홍수 이후 1백 년이, 나머지 세계에서는 2백 년이 지난 뒤였다. 왜냐하면 대지에 대홍수의 습기가 말라 번개나 불에 타기 쉬운 물질이 생성될 수 있을 정도의 건조한 증발이 가능하기까지는 그 정도의 시간이 필요했을 것이기 때문이었다. 그 당시 산꼭대기에 굴을 갖고 있던 강한 짐승들처럼 강건하게 산꼭대기의 숲속에 퍼져 있던 몇몇 거인들이 원인을 알 수 없는 이 거대한 현상에 놀라고 경악하여 눈을 들어 하늘을 바라봤다. 공리에서 말했듯[180] 이런 경우에 인간의 정신은 자신의 본성을 그 현상에 부여하기 때문에 그런 상태에서 강건한 육체의

20) Cornelius Tacitus, *Annales*, V, 10.

힘을 갖고 있는 인간은 그들의 격한 감정을 외치거나 웅얼거리며 표현했다. 그들은 하늘이 생명을 가진 거대한 신체라 생각했고, 스스로의 관점에서 그것을 유피테르라고 불렀다. 그들은 그가 '큰 씨족'의 최초의 신으로서[317], 뇌성벽력으로 그들에게 무엇인가를 말하려고 했다고 생각했던 것이다.

그렇게 그 거인들은 무지의 딸이자 지식의 어머니인 자연적 호기심을 발동시키기 시작하였으며, 호기심은 인간의 정신을 열어놓음으로써 경이를 낳는다. 이러한 본성은 특히 민중들 사이에 끈질기게 남아 있어서 그들은 유성이나 해무리나 그 밖의 놀라운 자연 현상을 특히 하늘에서 마주치면 곧 호기심에 몸을 맡겨 공리에서 제시했던 것처럼[189] 그 현상이 무엇을 의미하는지 조바심을 내며 묻는다. 그리고 그들이 철에 대한 자석의 놀라운 현상에 경탄할 때 철학에 의해 계몽되고 박식해진 정신을 가진 이 시대에조차 그들은 다음과 같이 말하곤 한다. 즉 자석은 철에 대해 신비한 공감을 갖고 있다는 것이다. 전술했던 공리에서 확인하였듯[180], 그들은 그렇게 자연 전체를 감정과 영향을 느끼는, 생명이 있는 거대한 신체로 만든다.

[378] 그러나 오늘날 우리의 언어에 만연해 있는 추상적 표현으로 말미암아 문명화된 인간의 정신은 감각과 거리를 두게 되었다. 평민들조차 글쓰기에 익숙해지고 셈하고 계산하는 법을 알 만큼 숫자의 사용으로 지성을 갖추게 되었기 때문에 "공감하는 자연"(Natura simpatetica)이라고 부르는 여인에 대한 거대한 상을 그린다는 것은 당연히 불가능해졌다. 사람들은 입으로 그 말을 하지만

정신 속에는 그에 대해 아무것도 갖고 있지 않다. 왜냐하면 그들의 정신은 그릇된 것들 속에 있으며, 그들의 정신은 아무것도 아니기 때문이다. 그들의 상상력은 더 이상 그릇된 거대한 상조차 형성하지 못한다. 이렇듯 오늘날 우리는 초기 인간의 거대한 상상력 속으로 들어가는 것이 불가능하다. 그들의 정신은 조금도 추상적이거나 세련되었거나 지성화되지 않았다. 왜냐하면 그들은 완전히 감각에 잠겨 있고 감정으로 마비되었으며 육체에 묻혀 있었기 때문이다. 그리하여 전술했던 것처럼[338] 우리는 이교도 문명을 창시했던 초기의 인간들이 생각했던 것처럼 이해할 수도 상상할 수도 없는 것이다.

[379] 이런 방식으로 최초의 신학 시인들은 지금까지 만들어진 그 어떤 신화보다도 더 위대한 최초의 신성한 신화를 만들어냈다. 그것이 유피테르인데, 번개를 던지는 행동 속에서 사람들과 신들의 왕이자 아버지이다. 그는 대단히 인기가 많고, 당혹스럽고, 교훈적이었기 때문에[376] 그를 만들어낸 사람들조차 그를 믿었고, 앞으로 보여줄 것처럼[517] 경외심의 종교 속에서 그를 두려워하고 존경하고 받들었다. 타키투스가 확인하였던 공리[183]가 말하듯, 인간 정신의 속성에 따라 이들은 보고 상상하고 행했던 모든 것이 유피테르였다고 믿었고, 그들이 이해할 수 있는 우주 전체에, 그리고 그 우주의 모든 부분에 생명이 있는 실체라는 존재를 부여했다. "모든 것이 유피테르로 가득하다"(Iovis omnia plena)[21]

21) Maro Publius Vergilius, *Bucolica*, III, 60.

라는 문구가 함축하는 것이 바로 이러한 인간 문명의 역사이다. 훗날 플라톤은 이것을 우주 모든 곳에 침투하여 가득 채우고 있는 에테르라고 받아들였다.[22] 그러나 앞으로 살펴볼 것처럼 신학 시인들에게 유피테르는 산꼭대기보다 더 높은 곳에 있지 않았다 [712]. 그곳에서 신호를 통해 말을 하던 초기의 인간들은 천둥과 번개가 유피테르의 신호였다고 믿었다. 그리하여 '신호하다'라는 뜻의 '누오'(nuo)로부터 '신의 의지'를 뜻하는 "누멘"(numen)이 나왔는데, 그것은 신의 존엄함을 설명하기에 어울리는 장엄한 개념이다. 그들은 유피테르가 신호로 명령을 내린다고 믿었다. 그러한 신호는 실물어로서, 그것이 유피테르의 언어의 본질이었다.

초기의 민족들 모두가 그러한 언어를 아는 것이 점복이라고 믿었고, 그리스인들은 그것을 "신학"(teologia)이라고 불렀는데, 그것은 "신의 말을 아는 것"(scienza del parlar degli dèi)을 뜻했다. 이렇게 유피테르는 번개의 두려운 왕국을 갖게 되었고, 그리하여 신과 인간들의 왕이 되었다. 그에게는 두 개의 칭호가 붙었다. 첫 번째는 "가장 강하다"(fortissimo)라는 의미에서의 "최선"(ottimo)이다. 초기의 라틴어로 거슬러 올라가면 "강하다"(fortus)라는 말은 오늘날의 좋다(bonus)는 뜻이었다. 두 번째는 "가장 크다"(massimo)라는 칭호인데, 하늘 그 자체인 방대한 신체를 가졌다는 것이다. 그가 인류에 내린 최초의 혜택으로서 번개를 그들에게 내려치지 않은 것으로부터는 "구원자"(sotere)라는 칭호를 받았다. 이 최초의

22) Platon, *Cratylus*, 412D.

혜택으로부터 우리의 『새로운 학문』에서 말하는 세 원리 중의 첫 번째인 종교가 나왔다[333]. 그에게는 "유지자"(statore) 또는 "확립자"(fermatore)라는 칭호도 붙었는데, 소수의 거인들이 야수와 같은 방랑을 끝내고 민족의 왕이 되도록 확립시켜주었기 때문이다. 유피테르가 로물루스의 부름을 받아 사비니 족과의 전쟁에서 도피하려던 로마인들을 멈추게 했기에 그 명칭이 붙었다고 하는 라틴어의 문헌학자들은 너무도 협소하게 해석한 것이다.[23)]

[380] 모든 이교 민족이 유피테르를 하나씩 갖고 있기 때문에 그리도 많은 유피테르의 숫자에 문헌학자들이 놀라곤 하지만, 그것은 신화가 보존하고 있는 자연사가 그만큼 많다는 것으로서, 공리에서 밝혔듯[194] 대홍수가 땅 전체를 덮었다는 것을 증명한다. 전술한 공리[47, 62]에서 언급했던 것처럼 이집트인들도 민족의 자만심 때문에 그들의 유피테르인 암몬이 가장 오래되었다고 말한다.

[381] 시적 인격체의 원리에 대해 공리에서 밝힌 것처럼[209], 유피테르는 이렇듯 시에서 자연스럽게 태어났다. 그는 신성한 인격체, 또는 보편적 상상력으로 태어난 것인데, 타고난 시인이었음이 확실한 고대의 모든 민족은 점복과 관련된 모든 일들을 여기에 비추어 말했다는 것이다. 그리하여 신을 섭리라는 속성 속에서 관조하려는 시적 형이상학으로부터 시적 지혜가 시작되었다. 유피테르의 전조 속에서 표현되었던 신의 말을 이해하는 자들이 "신학

23) 리비우스와 할리카르나소스의 디오니시우스와 같은 역사가들은 물론 성 아우구스티누스도 『신국』에서 이러한 해석을 받아들인다.

시인" 또는 현자라고 불리게 되었다. 그리고 그들은 "예견하다" 또는 "예언하다"라는 뜻인 "점치다"(divinari)라는 말로부터 나온 "예언자"(indovinatori)라는 의미에 합당하게 "신성하다"(divini)라고 불리게 되었다. 그들의 지식은 호메로스가 "선과 악에 대한 지식"이라고 정의했던[365] "뮤즈"라고 불리게 되었다. 그것은 점복을 가리키는 것으로서, 공리에서 전술했듯[167], 신은 그것을 피하는 것이 참된 종교라고 아담에게 명했던 것이다. 이러한 신비로운 신학 때문에 그리스의 시인들은 "뮈스타이"(mystae)라고 불리게 되었는데, 호라티우스는 박식하게도 그것을 "신의 해석자"라고 옮겼다.[24] 그들은 전조와 신탁으로 신의 신비를 설명했다. 초기의 모든 민족들은 이러한 지식에 능통한 무녀를 두었는데, 그들을 부르는 말이 열둘에 달한다. 무녀와 신탁은 이교 민족들 사이에서 가장 오래된 제도였다.

[382] 이렇듯 여기에서 논했던 모든 것들은 공리에서 언급한 바 있던[188] 에우세비우스[25]의 금과옥조와 같은 문구와 조화를 이룬다. 즉 단순하고 조야했던 최초의 인간들은 "현재 권력에 대한 두려움"(ob terrorem praesentis potentiae)으로부터 신을 만들어냈다는 것이다. 그러므로 세계에 신을 만들어낸 것은 바로 두려움이다. 그러나 또 다른 공리에서 보여주었던 것처럼[191], 다른 사람들에 의해서 주입된 두려움이 아니라 그들 자신으로부터 온 두려

24) Quintus Horatius Flaccus, *Ad Pisone*, 391.
25) 실제로는 락탄티우스를 가리킨다.

움이다. 이러한 우상숭배의 기원과 비슷하게 점복의 기원도 증명된다. 그 둘은 같은 기원을 두고 이 세상에 태어났다. 이 둘로부터 희생 의례의 기원이 이어졌는데, 그것은 전조를 '획득'하기 위해, 즉 더 잘 이해하기 위해 만들어진 것이다[250].

[383] 최종적으로 시가 이렇게 발생했다는 것은 시의 영원한 속성에 의해 확인된다. 즉 시에 합당한 소재란 믿을 수 있는 불가능성이다. 육체가 정신이 된다는 것은 불가능하다. 그렇지만 번개를 내리는 하늘이 유피테르였다고 믿는다. 마녀들이 주술의 행위로 행하는 놀라운 일들보다 시인들이 더 많이, 더 열정적으로 노래 부르는 주제는 없다. 이 모든 것은 모든 민족이 신의 전능에 대해 갖고 있는 숨겨진 의미로 설명될 수 있다. 이러한 의미로부터 모든 민족이 신성에 대해 무한한 영광을 돌리는 또 다른 경향이 나온다. 이런 방식으로 시인들은 초기 민족들의 종교를 확립했다.

[384] 지금까지 논했던 모든 것은 플라톤으로부터 아리스토텔레스를 거쳐 오늘날의 파트리지, 스칼리제르, 카스텔베트로에 이르기까지 시의 기원에 대해 말했던 것들을 뒤집어놓는다[26][807]. 이들의 생각과는 다르게 인간의 논리의 결핍이 시를 그리도 장엄

26) Francesco Patrizi, *Della poetica la seca disputata*(1596). Giulio Cesare Scaligero, *Poeticae libri septem*(1541). Lodovico Castelvetro, *Poetica D'Aristotile volgarizzata ed esposta*(1570). 프란체스코 파트리지(1527~1597)는 이탈리아의 비평가였다. 율리우스 카이사르 스칼리제르(1484~1558)는 이탈리아의 문법학자였다. 루도비코 카스텔베트로(1505~1571)는 이탈리아의 문학이론가였다.

하게 태어나도록 만들어, 그 이후에 태어난 학문들, 즉 예술이나 시학이나 비평이 시의 장엄성에 미치지 못하거나, 또는 그것을 능가하는 것을 산출하지 못하게 방해했던 것이다. 따라서 모든 장엄 시인들, 즉 영웅시인들 중에서 시대적으로는 물론 공적에 있어서도 호메로스가 가장 앞선다는 특권을 갖는다. 시의 기원에 대한 이러한 생각은 플라톤부터 베룰람의 베이컨의『옛 사람들의 지혜에 대하여』(*De sapientia veterum*)에 이르기까지 그리도 열심히 찾으려 했던 고대인들의 비길 바 없는 지혜에 대한 생각[128]을 일소시킨다. 왜냐하면 고대인들의 지혜란 인류를 창시한 입법자들의 민중적 지혜였지, 위대하고 진귀한 학자들의 비교적(秘教的) 지혜가 아니었기 때문이다. 따라서 유피테르의 경우에서처럼 학식 높은 자들이 그리스의 신화와 이집트의 상형문자에 부여하는 고귀한 철학의 신비한 의미는 모두가 적절하지 않은 것으로 드러난다. 왜냐하면 그 둘 모두의 역사적 의미는 그 둘 모두가 자연적으로 함축하고 있던 자연적인 것이었기 때문이다.

제2장
이 학문의 원리적 측면에 대한 추론

I

[385] 지금까지 논한 것을 정리하자면, 조야하고 야생적이고 야

수 같았던 인간들은 자연 속에서 호구지책을 찾지 못해 절망하다가 그들을 구원해줄 초자연적인 것을 바라면서 인간이 느낄 수 있는 인간 감각을 통해 신의 섭리를 인지했다. 그것이 앞서 이 학문의 "방법"에서 확립시켰던 최초의 원리이다[339]. 그 섭리는 그들로 하여금 번개를 내릴 수 있는 유피테르의 그릇된 신성에 속도록 만들었다[916]. 그리하여 최초의 폭풍우의 구름과 간간히 번쩍이는 번개 속에서 그들은 이 위대한 진리를 만들어냈다. 신의 섭리는 모든 인류의 복지를 굽어보고 있다는 것이다. 그리하여 우리의 학문은 이러한 원리적 측면에서 신의 섭리에 대한 합리적인 문명신학이 된다[2, 342]. 그것은 섭리라는 속성을 통해 신을 관조하며 민족을 창시했던 입법자들의 민중적 지혜로부터 출발한 것이다. 그것은 철학자들의 비교적(秘敎的) 지혜에 의해 완성되었는데, 그 철학자들은 자연 신학 속에서 그것을 합리적으로 논증했다[366].

II

[386] 권위의 철학 역시 여기에서 출발하는데[7, 350], 그것이 『새로운 학문』의 두 번째 원리로서, 그것은 "권위"(autorità)라는 단어를 그 최초의 의미인 "재산"(propietà)을 통해 파악하려는 것이다. 〈12표법〉에서는 언제나 그 의미로 이 단어를 사용했다. 따라서 로마 시민법에서도 "아욱토레스"(auctores)라는 말은 소유권을 갖고 있는 사람들을 말하는데, 그것은 "아우토스"(αὐτός), 즉 "고유의'(proprius) 또는 "자기 자신의"(suus ipsius)라는 말로부터 온 것이

확실하다. 많은 학자들은 "아욱토레스"에서 기음(氣音)을 탈락시켜 "아우토르" 또는 "아우토리타스"라고 쓴다.

[387] 권위는 처음에 신성한 것이었다. 권위에 의해서 신성은 전술했던 몇몇 거인들을 자신의 소유로 만들었다. 그들을 산속 동굴의 깊은 바닥 후미진 곳에 쓰러뜨린 것이다. 그것이 신화에서 거인들을 묶어놓은 쇠사슬이었다. 산꼭대기에 흩어져 살던 거인들은 하늘에서 처음으로 번개가 내렸을 때 하늘과 유피테르에 대한 두려움 때문에 땅에 묶여 있게 되었다. 그 거인들이 높은 곳 바위에 묶여 독수리에게 심장을 쪼아 먹히는 티티우스와 프로메테우스였다. 그것이 유피테르의 전조에 의한 신앙을 보여주는 것이다 [719]. "두려움에 의해 꼼짝할 수 없게 된" 그들의 모습은 영웅어법 라틴어의 "공포에 사로잡히다"(terrore defixit)[27]라는 문구로 표현되었으며, 예술가들은 그들이 산 위에서 쇠사슬로 손과 발이 묶인 것을 그렸다. 이 쇠사슬로부터 디오니시우스 롱기누스가 호메로스의 신화들 가운데 가장 숭고한 것이라고 경탄한 거대한 쇠사슬이 만들어졌다.[28] 이 쇠사슬과 관련해서 유피테르는 자신이 신과 인간의 왕이라는 것을 증명하기 위하여 자신이 사슬의 한쪽 끝을 잡고 다른 모든 신과 인간이 반대쪽 끝을 잡더라도 자신이 혼자서 그들 모두를 끌어올 수 있다고 단언했다.[29] 스토아학파는 그

---

27) Tacitus, *Annales*, XIII, 5.

28) 비코는 『장엄에 대하여』(*De Sublimitate*)가 디오니시우스 롱기누스의 저작인 것으로 알고 있었지만 사실은 저자 미상이다.

29) 『일리아스』, I.8.18~27.

사슬이 인과의 영원한 연쇄를 표현한다고 해석하려 했다. 그 사슬에 의해 스토아학파에서 말하는 운명은 세계와 섞이고 엮이지만 거기에 매몰되지는 않도록 주의시킨다. 왜냐하면 이 사슬을 잡고 벌이는 신과 인간의 줄다리기는 유피테르의 의사에 따라 결정되지만, 그들은 유피테르도 운명에 복종하기를 원했기 때문이다.

[388] 이러한 신의 권위는 완전히 철학적인 의미에서 인간의 권위로 이어지는데, 신이라 할지라도 인간을 죽이지 않는 한 인간으로부터 그 권위를 빼앗을 수 없다는 것이다. 테렌티우스는 "신들 고유의 행복"(voluptates proprias deorum)이라는 말을 했는데, 그 말은 신의 행복은 다른 자들에게 의존하지 않는다는 뜻이다.[30] 테렌티우스는 신에 대해 말한 것이지만 그 말은 '권위'라는 단어를 최초의 의미에서 포착하고 있다. 또한 호라티우스가 "덕성에 고유한 월계관"(propriam virtutis laurum)이라 말했을 때 그것은 덕성의 승리는 질투에 탈취되지 않는다는 의미로서 그것 역시 마찬가지이다.[31] 그리고 카이사르가 "고유의 승리"(propriam victoriam)라는 말을 했을 때,[32] 드니 프토는 그것을 옳은 라틴어가 아니라고 잘못 지적했지만, 사실은 "적이 그의 손에서 탈취해갈 수 없는 승리"라는 의미를 아주 우아한 라틴어로 표현한 것이었다.

인간의 권위는 의지를 자유롭게 사용한다는 것이다. 왜냐하면

30) Publius Terentius Afer, *Andria*, 5. 5. 4. 테렌티우스(BC 190?~BC 160)는 고대 로마의 희극 작가였다.

31) Quintus Horatius Flaccus, *Carmen*, 2. 2. 22.

32) Gaius Julius Caesar, *Commentarii de Bello Gallico*, III, 70.

지성이란 진리에 종속하는 수동적 능력에 불과하기 때문이다. 모든 인간사의 출발점은 인간이 의지를 자유롭게 행사하여 육체적 충동을 제어하기 시작하였을 때부터 비롯된다. 그리하여 육체의 운동을 완전하게 제압하거나 아니면 더 좋은 방향으로 인도한다는 것이다. 이것이 방법에서 전술했던[340], 자유로운 행위 주체에 고유한 코나투스이다. 그러한 노력의 결과로 거인들은 대지의 거대한 숲에서 방랑하는 야수적인 관행을 포기하고 그들의 동굴 속에서 오랫동안 숨어서 정착한다는 정반대의 관습에 스스로를 적응시켰던 것이다.

[389] 인간 본성의 권위 뒤에는 자연법의 권위가 따라온다. 최초의 번개가 있었던 시기에 그들이 우연찮게 있었던 장소를 점거하고 오랫동안 정착했던 그들은 그곳을 점거하고 오래 소유했다는 바로 그 이유로 주인이 되었는데, 그것이 소유권의 원천이었다. 그리하여 다음과 같은 말이 나왔다. "공평한 유피테르가 사랑했던 소수"(pauci quos aequus amavit Iupiter).[33] 훗날 철학자들은 이들이 학문과 덕성이라는 타고난 재질 덕분에 신의 애호를 받은 사람들이라고 바꾸어놓았다. 그러나 이 문구의 역사적 의미는 그들이 동굴 속 후미진 깊은 곳에서 이른바 "큰 씨족"의 군주가 되었다는 사실일 뿐이다. 그들 사이에서 유피테르가 최고의 신이 되었다는 것은 이미 공리에서 밝혔다[317]. 이들이 오래된 고귀한 가문이 되었고, 이들로부터 많은 가족이 가지 쳐 나갔으며, 이들이 최초의

33) Maro Publius Vergilius, *Aenaeas*, VI. 129f.

왕국과 도시를 창시했다. 그들에 대해서는 다음과 같은 아름다운 라틴 영웅어 문구가 남아 있다. "씨족을 창시하다"(condere gentes), "왕국을 창시하다"(condere regna), "도시를 창시하다"(condere urbes), "씨족의 터를 닦다"(fundare gentes), "왕국의 터를 닦다"(fundare regna), "도시의 터를 닦다"(fundare urbes). 뒤에 이것을 논증할 것이다[433].

[390] 이러한 권위의 철학은 신의 섭리에 대한 합리적인 문명 신학을 따른다. 왜냐하면 권위에 대한 신학적 증거를 사용함으로써 권위의 철학적 증거는 스스로 명료해지며 문헌학적 증거와 구분되기 때문이다. 세 가지 종류의 증거에 대해서는 방법에서 모두 논했다[342~359]. 따라서 민족의 가장 불명확한 고대의 일상에 대해 연구함에 있어서 권위의 철학은 공리에서 밝혔듯[141] 본성적으로 가장 불확실한 인간 자유의지를 확실한 것으로 바꾸어놓는다. 그것은 권위의 철학이 문헌학을 학문의 형태로 바꾸어놓는다는 말이나 다름없다.

III

[391] 『새로운 학문』의 세 번째 원리적 측면은 인간 관념의 역사로서, 앞서 살펴보았던 것처럼[377] 인간의 관념은 육체의 눈으로 하늘을 바라봄으로써 생긴 신에 대한 관념으로부터 시작한다. 그리하여 전조가 나타나기 시작하고 그리하여 점복을 얻을 수 있는 하늘 쪽을 주시하는 것을 로마인들의 점복술에서는 "관조하다"

(contemplari)라고 불렀다. 점복관이 지팡이로 구획하는 그 하늘 쪽을 그들은 "하늘의 관자놀이"(templa coeli)라고 불렀는데, 그리스인들이 최초로 "관조해야 할 신성하고 장엄한 대상"으로 꼽았던 테오레마타(θεωρήματα), 또는 마테마타(μαθήματα)가 바로 그러한 것이었다. 그렇게 시작되었던 것들이 결국 형이상학적인, 수학적인 추상으로 귀결된 것이다[710].

이것이 "유피테르로부터 뮤즈가 시작했다"(A Iove principium musae)[34]라는 문구가 밝혀주는 문명의 역사이다. 이미 살펴본 것처럼[365] 유피테르의 번개로부터 호메로스가 "선과 악에 대한 지식"이라고 정의했던 최초의 뮤즈가 나왔기 때문이다. 이 시점에서 후대의 철학자들이 "지혜의 출발점은 경건심"[35]이라는 문구로 침입해 들어오는 것은 너무도 손쉬운 일이었다. 따라서 최초의 뮤즈는 점복을 얻기 위해 하늘을 바라보았던 우라니아였던 것이 확실하다. 뒤에 살펴볼 것처럼[739] 우라니아는 천문학을 상징하게 되었다. 앞서 우리는 시적 형이상학을 하위 학문들로 구분하였는데, 그들도 어머니의 시적 본성을 물려받았다고 밝힌 바 있다[367]. 우리의 관념의 역사도 마찬가지이다. 그것은 다양한 민족들마다 익숙하게 실행하던 삶의 지혜는 물론 학자들이 배양하고 추구하던 사변적 지혜까지도 그 기원은 조야했다는 것을 밝힐 것이다.

34) Maro Publius Vergilius, *Bucolica*, III, 60.

35) 이것은 「시편」을 비롯한 성서 여러 곳에서 나오는 문구이다.

IV

[392] 『새로운 학문』의 네 번째 측면은 방금 설명한 관념의 역사에서 태어난 철학적 비판이다. 그러한 비판은 민족의 창시자들에 대한 진실을 판단해줄 것인데, 그들은 문헌학적 비판의 주제인 작가들보다 1천 년 이상 이전에 살았다. 유피테르로부터 시작하는 철학적 비판은 타고난 신학 시인이었던 이교 민족의 창시자들의 정신 속에서 자연스럽게 형성된 신들의 계보인 자연신통기를 제시할 것이다. 그다음으로는 이른바 "큰 씨족"의 12신을 제시할 것인데, 인간사에서의 어떤 필요성과 유용성 때문에 그들에 대한 관념이 상정될 수 있었다. 그들에게는 12개의 소시대(小時代)가 할당될 것인데, 신화가 태어난 시기 순으로 구분될 것이다. 이러한 자연신통기는 시적 역사에 대한 합리적 연대기를 제시할 것인데, 그것은 영웅시대 이후 세속의 역사가 처음으로 시작되었던 것보다 최소한 9백 년을 앞선다.

V

[393] 『새로운 학문』의 다섯 번째 측면은 모든 민족의 역사가 시간 속에서 밟아가는 이상적인 영원한 역사이다[349]. 어디에서든 인간은 야만적이고 맹렬하고 야수적인 시대로부터 출발하여 종교에 의해 교화되었다가 여기 제2권에서 탐구하는 단계로 끝나게 된다. 이에 대해서는 제4권에서 다시 다룰 것이다. 제4권에서는

민족들이 밟아가는 과정을 다룰 것이고, 제5권에서는 그 과정이 반복되는 것[36]을 다룰 것이다.

VI

[394] 『새로운 학문』의 여섯 번째 측면은 민족의 자연법 체계이다. 이에 대한 학설의 3대 제왕 후고 그로티우스, 존 셀든, 자무엘 푸펜도르프는 학문은 그것이 다루는 소재로부터 출발해야 한다는 전술했던 공리에 따라[314] 그 민족들로부터 시작했어야 했다. 이 셋 모두는 똑같이 중간부터 시작하는 잘못을 저질렀다. 말하자면 그 민족들 최근의 시대부터 시작한 것인데, 이때는 이미 사람들이 충분히 성숙한 자연 이성에 의해 계몽되어 있었다. 이 당시에는 철학자들이 출현하여 정의에 대한 완벽한 개념을 숙고할 정도에 도달했던 것이다.

[395] 첫 번째로, 그로티우스는 진리에 대한 위대한 사랑을 갖고 있었다는 바로 그 이유 때문에 신의 섭리를 도외시하고 자신의 체계는 신에 대한 인식이 없더라도 정확하게 유지될 것이라고 공언했다.[37] 그리하여 그가 로마의 법학자들에게 행했던 수많은 주제에 대한 비난은 전혀 그들에게 근접하지 못했다. 왜냐하면 그 법학자들은 신의 섭리를 최초의 원리로 삼고 민족들의 자연법을

---

36) 원어는 ricorso.

37) Hugo Grotius, *De iure belli et pacis, Prolegomena*, 11.

논하려 했던 것이지, 철학자와 도덕 신학자들[의 말]로부터 출발한 것이 아니었기 때문이다.

[396] 다음으로 셀든은 신의 섭리를 전제하기는 했지만 초기 민중의 불친절한 본성이나[303, 637] 신이 세상 전체를 히브리인들과 이교도들 사이에서 나누었던 구분에 대해서는 조금도 고려하지 않았다.[38] 또한 그는 히브리인들이 이집트에 노예가 되었던 시기에 그들의 자연법을 잃었기 때문에 신이 시나이 산에서 모세에게 율법을 주어 그들을 재정비해야 했다는 사실도 고려하지 않았다. 게다가 그 신은 율법에서 옳지 못한 생각을 하는 것조차 금지시켰는데, 모든 인간 입법자들이 그것을 당연하게 받아들였다는 사실도 고려하지 않았다. 또한 여기에서 논했던 모든 이교 민족의 야수적인 기원도 고려하지 않았다. 그는 히브리인들이 이후 이교 민족들에게 자연법을 가르쳤던 것처럼 말하기는 했지만, 그에 대한 증거를 제시하는 것은 불가능했다. 왜냐하면 그의 주장은 위에서 인용했던[94] 요세푸스의 고결한 고백과 그것을 지지하는 락탄티우스의 엄중한 사색에 위배되며, 이미 살펴본 것처럼 히브리인들이 이교 민족들에 대해 갖던 적대감에도 위배되기 때문이다. 히브리인들이 모든 민족들 사이에 널리 퍼져 있는 지금도 그 적대감은 지속되고 있다.

[397] 마지막으로 푸펜도르프는 인간이 신으로부터 어떤 도움이나 배려도 없이 이 세상에 던져졌다는 에피쿠로스의 가설로 시작

---

38) John Selden, *Opera omnia*, I, passim. 특히 pp. 88~89.

한다.[39] 그것 때문에 비난을 받자 그는 별개의 논문을 써 자신을 정당화하려 했다. 그렇지만 제1의 원리로 섭리가 있지 않은 한 그는 법을 논하기 위해 입을 열 수도 없었다. 그것은 에피쿠로스주의자 아티쿠스가 법에 대해 논하자 그에게 함께 법을 논할 수 없다고 했던 키케로의 말과 다름없었다[335].

[398] 이러한 모든 것 때문에 우리는 법에 대해서 가장 오래된 시점부터 논의를 시작한다. 라틴어에서 '법'을 가리키는 이우스(ius)는 유피테르의 고어인 이오우스(Ious)를 축약한 것이다. 그 시점은 유피테르에 대한 관념이 민족의 창시자들의 정신 속에 태어났던 순간을 말한다. 경이롭게도 이러한 라틴어의 사례와 비슷한 것이 그리스어에도 있다. 다행스럽게도 플라톤이 『크라틸로스』에서 그에 대해 고찰하고 있다. 그리스인들은 처음에 법을 "디아이온"(διαΐον)이라고 불렀다. 그것은 "만연해 있는"(discurrens) 또는 "지속적인"(permanens)이라는 뜻이다. 그 어원에 대해서는 플라톤 자신이 개입하여 밝히고 있는데, 그는 신화에 대한 박식함을 갖고 유피테르야말로 모든 곳에 침투하여 흐르고 있는 에테르라고 철학적으로 해석했다[379]. 그러나 그 말의 역사적 어원은 신 유피테르로부터 온 것인데, 그리스인들은 그를 "디오스"(Διός)라고 불렀고, 거기에서 라틴어의 "숩 디오"(sub dio)라는 말이 나왔다. 그것은 "숩 이오베"(sub Iove)와 같은 뜻인데, "열린 하늘 아래에서"라는 뜻이다. "디아이온"은 훗날 발음의 편의를 위해 "디카이온"

39) Samuel von Pufendorf, *De iure naturali et gentium*, II, 2, 2.

(δίχαιον)이 되었다.

따라서 우리는 본디 신성했던 법에 대해 논할 때 점복, 또는 유피테르의 전조에 대한 지식이라는 본디의 의미로부터 시작하는 것이다. 유피테르의 전조는 민족들마다 모든 인간의 일을 규정하는 신의 일이 되었으며, 인간의 일과 신의 일 모두가 법학에 적합한 주제를 이루고 있다[342, 379]. 이렇듯 자연법에 대한 우리의 논의는 신의 섭리에 대한 관념과 함께 시작하는데, 그것은 법의 관념과 함께 태어난다. 왜냐하면 법은 위에서 검토했던 것과 같은 방식으로 자연적으로 민족의 창시자들에 의해 준수되어야 하는 것으로 시작했기 때문이다. 그들은 큰 씨족이라고 불리던 가장 오래된 부류의 사람들로서, 유피테르가 그들 최초의 신이었다.

VII

[399] 『새로운 학문』의 일곱 번째와 마지막 여덟 번째 원리적 측면은 세계사의 기원에 관한 것이다. 이것은 민족들 세계의 모든 인간사의 최초의 순간부터 시작한다. 즉 이집트인들이 그들 이전에 지나갔다고 말하는 세계의 세 시대 가운데 첫 번째 시대, 즉 신의 시대부터 시작한다. 공리에서 밝힌 것처럼[64] 신의 시대에 하늘이 땅을 지배하기 시작했고 사람들에게 큰 혜택을 내렸다. 그리스의 황금시대가 시작되었고 유피테르의 본을 받아[377] 신들은 땅 위에서 사람들과 섞여 살았다. 그리스의 시인들은 그들의 신화 속에서 세계 최초의 시대로부터 시작하여 대홍수와 자연 속에

존재하는 거인들에 대해 충실하게 서술하면서 세속 세계사의 참된 출발점을 기술하였던 것이다.

그렇지만 후대의 사람들은 이교의 세계를 창시하였으며 진실로 신을 보았다고 생각했던 초기 인간들의 상상력 속으로 침투하는 것이 불가능했다[375]. 거인과 관련된 신화에서 보이는 "아테라레"(atterare)라는 단어는 더 이상 "지하로 보내다"(mandar soterra)라는 본래의 의미로 이해되지 않는다. 산 위 동굴 속에 숨어 살던 거인들은 후대의 쉽게 믿는 사람들의 전승 속에서 변모되어 하늘로부터 신들을 내쫓기 위해 올림포스와 펠리온과 오사를 겹겹이 쌓아 올렸다고 생각될 지경에 이르렀던 것이다. 실지로 최초의 불경한 거인은 신들과 싸우지 않았을 뿐만 아니라 유피테르가 번개를 내리기 전까지는 신에 대해 알지도 못했다. 후대 그리스인들의 계몽된 정신 속에서 하늘은 무한한 높이까지 격상되었지만, 앞으로 논증할 것처럼[712] 최초의 거인들에게 하늘은 산꼭대기의 높이에 불과했다. 거인들이 신을 약탈하는 그 신화[40]는 호메로스 이후에 만들어져 다른 사람에 의해 『오디세이아』에 삽입되어 그의 저작인 것처럼 바뀌었을 것이다. 호메로스의 시대에는 신들을 내쫓기 위해 올림포스를 흔드는 것만으로 충분했다. 왜냐하면 호메로스는 『일리아스』에서 신들에게 언제나 올림포스 산의 꼭대기를 할당하고 있기 때문이다. 이러한 모든 이유 때문에 세속의 세계사는 지금까지도 그 기원이 결여되어 있으며, 시적 역사의 합리적 연대기가

40) 『오디세이아』, XI, 313ff.

결여되어 있기 때문에 연결되지도 않는다[732].

제2부

시적 논리학

제1장
시적 논리학에 대하여

[400] 형이상학은 존재의 모든 속(屬)을[41] 통해 사물을 관조한다. 의미의 속(屬)을 통해 사물을 고찰하면 그것은 논리학이 된다. 위에서 고찰했던 것처럼 신학 시인들이 육체를 신성한 실체로 상정함으로써 시가 형이상학이 되었듯 우리는 시를 시적 논리학으로 고려함으로써 그 실체의 의미를 파악할 수 있다.

[401] "논리학"은 로고스(λόγος)라는 그리스 단어로부터 왔는데, 그 최초의 고유한 의미는 "신화"(favola)였고, 그것이 이탈리아어에서는 "말"(favella)이 되었다. 그리스어에서도 신화는 뮈토스(μῦθος)

41) 원어는 generi. '유형' 또는 '범주' 정도로 이해해도 무방할 것이다.

라고 하는데 거기에서 "묵음"이라는 뜻의 라틴어 "무투스"(mutus)가 나왔다. 신화는 묵음의 시대에 정신적 언어로 태어났는데, 스트라본은 금과옥조와 같은 문구에서 음성어 또는 분절된 언어 이전에 정신적 언어가 존재했다고 말했다.[42] 그것이 "로고스"가 "관념"과 "말" 모두를 뜻하게 된 이유이다. 종교의 시대에 신의 섭리에 의해 사물이 이렇게 규정된 것은 적절한 일이었다. 왜냐하면 종교는 말보다 생각을 훨씬 더 중하게 여기기 때문이다. 그리하여 최초의 묵음의 시대에 최초의 언어는 공리에서 말했던 것처럼[225] 뜻하고자 하는 관념과 자연적으로 연결되는 몸짓이나 물건과 같은 신호로 시작하였음이 확실하다. 이런 이유로 로고스 또는 말은 히브리인들에게 "행위"를, 그리스인들에게는 "사물"을 뜻하기도 했다. 그것은 토머스 거테이커가 『신약성서의 문체에 대하여』에서 고찰한 바와 같다.[43] 또한 뮈토스는 "참된 말"(vera narratio)이라고 정의되기에 이르렀는데, 그것은 처음에 플라톤이 그다음으로는 이암블리코스가 이 세상에서 한때 사용된 적이 있었다고 말한 "자연어"였다. 공리에서 살펴보았던 것처럼[227] 그들은 이것을 추론으로 말한 것에 불과했기 때문에 플라톤은 『크라틸로스』에서 그것을 찾으려고 헛수고를 했으며, 그것 때문에 아리스토텔레스와 갈레노스로부터 비판을 받기도 했다. 사실상 신학 시인들이

---

42) Strabon, *Geografia*, I, 2. 6.

43) Thomas Gataker, *De novi Instrumenti stylo*, in *Opera critica*(1668). 거테이커(1574~1654)는 영국의 신학자였다.

사용했던 이 최초의 언어는 사물의 본성과 합치하는 언어가 아니라, 생명력이 불어넣어진 실체를 통한 상상력의 언어였다. 그 상상력의 언어는 대체적으로 신성하다고 여겨졌다. 아담이 발명했다는 신성한 언어가 그런 것이었다. 신은 아담에게 신성한 의성음법(onomathesia)을 부여했는데 그것은 사물마다의 본성에 따라 이름을 붙이는 것을 말한다.

[402] 예컨대 신학 시인들은 유피테르, 키벨레 또는 베레킨티아, 포세이돈을 다음과 같이 이해했다. 처음에 그들은 말이 없이 가리키면서 그들이 하늘과 땅과 바다의 실체라고 말했다. 그들은 하늘과 땅과 바다에 신성이 불어넣어졌다고 상상했으며, 그들로 하여금 그것이 신이라고 믿도록 만든 감각을 신뢰했다. 시적 인격체와 관련하여 전술하였던 것[205, 209]과 일치하는 이러한 신성을 통해 그들은 하늘과 땅과 바다에 관련된 모든 것들을 설명했다. 다른 것들에 대해서는 관련된 다른 신성을 통해 의미를 부여했다. 예를 들어, 플로라는 모든 꽃들을, 포모나는 모든 과일들을 가리키는 것이었다. 오늘날 우리는 정신적인 것에 대해서는 그와 정반대의 과정을 겪는다. 즉 감정, 덕성, 악, 학문, 예술과 같은 인간 정신의 능력에 대해서는 여성으로 의인화하여 그에 대한 관념을 형성하는데, 그것들 각각과 관련되는 원인과 속성과 결과를 그 의인화된 여성으로 환원시켜 설명하는 것이다[406]. 왜냐하면 정신적인 것에 대해 우리가 이해하고 있는 것을 표현하려 할 때 우리는 화가들처럼 인간의 그림을 그려 설명함으로써 상상력으로부터 도움을 받아야 할 것이기 때문이다. 반면 신학 시인들은 이해력

을 사용할 수 없었기 때문에 얼마 전에 고찰했던 것처럼[377] 그에 정반대되는 장엄한 노력을 통해 물체에, 그것도 하늘, 땅, 바다와 같은 방대한 물체에 감각과 감정을 부여했다. 훗날 방대한 상상력이 축소되고 추상의 힘이 커지면서[185] 그 방대한 물체도 작은 상징적 기호로 축소되었다. 환유(換喩)는 학문적 무지와 결합하여 인간사의 기원을 지금까지 매몰되어 있게 만들었다. 유피테르는 너무도 작고 가볍게 바뀌어서 독수리가 나르게 되었다. 포세이돈은 연약한 전차를 타고 바다 위를 달린다. 키벨레는 사자 위에 앉아 있다.

[403] 이렇듯 신화는 그에 적합한 언어가 있었음이 확실하다. 앞서 증명했듯 신화가 상상력의 속(屬)인 것처럼 신화의 이야기는 그에 상응하는 알레고리임이 확실하다. 알레고리란 공리에서 고찰했던 것과 마찬가지로[210] "다양어"라고 정의된다. 알레고리는 같은 속(屬) 아래에 구성되는 다양한 종(種)이나 다양한 개체에 의미를 부여하는데, 그것은 부분적인 유사성이 아니라 스콜라철학의 용어를 빌린다면 주술 관계의 일치에 따른 의미 부여이다. 따라서 알레고리는 모든 종과 모든 개체에 공통적인 성질을 함축하는 단일한 의미를 갖고 있음이 확실하다. 예컨대 아킬레우스는 모든 강인한 사람들에게 공통적인 용맹함에 대한 관념이 되고, 오디세우스는 모든 현명한 사람들에게 공통적인 신중함에 대한 관념이 된다[205]. 이렇게 알레고리는 시적 언어의 어원이 되어야 마땅하다. 왜냐하면 시적 언어의 기원은 [주술 관계가 일치하는] 단일한 의미에 있는 것인 반면, 민중 언어의 기원은 유비에 있는

경우가 더 많기 때문이다. 또한 신화가 “참된 말”이라고 정의되었던 것처럼 “어원”(etimologia)이라는 단어의 정의 자체도 “옳은 말”(veriloquium)이다.

제2장
시적 비유법[44]과 괴물과 변신에 관한 추론

I

[404] 최초의 모든 비유법은 이러한 시적 논리학으로부터 파생된 추론이다. 그중에서도 가장 명쾌하고 그런 이유에서 가장 필요하고 가장 빈번하게 쓰이는 것이 은유[45]이다. 은유는 앞서 논했던 형이상학에 맞춰[402] 감각이 없는 물체에 감각과 감정을 부여할 때 가장 칭찬받는다. 최초의 시인들은 물체에 생명이 있는 실체로서의 존재감을 부여했다. 그리고 생명이 있는 실체에게 가능한 만큼만의 능력, 즉 감각과 감정을 부여하여 그것으로 신화를 만들었다. 따라서 그렇게 만들어진 모든 은유는 작은 신화인 것이다. 이것은 각 언어에서 은유가 태어난 시점에 관해 판단할 기준을 제공한다. 모든 은유는 추상적 정신의 작용을 물체를 통해 표현한다는

44) 원어는 tropi.
45) 원어는 metafora.

유사성을 갖고 있기 때문에 그것은 철학이 형성되기 시작했을 당시부터 존재했던 것이 확실하다. 다음이 이것을 증명한다. 모든 언어에서 세련된 예술이나 심오한 지혜에 필요한 용어는 촌락에 기원을 두고 있다[240].

[405] 다음은 고찰해볼 가치가 있다. 모든 언어에서 생명이 없는 물체에 대한 표현은 대체로 인간의 신체나 그 일부, 또는 인간의 감각과 감정으로부터 전이되어 만들어진다. "머리"는 꼭대기나 출발점을, "이마"와 "등"은 앞과 뒤, 나사의 "눈", 집에 있는 등불의 "눈", 모든 열린 것은 "입", 꽃병 등속의 테두리는 "입술", 쟁기·갈퀴·톱·빗의 "이", 뿌리는 "수염", 바다의 "혀"[46], 강이나 산의 "턱"이나 "입", 땅의 "목"[47], 강의 "팔"[48], 작은 수(數)는 "손", 바다의 "가슴" 즉 만, "엉덩이"와 "옆구리"는 구석, 바다의 "옆구리"[49], 중심부는 "심장", 라틴어의 "배꼽"(umbilicus)이 여기에 해당한다. 마을의 "다리"나 "발", 끝은 "발", 바닥이나 토대는 "발바닥", 과일의 "살"이나 "뼈", 물·돌·광석의 "맥", 포도주는 포도의 "피", 땅의 "창자", 하늘과 바다는 "웃는다", 바람은 "휘파람 분다", 파도는 "속삭인다", 무거운 것 아래에 있는 물체는 "신음한다." 라티움

46) "작은 만"을 가리킨다.

47) "언덕"을 가리킨다.

48) "지류"를 가리킨다. Bergin과 Fisch는 "강"을 "바다"로 오역했다. 그들의 오역은 오역이라기보다는 영어 용례에서 비슷한 것을 찾으려는 시도가 그렇게 귀결된 것으로 보인다. 실지로 이들은 영어의 용례를 찾을 수 없는 경우 번역에서 누락시켰고, 경우에 따라서는 영어의 용례로 대체했다고 밝힌다.

49) 원어는 costiera. "해안"을 가리킨다.

의 농부들은 "땅이 목마르다"(sitire agros), "과일을 낳다"(laborare fructus), "곡식이 살찌다"(luxuriari segetes)라고 말하곤 했다. 이탈리아의 농부들도 "식물이 사랑을 한다", "포도가 미친다", "물푸레나무가 눈물 흘린다"라고 말한다. 이와 같은 예는 모든 언어에서 무수히 수집할 수 있다.

이 모든 것은 "인간은 무지로 빠져 들어갈 때마다 자기 자신을 만물의 척도로 만든다"는 공리[120]를 따른 것인데, 인용한 예에서 보듯 인간은 자기 자신으로 전 세계를 만든 것이다. 그리하여 합리적 형이상학은 "인간은 이해함으로써 모든 것이 된다"(homo intelligendo fit omnia)라고 가르치지만, 이 상상력의 형이상학은 "인간은 이해하지 않음으로써 모든 것이 된다"(homo non intelligendo fit omnia)라는 것을 증명한다. 아마도 전자보다는 후자의 명제가 더 참에 가까울 것이다. 왜냐하면 인간은 이해할 때 자신의 정신을 확장시켜 사물을 포착[50]하지만, 이해하지 않을 때에는 자신[의 몸]으로 그 사물을 만들어 그 사물로 변형되기 때문이다.

II

[406] 시적 형이상학에서 나온 시적 논리학을 이용하여 초기의 시인들은 두 가지 방식으로 사물에 이름을 붙였다. 첫 번째는 감각

50) 원어는 comprende. "이해하다"라는 말과 동의어 같은 이 단어는 어원으로 파악하면 "사물을 포착하여 그 안으로 들어가다"라는 뜻을 갖는다.

을 통해 인식할 수 있는 관념을 사용하는 것으로서 그것이 환유(換喩)[51]이다. 다른 하나는 개별화된 관념을 사용하는 것으로서 그것이 제유(提喩)[52]이다.

업적 대신 행위자로 표현하는 환유는 업적보다는 행위자의 이름이 더 많이 거론되기 때문에 발생한다. 본질과 속성 대신 주제로 표현하는 환유는 공리에서 말했던 것처럼[209] 주제에서 본질과 속성을 추상해내는 법을 몰랐기 때문에 발생한다. 결과 대신 원인으로 표현하는 환유는 각기 작은 신화임이 확실하다. 그 신화에서 원인은 결과라는 옷을 입은 여인으로 상정된다. 예컨대 '추한 가난', '슬픈 노년', '창백한 죽음'과 같은 표현들이 그렇다.

III

[407] 제유는 개별적인 것들이 보편적인 것으로 격상되거나 부분이 다른 부분과 함께 전체를 이룰 때의 비유를 말한다. 그렇듯 "죽는 것들"[53]이라는 표현은 인간에게만 적용되어 "인간"을 가리키는 말이 되었는데, 인간만이 죽음을 느끼기 때문인 것임이 확실하다. 라틴어 속어에서 빈번하게 나오는 "머리"(capo)는 인간이나 사람을 가리킨다. 왜냐하면 숲속에서는 멀리서 사람의 머리만이 보

---

51) 원어는 motonimia.

52) 원어는 sinnedoche.

53) 원어는 mortali.

이기 때문이다. 반면 “인간”이라는 단어는 추상어이다. 인간의 육체와 육체의 모든 부분들, 정신과 정신의 모든 능력들, 영혼과 영혼의 모든 습성들을 하나의 철학적인 속(屬)인 것처럼 이해하기 때문이다. 이런 방식으로 “통나무”(tignum)와 “짚단”(culmen)도 짚을 엮어 지붕을 만들던 시절에 서까래와 짚을 뜻하게 되었고, 이후 도시의 번성과 함께 건물의 재료와 장식을 뜻하게 되었다. 또한 “지붕”(tectum)도 집 전체를 뜻하게 되었는데, 초기의 시대에 집에는 덮개가 있는 것으로 충분했기 때문이다. “고물”(puppis)이 배를 뜻하게 된 것은 배에서 가장 높아 해안에서 제일 먼저 보이기 때문이다. 중세 다시 돌아온 야만의 시절에 “돛”(vela)은 배를 가리키는 말이었다. 그와 비슷하게 “뾰족한 끝”(mucro)은 칼을 가리키게 되었는데, 왜냐하면 칼은 추상어로서 그 하나의 속(屬) 속에 손잡이, 칼자루, 칼날, 칼끝을 포함하고 있고, 그중에서도 두려움을 불러일으키는 것이 칼끝이었기 때문이다. “쇠”가 칼을 뜻하듯 재료가 만들어진 것을 뜻할 때도 있다. 왜냐하면 재료로부터 어떤 형상을 추출해낼지 몰랐기 때문이다. 다음 표현에는 제유와 환유가 결합되어 있다. “세 번째 수확이었다”(Tertia messis erat). 의심의 여지가 없이 이 표현은 자연의 필요성으로부터 태어났다. 왜냐하면 민족들 사이에서 “1년”이라는 천문학적인 용어가 태어나기까지는 최소한 천 년 이상이 걸렸을 것이기 때문이다. 이와 비슷하게 피렌체의 농민들은 “몇 년”이라는 말 대신 “몇 번의 수확”이라는 말을 쓴다. 다음은 제유 두 개와 환유 한 개가 결합된 표현이다. “몇 번의 이삭 이후에야 나의 왕국을 보며 놀랄까”(Post aliquot, mea regna, mirabor, aristas).[54] 이 구절은 태초의 농촌 시절을 설명하기에는 부적절하다고 비난받는다. "몇 년"을 말하기 위해 "몇 번의 수확"보다 "몇 번의 이삭"을 쓴 것은 지나치게 특수하다. 이것은 너무도 부적절한 표현이라서 문법학자들은 기교가 넘쳤다고 생각했다.

IV

[408] 아이러니는 사색의 시대 이전에는 나타날 수 없었다. 왜냐하면 이것은 '참'이라는 가면을 쓰고 있는 사색에서 나온 '거짓'으로부터 생겨나기 때문이다. 여기에서 인간사의 위대한 원리가 출현하는데, 그것은 『새로운 학문』에 숨겨져 있는 시의 기원을 확인해준다. 민족 초기의 사람들은 어린아이들만큼이나 대단히 단순했는데, 아이들은 천성적으로 진실했고, 따라서 초기의 신화는 조금의 거짓도 없이 만들어졌다. 따라서 신화는 앞서 정의를 내렸던 것처럼[401] 참된 말이었던 것이 확실하다.

V

[409] 앞서 논했던 네 가지로 환원되는 모든 비유법은 지금까지 작가들의 창의적 발명품이라고 여겨졌던 것과는 달리 초기의 시적 민족에게 필연적인 표현의 양식이었다. 그리고 그 비유의 기원에

54) Maro Publius Vergilius, *Bucolica*, I, 69.

타고난 속성이 내포되어 있었다. 그러나 이후 인간의 정신이 더 발전하여 종(種)을 포괄하는 속(屬)이나 부분을 전체와 연결시키는 추상의 형태를 표현하는 말들이 나타나면서 최초 민족의 말은 비유가 되었다. 이것으로 문법학자들에게 공통적인 두 가지 잘못을 고쳐나갈 수 있다. 첫 번째는 산문이 고유의 언어이고 시는 거기에서 파생된 언어라는 잘못이고, 두 번째는 산문이 먼저 생겼고 운문이 나중에 나타났다는 잘못이다[460].

VI

[410] 시에서 나타나는 괴물이나 변신은 최초의 인간의 본성에 따르는 필요성으로부터 생겨났다. 공리에서 증명했던 것처럼[209] 최초에 인간은 주제로부터 형상[55]이나 특성을 추출해내지 못했던 것이다. 시적 논리학을 사용하여 그들은 형상을 구성하기 위하여 주제를 결합시키거나, 아니면 그 최초의 형상을 그에 반하여 도입된 형상과 구분하기 위해 주제를 분리시켜야 했다. 그렇게 형상을 구성한 결과 시에 나타나는 괴물이 만들어진 것이다. 앙투안 파브르가 『파피니아 법학』에서 고찰한 바에 따르면[56] 로마법에

55) 원어는 forme.

56) Antoine Fabre, *Jurisprudentiae papinianeae scientia*. 파브르(1557~1624)는 프랑스의 법학자였다. 그러나 니콜리니는 나폴리의 법학자였던 도메니코 카라비타가 파브르를 인용하면서 그 말을 했다고 지적한다. Vico, Opere, III, p. 522, n. 6.

서는 매춘부가 낳은 아이들을 "괴물"이라고 불렀다. 왜냐하면 그들은 사람의 본성을 갖고 있지만 동시에 유랑을 하며 난잡하게 교접하는 짐승의 속성도 갖고 있기 때문이다[688]. 〈12표법〉에서 엄숙한 혼례를 거치지 않고 귀족 부인이 아이를 낳았을 경우 그 아이를 테베레 강에 던지라고 명한 것도 그 아이가 괴물이라는 이유에서였음을 알게 될 것이다[566].

VII

[411] 관념의 차이가 변신을 만든다. 고대의 법으로부터 우리에게 보존되어 있는 다른 예는 영웅시대의 라틴어 문구 "땅이 되다"(fundum fieri)인데 그것이 "저자가 되다"(autorem fieri)라는 말[57]로 통용되기에 이르렀다. 왜냐하면 땅이 농장이나 토양이나 거기에 씨 뿌리거나 심거나 세운 모든 것을 지탱해주듯, 보증해주는 사람은 그 보증이 없었더라면 실패했을 행위를 지탱해주기 때문이다[353, 491]. 이 표현에서 보증인은 보증받지 못한 땅이라는 정반대의 관념으로 바뀌는 것이다.

57) 이 말은 "보증하다", "인준하다"라는 뜻을 갖는다.

제3장
최초 민족의 시적 인격체를 통한 말에 관한 추론

[412] 우리가 고찰하였듯 시적 논리학의 산물이었던 시적 언어는 역사의 시대에도 오랫동안 지속되었다. 그것은 마치 거대한 강의 급류가 바다로 흘러들어가면서 그 물살의 힘으로 맑은 물을 지키고 있는 것과 같다[629]. 이암블리코스는 공리[207]에서 다음과 같이 말했다. 이집트인들은 인간의 삶에 유용한 모든 것들을 헤르메스 트리스메기스투스의 공으로 돌렸다. 그것은 또 다른 공리[206]에 의해 확인된다. 처음으로 사람이나 물건의 관념이나 이름을 알게 된 어린아이는 이후 알게 된 모든 사람이나 물건에 대해 처음 마주쳤던 것과 갖는 유사성이나 관련성을 통해 이해하거나 이름을 붙인다. 이것이 당연히 시적 인격체의 큰 원천이었다. 초기의 민중은 그런 방식으로 생각하고 말했던 것이다[209]. 만일 이암블리코스가 이러한 인간사의 본질에 대해 깊이 생각하여 그가 기술했던 고대 이집트인들의 관습과 결합시켰더라면 공리에서 말했듯[208] 그는 플라톤식으로 자신의 지식의 장엄한 신비를 이집트인들의 민중적 지식의 신비 속에 억지로 끼어 넣는 우를 범하지 않았을 것임이 확실하다.

[413] 이제 어린아이들의 본성[206]과 최초의 이집트인들의 관습[207]에 비추어 우리는 시적 인격체로부터 출현한 시적 언어가 고대에 대해 많은 중요한 발견을 제시해줄 것이라고 단언한다.

I

[414] 민중적 지혜의 현자였음이 확실한 솔론은 아테네 최초의 귀족제 국가의 시대에 평민당의 지도자였다. 이것은 그리스의 역사에서 아테네가 처음에는 상류 부유층[58]의 지배를 받았다는 사실을 확인해준다. 우리는 『새로운 학문』에서 모든 귀족제 국가가 보편적으로 밟았던 과정을 아테네도 따랐음을 증명하려고 한다. 귀족제 국가에서 영웅, 즉 귀족들은 그들의 본성이 신에게서 비롯되었다고 믿기 때문에 신이 그들의 편이며, 따라서 신의 전조도 그들의 것이라고 말했다. 그 전조 덕분에 그들은 귀족의 도시에서 모든 공권과 사권을 그들 계급 내부에 둘 수 있었다[110, 490]. 야수적인 기원을 갖고 있다고 여겼고, 따라서 신이 없고 전조도 없는 인간이라고 여겼던 평민에게는 자연적 자유의 혜택만을 허용했다. 이것은 『새로운 학문』 거의 모든 곳에서 논하려 하는 위대한 원리이다. 솔론은 평민들에게 그들 자신에 대해 깊이 생각해보라고 권고했다. 즉 그들도 귀족과 같은 인간 본성을 갖고 있음을 인식하고 따라서 시민권에 있어서도 그들과 동등해져야 한다고 촉구했던 것이다. 그는 아테네의 평민이 아니었을지라도 평민의 평등을 요구하는 시적 인격체라고 생각되었던 것이다.

[415] 고대의 로마인들도 그들 나름의 솔론을 갖고 있었음이 확실하다. 로마 고대의 역사가 명확하게 밝히듯 로마의 평민들은

58) 원어는 optimates.

영웅시대에 벌인 귀족들과의 투쟁에서 다음과 같이 말하곤 했다. 로물루스는 가부장들로 원로원을 구성했고 그들이 귀족이 되었는데, 그들은 "하늘로부터 내려온 것이 아니었다"(non esse caelo demissos)[59]라는 것이었다. 바꾸어 말해 그들 스스로가 자랑하듯 그들의 기원이 신에 있지 않으며, 따라서 유피테르는 모두에게 공평했다는 것이다. 그것이 "유피테르는 모두에게 공평하다"(Iupeter omnibus aequus)[60]라는 문구가 갖는 문명사적 의미이다. 훗날 학자들은 모든 정신은 평등하며 다양한 신체의 구조와 다양한 교양 교육 때문에 차이가 생겨났을 뿐이라는 의미를 이 문구에 부과시켰던 것이다. 이러한 평등성을 생각하면서 로마의 평민들은 시민적 자유의 평등까지 추구하기 시작했던 것이다. 그러한 시도는 로마가 귀족제 국가에서 민중의 국가로 바뀔 때까지 지속되었다. 우리는 연표에 대한 주(註)에서 이것을 가설로 제시했는데, 거기에서 푸블릴리아 법의 관념에 대해 살펴보았다[104, 114]. 그리고 우리는 앞으로 논리와 전거를 통해 이것이 로마뿐 아니라 고대의 다른 모든 국가에서도 보편적으로 일어난 일이었음을 논증할 것이다[598, 621]. 즉 솔론의 권고로부터 출발하여 민중은 국가를 귀족제 국가에서 민중의 국가로 변화시켰다는 것이다.

[416] 따라서 솔론은 "너 자신을 알라"(Nosce te ipsum)라는 저명한 격언의 저자로 만들어졌다. 그 말은 아테네 민중에게 통용되었

---

59) Titus Livius, *Ab urbe condita libri*, X, 8.

60) Maro Publius Vergilius, *Aenaeas*, X, III.

던 큰 사회적 유용성 때문에 그 도시의 모든 공적 장소에 새겨져 있었다.[61] 훗날 학자들은 이 말을 형이상학적, 도덕적 문제에 관한 위대한 조언으로서 말하기를 택했고, 실지로도 그러한 것이어서 솔론은 비교(秘教) 지식의 현자이자 그리스의 칠현 중에서도 제왕으로 꼽히게 되었다. 이런 방식으로 아테네에서는 자신에 대해 깊이 생각해보라는 조언으로부터 민중의 국가를 형성하는 모든 질서와 모든 법이 시작되었다. 초기의 민중은 시적 인격체를 통해 생각하는 방식에 익숙했기 때문에 이집트에서 문명화된 인간 삶에 유용한 모든 것들이 헤르메스 트리스메기스투스의 공적으로 돌려졌듯 아테네에서는 그러한 질서와 법이 모두 솔론의 공적으로 돌려졌다.

II

[417] 같은 방식으로 사회 계급에 관한 모든 법은 로물루스의 공적으로 돌려졌던 것이 확실하다.

III

[418] 성스러운 제도와 신성한 의례는 누마 폼필리우스의 공적으로 돌려졌는데, 로마의 종교 의례는 그의 시대에 가장 화려했다.

---

61) 실지로는 델포이의 아폴론 신전에 새겨져 있다.

IV

[419] 군사적 규율의 모든 법과 제도는 툴루스 호스틸리우스의 공적으로 돌려졌다.

V

[420] 민중 국가의 기반인 호구 조사에 근거한 세금과 민중의 자유에 관한 그 밖의 수많은 법들은 세르비우스 툴리우스의 공적으로 돌려졌다. 그리하여 타키투스는 세르비우스 툴리우스가 "법의 주요 입안자"(praecipuus sanctor legum)라고 칭찬했다.[62] 앞으로 논증하겠지만, 처음에 세르비우스 툴리우스의 세제는 귀족제 국가의 기반이었는데, 그것에 의해서 평민들은 귀족들로부터 땅의 소작권을 얻었다. 훗날 평민들의 호민관이 생겨 그들의 자연적 자유를 보호하였고, 호민관은 점차 그들이 완전한 시민적 자유를 획득하도록 이끌었다. 이렇듯 세르비우스 툴리우스의 세제는 기회와 출발점을 제공함으로써 로마의 민중 국가의 기반이 되었다. 이것은 푸블릴리아 법에 대한 주(註)에서 가설로 논한 바 있었는데[107, 111] 사실도 그러했음을 앞으로 증명할 것이다[619].

62) Cornelius Tacitus, *Annales*, III, 26.

VI

[421] 모든 문장(紋章)과 휘장은 타르퀴니우스 프리스쿠스의 공적으로 돌려지는데, 로마가 가장 찬란하던 시절 로마 제국의 위엄은 이것으로 빛났다.

VII

[422] 앞으로 설명하겠지만[1001] 후대에 제정된 대단히 많은 법들은 이와 비슷한 방식으로 〈12표법〉에서 가지 쳐 나왔음이 확실하다. 이것은『보편법의 원리』에서 충분히 논증했다.[63] 귀족들이 공민적 소유권을 확대하여 평민과 공유했던 법은 공식적인 서판에 새겨진 최초의 법이었으며, 단지 이 일을 위해 십인관이 창설되었다. 후대에 민중의 자유를 확대시키려는 모든 법은 공식적인 서판에 새겨지게 되었고, 그것이 십인관의 일이 되었다. 그리스인들의 방식으로 장례를 호사스럽게 치르는 것을 금지시킨 법을 예로 들어보자. 십인관이 금지시킴으로써 로마인들에게 호사스러운 장례가 도입될 수는 없었다. 따라서 로마인들이 그러한 사치를 받아들인 이후에야 십인관이 금지시켰을 것임이 확실하다. 이것은 로마인들이 그리스인들에 대해 알게 된 계기였던 타란토 전쟁과 피로스와의 전쟁 이후가 아닐 수 없다. 키케로도 고찰했던 것처럼[64]

63) Vico, *Opere*, II, pp. 564~580.

이것이 이 법이 아테네에서 입안되었을 때와 똑같은 용어의 라틴어로 번역된 이유이다.

VIII

[423] 전술했듯이[414] 아테네가 상류 부유층에 의해 점령당했던 시기에 피로 썼다고 하는 법의 제정자인 드라콘의 경우도 마찬가지이다. 앞으로 살펴볼 것처럼[592] 당시는 귀족제의 시대로서, 그리스 역사는 헤라클레스의 자손들이 그리스 전체는 물론 아티카까지 퍼져 있었다고 말한다. '연표에 대한 주'에서 말했던 것처럼[77] 그들은 마침내 펠로폰네소스에 정착하여 스파르타 왕국을 창건했다. 뒤에 설명하겠지만[592] 스파르타 왕국은 확실히 귀족제 국가였다. 이 드라콘[65]은 페르세우스의 방패에 못 박힌 고르곤의 뱀들 가운데 하나였음이 확실하다. 그것은 법의 권위를 상징하는 것으로서 그 방패에는 그것을 바라보는 사람을 돌로 만드는 끔찍한 처벌이 따랐다. 그것은 성서에서 비슷하게 처벌하는 법을 "피의 법"(leges sanguinis)이라고 부르는 것과 마찬가지이다. 미네르바는 이런 방패로 무장을 했고, 뒤에 설명할 것처럼[542] 아테나(Αθηνά)라고 불리게 되었다. 아직도 상형문자를 사용하는 중국인들에게 용은 국권을 상징하는 휘장이다. 시간적·공간적으로 멀리 떨어진

---

64) Marcus Tullius Cicero, *De legibus*, II, 25.

65) 드라콘은 "용"이라는 뜻을 갖는다.

이 두 민족이 그렇게 동일한 시적 방식으로 사고하고 표현했다는 것은 놀라워해야 할 사실임이 확실하다. 왜냐하면 그리스 역사를 통틀어 이러한 용에 대한 다른 이야기는 없기 때문이다.

IX

[424] 이러한 시적 인격체의 발견은 아이소포스가 그리스의 칠현보다 훨씬 앞섰다는 사실을 확인시켜주는데, 그것은 '연표에 대한 주'에서 보여주기로 약속했던[91] 것이다. 이러한 문헌학적 진실은 다음과 같은 인간 관념의 역사에 의해 확인된다. 칠현이 경배를 받은 것은 그들이 도덕 혹은 사회적 규율을 격언의 형태로 사람들에게 제시하기 시작했기 때문이다. 그런 예 중의 하나가 그들의 제왕에 해당하는 솔론의 유명한 격언 "너 자신을 알라"(Nosce te ipsum)였다. 이것은 처음에는 사회적 규율에 관한 교훈이었음이 확실한데[414, 416] 훗날 형이상학과 도덕으로 변이되었다. 그런데 아이소포스는 이미 이러한 교훈을 비유의 형태로 제시한 바 있었고, 시인들은 그보다도 훨씬 이전에 비유를 이용해 표현하곤 했다. 인간의 관념이 작동하는 순서는 먼저 표현을 하기 위해 유사성을 관찰하고 그 뒤에 증거를 찾는다는 것이다. 증거도 처음에는 하나의 유사성만으로 충분하지만, 뒤에는 더 많은 사례가 필요한 귀납법이 도입된다. 철학의 모든 학파의 아버지인 소크라테스는 귀납에 의한 변증법을 도입했는데, 훗날 아리스토텔레스가 삼단논법으로 변증법을 완성하여 보편적인 타당성을 갖도록 만들었다.

그러나 미숙한 정신의 소유자를 납득시키기 위해서는 하나의 유사성을 제시하는 것으로 충분하다. 예컨대 선량한 메네니우스 아그리파가 반란을 일으키는 로마 민중을 복종시키기 위해서는 아이소포스가 만든 우화 하나로 충분했던 것이다[499].[66]

[425] 세련된 파이드로스는 자신의 『우화』의 서문에서 예언과 비슷한 통찰력을 갖고 아이소포스가 영웅의 동맹자 또는 예속민을 가리키는 시적 인격체였다는 사실을 드러낸다.[67]

이제 우화라는 장르가 어떻게 생겨났는지
간략하게 말하겠네. 겁이 많은 노예가
말하고 싶은 것을 감히 말하지 못하고
자신의 감정을 우화에 전이시켜
유명한 아이소포스가 길을 뚫으니 내 그 길을 넓혔네.

Nunc fabularum cur sit inventum genus,
brevi docebo. Servitus obnoxia,
quia, quae volebat, non audebat dicere,
affectus proprios in fabellas transtulit.
Aesopi illius semitam feci viam,

66) 마르쿠스 메네니우스 아그리파는 기원전 503년 집정관이 된 로마의 정치가이다. 신체의 여러 부분이 서로 불평하며 다투면 몸 전체가 허약해진다는 비유로 평민들의 반란을 무마시켰다.

67) Phaidros, *Fabulae, Aesopiae*, 3.

「사자의 몫」이라는 아이소포스의 우화는 파이드로스의 주장을 명확하게 확인시켜준다. 사냥에 참여했지만 자신의 몫을 얻지 못한 사자처럼 귀족의 도시에서 평민들은 "동맹자"라고 불리면서 전쟁의 부담과 위험은 함께 나눴지만 전리품과 정복지는 함께 나눠받지 못했기 때문이다[258, 259].

그리하여 아이소포스는 "노예"라고 불리게 되었는데, 앞으로 증명할 것처럼[555] 평민은 영웅의 예속민이었기 때문이다. 또한 그는 추하다고 묘사되었다. 왜냐하면 교양미는 엄숙한 혼례를 통해서만 얻을 수 있는데, 혼례는 귀족들에게만 가능한 일이었기 때문이다[565]. 테르시테스가 추한 것도 같은 이유 때문이었다. 왜냐하면 그는 트로이 전쟁에서 영웅들을 위해 봉사했던 평민의 시적 인격체였음이 확실하기 때문이다. 그는 아가멤논의 홀로 오디세우스에게 매를 맞는다.[68] 그것은 마치 고대 로마의 평민들이 귀족들로부터 맨 어깨에 매를 맞는 것과 비슷하다. 그것은 포르키아법[69]이 로마인들의 어깨에서 매를 멀리 해줄 때까지 지속되었다. 성 아우구스티누스의『신국』에서는 살루스티우스가 맨 어깨에 하는 매질을 "왕국의 풍습"(regium in morem)[70]이었다고 묘사했다.

[426] 그렇다면 자유로운 시민으로 살기에 도움이 되도록 자연적 이성이 명한 이러한 조언은 귀족의 도시에서 평민들이 간직해

---

68)『일리아스』, II, 211~277.

69) 기원전 198년에 제정되었던 법으로서 채찍질 등 평민에 대한 가혹 행위를 금지시켰다.

70) St. Augustine of Hippo, *De civitate Dei*, II. 18. 1.

왔던 감정임이 확실하다. 이러한 측면에서 아이소포스는 평민들의 시적 인격체가 되었다. 그 뒤에야 도덕 철학에 관한 우화가 그의 공적으로 돌려진 것이다. 이렇듯 아테네 자유 공화국에 법으로 질서를 부여한 솔론이 현자가 되었던 것과 같은 방식으로 아이소포스는 최초의 도덕 철학자가 된 것이다. 그리고 아이소포스는 우화를 통해 그런 교훈을 주었기 때문에 격언을 통해 교훈을 준 솔론보다 선행했다고 봐야 할 것이다. 이러한 우화는 처음에 발상되었을 때에는 영웅시였을 것이다. 이것이 약강격의 운문으로 발상되었으리라고 전해지기도 한다. 앞으로 살펴볼 것이지만[463] 영웅시와 산문의 중간 시기에 그리스 민중이 약강격으로 말했다. 최종적으로 아이소포스의 우화는 산문으로 기록되어 우리에게 전해졌다.

X

[427] 이런 방식으로 민중적 지혜를 처음 만들었던 사람들이 후대에 발견된 비교(秘敎) 지식의 저자가 되었다. 처음에는 입법자들이었던 동방의 조로아스터, 이집트의 트리스메기스투스, 그리스의 오르페우스, 이탈리아의 피타고라스가 뒤에는 철학자가 되었고, 오늘날의 중국에서는 공자가 그러하다. 앞으로 예시하겠지만[1087] 마그나 그라이키아의 피타고라스학파는 "귀족"이라는 의미에서 그렇게 불린 것이었는데, 그들은 민중의 국가를 귀족제 국가로 되돌리려 하다가 모두 살해되었다. 그리고 앞서 논증했듯

피타고라스의 「황금 노래」는 날조였고, 조로아스터의 신탁, 트리스메기스투스의 「포이만드레스」, 오르페우스의 시도 마찬가지였다[128]. 피타고라스는 고대인들에게 철학에 관한 어떤 책도 써서 남기지 않았다. 셰퍼가 『이탈리아 철학』에서 고찰한 바에 따르면 철학서를 쓴 최초의 피타고라스학파는 필롤라오스였다.[71]

제4장
말과 글의 기원에 관한 추론, 그에 따른 상형문자, 법, 이름, 가족의 문장(紋章), 메달, 화폐의 기원에 관한 추론, 그에 따른 민족의 자연법의 최초의 언어와 문자에 대한 추론

[428] 이제 우리는 시인들의 신학 혹은 시적 형이상학으로부터 출발하여 거기에서 태어난 시적 논리학을 거쳐 말과 글의 기원에 대해 찾아보려 한다. 이 문제에 관련해서는 이 주제에 대해 글을 쓴 학자들만큼이나 많은 견해가 존재한다. 예컨대 헤라르드 얀 포스는 『문법』에서 다음과 같이 말한다. "문자의 발명과 관련해서는 많은 사람들이 많은 것을 너무도 많이 너무도 혼란스럽게 기록하

71) Johannes Scheffer, *De natura et constitutione philosophiae italicae*, 2~4. 필롤라오스는 기원전 5세기 그리스의 철학자였다.

는 데 합세하여 [그 기록을 보러] 왔을 때보다 떠날 때 문자의 발명에 대해서 더 불확실해진다."[72] 에르망 위고는『글쓰기 최초의 기원에 관하여』에서 다음과 같이 고찰한다. "문자와 글쓰기의 기원에 관한 논의보다 더 다양하고 상충하는 견해가 많은 주제는 없을 것이다. 얼마나 많은 견해가 충돌하는가! 무엇을 믿어야 하는가? 무엇을 믿지 말아야 하는가?"[73] 그리하여 베르나르트 폰 말린크로트는『인쇄술에 관하여』[74]에서 언어와 문자가 출현한 방식은 이해가 불가능하기 때문에 그 기원은 신에 있다고 말했으며, 잉게발트 엘링이『그리스어의 역사』에서 그 견해를 따랐다.[75]

[429] 그러나 그러한 방식을 이해함에 따르는 난점은 모든 학자들 스스로에 의해 만들어진 것이다. 그 이유는 다음과 같다. 학자들은 글의 기원과 말의 기원이 별개인 것처럼 간주하지만 그 둘의 기원은 겹쳐 있다. 그것은 "문법"이라는 단어와 "문자"라는 단어를 통해 확인할 수 있음이 확실하다. "문법"은 "말하기의 기술"이

---

72) Gerard Jan Voss, *Aristarchus sive de arte grammatica*(1635). 얀 포스(1577~1649)는 네덜란드의 고전학자였다.

73) Herman Hugo, *De prima scribendi origine et universae rei literariae antiquitate*, 1618. Herman Hugo(1588~1629)는 벨기에 출신의 예수회 수도사였다.

74) 니콜리니는『인쇄술에 관하여』(*De ortu et progressu artis typographicae*)(1640)가 아니라『문학의 본질과 용도에 관하여』(*De natura et usu litterarum*)(Münster, 1638)에 이 내용이 있다고 지적한다. Vico, *Opere*, III, p. 530, n. 8. Bernard von Mallinkrodt(1591~1644)는 독일의 학자였다.

75) Lorenzo Ingewald Eling, *Historiae graecae linguae*(1691). 엘링은 웁살라 대학교의 교수였다.

라고 정의된다. 그렇지만 그리스어 "그라마타"(Υράμματα)는 "문자'를 가리키기 때문에 "문법"은 "글쓰기의 기술"이라고 정의할 수도 있을 것이다. 실로 아리스토텔레스도 그렇게 정의했다. 실상은 사실이 그러했다. 왜냐하면 모든 민족이 본디 벙어리여서 글을 씀으로써 말을 하기 시작했기 때문이다[225, 400, 435]. 그렇지만 다른 한편으로 ["문법"과 관련된] "문자"는 "관념", "형상", "유형"을 뜻하며, 시적 문자가 명확하게 분절된 음성보다 먼저 출현했다. 요세푸스는 그리스 문법학자 아피온에 반대하며 호메로스의 시대에는 아직 "민중" 문자가 발명되지 않았다고 격렬하게 주장한다[66]. 더구나 만일 문자가 자의적인 기호가 아니라 명확하게 분절된 음성을 표현하기 위해 만들어진 것이었다면, 명확하게 분절된 음성 자체가 균일하듯 그 문자도 모든 민족들 사이에서 균일했어야 했다. 이러한 방식으로 초기의 민족은 시적 인격체를 통해 사고하고 신화로 말하며 상형문자로 글을 썼다는 것을 그 학자들은 이해하지 못했기에 절망했다. 그렇지만 인간의 관념을 연구하는 철학과 인간의 언어를 연구하는 문헌학의 본질에 비추어 이 원리가 가장 확실한 출발점이 되어야 마땅하다.

[430] 말과 글의 기원에 관한 논란으로 진입하면서 우리는 지금까지 있었던 수많은 견해 중에서 약간의 사례만을 제시할 것이다. 불확실하고 경박하고 부적절하고 기만적이고 우스꽝스럽고 따라서 수없이 많고 다양한 견해들에 대해서는 언급하지 않을 것이다. 다음이 그런 사례의 하나다. 중세, 즉 돌아온 야만의 시대에 스칸디나비아는 민족의 자만심 때문에 "여러 민족의 자궁"(vagina

gentium)이라고 불리며 세계의 다른 모든 민족의 어머니라고 여겨졌다. 학자의 자만심 때문에 요한네스 마그누스와 올라우스 마그누스는 아담이 신의 명을 받아 발명했다고 하는 문자를 그들 고트족이 세계의 시작부터 보존해오고 있다고 주장했다.[76] 이들의 망상은 모든 학자들의 웃음거리가 되었다. 그렇지만 그들을 따르는 자들도 있어, 요한네스 반 고르프 베칸이 그 대표자이다. 그는 색슨어와 크게 구분되지 않는 자신의 네덜란드어가 지상의 낙원으로부터 왔으며 다른 모든 언어의 어머니라고 주장했다.[77] 이 견해는 요세푸스 유스투스 스칼리제르[78], 조반니 카메라리오[79], 크리스티안 베크만[80], 마르틴 스호크[81]에 의해 근거 없는 이야기로 밝혀

---

76) 요한네스와 올라우스는 형제이다. 웁살라의 대주교였던 요한네스 스토레(1488~1544)의 라틴어화된 이름이 요한네스 마그누스이다. 그의 동생 올라우스(?~1568)의 스웨덴 이름은 올로프이다. 요한네스의 저작은 다음과 같다. *Gothorum Sueonumque historiae*(Roma, 1544). 올라우스의 저작은 다음과 같다. *De gentium septentrionalium variis conditionibus*(1567).

77) 베칸(1512~1578)은 네덜란드의 문헌학자였다. Johannes van Gorp Becan, *Origines Antverpianae*(1569), p. 534.

78) Joseph Justus Scaliger, *Epistolae*(1627), p. 364. 요세푸스 유스투스 스칼리제르(1540~1609)는 율리우스 카이사르 스칼리제르의 아들로서 고전학자였다.

79) 니콜리니는 그의 이름이 조반니가 아니라 필립이었다고 지적한다. 카메라리우스(1537~1624)라고 불렸던 그의 이름과 저작의 서지 사항은 다음과 같다. Philipp Camerarius, *Horae subcesivae sive meditationes historicae* (1610), p. 222.

80) Christian Becman, *Manuducio ad latinam linguam*(1629), pp, 23~24. 크리스티안 베크만(1580~1648)은 독일의 개신교도 언어학자였다.

81) Martin Schoock, *Fabula Hamelensis*, pp. 6~7.

졌다. 그러나 이러한 자만심은 올로프 루드베크의 『아틀란티카』라는 제목이 붙은 저작에서 부풀어 올라 터질 정도에 달하는데,[82) 그는 그리스의 문자가 북유럽의 룬 문자에서 생겨났으며, 페니키아 문자는 룬 문자를 거꾸로 쓴 것일 뿐인데 거기에 카드모스가 히브리 문자와 비슷한 질서와 음성을 부여한 것이었으며, 마지막으로는 그리스인들이 자와 컴퍼스를 사용하여 그 글자를 곧게 하거나 휘게 한 것일 뿐이라고 주장했다. 또한 그는 스칸디나비아인들의 문자 발명자가 메르쿠르스만이라는 이름이기 때문에 이집트인들에게 문자를 발명해준 메르쿠리우스, 즉 헤르메스는 고트인이었다고 주장했다.

문자의 기원을 둘러싼 견해가 이렇듯 방만하기 때문에 독자는 여기에서 우리가 새롭게 제기한 사실만을 불편부당하게 보아야 하는 것뿐만 아니라 깊이 숙고해보아야 한다고 말하겠다. 그것이 민족들 초기 세계의 모든 인간적 지식과 신적 지식의 기원에 대해서 마땅히 받아들여야 할 방식이다.

[431] 철학자들과 문헌학자들은 모두 말과 글의 기원을 다룰 때 다음의 원리들로부터 출발해야 한다. 민족 초기의 사람들은 물체에 생명이 있다고 생각하는 보편적 상상력을 통해 사물에 대해 생각했고,[83) 침묵어의 상태에 있던 그들은 그 생각과 자연적으로 관

82) 올로프 루드베크(1630~1702)는 웁살라 대학교의 교수로서 의학자이자 생물학자이다. Olof Rudbeck, *Atland eller Mannheim*(Upsala, 1696).

83) 풀어 말한다면, 사물을 의인화시켰다는 것이다.

련을 맺는 몸짓이나 신체로 설명했다. 예컨대 "3년"을 가리키기 위해 세 번의 낫질을 하거나 이삭 셋을 보이는 식이었다. 또한 그들은 자연적으로 의미를 알 수 있는 언어로 설명했다. 플라톤과 이암블리코스는 세계에는 한때 그런 언어가 존재했다고 말했다[401, 407, 227]. 그것이 아틀란티스에서 가장 오래된 언어였음이 확실한데, 학자들은 그 언어가 사물의 본성이나 자연적인 속성을 통해 사물에 대한 관념을 설명하는 것이라고 말한다. 우리가 논해왔듯 말과 글은 본디 연결되어 있었던 것인데 그 둘을 따로따로 다루어 왔기 때문에 글의 기원에 대한 연구는 말의 기원에 대한 연구만큼이나 어려운 것으로 드러났고, 그로 인해 학자들은 이 문제에 전혀 관심을 두지 않거나 아주 작은 관심만을 보였다.

[432] 따라서 논의를 시작함에 있어서 우리는 다음과 같은 문헌학적 공리를 최초의 원리로 제시한다. 즉 이집트인들에 따르면 역사를 통틀어 세 개의 언어가 말해졌는데, 역사가 거쳐 왔던 세 개의 시대와 거기에서 사용되었던 언어는 숫자나 순서가 일치했다. 세 시대는 신의 시대, 영웅시대, 인간의 시대였다. 첫 번째 시대의 언어는 상형 언어 또는 신성한 언어, 두 번째 시대의 언어는 상징의 언어 또는 기호의 언어 또는 귀족들의 문장(紋章)의 언어, 세 번째 시대의 언어는 멀리 떨어진 사람들끼리 일상적인 삶의 필요를 소통하기 위한 서간체 언어이다. 이 세 가지의 언어에 대해서는 호메로스의 『일리아스』에 두 개의 황금 같은 문구가 있는데, 그것으로 보건대 이 문제와 관련하여 그리스인들은 이집트인들과 견해를 같이했다. 첫 번째 문구는 네스토르가 다른 언어를 말하는

사람들의 세 시대를 살았다고 말하는 부분이다.[84] 따라서 네스토르는 이집트의 세 시대에 상응하는 세 언어를 통해 확립되었던 연대기에서 영웅 인격체였다고 보아야 마땅하다. 따라서 "네스토르만큼의 햇수를 살았다"라는 문구는 "세계만큼이나 오래 살았다"라는 말임이 확실하다. 두 번째 문구는 아이네이아스가 아킬레우스에게 말하는 장면이다.[85] 즉 트로이가 해안으로 옮겨지고 페르가몬이 그 요새가 된 이후 다른 말을 하는 사람들이 일리움에 거주하기 시작했다고 말하는 것이다. 이러한 최초의 원리에 우리는 다음과 같은 또 다른 이집트의 전승을 덧붙인다. 그들의 토트, 즉 헤르메스가 법과 문자를 발명했다는 것이다.

[433] 이러한 진리는 다음의 진리들과 짝지을 수 있다. 그리스인들에게 "이름"과 "문자"는 의미가 같았다. 그리하여 교부들은 "신의 문자에 관하여"(de divinis characteribus)와 "신의 이름에 관하여"(de divinis nominis)라는 두 표현을 혼용했다. 또한 "이름"과 "정의"도 의미가 같았다. 따라서 수사학에서 "이름의 탐색"(quaestio nominis)이라고 말하면 그것은 사실에 대한 정의를 찾는 것을 뜻했다. 의학에서도 병의 명칭이란 병의 본질을 정의하는 것이었다. 로마인들에게 "이름"이라는 단어 본래의 고유한 의미는 "많은 가족으로 가지 쳐 나간 집"이었다. 초기의 그리스인들도 "이름"을 이런 의미로 사용했다는 것은 "아버지의 이름"이라는 의미의 "부칭 계승"[86]

---

84) 『일리아스』, I, 250.

85) 『일리아스』, XX, 215.

에 의해 증명된다. 그것은 시인들이 많이 사용했는데, 그중에서도 호메로스가 압도적이었다. 리비우스에 따르면 평민들의 호민관은 귀족을 "아버지의 성을 사용할 수 있는 사람"(qui possunt nomine ciere patrem)이라고 정의했다.[87] 그리스의 다른 지역에서는 민중의 자유가 확산되면서 이러한 부칭 계승이 사라졌는데, 귀족제 국가인 스파르타에서는 헤라클레스의 후손들에 의해 보존되었다. 로마법에서 "이름"(nomen)은 "법"을 의미했다. 그와 비슷하게 그리스어 "노모스"(νόμος)는 "법"을 뜻했는데, 아리스토텔레스가 지적하듯 그것이 "노미시마"(νόμισμα), 즉 "화폐"가 되었다.[88] 어원학자들에 따르면 "노모스"는 라틴어에서 "누무스"(nummus), 즉 "돈"이 되었다. 프랑스어에서 "루아"(loi)는 "법"을 뜻하며 "알루아"(aloi)는 "돈"을 뜻한다. 중세 돌아온 야만의 시대에 "캐논"이라는 단어는 교회법을 뜻했지만 땅을 빌린 사람이 땅의 주인에게 내는 세를 뜻하기도 했다.

이렇듯 동일한 사고방식이 널리 퍼져 있었으며, 어쩌면 그것이 라틴어에서 "이우스"라는 말이 법은 물론 유피테르에게 바쳐진 제물의 기름을 뜻하게 된 이유일 수도 있다. 왜냐하면 전술했듯 [398] 유피테르는 원래 "이오수스"라고 불렸으며 훗날 그것으로부터 소유격 "이오비스"(Iovis)와 "이우리스"(iuris)가 파생되었기 때

86) 원어는 patronimici.

87) Titus Livius, *Ab urbe condita libri*, X. 8.

88) Aristoteles, *Nicomachean Ethics*, p. 1133 a 30.

문이다. 히브리인들도 평화의 제물로 바친 짐승을 세 부분으로 나눠 기름은 신에게 바치고 제단에서 불태웠다. 라틴어에서 부동산을 가리키는 "프라이디아"(praedia)는 처음에는 도시가 아닌 촌락의 부동산을 지칭하였던 것이 확실한데, 후술하겠지만[486] 최초의 경작지란 최초의 "전리품"(praeda)이었기 때문이다. 따라서 사람들이 최초로 길들인 것은 땅이었고, 그것을 고대의 로마법에서는 "마누캅타이"(manucaptae)[89]라고 불렀다. 부동산과 관련된 납세 의무는 지금도 만켑스(manceps)라고 부른다. 로마법에서 "이우라 프라이디오룸"(iura praediorum)이라는 용어는 부동산에 묶여 있는 노역을 가리킨다. "마누캅타이"라고 불린 땅은 최초에 "만키피아"(macipia)[90]라고 불렸던 것이 확실하다. 〈12표법〉의 "보증을 한 사람은 땅을 준 것"(Qui nexum faciet manquipiumque)이라는 조항은 이런 의미로 이해해야 하는 것이 확실하다. 고대 로마인들과 비슷한 사고방식에서 이탈리아 사람들은 힘으로 획득한 땅을 "포데리"[91](poderi)라고 부른다. 돌아온 야만의 시대에 울타리가 쳐진 땅은 "탈취한 땅"(presas terrarum)이라고 불렀다. 에스파냐 사람들은 과감한 성취를 "프렌다스"(prendas)[92]라고 부른다. 이탈리아 사람들은 가족의 문장을 "임프레제"(imprese), 즉 "모험"이라고 부르며, "울타리"(termini)라는 말은 "말"(parole)이라는 의미로 사용한다.

89) 문자 그대로 해석하면 "손에 잡힌 것"을 뜻한다.
90) "획득한 물건"이라는 뜻.
91) 이탈리아어에서 이 단어의 단수형인 "포데레"(podere)는 "힘"을 가리킨다.
92) 전리품(praeda)에서 파생된 말로 봐야 할 것이다.

스콜라학파의 변증법에서는 그렇게 남아 있다.[93] 가족의 문장은 "인세녜"(insegne)라고 부르기도 하는데, 여기에서 "가르치다"(insegnare)라는 동사가 파생되었다. 아직 민중 문자가 발명되지 않았던 시대에 호메로스는 프로이토스가 벨레로폰에 반발하여 에우레이아에게 보낸 편지를 '세마타'(σήματα), 즉 '기호'로 썼다고 말했다.

[434] 이러한 모든 것에 우리는 다음의 세 가지 반박할 수 없는 진리를 덧붙인다. 첫 번째로 초기의 모든 민족은 벙어리였음이 증명되었기 때문에 그들은 자신의 관념과 자연적으로 연관되는 몸짓이나 물건을 통해 표현하려 했던 것이 확실하다[224, 401]. 두 번째로 그들은 자신 땅의 울타리를 고정시키거나 그들의 권리에 대한 영속적인 증거를 확보하기 위해 기호를 사용했던 것이 확실하다[486]. 세 번째로 그들은 모두 화폐를 사용했다[487]. 이러한 모든 진리는 언어와 문자의 기원, 그에 따른 상형문자, 법, 이름, 가족의 문장(紋章), 메달, 화폐의 기원을 제시해줄 것이다. 그리고 그 결과로서 여러 민족 초기의 자연법을 말하고 글로 썼던 초기 언어의 기원을 우리에게 제시해줄 것이다.

[435] 이 모든 원리를 더욱 굳건히 확립시키기 위해 우리는 이집트인들이 가졌다고 믿어왔던 고결한 비교(秘敎)의 지식을 숨기기 위해 철학자들이 상형문자를 발명했다는 그릇된 견해를 반박해야만 한다. 이미 공리에서 제시한 것처럼[226, 429] 초기의 민족들

93) "용어"를 가리키는 영어 단어 "term"에도 그 흔적이 남아 있다.

마다 상형문자로 말을 했다는 것은 그들에게 공통적인 자연적 필요성 때문이었다. 아프리카에서는 이미 살펴본 이집트에 더해 헬리오도로스가 『에티오피아의 문물에 대하여』에서 밝힌 에티오피아의 사례를 덧붙일 수 있는데, 에티오피아인들은 공작 도구를 상형문자로 사용했다.[94] 동방에서는 칼데아인들이 사용했던 마법의 문자가 바로 이 상형문자였음이 확실하다.

북아시아에서는 이미 살펴본 것처럼 스키타이인들의 왕 이단티르소스가 그에게 선전포고를 한 다리우스 대왕에게 다섯 개의 실물어로 대답했다[99]. 그것은 모든 민족들 중에서 가장 오래되었다고 허풍을 떨던 이집트인들을 정복했다고 하는 스키타이인들의 무한히 오랜 역사에서 늦게 일어났던 일이다[48, 56]. 그 다섯 개의 실물어는 개구리, 쥐, 새, 쟁기의 날과 활이었다. 개구리는 여름철 비가 올 때 개구리가 땅에서 태어나듯 이단티르소스가 스키타이의 땅에서 태어났다는 것을 뜻했다. 쥐는 태어난 곳에 집을 짓는 쥐처럼 이단티르소스가 태어난 곳에서 민족을 세웠다는 것을 뜻했다. 새는 전조가 그에게 속한다는 뜻이었다. 앞으로 살펴보겠지만[488, 490, 604], 바꾸어 말해 그는 신 외에는 그 누구에게도 복종하지 않는다는 것이다. 쟁기의 날은 이단티르소스가 스키타이 땅을 경작지로 만들었다는 것을 뜻한다. 그 땅을 길들여 힘에

94) Heliodorus, *Aethiopica*, 4. 8. 1. 그러나 니콜리니는 이 출전이 아니라고 지적한다. 다음을 참고할 것. Diodorus Siculus, *Bibliotheke*, III, 4. Vico, *Opere*, III, p. 536, n. 5.

의해 자신의 소유물로 만들었다는 것이다[541, 550]. 마지막으로 활은 그가 스키타이 군대의 최고 통수권을 가졌으며, 따라서 스키타이를 방어할 의무와 능력을 가졌다는 것이다. 너무나도 자연스럽고 필연적인 이 설명은 성 키릴로스[95]가 전해주는 다리우스의 참모들이 내린 우스꽝스러운 해석과 대비된다. 다리우스의 참모들이 스키타이의 상형문자에 내린 해석과 학자들이 이집트의 상형문자에 내린 동떨어지고 인위적이고 왜곡된 해석을 결합시킨다면 최초의 민중이 상형문자를 사용했던 진정한 본래의 의미가 지금까지 일반적으로 이해되지 않았던 이유가 명확해질 것이다.

로마의 역사는 라티움의 민족들에 대해서도 그러한 전승을 남겨놓았다. 타르퀴니우스 수페르부스는 가비[96]에 있는 아들에게 영웅어로 무언의 회답을 보냈다. 그는 전령이 보는 앞에서 손에 들고 있던 지휘봉으로 양귀비꽃의 머리를 잘라냈다.[97] 거만함을 보이는 행동인 것으로 본 사람들도 있었지만 그것은 비밀을 지켜야 할 필요성을 말한 것이었다. 북유럽의 경우를 보면, 타키투스는 고대의 게르만인들이 "문자의 비밀"(literarum secreta)을 알지 못했다고 말했는데,[98] 그것은 그들이 상형문자 쓰는 법을 알지 못했다는 말이었다. 그것은 슈바벤의 프리드리히 2세 시대까지 지속되었는데, 어쩌면 외교의 문서를 독일어 민중 문자로 쓰기 시작한 오스

95) 알렉산드리아의 클레멘스를 가리킨다. *Stromata*, v. 8.

96) 라티움에 있던 고대 도시.

97) Titus Livius, *Ab Urbe Condita Libri*, I, 54.

98) Cornelius Tacitus, *Germania*, 18.

트리아 합스부르크 왕가의 루돌프 1세의 시대까지 지속되었을지도 모른다. 북프랑스에는 “피카르디의 레부스”(rebus de Picardie)라고 부르던 상형문자 언어가 있었는데, 그것은 독일의 경우와 마찬가지로 실물을 통한 언어였음이, 즉 이단티르소스의 상형문자와 같았던 것임이 확실하다. 헥터 보이스가 『스코틀랜드 역사』에서 말하는 것에 따르면 스코틀랜드에서도 가장 오지인 극지대의 툴레에서까지도 먼 옛날에는 상형문자로 글을 썼다.[99] 서인도에서는 멕시코인들이 상형문자로 글을 쓰는 것으로 알려져 있는데, 얀 데 라에트는 『서인도의 신세계』[100]에서 인디언의 상형문자는 동물의 머리, 식물, 꽃, 과일만큼이나 다양하며, 그것으로 가족 간의 경계를 구분했다고 한다.[101] 그것은 우리 세계의 가족 문장의 용도와 같다[486]. 동양에서는 중국인들이 아직도 상형문자로 글을 쓰고 있다.

[436] 이렇게 그 뒤에 출현한 학자들의 자만심은 가장 자만심이 컸던 이집트인들에 감히 필적할 만큼 부풀어 올랐던 것이다. 즉 그들은 세계의 다른 곳의 현자들도 상형문자 속에 비교(秘教)의 지식을 감추는 법을 이집트인들로부터 얻었다고 말했던 것이다.

---

99) Hector Boece, *Scotorum historae a prima gentis origine*(1526). 보이스(1465?~1536)는 스코틀랜드의 역사가였다.

100) Jan de Laet, *Nobus orbis seu descriptio Indiae occidentalis*(1526). 라에트(1593~1649)는 네덜란드의 상인이자 지리학자였다.

101) 가족의 경계지에 세운 토템폴에 그린 가족을 상징하는 상형문자로 구분했다는 것을 말한다.

이렇게 학자들의 자만심의 실체가 드러났다.

[437] 시적 논리학 원리도 확립되었고 학자들의 자만심도 밝혔으니 이집트인들이 언급하는 세 가지 언어로 되돌아가자. 공리에서 말했던 것처럼[174] 그중 첫 번째의 언어는 신의 언어인데 그리스의 신의 언어에 대해서는 호메로스가 언급한다. 그는 두 개의 서사시의 다섯 문구에서 자신의 언어인 영웅의 언어보다 오래된 언어가 있다고 했는데, 그것을 "신의 언어"라고 불렀다. 세 개의 문구는 『일리아스』에 있다. 첫 번째는 신들이 "브리아레오스"라고 부르던 것을 인간들은 "아이가이온"이라고 불렀다는 대목이다.[102] 두 번째는 신들이 "칼키스"(χαλχίσα)라고 부르는 새를 인간들은 "키민디스"(χύμινδιν)라고 불렀다는 대목이다.[103] 세 번째는 신들이 "크산토스"라고 불렀던 트로이의 강을 인간들은 "스카만드로스"라고 불렀다는 대목이다.[104] 『오디세이아』에는 두 개가 있다. 그중 하나는 신들이 "플랑크타스 페트라스"(πλαϒχτάς πέτρας)[105]라고 부른 것을 인간들은 스킬라와 카리브디스라고 불렀다는 대목이다.[106] 다른 하나는 헤르메스가 오디세우스에게 키르케의 주술에 대한 비책을 전달하는 대목으로서 신들은 그 약초를 "몰리"(μώλυ)라고 불렀지만 그에 대해 아는 것이 인간에게는 금지되었다는 것이었다.[107]

---

102) 『일리아스』, I, 403~404.

103) 『일리아스』, XIX, 291.

104) 『일리아스』, XX, 74.

105) "움직이는 돌"이라는 뜻이다.

106) 『오디세이아』, XII, 61.

이러한 문구들에 대해 플라톤이 많은 이야기를 했지만[108] 헛된 말에 불과했다. 그리하여 훗날 디온 크리소스토모스는 호메로스를 인간에게 거부된 신들의 언어를 이해하는 체 가장하는 사기꾼이라고 비방하였다.[109] 그러나 이러한 호메로스의 문구들에서 "신들"을 "영웅들"로 이해해야 하는 것이 아닌지 의심해봐야 한다. 왜냐하면 곧 보여줄 것처럼 영웅, 즉 귀족들은 그들의 도시에서 그들이 "인간"이라고 부르던 평민들 위에 "신"이라는 이름으로 군림하였기 때문이다. 중세의 돌아온 야만 시대에 봉신들이 스스로를 "인간"(homines)이라고 부름으로써 이 사실을 고찰한 오트망을 놀라게 했던 사실도 이와 비슷하다.[110] 또한 고대에도 중세에도 대귀족들은 놀라운 의학의 신비를 알고 있다는 것을 자랑했다. 따라서 표현상의 그러한 차이는 귀족의 말과 평민의 말 사이의 차이에 불과한 것이었다.

로마인들 중에서도 바로가 신의 언어 연구에 몰두하여 3만 개의 신의 이름을 공들여 수집하였다는 것은 공리에서 밝힌 것처럼 의심의 여지가 없다[175]. 그것은 풍부한 신의 어휘를 만들기에 충분한 숫자로서, 라티움의 민족들은 그것을 통해 모든 인간적 필요

107) 『오디세이아』, X, 305.

108) Platon, *Cratylus*, 391.

109) Dion Chrysostomos, *Orationes*, 11. 22. 디온 크리소스토모스(40?~115?)는 그리스의 연설가였다.

110) François Hotman, *Disputatio de feudis*. 그러나 니콜리니는 이 내용을 볼 수 있는 것은 다음의 저작이라고 지적한다. Cuiacio, *Observationes*, 1758.

를 설명했다. 왜냐하면 그 단순하고 검소하였던 시대에 인간적 필요라 해봐야 생존에 필요한 소수에 불과했기 때문이다. 공리에서 밝힌 것처럼[175] 그리스인들에게도 신은 3만에 달했는데, 그들은 모든 돌, 샘, 시내, 식물, 바위를 신으로 만들었기 때문이다. 거기에는 드리아드, 하마드리아드, 오레이아데스, 나파이아도 포함된다.[111) 그와 마찬가지로 아메리카 대륙의 인디언들도 그들의 소박한 이해의 범위를 넘어서는 대상은 모두 신으로 만들었다. 이렇듯 그리스와 로마의 신화는 이집트인들의 경우와 마찬가지로 신성한 문자로 이루어진 최초의 진정한 상형문자였음이 확실하다.

[438] 영웅시대에 상응하는 두 번째의 언어는 이집트인들의 말에 따르면 상징을 통한 말이었다. 귀족의 문장(紋章)이 여기에 속하는데, 그것은 호메로스가 "세마타"(σήματα)[112)]라고 말했던 무언의 비유였음이 확실하다. 결과적으로 그것은 훗날 명확하게 분절된 언어에 시적 표현의 모든 원천을 제공하면서 은유이자 이미지이자 직유이자 비유가 되었다. 만일 호메로스보다 더 오래된 작가는 없었다는 히브리인 요세푸스의 결연한 주장을 받아들인다면 호메로스는 그리스어 최초의 작가였음이 확실하다. 그리고 우리가 고대 초기 민족의 세계에 대해 알고 있는 모든 것은 그리스인들로부터 왔기 때문에 그는 전 세계 최초의 작가였다. 라틴인들

111) 드리아드와 하마드리아드는 나무의 정령(精靈), 오레이아데스는 산의 정령, 나파이아는 숲의 정령을 가리킨다.

112) "영웅들이 사용하던 기호"를 가리킨다.

사이에서 라틴어에 대한 최초의 흔적은 단편적으로 남아 있는 『살리의 찬가』이며, 역사가들이 언급하는 최초의 작가는 시인 리비우스 안드로니쿠스이다. 중세 유럽에 야만의 시대가 돌아오면서 여러 언어가 태어났다. 에스파냐 사람들은 그들 초기의 언어를 "로망스어"라고 불렀는데 따라서 그것은 영웅시의 언어였다. 왜냐하면 돌아온 야만의 시대에 로망의 작가들은 영웅 시인들이었기 때문이다. 프랑스에서 토속 프랑스어 최초의 작가는 아르노 다니엘 이었는데[113], 그는 11세기에 성행했던 프로방스 시인들 중 최고봉이었다. 마지막으로 이탈리아 최초의 작가는 피렌체와 시칠리아의 시인들이었다.

[439] 이집트인들이 말하는 세 번째 언어인 서간체 언어는 멀리 떨어져 있는 사람들 사이에서 일상적인 의사소통에 적합한 것이다. 그것은 이집트를 지배했던 테베 민중의 하층 계급에서 출현한 것이 확실하다. 전술했던 것처럼[44] 그들의 왕이었던 람세스가 이집트 민족 전체로 지배권을 확장한 것이다. 이집트인들에게 이 언어는 "인간"의 시대에 상응하는데, 전술했던 것처럼[437] 여기에서 "인간"이라 함은 영웅들이 아닌 영웅시대의 평민들을 가리켰다. 민중어로 말을 하고 글을 쓰는 것은 민중의 권리라는 영원한 속성에 비추어 이 언어는 민중의 자유로운 동의로부터 출현했다고 생각해야 한다. 그리하여 클라우디우스 황제가 라틴어에 세 개의 자모가 더 필요하다고 생각했을 때 로마의 민중은 그것을

---

113) 비코는 그의 이름을 아르노 다니엘 파카라고 잘못 적었다.

받아들이지 않았던 것이다.[114] 이와 비슷하게 이탈리아인들은 조르조 트리시노가 고안한 새로운 모음의 필요성을 느꼈음에도 그것을 받아들이지 않았다.[115]

[440] 이집트인들의 서간체 언어 또는 민중어는 민중 문자로 썼던 것이 확실하다. 그것은 페니키아의 민중 문자와 비슷하기 때문에 반드시 그중 하나가 다른 하나로부터 전파되었을 것이다. 어떤 사람들은 이집트인들이 인간 사회에 필요하거나 유용한 모든 것들을 처음으로 발명했다는 견해를 갖고 있기 때문에 이집트인들이 문자를 페니키아인들에게 가르친 것이 확실하다고 믿는다. 그렇지만 이집트와 관련하여 다른 어떤 저자들보다도 더 많은 지식을 갖고 있던 알렉산드리아의 클레멘스는 연표에서 그리스의 영웅시대에 배정했던 페니키아인 상쿠니아톤 또는 상쿠니아테가 페니키아의 역사를 민중 문자로 기록했다고 말했다. 따라서 그는 상쿠니아테가 민중 문자로 글을 쓴 이교 세계 최초의 역사가라고 제시한다[83]. 이러한 맥락에서 그는 세계 최초의 상업 민족이었던 페니키아인들이 교역의 목적으로 이집트에 들어와 그들의 민중 문자를 전달했다고 말한 것이다.

논리나 추론과는 무관하게 민간전승은 페니키아인들이 그리스에 문자를 전달했다고 확언한다. 이러한 민간전승에 대해 코르넬

---

114) Gaius Suetonius Tranquilus, *Claudius*, 41.
115) Giorgio Trissino(1478~1550)는 비첸자 출신의 이탈리아 시인으로서 그리스어의 경우처럼 'e'와 'o'에 장음을 표기할 필요성을 제기했었다.

리우스 타키투스는 페니키아인들이 다른 사람들이 발명한 문자, 즉 이집트인들의 상형문자를 자신의 발명품인 것처럼 전달했다고 고찰했다. 그렇지만 모든 민간전승이 그러하듯[144] 거기에는 어느 정도 진리의 근거가 있기 때문에 우리는 다음과 같이 말하겠다. 즉 페니키아인들은 다른 사람들로부터 받은 상형문자를 그리스에 전달했는데, 그것은 칼데아인들로부터 받은 수학적 문자나 기하학적 형상이었을 수 있다. 칼데아인들은 의심의 여지없이 최초의 수학자였으며 특히 민족들 중 최초의 천문학자였다. 칼데아인 조로아스터는 보샤르에 따르면 "별의 관조자"였기 때문에 조로아스터라고 불렸고, 따라서 민족들 세계 초기의 현자였다[55, 59]. 페니키아인들은 상업 활동에 칼데아 문자를 숫자로 사용하면서 호메로스 시대보다 훨씬 이전부터 그리스의 해안에 출몰했다. 이것은 호메로스의 서사시 중에서도 『오디세이아』에서 특히 명확하게 드러난다. 왜냐하면 그리스의 문법학자 아피온에 격렬하게 반대하며 요세푸스가 주장하듯 호메로스의 시대에 그리스에서 민중문자는 아직 발명되지 않았기 때문이다.

그리스인들은 다른 민족들보다 확실하게 뛰어난 천재적 재능으로 그 기하학적 도형을 다양하게 분절된 음성을 표시하는 기호로 바꾸어 극도로 아름다운 민중 문자로 만들어냈다. 훗날 라틴인들이 이것을 채택하였고, 타키투스가 고찰하듯 라틴 문자는 가장 오래된 그리스 문자와 비슷하다.[116] 이에 대한 무게 있는 증거란 그리

116) Cornelius Tacitus, *Annales*, XI, 14.

스인들이 오랫동안 숫자를 대문자로 표기했다는 사실이며, 라틴인들은 최근까지도 그러하다. 코린트인 데마라투스와 아르카디아인 에반데르의 아내[117] 카르멘타가 라틴인들에게 가르쳐줬다고 하는 문자가 바로 이것이었음이 확실하다[762]. 앞으로 설명하겠지만[772] 고대 라티움에는 해안과 내륙 모두에 그리스 식민지가 있었다.

[441] 그리스인들과 히브리인들이 민중 문자에 거의 똑같은 이름을 붙였기 때문에 히브리인들의 민중 문자가 그리스인들에게로 전파된 것이라고 주장하는 학자들이 많지만 그것은 고려할 가치가 없는 견해이다. 히브리인들이 그리스인의 이름을 모방하였지 그 반대는 아니리라는 것이 훨씬 더 합리적이다. 왜냐하면 모든 사람들이 동의하듯 알렉산드로스 대제가 동방의 제국들을 정복하고 사망한 이후 제국이 그의 장군들에 의해 분할되면서 그리스의 말이 동방과 이집트 전역에 퍼졌기 때문이다. 또한 히브리인들은 문법도 훨씬 늦게 발전시켰기 때문에 히브리 학자들이 히브리 문자를 그리스어 명칭으로 부를 수밖에 없었다는 사실에도 모두가 동의한다.

더구나 기본적인 요인이란 본질적으로 단순하기 때문에 최초에 그리스인들은 그들의 문자를 가장 단순한 음성으로 표현했을 것이며, 이런 측면에서 문자를 "요인"[118]이라고 불렀을 것이다. 로마

117) '아내'가 아니라 '어머니'였다.

118) 원어는 elementi. 글자 하나가 단어를 이루는 가장 기본적인 요소를 이룬다

인들도 그들을 따라 문자를 비슷한 방식으로 표현했으며, 고대 그리스어와 비슷한 문자의 형태를 보존하고 있다. 따라서 그리스에서 복합적인 문자로 이름을 붙이는 것은 후대에나 나타난 일이라고 말할 수 있으며, 그보다 훨씬 뒤에야 동방의 히브리인들에게 전파된 것이다.

[442] 이러한 논지들을 통해 이집트인 케크롭스가 그리스인들에게 민중 문자를 전달했다고 주장하는 사람들의 견해까지 반박할 수 있다. 페니키아인 카드모스가 그리스에 하나의 도시를 건설한 뒤 이집트의 큰 왕조의 수도의 명칭을 따라 테베라고 이름 지었다는 사실 때문에 그가 민중 문자를 이집트로부터 그리스로 전달했다고 하는 또 다른 견해는 앞으로 "시적 지리학"의 원리로 해결이 될 것이다[742]. 이집트에 갔던 그리스인들이 그 수도를 테베라고 부른 이유는 그 도시가 그들 고국의 도시 테베와 비슷했기 때문이었다는 것이다. 또한 이름이 알려지지 않은 영국의 저자가 『학문의 불확실성』에서 언급하듯[119], 상쿠니아테의 생존 기간이라고 알려진 것[83]이 너무도 빠르기 때문에 그는 실존 인물이 아

는 점에서 이것은 '음소'(音素)라고 받아들여야 할 것이다.

119) 이 익명의 저자는 토머스 베이커(1656~1740)로 밝혀졌다. Thomas Baker, *Reflections on Learning*(1699). 니콜리니는 비코가 케임브리지에서 출판된 영어 판본이 아니라 다음 제목으로 리옹에서 출판된 불어 번역본으로 읽었다고 밝히고 있다. *Traitè de l'incertitude des sciences*. Vico, *Opere*, III, p. 542, n. 6. 반면 『새로운 학문』을 영어로 번역한 데이비스 마시는 1735년 베네치아에서 나온 이탈리아 번역본 *Trattato dell'incertezza delle scienze*로 읽었다고 단언한다.

니었으리라고 판단한 신중한 비평가들도 이해가 된다. 따라서 우리는 상쿠니아테를 이 세상에서 완전히 제거하는 것보다는 훨씬 더 늦게, 호메로스보다는 확실하게 더 늦은 시대에 위치시켜야 한다고 판단한다. 그리고 그리스인들이 페니키아인들보다 창의력이 뛰어났다는 올바른 명제와 함께 이른바 민중 문자의 발명에 있어 그리스인들보다 페니키아인들이 더 앞섰다는 견해를 받아들이기 위해서는 상쿠니아테가 그리스 역사의 아버지라 불리며 그리스 토속어로 글을 썼던 헤로도토스보다는 어느 정도 이전에 위치해야 한다. 왜냐하면 상쿠니아테는 "진리의 역사가"라고 불리기 때문이다. 바꾸어 말해 그는 바로가 자신의 시대 구분에서 역사의 시대라고 불렀던 시기에 글을 썼다는 것이다[52]. 이집트인들이 그들 이전에 지나갔던 세계의 세 시대에 상응하는 세 개의 언어의 구분에 따르면 이 시기에는 서간체 언어로 말을 했으며 민중 문자로 글을 썼다[440].

[443] 영웅의 언어 또는 시적 언어가 영웅, 즉 귀족에 의해 창안되었던 것처럼 민중어는 서민[120]들에 의해 도입되었는데, 앞으로 살펴볼 것처럼[597] 그 서민이란 귀족의 평민을 가리킨다. 라틴인들은 그들의 언어를 적절하게도 "토속어"(vernaculae)라고 불렀다. 그러나 그 언어는 "베르나이"(vernae)에 의해 도입될 수가 없었다. 왜냐하면 문법학자들은 "베르나이"를 "전쟁에서 노예가 된 사람들의 집에서 태어난 노예"라고 규정하며, 노예들은 그들이 태어난

120) 원어는 volgo.

곳의 사람들의 언어를 자연스럽게 배우게 마련이기 때문이다. 그러나 최초로 "베르나이"라고 불렸던 사람들은 가족 국가에서 귀족의 예속민이었다[556]. 그들로부터 영웅의 도시의 최초 평민들이 구성되었고, 그들이 훗날 전쟁을 통해 노예가 된 사람들의 전신이었다. 이 모든 것은 호메로스가 말한 두 개의 언어로 확인된다. 그 하나는 신의 언어이고 다른 하나는 인간의 언어인데, 앞서 우리는 그것이 각기 '영웅의 언어'와 '평민의 언어'를 가리키는 것이라고 설명한 바 있지만[437] 여기에서 조금 더 부연한다.

[444] 그러나 문헌학자들 모두는 민중어에서 의미가 임의적으로 관행에 의해 정해진다는 것을 지나치다 싶을 정도의 믿음을 갖고 받아들였다. 하지만 민중어의 기원은 자연적인 것이기 때문에 그 의미도 자연적으로 정해졌다. 그 사례는 민중 라틴어에서 쉽게 관찰할 수 있다. 민중 라틴어는 민중 그리스어보다 더욱 강건한 반면 민중 그리스어는 더 우아하다. 왜냐하면 민중 라틴어는 거의 모든 단어가 자연과의 비유나 자연적 속성 또는 감각적 효과를 통해 만들어졌기 때문이다. 일반적으로 은유는 모든 민족의 언어에서 가장 큰 부분을 차지한다. 그러나 문법학자들은 사물에 대해 혼란되고 불분명한 관념을 제시하는 수많은 어휘에 압도당해 의미를 무엇보다도 명석 판명하게 만들어주는 어원을 알지 못했다. 그러면서 그들은 명확하게 분절된 인간의 어휘는 명확하게 분절된 의미를 관행에 의해 갖게 된다는 보편적인 격언을 확립시켜 그들의 무지를 평화롭게 덮어두고 있다. 그리고 그들은 앞서 살펴보았듯이[227] 아리스토텔레스와 갈레노스 및 그 밖의 철학자들에

의존하며 플라톤과 이암블리코스에 대항하여 무기를 든 것이다.

[445] 그럼에도 가장 큰 난제는 남아 있다. 어찌하여 이 세상엔 수많은 민족들만큼이나 수많은 민중어가 존재하는가? 이 물음을 해결하기 위해서는 여기에서 다음과 같은 위대한 진리를 확립시켜야 한다. 즉 사람들은 다양한 기후 때문에 다양한 본성을 획득했고, 그것으로부터 다양한 관습이 출현했으며, 그렇게 다양한 본성과 관습으로부터 마찬가지로 다양한 언어가 태어났다는 것이다. 왜냐하면 그 다양한 본성 덕분에 사람들은 인간 삶의 필요성과 유용성은 같다 할지라도 그것을 다양한 관점에서 보게 되었고, 그 결과 서로 다를뿐더러 때로는 상충하기까지 하는 수많은 민족의 관습이 출현하였으며, 그리하여 민족들만큼이나 다양한 언어가 출현할 수밖에 없었기 때문이다. 그것은 인간의 삶에 대한 격언이라 할 수 있는 속담을 통해 확인된다. 공리에서 밝혔던 것처럼 [161] 속담이란 본질적으로 같은 내용을 말하지만 존재하거나 존재했던 다양한 민족들만큼이나 다양한 관점을 통해 표현되는 것이다.

그리하여 동일한 영웅의 기원이 민중어에 농축된 형태로 남아 있는 것을 보면서 성서학자들은 그리도 놀라는 것이다. 즉 같은 왕의 이름이 성서와 세속의 역사에서 각기 다르게 나타나고 있다는 것이다. 그 이유란 성서에서는 왕들의 외관이나 권능을 보았던 반면 세속의 역사에서는 그들의 관습이나 행적 등등을 보았다는 사실이다. 오늘날 헝가리의 도시가 헝가리인들과 그리스인들과 독일인들과 터키인들에 의해 각기 다른 이름으로 불리고 있다는 사실도 이러한 예라고 볼 수 있다. 현존하는 영웅 언어인 독일어는 외국의 언어로 된 거의 모든 이름을 독일어로 바꾸어놓는다. 우리는 그리스인들과 로마인들도 똑같은 일을 했으리라고 추론할 수 있다. 왜냐하면 그들은 야만인들의 문물에 대해서도 그리스어와 라틴어의 우아함을 갖고 논했기 때문이다. 이러한 것이 고대의 지리학과 화석·식물·동물을 다룬 책에서 마주치게 되는 불분명함의 원인이었을 것이 확실하다.

그런 이유로 『새로운 학문』의 초판본에서 우리는 "다양하게 분절된 모든 언어에 의미를 부여하는 정신적 사전에 대한 관념"을 고찰했던 것이다. 그것은 사람들마다 다양한 관점에서 보기 때문에 다양한 어휘로 표현되는 것들을 본질적인 관념에 있어서 갖는 통일성으로 환원시키는 관념을 말한다[35, 145]. 우리는 이 책에서도 그 논리를 계속하여 사용할 것이다. 우리는 초판본의 제4장에서 이에 대해 충분히 논했는데,[121] 거기에서 다음과 같은 것들을 밝혔다. 즉 가족 국가와 초기 국가에서 언어가 형성될 무렵 가족의 아버지들은 열다섯 개의 다양한 관점에서 고려되었고, 따라서 고대와 현대의 열다섯 민족에 의해 열다섯 개의 이름으로 불렸다는 것이다. 공리에서 제기했던 것처럼[240] 언어가 태어났을 당시의 의미와 연결시키는 논지가 가장 무게가 있는 논지이다. 이것이 그 판본의 출간을 후회하지 않게 만든 세 개의 문구 중 하나이다[28, 33, 35]. 그 사전은 토머스 헤인이 논문 「언어들의 친족 관계」

121) 그러나 사실은 "제4장"이 아니라 "제3장"에서 이 문제를 다루었다.

및 다른 논문들 「언어 개론」과 「다양한 언어의 조화」에서 다루었던 논지를 새로운 방식으로 발전시킨다.[122]

이러한 모든 것으로부터 우리는 다음과 같은 추론을 이끌어낸다. 즉 언어는 농축된 영웅어법 표현이 풍부할수록 더욱 아름답다는 것이다. 그런 언어가 더 아름다운 것은 더 생생하기 때문이며, 더 생생하기 때문에 더 진실에 가깝고 더 믿음이 간다는 것이다. 그와 반대로 언어가 어원을 알 수 없는 단어들로 번잡할 때 그것은 즐겁지 못하고, 따라서 모호하고 혼란스러우며 따라서 기만적이고 오도될 공산이 크다. 이 후자의 언어는 많은 야만적인 언어의 혼합으로 이루어진 것이 확실하며, 따라서 그 어원과 비유적 의미가 전해져 내려오지 않는다.

[446] 이제 이 세 종류의 언어와 문자가 형성된 방식에 대한 극도로 어려운 문제로 돌입하면서 우리는 다음의 원리를 확립해야 한다. 즉 신과 영웅과 인간이 동시에 시작되었다는 것이다. 왜냐하면 신을 상상한 것도 인간이고 그들의 영웅이 신의 본성과 인간의 본성을 혼합시켜놓은 것이라고 믿었던 것도 인간이기 때문이다. 따라서 세 개의 언어도 동시에 태어났으며, 그와 함께 그 자체의 문자를 발전시켰다. 그렇지만 거기에는 세 가지의 큰 차이점이 있었다. 즉 신들의 언어는 거의 묵음의 언어였으며 아주 약간만

---

122) 비코가 말한 것처럼 이 내용은 영국 학자 토머스 헤인(1582~1645)의 세 개의 논문에 실린 것이 아니라 하나의 저서로 출판되었다. Thomas Hayne, *Linguam cognatio, eu de linguis in genere et variarum linguarum cognatione* (1639).

분절되어 있었다. 영웅의 언어는 분절된 언어와 묵음 언어가 균등하게 혼합되어 있었으며, 따라서 민중어와 영웅들이 글을 쓸 때 사용하던 영웅 문자가 섞여 있는 것이다. 호메로스는 영웅 문자를 "세마타"(σήματα)라고 불렀다. 인간의 언어는 거의 전부가 명확하게 분절되어 있지만 아주 약간의 묵음어도 존재했다. 왜냐하면 어떤 민중어도 존재하는 모든 사물을 완전하게 단어로 표현할 수 있을 정도로 풍부하지는 못하기 때문이다.

따라서 영웅의 언어는 그 출발점에서 극도로 무질서했으며, 그것이 신화가 갖는 모호성의 큰 근원이다. 카드모스의 신화는 주목할 만한 사례이다. 카드모스가 큰 뱀을 죽인 뒤 그 치아를 뿌리자 밭고랑에서 무장한 사람들이 튀어나왔다. 카드모스가 그들에게 큰 돌을 던지자 그들은 죽기로 싸웠고, 그러자 마침내 카드모스가 큰 뱀으로 바뀌었다. 이 이야기는 그리스인들에게 문자를 전달한 카드모스의 뛰어난 재능에 대한 신화로서, 뒤에 설명할 것처럼[679] 여기에는 몇 세기에 걸친 시의 역사가 함축되어 있다.

[447] 앞서의 논지로 돌아가자. 민족 세계 초기의 인간적 사고를 통해 만들어진 유피테르의 신성한 문자가 형성된 것과 같은 시기에 의성어를 통해 명확하게 분절된 언어가 형성되기 시작했다. 지금도 어린아이들은 의성어로 행복하게 표현하는 것을 볼 수 있다. 로마인들은 처음에 이 유피테르를 천둥소리를 본 따 이오우스(Ious)라고 불렀고, 그리스인들은 번개의 울림을 본 따 "제우스"(Ζεύς)라고 불렀다. 그는 동방에서는 타오르는 불의 소리를 본 따 "우르"(Ur)라고 불렀을 텐데, 그것으로부터 불의 힘을 뜻하는 "우림"(Urim)이

파생되었다. 그리고 이러한 동일한 어원으로부터 하늘을 가리키는 그리스어 "우라노스"(ούρανός)와 "불에 타다"라는 라틴어 동사 "우로"(uro)가 나온 것이 확실하다. 또한 그 번개의 울림으로부터는 아우소니우스의 단음절어 가운데 하나인 '셀'(cel)이 파생된 것도 확실한데, 그것은 에스파냐 사람들의 세디야(ç)처럼 "ㅋ"이 아닌 "ㅅ"으로 발음해야 한다. 그래야만 아우소니우스가 베누스에 대해 농했던 다음 문장의 운(韻)이 맞아떨어지기 때문이다. "바다에서 태어나 땅에서 받아들여지고 아버지에 의해 하늘로 올라가다"(Nata salo, suscepta solo, patre edita caelo).[123] 이러한 언어의 기원과 관련하여 우리가 앞서 고찰한 것처럼 유피테르의 신화에서 보이는 발상의 장엄성과 마찬가지로 의성어에서 시적 언어의 장엄성도 시작한다. 실로 디오니시우스 롱기누스는 의성어를 장엄성의 근원 중 하나라고 간주했던 것이 확실하다.[124] 그는 오디세우스가 불타는 막대기로 폴리페모스의 눈을 찔렀을 때[125] 그 눈이 "시즈"(σίζ)[126]라는 소리를 냈다고 호메로스를 인용했던 것이다.

[448] 다음으로 인간의 언어는 감탄사와 함께 형성된다. 그것은 격렬한 감정의 자극에 의해 야기된 명확하게 분절된 단어로서 모

123) Decimus Magnus Ausonius, *Techpoegnion*, 14. 17. 4세기 로마의 시인 아우소니우스의 이 구절에서 마지막의 "caelo"는 "사일로"와 같은 식으로 발음해야 앞의 "salo" 및 "solo"와 두운이 맞는다는 것이다.

124) Pseudo Longinus, *De sublimitate*, VIII.

125) 『오디세이아』, XI, 394.

126) 이와 비슷한 발음은 유럽어 권역에서 타서 끓어오르는 소리의 의성어로 사용된다. 영어의 "sizz"라는 동사는 "지글지글 끓다"라는 뜻이다.

든 언어에서 단음절이다. 최초의 번개가 사람들에게 놀라움을 불러일으켰을 때 유피테르의 외침이 인간의 음성에 의해 만들어진 감탄사를 낳게 되었으리라는 것은 대단히 개연성이 높다. 그 최초의 외침이 "파!"였는데, 그것이 이음절로 두 배가 되어 놀람을 뜻하는 감탄사 "파페!"로 남아 있게 되었다. 이러한 놀라움의 감탄사로부터 이후 인간과 신의 아버지라는 유피테르의 칭호가 태어나게 되었으며, 그리하여 곧 모든 신들은 "아버지"로, 모든 여신들은 "어머니"로 불리게 되었다. 라틴어의 이름 "이우피테르", "디에스피테르", "마르스피테르", "이우노 게니트릭스"와 같은 이름은 이렇게 나오게 되었다.[127] 물론 신화가 우리에게 말해주는 유노는 불임이긴 하다. 게다가 하늘의 다른 모든 신들과 여신들은 혼례를 치르지 않았다는 것을 우리는 안다. 베누스는 마르스의 "첩"이지 "아내"라고 불리지 않았다[579]. 그럼에도 불구하고 그들은 모두 "아버지"라고 불린다. 이에 대해서는 루킬리우스의 시구 몇 개가 있는데, 『보편법』의 주(註)에서 언급한 바 있다. 그들이 "아버지"라 불린 것은 "파트라레"(patrare)라는 말이 본래 갖던 "하다" 또는 "만들다"[128]라는 의미에서였음이 확실한데, 그것은 신의 고유한 능력이었다. 성서에서도 천지창조의 이야기에서 그 말이 나오는데, 일곱 번째 날에 신은 "끝마친 일로부터"(ab opere quod patrarat) 휴식

127) "이우피테르"와 "디에스피테르"는 "아버지 유피테르", "마르스피테르"는 "아버지 마르스", "이우노 게니트릭스"는 "어머니 유노"라는 의미이다.

128) 원문에는 "fare"라는 동사 하나로 되어 있지만, 그 두 가지 의미를 모두 포괄해야 하기에 불가피하게 본문처럼 번역했다.

을 취한다.[129] 그 말로부터 "임페트라레"(impetrare)라는 말이 나왔는데, 이것은 "임파트라레"(impatrare)[130]에 준하는 말이다. 이 말들은 점복에서 말하는 "임페트리레"(impetrire)와 같은 말인데, 그것은 "좋은 전조를 구하다"라는 것으로서, 그 어원에 대해 라틴어의 문법학자들의 수많은 설명은 의미가 닿지 않는다. 이것은 최초의 해석이란 전조를 통해 명해진 신의 법을 파악하려는 것으로서 그것은 "인테르파트라티오"라고 불려도 무방하다.[131]

[449] 인간적 자만이라는 자연적인 야심 때문에 가족 국가의 권력자들은 이렇듯 신성한 칭호를 탈취하여 스스로를 "아버지"라고 부르게 되었다. 어쩌면 이것이 최초의 권력자들이 스스로를 신으로 숭배받게끔 만들었다는 민간전승의 근거가 되었을지 모른다 [437]. 그렇듯 최초의 권력자들도 "신"이라 불리게 되었는데, 신성에는 마땅히 경건심이 뒤따르기 때문에 그러한 신성은 "죽지 않는 신"이라 불리게 되었다. 그것은 인간의 신인 "죽는 신"과 구별하기 위한 것이었다. 이러한 것으로부터 이 초기 거인들이 얼마나 조야했는지 확인할 수 있는데, 그 사례가 여행자들이 보고했던 파타고니아의 거인들이다[170]. 그 흔적은 고대 라틴어에서도 찾아볼 수 있다. 고대 라틴어의 "피풀룸"(pipulum)은 "불평", "피파레"(pipare)

129) 「창세기」, 2. 2.

130) 이 말은 "완성하다"는 뜻을 갖는다.

131) "해석"이라는 말은 "인테르프레타티오"인데 그것이 "인테르파트라티오", "아버지와 동급이 되다"라는 의미로부터 파생되었다는 것이다. 즉 해석하는 사람은 만든 사람과 같은 위치에 있다는 것이다.

는 "불평하다"라는 뜻인데, 그것은 탄식의 감탄사인 "피, 피"로부터 파생된 것이 확실하다. 플라우투스에게서 "피풀룸"은 〈12표법〉의 "옵바굴라티오"(obvagulatio)[132]와 같은 의미였는데,[133] 이 말은 어린아이의 울음을 가리키는 "바기레"(vagire)로부터 나왔음이 확실하다. "경탄"을 뜻하는 그리스의 단어 "파이안"(παιάν)도 두려움의 감탄사 "파이"(παί)로부터 생겨난 것이 확실하다. 이와 관련하여 아주 오래된 황금 같은 그리스의 민간전승이 있다. 그리스인들은 피톤이라 부르던 큰 뱀을 두려워하여 "이오 파이안"(ἰώ παιάν)이라 말하며 아폴론을 불러 도움을 청했다. 처음에 그들은 두려움에 휩싸여 천천히 그 말을 세 번 읊었지만, 그 뒤 아폴론이 나타나 피톤을 죽이자 그들은 그 말을 빨리 세 번 내뱉으면서 "이오 파이안"이라는 말 속의 "오메가"(ω)는 두 개의 "오미크론"(ο)으로 분리되었고 복모음 "아이"(αι)는 두 개의 음절이 되었다. 그리하여 최초의 강강격[134] 영웅시가 나왔는데, 그것이 뒤에 강약약격[135]으로 바뀌었다. 강약약격은 영웅시의 영원한 속성으로 남아 마지막을 제외한 모든 곳에서 운율이 그렇게 이루어진다.[136] 이러한 영웅시의 운율에 맞추어 가장 강렬한 감정의 자극 아래 노래가 자연적으로

132) 이 말은 "고함 소리"라는 뜻이다.

133) Titus Maccius Plautus, *Aulularia*, III, 2, 31.

134) 원어는 spondaico.

135) 원어는 dattilico.

136) 호메로스의 서사시는 "강약약격 육보율"(dactylic hexameter)로 이루어진다. 시행의 마지막 단어만 강약약격에서 벗어난다.

태어났는데, 공리에서 밝힌 것처럼[229] 사람들은 극도의 슬픔과 기쁨을 다름 아닌 노래에 넣어 위대한 감정을 부여하고 있는 것이다. 지금 말한 것은 노래와 시의 기원에 대해 논할 때[463] 많은 도움이 될 것이다.

[450] 다음으로 사람들은 대명사를 만들었다. 감탄사는 인간 고유의 감정을 발산시키기에 혼자서 표현할 수 있다. 그러나 대명사는 우리가 적절한 이름을 몰라 부르는 법을 알지 못하거나 다른 사람들이 이해하지 못하는 사물에 대해 우리의 생각을 다른 사람들과 소통하려 할 때 사용한다. 모든 언어에서 대명사는 거의 모두가 단음절이다. 최초의 대명사, 혹은 최소한 초기의 대명사 중 하나가 다음과 같은 엔니우스[137]의 금과옥조에 남아 있다.

> 장엄한 이것이 빛나는 것을 보라
> 모든 이들이 유피테르라 부르는 이것이.
> Aspice hoc sublime candens,[138]
> quem omnes invocant Iovem.

여기에서 "이것"(hoc)은 "하늘"을 대신한 것이며, 그것은 "이제

137) Quintus Ennius(BC 239~BC 169)는 고대 로마의 시인이었다.

138) 니콜리니는 엔니우스의 『비가』에 나오는 이 시구에서 비코가 "candens"를 "cadens"로 오기했다고 지적하고 있다. 따라서 본문에서는 "candens"로 바로잡고 그에 맞추어 번역했다. 비코의 인용을 그대로 번역하면 "장엄한 이것이 내려앉는 것을 보라"가 된다.

이것이 밝아진다"(Luciscit hoc iam)[139]라는 민중 라틴어에도 남아있다. 이 표현은 "하늘이 밝아진다", 즉 "동이 튼다"(albescit caelum)라는 말을 대체한 것이다. 그리고 관사는 태생적으로 그들이 부착된 명사의 앞에 온다는 불변의 특징을 갖는다.

[451] 다음으로는 불변화사[140]가 만들어졌는데, 그 대부분은 전치사로서 거의 모든 언어에서 단음절이다. 전치사는 그 이름 속에 다음과 같은 불변의 특징을 보존하고 있다. 즉 전치사는 그것이 필요한 명사나 그것과 함께 숙어를 만드는 동사의 앞에 온다는 것이다.

[452] 서서히 명사가 만들어졌다. 이것에 대해서는『새로운 학문』초판본의 '라틴어의 기원'이라는 장절에서 다룬 바 있다. 거기에서 우리는 라티움에서 만들어진 수많은 명사들을 나열하였는데, 그것은 숲속부터 시작하여 농촌을 거쳐 초기의 도시에 이르기까지 라티움 주민들의 생활에 바탕을 둔 것으로서, 모두가 단음절이고 외래어의 흔적은 없다. 단, 그리스어의 흔적도 거의 없지만 "황소"를 뜻하는 "보우스"(βοϋς), "돼지"를 뜻하는 "수스"(σϋς), "쥐"를 뜻하는 "무스"(μϋς)와 라틴어에서는 "방책(防柵)"을 그리스어에서는 "뱀"을 가리키는 "세프스"(σήψ)라는 네 개의 단어만은 예외이다[550]. 이 장절은 그 초판본에서 내가 성취를 이루었다고 생각하는 세 가지 가운데 두 번째이다[445]. 왜냐하면 그것은 외국

139) Titus Maccius Plautus, *Amphitryon*, I, 3, 45.
140) 원어는 particelle.

의 언어를 연구하는 학자들로 하여금 그 어원을 추적하는 데 도움이 될 사례를 제공함으로써 학문의 공화국에 대단히 큰 결실을 가져다줄 것이기 때문이다. 예컨대 독일은 외국 민족의 침입을 받은 적이 결코 없었기 때문에 독일어는 그 근본이 모두 단음절이라는 것이다. 또한 명사가 동사보다 먼저 태어났다는 것은 다음과 같은 변치 않는 속성에 의해 확인된다. 즉 표현되었든 함축적이든 명사를 주어로 하여 시작하지 않는 문장은 없다는 것이다.

[453] 마지막으로 언어의 창안자들은 동사를 만들었다. 그것은 어린아이들이 동사는 말하지 않고 명사와 불변화사만을 말하는 경우가 많다는 사실로 짐작할 수 있다. 명사는 흔적을 남겨놓는 관념을 일으킨다. 불변화사는 그러한 관념을 한정시키기에 똑같은 일을 하는 셈이다. 반면 동사는 움직임을 의미하는데 움직임에는 전과 후[141]가 있고 그것은 현재라는, 철학자들조차 이해하기가 대단히 어려운 불가분한 것에 의해 측정된다. 이러한 고찰을 잘 확인시켜주는 의학적 사례가 있다. 주변에 한 신사가 살고 있는데, 심각한 뇌졸중의 발작을 겪은 뒤 그는 명사는 발설하지만 동사는 완전히 망각했다는 것이다.

다른 모든 동사들의 일반적인 범주가 되는 동사들은 명령형으로부터 시작했을 것임이 확실하다. 여기에는 존재라는 범주의 "숨"(sum)이 있는데 형이상학적 대상을 포함하는 모든 본질은 이것으로 환원된다. 정지라는 범주의 "스토"(sto)와 운동이라는 범주의

141) 즉 과거와 미래.

에오(eo)로는 모든 물리적 대상이 환원된다. 도덕적이든 경제적이든 사회적이든 인간 행위의 모든 대상은 "도"(do), "디코"(dico), "파키오"(facio)로 환원된다.[142] 언어가 극도로 빈곤했던 가족 국가에서는 가부장만이 자식과 예속민들에게 말하고 명령을 내릴 수 있었다. 앞으로 살펴볼 것이지만[582], 그들은 가부장의 권위에 대한 두려움 속에 그 명령을 침묵 속에 맹종하며 따라야 했다. 그러한 명령형은 모두가 단음절로서, "에스"(es), "스타"(sta), "이"(i), "다"(da), "디크"(dic), "파크"(fac)와 같이 남아 있다.[143]

[454] 언어가 단음절로부터 발생했다는 사실은 이른바 보편적 본성의 원리와 상응하는데, 어떤 사물을 구성하거나 분해했을 때 나타나는 기본적 요인은 모두가 더 이상 나누어지지 않는다는 것이다. 그것은 특히 인간 본성의 원리와도 상응하는데, 그것은 "현재 수많은 분절된 언어 속에서 갓 태어난 아이들이 그 언어로 말하기에 필요한 유연한 기관 조직을 갖고 있음에도 단음절어로 말을 시작하는 것처럼 언어는 단음절어로 시작하였음이 확실하다"는 공리[231]를 가리킨다. 이것은 민족들 초기의 인간들에게 더욱 잘 맞아 들어가는데, 그들의 발성 기관은 극도로 경직되어 있으며, 아직 인간다운 말을 들어보지 못했기 때문이다. 우리가 논한 것은 말의 여러 부분들이 태어난 순서를 제시하기 때문에 결과적

---

142) 이 문장의 동사들은 모두 1인칭 현재형으로서 순서대로 I am, I stay, I go, I give, I say, I make와 같이 번역될 수 있다.

143) 순서대로 be, stay, go, give, say, make라는 동사의 명령형이다.

으로 구문론의 자연적인 근거가 되기도 한다.

[455] 우리가 논한 이 모든 것들은 율리우스 카이사르 스칼리제르와 프란시스코 산체스[144]가 라틴어와 관련하여 제기했던 것보다 훨씬 더 논리적으로 보인다. 그들은 마치 최초의 민중이 아리스토텔레스의 학교에 가서 언어를 공부했던 것처럼 아리스토텔레스의 원리로부터 논지를 풀어나갔던 것이다.

제5장
시적 문체, 에피소드, 도치법, 운율, 노래와 시의 기원에 관한 추론

[456] 이런 방식으로 민족들마다 시적 언어를 형성하였다. 그것은 처음에 신성하고 영웅적인 문자[145]로 구성되었다가, 다음에는 민중어로 표현되었다가, 마지막으로는 민중 문자[146]로 기록되었다. 그것은 언어의 빈곤과 표현의 필요성 때문에 태어났다. 그것은 시적 문체의 기본적인 장치에 의해 증명되는데, 거기에는 생생한 표현, 이미지, 직유, 비유, 은유, 완곡어법, 자연적 속성을 통해 사물을 표현하는 법, 가장 미세하거나 가장 감각적인 효과로부터

144) Francisco Sanchez(1523~1600)는 에스파냐의 고전학자였다.

145) 신화, 서사시, 상형문자를 가리킨다.

146) 알파벳을 사용한 문자를 가리킨다.

이끌어낸 묘사, 그리고 마지막으로 감정이입을 통한 부가어나 장황한 부가어 같은 것들이 있다.

[457] 에피소드[147]는 초기 영웅들의 조야한 정신 때문에 생기는데, 그들은 제기된 문제의 특성을 끈질기게 다루는 법을 알지 못했기 때문이다. 바보나 여성들의 경우가 그러하다.

[458] 도치법은 문장을 동사로 완성시키지 못하는 어려움 때문에 발생했는데, 이미 살펴보았던 것처럼[453] 동사는 가장 늦게 만들어졌던 것이다. 따라서 가장 창의력이 뛰어났던 그리스인들은 로마인들보다 말의 도치를 적게 했고, 로마인들은 독일인들보다 적었다.

[459] 산문의 운율은 작가들이 뒤늦게야 이해하기 시작해, 그리스에서는 레온티니의 고르기아스[148]에서, 로마에서는 키케로로부터 비롯된다. 키케로 자신이 밝히듯[149] 그들 이전에 작가들은 시의 운율을 사용하여 연설에 운율을 부여했다. 이 사실은 잠시 뒤 노래와 시의 기원을 논할 때[461] 큰 도움이 될 것이다.

[460] 인간 본성의 필요성에 의해 보편적 상상력인 신화가 이성적 또는 철학적 보편보다 먼저 태어났듯, 시적 문체가 산문의 문체보다 먼저 태어났다는 것은 앞선 논의로 증명된 것으로 보인다. 이성적 보편은 산문체의 언어를 매개로 태어났다. 왜냐하면 앞서

147) 중요한 주제로부터 벗어난 이야기를 가리킨다.

148) Gorgias(BC 480?~BC 385?)는 그리스의 수사학자였다.

149) Marcus Tullius Cicero, *De oratore*, 3.44.173.

충분히 논증했듯 시인들이 여러 관념을 서로 간에 연관시킴으로써 시적 이야기를 만들어낸 이후에 민중은 그 시적 이야기를 구성하였던 말들을 하나의 단어로 환원시킴으로써 산문을 만들게 되었기 때문이다. 그것은 마치 그 말들을 하나의 일반적인 개념으로 환원시킨 것과 비슷했다. 다음 시구를 예로 들어 살펴보자. "피가 나의 가슴 속에서 끓는다"(Mi bolle il sangue nel cuore). 이 문구는 모든 인류에게 자연적이고 영원하고 보편적인 속성을 통한 표현이다. 시를 구성하였던 세 가지 말인 "피"와 "끓음"과 "가슴"을 민중은 한 단어로 환원시켜 마치 일반적인 개념인 것처럼 만들었으니, 그리스인들은 그것을 "스토마코스"(στόμαχος), 라틴인들을 "이라"(ira), 이탈리아인들은 "콜레라"(collera)라고 불렀다[935]. 이와 비슷한 단계를 따라 상형문자와 영웅적 문자[150]로부터 몇몇 민중 문자가 만들어졌다. 그것은 마치 무수히 다양하게 분절된 음성들을 하나의 일반적 개념으로 통합시키는 것과 비슷한 것으로서, 완벽한 재능을 필요로 하는 쾌거였다. 말과 글 모두의 민중적인 일반 개념을 통해 사람들의 정신은 더 민활해져 추상의 능력을 형성하게 되었고, 뒤에 그것으로부터 철학자들이 출현할 수 있게 되었는데, 그들이 지적인 일반 개념을 만들었다. 지금까지 말한 것은 관념의 역사의 일부분에 불과하다. 말의 기원을 글의 기원과 같은 맥락에서 추적하기 위해서는 이 정도로 충분할 것이다.

[461] 시와 노래에 대해서는 공리에서[228] 제시한 바 있다. 즉

150) 구체적으로는 귀족 가문의 문장(紋章)을 가리킨다.

인간은 처음에 벙어리였기 때문에 처음에는 모음으로 노래했던 것이 확실하다. 이후 그들은 말더듬이처럼 분절된 자음으로 발성을 했지만 여전히 노래를 통한 발성이었다. 이러한 민중 최초의 노래는 언어마다 남아 있는 복모음에서 큰 증거를 찾을 수 있다. 복모음은 처음에 숫자가 훨씬 많았을 것이다. 공리에서 고찰했던 것처럼[159] 시의 시대에서 민중어의 시대로 빠른 속도로 지나갔던 그리스인들과 프랑스인들은 복모음을 대단히 많이 남겨놓았다. 이러한 현상에 대한 이유는 모음이란 만들기 쉽지만 자음은 어렵다는 사실에 있다. 이미 살펴봤던 것처럼[230] 최초의 우둔한 인간은 아주 격렬한 감정을 느끼면서 발설하게 되었을 것임이 확실하며, 그것은 자연적으로 아주 큰 목소리로 표현되었을 것이다. 그리고 앞의 공리에서 인용했던 것처럼[229] 인간이 목소리를 크게 높일 때 복모음과 노래로 발설한다는 것은 자연이 정한 이치이다. 따라서 조금 앞서 논증했던 것처럼[459] 최초의 그리스인들은 신의 시대에 복모음 “파이”(παί)로 강강격 영웅시를 만들었는데, 거기에는 자음보다 모음이 두 배 더 사용되었던 것이다.

[462] 또한 민족들마다 처음에는 노래도 발음을 하기가 어려웠다는 사실로부터 자연적으로 발생하였는데, 그것은 원인은 물론 결과로부터도 증명할 수 있다. 원인부터 말하자면, 최초의 인간들에게는 분절된 음성을 위한 발성 기관의 조직이 경직되어 있었고, 그들이 발성할 수 있는 단어의 수도 매우 적었다. 반면 유연한 조직을 갖고 있는 수많은 단어 속에서 태어난 오늘날의 어린이들도 공리에서 말했던 것처럼[231] 자음을 발음할 때에는 큰 어려움을

겪는다. 중국인들은 3백 개를 넘지 않는 음절만을 갖고 있기 때문에 그것을 음정과 박자에 따라 다양하게 변화시켜 그들의 민중 문자의 12만 개에 달하는 상형문자와 상응시키며 노래하듯 말한다.

결과에 대해 말하자면, 이탈리아의 시에서는 단어를 단축시킨 예를 무수하게 관찰할 수 있다. "라틴어의 기원"에서 우리는 그렇게 단축시킨 단어들이 시간이 경과하며 길게 바뀐 예를 많이 제시했다.[151] 단어의 반복과 중복으로부터도 발음하기가 어려운 이유를 찾을 수 있다. 예컨대 공리에서 제시했던 것처럼(228) 말더듬이는 어떤 단어가 발음하기 어려울 때 그것을 쉽게 노래 부를 수 있는 음절로 대체하는 것이다. 나의 시대에도 이런 언어 장애가 있는 탁월한 테너가 있는데, 그는 발음에 어려움을 겪는 단어도 아름다운 노래로 부르면서 발음하는 것이다. 확실히 아랍인들은 거의 모든 단어를 "알"로 시작한다. 훈족이 그런 이름으로 불리는 것은 그들이 말을 시작할 때 "훈"이라는 발음으로 시작하기 때문이라는 말도 있다. 마지막으로, 언어가 노래로부터 시작했다는 것은 우리가 방금 말했던 사실로 증명된다. 즉 고르기아스와 키케로 이전에 그리스와 라틴의 산문 작가들은 시와 거의 비슷한 운율을 사용했다[459]. 중세, 돌아온 야만의 시대에는 로마 교회의 교부들도 그와 비슷한 일을 했다. 그리스의 교회에서도 비슷한 일이 있었는데, 그 결과로 그들의 산문은 성가와 비슷하게 바뀌었다.

[463] 앞서 논증했던 것처럼[449] 최초의 시는 영웅시대에 영웅

---

151) Vico, *Opere*, III, 369f.

의 언어에 적합하게 태어났음이 확실하다. 두려움과 즐거움이라는 가장 격렬한 감정으로부터 태어난 그 장엄한 시가 영웅시였는데, 그것은 극도로 동요된 감정만을 다루었다[449]. 그렇지만 영웅시에 처음에 사용된 강강격은 민간전승이 말하는 것처럼 피톤에 대한 큰 공포로부터 태어난 것이 아니다. 왜냐하면 그러한 종류의 동요된 감정은 생각과 말을 늦추기보다는 빠르게 하기 때문이다. 따라서 라틴어에서 "불안정함"을 뜻하는 "솔리키투스"(solicitus)와 "서두름"을 뜻하는 "페스티난스"(festinans)는 두려움이라는 의미를 갖는다. 앞서 논했던 것처럼[454] 영웅시가 처음에 강강격으로 태어난 것은 오히려 민족 창시자들 정신의 우둔함과 언어의 경직성 때문이었다. 그 결과로 영웅시는 마지막 행에서만 강강격을 계속하여 유지하고 있는 것이다. 그 뒤 정신과 언어가 민활해지면서 강약약격이 도입되었다. 그 이후 정신과 언어가 더욱 민첩해지면서 약강격이 태어났는데, 그 기원에 대해 두 개의 공리[232, 233]에서 말했듯 호라티우스는 그것을 "빠른 운율"이라고 불렀다. 마지막으로 정신과 언어가 가장 민첩한 상태에 도달했을 때 산문이 출현했다. 이미 살펴본 것처럼[460] 산문은 지적인 일반 개념을 통해 말한다. 약강격의 시는 산문에 가장 가까워서 산문 작가들은 무심결에 약강격에 빠져들기도 했다. 이렇듯 공리에서 확인했던 것처럼[234, 240] 노래는 민족들 사이에서 말과 생각이 빨라지는 것과 같은 속도로 시로 바뀌어갔다.

[464] 이러한 철학적 논리는 역사에 의해 확인되는데, 공리에서 제시했던 것처럼[381],[152] 역사는 신탁과 무녀보다 더 오래된 것이

없다고 말한다. 그런 이유에서 대단히 오래된 사물을 가리키는 다음과 같은 말이 있다. "그것은 무녀보다 더 오래되었다." 무녀는 모든 초기 민족에 널리 퍼져 있었으며, 12명이 지금까지 전해져 내려온다. 무녀가 영웅시로 노래했다고 하는 민간전승이 있으며, 모든 초기 민족들마다 신탁에 대한 대답은 영웅시로 주어졌다고 한다.[153] 그리스인들은 그러한 시를 "피티아"라고 불렀는데, 그것은 델포이에 있는 유명한 아폴론 신전의 피티아 신탁으로부터 그렇게 불리게 되었다는 것이다. 그것은 피톤이라 불리던 뱀을 죽인 일에서 비롯되는데, 앞서 이야기했던 것처럼[449] 여기에서 최초의 강강격 시가 태어났다. 페스투스가 확인시켜주듯 라틴인들은 그것을 "사투르누스의 시"라고 불렀다. 그것은 이탈리아에서 사투르누스의 시대에 태어난 것이 확실하다. 그 시대는 그리스의 황금시대에 해당한다. 그 시대에 아폴론은 다른 신들과 마찬가지로 땅 위에서 사람들과 접촉했다. 그리고 페스투스에 따르면, 엔니우스는 이탈리아의 파우누스들이[154] 사투르누스의 시를 통해 예언 또는 신탁을 전했다고 말한다. 앞서 이야기했던 것처럼 그리스에서는 이 시가 6보율로 읊어졌다. 그렇지만 그 뒤 "사투르누스의 시"는 약강격의 3보율, 즉 세나리우스에 적용되었는데, 어쩌면 이 시

152) 공리라기보다는 "시적 형이상학"에 대한 장절이다.

153) 여기에서 말하는 "영웅시"는 "서사시"를 가리키는 것이기에, Bergin과 Fisch는 그 대답이 호메로스 서사시의 기본적인 운율인 6보율로 이루어졌다고 의역했다.

154) 반인 · 반양의 숲의 신.

기에 이르면 예전에 사투르누스의 영웅시로 말하는 것만큼이나[155] 사투르누스 약강격으로 말하는 것이 자연스럽게 여겨졌기 때문일 것이다.

[465] 오늘날 히브리어 학자들은 히브리의 시가 보격으로 구성되어 있는지 아니면 단지 박자로 구성되어 있는지 견해가 나뉘고 있다. 실로 요세푸스, 필론, 오리게네스, 에우세비우스 등은 보격을 옹호하는 데 반해, (우리의 전제와 일치하는) 히에로니무스는 「모세 5경」보다 오래되었다고 주장하는 「욥기」의 제3장의 시작부터 42장의 끝까지 영웅시[즉 강약약]의 박자로 구성되어 있다고 주장한다.

[466] 문자를 모르던 아랍인들은 이름이 확인되지 않은 『학문의 불확실성』의 저자[156]가 언급하듯[442] 아랍인들이 그리스 제국의 동쪽 지역을 침범했을 때까지 그들의 시를 암송함으로써 언어를 보존했다.

[467] 이집트인들은 죽은 자들에 대한 기억을 '시린지'라 부르던 기둥에 시로 적었는데, 그 이름은 "노래"라는 뜻의 "시르"(sir)로부터 왔다. 의심의 여지없이 노래로 유명한 여신 "세이렌"의 이름도 여기에서 유래한다. 오비디우스는 요정 시링크스도 마찬가지로 아름다움과 노래 때문에 유명하다고 말한다.[157] 그러한 어원을 감안하면 시리아인들과 아시리아인들도 처음에 시로 말을 했을 것

155) 즉 강약약격 6보율.

156) 이 익명의 저자는 영국인 토머스 베이커였다.

157) Publius Ovidius, *Metamorphoses*, I,. 690.

임이 확실하다.

[468] 확실히 그리스 문명의 창시자들은 신학적 시인이었고, 영웅이었으며 영웅시로 노래했다.

[469] 이미 살펴본 것처럼[438] 라틴어 최초의 작가는 신성한 시인인 살리였다. 단편적으로만 남아 있는 『살리의 찬가』는 영웅시의 풍미가 있는 것으로서 가장 오래된 라틴어의 기념비이다. 고대의 로마인들은 승리를 거둘 경우 그 기억을 영웅시의 어조로 남겨놓았다. 루키우스 아이밀리우스 레길루스의 "위대한 전투를 끝내고 왕들을 복속시키면서"(Duello magno dirimendo, regibus subiugandis)[158]라는 시구가 그 예이다. 아킬리우스 글라브리오의 "막강한 군대를 약탈하고 분산시키고 파멸시켰다"(Fudit, fugat, prosternit maximus legiones)[159]는 또 다른 예이다. 다른 승리자들에 대한 시도 많다. 〈12표법〉의 단편들도 자세히 검토해보면 조항들 대부분이 아도니스 운으로 끝나는데, 그것은 영웅시의 마지막을 이루는 운이었다.[160] 『법률론』에서 키케로는 그것을 모방했던 것이 확실한데, 그 책은 다음과 같이 시작한다. "정결하게 신에 다가가,/ 경건함을 보이라"(Deos caste adeunto./ Pietatem adhibento).[161]

---

158) 레길루스는 기원전 2세기 로마의 집정관이었다. 이 내용은 Titus Livius, *Ab Urbe Condita Libri*, XL, 52를 참조할 것.

159) 글라브리오는 기원전 2세기 로마의 집정관이었는데 이 내용은 다음에서 확인할 수 있다. Cesio Basso, *Grammatici latini*, VI. 265.

160) 호메로스의 서사시는 강약약격의 6보율이지만, 마지막의 운은 강약약격이 아니라 강강격을 이룬다. 아도니스 운은 그것이 약간 변형된 것이다.

161) Marcus Tullius Cicero, *De legibus*, 2.8.19.

그리하여 바로 그 키케로가 언급하듯 다음과 같은 로마인들의 관습이 출현하게 된 것이 확실하다. 즉 어린아이들은 "마치 필수적인 노래처럼"(tanquam necessarium carmen) 그 법을 노래함으로써 〈12표법〉을 배운다는 것이다. 아일리아누스는 크레타 섬 아이들의 경우도 똑같다고 말했다.[162]

앞서 고찰했듯[459] 레온티니의 고르기아스가 그리스에서 산문의 운율을 만들었듯 로마에서는 키케로가 산문의 운율을 만들었다. 그는 심각한 논지를 전달하는 산문 속에서 낭랑한 시의 운율을 피했을 뿐만 아니라 시 중에서 산문에 가장 가까운 약강격까지도 피했다. 그는 친밀한 편지에서조차 약강격으로 쓰는 것에 대해 경계했다.[163] 따라서 키케로가 『법률론』에서 운문을 사용한 방식은 법과 관련된 다음의 네 가지 민간전승과 부합해야 했던 것이다. 먼저 플라톤에 따르면 이집트인들의 법은 여신 이시스의 시였다.[164] 다음으로 플루타르코스에 따르면 스파르타인들에게 글 쓰는 법을 아는 것을 금지시킨 법을 포함하여 리쿠르고스의 법은 운문으로 되어 있다. 세 번째로 티레의 막시무스에 따르면 유피테르가 미노스에게 주었다는 법은 운문으로 되어 있다.[165] 마지막으로 『수이다스』에 따르면, 드라콘은 아테네인들에게 시로 된 법을 부여했다

---

162) Claudius Aelianus, *Varia Historia*, 2. 39.

163) Marcus Tullius Cicero, *De oratore*, III, 47.

164) Platon, *De Legibus*, 637 a.

165) Maximus of Tyre, *Orazioni*, XII, 7. 티레의 막시무스(BC 125?~BC 85)는 그리스의 소피스트였다.

는 것이다. 또 다른 민간전승은 그것이 피로 쓰여 있었다고 전한다.

[470] 이제 법으로부터 역사로 돌아가자. 타키투스는 『게르마니아』에서 고대 게르만인들은 그들 역사의 기원을 운문으로 보존하고 있다고 말했으며,[166] 또한 립시우스는 그 문장에 대한 주해에서 아메리카 인디언에 대해 같은 내용을 말하고 있다.[167] 게르만족은 로마인들에게만 상당히 늦게 알려졌고, 아메리카 인디언은 우리 유럽인들에 의해 두 세기 전에야 발견되었다. 따라서 그 두 사례는 고대와 현대의 모든 미개 민족에 대해 동일한 추론을 할 수 있으리라는 강력한 논지를 제공한다. 추론은 차치하고 고대의 페르시아인들과 새로 발견된 중국인들도 그들 초기의 역사를 운문으로 썼다. 여기에서 다음과 같은 중요한 고찰을 하도록 하자. 만일 초기 민족이 법을 통해 확립되었고, 법은 모든 민족에게서 운문으로 제정되어 그들의 초기의 관심사가 운문으로 보존되었다면 초기의 민중이 시인이었다는 결론이 필연적으로 뒤따른다.

[471] 이제 우리는 시의 기원에 대해 제기했던 논지로 되돌아간다. 페스투스에 따르면 엔니우스 이전에도 나이비우스가 카르타고 전쟁을 영웅시로 기술했다고 한다. 그리고 최초의 라틴 작가였던 리비우스 안드로니쿠스는 고대 로마인들의 연대기를 포함하고 있는 영웅시인 『로마니다이』(*Romanidae*)를 썼다. 중세, 돌아온 야만

---

166) Cornelius Tacitus, *Germania*, 제2장.

167) 립시우스(1547~1606)는 플랑드르의 고전학자로서 타키투스의 전집을 편찬했다. Justus Lipsius, *Cornelii Tacitii opera*, 1668.

의 시대에 라틴의 역사가들은 군터,[168] 아풀리아의 굴리엘모[169] 등등과 같은 영웅 시인들이었다. 이미 살펴보았던 것처럼[438] 유럽의 새로운 언어 최초의 작가들은 운문 작가들이었다. 거의 농부들로 이루어진 지역인 독일어권의 슐레지엔에서도 민중은 타고난 시인이었다. 그리고 일반적으로 독일어는 자체의 영웅적 기원을 너무도 완전하게 보존하고 있기 때문에 아담 레헨베르크는 그리스어의 복합어는 특히 시에서 독일어로 쉽게 번역이 된다고 단언했지만, 그 원인에 대해서는 알지 못했다.[170] 베르네거는 그 말들의 목록을 정리했고,[171] 그 뒤 게오르크 크리스토프 파이스커는 더욱 공을 들여 『그리스어와 독일어의 유사 언어 색인』으로 확대시켰다.[172] 고대의 라틴어는 그 나름대로 단어 전체를 결합시켜 만

---

168) 군터(Gunther, Guntherus Cisterciensis)는 독일의 수도승으로서 『프리드리히 바바로사의 행적에 관한 영웅시』(*Carmen heroicum de rebus a Friderico Barbarossa gestis*)의 저자로 알려져 있다.

169) 아풀리아의 굴리엘모(Gulielmus Appulus)는 12세기의 시인으로서 『이탈리아의 노르만인들의 행적』(*De gestis Normannorum in Italia*)의 저자로 알려져 있다.

170) 독일의 그리스학자 레헨베르크(Adam Rechenberg, 1642~1721)는 스웨덴의 철학자 로렌츠 잉게발트 엘링(Lorenz Ingewald Eling)이 라틴어로 쓴 『그리스 언어의 역사』(*Historialinguae graeca*)(1691)의 서문에서 그렇게 말했다.

171) 오스트리아의 역사가 마티아스 베르네거(Mathias Bernegger, 1582~1640)는 갈릴레오의 저작을 번역했다. 이 목록은 다음에 나온다. *Ex Cornelii Taciti "Germania" et "Agricola" quaestiones miscellaneae*(1640).

172) 17세기 독일의 문헌학자 파이스커의 이 색인의 정확한 제목은 다음과 같다. Georg Christoph Peisker, *Index de vernacula et rerum germanicarum significatione pro graecae et germanicae linguae analogia*(Leipzig, 1683).

든 복합어의 사례를 많이 남겨놓았는데, 시인들은 그들의 특권으로서 이 사례들을 계속하여 사용했다. 이미 논증했던 것처럼[452] 모든 고대의 언어에서 명사가 먼저 만들어지고 그 뒤에 동사가 형성되었기 때문에 동사의 빈약함을 명사와 결합시켜 보완하기 위해 복합어가 만들어지는 것은 모든 최초의 언어에 공통적인 특징이었음이 확실하다. 이것이 모르호펜이 『독일어와 독일시 개설』에서 논했던 원리였음은 확실하다.[173] 이것은 우리가 다음 공리에서 말했던 것[153]의 증거가 될 것이다. "독일어의 학자들이 이 원리를 적용시켜 그 기원을 찾으려고 한다면 놀랄 만한 발견을 하게 될 것이다."

[472] 지금까지 논했던 것들을 통해 산문이 먼저 생기고 운문이 나중에 생겼다고 주장하는 문법학자들의 공통적인 잘못은 확실하게 논박되는 것으로 보인다[409]. 그리고 시의 기원을 찾음으로써 우리는 말과 글의 기원도 찾을 수 있다.

173) Georg Daniel Morhofen, *Unterricht von der teutschen Sprache und Poesie* (Kiel, 1682).

제6장
처음에 제기했던 문제들에 대한 그 밖의 추론

I

[473] 말과 글이 태어나면서 법도 태어났다. 라틴인들은 법을 "이오수스"라 불렀고 그리스인들은 "디아이온"(διαϊον)이라 불렀다. 앞서 설명했던 것처럼[398] 그것은 "디오스"(Διός)라고 부르던 "하늘"을 뜻했다. 거기에서 라틴어의 "숩 디오"(sub dio)라는 말이 나왔다. 그것은 "숩 이오베"(sub Iove)와 같은 뜻인데, "열린 하늘 아래에서"라는 뜻이다. 플라톤이 『크라틸로스』에서 말하듯 "디아이온"은 훗날 발음의 편의를 위해 "디카이온"(δίχαιον)이 되었다. 초기의 모든 민족들은 보편적으로 하늘을 유피테르의 모습처럼 받들었으며 전조를 신의 조언이나 명령이라고 믿었기 때문에 하늘로부터 법을 받아들였다. 이것은 모든 민족이 신의 섭리에 대한 믿음 아래 태어났다는 사실을 증명한다.

[474] 그 사례를 나열하자. 칼데아인들에게 유피테르는 하늘이었다. 왜냐하면 그들은 별들의 위치와 운동으로 미래를 예견할 수 있다고 믿었기 때문이다. 그들에게는 별에 관한 두 개의 학문이 있어 각기 "천문학"과 "점성술"이라고 불렀는데, 천문학은 별들의 운동에 대한 법칙을 다루고 "점성술"은 별들의 언어를 다룬다. 별들의 언어란 별로 점을 치는 "사법적 점성술"이라는 뜻이다. 이런 맥락에서 로마법에서는 아직도 "점성술 재판관"을 "칼데아인들"이

라고 부른다[60].

[475] 하늘이 인간에게는 숨겨진 사물을 뜻했던 만큼 페르시아인들에게도 유피테르는 하늘이었다. 그들은 그 숨겨진 사물에 대한 지식을 잘 아는 사람들을 "마기"라고 불렀고, 그 학문은 "마지아" 즉 "마술"이라고 불렀다.[174] 그중 허용된 마술은 자연 속에 숨겨진 경탄스러운 힘을 다루는 자연적 마술이고, 금지된 마술은 초자연적인 것으로서 이런 의미에서 "마고" 즉 "요술사"는 "마법사"[또는 "마녀"]라고 불렀다. 마기는 로마의 점복관들의 지팡이와 같은 막대기를 사용하여 천문학자들의 궤도를 지시했다. 훗날 마법사들은 그들의 마법에 그 막대기와 궤도, 즉 원을 사용했다. 페르시아인들에게 하늘은 유피테르의 신전이었다. 그러한 종교에 따라 키로스왕[175]은 그리스인들이 만든 신전을 파괴했던 것이다.

[476] 이집트인들이 하늘이 달 아래의 사물들에 영향을 끼치고 미래를 예견해준다고 믿었던 것만큼 그들에게도 유피테르는 하늘이었다. 그리하여 그들은 유피테르의 상을 특정한 신전에 세움으로써 하늘의 영향을 고정해둘 수 있다고 믿었으며,[176] 오늘날까지

174) "마지아"는 영어의 magic, 즉 마술이나 마법을 가리킨다.

175) 키로스 왕이 아니라 크세르크세스 왕이었다.

176) 이탈리아어에서 "시간"을 가리키는 tempo와 "신전"을 가리키는 tempio는 복수형이 tempi로 똑같다. Bergin과 Fisch는 본문의 tempi를 시간의 복수형으로 번역하였고 새로운 영역본도 그것을 따랐다. 그것은 독일어 번역본도 마찬가지이다. 그러나 그럴 경우 그 뒤에 이어지는 문장과 어울리지 않아 결국은 어색한 번역으로 끝났다. "신전"으로 번역할 경우 "신의 영향을 고정시킨다"라는 문장과 호응한다.

도 민중적인 점복술이 보존되어 있다.

[477] 전술하였던[391] 테오레마타와 마테마타가 하늘에 기원을 두고 있다고 생각했던 것만큼 그리스인들에게도 유피테르는 하늘이었다. 그들은 테오레마타와 마테마타가 육체의 눈으로 관조하고 유피테르의 법처럼 따르고 준수해야 하는 신성하고 장엄한 것이라고 믿었다. 로마법에서는 점성술 재판관을 "수학자"라고 부른다. 그것은 마테마타로부터 따온 이름이다.

[478] 로마인들과 관련해서는 다음의 엔니우스의 시구가 잘 알려져 있다.

> 장엄한 이것이 빛나는 것을 보라
> 모든 이들이 유피테르라 부르는 이것이.
> Aspice hoc sublime candens,
> quem omnes invocant Iovem.

여기에서 대명사 "이것"은 전에 말했던 것처럼[450] "하늘"을 의미한다. 또한 앞서 말했던 것처럼[391] 점복관이 지팡이로 구획하는 그 하늘 쪽을 그들은 "하늘의 관자놀이"(templa coeli)라고 불렀다. 그리하여 라틴인들에게 "신전"(templum)은 모든 방향이 트여 있어서 전망에 아무런 장애가 없는 장소를 가리키게 되었다. 그리하여 "엑스템플로"(extemplo)[177]라는 말은 "즉시"라는 의미를 갖게

177) "신전으로부터"라는 의미를 갖는다.

되었고, 베르길리우스는 고전적인 방식으로 바다를 가리켜 "넵투누스의 신전"이라고 말했던 것이다.[178]

[479] 타키투스에 따르면 고대 게르만인들은 신성한 장소에서 그들의 신을 경배하였는데, 그곳을 타키투스는 "신성한 숲"(lucos et nemora)[179]이라고 불렀다. 이곳은 나무들로 가려진 숲속의 개간지였음이 확실하다. 교회는 이러한 관행을 폐지하려고 큰 공을 들였는데, 부르카르두스가 남긴 『법령집』[180]에 수록된 낭트 평의회[181]와 브라가 평의회[182]로부터 그 내용을 확인할 수 있다. 오늘날에도 라플란드와 리보니아에는 그 흔적이 남아 있다.

[480] 페루인들에게[183] 신은 절대적인 "장엄자"라고 불렸다. 그의 신전은 하늘을 향해 열려 있고, 양쪽으로 높은 계단을 통해 올라갈 수 있는 언덕 위에 있는데, 그 위용은 높이에서 온다. 이렇듯 모든 곳에서 신전의 위용은 그 불균형적인 높이에서 오는 것이다. 그러한 신전의 벽공을 파우사니아스[184]는 우리의 목적에 너무

178) Maro Publius Vergilius, *Aenaeas*, VIII, 695.

179) 엄밀하게 말하자면 "숲과 관목"을 가리킨다.

180) 부르카르두스(965?~1026)는 보름스의 주교였다. Burchardus, *Decretorum libri XX*.

181) 니콜리니는 낭트 평의회가 아니라 412년에 열렸던 아를 평의회였다고 지적한다. 그렇지만 그것은 비코의 잘못이 아니라 비코가 읽었던 전거 자체에 잘못 기록되어 있었기 때문이라고 밝힌다. Vico, *Opere*, p. 562, n. 1.

182) 포르투갈의 브라가에서는 412년, 563년, 572년, 675년 네 차례 평의회가 열렸는데, 그중의 하나를 가리킨다.

183) 페루의 인디오를 가리킨다.

184) Pausanias는 2세기경 그리스의 지리학자였다.

도 합당하게 "아이토스"(ἀετός)라고 불렀는데, 그것은 "독수리"를 뜻한다. 왜냐하면 수풀을 제거한 것은 다른 모든 새들보다 높이 나는 독수리의 전조를 볼 수 있도록 전망을 제공하기 위한 것이었기 때문이다. 아마도 벽공이 "신전의 날개"(pinnae templorum)라고 불린 것도 여기에서 비롯된 것처럼 보이며, 그것이 그 뒤 "벽의 날개"(pinnae murorum)라고 불리게 되었을 것임이 확실하다. 왜냐하면 앞으로 살펴볼 것처럼 이러한 초기 신전의 경계선에 최초의 도시의 벽이 세워졌기 때문이다. 또한 건축에서 건물의 총안이 있는 흉벽은 여전히 "독수리"라고 불린다.

[481] 그러나 히브리인들은 하늘보다 더 높은 참된 지고의 신을 닫힌 천막 안에서 경배했다. 또한 모세는 신의 백성이 정복지를 확대할 때마다 타키투스가 말했던[479] "신성한 숲"을 감싸고 있는 나무들을 불태우라고 명령했다.

[482] 그러므로 모든 곳에서 초기의 법은 유피테르의 신성한 법이었다고 결론 내릴 수 있다. 이렇듯 오래된 고대로부터 많은 기독교 국가의 언어에서 "하늘"을 "신"으로 받아들이는 일이 생겨나게 된 것은 확실하다. 우리 이탈리아인들이 "하늘이 원하는 대로"(voglio il cielo)나 "하늘에 바라건대"(spero al cielo)라고 말할 때 그 표현에서 "하늘"은 "신"을 의미한다. 에스파냐인들에게도 똑같은 용례가 있다. 프랑스인들은 "하늘색"을 "푸른색"이라고 말하는데, "하늘색"이란 감각 인식을 말하는 용어이기 때문에 "푸른색"은 "신"을 뜻한다. 초기의 민족들이 "하늘"로 "유피테르"로 이해했듯 프랑스인들도 "하늘"을 "신"으로 이해하여 불경스러운 그들의 욕설인

"푸른색에 죽음을"(moure bleu!)은 "신에게 죽음을"이라고 받아들여야 하며 "푸른색에 맹세코"(parbleu!)라는 말은 "신에 맹세코"로 받아들여야 한다. 이 모든 것은 공리에서 제시했던[162] 정신적 사전의 사례이다.

II

[483] "문자"와 "이름"은 대체적으로 소유권의 확보를 위한 필요성에서 만들어진 것이다. "이름"이란 본디 "많은 가족으로 가지 쳐나간 집"이라는 뜻이었는데[433] 그것은 "씨족"이라는 말이 그 뜻에 합당한 명칭이다. 이집트인들 최초의 창시자로서의 시적 인격체인 헤르메스 트리스메기스투스는 앞서 살펴본 것처럼[209] 이집트인들에게 법은 물론 문자도 발명해주었다. 이러한 메르쿠리우스[185]는 통상[186]의 신이라고 알려져 있기도 한데, 이탈리아인들은 그로부터 "메르카레"(mercare), 즉 "표시하다"라는 말을 따온 것이 확실하다. 그것은 가축이나 상품에 문자나 문장(紋章)을 새겨 소유자를 식별할 수 있도록 한다는 의미였다. 그것은 오늘날까지도 보존되고 있는 사고와 표현의 놀라운 균일성을 보여준다.[187]

---

185) 헤르메스의 라틴어 이름이 메르쿠리우스이다.

186) 원어는 mercatanzie. 이 말에서 mer라는 부분이 바로 뒤에 나오는 메르쿠리우스라는 이름의 앞 부분과 동일하다는 것에 주목해야 한다.

187) 오늘날의 영어의 merchandise라는 단어에도 그 흔적이 남아 있다.

III

[484] 이것이 가족의 문장의 기원이었으며, 나아가 메달의 기원이기도 하다. 이러한 문장은 처음에는 사적인 필요성에서 만들어졌지만 곧 공적인 필요성에 따른 문장도 생겨났다. 게다가 즐거움을 위한 박식한 문장도 나타났는데, 그것은 "영웅적 문장"이라고 불렸다. 그것은 유비를 통해야 의미가 파악이 되었기 때문에 유비를 생생하게 하기 위해 글을 덧붙였다. 반면 자연적인 영웅적 문장은 묵음으로 의사를 전달하는 것이기 때문에 그러한 문구가 없었다. 그러므로 자연적인 영웅적 문장이 최고의 문장이다. 왜냐하면 그 자체로서 의미가 그림에 내포되어 있기 때문이다. 예컨대 "세 번의 수확"이나 "세 번의 낫질"은 자연적으로 "3년"을 뜻하는 것이다[407]. 이로부터 "문자"와 "이름"은 서로 통용될 수 있다는 결론이 나오며, "이름"과 "자연"도 앞서 말했던 것처럼[433] 서로 같은 것이다.

[485] 이제 다시 가족의 문장으로 돌아가자면, 중세의 돌아온 야만 시대에 민족들은 민중어를 쓸 줄 모르게 되었다. 따라서 이 시대에 이탈리아어, 프랑스어, 에스파냐어는 물론 다른 민족들의 언어에 대한 어떤 언급도 우리에게 전해져 내려오지 않으며, 라틴어와 그리스어만을 성직자들이 알고 있었다. 그리하여 본디 성직자를 뜻하던 프랑스어 "클레르크"(clerk)는 "학식이 있는 사람"을 뜻하게 된 반면, 이탈리아어에서는 단테가 멋진 문구에서[188] 평신도를 가리키는 "라이코"(laico)를 "글을 모르는 사람"이라는 의미로

사용했다. 더구나 성직자들 사이에서도 그러한 문맹이 지배적이어서 주교들조차 자신의 이름을 쓸 줄 몰라 십자가를 그려 서명을 한 문서가 보이곤 한다. 학식이 있는 고위 성직자들도 글을 쓰는 법을 잘 알지 못했다. 그것은 근면한 성직자 마비용이 자신의 저서『외교술』에서 밝히고 있다.[189] 그는 중세 시대의 평의회에서 주교와 대주교들이 조례에 기입했던 서명을 동판으로 복사하여 보여주고 있는데, 그것은 오늘날이면 무학의 천치들이나 썼을 법한 꼴사납고 서툰 글씨체로 기입되어 있다. 그럼에도 그런 고위 성직자들이 유럽 여러 왕국의 재무상을 맡았었는데, 신성로마제국의 세 명의 재무상은 대주교였다. 독일어와 프랑스어와 이탈리아어라는 세 개의 언어를 사용했기 때문에 세 명의 재무상이 있었던 것인데, 그들마다 서체가 너무도 불규칙적이어서 "재무상 서체"라는 말이 생겨날 정도였다. 이렇듯 교육받은 사람들이 드물었기 때문에 영국에서는 살인범이라도 글을 안다면 그 뛰어난 재주 때문에 사형에서 면제되어야 한다는 법이 생겨났다.[190] "문자를 아는 사람"(letterato)이라는 말이 "박식한 사람"(erudito)을 뜻하게 되었던 것도

---

188) 그러나 니콜리니는 단테가 이 말을 한 것이 아니라 단테에 대해 쓴 책에 이 말이 나온다고 밝혔다. 그 책은 다음과 같다. Della Casa, *Galateo*, 106. Vico, *Opere*, III, p. 563, n. 5.

189) 장 마비용(1632~1707)은 베네딕투스 수도회 소속이었다. Jean Mabillon, *De re diplomatica*.

190) 고백왕 에드워드 당시에 제정되었다. "재주가 뛰어난 자는 죽음을 면한다"(excellens in arte non debet mori)라는 표현으로 대변되는 "학자 자비법"(beneficium clericale)이다.

어쩌면 이런 사실에 연유할지 모른다.

[486] 이렇듯 문자를 쓸 줄 아는 사람들이 드물었기 때문에 오래된 집마다 반드시 그러한 문장(紋章)이 새겨져 있었다. 반면 중세의 라틴어에서는 울타리가 쳐진 땅을 "탈취한 땅"(terrae presa)이라고 불렀고, 이탈리아인들은 그런 땅을 "포데레"(podere)라고 불렀는데, 그것은 라틴어에서 "농장"(praedium)이라고 말하는 것과 같은 의미이다. 왜냐하면 경작지로 바뀐 땅이야말로 세계 최초의 전리품(praeda)이었기 때문이다[433]. 또한 〈12표법〉에서는 땅을 "만키피아"[191]라고 불렀고, 부동산과 관련된 보증 중에서도 공적인 것을 "프라이데스"(praedes)나 "만키페스"(mancipes)라고 불렀으며, 이른바 "현물"(reali)이라 부르는 부동산에 묶인 노역을 "이우라 프라이디오룸"(iura praediorum)이라고 불렀다. 한편 에스파냐 사람들은 과감한 성취를 "프렌다스"(prendas)라고 부르는데, 세계 최초의 과감한 성취야말로 땅을 길들여 경작지로 만드는 일이었기 때문이다. 앞으로 살펴보겠지만[540] 그것은 헤라클레스의 모든 업적 중 가장 위대한 것이었다. 다시 말하지만 이탈리아인들은 "표시하는 물건"이라는 뜻으로 "인세냐"(insegna)라는, 즉 문장(紋章)이라는 말을 쓰는데, 거기에서 "가르치다"(insegnare)라는 말이 나왔다. 그 말은 "디비사"(divisa)[192]라고 부르기도 하는데, 왜냐하면 땅을 처음으로 나눌 때 그것을 표식으로 사용했기 때문이며,

---

191) "탈취물"이라는 뜻이다.

192) 이 말은 영어의 device, 즉 장치나 도구와 같은 말로 쓰인다.

옛날에는 인류가 공통으로 그런 방식을 사용했다[434]. 최초에 그러한 땅의 울타리를 가리켰던 말인 "테르미네"는 그 뒤 스콜라학파의 학자들에 의해 언어의 "용어"가 되었는데, 그것은 명제의 경계에서 의미를 정하는 말로 받아들여야 한다[433]. 앞서 살펴봤던 것처럼[435] 아메리카의 인디언들에게도 울타리를 비슷하게 사용한 관행이 있는데, 토템이라는 상형문자는 그들의 가족을 구분 짓는다.

[487] 이 모든 것으로부터 우리는 다음과 같이 결론 내린다. 민족들마다 글 쓰는 법을 몰랐던 시대에 문장(紋章)의 필요성이란 대체적으로 소유권의 확보에서 비롯되었다는 것이다. 훗날 평화 시에 그것이 공적인 휘장이 되었다. 비슷한 방식으로 메달도 출현했는데, 전쟁이 일어나면 이러한 것들이 군기(軍旗)가 되었다. 그것은 초보적인 상형문자로서의 용도가 있었는데, 서로 다른 언어를 사용하는 민족들 사이의 전쟁이란 결과적으로 그들 사이의 묵음의 전쟁이나 다름없었기 때문이다. 지금까지 말한 모든 것들은 놀랍게도 다음에 의해 사실임이 확인된다. 즉 이집트인들, 에트루리아인들, 영국인들 모두가 균일하게 홀(笏)의 꼭대기에 동일한 상형문자인 독수리를 그려 넣어 관념의 균일성을 보여준다는 것이다. 또한 그러한 상징은 비록 이 민족들이 육지와 바다로 나뉜 광막한 공간에 퍼져 있었다 할지라도 모두가 유피테르의 전조에 힘입어 생겨난 최초의 왕국이었다는 것이다.

마침내 동전과 함께 교역이 도입되었을 때 이러한 메달은 동전으로 사용하기에 적합했다. 이탈리아어에서 문장(紋章)으로부터

"가르치다"(insegnare)라는 말이 나온 것과 비슷하게 라틴어에서는 "경계하다"라는 "모넨도"(monendo)로부터 "동전"을 가리키는 "모네타이"(monetae)가 나왔다. 그리스어에서는 아리스토텔레스가 말하듯, 법을 뜻하는 "노모스"(νόμος)로부터 화폐를 뜻하는 "노미시마"(νόμισμα)가 나왔다. 아마도 "화폐"를 뜻하는 라틴어 "누무스"(numus)도 여기에서 나왔을 것인데, 라틴어 최고의 권위자들은 이 단어에서 m자를 하나만 사용한다.[193] 프랑스인들은 법을 "루아"(loi)라고 부르며 동전을 "알루아"(aloi)라고 한다. 이러한 모든 용어는 다름 아닌 "법"이나 "권리"로부터 파생된 것인데, 바로 그것이 메달에 사용된 상형문자가 뜻하는 바였다. 이 모든 것은 놀랍게도 화폐의 이름이 확인시켜준다. 이탈리아의 화폐 "두카토"(ducato)는 "지휘하다"라는 "두켄도"(ducendo)로부터 왔는데 그것은 지휘관이 하는 일이다. 다른 이탈리아 화폐인 "솔도"(soldo)는 "군인"을 뜻하는 "솔다토"(soldato)로부터 왔다. 방어의 무기인 방패를 뜻하는 "스쿠도"(scudo)는 가족의 문장에 그려진 땅을 의미했는데, 앞으로 설명하겠지만[529, 562] 그것은 가족의 시대에 가부장 한 명이 경작한 땅을 가리켰다. 이렇게 고대 메달의 의미를 밝혔는데, 거기에는 제단이나 전조를 예견하여 점복을 하기 위한 지팡이인 홀이 새겨져 있다. 그리고 앞에 말했던 것처럼 거기에는 다리가 셋인 가마도 새겨져 있는데, 그 앞에서 신탁을 받았던 것

193) 라틴어에서 "동전"은 nummus라고 하여 m자가 두 개이다. 비코는 그리스어의 "노미시마"와 기원이 같다는 것을 강조하고 있는 것이다.

이다. 그리하여 "가마의 말씀"(dictum ex tripode)은 "신탁의 말씀"을 뜻하게 되었다.

[488] 이런 종류의 메달에는 날개가 있는 것이 확실하다. 그리스인들의 신화에서는 전조에 기반을 두는 영웅의 권리를 뜻하는 모든 신체에 날개가 달렸다. 이단티르소스 왕이 다리우스에게 보낸 답변의 상형문자에도 새가 들어 있다[435]. 또한 로마사에서 확연하게 읽을 수 있듯 로마의 귀족들은 평민들과 벌인 모든 투쟁에서 "전조는 자신들의 것"(auspicia esse sua)이라고 선언하면서 귀족으로서 그들의 권리를 수호했던 것이다[490]. 이와 비슷하게 중세 돌아온 야만 시대에 귀족들은 투구에 깃털을 꽂았고, 서인도 제도에서는 귀족들만 깃털로 장식할 수 있었다.

IV

[489] 앞서 말했던 것처럼[433] "이오우스"라 불렸던 유피테르는 "이우스"로 축약되었는데 처음에는 유피테르에게 바친 희생물의 기름을 뜻했던 것이 확실하다. 중세 돌아온 야만의 시대에 "캐논"이라는 용어는 교회법을 뜻함과 동시에 봉토의 보유자가 직속상관에게 바치는 세금을 의미했다. 어쩌면 최초의 봉토는 성직자들에 의해 도입되었을지도 모르기 때문이었는데, 그들은 땅을 스스로 경작할 수 없어서 교회의 땅을 다른 사람들에게 주었던 것이다. 이러한 두 가지 사실은 위에서 말했던[487] 것들과 상응한다. 즉 그리스인들에게 "노모스"(νόμος)가 "법"을 뜻했고 "노미시마"

(νόμισμα)가 "화폐"를 뜻했다는 사실과 프랑스인들에게 "루아"(loi)가 "법"을 "알루아"(aloi)가 "화폐"를 뜻했다는 사실과 상응한다는 것이다. 바로 이러한 방식으로 유피테르는 "가장 강한 유피테르"(Ious optimus)[397]가 되었다. 그것은 천둥을 통해 신의 권위에 출발점을 부여했던 것을 말하며, 앞서 말했던 것처럼[387] "소유권"을 뜻했다. 모든 것은 유피테르의 소유물이었다.

[490] "모든 것이 유피테르로 가득하다"(Iovis omnia plean)[379]라는 말은 합리적 형이상학에서는 신이 모든 곳에 존재하고 있다는, 즉 신의 편재(遍在)를 뜻하는 시로 받아들인다. 그러나 그것은 그릇된 것으로서 시적 형이상학이 그것을 바로잡는다. 시적 형이상학에서는 세계 초창기의 빈 땅을 점유했던 거인들에게 인간의 권위를 부여했는데, 그 권위가 "소유권"이었다[388]. 로마법에서 그러한 소유권은 "최고의 권리"(ius optimum)라고 불렸지만, 그 태생의 의미는 후대에 사용된 의미와는 대단히 다르다. 왜냐하면 처음에 그것은 키케로가 자신의 연설 속의 금과옥조에서 정의한 것과 같은 의미였기 때문이다. 그것은 "사적인 저당뿐만 아니라 공적인 저당도 잡히지 않은 부동산의 소유권"을 말한다. 그러한 권리가 "가장 강한"이라는 의미에서 "최고"라고 불린 것은 어떤 외적인 저당에서도 자유로웠기 때문이다[601, 984]. 권리란 초창기의 세계에서 힘에 의해 평가되는 것이었다[520, 582]. 이러한 소유권은 가족 국가에서 가부장에게 속했던 것이 확실했고, 따라서 그것은 사회적 소유권보다 먼저 태어난 자연적 소유권이었던 것도 확실하다. 이러한 최고의 소유권 위에서 가족들이 연대하여 도시를

구성하였기 때문에 그리스에서는 그것을 "디카이온 아리스톤"(δίχαιον άριστον)이라고 불렀는데, 앞으로 알게 될 것처럼[582] 그것은 원래 귀족주의적이었다. 같은 이유에서 로마인들도 상류 부유층[194]의 국가를 "소수의 국가"라고 부르기도 했다. 왜냐하면 그것은 "공평한 유피테르가 사랑했던 소수"(pauci quos aequus amavit Iupiter)로 구성되었기 때문이다[389]. 영웅들은 평민과 벌인 투쟁에서 그들 귀족의 권리를 신의 전조를 통해 유지했다. 묵음의 시대에는 그것이 이단티르소스의 새로 표시되었는데, 그것은 그리스 신화의 날개와 같은 것이었다. 마지막으로 명확하게 분절된 언어에서 로마의 귀족들은 "전조는 우리의 것"(auspicia esse sua)이라고 언명했다[110, 488].

[491] 가장 중요한 전조의 근원인 번개로 유피테르는 최초의 거인들을 쓰러뜨리고 산에 있는 동굴 속의 땅 밑에 살라고 명했다. 그리함으로써 유피테르는 그들이 숨어 살던 땅의 주인이 될 행운도 함께 주었던 것인데, 그들이 국가 최초의 주군이 되었던 것이다[387]. 이러한 소유권 때문에 그들 각자는 "보증인"이라기보다는 "땅" 자체가 되었다[411]. 또한 가족 내부에서의 사적 권위는 앞으로 살펴볼 것처럼[584] 가족들이 결속함으로써 귀족들이 지배하는 원로원이라는 사회적 또는 공적인 권위가 되었다. 골츠에 따르면 그리스에서 흔히 발견되는 메달이 그 사실을 설명해준다.[195]

194) 원어는 optimates.
195) 뷔르츠부르크 출신인 우베르토 골츠(1526~1583)는 고고학자이자 화가였다.

그 메달에는 중심부에 사람의 허벅지 세 개가 연결되어 있고 발바닥이 가장자리를 밟고 있는 그림이 있다. 그것은 각각의 공화국의 지역, 또는 영역, 또는 구역의 땅에 대한 소유권을 의미하는데, 이제 그것은 "탁월한 소유권"(dominio eminente)이라고 불린다. 앞으로 설명할 것처럼[548, 602] 그것이 사회적 권력을 상징하는 왕관 위에 있는 사과라는 상형문자의 의미이다. 3이라는 숫자가 그런 의미를 강화시켜주는데, 그리스인들은 3이라는 숫자로 최상급을 사용하며, 오늘날의 프랑스인들에게도 3은 "대단히"라는 뜻을 갖는다[718].[196] 이와 비슷한 용례로서 유피테르의 번개에는 세 개의 고랑이 있다고 말하데, 고랑이 셋이 있어야지만 공기를 가장 강력하게 갈기 때문이다. 어쩌면 이렇듯 고랑을 간다는 말은 처음에는 공기에, 다음에는 땅에, 그리고 마지막으로 물에 적용되었을 것이다. 앞으로 살펴볼 것처럼[634] 포세이돈의 삼지창도 가장 강력하게 배를 물어 나꿔채는 갈퀴인 것이다. 그리고 케르베로스[197]에게 목젖이 세 개 있다는 말은 큰 식도를 갖고 있다는 말이다[718, 721].

[492] 가족의 문장(紋章)에 대해 여기에서 말한 것들이 이 저작의

Uberto Goltz, *Sicilia et Magna Graecia, sive historia urbium populorumque Graeciae ex antiquis nomismatibus*(1613).

196) 그리스어에서는 최상급을 만들 때 tris라는 접미사를 붙인다. 프랑스어에서 "대단히"라는 말은 "트레"(très)라고 하는데, 그것은 여러 언어에서 3이라는 숫자와 일맥상통한다.

197) 그리스 신화에서 지옥의 문을 지키는 개.

초판본에서 논했던 것보다는 낫지만, 그럼에도 불구하고 그것은 그 초판본이 출판된 것에 대해 우리가 후회하지 않는 세 번째 이유이다[445, 452].

V

[493] 이러한 모든 것의 결과로서 민족들의 자연법에 관한 학설의 세 제왕인 그로티우스와 셀든과 푸펜도르프는 그들의 논리를 다른 곳에서 시작해야 했다. 즉 헤르메스 트리스메기스투스가 이집트인들에게 발견해준 문자와 법, 그리스인들의 "문자"와 "이름", 로마인들에게 "씨족"과 "법"을 뜻했던 "이름"들로부터 출발했어야 했다는 것이다. 또한 그들은 초기 민족들이 창시되었던 시기의 메달이었던 상형문자와 신화에 대해 지적으로 설명했어야 했다[487]. 그리하여 비판적 형이상학으로 민족의 창시자들의 관습을 확인해야 했다[348]. 그래야만 민족들의 자연법에 대해 글을 썼던 작가들에 대한 문헌학적 비판에 최초의 빛을 제시할 수 있었기 때문이다[351]. 그 작가들은 민족들이 창시되고 1천 년 이상이 지난 다음에야 출현했던 것이다.

제7장
학자들의 논리학과 관련된 마지막 추론

I

[494] 이러한 시적 논리학의 도움을 받아 언어의 기원에 대해 지금까지 논한 것은 최초의 언어 창시자들을 정당하게 평가한다. 그들은 이후의 모든 시대를 통틀어 "현자"로 간주되는데, 왜냐하면 그들이 사물마다 그 자연적 속성에 합당한 이름을 붙였기 때문이다. 전술한 것처럼[433] 그리스어와 라틴어에서 "이름"과 "본성"은 같은 의미였다.

II

[495] 최초의 인간 문명 창시자들은 감각 인식이 가능한 주제에 관심을 기울였다. 그리하여 그들은 개체나 종(種)의 속성과 성질과 관련성에 관심을 두게 된 것이었고, 그런 관심을 하나로 결합시켜 시적인 속(屬)[198]을 만들었다[205, 209].

---

198) 일반 개념을 가리킨다.

III

[496] 그리하여 이러한 세계 최초의 시대에 사람들은 정신의 일차적인 기능에 몰두하고 있었다고 확실하게 말할 수 있다[699].

IV

[497] 최초로 토피카[199]가 다듬어지기 시작했는데, 그것은 정신의 일차적 기능을 잘 조정하는 기술이다. 그것은 우리가 잘, 완전히 알고 싶어 하는 대상에 대해 그만큼 잘 알기 위해 두루 섭렵해야 할 곳이 어디인지 가르쳐준다.

V

[498] 섭리는 인간 정신 속에서 비판보다는 토피카를 먼저 증진시켜야 한다고 인간사에 대해 조언하는데, 판단하는 것보다는 인식하는 것이 선행해야 하기 때문이다. 비판이 인간의 정신을 정확하게 만드는 기능이라면 토피카는 인간의 정신을 창의적으로 만드는 기능이다. 그리고 이 최초의 시기에 인간의 삶에 필요한 모

199) 다루어야 할 주제나 논제를 선별하는 작업을 말한다. 그렇지만 어느 특정의 단어로 확정짓기 어려워 그대로 원어를 차용했다. 이 단어에 대한 적당한 용어를 찾는 일은 일단 앞으로의 과제로 남긴다.

든 것은 발명되어야 했고, 발명이란 천재에게 고유한 것이었다. 사실상 깊이 생각하는 사람이라면 삶에 필요한 것뿐 아니라 유용하고, 안락하고, 쾌적하고, 사치로 넘쳐나는 것까지도 그리스에서 철학자들이 출현하기 이전에 이미 발명되었다는 것을 확인할 수 있을 것이다. 이것은 호메로스의 시대에 대해 논할 때 살펴보게 될 것이다[792~803]. 또한 이에 대해서는 앞에서도 공리로 제시한 바 있다[215, 216, 217]. 즉 "어린아이들은 모방하는 능력이 탁월"하며, "시란 모방이 아닐 수 없으며", "예술은 자연의 모방에 불과하며 어느 정도 사실에 대한 시이기 때문이다." 이렇듯 인류의 어린이였던 최초의 민중은 먼저 예술 세계의 터를 닦았다. 한참 뒤에야 인류의 노인이라 할 수 있는 철학자들이 출현하여 학문 세계의 터를 닦았다. 그리하여 문명이 완성되기에 이르렀다.

VI

[499] 이러한 인간 관념의 역사는 놀랍게도 철학의 역사와 일치한다. 인간이 처음에 미숙하게 철학을 하던 방식은 감각의 증거를 이용하는 것으로서 그리스인들은 그것을 "아우톱시아"(αὐτοψία)[200] 라고 불렀다. 뒤에 감각의 철학자인 에피쿠로스가 이 방법을 사용하여 자신의 판단을 감각이 확인하도록 만드는 것에 만족했다.

200) "스스로 보는 것"을 뜻하기도 한다. 즉 자신의 시각을 통해 사물을 확인하는 것을 말한다.

"시의 기원"에서 이미 살펴봤던 것처럼[375, 376] 초기의 시적 인간들은 감각이 대단히 생생했던 것이다. 다음으로는 "민중"의 도덕 철학자 아이소포스가 등장했다. 전술했던 것처럼[424] 그는 그리스의 칠현보다 앞섰다. 그는 사례를 들어 논지를 펼쳤으며, 시의 시대는 여전히 지속되었기 때문에 직유를 통해 사례를 만들었던 것이다. 선량한 메네니우스 아그리파는 신체의 부분들 사이의 다툼이라는 비유를 통해 폭동을 일으킨 로마 군중을 복종하게 만들었다. 이런 종류의 사례들 중에서도 특히 사실에 바탕을 둔 것은 무지한 대중에게 격언의 강력한 논리보다 훨씬 더 큰 설득력을 갖는다.

그 뒤 소크라테스가 등장하여 변증법을 도입했다. 그것은 더 확실한 것들을 귀납을 통해 골라냄으로써 의심스러운 문제를 해결하는 방식이다[1040]. 의학에서는 소크라테스 이전에 히포크라테스가 관찰한 사실들에 귀납법을 적용했다. 그는 시대적으로 모든 의사들을 앞설 뿐 아니라 공적에서도 앞서는 의학의 제왕으로서 다음과 같은 불후의 칭송을 받을 자격이 있다. "그는 누구도 속이지 않고, 누구에게도 속지 않는다"(Nec fallit quenquam, nec falsus ab ullo est).[201] 수학에서는 플라톤의 시대에 "종합"이라 불리던 합일의 방법[202]으로 이탈리아의 피타고라스학파에서 가장 큰 진전을

201) Macrobius Ambrosius Theodosius, *Commentarii in Somnium Scipionis*, I, 8.

202) 원어는 via unitiva. "귀납"의 방법을 말한다. 하나로 귀결시킨다는 점을 강조하기 위해 "합일"로 번역했다.

이루었는데, 그것은 『티마에오스』를 통해 알 수 있다. 이러한 합일의 방법으로 소크라테스부터 플라톤의 시대까지 아테네는 시, 웅변, 역사, 음악, 주물, 회화, 조각, 건축 등 인간의 창의력을 찬양할 수 있는 모든 예술의 분야에서 찬연하게 빛났다. 그 뒤 아리스토텔레스가 등장해서 삼단논법을 가르쳤다. 그것은 개별을 연결하여 보편을 얻으려 하기보다는 보편으로부터 개별을 연역해내는 방법이다. 제논의 연쇄식 논법[203]도 등장했는데, 그것은 오늘날 철학자들[204]의 방식과 상응하는 것으로서 창의력을 유연하게 만들어주기는 하지만, 예리하게 만들지는 못한다. 아리스토텔레스도 제논도 인류의 증진을 위해 괄목할 만한 결실을 맺지는 못했다. 오히려 위대한 철학자이자 정치가였던 베이컨이 그의 『기관』[205]에서 귀납법을 제시하고 추천하고 설명했는데, 그가 훨씬 더 옳았다. 그는 여전히 영국인들의 추종을 받으며 실험 철학에 큰 혜택을 주고 있다.

VII

[500] 이러한 인간 관념의 역사로부터 고대인들의 지혜에 대해

---

203) 원어는 sorite. 데카르트처럼 부분으로부터 시작하여 다음 단계로 점진적으로 연역해 나아가는 방식을 말한다.

204) 데카르트 학파를 가리킨다.

205) 비코는 '기관'(Organo)이라 기술했지만 『신기관』(*Novum Organum*)으로 받아들여야 마땅하다.

그릇된 관념을 갖고 논지를 펼쳤던 모든 사람들의 공통적인 잘못이 명백하게 드러난다. 그들은 인류 최초의 입법자가 미노스였고, 아테네인들에게는 테세우스가, 스파르타인들에게는 리쿠르고스가, 로마인들에게는 로물루스 및 다른 왕들이 보편법을 제정했다는 그릇된 믿음을 가졌던 것이다. 그렇지만 가장 오래된 법은 한 사람만을 겨냥하여 명령하거나 금지하도록 입안된 것이었고, 그 이후에야 모든 사람들에게 적용되었다. 최초의 민중은 보편에 대해 생각하는 것이 불가능했다. 더구나 보편법은 그것을 필요하게 만드는 구체적인 조례 이전에 제정될 수 없었다. 예컨대 호라티우스[206]를 기소하기 위해 사용되었던 툴루스 호스틸리우스의 법도 단지 2인관에 의해 만들어진 처벌 조항에 불과했고, 그 2인관조차도 이 유명한 피고를 처벌하기 위해 왕이 만든 직책이었던 것이다. 리비우스는 이 조항을 가리켜 "끔직한 규정"(lex horrendi carminis)[207]이라고 언명했다[1036]. 이것은 드라콘이 피로 썼다고 말하는 법들 중의 하나로서, 성서는 그것을 "피의 법"(leges sanguinis)이라고 불렀다[423]. 따라서 그렇게 거칠고 인기가 없는 평결에 대해 책임지지 않으려고 왕이 그 법의 공포를 원하지 않았다고 했던 리비우스의 고찰은 우스꽝스러운 것이다. 왜냐하면 왕 스스로가 2인관에게 그 처벌을 지시했던 것이어서, 2인관은 호라

206) 유명한 시인 호라티우스가 아니라, 자신의 누이를 살해했다는 혐의로 기소된 로마의 장군을 가리킨다.

207) Titus Livius, *Ab Urbe Condita Libri*, I. 26. 6.

티우스의 결백이 입증되더라도 그를 방면할 수 없었기 때문이다. 여기에서 리비우스의 설명은 사실상 이해가 불가능하다. 왜냐하면 귀족들로 이루어진 원로원에서 왕은 2인관을 만들어 형사 재판에서 평결을 선고할 위임자로 행동하도록 하는 것 외에는 할 수 있는 일이 없었기 때문이다. 그리고 귀족의 도시에서는 국민이 곧 귀족이었고, 피고가 호소할 수 있는 곳도 귀족밖에 없었다.

[501] 이제 원래의 논점으로 돌아가자면, 툴루스의 법은 사실상 "범례"(exempla)라고 불렸는데, 그것은 "규범적인 처벌"이라는 의미에서 그렇게 불린 것이다. 그것은 인간의 이성을 사용한 최초의 사례였음이 확실하다. 그것은 전술한 공리에서[269] 아리스토텔레스로부터 배웠던 것과 일치한다. 즉 "귀족의 국가에는 개인적인 무례를 처벌하거나 개인적인 악을 바로잡는 법이 없었다"라는 것이다. 이런 방식으로 처음에는 사실적인 사례가 나타나고, 그 뒤에야 논리학과 수사학에 도움이 되는 합리적인 사례가 나타난다. 그러나 지성적인 보편이라는 것을 이해하고 나면 법의 기본적인 속성을 인식하게 된다. 즉 법은 보편적이 되어야 한다는 것으로서, "우리는 사례가 아닌 법으로 판결해야 한다"(legibus, non exemplis, est iudicandum)는 법학의 격언이 확립되는 것이다.

제3부

시적 도덕

제1장
시적 도덕과 혼례를 통해
종교로부터 배우는 민중적 덕성의 기원에 대하여

[502] 철학자들의 형이상학은 신에 대한 관념을 수단으로 하여 인간의 정신을 밝힌다는 최대의 과업을 성취한다. 그 일은 논리학을 필요로 한다. 왜냐하면 인간의 정신은 명석 판명한 관념이 있어야 추론을 할 수 있으며, 그것을 사용해야만 도덕으로 인간의 가슴을 정화하러 내려올 수 있기 때문이다. 무신론을 갖고 하늘과 전쟁을 벌이던 거인들의 시적 형이상학도 마찬가지였다[377]. 그들은 번개를 내리는 유피테르에 대한 두려움에 굴복했다. 그들의 육체뿐 아니라 정신까지도 유피테르에 대한 두려운 관념을 만들어냄으로써 바닥에 쓰러졌던 것이다. 그러한 관념은 이성적 추론으로

만들어진 것이 아니었다. 그들에게는 아직 추론을 할 능력이 없었다. 그것은 감각에 의해 만들어진 것이었는데, 감각은 질료[208]에 있어 아무리 그릇되다 할지라도 실로 형상[209]에 있어서는 옳았던 것으로서, 그것이 그들의 본성에 상응하는 논리였던 것이다[400]. 그러한 두려운 감각이 그들을 경건하게 만듦으로써 시적 도덕의 싹을 틔우게 했다. 그러한 인간사의 본질로부터 다음과 같은 불변의 진리가 태어났다. 즉 정신은 신에 대한 인식을 잘 사용하기 위해서는 무신론으로 그들을 이끌어가는 정신의 오만함에 반대하며 스스로를 낮춰야 한다는 것이다. 무신론은 호라티우스가 "우리는 어리석음 속에서 하늘을 공격한다"(Caelum ipsum petimus stultitia)[210]라고 말했던 것처럼 그들을 정신적인 거인으로 만들 뿐이다.

[503] 플라톤이 호메로스의 폴리페모스에게서 확인한 것은 그렇게 경건해진 거인이었음이 확실하다[296]. 우리는 호메로스 자신이 이 거인에 대해 말한 것을 통해서도 그 사실을 확인할 수 있다. 호메로스는 폴리페모스로 하여금 자신의 동료들에게 다음과 같이 말하도록 만든다. 즉 한 점쟁이가 그들이 오디세우스로부터 치욕을 당하게 되리라고 예언했다는 것이었다.[211] 그런데 점쟁이는 무신론자들 사이에서는 살 수 없다는 것이 확실하지 않은가. 따라서 시적 도덕은 경건함으로부터 나온 것이다. 왜냐하면 여러

---

208) 원어는 materie.

209) 원어는 forma.

210) Quintus Horatius Flaccus, *Carminis*, I. 3. 38.

211) 『오디세이아』, IX, 509ff.

민족들을 창시하기 위해 섭리가 명했던 것이 경건함이기 때문이다. 민중들에게 경건함은 모든 도덕과 경제적[212), 사회적 덕성의 어머니이다. 종교만이 우리가 유덕하게 행동하도록 만들 수 있으며, 반면 철학은 유덕함에 대해 논하는 것에만 적합할 뿐이다. 또한 경건함은 종교로부터 시작하는데, 종교란 본디 신성에 대한 두려움일 뿐이다. "종교"라는 단어가 영웅시대에 기원을 두고 있다는 사실은 라틴어에 보존되어 있다. 로마인들은 그 단어가 "묶는다"(religando)라는 말에서 유래했다고 하는데, 그것은 높은 절벽에 묶여 심장과 창자를 독수리에게 쪼아 먹히는 티티우스와 프로메테우스를 묶은 쇠사슬을 함축한다. 그것은 유피테르의 전조에 의한 두려운 종교를 가리키는 것이다[387]. 어린이들에게는 경건함이 신성함에 대한 두려움과 함께 스며들어간다는 것이 모든 민족에게 고유한 특성으로 남아 있다.

[504] 모든 덕성은 코나투스로부터 출발했고, 그러해야 했음이 마땅하다[340]. 그것이 있었기에 거인들은 번개를 내리는 두려운 종교 때문에 산속에 묶여 있다가 땅 위의 거대한 숲속을 야수처럼 방황하는 짐승과 같은 습관을 제어하고 땅 위에 숨어 지내면서 정착하는 정반대의 습관을 획득하게 된 것이었다. 그리하여 그들이 이후에 민족의 창시자이자 초기 국가의 주군이 되었음은 전술한 바 있고[387] 앞으로 부연 설명할 것이다[553]. 민간전승이 전해

---

212) 원어는 iconomiche인데, 이 말은 본디 "가정의 관리"를 뜻하던 말이니만큼, "가족적"이라는 의미로 받아들여도 무방하다.

주고 있는바, 하늘이 전조를 통해 땅을 지배하던 시기에 코나투스야말로 하늘이 인류에 내린 위대한 혜택 중의 하나이다. 그리하여 앞서 말했던 것처럼[379] 유피테르에게는 "유지자"(statore) 또는 "확립자"(fermatore)라는 칭호도 붙었다. 한편 코나투스와 함께 이 거인들도 정신의 덕성을 발산하기 시작하여, 그들은 대단히 큰 두려움을 갖고 있던 하늘을 마주하며 야수적인 욕정의 충족을 억제했다. 그리하여 그들은 각기 한 여자를 자신의 동굴로 끌고 들어가 평생의 반려자로 삼았다. 이러한 인간적 사랑의 행위는 비밀리에 숨어서 행했다. 그것은 부끄러움 속에서 행했다는 말이다. 그리하여 그들은 부끄러운 감정을 느끼기 시작했는데, 소크라테스는 그것을 "덕성의 색깔"(colore della virtù)이라고 말했다.[213] 종교 다음으로 민족을 단합시켜주는 것은 바로 부끄러움이다. 왜냐하면 불경함과 뻔뻔함은 민족을 파괴시키기 때문이다.

[505] 이런 방식으로 혼례가 도입되었다. 이것은 신성함에 대한 그 어떤 두려움과 함께 이루어지는 정결한 육체의 결합인 것으로서, 이것을 우리는『새로운 학문』의 두 번째 원리로 설정했다. 이것은 우리가 첫 번째 원리로 설정한 신의 섭리로부터 나온다. 이것은 세 가지의 엄숙한 의례를 동반한다.

[506] 첫 번째의 의례는 유피테르의 전조로서, 그것은 거인들도 굴복하게 만들었던 번개로부터 받은 것이다. 이러한 [전조가 의미하는 바의] 운명[214]으로부터 로마인들은 혼례를 "운명의 평생 분담"

213) Platon, *Euthyphro*, 12 c~d.

(omnis vitae consortium)이라고 불렀고, 남편과 아내를 "운명 분담자"(consortes)라고 불렀다. 오늘날에도 이탈리아에서 여성이 결혼할 때 "운명을 잡는다"(prender sorte)라는 겉말을 쓰기도 한다. 이렇듯 결정적인 방식으로 세계의 초창기부터 신부는 신랑의 공식적인 종교를 채택한다는 것이 여러 민족들의 법으로 남아 있게 되었다. 왜냐하면 신랑은 여자를 동굴로 끌고 들어가게 만들었던 신의 관념으로부터 출발하여 최초의 인간적 관념을 신부와 소통하기 시작했던 것이기 때문이다. 이러한 민중적 형이상학은 신 안에서 인간의 정신을 인식하기 시작한다[365]. 또한 인간사의 이러한 최초 시점부터 이교의 인간들은 신을 찬양하기 시작했다. 그것은 고대의 로마법에서 "인용하다" 또는 "이름으로 부르다"라고 말하는 것과 같은 의미였다. 여기에서 "창시자를 찬양하라"(laudare auctores)라는 말이 나왔는데,[215] 그것은 인간이 어떤 일을 하든 그 행동을 시작하게 만든 사람으로서 신을 인용하라는 것이었다. 즉 인간에게 귀속되는 것처럼 보이는 찬양도 신에게 주어져야 한다는 것이다.

[507] 이렇듯 혼례의 아주 오래된 기원으로부터 여자가 결혼하는 남자의 가족이나 집으로 들어가는 관습이 나왔다. 모든 민족에게 자연스러운 이 관습은 로마인들에게도 남아 있는데, 그들에게

214) 원어는 sorte이다. 이 문장의 뒤에서 인용하는 단어들마다 "sor"라는 어근에서 비롯되는 글자들이 있음에 주목해야 한다.

215) Aulus Gellius, *Noctes atticae*, II, 6, 16.

신부는 신랑의 아들, 또는 아들의 자매의 위치에 해당했다. 그리하여 혼례는 처음부터 한 남자와 한 여자 사이에서 시작되었을 뿐만 아니라 이후에도 로마인들은 그렇게 지켜왔다. 타키투스는 그런 관습을 지키는 고대의 게르만인들에 대해 경탄하고 있는데,[216] 그들은 로마인들과 마찬가지로 그들 민족 최초의 기원을 온전하게 유지하고 있다. 이 사실은 다른 모든 민족들도 그와 비슷하게 일부일처제의 기원을 갖고 있었다고 추론할 근거를 제공한다. 한 여자를 평생의 동반자로 받아들이는 것은 대다수의 민족에서 관습으로 남아 있다. 그리하여 로마인들은 "평생 분리될 수 없는 동반"(invidúae vitae consuetudo)[217]이라고 결혼의 정의를 내렸던 것이며 그들에게 이혼은 아주 늦게 도입되었다.

[508] 유피테르의 번개로부터 내려온 전조는 그리스의 신화에도 모습을 보여 헤라클레스는 유피테르의 벼락을 맞은 알크메네에게서 태어났다고 한다. 이미 살펴보았던 것처럼 헤라클레스는 민족 창시자를 가리키는 시적 인격체이며[82], 이에 대해서는 앞으로도 살펴볼 것이다[514]. 그리스의 또 다른 위대한 영웅은 디오니소스[218]인데, 그는 세멜레가 벼락을 맞고 낳았다. 영웅들마다 자신이 유피테르의 아들이라고 주장하는 첫 번째의 동기가 여기에 있다. 앞에서 논했던 것처럼[377, 379, 506] 모든 사물이 신에 의

216) Cornelius Tacitus, *Germania*, 18.
217) Justinianus, *Institutiones*, I, 9, 1.
218) 로마 신화에서는 바쿠스.

해 만들어진 것이라는 견해에 설득당하며 살아왔던 그들에게 그런 주장은 감각의 진리였다. 그리고 로마사에서 읽을 수 있는 다음 구절도 이런 의미이다. 즉 평민과의 투쟁에서 귀족들이 "전조는 우리의 것"(auspicia esse sua)이라고 말하자, 이에 대해 평민들은 로물루스가 원로원을 구성했던 귀족의 아버지들이 "하늘로부터 내려온 것이 아니다"(non esse caelo dimissos)라고 대답했다. 그 대답은 그 아버지들이 영웅이 아니었다는 것으로밖에는 이해될 수 없다[415].

혼례 또는 엄숙한 결혼식을 거행할 권리, 즉 유피테르의 전조에 의한 엄숙성을 보장받을 권리는 영웅들만의 고유한 것이었음을 상징하기 위해 그들은 귀족의 사랑에 날개를 달았고, 정결함의 표시로 눈을 가렸다. 그 귀족의 사랑을 "에로스"(Ερως)라 불렀는데, 그것은 그들 자신을 가리키는 영웅(eroi)과 비슷한 이름이다. 그리고 그들은 히멘[219]에게도 날개를 붙였는데, 그는 우라니아의 아들이다. 우라니아라는 이름은 "하늘"을 가리키는 "오우라노스"(οὐρανός)로부터 왔다. 그것은 하늘로부터 전조를 받기 위해 "하늘을 관조하는 여자"를 상징하는 것이다. 우라니아는 여러 뮤즈들 가운데 첫째로 태어났던 것이 확실하며, 앞서 고찰했던 것처럼[365] 호메로스는 그녀를 "선과 악의 지식"이라고 정의했다. 그녀도 다른 자들과 마찬가지로 날개가 달린 것으로 묘사되는데, 왜냐하면 그녀 역시 앞에 설명했던 것처럼[488] 영웅에 속하기 때문이다. 앞에서

219) 결혼 행렬을 이끄는 신이다.

설명했던 것처럼[396] 그 역사적 의미는 다음 문구에 들어 있다. "뮤즈의 시작은 유피테르에서"(A Iove princium musae). 그리하여 다른 뮤즈들과 마찬가지로 그녀도 유피테르의 딸이라고 여겨졌던 것이다. 왜냐하면 종교로부터 모든 인간성의 예술이 생겨났기 때문이다. 예술을 주관하는 신은 예언의 신이라고 간주되기도 하는 아폴론이다. 뮤즈는 노래한다. 라틴어에서 "노래하다"라는 뜻의 "카네레"(canere) 또는 "칸타레"(cantare)는 "예언하다"를 뜻하기도 한다는 의미의 노래인 것이다.

[509] 혼례에서 두 번째의 엄숙한 의례는 신부가 면사포를 쓰는 것이다. 그것은 세계에 처음으로 혼례가 생기게 했던 부끄러움을 의미한다. 그러한 관습은 모든 민족이 보존하고 있다. 그 관습은 라틴어에서 혼례를 뜻하는 단어인 "눕티아이"(nuptiae)에도 반영되어 있는데, 그 말은 "가리다"라는 뜻을 갖는 "누벤도"(nubendo)로부터 왔다. 중세 시대로부터 "맨머리(in capillo) 처녀"는 면사포를 쓰고 다니는 결혼한 여자들과 구분하기 위한 이름이었다.

[510] 혼례에서 아직도 로마인들이 지키고 있는 세 번째의 엄숙한 의례는 아내를 취할 때 가상의 힘을 과시하는 것으로서, 그것은 처음에 거인들이 그들의 동굴로 여자를 끌고 들어갔을 때의 힘을 상기시킨다. 거인들이 그들의 신체로 땅을 구획하여 점유한 뒤 그것을 "획득물"(manucaptae)이라고 했는데, 이제 그 말은 아내들에게 적용되었다.

[511] 유피테르라는 신적 상징[220]을 만들어냈던 신학 시인들은 두 번째의 신적 상징을 엄숙한 혼례와 관련하여 만들었다. 그것은

이른바 "대"씨족의 두 번째 신인 유노[221]이다. 유노는 유피테르의 누이이자 아내이다. 왜냐하면 최초의 정당한, 또는 엄숙한 혼례는 남매 사이에서 시작된 것이 확실하기 때문이다[526]. 그것은 정당한 유피테르의 전조 때문에 정당하다고 여겨지게 되었다[398]. 그녀는 인간과 신의 여왕이다. 왜냐하면 왕국은 그들의 합법적인 혼례로부터 태어났기 때문이다. 그리고 그녀는 동상이나 메달에서 보듯 완전하게 정장을 하고 있는데, 그것은 정결함을 의미한다.

[512] 그리하여 베누스라는 신적 상징도 엄숙한 혼례로부터 그 신성이 유래한 것이었기에 "프로누바"(pronuba), 즉 "신부의 들러리"라고 불리게 되었으며, 치부를 띠로 가리고 있다. 후대의 호색적인 시인들은 온갖 도발적인 자극제로 그 띠를 장식했다. 그러나 그 뒤 전조의 엄격한 역사마저 타락하여 유피테르가 여자들과 그러했듯 베누스도 남자들과 잠자리를 함께했다고 여겨졌다. 그리하여 안키세스와의 사이에서 아이네이아스를 낳았다고 하는 것이다. 즉 아이네이아스는 베누스의 전조에 의해 태어났던 것이다. 베누스에게는 백조가 따라다닌다. 아폴론과 공유한 이 백조는 "점치다" 또는 "예언하다"라는 의미에서 "카네레"(canere) 또는 "칸타레"

---

220) 원어는 divini caratteri. 비코에 따르면 조로아스터, 호메로스, 아이소포스와 같은 인물들은 구체적인 한 개인이 아니라 각 민족들마다 그 특성을 갖고 있는 상징적인 존재이다. 그런 이유에서 그들을 "시적 인격체"라고 번역했던 것인데, 신들도 마찬가지로 각 민족들마다 비슷한 성격을 갖는 존재가 있다는 것이다. 그렇지만 신을 "시적 인격체"라고 번역하기에는 무리가 있다. 일단 "신적 상징"이라고 옮긴다.

221) 그리스 신화의 헤라에 해당한다.

(cantare)를 한다. 즉 노래를 한다. 신화에서는 유피테르가 백조의 모습을 하고 레다와 함께 누웠는데, 그것은 레다가 유피테르의 전조를 받아 카스토르와 폴리데우케스와 헬레네를 알로 잉태했다는 뜻이다.

[513] 유노는 "멍에를 쓰다"라는 의미에서 "유갈리스"(jugalis)라고도 불리는데, 그것은 엄숙한 결혼의 멍에를 가리키며, 결혼은 "결합"을 뜻하는 "콘이우기움"(coniugium)으로, 부부는 "결합한 사람들"을 뜻하는 "콘이우게스"(coniuges)라고 불린다. 유노는 "루키나"(Lucina)라고 불리기도 하는데, 자손들에게 빛(luce)을 전달해주기 때문이다. 그 빛은 노예의 자손들과 공유하는 자연의 빛이 아니라 문명의 빛을 말하는 것이며, 이런 이유에서 귀족들은 "빛나는 사람들"(illustri)라고 불린다. 유노는 질투심이 많고 그것은 엄숙한 혼례를 지키기 위한 정치적 질투심이기도 해서, 그것을 통해 로마인들이 로마력 309년까지 평민들에게 혼례를 금지시켰던 사실이 설명된다[110, 598]. 그리스에서 유노는 "헤라"(Hρα)라고 불렸는데, 그것으로부터 영웅, 즉 "에로이"(eroi)라는 말이 유래했음이 확실하다. 왜냐하면 그 영웅들, 즉 귀족들은 엄숙한 혼례로부터 태어났으며, 유노가 혼례를 주관하는 여신이었고, 따라서 귀족적인 사랑으로부터 태어난 것이기 때문이다. 그 귀족적인 사랑이 "에로스"(Eρως)라는 말의 뜻인데[508], 에로스는 히멘과 같다. 곧 살펴보겠지만[553], "예속민"(famoli)과 구분되는 "가족의 주군"이라는 의미에서 그들은 영웅이라고 불리게 되었는데, 예속민은 가족의 노예와 같았다. 라틴어에서 "주인"이라는 뜻의 단어 "헤리"

(heri)는 바로 이러한 의미로 사용된다. 거기에서 파생된 "헤레디타스"(hereditas)는 "상속"을 뜻하며,[222] 그것을 가리키는 본래의 라틴어가 "파밀리아"(familia)였다.[223] 이러한 어원으로 보건대 "헤레디타스"라는 말은 "전제적인 통치권"(dispotica signoria)을 뜻하게 된 것이 확실한데, 〈12표법〉에서는 가족의 가부장에게 상속의 최고 권리를 부여하는 다음과 같은 조항이 있다. "가족의 아버지는 자신의 재산과 장원의 감독권을 뜻대로 처분하며, 그것은 법으로 정한다"(Uti paterfamilias super pecuniae tutelaeve rei suae legassit, ita ius esto). 그렇게 처분한다는 것은 일반적으로 "묶는다"(legare)는 말로 불리는데, 그것은 주군에게 속하는 권리였다. 그리하여 상속자는 "묶이는 자"(legato)가 되는 것인데, 그는 상속을 받으면서 죽은 가부장을 대신하며 노예는 물론 자식들까지도 "장원"(rei)이나 "재산"(pecuniae)이 된다는 것이다. 이 모든 것은 그 가족들이 처해 있던 자연 상태 속에서 아버지들이 가졌던 제왕적인 권능을 위중하게 확인시켜준다. 그러한 권능은 영웅들의 도시에서도 보존되어 왔던 것이 확실하며, 사실로도 그러했다는 것을 곧 알게 될 것이다. 이러한 도시는 귀족제였음이 확실하다. 즉 주군들의 국가였다는 것으로서, 민중의 국가에서도 여전히 그들이 권력을 잡고 있었다. 이 모든 것들은 앞으로 충분히 논할 것이다[520~678].

[514] 공리에서 밝혔듯 초기의 모든 민족은 창시자로서 헤라클

222) Justinianus, *Institutiones*, I, 19, 7.

223) Ulpian, *Digest*, L, 16, 195, 1. "파밀리아"는 "장원"을 뜻하기도 한다.

레스를 갖고 있는데[196], 여신 유노는 그리스 테베의 헤라클레스에게 위대한 과업을 명했다. 이것은 경건심과 혼례가 모든 위대한 덕성의 자취를 가르치는 학교였음을 뜻한다. 유피테르의 전조를 받고 태어난 헤라클레스는 그의 도움을 받아 모든 곤경을 극복했다. 그리하여 그는 "헤라클레스"(Ηραχλής), 즉 "헤라스 클레오스"(Ηρας χλέος)라고 불리게 되었는데 그것은 "유노, 즉 헤라의 영광"을 뜻한다. 만일 영광이라는 것이 키케로가 정의했던 것처럼 "인류를 위한 공적으로 말미암아 널리 퍼진 명성"[224]인 것으로 평가되는 것이 정당하다면 그의 공적에 의해 민족이 창시되었다는 것은 헤라클레스에게 얼마나 큰 영광인 것인가. 그러나 시간과 함께 이렇게 엄격한 의미가 희미해지고 관습이 퇴폐해지면서 유노의 불임은 천성적인 것이고 그녀는 유피테르의 간음에 대해서만 질투하는 것으로 받아들여졌다. 그리고 헤라클레스는 유피테르의 사생아가 된 것이다. ["유노의 영광"이라는] 이름과는 정반대로 헤라클레스는 유노의 악의를 극복하고 유피테르의 도움을 받아가며 위대한 과업을 달성했다. 그리하여 헤라클레스는 유노의 치욕이 되었고, 유노는 덕성의 불구대천의 원수가 된 것이었다.

신화에서 유노는 목에 걸린 밧줄로 공중에 걸려 있고 또 다른 밧줄로 손이 묶인 채 다리에는 무거운 돌 두 개가 달려 있다. 이 신화는 혼례의 신성함을 상징하는 것이었다. 공중에 떠 있다는 것은 엄숙한 결혼에 필요한 전조가 하늘로부터 온다는 것으로서, 같은

224) Marcus Tullius Cicero, *Pro Marcello*, 8.26.

이유로 유노에게는 도움을 주는 이리스[225]가 동반하며, 무지개 같은 깃털이 달린 공작이 이리스에게 주어졌다. 목에 걸린 밧줄은 거인들이 처음에 여자들에게 행사했던 힘을 뜻한다. 손이 밧줄에 묶인 것은 아내가 남편에게 순종한다는 것을 뜻하는데, 훗날 모든 민족은 반지라는 더 세련된 상징으로 그것을 표현했다. 발에 매달린 무거운 돌은 결혼의 안정성을 함의하는 것인데, 따라서 베르길리우스는 엄숙한 혼례를 "안정된 결합"(coniugium stabile)이라고 불렀던 것이다.[226] 그러나 유노와 관련된 이러한 전설의 의미는 훗날 단지 간음을 한 유피테르가 내린 가혹한 처벌이라고 받아들여지게 되었다. 이것은 타락한 관습과 함께 제시된 가당치 않은 해석이지만, 이후 신화학자들에게 큰 힘을 발휘했다.

[515] 이러한 이유로 플라톤은 마네토가 이집트의 상형문자를 해석했던 것처럼 그리스의 신화를 해석했다. 즉 한편으로는 신들의 행동이 그들의 신성에 어울리지 않는다고 고찰하면서 다른 한편으로는 그것을 플라톤 자신의 관념에 어울리는 것으로 만든 것이다. 유피테르에 대한 신화에는 에테르에 대한 그의 관념이 침입해 있다. 플라톤에 따르면 에테르는 모든 곳에 흐르며 침투해 있는 물체라는 것인데, 전술했던 것처럼[379] 플라톤은 거기에 맞춰 "모든 것이 유피테르로 가득하다"(Iovis omnia plena)라는 문구를 해석했던 것이다. 그러나 신학 시인들에게 유피테르는 산꼭대

225) 무지개의 여신이다.

226) Maro Publius Vergilius, *Aenaeas*, I. 73, IV. 126.

기보다 더 높은 곳에 있지 않았고, 번개를 생성할 수 있는 공기가 있는 곳에 살았다. 또한 플라톤은 신화 속의 유노에게 숨 쉴 수 있는 공기라는 관념을 덧붙였다. 유노의 그리스 이름인 "헤라"(Ηρα)라는 말이 "아에르"(ἀήρ), 즉 "공기"와 관련되어 있기 때문이라는 것이었다.[227] 그러나 에테르와 공기는 모든 것을 생산하는 반면 유노는 유피테르의 자식을 낳은 일이 없다. "모든 것이 유피테르로 가득하다"는 말로 신학 시인들이 이해했던 것은 우주가 에테르로 가득 차 있다고 가르치는 물리학의 진리가 아니다. 그렇다고 신이 모든 곳에 존재한다고 주장하는 자연신학자들의 형이상학적 진리도 아니다.

플라톤은 시적 영웅주의 위에 자신의 철학적 영웅주의를 올려놓았다. 영웅이 짐승은 물론 인간보다도 위에 있다는 것이다. 짐승은 감정의 노예이다. 중간에 위치한 인간은 그러한 감정에 저항한다. 반면 영웅은 감정에 명령을 내리기를 택한다. 이리하여 영웅적 본성은 신적 본성과 인간적 본성의 중간에 존재한다. 플라톤은 시인들이 "영웅"(ἥρως)과 같은 기원을 두기에 "에로스"(Ερως)라고 불리는[508] 귀족의 사랑은 날개가 달리고 눈을 가렸다고 표현한 반면 평민의 사랑은 날개와 눈가리개가 없는 것으로 표현해 신성한 사랑과 야수적 사랑을 구분했다고 설명했다. 신성한 사랑은 감각적인 것에 눈을 가리고 지성의 세계를 관조하러 날개를 달고 올라가는 반면 야수적 사랑은 날개가 없어 감각적인 사물을 의도

227) Platon, *Cratylus*, 404 c.

하러 내려간다는 것이다.

초기의 엄격한 시인들에게는 유피테르의 독수리가 나꿔채 하늘로 올라간 가니메데가 유피테르 전조의 관조자를 뜻했다. 그러한 가니메데마저도 타락한 시대에는 유피테르의 추악한 쾌락의 대상이 되어버린 것이다. 플라톤은 교묘한 술수로 그를 형이상학적 관조의 대상으로 만들어 스스로 "합일"[499]이라고 이름 붙인 방법을 통해 유피테르와 하나가 된 최고의 존재로 만들었던 것이다.[228]

[516] 이러한 방식으로 경건심과 종교는 초기의 인간들을 자연적으로 신중하게 만들었다. 그들은 유피테르의 전조를 통해 조언을 받았기 때문이다. 또한 경건심과 종교는 그들을 정의롭게 만들었다. 이미 살펴봤던 것처럼[398] 유피테르의 이름에서 "정의"라는 말이 나왔듯, 최초의 정의로움은 유피테르를 향한 것이었고, 인간들을 향한 정의로움은 다른 사람들의 일에 개입하지 않는 것이었다. 그것은 폴리페모스가 시칠리아의 동굴 속에 퍼져 살던 거인들이 그렇게 산다고 했던 말과 같다.[229] 그것은 정의처럼 보일지라도 실은 야만에 가깝다. 다음으로 경건심과 종교는 인간들을 절제하게 만들었다. 왜냐하면 그들은 평생을 한 여자에 만족해야 했기 때문이다. 앞으로 살펴보겠지만[1099] 경건심과 종교는 그들을 강하고 근면하고 용감하게 만들기도 했다. 그것은 황금시대의 덕성이었다.

---

228) 여기에서 비코는 크세노폰을 플라톤으로 잘못 바꿔놓았다.

229) 『오디세이아』, IX, 112.

황금시대란 후대의 타락한 시인들이 묘사하듯 쾌락이 법인 시대가 아니었다. 왜냐하면 신학적 시인들의 참된 황금시대에 사람들은 구역질나는 생각에 대한 모든 취향에 무관심했다. 그것은 농부들의 관습에서도 확인할 수 있다. 그들은 허용된 것뿐 아니라 유용한 것만을 좋아했다. 라틴어에서 "도움이 되다"(iuvat)라는 말을 "좋다"는 의미의 표현으로 사용하는 것은 영웅시대의 어원이 남아 있는 것이다. 그렇다고 해서 그 시대에 사람들이 유피테르의 가슴에서 정의의 영원한 법을 읽었다고 말한 철학자들의 생각도 옳은 것은 아니다. 결론적으로 이 최초의 시대의 덕성은 앞서 "연표에 대한 주"에서 말했던 것[100]과 같았다. 즉 스키타이인들은 땅에 칼을 꽂아놓고 신으로 경배하며 살육을 정당화했다는 것이다. 그들 사이에 퍼져 있던 이러한 관습은 공리에서 고찰한 것처럼[190] 마녀들 사이에서 보이는 것과 같았다.

[517] 이렇듯 미신적이고 잔혹한 이교 문명 최초의 도덕으로부터 신에게 인간을 제물로 바치는 관습이 출현했다. 이것은 고대 페니키아인들에게서 찾아볼 수 있는데, 그들은 전쟁이나 기근이나 질병과 같은 큰 재난이 닥쳐올 때면 하늘의 노여움을 달래기 위해 자신들의 자식을 바쳤다고 비블로스의 필론은 말한다.[230] 퀸투스 쿠르티우스에 따르면 사투르누스에게 어린아이를 제물로 바치는 일은 정기적으로 일어났다. 앞으로 살펴보겠지만[660], 유스티

230) 이 내용은 에우세비우스의 다음 책에 인용되어 있다. *Praeparatio evangelica*, I, 10. 44. Phylo of Byblus(64~141)는 페니키아의 역사가였다.

누스가 말하듯 이러한 풍습은 의심의 여지가 없이 페니키아인들로부터 출현했던 민족인 카르타고인들에 의해 보존되었다가 최근까지도 실행되었던 것이다. 그것은 엔니우스의 다음 구절에서 확인된다. "페니키아인들은 자식들을 희생하는 일에 익숙하다" (Et poinei solitei sos sacruficare puellos).[231] 페니키아인들은 아가토클레스에게 패배한 이후 그들의 신을 달래기 위해 2백 명의 귀족 자제들을 제물로 바쳤다고 한다.[232] 그리스인들도 이러한 페니키아인들과 카르타고인들의 불경스럽게도 경건한 풍습에 빠져 아가멤논은 딸 이피게네아를 희생물로 바치며 맹세했다. 이교 세계 초창기 가부장들의 막강한 권능을 생각해본 사람에게는 그리스인들처럼 학식이 높은 민족이라 할지라도 이런 풍습을 행하는 일이 놀랍지 않았을 것임이 확실하다. 그것은 가장 현명했던 로마 민족에게도 마찬가지였다. 이 두 민족은 문명이 가장 만개한 시절에도 아버지들이 갓 태어난 자신의 아이들을 살해할 권한을 가졌던 것이다.

이러한 점들을 고려한다면 브루투스가 참주 타르퀴니아누스를 로마의 왕으로 복귀시키기 위해 음모를 꾸몄던 아들들의 목을 참수했던 일이나, "황제"라는 별명으로 불렸던 만리우스가 아버지의 명령을 거스르며 전쟁을 벌여 승리를 거둔 용감한 아들의 목을 잘랐던 일에 대해 오늘날의 유약한 우리가 느끼는 공포도 완화되는

231) Quintus Ennius, *Annales*, 237.

232) Firmianus Lactantius, *Divinae Institutiones*, I, 21, 13.

것이 사실이다. 카이사르는 갈리아인들도 인간 제물을 바쳤다고 보고한다.[233] 또한 타키투스는 『연대기』에서 브리튼족의 드루이드 교도들이 인간 제물의 창자를 보고 미래를 점치는 법을 알고 있었다고 말한다.[234] 드루이드 교도는 그들이 비교(秘敎)의 지식을 풍부하게 갖고 있다고 하는 학자의 자만심을 보여준다. 아우구스투스는 이렇듯 잔인하고 비인간적인 종교를 갈리아에 살던 로마인들에게 금지시켰고, 수에토니우스는 클라우디우스 황제의 전기에서 클라우디우스가 그 종교를 갈리아인들에게마저 금지시켰다고 한다. 동방 언어의 학자들에 따르면 페니키아인들은 몰록에게 바치는 희생 의식을 다른 지역에 전파했다고 한다. 모르네[235]와 반 데르 드리스헤[236]와 셀든[237]에 따르면 몰록은 사투르누스와 같다. 그것은 사람을 산 채로 불에 태우는 의식이다. 그리스인들에게 문자를 전달했던 그 페니키아인들이 그리도 야만스러운 문물을 초기의 민족들에게 가르쳤다니! 헤라클레스가 그와 비슷한 비인간적인 관습을 라티움에서 없앴다는 말도 전해진다. 그가 산 사람을 테베레 강에 제물로 던져 넣는 관습 대신 짚으로 만든 인형을 던지게 했다는 것이다. 타키투스는 기억도 할 수 없는 먼 옛날부터

---

233) Gaius Julius Caesar, *Commentarii de Bello Gallico*, 4.16.

234) Cornelius Tacitus, *Annales*, XIV. 30.

235) Philippe Mornay, *De veritate religionis christianae* (1580). 필립 드 모르네(1549~1623)는 프랑스의 개신교도 정치가였다.

236) Van der Driesche, *Ad voces hebraicas Novi Testamenti commentarius*, (1616). 드리스헤(1550~1616)는 네덜란드의 히브리어 학자였다.

237) John Selden, *De diis syriis*, in *Opera*, II. 318.

모든 외국 민족들과 단절되어 있어 로마인들조차 온 힘을 다해도 침투할 수 없다고 했던 고대의 게르만인들도 인간 제물을 엄숙하게 바친다고 말했다.[238] 에스파냐인들은 2세기 전까지만 해도 알려져 있지 않던 아메리카에서도 그런 의식을 발견했다. 레카르보가 『새로운 프랑스』[239]에서 고찰한 바에 따르면 이곳의 야만인들은 인육을 먹었으며, 그것은 제물로 죽인 사람들로부터 얻은 것임이 확실했다. 이러한 희생제에 대해서는 오비에도가 『[서]인도의 역사』에서 언급하고 있다.[240]

고대의 게르만인들은 땅 위에서 신을 보았고, 앞서 말했던 것처럼[375] 아메리카 인디언들도 마찬가지였으며, 먼 옛날의 스키타이인들은 황금 같은 덕성 때문에 작가들의 칭송을 받아왔지만 [100] 동시에 그들은 가장 비인간적인 일을 행하고 있었던 것이다. 이 모든 일은 작가들이 라티움의 황금시대라고 말하는 바로 그 시기에 일어났는데[73], 플라우투스는 그것을 "사투르누스의 제물"(Saturni hostiae)이라고 말했다[191]. 그 시기는 그렇게도 부드럽고 자비롭고 신중하고 편안하고 도덕적이었던 시기였을까.

[518] 이 모든 것으로부터 우리는 다음과 같이 결론 내릴 수 있다.

---

238) Cornelius Tacitus, *Germania*, 9.

239) 레카르보(1570?~1641)는 파리 고등법원의 재판관이었다. Marc Lescarbot, *Histoire de la nouvelle France*(1609).

240) 오비에도(1478~?)는 에스파냐의 여행가이자 역사가였다. Gonzales Fernández de Oviedo y Valdés, *Primera parte de la historia natural y general de las Indicas*(1547).

초기의 민족들이 황금시대에서 순진무구하게 살았다고 하는 학자들의 자만심은 얼마나 공허한 것인가! 사실상 야만적이고 오만하고 잔인했던 초기 민족들이 다소나마 자제할 수 있도록 만들었던 것은 그들이 상상했던 신성에 대한 두려움에 기인하는 미신적인 광기였다. 플루타르코스는 이러한 미신에 대해 깊이 생각하면서 다음과 같은 질문을 제기했다. 그렇게 불경스럽게 신을 숭배하는 것과 사실상 신에 대해 믿지 않는 것 중 어떤 것이 더 작은 악일까. 그러나 질문의 바탕이 된 잔인한 미신과 무신론의 대립은 성립하지 않는다. 왜냐하면 그 미신으로부터는 가장 계몽된 민족들이 출현하였지만, 무신론은 이 세상에 어떤 것도 세우지 못했기 때문이다. 이것은 "원리"에서 밝혔던 것과 같다[333].

[519] 사라진 인류 최초의 민중이 가졌던 신성한 도덕에 대해서는 여기에서 말한 것으로 충분하다. 영웅들의 도덕에 대해서는 다른 곳에서 논할 것이다[666].

제4부

시적 경제학[241]

제1장
시적 경제학, 특히 처음에 자식들만을 포함했던 가족의 경제학에 대하여[242]

[520] 영웅들은 인간의 감각을 통해 경제학 전체를 이루는 두 개의 진리를 깨달았다. 그 진리는 "에두케레"(educere)와 "에두카레"(educare)라는 두 개의 라틴어 단어에 보존되어 있다. 가장 우아하게 말하자면 전자는 정신의 교육, 후자는 육체의 교육과 관련되어 있다. 현학적인 은유를 사용한다면 전자는 자연철학자들[243]

241) 여기에서 말하는 "경제학"은 가족 내부의 경제학을 가리킨다.

242) "자식들만을 포함했던"이라는 말이 강조되는 이유는 "famoli"라 불렸던 "예속민들"에 대한 논의는 여기에서 제외시킨다는 뜻으로 받아들여야 한다.

243) 원어는 fisici. 오늘날에는 "물리학자들"을 가리키는 말로 사용되고 있지만,

에 의해 질료로부터 형상을 추출해내는 것으로 변환되었다. 왜냐하면 영웅의 교육은 거인들의 방대한 신체 속에 파묻혀 있던 인간 정신의 형상을 어떤 방식으로든 추출해내기 시작했기 때문이다. 그리고 그와 비슷한 방식으로 불균형적인 거인들의 신체로부터 올바른 체격의 인간 신체 자체의 형상까지도 추출해내기 시작했던 것이다[524, 692].

[521] 먼저 정신의 교육에 대해 살펴보자. 공리에서 말했던 것처럼[250] 영웅시대의 아버지들은 이른바 "자연의" 상태 속에서 민중의 지식이었던 전조에 대한 지식에 능통한 현자였다. 그러한 지식의 결과로 그들은 전조를 잘 받아들이거나 이해하기 위해 제물을 바치는 일을 해야 마땅한 사제였던 것이 확실하다. 또한 그들은 신으로부터 그들의 가족에게 법을 전달해야 했던 왕들이었던 것도 확실하다. 실로 그들은 영웅의 도시 최초의 왕들이 되어 지배하던 원로원의 법을 민중에게 전달했다. "입법자"를 가리키는 "레기슬라토리"(legislatori)라는 말은 "법의 전달자"(portatori di legge)를 뜻하는데 그들은 그 의미에 합당했던 것이다. 영웅시대의 왕들도 그런 의미에서 입법자였다. 그들은 호메로스가 묘사했던 두 개의 영웅 집회인 "불레"(βουλή)와 "아고라"(άϒορά)에서 제정한 법을 민중에게 전달했던 것이다. 앞서 "연표에 대한 주"에서 고찰했듯[67], "불레"에서 영웅들은 법을 육성으로 제정했고, "아고라"에서 그것을 육성으로 선포했다. 왜냐하면 아직 민중문자가 발명

자연적 현상을 연구하고 그 의미를 캐는 사람들이라고 받아들여야 한다.

되지 않았기 때문이었다. 로마에서는 영웅시대의 왕들이 지배하던 원로원의 법을 2인관을 통해 민중에게 전달했다. 이렇게 2인관은 살아 있는 법, 말을 하는 법이 된 것이다. 툴리우스 호스틸리우스는 바로 이 2인관들을 이용하여 호라티우스의 판결에서 자신의 법을 선포하게 만들었던 것이다. 리비우스는 이런 점을 이해하지 못했기 때문에 호라티우스의 판결에 대한 그의 설명이 이해가 불가능했던 것이다.

[522] 고대인들이 비견하기 어려운 지혜를 갖고 있다는 그릇된 견해에다가 이러한 민간전승[250~255, 521]이 더해졌다. 그리하여 플라톤은 철학자들이 왕이었고 왕들이 철학을 했던 시절을 사람들이 부러워하도록 만든 그릇된 유혹에 빠졌다[253]. 공리에서 밝혔듯[256] 이들은 가족의 군주로서 가족 누구보다도 우월했고 신에게만 복종했다. 두려운 종교라는 갑옷을 입고 비인간적인 처벌을 통해 성역으로 만든 권력의 요새 속에서 그들은 플라톤이 세계 최초의 가족의 가부장이었다고 인정했던 폴리페모스에 불과했던 것이 확실했다[296]. 훗날 이 민간전승이 잘못 받아들여져 세계 최초의 정부 형태는 군주제였다고 모든 정치학자들이 오해하게 만든 막중한 위험을 초래했다. 그리하여 그 정치학자들은 정부가 공공연한 힘이나 술수로부터 나왔고, 그것이 후에 폭력으로 분출되었다는 그릇된 정치 원리에 굴복하게 되었다. 그러나 앞서 공리에서 말했듯[290], 이 인류의 초창기에 사람들은 오만하고 야만적이었다. 야수적인 방황을 끝낸 지 오래되지 않은 그들은 자연이 즉각적으로 제공하는 결실에 만족하며 극도로 단순하고 조야한

삶을 살며, 샘의 물을 마시고 동굴에서 잠을 잤다. 이렇듯 야수적 자유 속에서 자연적으로 평등한 모든 가부장들은 가족 내부의 주군이었을 뿐이다. 그들은 다른 모든 사람들을 굴복시켜 하나의 군주국으로 만들게 한다는 힘이나 술수를 사실상 이해할 수 없었다. 여기에 대해서는 앞으로 더 설명할 것이다[585].

[523] 이제 사람들이 그 타고난 야수적 자유에서 벗어나 길들여지고, 그 뒤 거인 가족의 규율을 겪으며, 그리하여 훗날 등장한 시민 국가의 법에 자연적으로 복종하게 될 때까지 얼마나 오랜 시간이 필요했는지 깊이 생각해보아야 한다. 플라톤의 이상적인 국가보다는 아버지들이 종교만을 가르쳐 자식들로부터 현자로 숭배받고 그들의 사제로 존경받으며 왕으로 경외되는 국가가 훨씬 더 행복하리라는 말이 영원한 진리로 남게 될 것이다. 그렇듯 흉측하고 잔인한 거인들을 인간적인 의무에 적응시키기 위해서는 그리도 큰 신의 힘이 필요했던 것이다. 그들은 그렇듯 신성한 힘을 추상적으로 말할 수 없었기에 구체적으로 "줄"이라는 물체로 표현했다. 그것은 그리스어로 "코르다"(χορδά)라고 하며 라틴어로는 처음에 "피데스"(fides)라고 불렸는데, 그 원래의 고유한 의미는 "신의 힘"을 뜻하는 "피데스 데오룸"(fides deorum)이었다. 그 뒤 그것으로부터 오르페우스의 리라가 만들어졌는데, 본디 리라에는 줄이 하나였다. 오르페우스는 리라의 반주에 맞춰 전조에 드러난 신의 힘을 노래하면서 짐승 같은 그리스인들을 문명으로 이끌었던 것이다. 그리고 암피온은 스스로 움직이는 돌로 테베의 성벽을 쌓았다. 이 돌은 데우칼리온과 피라가 신의 판결에 겁을 먹은 채 테미

스의 신전 앞에 서서 결혼의 정결함을 뜻하는 면사포를 쓰고 앞에서 주워 어깨 뒤로 던져 사람으로 만들었던 바로 그 돌이다. 돌을 가리키는 라틴어 "라피스"(lapis)는 "어리석은 사람"을 뜻하기도 하는데, 초기의 인간들은 어리석었고, 어깨 뒤로 던진 것은 가정의 규율을 바탕으로 가정에 질서를 도입했다는 뜻이다. 이것은 앞서 "연표에 대한 주"에서 설명한 적이 있다[79].

[524] 가정교육의 다른 부분인 육체의 교육에 대해 살펴보자. 이 아버지들은 두려운 종교와 거인의 권위와 성스러운 세례로 자식들을 이끌어 그들의 거인 같은 체격으로부터 인간의 신체에 합당한 형상을 추출해내기 시작했다. 그것은 앞서 논했던 것과 일치한다[371]. 여기에서 신의 섭리를 가장 높게 경배해야 한다. 왜냐하면 신의 섭리는 이러한 가정교육이 성공을 거두기 전까지는 그 인간들이 거인으로 있게 하여 야수적인 방랑 생활 속에서도 건강한 체격으로 하늘과 계절의 불편함을 극복할 수 있도록 명했기 때문이다. 그토록 엄청난 힘을 갖고 그들은 근래의 대홍수 이후 무성하게 자란 땅 위의 큰 숲속을 헤치고 다니며 짐승을 피하고 수줍은 여자들을 쫓아다녔다. 그리하여 그들은 식량과 물을 찾아 헤매며 훗날 적당한 시간이 되어 인구가 늘어나기 전까지는 흩어지게 되었다. 그렇지만 그들은 여자들과 함께 한 곳에 정착하기 시작했는데, 처음에는 동굴에, 다음에는 항상 흐르는 샘 근처의 오두막에, 그리고 다음으로는 개간되어 그들에게 생계를 유지할 수 있도록 만들어준 밭에 살게 된 것이다. 이렇게 신의 섭리는 지금까지 우리가 논했던 이유들로 인간의 체격을 오늘날의 인류에 합당하게

축소시켰던 것이다.

[525] 이렇게 [가정] 경제학이 생겨날 때부터 아버지들은 그들의 근면한 노력으로 그것을 이상적인 형태로 완성시켜 그 자손들이 생계를 용이하고 편안하고 안전하게 확보하도록 가산(家産)을 남겨 주었다. 그리하여 외국과의 교역과 사회적 결실과 도시 자체가 붕괴하는 극단의 상황이 닥치더라도 그 가산은 최소한 가족이 유지되고, 그리하여 민족이 다시 출현할 수 있다는 희망을 가질 수 있도록 만들어주었다는 것이다. 그들은 그 가산을 공기가 좋고 물이 항상 있는 천연적 요새에 남겨두어야 했다. 그곳은 도시가 멸망하더라도 폐허가 된 도시를 떠난 가난한 농부들이 도피하여 생계를 유지하기에 충분한 땅이 있어야 했다. 그리하여 그 도피자들의 노력으로 그들을 주군으로 떠받들 수 있는 장소여야 했다[553].

우리가 공리에서 언급했던 디오 카시우스에 따르면[308], 이렇듯 신의 섭리는 가족국가에서 질서를 법과 함께 폭군에게 부여했던 것이 아니라 관습이라는 인간 문명의 여왕에게 부여했던 것이다. 강한 자들은 높은 산이어서 공기가 잘 소통되고 따라서 건강한 곳에 산다. 그곳은 천연적으로 강인한 장소이기도 해서, 처음으로 "성채"(arces)가 되었던 곳인데, 그곳이 훗날 군사 건축의 장치에 의해 요새가 되었던 것이다. 이탈리아어에서 산의 험하고 가파른 절벽을 "로체"(rocce)라고 하는데 거기에서 "요새"를 가리키는 단어 로케(rocche)가 나왔다. 그런 장소는 항상 솟는 샘 근처에 있는데, 대체로 그것은 산꼭대기에 위치해 있다.

그러한 샘 근처에는 맹금류가 둥지를 틀었고, 따라서 그 부근에 사냥꾼들은 그물을 치고는 했다. 그런 이유에서 고대의 라틴인들은 그러한 새들을 모두 "독수리"를 뜻하는 "아퀼라이"(aquilae)라고 불렀던 것인데, 그것은 "물을 찾는 자"라는 뜻의 "아퀼레가"(aquilega)로부터 파생되었음이 확실하다. 확실히 "아퀼렉스"(aquilex)라는 단어는 "물의 발견자 또는 운반자"를 뜻하는 말로 남아 있다[240]. 그리하여 로물루스가 새로운 도시의 장소를 결정하기 위해 전조를 받았다고 하는 새는 역사가 말해주듯 의심의 여지없이 맹금류였을 것이며, 그것이 훗날 독수리로 바뀌었고, 그 독수리가 로마 군대 전체의 수호신이 되었던 것이 확실하다. 그리하여 이 단순하고 조야한 인간들은 하늘 높이 날기에 유피테르의 새라고 믿었던 독수리를 따라다니며 항상 솟는 샘을 발견하였다. 하늘이 땅을 지배하던 시기에 하늘이 그들에게 베푼 이 두 번째의 혜택 때문에 그들은 독수리를 존중하게 되었다. 그들은 번개 다음으로 가장 존엄했던 전조를 독수리의 비상에서 찾았던 것이다. 메살라와 코르비누스는 독수리의 비상을 가리켜 "가장 큰 전조" 즉 "공적인" 전조라고 불렀던 것이다.[244] 로마의 귀족들이 평민과의 투쟁에서 평민들에게 "전조는 우리의 것"(auspicia esse sua)이라고 대답했을 때 그들이 의미했던 바가 바로 이것이었다[110, 488].

이교도에게 인간 문명의 출발점을 제공하기 위해 섭리가 명했

---

244) 마르쿠스 발레리우스 메살라(BC 100?~BC 26)와 코르비누스(BC 64~AD 8)는 로마의 정치가로서 함께 『점복에 관하여』라는 책을 썼다. 본문의 내용은 다음에 수록되어 있다. Aulus Gellius, *Noctes atticae*, IX, 11, XIII, 14~16.

던 이 모든 것을 플라톤은 도시 최초의 창시자들의 인간적인 예지 때문이었다고 판단한다.[245] 그러나 모든 곳에서 도시가 파괴되었던 중세의 돌아온 야만 시대에 가족이 보존되어 그들로부터 유럽에 새로운 민족이 출현하게 되었던 것은 바로 이런 방식이었다. 이탈리아인들은 새롭게 출현한 그 모든 나라들을 "성"(castello)이라고 불렀는데, 왜냐하면 일반적으로 가장 오래된 도시와 거의 모든 수도는 산 높은 곳에 위치한 반면 촌락은 평지에 흩어져 있기 때문이다. 그리하여 다음과 같은 라틴어 용례가 나타났던 것이 확실하다. 즉 "귀족"을 뜻하는 말로 "가장 높은 곳"(summo loco)이나 "빛나는 장소에서 태어난"(lustri loco nati)이라는 표현이 쓰이고, "평민"을 가리키는 말로 "낮은 장소"(imo loco) 또는 "어두운 곳에서 태어난"(obscuro loco nati)이라는 표현이 사용되는 것이다. 앞으로 살펴보겠지만[608] 영웅, 즉 귀족은 도시에 살고 예속민은 촌락에 산다.

[526] 실로 정치학자들이 무엇보다도 물의 공유가 여러 가족들이 결속할 기회를 준 것이라고 말했을 때 그들은 이렇듯 항상 솟아나는 샘을 염두에 두었다. 그리하여 그리스인들은 최초의 공동체를 "프라트리아이"(φρατρίαι)라고 불렀다.[246] 초기의 라틴어에서는 땅을 "파기"(pagi)라고 불렀는데, 그것은 도리아의 그리스인들

245) Platon, *De Legibus*, 738 b-c.

246) 그리스어에서 "프레아르"(φρέαρ)는 "샘"을 "프레아티아"(φρεατία)는 "저수지"를 뜻한다.

이 "샘"을 부르는 말인 "파가"(παΥά)와 비슷하다. 즉 그것은 결혼의 두 가지 주요 엄숙한 요인 중 첫 번째였던 물을 가리킨다. 로마인들은 결혼을 "물과 불"(aqua et igni)로 축하했다. 왜냐하면 최초의 결혼은 자연적으로 물과 불을 함께 쓰는 남자와 여자 사이에서 맺어졌으며, 그들은 같은 가족이었기 때문이다. 전술했던 것처럼 [511] 초기의 결혼은 남매 사이에서 맺어졌던 것이 확실하다.

가정마다 이 불을 지키는 신이 "라르"였다. 그런 이유로 가부장이 집의 신에게 제사를 올리는 장소인 난롯가를 "포쿠스 라리스"(focus laris)라고 불렀다. 야콥 레베르드의 해석에 따르면[247] 〈12표법〉의 "부친 살해" 조항에서는 이 집의 신을 "아버지들의 신"(deivei parentum)이라고 불렀다고 한다. 성서에서도 "우리 아버지들의 신"(Deus parentum nostrorum)처럼 그와 비슷한 표현을 자주 마주친다. "신 아브라함", "신 이삭", "신 야곱"은 더욱 분명하다. 이 문제에 관련해서는 키케로가 입안했던 "신성한 가족 의례가 영원히 유지되도록"(Sacra familiaria perpetua maneto) 하기 위한 법도 있다.[248] 그리하여 로마법에는 아들이 "아버지의 의례 속에서"(in sacris paternis)라고 말하며, 아버지의 권능에 대해서는 "아버지의 의례"(sacra patria)라고 말하는 구절이 빈번하게 나타나는데, 그 이유란 『새로운 학문』에서 뒤에 논증할 것처럼[628] 태초에는 모든

247) 레베르드(1534~1568)는 벨기에의 법학자였다. Jacob Raewaerd, *Ad Leges XII Tabularum*.

248) Marcus Tullius Cicero, *De legibus*, II. 9.

것이 신성하다고 여겨졌기 때문이다.

이러한 관습은 이후 출현한 중세인들에게서도 관찰된다. 조반니 보카초가 『신들의 계보』에서 증언했던 것처럼[249] 그 시절에는 가족의 가부장이 새해의 벽두에 난롯가에 앉아 스스로 불을 피운 통나무에 향과 포도주를 뿌리는 관습이 있었다. 나폴리의 하층민들 사이에는 성탄 전야에 가족의 아버지가 화로 속의 통나무에 엄숙하게 불을 붙이는 관습이 있다. 실로 나폴리 왕국에서는 화로의 숫자로 가족의 숫자를 셌다고 말한다. 그 뒤 도시가 건설되면서 혼례는 도시민들 사이에서만 맺어지는 것이 보편적인 관습이 되었다. 그리고 마지막으로 다음과 같은 관습도 남아 있다. 만일 외부인과 결혼해야 한다면 최소한 종교가 같아야 한다는 것이다.

[527] 이제 불에서 물로 돌아가자. 신들은 모든 샘의 원천이었던 스틱스 강에 걸고 맹세했다. 그러므로 전술했던 것처럼[449] 귀족의 도시에서는 귀족들이 이 신이었던 것이 확실하다. 왜냐하면 물의 분배가 인간에 대한[즉 평민에 대한] 지배권을 그 귀족들에게 주었기 때문이다[437]. 그리하여 로마력 309년까지 귀족들은 평민에게 혼례를 허용하지 않았다. 이에 대해서는 앞서 어느 정도 말했지만[110], 앞으로 더 상세하게 말할 것이다[598]. 그런 이유로 성서에서는 "맹세의 샘"(pozzo del giuramento)이나 "샘의 맹세"(giuramento del pozzo) 같은 구절을 흔히 읽을 수 있는 것이다. 그리하여 포추올리(Pozzuoli)라는 도시는 그 이름 속에 위대한 고대

249) Giovanni Boccaccio, *Genealogia deorum*, 7.65.

의 흔적을 남겨놓고 있는데, 이후 라틴어로 그 도시는 작은 샘들이 하나로 모였다고 하여 "푸테올리"(Puteoli)라고 불리게 되었다.[250) 그리고 이미 말한 적이 있는[162] 정신적 사전에 근거하여 다음과 같은 합리적인 추론을 도출할 수 있을 것이다. 즉 고대의 민족들에게 많은 이름으로 불리는 도시들이 퍼져 있었다는 것은 그 작은 샘들이 사실은 하나를 이루고 있는 것처럼 그 도시들이 실체는 하나이지만, 다양하게 분절된 언어에서 다양하게 불리고 있을 뿐이라는 것이다.

[528] 여기에서 사람들은 "대씨족"의 세 번째의 신을 상상 속에서 만들었는데 그가 디아나이다[317].[251) 그녀는 인간 최초의 필요성이었던 물을 상징하는데, 거인들이 어떤 땅에 정착하여 어떤 여자들과 혼례로 결합되었을 때 물의 필요성을 느꼈던 것이다. 신학 시인들은 이런 일들의 역사를 디아나와 관련된 두 개의 신화를 통해 기술하고 있다. 그중 첫 번째는 혼례의 순결함을 뜻하는 것으로서 순결한 디아나는 밤의 어두움 속에서 아무 말도 하지 않고 잠자는 엔디미온의 옆에 눕는다. 따라서 디아나는 결혼의 순결함을 상징한다. 키케로가 "정결하게 신에게 다가가자"(Deos caste adeunto)라는 법을 명했던 것은 그러한 순결함을 명확하게 하려는 것이었다[469]. 그것은 목욕재개를 하고 난 뒤에야 희생 의식을 치러야 한다는 말이다.

---

250) 라틴어에서 푸테이(putei)는 "작은 샘"을 가리킨다.

251) 그리스 신화의 아르테미스를 가리킨다.

두 번째의 신화는 언제나 "신성한"이라는 수식어가 따라다니는 샘의 두려운 종교를 이야기한다. 악타이온은 살아 있는 샘의 상징인 벌거벗은 디아나를 본다. 악타이온이 여신으로부터 물방울 세례를 맞는다. 그것은 여신이 그에게 큰 두려움을 주었다는 것을 뜻한다. 악타이온은 가장 소심한 짐승인 사슴으로 변하여 자신의 개들에게 물어 뜯긴다. 그것은 종교적 금기를 범한 것에 대해 양심의 가책을 느낀다는 이야기이다. 따라서 라틴어의 림파티(lymphati), 즉 본디 순수한 물을 뜻하는 "림파"(lympha)의 "방울들"은 미신적인 두려움으로 미쳐버린 악타이온 같은 사람들에게 적용되는 말이 되었다. 라틴어는 이러한 시적인 역사를 "물"을 뜻하는 "라티케스"(latices)라는 단어 속에 보존하고 있다. 그 말은 "숨다"라는 뜻의 "라텐도"(latendo)로부터 왔음이 확실한데, 이 단어에는 언제나 "순수한"(puri)이라는 수식어가 따라다니며 그것은 샘으로부터 솟아나는 물을 가리킨다. 이러한 "라티케스"는 그리스인들에 의하면 디아나를 항상 따라다니는 님프였던 것이 확실하다. 왜냐하면 그리스어의 "님파이"는 라틴어의 "림파이"와 같은 말이었기 때문이다. 님프, 즉 물의 요정은 시적 형이상학에서 말했던 것처럼[379] 모든 것에 생명이 있다고 생각해서, 따라서 인간에 견주어 생각했던 시기에 그렇게 이름이 붙여졌던 것이다.

[529] 그 뒤 산에 정착했던 경건한 거인들은 근처 땅 위에서 썩고 있는 죽은 자들의 시체에서 나는 악취를 맡으며 그들을 매장하기 시작했던 것이 확실하다. 산 높은 곳에서 거대한 두개골과 뼈 조각들이 발견되고 있다. 그것은 다음과 같은 논지의 근거가 된다.

즉 평지와 계곡에 널리 퍼져 있던[525] 불경한 거인들의[553] 시체는 매장되지 않고 썩어서 그들의 두개골과 뼈는 격류에 쓸려 바다로 갔거나 비에 완전히 마모되었으리라는 것이다. 그들은 이 묘소를 종교로, 즉 신에 대한 두려움으로 물들였는데, 라틴어에서는 특히 그러한 묘소가 있는 장소를 "종교적 장소"(religiosa loca)라고 불렀다. 앞서 "원리들"에서 논증했던 것처럼[337] 인간 영혼의 불멸성에 대한 보편적 믿음이 여기에서 시작되었다. 이것이 『새로운 학문』이 근거하고 있는 세 번째 원리이다.

라틴어에서는 죽은 인간의 영혼을 "신의 혼"(dii manes)이라 불렀고, 〈12표법〉의 "부친 살해" 조항에서는 "아버지들의 신"(deivei parentum)이라고 불렀다. 게다가 매장의 표시로 봉분의 위나 옆에 팻말을 세웠는데, 봉분이라 해봐야 처음에는 다른 땅보다 약간 높이 흙을 쌓아놓은 것에 불과했다. 타키투스가 언급하듯[252] 고대의 게르만인들은 초기의 여러 민족들 모두가 공통적인 관습을 함께 했을 것이라고 짐작케 해주는 말을 하는데, 그중 하나가 죽은 자를 위한 기도에서 "그대 위에 가벼운 흙만이 얹히기를"(Sit tibi terra levis)이라고 말하며 너무 많은 흙으로 덮으면 안 된다는 것이었다. 그리스인들은 그 팻말을 "필락스"(φύλαξ)라고 불렀는데, 그것은 "수호자"라는 말이었다. 왜냐하면 이 단순한 자들은 그것이 묘지를 지켜줄 것이라고 믿었기 때문이다. 그리고 그 팻말을 가리키는 라틴어 "키푸스"(cippus)는 "묘지"를 뜻하는 말로 남아 있고, 이탈리

252) Cornelius Tacitus, *Germania*, 27.

아어 "체포"(ceppo)는 "계보를 그린 나무의 줄기"를 뜻한다. 따라서 그리스인들에게는 "필락스"(φύλαξ)에 어원을 두고 있는 "필레"(φυλή)가 "부족"을 뜻하게 된 것이 확실하다. 그리고 로마인들은 방 안에 선조들의 조각상을 배치해 둠으로써 그들의 계보를 설명했는데, 그것을 그들은 "스템마타"(stemmata)라고 불렀다. 그 어원은 "실"을 뜻하는 "테멘"(temen)으로부터 왔을 것이며, 베틀로 천을 짤 때 아래에 달려 있는 "씨실"을 "숩테멘"(subtemen)이라고 한다. 훗날 법학자들은 이러한 계보를 "선(線)"(lineae)이라고 불렀으며, 그리하여 오늘날까지도 "스템마타"는 "가족의 문장(紋章)"을 뜻하는 말로 남아 있다.

따라서 그렇게 매장된 사람들이 있었던 최초의 땅이 가족 최초의 방패의 바탕이 되었으리라는 추론이 강력해진다. 스파르타의 어머니들이 전쟁에 나가는 아들들에게 방패를 주면서 "이것과 함께, 아니면 이것 속에"(aut com hoc, aut in hoc)라고 했다는 말은 "이기고 돌아오라, 아니면 관에 담겨 돌아오라"는 뜻으로 이해해야 하는 것이다. 오늘날에도 나폴리에서는 관을 "스쿠도"라고 하는데, 그것은 "방패"를 뜻한다. 그리고 이러한 묘소는 최초로 씨를 뿌렸던 밭의 땅에 있었기 때문에 문장학(紋章學)에서 방패는 "밭의 터전"이라고 정의되며, 훗날 그것이 "문장의 터전"이라고 불리게 되었다.

[530] "아들"을 가리키는 라틴어 "필리우스"(filius)도 같은 어원에서 나온 것이 확실하다. 그 말은 아버지의 이름과 가문으로 구분되는 "귀족"을 뜻했다. 전술했던 것처럼[433] 로마의 귀족들

은 "아버지의 성을 사용할 수 있는 사람"(qui possunt nomine ciere patrem)이라고 정의되었다. 로마인들에게는 부칭 계승이 흔했고, 최초의 그리스인들도 자주 그것을 사용하여, 예컨대 호메로스는 영웅들을 "아카이아인의 아들들"이라고 불렀다. 성서에서도 "이스라엘의 아들들"은 히브리 민족의 귀족들을 가리킨다. 그렇다면 앞으로 논증할 것처럼[597] 부족이 본디 귀족들로 구성되었다면 초기의 도시는 귀족들로만 만들어졌으리라는 결론이 필연적이다.

[531] 이렇듯 거인들은 죽은 이들을 매장한 묘지로 그들의 토지에 대한 소유권을 증명했다. 로마법은 죽은 자의 매장을 적합한 장소에서, 바꾸어 말해 신성한 장소에서 거행하라고 요구한다[529]. 그들은 다음과 같은 영웅적 구절들을 말했을 때 그 말은 진심이었다. "우리는 이 땅의 아들입니다." "우리는 이 떡갈나무로부터 태어났습니다." 실로 로마인들은 가족의 우두머리를 "줄기"를 뜻하는 "스티르페스"(stirpes)나 "그루터기"를 뜻하는 "스티피테스"(stipites)라고 불렀고, 그들의 자손은 "싹"이나 "가지"를 뜻하는 "프로파기네스"(propagines)라고 불렀다. 이탈리아인들은 그런 가족을 "계보"를 뜻하는 "레냐지"(legnaggi)라고 불렀다.[253]

유럽에서 가장 고귀한 가문이나 지배층 거의 모두는 그들이 보유한 토지로부터 성(姓)을 따왔다. 따라서 그리스어나 라틴어나 마찬가지로 "땅의 아들"은 "귀족"을 뜻했다. 그리고 "귀족"을 뜻

253) "레냐지"(legnaggi)는 영어의 lineage과 같은 단어라고 볼 수 있는데, 이탈리아어에서 이 말은 "나무토막"을 뜻하기도 한다.

하는 라틴어 "인게누이"(ingenui)는 "인데게니티"(indegeniti)와 그것을 줄인 "인게니티"(ingeniti)로부터 왔다. "인게누이"는 자유민을 뜻하며, "인데게니티"는 본디 "그 땅에서 태어난 자"를 뜻하고, "인게니티"는 "타고난"이라는 뜻으로 쓰인다. "토착민"을 가리키는 "인디게나이"(indigenae)에는 "어떤 땅에서 태어난 사람"이라는 뜻이 남아 있는 것이 확실하며, "토착 신"을 뜻하는 "디이 인디게테스"(dii indigetes)는 영웅의 도시의 귀족들이었던 것이 확실하다. 왜냐하면 앞서 말했던 것처럼[370] 그들은 "신"이라고 불렸으며, 대지가 그들의 위대한 어머니였기 때문이다. 따라서 처음부터 "자유민"을 뜻하던 "인게누이"나 "가부장"이라는 의미를 갖는 "파트리키우스"(patricius)는 "귀족"을 지칭했다. 왜냐하면 최초의 도시는 귀족들로만 이루어졌기 때문이다. 이 "자유민"이란 본디 토착민이었음이 확실한데, 그들은 "조상이 없이", 바꾸어 말해 "그들 스스로" 태어났기 때문에 그렇게 불린 것이다. 스스로 태어났다는 것은 그리스인들이 "아우토크토네스"(αὐτόχθονες)라고 말하는 것과 뜻이 정확하게 일치한다. 그 토착민들은 거인이었고, 거인은 본디 "대지의 아들"을 가리켰다. 이렇듯 신화는 대지가 거인들과 신들의 어머니였음을 우리에게 충실하게 말해주고 있다.

[532] 이미 설명했지만[369~373], 리비우스가 로물루스와 그의 동반자들이었던 가부장들이 말했던 영웅시대의 문구를 잘못 해석했다는 것을 논증하기 위해 이곳 적절한 장소에서 다시 반복한다. 리비우스는 로물루스와 동반자들이 개간지에 열린 도피처에서 그들이 "이 땅의 아들들"이라고 했던 말이 사실을 왜곡하는 거짓말

이었다고 기록했다. 그러나 그들이 최초 민중의 창시자가 되었다는 그 말은 사실상 영웅시대의 진리였다[561]. 왜냐하면 한편으로 로물루스는 알바 왕가의 일원이었고 따라서 대지의 아들인 귀족이었으며, 다른 한편으로는 그의 귀족 동료들의 어머니인 대지가 남자 아이만을 낳을 만큼 불공정해 그들은 아내를 구하려고 사비나 여자들을 약탈했던 것이기 때문이다[510]. 그러므로 우리는 최초의 민중이 시적 인격체에 대해서 생각했던 것과 같은 방식으로 로물루스를 도시의 창시자로 간주해야 한다고 말하는 것이다[417]. 로물루스는 라티움에 처음으로 건설되었던 도시들의 창시자에게 고유한 특성을 갖추고 있었으며, 그런 수많은 도시들 가운데 하나로서 로마를 건설했던 것이다[160]. 이러한 잘못에 수반하는 것이 리비우스가 그 도피처에 대해 내렸던 정의이다. 그는 그것이 "도시 창시자들의 오래된 평의회"였다고 했는데[106, 114], 도시 최초의 창시자들은 단순한 인간으로서, 아직 평의회는 존재하지 않았다. 섭리에 도움이 되는 것은 평의회가 아니라 그들의 본성이었을 뿐이다.

[533] 여기에서 이른바 "대씨족"의 네 번째 신이 상상 속에서 만들어졌으니, 그가 아폴론이다. 그는 문명의 빛의 신이라고 받아들여진다. 그리하여 그리스어에서는 영웅을 빛이 난다는 뜻으로 "클레이토이"(χλειτοί)라고 불렀는데, 그것은 "영광"을 뜻하는 "클레오스"(χλέος)로부터 왔다. 라틴어에서는 그들을 "인클리티"(inclyti)라고 불렀는데 그 말은 "가문(家紋)의 광휘"를 뜻하는 "클루오르"(cluor)로부터 왔다. 따라서 그것은 유노 루키나[254]가 귀족의 자손

들에게 전해줬다는 빛으로부터 왔다는 말이다[513].

아폴론은 뮤즈를 거느리기도 했는데, 이미 살펴보았듯이[365, 391] 최초의 뮤즈는 호메로스가 "선과 악에 대한 지식"이라고 정의했던 점복을 관장하는 우라니아였다. 또한 앞서 말했듯이[508] 우라니아는 아폴론이 시적 지혜 또는 점복의 신이 되는 데 도움을 주기도 했다. 우라니아 이후에 두 번째의 뮤즈가 상상 속에서 만들어졌으니, 그가 영웅의 역사를 말해주는 클리오[255)]였던 것이 확실하다. 첫 번째의 역사는 이러한 영웅들의 계보로부터 나왔던 것이 확실하며 성서도 가부장들의 자손들로부터 시작한다.

영웅의 역사에서는 아폴론이 처음부터 등장해 다프네를 쫓아다닌다. 다프네는 사악한 삶을 살면서 숲속을 방황하듯 유랑하는 처녀이다. 아폴론에 쫓긴 다프네는 신에게 도움을 간원한다. 엄숙한 혼례를 위해서는 신의 전조가 필요했던 것이다. 신들은 다프네의 유랑을 중지시킨다. 다프네는 그 자리에 얼어붙어 월계수가 된 것이다. 언제나 곧바른 새순을 내는 상록수인 월계수는 확실하게 인정된 가족의 계통을 상징한다. 로마인들은 가족의 계보를 가리키는 말로 "그루터기"(stipes)라는 말을 사용했다. 다프네가 월계수가 된 것은 유랑을 끝내고 가문에 받아들여졌다는 뜻이다. 중세 돌아온 야만의 시대에 그러한 영웅적인 문구도 다시 돌아왔다. 귀족의

254) "루키나"는 여신 유노에게 따라다니는 수식어이다. 때로는 디아나를 수식하기도 한다. "빛"을 뜻하는 라틴어 "룩스"(lux)에서 파생된 말로서, 유노 루키나는 특히 출산과 산모의 여신으로 알려져 있다.

255) "클리오"가 영웅의 빛을 가리키는 "클루오르"와 어간이 같음에 유의해야 한다.

계보는 "나무"라 불렸고, 창시자들은 "줄기"나 "그루터기"로 불렸으며, 후손들은 "가지"로, 가족은 "나무토막"이라고 불렸다[531]. 이렇듯 아폴론의 추적은 신에 합당한 행동이었고, 다프네의 도주는 짐승에 합당한 행동이었다. 그러나 훗날 이렇듯 엄밀한 역사의 언어가 잊힌 뒤 아폴론의 추적은 방종한 자의 행동이, 다프네의 도주는 디아나처럼 순결한 여자에게 합당한 행동이 되었다.

[534] 더구나 아폴론과 디아나는 남매간이었다. 왜냐하면 디아나의 항상 솟는 샘은 산꼭대기에 최초의 민족이 창시될 수 있도록 만들어주었기 때문이다[526]. 그리하여 아폴론은 파르나소스 산 위에 자리 잡았고, 거기에는 인간 문명의 예술을 뜻하는 뮤즈들이 살고 있었다. 백조들은 가까운 히포크레네 샘의 물을 마셨는데, 이 새들은 라틴어에서 "카네레"(canere) 또는 "칸타레"(cantare)가 뜻하듯 "예언하다"라는 의미로 노래한다. 전술했던 것처럼[80] 이 백조의 전조를 받아 레다는 두 개의 알을 낳았다. 그 하나에서 헬레네가, 다른 하나에서 카스토르와 폴리데케우스가 태어났다.

[535] 아폴론과 디아나는 라토나의 자식인데 그 이름은 "숨다"라는 뜻의 "라테레"(latere)에서 왔다. 그것은 "창시하다"라는 뜻의 "콘데레"와 어원이 같으며 "민족을 창시하다"(condere gentes), "왕국을 창시하다"(condere regna), "도시를 창시하다"(condere urbes)와 같은 용례로 사용된다. "라티움"(Latium)이라는 이름도 이 말로부터 나왔다. 전술했듯[526] 라토나는 항상 솟는 샘가에서 아이들을 낳았는데, 낳을 때 그 아이들이 개구리가 되었다. 개구리는 여름비가 내린 뒤 땅에서 태어나기에 거인을 뜻했다. 땅은 "거인

의 어머니"라 불렸는데, 거인이라는 말부터가 대지의 아들을 뜻했다. 이단티르소스가 다리우스에게 보낸 것도 그런 개구리인 것이다[435]. 프랑스 왕가의 문장(紋章)에 있는 것은 세 마리의 두꺼비가 아니라 세 마리의 개구리였던 것이 확실하고, 그것이 훗날 황금의 백합으로 바뀌었는데, 그것 역시 최상급을 가리키는 "3"이라는 숫자로 그려져 있다. 그것은 지금도 프랑스어에 남아 있다[491].[256] 따라서 세 마리의 개구리는 한 마리의 아주 큰 개구리를 가리키며, 그것은 큰 아들, 즉 땅의 주군을 뜻한다.

[536] 아폴론과 디아나는 모두 사냥꾼이며, 뿌리째 뽑은 나무로 짐승을 죽였는데, 그 나무 중 하나가 헤라클레스의 방망이가 되었다. 처음에 그들은 그들 자신과 가족을 보호하기 위해 사냥을 했다. 무법의 유랑민들처럼 도주해 다니는 것은 더 이상 허용되지 않았기 때문이다. 뒤에는 그들 자신과 가족을 먹여 살리기 위해 사냥했다. 베르길리우스는 그렇게 잡은 고기로 영웅들이 만찬을 했다고 말하며,[257] 타키투스에 따르면 고대 게르만인들은 그런 목적으로 아내와 함께 사냥에 나섰다.[258]

[537] 또한 아폴론은 인간 문명과 그 예술, 즉 이미 말한바[534] 뮤즈의 신이었다. 라틴인들은 이러한 예술을 "고귀하다"라는 의미에서 "인문학"(liberales)이라고 불렀다[370, 556].[259] 그중 하나가

256) "대단히"라는 뜻의 프랑스어의 부사 "très"가 그 증거라는 것이다.

257) Maro Publius Vergilius, *Aenaeas*, I, 184~193.

258) Cornelius Tacitus, *Germania*, 46.

259) "귀족"은 노예가 아닌 자유로운 사람들이라는 의미에서 이 "인문학"은 "자유의

승마술이었다. 그리하여 페가소스는 날개로 무장을 하고 파르나소스 산 위로 날아가는데, 그가 귀족이었기 때문이다[488]. 중세의 돌아온 야만 시대에 에스파냐인들이 귀족을 "기사"(cavalieri)라고 부른 것은 그들만이 말 위에 앉아 무장을 할 수 있었기 때문이다. 이러한 인간의 문명은 "매장하다"라는 뜻의 "후마레"(humare)로부터 시작된 것인데, 그런 이유에서 우리는 『새로운 학문』의 세 번째 원리로서 매장을 택한 것이다[337]. 키케로의 언급에 따르면[260] 모든 민족 중에서 가장 문명화가 되었던 아테네인들이 죽은 자들을 매장한 최초의 민족이었다.

[538] 마지막으로 아폴론은 언제나 젊었다. 월계수로 변한 다프네의 삶도 항상 초록색으로 젊었다. 왜냐하면 아폴론은 가계의 "이름"과 함께 가족 속에 영원히 있는 사람이기 때문이다[433]. 또한 그는 귀족이라는 표시로 긴 머리를 하고 있다. 귀족이 긴 머리를 하는 것은 대단히 많은 민족의 관습으로 남아 있으며, 페르시아와 아메리카 인디언 귀족들에게 가하는 벌에는 머리카락 몇 개를 머리에서 뽑아내는 것이 있다는 기록도 있다. 어쩌면 "장발의 갈리아"(Gallia comata)[261]라는 말도 그곳의 갈리아 민족을 귀족들이 창시했기에 나온 말이 아닐까 한다. 모든 민족의 노예는 머리를 밀었던 것이 확실하다.

학문" 또는 "자유의 예술"이라고 받아들여야 한다.

260) Marcus Tullius Cicero, *De legibus*, II, 25.

261) 알프스 산맥 북쪽의 갈리아 지역을 가리킨다.

[539] 이 귀족들은 제한된 범위의 땅에 정착했던 반면 가족의 숫자는 늘어났기 때문에 자연에서 직접 거두어들이는 과실만으로는 충분하지 못하게 되었지만, 더 많은 과실을 얻기 위해 경계의 밖으로 나가는 것은 두려웠다. 그것은 산에서 거인들을 묶어놓았던 종교의 두려움이라는 사슬이[387] 정해놓은 경계와 다를 바 없었다. 바로 그 종교가 전조가 내려올 때면 열린 하늘을 보아야 하기에 숲에 불을 놓으라고 가르쳤다[391]. 그 뒤 그들은 그 땅에 밭을 갈고 씨를 뿌리기 위해 길고 고된 노력을 들였다. 가시와 덤불을 태우다가 함께 구어진 곡물은 인간의 영양에 도움이 되는 것으로 보였을 것이다. 여기에서 대단히 아름다운 자연적, 필연적 은유를 통해 그들은 곡물의 이삭을 "황금 사과"라고 불렀다. 아마도 여름에 자연으로부터 수확하는 과일인 사과의 관념을 여름의 노력을 거두어들이는 이삭으로 전이시킨 결과일 것이다.

[540] 모든 것 중에서 가장 위대하고 가장 영광스러운 이러한 노력으로부터 헤라클레스라는 시적 인격체가 출현하였다. 유노는 그에게 가족을 먹이라는 노력을 명했던 것인데, 그리하여 그는 유노의 큰 영광이 되었다. 또한 또 다른 아름답고 필연적인 은유를 통해 그들은 대지를 거대한 용의 모습으로 상정했다. 그 용은 비늘과 가시로 덮여 있었다. 즉 대지는 가시와 덤불로 덮여 있었다는 것이다. 용은 날개가 달렸다. 땅은 날개가 달린 영웅들의 영역이었다는 것이다.[262] 용은 언제나 눈을 뜨고 있다. 즉 땅은 언제

262) 최초의 땅의 주인은 귀족이 되었고 그들의 특징 중 하나는 날개를 달았다는

나 무성하다는 것이다.[263] 그렇게 용은 헤스페리데스의 정원의 황금 사과를 지켰다. 대홍수의 물로부터 생긴 습기로 말미암아 용은 물로부터 태어났다고 여겨지기도 했다. 다른 측면에서 그들의 대지를 히드라로 상징하기도 했다. 그것은 "히도르"(ὕδωρ) 즉 "물"로부터 나온 말이다. 여럿 달린 머리 중 하나가 잘린다 하더라도 언제나 다른 머리가 자라난다. 그것은 검은색, 초록색, 황금색의 세 가지의 색깔로 바뀌는데 각기 불에 탄 땅, 신록의 땅, 익은 곡식의 땅을 가리킨다. 또한 그것은 뱀의 껍질이 나이가 들어 벗겨지며 새롭게 나올 때 변화하는 색깔이기도 하다. 마지막으로 대지는 길들여지는 것에 저항하는 가장 맹렬하고 강한 짐승으로 그려졌다. 그것이 네메아의 사자였다. 이후 가장 강한 짐승에는 "사자"라는 이름이 주어졌다. 문헌학자들은 그것이 흉측한 뱀이었다고 생각하기도 한다. 이 모두는 입에서 불을 내뿜는데, 그것은 헤라클레스가 숲을 태운 불이었다.

[541] 이 세 개의 다른 신화는 서로 다른 그리스의 세 지역으로부터 나왔지만, 본질적으로 같은 내용이었다. 다른 지역에서 나온 또 다른 신화로는 아기 헤라클레스가 요람에서 뱀을 죽였다는 것이 있다. 이것은 영웅시대의 유년기를 가리킨다.[264] 또 다른 신화

것이다. 그런 이유로 날개가 달린 용은 귀족의 토지 소유권을 상징한다는 의미로 받아들여야 한다.

263) 비코는 "눈을 뜨고 있다"라는 뜻의 "vegghiante"와 "무성하다"라는 뜻의 "vegeto"가 갖는 발음이나 어원상의 유사성에 착안한 것으로 보인다.

264) 영웅시대의 초기에 땅을 갈아 길들이기 시작했다는 뜻이다.

로는 벨레로폰이 뱀의 꼬리와 산양의 몸통과 사자의 머리로 이루어진 불을 내뿜는 괴물 키마이라를 죽였다는 것이 있다.[265] 산양의 몸통은 숲으로 덮인 땅을 의미했다. 테베에서는 카드모스가 큰 뱀을 죽이고 그 이를 파종했다는 이야기가 있다. 적절한 은유로서 사람들은 철의 사용을 알기 이전에 밭을 갈기 위해 썼던 것이 확실한 굽은 딱딱한 나무를 "뱀의 이"라고 불렀다. 그리고 앞서 지적했고[446] 앞으로 더욱 상세하게 설명하겠지만[679] 신화에서 카드모스 자신도 뱀이 되었다. 고대의 로마인들은 카드모스가 "땅이 되었다"(fundus factus est)라고 말했던 것이다.

우리는 메두사의 머리에 있는 뱀과 헤르메스의 지팡이에 있는 뱀이 "땅에 대한 소유권"을 의미한다는 것을 알게 될 것이다. 그리하여 "헤라클레스의 십일조"라고 불렸던 토지세의 이름이 "뱀"을 가리키는 "오피스"(σφις)에서 파생된 "오펠레이아"(ώφέλεια)가 되었던 것이다. 점쟁이 칼카스가 참새 여덟 마리와 그 어미를 삼켜버린 뱀을 보고 트로이 땅이 9년이 지난 뒤에 그리스에 함락될 것이라고 해석했다고 호메로스가 썼던 것은 바로 이런 의미에서였다.[266] 그리스인들은 트로이와 전투를 하던 중에 독수리가 공중에서 뱀을 죽여 그들에게 떨어뜨리면 칼카스의 예언과 일치하는 좋은 전조로 받아들였다. 그리하여 케레스와 같은 신인 페르세포네는[716] 뱀이 끄는 수레에 실려 납치되는 모습으로 대리석에 묘

265) 『일리아스』, VI, 181.
266) 『일리아스』, XIII, 200ff.

사되고 있으며, 그리스 공화국의 동전에는 뱀이 자주 모습을 보이는 것이다.

[542] 다음은 정신적 사전을 위해 깊이 고찰해볼 가치가 있는 사례이다. 즉 프라카스토로가 시 「매독」에서 노래하듯,[267] 아메리카 인디언의 왕은 왕의 홀 대신에 말린 뱀의 껍질을 갖고 다닌다는 것이다[604]. 중국인들은 왕가의 문장(紋章)을 용으로 채웠으며, 용은 국가의 권력을 상징하는 기장(旗章)이었다. 전술했던 것처럼 [423] 아테네의 법을 피로 썼다고 하는 용[268]도 같은 것이었음이 확실하다. 이 용은 페르세우스가 자신의 방패에 못으로 박아 넣었던 뱀들 가운데 한 마리였다. 이 방패는 훗날 아테네의 수호여신인 아테나[269]의 소유가 되며 누구든 이것을 보는 사람을 돌로 만들었다. 우리는 이것이 아테네의 국가 권력을 가리키는 상형문자였다는 것을 알게 될 것이다[616]. 『성서』의 「에스겔서」에도 이집트의 왕을 강의 한가운데 누워 있는 "거대한 용"이라는 칭호로 부르는데,[270] 앞서 살펴봤던 것처럼 용은 물에서 태어났고, 히드라도 물에 그 이름이 기원한다. 일본의 왕도 용의 문양을 기장(旗章)으로 들고 다니는 기사 계급을 만들었다.

---

267) 프라카스토로(1483~1553)는 이탈리아의 시인인데, 이 성병에 대해 라틴어로 쓴 시의 저자로 유명하다. Girolamo Fracastoro, *Syphilis sive morbus gallicus* (1530), 2. 22~23.

268) 드라콘을 가리킨다.

269) 로마 신화의 미네르바.

270) 「에스겔서」, XXIX, 3.

중세 돌아온 야만의 시대에 역사는 위대한 귀족적 공훈 때문에 밀라노 공이라고 불리게 된 비스콘티 가문에 대해 이야기한다. 그들은 어린아이를 삼키는 용을 그려 넣은 방패를 갖고 있었다. 앞서 살펴봤던 것처럼[533] 그것은 그리스 사람들을 집어삼킨 뒤 귀족의 신이었던 아폴론에 의해 살육된 피톤과 일치한다. 이러한 문장(紋章)에서도 중세에 돌아온 야만의 시대와 태고의 첫 번째 야만의 시대의 영웅, 즉 귀족들이 가졌던 생각 사이의 유사성은 놀라움을 불러 일으켜 마땅하다. 부싯돌로 된 목걸이를 걸고 다니며 거기에서 생긴 불을 내뿜는 날개 달린 두 마리 용에 대한 이야기도 마찬가지이다. 그 두 마리 용은 황금 양털 기사단의 수호자였다. 그 기사단의 역사를 썼던 쉬플레[271]는 그 상징적 의미를 이해하지 못했기 때문에 피에트라산타[272]는 그의 역사책이 모호하다는 것을 인정했다.

[543] 그리스의 어떤 지역에서는 헤라클레스가 뱀과 사자와 히드라와 용을 죽였고 다른 지역에서는 벨레로폰이 키마이라를 죽였던 것처럼, 또 다른 지역에서는 바쿠스[273]가 호랑이를 길들였다. 그것은 호랑이 가죽처럼 얼룩덜룩한 색깔을 가진 땅을 가리키는

---

271) 브장송 출신의 장자크 쉬플레(1588~1660)는 의사이자 고고학자였다. Jean-Jacques Chifflet, *Insignia gentilita equitum ordinis Velleris aurei fecialum verbis enuntiata*(1632).

272) 피에트라산타(1590~1647)는 이탈리아의 학자이다. Silvestro da Pietrasanta, *Symbola heroica*(1682).

273) 그리스 신화의 디오니소스를 가리킨다.

것이 확실했다. 이후 호랑이라는 명칭은 그렇게 강한 힘을 가진 짐승의 종을 가리키는 말로 통용되었다. 왜냐하면 바쿠스가 포도주로 호랑이를 길들였다는 이야기는 자연사(自然史)로 기록되어 있다고 할지라도 민족을 창시하였던 농촌의 영웅들의 생각과는 아무런 관련이 없기 때문이다. 또한 바쿠스가 그 당시 호랑이를 길들이기 위해 아프리카나 히르카니아로 갔다는 말도 사리에 닿지 않는데, "시적 지리학"에서 보여줄 것처럼[747] 그리스인들은 히르카니아 숲이나 아프리카 사막의 호랑이는커녕 이 세상에 히르카니아나 아프리카가 존재한다는 것조차 알 수 없었기 때문이다.

[544] 더구나 곡식 이삭을 "황금 사과"라고 불렀을 때[539], 그것이 세상 최초의 금이었을 것이다. 그 시기에 금은 광석으로 존재했고 사람들은 금을 대량으로 추출하는 기술도 금에서 빛이나 광택이 나도록 만드는 법도 알지 못했다. 게다가 사람들이 샘에서 물을 마시던 그 당시에는 금이 귀하다는 것을 알지도 못했다. 그 금속의 색깔이 그 당시 가장 소중하게 여기던 식량의 색깔과 갖는 유사성에서 그 곡식을 비유적으로 "금"이라고 부르게 되었다. 그리하여 플라우투스는 곡물 창고와 구분하기 위해 "황금의 보고"(thesaurum auri)라는 말을 사용했던 것이 확실하다.[274] 확실히 욥은 자신이 빠져들었던 좋은 일 중의 하나로 곡물로 만든 빵을 먹었던 것을 꼽고 있다.[275] 오늘날에도 가장 멀리 떨어진 벽촌의 농민들은

274) Titus Maccius Plautus, *Aulularia*, 6~7.

275) 「욥기」, XXXI, 40.

도시민들이 아플 때 복용하는 "진주를 갈아 넣은 물약"[276] 대신에 병약자에게 곡물로 만든 빵을 먹게 한다. "병든 사람들은 곡물로 만든 빵을 먹는다"는 말은 그들의 죽음이 임박했다는 뜻이다.

[545] 그 뒤 좋은 양털도 "황금"이라고 불리게 되면서 값비싸고 귀하다는 관념이 더욱 확대된 것이 확실하다. 예컨대 호메로스에 따르면 아트레우스는 티에스테스가 자신의 황금 양을 훔쳐 갔다고 탄식하고 아르고 선을 탄 일행은 폰투스로부터 황금 양털을 훔치는 것이다.[277] 그런 이유에서 호메로스는 왕과 영웅들을 항상 "폴리멜로스"(πολύμηλος)라는 수식어로 부르는데,[278] 그것은 "많은 양떼"를 가졌다는 뜻이다. 고대의 로마인들도 비슷한 생각을 가져 가산(家産)을 "페쿠니아"(pecunia)라고 불렀는데, 라틴어의 문법학자들은 그 말이 "무리"나 "떼"를 가리키는 "페쿠데"(pecude)로부터 왔다고 말한다. 타키투스의 언급에 따르면 고대 게르만인들에게는 양이나 가축이 "가장 값지고 실로 유일한 재산"(solae et gratissimae opes sunt)이었다.[279] 이러한 관습은 고대 로마인들 사이에도 있었음이 확실한데, 그들에게도 가산(家産)은 "페쿠니아"였고, 그것은 〈12표법〉의 유언과 관련된 조항들이 입증한다. 또한 그리스인들에게 "멜론"(μήλον)은 "사과"와 "양" 모두를 뜻한다.

---

276) 니콜리니는 비코의 시대에도 이것이 약용으로 쓰였다고 지적한다. Vico, *Opere*, III, p. 599, n. 8.

277) 『일리아스』, II, 106.

278) 『일리아스』, II, 605, 705, XIV, 490.

279) Cornelius Tacitus, *Germania*, 5.

아마도 그들은 꿀도 귀중한 과일이라는 뜻에서 "멜리"(μέλι)라고 불렀을 것이다. 이탈리아인들은 사과를 멜리라고 부른다.

[546] 이러한 곡식 이삭이 최초의 황금 사과였던 것이 확실하다. 헤라클레스는 무엇보다도 그것을 제일 먼저 헤스페리아에서 수확하여 가져왔던 것이다. 갈리아 지역의 헤라클레스는 자신의 입에서 나온 황금 사슬로 사람들의 귀를 묶었다. 곧 살펴보겠지만 [560] 이것도 밭의 경작과 관련된 역사이다. 따라서 헤라클레스는 보물찾기의 신이기도 했는데, 본디 보물의 신은 디스였다. 디스는 플루토[280]와 동일한 신이다. 그는 페르세포네를 납치하여 시인들이 말하고 있는 지옥으로 데려갔다. 페르세포네는 곡식을 가리키는 케레스와 동일하다. 시인들은 지옥을 셋으로 구분했다. 그중 첫 번째는 스틱스 강, 두 번째가 그들이 매장된 곳, 세 번째가 앞으로 적당한 장소에서 설명할 밭고랑의 바닥이었다. 이 신 디스로부터 파생되어 부자는 "디테스"(dites)라고 불리게 되었고, 부자란 귀족을 가리켰다. 에스파냐 사람들은 귀족을 "부유한 사람들"(ricos hombres)이라고 불렀고 이탈리아에서도 옛날에는 귀족을 "베네스탄티"(benestanti), 즉 유복한 사람들이라고 불렀다. 라틴어에서는 오늘날 우리가 "국가의 영주"(signoria d'uno Stato)라고 부르는 사람들을 부자를 가리키는 "디티오"(ditio)라고 불렀다. 왜냐하면 경작된 밭이야말로 국가의 참된 부였기 때문이다. 로마인들은 영지의 한 구역을 "아게르"라고 불렀는데 그것은 본디 "쟁기로 간"

280) 그리스 신화에서는 하데스.

(aratro agitur) 땅을 말했다.

나일 강은 "크리소로아스"(χρυσορρόης), 즉 "황금의 흐름"이라고 불렸다. 왜냐하면 나일 강은 이집트의 넓은 땅에 범람하여 대단히 풍요로운 수확을 제공하였기 때문이다. 마찬가지로 파크톨루스 강, 갠지스 강, 인더스 강, 타호 강도 "황금의 강"이라고 불렸다. 왜냐하면 그 강들도 곡식의 밭을 비옥하게 만들었기 때문이다. 영웅들의 고대에 대해 능통했던 베르길리우스가 아이네이아스로 하여금 황금 가지를 들고 지하의 세계로 가게 만든 것도 이러한 황금 사과의 비유를 확대시킨 것이다.[281] 이 신화에 대해서도 앞으로 적당한 장소에서 설명할 것이다[721].

덧붙여서, 영웅시대에는 금이 철보다 더 가치가 있다고 여겨지지 않았다. 예컨대 에티오피아의 왕 에테아르쿠스는 페르시아의 왕 캄비세스를 대신하여 사신이 많은 황금 항아리를 바쳤을 때 그 필요성은커녕 용도조차 알지 못하겠다고 대답하며 타고난 위세를 부리며 거절했다고 한다. 우리가 지금 논하고 있는 그 영웅들과 같은 시대에 살았던 고대 게르만인들에 대해 타키투스는 다음과 같이 말한다. "그들의 사절이나 족장에게 선물한 은 항아리가 그들에게는 흙으로 만든 항아리보다 더 값진 것이 아니었다."[282] 실로 호메로스에 따르면 영웅들의 무기가 금으로 되었든 철로 되었든 그들은 무관심했다.[283] 왜냐하면 최초의 세계에 그런 금속은

281) Maro Publius Vergilius, *Aenaeas*, VI, 13~39.
282) Cornelius Tacitus, *Germania*, 5.

풍부했기 때문이다. 그것은 아메리카의 발견 이후 알게 된 사실과 마찬가지이다. 훗날 인간의 탐욕 때문에 그것이 고갈되었다.

[547] 이러한 모든 것으로부터 다음과 같이 중요한 추론을 도출할 수 있다. 즉 세계를 금·은·동·철의 네 시대로 구분한 것은 타락한 시대의 시인들이 만든 일이라는 것이다. 왜냐하면 최초의 그리스인들에게 황금시대라는 말을 부여했던 것은 이 시적인 황금인 곡식이었기 때문이다. 이른바 그 시대의 순수함이라고 말하는 것은 폴리페모스의 극도에 달한 야만성에 불과했다. 이미 여러 차례 말했던 것처럼[296, 338, 503] 플라톤은 그들을 최초의 가부장이라고 인식했다. 그들은 따로 떨어진 각자의 동굴에서 아내와 자식들과만 살았다. 호메로스에 따르면 폴리페모스가 오디세우스에게 말했던 것처럼 그들은 다른 사람들의 일에 간섭하지 않았던 것이다.

[548] 시적 황금에 대해 지금까지 논했던 모든 것을 확인시켜 주는 두 가지의 관습을 인용하는 것이 유용해 보인다. 여전히 실행되고 있는 그러한 관습들은 다음과 같은 원리를 통하지 않고서는 설명될 수 없다. 첫 번째는 엄숙한 대관식을 거행하는 왕이 손에 갖고 있는 황금 사과이다[602]. 그것은 왕관의 윗부분에 있는 문장에 그려진 황금 사과와 같다. 이러한 관습은 여기에서 논하고 있는 황금 사과, 즉 곡물과 같은 기원에서 비롯된 것이 확실하다. 즉 황금 사과는 영웅들이 토지에 대해 행사했던 소유권을 가리키

283) 『일리아스』, VI, 235.

는 상형문자였다는 것이다. 이러한 상형문자는 로마 제국 내부의 모든 민족들을 침입했던 야만인들에 의해 전파된 것이었다. 앞으로 논하겠지만[605] 이집트의 신 크네프가 입에 물고 있는 사과에 대해서 이집트의 신관들도 같은 의미로 해석했을 것이다. 그렇지만 그것은 달걀이었을 것이다.

두 번째의 관습은 금화와 관련된 것이다. 왕들이 배우자 여왕과 거행하는 엄숙한 혼례에는 금화를 건네는 의식이 있다. 이것 역시 우리가 논하고 있는 곡물이라는 시적 황금에서 파생된 것이 확실하다. 왜냐하면 금화는 고대 로마 귀족들의 혼례에서 거행하던 "예물 교환과 빵 대접"(coëmptione et farre)을 뜻하는 것이었기 때문이다. 이것은 호메로스가 말하듯 선물로 아내를 사오는 영웅들의 관례와 일치한다.[284] 유피테르는 황금의 비로 변신해 탑 속에 갇힌 다나에와 사랑을 나눈다. 그 탑은 곡물 창고임이 확실하다. 그것은 풍요로운 혼례를 상징하던 것이었다. "그리고 당신 탑 속의 풍요"(et abundantia in turribus tuis)[285]라는 히브리어의 문구는 이와 놀라울 정도로 일치한다. 이러한 추론은 고대의 브리튼인들의 관습에서도 확인되는데, 신랑은 엄숙한 혼례를 위해 신부에게 곡물 빵을 건넨다.

[549] 이런 일들이 인간 세상에서 생겨날 즈음 그리스인들의 상상력 속에서는 대씨족들의 다른 신들 셋이 인간사의 순서에 따라

284) 『일리아스』, XI, 146.
285) 「시편」, CXXI, 7.

출현했다[317]. 첫 번째는 불카누스이다. 두 번째는 사투르누스인데 그 이름은 "씨를 뿌리다"라는 뜻의 "사티스"(satis)로부터 왔다. 로마에서 "사투르누스의 시대"는 그리스의 "황금시대"에 상응한다. 세 번째가 키벨레 또는 베레킨티아로서 그녀는 경작된 땅을 가리킨다. 따라서 키벨레는 사자를 타고 앉아 있는 모습으로 묘사되는 것이다. 전술했던 것처럼[402, 540] 사자는 숲이 무성한 땅을 상징하는데 영웅들이 경작지로 개간한 것이다.

또한 키벨레는 "신들의 어머니" 또는 "거인들의 어머니"라고 불리기도 한다. 앞서 논했던 것처럼[370] 거인들은 "대지의 아들"이라고 불렸던 것이다. 따라서 그녀는 신들의 어머니인 것이다. 왜냐하면 이 거인들은 초기의 도시에서 오만을 부리며 스스로를 "신"이라고 불렀기 때문이다. 키벨레에게는 소나무가 봉헌되었다.[286) 소나무는 민족 창시자들의 안정성의 상징인데, 그들이 초기의 땅에 정착해 도시를 건설하였고, 키벨레는 그들을 수호하는 여신이었다. 로마인들은 키벨레를 베스타라고 불렀다. 로마인들에게 베스타는 신성한 의례의 여신이었다. 왜냐하면 그 당시 쟁기로 갈았던 땅이 최초의 제단이었기 때문이다. 이것은 "시적 지리학"에서 다시 살펴볼 것이다[774]. 두려운 종교적 금기로 무장한 베스타는 불과 밀을 지켰다. 밀은 고대 로마인들의 양식이었다. 그리하여 로마인들도 "물과 불"(aqua et igni)[371], 그리고 거기에 더해 "밀"

286) Maro Publius Vergilius, *Aenaeas*, IX, 85. Ovidius, *Metamorphoses*, X, 103~104.

(far)로 결혼을 거행하게 된 것이다. 결혼식을 "밀병 혼례"(nuptiae confarreatea)[287]라고 부르는 것은 여기에서 유래한 것인데[598], 훗날 밀병은 사제들만의 차지가 되었다. 왜냐하면 최초의 가족에서는 모두가 사제였기 때문이다. 이것은 인도의 불교 승려들의 왕국에서도 확인할 수 있다. 물과 불과 밀은 로마의 신성한 의례를 이루는 요소가 된 것이다.

이 최초의 땅에서 베스타는 곡물의 밭이었던 최초의 제단을 범하며 수치스럽게도 난잡한 행동을 했던 불경스러운 자들을 유피테르에게 제물로 바쳤다. 이것이 초기 민족들 종교에서 최초의 제물인 "호스티아"였고, 앞서 말했던 것처럼[191] 플라우투스는 이들을 가리켜 "사투르누스의 제물"(Saturni hostiae)이라고 불렀다. 그들은 "희생물"이라는 뜻의 "빅티마"(victima)라고 불렸는데, 그 말은 "정복당했다"라는 뜻의 "빅티스"(victis)로부터 온 것이다. 따라서 그들은 약하고 외롭다. 라틴어의 "패배자"인 "빅투스"(victus)에는 "약하다"라는 뜻이 남아 있다. 또한 그들은 "적"을 가리키는 "호스티스"(hostis)라고 불렸는데, 왜냐하면 그렇게 불경스러운 사람들은 모든 인류의 적으로 간주되어 마땅했기 때문이다. 로마인들에게는 희생 제물의 이마와 뿔을 밀로 덮는 관습이 남아 있다.

로마인들은 영원한 불을 지키는 처녀들을 이 여신 베스타에서 이름을 따와 "베스타의 처녀들"이라고 부른다. 그 영원한 불이 불

287) 결혼식에서 밀가루로 만든 납작한 빵을 대접하는 관례를 말한다. "밀"을 가리키는 "far"가 이 용어 속에 내재해 있음에 주목해야 한다.

운하게도 꺼지게 된다면 태양으로부터 다시 점화해야 한다. 앞으로 설명하겠지만[713] 프로메테우스는 태양으로부터 불을 훔쳐와 땅 위의 그리스인들에게 전달했고, 그 불로 숲을 태워 땅을 경작하기 시작했기 때문이다. 이런 이유로 베스타는 로마인들에게 신성한 의례를 관장하는 여신이다. 왜냐하면 이교도의 세계에서 최초의 의례였던 "콜레레"(colere)란 땅의 경작을 가리키는 것으로서, 조금 전에 말했듯 불경한 사람들을 최초의 불 앞에 희생 제물로 바침으로써 그들은 그 제단, 즉 경작된 땅을 드높였던 것이다.

[550] 이런 방식으로 밭의 땅이 구획되고 유지되었다. 법학자 헤르모게니아누스는 이러한 땅의 구획을 지나치게 일반적으로 논했다. 즉 그것이 사람들의 동의에 의해 법에 따라 수행되었고 선의 속에서 존중되었다고 말했던 것이다. 그러나 그 시대에는 아직 군대라는 공권력도 없었고 따라서 법의 권위라는 것도 존재하지 않았다. 오히려 땅의 구획은 극도의 야만성 속에서 어떤 두려운 종교를 지키며 살던 사람들 사이에서 일어난 일이라고 생각하지 않는다면 이해하기 어렵다. 그러한 종교가 그들을 한정된 땅 안에 정착시켰으며, 그 최초의 도시의 벽을 피에 젖은 의례를 통해 성스럽게 만들었던 것이다.

문헌학자들은 도시의 창시자들이 쟁기로 벽을 구획한 흔적을 몇몇 단어의 어원에서 찾고 있다[428].[288] 쟁기의 구부러진 부분은 처음에 "우릅스"(urbs)[289]라 불렸던 것이 확실한데, 거기에서 고대

288) Isidore de Seville, *Origines*, XIII, 2, 4.

의 라틴어 "우르붐"(urbum)이 나왔고, 그것은 "휘어졌다"라는 뜻이다. 어쩌면 "구(球)"나 "경계"를 가리키는 "오르비스"(orbis)도 어원이 같을 것이다. 따라서 "땅의 경계"(orbis terrae)라는 말은 처음에 도시의 벽을 뜻했음이 확실하다. 그 벽은 너무도 낮아 레무스가 한 발짝에 뛰어넘었다가 로물루스에게 살해되었는데, 로마의 역사가들은 로마 최초의 벽이 레무스의 피로 봉헌되었다고 말한다. 이러한 벽은 단지 "울타리"였을 뿐인데, 울타리는 라틴어로 "사입스"(saeps)라 한다. 그리스어에서 "셉스"(σήφ)는 "뱀"을 뜻하는데 영웅시대의 용례에서 그것은 "경작지"를 가리킨다[540]. 그러한 어원으로부터 "길을 닦다"(munire viam)라는 라틴어 문구가 나왔는데, 그것은 밭의 울타리를 튼튼하게 만드는 일이었다. 그리하여 벽은 "모에니아"(moenia)라고 불렸는데 그것은 "무니아"(munia)와 같은 말이었고, "무니레"라는 말은 "요새로 만들다"라는 의미를 보존하고 있다.[290]

그러한 울타리는 로마인들이 "사그미나"(sagmina)라고 부르던 나무를 심어 만든 것인데, 그 말은 아직도 사용된다. "사그미나"라는 단어는 제단을 장식하던 약초를 뜻하는데, 레무스처럼 벽을 넘어 침입하여 살해된 사람들의 피(sangue) 때문에 그렇게 불렸음이 확실하다. 또한 도시의 벽의 신성함도 그 피로부터 유래한 것이다. 다시 살펴보겠지만, 전령들도 이 약초로 만든 관(冠)을 썼기 때

289) 물론 "우릅스"는 "도시"를 가리키는 라틴어이다.

290) Marcus Terentius Varro, *De lingua latina libri XXV*, V, 141.

문에 신성하다고 여겨졌다. 고대 로마의 사절들도 카피톨리네 언덕에서 딴 이 약초로 만든 관을 썼다. 그리하여 전령이 전달한 전쟁과 평화의 법령들도 신성하게 되었고, 그 벽을 침범한 사람들을 처벌하는 법 조항도 "신성 조항"(sanctio)이라고 불리게 되었다.[291)]

여기에서 우리가 『새로운 학문』을 통해 증명하려고 하는 것이 확인된다. 즉 씨족들의 자연법은 신의 섭리에 의해 민중들이 개별적으로 준수했던 것인데, 서로 접촉하면서 그들 모두가 공통적으로 지켜야 하는 것임을 알게 되었다는 것이다[146]. 즉 로마의 약초로 만든 관(冠)을 써서 신성하게 된 로마의 전령이 라티움의 다른 민족들로부터 해를 당하지 않았다는 사실은 그들이 서로 몰랐다 할지라도 동일한 관습을 시행하고 있었다는 사실을 말해주는 것이다.

[551] 이렇게 가부장들은 종교를 통해 그들 가족의 생계를 유지할 수 있었다. 즉 가족은 종교를 통해 보존될 수 있었던 것이다. 율리우스 카이사르 스칼리제르가 『시학』[292)]에서 고찰했듯 종교적이어야 한다는 것은 귀족들의 영원한 관습이었다. 따라서 귀족들이 그들 태생의 종교를 경시하면 그것은 그 민족의 종말이 다가오고 있다는 큰 징후였던 것이 확실하다.

[552] 이른바 자연의 상태 속에서 가족에는 자식들만이 포함된

291) 영어에는 sanction이라는 단어에 그 흔적이 남아 있다.

292) 그러나 니콜리니는 그 책에서 이러한 내용을 찾을 수 없다고 지적한다. Vico, *Opere*, III, p. 605, n. 1.

다고 문헌학자들과 철학자들은 견해의 일치를 보였다. 그러나 실지로 가족에는 "예속민"(famoli)도 포함되었으며, 무엇보다도 그것으로부터 "가족"(famiglie)이라는 이름이 생겨난 것이다. 이렇듯 부족한 경제학으로부터는 그릇된 정치학이 확립될 수밖에 없다. 이에 대해서는 이미 언급했지만[522], 앞으로 충분히 논증할 것이다[582, 1009]. 따라서 "예속민"에 대한 논의는 경제학에 합당한 주제이지만, 정치학에서 다루기 시작할 것이다.

제2장
도시 이전부터 예속민과 함께했던 가족에 대하여. 예속민이 없이는 도시가 태어날 수 없었다

[553] 수치스럽게도 물건과 여자를 공유하던 불경스러운 거인들은 그것 때문에 다투게 되었다. 법학자들을 인용하자면 그로티우스가 말하는 단순한 자들과 푸펜도르프가 말하는 버림받은 자들과 홉스가 말하는 폭력으로부터 구원을 받으려는 자들은 오랜 시간이 지난 뒤 강한 자들의 제단으로 도주했다. 그것은 극도의 추위가 덮치면 인간 거주 지역에서 도피처를 찾는 짐승들과 같았다. 이미 가족 사회의 유대 속에 결속되어 있던 강한 자들은 그들의 땅을 침범한 자들 중에서 폭력적인 자들은 살해하고 그들을 피해 보호를 구하려던 비참한 자들은 받아들였다. 유피테르로부터 태어났던, 즉 유피테르의 전조와 함께 생겨났던 자연의 영웅

주의 위에 이제는 덕성의 영웅주의가 빛을 발하게 되었다. 이러한 영웅주의 속에서 로마인들은 세계의 다른 모든 민족 위에 군림하게 되었다. 그들은 다음 두 가지를 실행에 옮긴 것이었다. "굴복한 자들은 살려두고, 오만한 자들은 정복하라"(Parcere subiectis et debellare superbos).[293]

[554] 여기에서 깊이 생각해봐야 할 문제가 있다. 무엇이 흉포하고 길들여지지 않은 야수 상태의 인간들로 하여금 야수적 자유를 버리고 인간 사회로 진입하게 만들었을까? 앞에 논증했던 것처럼[505] 최초의 사회의 바탕인 결혼에 진입하기 위해 초기의 인간들은 짐승과 같은 성적 충동의 강렬한 자극이 필요했지만, 그것을 내면에 억제하기 위해서는 두려운 종교라는 엄격한 제약도 필요했다. 그것이 혼례의 기원이었는데, 그것은 세상에 태어난 최초의 우정이기도 했다. 호메로스는 유피테르와 유노가 함께 잠자리를 한 것에 대해 영웅다운 장중함을 갖고 그들 사이에서 "우정을 경배했다"고 말했다.[294] 그리스어에서 우정을 가리키는 단어 "필리아"(φυλία)는 사랑을 뜻하는 단어 "필레오"(φιλέω)와 어원이 같다. 여기에서 "아들"을 가리키는 라틴어 "필리우스"(filius)가 파생되었다. 이오니아의 그리스어에서는 "우정"을 "필리오스"(φίλιος)라고 하며, 모음 한 글자를 약간 변형시키면 "부족"을 가리키는 그리스어 "필레"(φυλή)가 된다. 이미 살펴봤던 것처럼[529] "스템마타"는 법

293) Maro Publius Vergilius, *Aenaeas*, VI. 853.
294) 『일리아스』, XIV, 314.

학자들이 "리네아"라고 부르던 "가족의 계보"인 "필리"(fili)였다. 이러한 인간사의 본질 때문에 다음과 같은 말이 인간의 영원한 속성으로 남아 있는 것이다. 즉 참된 자연적인 우정은 혼례라는 것이다. 그것을 통해 부부는 정직함과 유용함과 즐거움이라는 세 가지의 선(善)을 공유한다. 신랑과 신부는 자연적으로 모든 번영과 고난 속에서도 같은 운명을 나눈다. 선택된 친구로서 그들은 모든 것을 함께 한다(amicorum omnia sunt communia).[295] 따라서 모데스티누스는 혼례를 "평생의 동반"(omnis vitae consortium)이라고 정의했던 것이다[110].

[555] 곧 알게 되겠지만[558] "사회"라고 불리게 된 두 번째 단계의 인간 모임은 어떤 탁월성 때문에 그렇게 불리게 되었는데, 이 두 번째의 인간 모임은 삶의 궁극적인 필요성 때문에 생겼다. 이것도 깊이 생각해보아야 할 문제이다. 첫 번째의 사회에 왔던 사람들이 모인 것은 종교라는 경건한 이유와 인류를 번식시켜야 한다는 자연적 본능에 이끌린 인간적인[296] 이유 때문이었다. 그것이 귀족적이고 영주다운 우정의 출발점이었다. 두 번째 사회에 모인 사람들은 삶을 지탱하기 위해 왔던 것인데 그들이 사회라는 말에 그 합당한 의미에서의 출발점을 부여했던 것이다. 일차적으로 그들은 개인적 이익을 위해 모인 것인데, 따라서 그 모임은 비열

295) Marcus Tullius Cicero, *De amicitia*, 6.
296) 원어는 gentil. 니콜리니가 지적하듯 이 말은 "gens"라는 말이 갖는 "인간" 또는 "발생" 등의 의미에서 파악해야 한다.

하고 굴종적이다. 이러한 도피자들은 보호라는 정당한 법에 따라 영웅들에 의해 받아들여졌던 것인데, 따라서 그들은 일용 노동자로 영웅들에게 부역함으로써 삶을 유지할 수 있었다.

그 도피자들을 "파몰리"(famoli) 즉 "예속민"이라고 부른다. 영웅들의 명성은 얼마 전에 이야기했던[553] 덕성의 영웅주의의 두 가지 부분의 실천으로부터 온다.[297] 한편 그리스인들이 "클레오스"(χλέος)라고 불렀던 "영광"은 세간의 평판을 가리키는데 그 라틴어인 "파마"(fama)를 그리스인들도 "페메"(φήμη)라고 불렀고, 도피자를 가리키는 예속민(famoli)이라는 말이 거기로부터 나왔다. 가족이라는 말은 이 "예속민", 즉 "파몰리"로부터 파생된 것이다. 성서에서 대홍수 이전의 거인들에 대해 "유명한 사람들"(viros famosos)이라고 정의했던 것도 확실히 이러한 "명성"으로부터 온 것이 확실하다. 이와 비슷하게 베르길리우스도 여신 "파마", 즉 "명성"이 높은 탑 위에 앉아 있는 것으로 묘사한다. 그것은 높은 곳에 위치한 강자라는 뜻이다. 그 머리는 하늘에 도달한 곳에 놓여 있다. 그것은 높은 산꼭대기에서 "명성"의 고귀함이 시작되었음을 뜻한다. "명성"에는 날개가 달렸다. 왜냐하면 "명성"은 영웅의 영역에 속하기 때문이다. 트로이의 전쟁터에서 "명성"은 그리스의 영웅들의 대열 사이에서 날아다니지만 평민 무리에는 가지 않는다.[298] "명성"

---

297) "굴복한 자들은 살려두고, 오만한 자들은 정복하라"라는 두 가지의 덕성을 말한다.

298) 『일리아스』, II, 93.

은 나팔을 분다. 그것은 영웅의 역사를 말하는 클리오의 나팔임이 확실하다[533]. 그리고 "명성"은 위대한 자들의 이름을 찬양한다. 그들은 민족의 창시자들이다.[299)]

[556] 이렇듯 도시 이전에 존재했던 가족에서 예속민들은 노예의 상태 속에 살았다. 그들은 도시가 창시된 이후 시작된 전쟁에서 사로잡혀 노예가 된 포로들의 전신이었다. 라틴어로는 이런 포로를 "베르나이"(vernae)라고 불렀고 앞서 논했던 것처럼[443] "토속어"(vernaculae)라는 말이 여기에서 유래했다. 영웅의 자식들은 예속민의 자식과 구분하기 위해 "자유민"(liberi)이라고 불렀지만, 사실상 그 둘 사이에 차별은 없었다. 타키투스는 "주인도 노예도 더 세심한 교육을 통한 차별을 받지 않는다"(dominium ac servum nullis educationis deliciis dignoscas)라고 고대 게르만인들에 대해 말했는데[300)] 그것은 초기의 야만 민족 모두에게 동일한 관습이 통용되었다는 말로 이해해야 할 것이다. 이와 비슷하게 고대 로마인들 사이에서도 가부장은 그들 자식의 삶과 죽음에 대해 최고의 권한을 갖고 있었으며, 자식들이 획득한 것에 대해서도 전제적인 지배권을 가졌다. 따라서 로마 제정 시대에 이르기까지 자식들은 재산 소유의 관점에서는 노예들과 아무런 차이가 없었다.

본디 "자유민"이라는 단어는 그 무엇보다도 "귀족"이라는 뜻을 갖는다. 따라서 "자유 예술"(artes liberales), 즉 "인문학"은 "귀족

---

299) Maro Publius Vergilius, *Aenaeas*, VI. 184~188.
300) Cornelius Tacitus, *Germania*, 20.

의 예술"이었다[370]. "자유로운"(liberalis)이라는 말은 "후덕한"(gentile)이라는 뜻을 가지며 "자유로움"이라는 말도 "후덕함"을 뜻한다. 이러한 고대로부터의 어원에서 라틴어의 "씨족"(gentes)이라는 말은 "귀족 가문"을 부르는 말이 되었다.[301] 왜냐하면 곧 살펴볼 것처럼[597] 최초의 씨족은 귀족들만으로 구성되었으며, 귀족들만이 최초의 도시에서 자유로웠기 때문이다. 반면 "예속민"은 "피보호민"을 뜻하는 "클리엔테스"(clientes)라고 불리게 되었는데, 그 말은 "클루엔테스"(cluentes)로부터 왔다. 그 말은 고대 라틴어의 동사 "클루에레"(cluere)로부터 왔는데 그 말의 뜻은 "문장(紋章)의 빛으로 찬란하다"는 것이다. 그러한 찬란함을 "클루오르"(cluor)라고 불렀다. 그것이 찬란하게 빛나는 것은 그것을 사용하는 영웅의 빛을 반영하기 때문이며, 그리하여 그 영웅들도 같은 어원에서 나온 말인 "인클루티"(incluti)라고 불리다가 그 뒤에는 "인클리티"(inclyti)라고 불리게 되었다. 그런 방식으로 빛이 나지 않았더라면 예속민들은 인간들 사이에서 존재하지 못했을 것이다. 이에 대해서는 앞으로 더 설명할 것이다[559].

[557] 이것이 피보호 관계의 출발점이자 초기 형태의 봉건제였는데, 이에 대해서는 앞으로 논해야 할 것이 많다[599]. 공리에서 제시했던 것처럼[263] 우리는 고대의 역사에서 이러한 피보호 관계와 피보호민이 모든 민족들 사이에 널리 퍼져 있었다고 읽는다. 투키디데스는 자신의 시대에 이미 타니스 왕조의 이집트는 가부

301) "후덕한"이라는 단어와 "씨족"이라는 단어의 라틴어 어근이 같다.

장들, 즉 유목민 가족의 군주들에게 분할되어 있었다고 말한다.[302] 호메로스는 그가 시에서 읊는 모든 영웅들을 "왕"이라 부르는데, 그들을 "민중의 목자"라고 정의한다. 앞으로 논증할 것처럼[607, 1058] 민중의 목자가 양떼의 목자보다 먼저 존재했음이 확실하다. 이집트와 마찬가지로 아라비아에서도 이러한 민중의 목자가 많이 있었다. 서인도 제도의 대부분은 이런 자연 상태 속에서 그러한 가족들이 넘쳐나게 많은 노예들을 지배했기 때문에 에스파냐의 국왕 카를로스 5세는 노예를 제한하는 조치를 취해야 했다. 아브라함은 이교도 왕들과 전쟁을 벌일 때 바로 이런 가족의 군주였을 것이다. 그를 도왔던 하인들을 히브리어의 학자들은 "베르나쿨로스"(vernaculos)라고 번역했는데, 그것은 우리의 주장을 잘 뒷받침해준다. 즉 앞서 설명했던 것처럼[556], 포로로 잡혀 노예가 된 "베르나이"(vernae)와 일치하는 것이다.

[558] 이러한 일들이 일어나면서 유명한 헤라클레스의 매듭도 실제로 시작되었는데, 피보호민들은 영웅들을 위해 경작하던 땅에 묶였다는(nexi) 것이다. 뒤에 살펴보겠지만[1030] 그것은 〈12표법〉 속에서 비유적인 매듭으로 바뀌었다. 그것은 시민의 재산권을 구체화시켜 그에 따라 로마인들의 모든 법적 활동이 존중받게 되었던 것이다[1030]. 이제 이 시점에서 재산을 충분히 갖고 있는 사람들의 편에서 보자면 이보다 더 제한적인 종류의 사회는 없는

302) Thucydides, *History of the Peloponnesian War*, I, 104~110. 봉건사회에서는 지방분권의 경향이 강하다는 것을 염두에 두어야 한다.

반면, 재산이 더 필요한 사람들의 편에서 보자면 그런 사회의 필요성이 더욱 커진 것이기 때문에 공리에서 언급했던 것처럼[258] 영웅의 동맹자들이 생겼다. 그들은 영웅의 결정에 자신들의 목숨을 맡겨놨던 것이기 때문에 평생의 동료로 받아들여졌다. 예컨대 오디세우스가 동맹자의 우두머리였던 안티노오스가 선의로 말했지만 자신의 마음에는 들지 않는다고 그의 목을 치려했던 것도 이해가 되는 것이다.[303] 그와 비슷하게 경건한 아이네이아스는 희생 제물을 바쳐야 할 필요에서 동맹자 미세누스를 죽인다. 이것은 민간전승에 남아 있는 이야기이다. 그러나 베르길리우스는 로마 민중이 유약해졌던 시절에 베르길리우스 스스로도 경건함 때문에 경배하던 아이네이아스에 대해 말하기에는 이 이야기가 너무도 잔인하다고 여겨 신중하게도 미세누스가 트리톤과 나팔 경주를 하다가 트리톤에게 살해된 것으로 바꿔놓았다. 그렇지만 동시에 베르길리우스는 무녀들이 정해 놓아 아이네이아스가 해야 했던 엄숙한 의례 속에 미세누스의 죽음을 포함시킴으로써 그 이야기의 참된 의미를 이해할 길을 열어놓았다. 그러한 의례 중의 하나는 아이네이아스가 지하의 세계로 내려가기 이전에 미세누스를 매장해야 된다는 것이었다. 그것은 무녀들이 미세누스의 죽음을 예견하였다는 것을 공개적으로 말해준다.[304]

[559] 이렇듯 그 동맹자들은 노력을 함께 나누었지만, 영광은

303)『오디세이아』, X, 438. 그렇지만 "안티노우스"가 아니라 "에우릴로쿠스"이다.
304) Maro Publius Vergilius, *Aenaeas*, VI. 149~189.

커녕 전리품도 함께 나누지는 못했다. 그 영광으로는 단지 영웅들만이 빛났으며, 그리하여 그리스인들은 빛이 난다고 하여 그 영웅들을 "클레이토이"(χλειτοί)라고 불렀고, 라틴인들은 "인클리티"(inclyti)라고 불렀다[533]. 로마의 "동맹"(socie)이라고 불렸던 속주 지역도 그런 상태였다. 아이소포스는 앞서 말했던 것처럼[425] "사자의 몫"이라는 우화를 통해 이렇듯 불균형한 동맹의 관계에 대해 개탄했던 것이다. 타키투스도 고대 게르만인들 사이의 그러한 예속민이나 피보호민이나 봉신의 의무에 대해 다음과 같이 말하는데, 그것은 초기의 모든 민족들에게 적용되어야 할 필요가 있는 추론이다. 즉 "그들 최고의 서약은 그들의 우두머리를 방어하고 보호하는 것이며, 용맹한 행동으로 이룬 업적을 그의 영광으로 돌리는 것이다"(suum principem defendere et tueri, sua quoque fortia facta gloriae eius adsignare, praecipuum iuramentum est).[305] 그것은 봉건제에서 가장 감명 깊은 관습 중의 하나이다.

다름이 아닌 바로 이것으로부터 로마의 가부장들이 자식들과 노예들 모두를 그들의 "페르소나" 즉 "머리"와 그들의 "이름" 아래에 둘 수 있는 법적 장치가 나타나게 된 것이다. 앞으로 살펴보겠지만[1033] "페르소나"는 "가면"을 뜻했고 "이름"이란 가족의 문장(紋章)을 뜻했다[433, 484]. 로마인들은 정원의 벽에 움푹 파인 장소를 만들어 그곳에 선조들의 모습을 묘사한 반신상을 안치하고는 그것을 "방패"라는 뜻의 "클리페아"(clypea)라고 불렀다. 현대의 건축

305) Cornelius Tacitus, *Germania*, 14.

에서는 그것을 "메달리온"이라고 부르는데, 그것은 메달의 기원에 대해 우리가 논했던 것들과 일치한다[487].

그리스의 영웅시대에 아이아스가 "그리스인들의 탑"이 되어 혼자서 트로이의 군대 전체와 싸웠다는 것도 확실한 사실이고,[306] 로마의 영웅시대에 호라티우스가 다리 위에서 홀로 에트루리아의 군대를 막았다는 것도 마찬가지이다. 왜냐하면 아이아스도 호라티우스도 그들의 봉신들과 함께 있었고, 봉신은 그의 수하로 취급되었기 때문이다.[307] 이와 마찬가지로 중세 돌아온 야만의 시대에는 성지에서 귀환하는 노르만 영웅들 40명이 살레르노를 점령하고 있던 사라센 군대를 격파하였던 것이다.

따라서 영웅들이 그들의 땅으로 도피했던 자들을 거두어들였던 고대 최초의 보호제로부터 최초의 봉토가 시작된 것이 확실하다고 말해야 한다. 최초의 봉토는 농촌에 있는 개인적인 봉토였으며, 봉신은 최초의 "바데스", 즉 농노 또는 종자(從者) "vades"였을 텐데, 그들은 주인의 밭을 경작하기 위해 주인이 어디로 이끌든 무조건 따라가야만 했다. 그 뒤 "바데스"는 법정에서 변호사와 함께 어디로든 따라가야 하는 "피고"를 가리키는 말로 남게 되었다. "봉신"을 뜻하는 라틴어의 "바스"(vas)와 그리스어의 "바스"(βάς)처럼 게르만의 봉건법학자들에게 "바스"(was)나 "바수스"(wasus)는

306) 『오디세이아』, 11, 555.

307) 즉 "피보호민", "동맹자", "봉신"은 모두가 가부장이나 주군의 재산과 같았기 때문에 그들과 함께 싸웠어도 "홀로" 싸운 것이라는 말이 성립된다는 것이다.

"봉신"을 가리키는 말로 남아 있다[1064]. 그 뒤 농촌에 실지로 봉토가 출현하면서 봉신들은 최초의 "프라이데스"(praedes) 또는 "만키페스"(mancipes)가 되었는데, 그것은 부동산의 담보에 묶여 있는 사람들을 가리키는 것이 확실하다[433]. "만키페스"는 국고에 납세 의무를 지고 있는 사람을 가리키는 말이 되었다. 이에 대해서는 앞으로 더 논할 것이다[1065].

[560] 이 시기에 영웅들 최초의 식민도 시작되었는데, 그것은 "내륙의 식민"으로서 뒤에 출현할 두 번째의 식민인 해양의 식민과는 구분해야 한다. 해양의 식민이란 공리에서 확인했던 것처럼[300] 다른 땅에서 목숨을 구하기 위해 바다로 간 것으로부터 출현했다. 식민이란 "일용할 양식을 위해 밭을 경작하는 다수의 일용노동자"를 부르는 말일 뿐이다. 그것은 지금도 마찬가지이다. 두 가지의 신화가 이 두 가지 식민의 역사에 대해 말해준다. 내륙의 식민에 대해서는 유명한 갈리아 지역의 헤라클레스에 대한 이야기가 있다. 그는 입에서 내뿜는 시적인 황금, 즉 곡물[544]의 사슬로 많은 사람들의 귀를 엮어 그들을 원하는 곳으로 끌고 갔다[1064]. 지금까지 이것은 웅변의 상징으로 받아들여졌다. 그러나 앞서 충분히 논증했던 것처럼[546] 그 신화는 영웅들이 아직도 분절된 언어를 알지 못하던 시대에 태어났다. 해양의 식민에 대해서는 영웅 불카누스가 평민 베누스와 마르스를 바다에서 건져 올린 그물에 관한 신화가 있다. 영웅과 평민 사이의 구분에 대해서는 뒤에서 일반적인 설명을 할 것이다[579]. 그리하여 태양 앞에 평민 베누스와 마르스는 완전히 나체로 있었다. 이것은 얼마 전에

논했던 것처럼[533] 영웅들을 찬란하게 해주는 문명의 빛을 받지 못했다는 뜻이다. 앞서 논했던 것처럼[437] 영웅의 도시에서 귀족들이 자처했던 그 신들은 그들을 비웃는다. 그것은 고대 로마의 귀족들이 평민의 가난함을 비웃은 것이나 다름없다.

[561] 마지막으로 최초의 도피처의 기원도 이 시대에 있었다. 카드모스는 그리스에서 가장 오래된 도시인 테베에 도피처를 건설했다. 테세우스는 불행한 자들의 제단 위에 아테네를 건설했다. 불경한 유랑의 무리를 "불행한"이라는 수식어로 표현한 것은 적절하다. 왜냐하면 그들은 인간 사회가 경건한 자들을 위해 마련해둔 온갖 신적, 인간적 축복을 누리지 못하기 때문이다. 로물루스는 개간지에 도피처를 열어둠으로써 로마를 창시했다[106]. 더 엄밀하게 말하자면 로물루스와 그의 동료들은 라티움의 고대 도시들의 바탕이 된 도피처를 만들려는 계획 위에 라티움의 고대 도시들을 창시했고 로마도 그렇게 출발했다는 것이다[160]. 리비우스는 이에 대해 "도시 창건자들의 오래된 평의회"(vetus urbes condentium consilium)라고 정의했는데[114], 이 정의는 전술했듯[532] 로물루스와 그의 동료들이 땅의 자식들이었다고 한 로물루스의 말을 잘못 해석한 것이었다. 그럼에도 불구하고 리비우스의 말은 우리의 취지와 일치하기도 하는데, 도피처가 도시의 기원이었으며, 그곳은 사람들이 폭력을 피해 안전하게 살 수 있는 곳이라는 점에서 그렇다는 것이다. 이러한 방식으로 수많은 불경한 유랑의 무리는 도처에서 강하고 경건한 자들의 땅으로 몰려들어와 구제되었고, 그것으로부터 유피테르에게는 "환대하는 자"(ospitale)라는 감사의

칭호가 붙게 되었다. 이렇게 만들어진 도피처가 세계 최초의 "수용소"(ospizi)였으며, 앞으로 살펴볼 것처럼[611] 그곳에 처음으로 받아들여졌던 사람들이 최초의 도시의 최초의 "수용자"(ospiti) 즉 "외국인"이었다.[308] 그리스의 시적 역사는 헤라클레스의 수많은 공적 중에서 다음의 두 가지를 보존하고 있다. 그는 세계를 돌아다니며 외모는 인간이지만 행동거지는 짐승인 괴물을 살해한다. 또한 그는 아우게이아스의 더러운 마구간을 청소한다.

[562] 여기에서 초기 민족의 시적 상상력은 대씨족의 두 가지의 신을 만들어냈으니, 그 하나는 마르스이고 다른 하나는 베누스이다. 마르스는 영웅의 시적 인격체로서 그는 무엇보다도 "제단과 화로를 위해"(pro aris et focis) 싸운다. 이런 종류의 싸움은 언제나 영웅적이다. 왜냐하면 그것은 자신의 종교를 위한 싸움이고 종교는 인류가 자연으로부터의 도움이 절망적일 때 찾는 곳이기 때문이다. 따라서 종교 전쟁은 가장 피비린내가 난다[958]. 방종한 사람들도 나이가 들면 자연의 도움이 부족하다고 느끼기에 종교로 돌아온다[339]. 그런 이유로 우리는 종교를 『새로운 학문』의 최초의 원리로 삼은 것이다[333]. 이제 마르스는 실제의 땅에서 실제의 방패 뒤에서 싸운다. 그 방패를 로마인들은 처음에는 "클루페이"(clupei)라고 불렀고 뒤에는 "클리페이"(clypei)라고 했는데, 그것은 "가문(家紋)의 광휘"를 뜻하는 "클루오르"(cluor)로부터 왔다[533, 556]. 중세 돌아온 야만의 시대에 목초지와 울타리를 친 숲

---

308) 라틴어에서는 "외국인"을 "호스페스"(hospes)라고 한다.

은 "방어지"[309]라 불렸다.

그러한 방패에는 정말로 무기가 부착되어 있었는데, 아직 철로 무기를 만들지 않던 시대여서, 처음에는 막대기의 끝을 태우고 뾰족하게 만들었고 뒤에는 상처를 낼 수 있도록 모서리를 더욱 날카롭게 만들었다. 그것은 쇠로 된 촉이 없는 단순한 창이었는데, 전쟁을 영웅적으로 수행한 로마의 군인들에게 군대에서 상으로 주었다. 그리스에서는 미네르바, 벨로나와 팔라스가 창을 갖고 있었다[590]. 로마인들은 창을 "퀴리스"(quiris)라고 불렀는데, 그로부터 파생되어 유노는 "퀴리나" 마르스는 "퀴리누스"라고 불렸다. 로물루스는 창 솜씨가 뛰어났기에 죽은 뒤에 "퀴리누스"라고 불리게 되었다. 그리스의 영웅 민족이었던 스파르타인들은 창으로 무장했다. 창으로 무장하고 엄숙한 집회에 함께 모인 로마의 민중을 "퀴리테스"(quirites)라고 불렀다[112].[310] 로마의 역사가 전하는 바에 따르면 야만 민족들은 우리가 말한 것과 같은 원시적인 창으로 싸웠는데[311] 그 창을 "끝을 태운 창"(praeustas sudes)[312]이라고 부른다. 오늘날의 아메리카 인디언들도 그렇게 싸운다. 오늘날에는 귀족들이 토너먼트[313]에서 옛날 전쟁에서처럼 창으로 무장하고

---

309) 원어는 difese. 영어로는 "defense"또는 "defence"인데, 그 단어 중에 "울타리"를 뜻하는 말이 들어 있음에 주목해야 한다. 그 울타리의 경계를 표시하는 것이 바로 "가문(家紋)"이었고 "방패"였기 때문이다.

310) "퀴리테스"는 로마의 "공민"을 가리키는 말이 되었다.

311) Cornelius Tacitus, *Germania*, 14.

312) Maro Publius Vergilius, *Aenaeas*, VII, 523~524.

313) 말을 타고 거행하는 "창봉 시합"을 가리킨다.

있다. 이런 종류의 무기는 힘에 대한 정당한 관념으로부터 발명된 것인데, 손잡이를 길게 하여 하나의 몸이 다른 몸에 해를 끼치기 어렵게 만든 것이다. 반면 무기가 몸에서 가까울수록 싸움은 짐승을 닮는다.

[563] 최초의 방패는 죽은 사람이 묻힌 밭의 땅이었고 따라서 문장학(紋章學)에서 방패는 "문장의 밭"으로 남아 있다[487, 529]. 밭의 색깔은 실제의 색깔이다. (1)검은색은 헤라클레스가 불에 태운 땅의 색깔이다[540]. (2)초록색은 밀의 싹이 난 땅의 색깔이다. (3)밀이 익어 노랗게 변한 것이 땅의 세 번째 색깔이다. 앞에 말했던 것처럼[544] 곡식이 황금을 뜻했던 것인데 훗날 그것을 금속으로 잘못 받아들이는 일이 생겼다. 로마인들이 군대에서 영웅적인 공훈을 세우면 그에 대한 포상으로 그 일을 수행한 병사의 방패를 곡물로 채워주었다. 군대에서의 공훈은 최초의 식량이었던 "볶은 곡식"을 가리키는 "아도르"(ador)에서 파생된 "아도레아"(adorea)라고 불렀다. 고대의 라틴인들은 그 볶은 곡식을 "볶다"라는 단어인 "우로"(uro)에서 파생된 "아두르"(adur)라고 불렀는데, 어쩌면 그런 이유에서 종교가 시작된 이래 최초로 경배한 일은 곡식을 볶는 일이었을지 모른다. (4)푸른색은 개간지의 지붕인 하늘의 색깔이다. 그리하여 프랑스어에서 푸른색은 하늘과 신을 뜻했다[482]. (5)붉은색은 밭을 침범했기에 영웅들에게 살해된 불경한 도둑들의 피의 색깔이다[549, 553].

중세의 돌아온 야만 시대부터 우리에게 전해져 내려오는 귀족들의 문장(紋章)은 검은색, 초록색, 황금색, 푸른색, 붉은색의 사자들로 넘쳐난다. 씨를 뿌린 밭이 훗날 문장의 밭으로 변한 것이라고 우리가 논해왔던 것에 비추어본다면 그것은 경작된 밭을 가리키는 것이 확실하다. 앞서 논했던 것처럼[540] 그 문장은 헤라클레스에 의해 살해된 사자와 그 사자의 색깔을 가리킨다. 어떤 문장은 얼룩덜룩한 무늬가 있기도 한데, 그것은 카드모스가 큰 뱀을 죽인 뒤 그 이빨을 뿌린 곳에서 무장을 한 사람들이 태어났다고 하는 그 밭고랑을 가리키는 것이 확실하다[679]. 어떤 문장에는 막대기가 새겨져 있기도 한데, 그것은 최초의 영웅들이 무장했던 창이었음이 확실하다. 마지막으로 어떤 문장에는 갈퀴가 새겨져 있는데, 그것은 확실히 농사에 필요한 도구였다. 이러한 모든 것으로 미루어보건대 농업은 로마인들에게서 확인할 수 있듯 최초의 야만 시대뿐 아니라 돌아온 야만의 시대에도 귀족을 만든 기반이었음이 확실하다.

[564] 시인들이 늙은 영웅은 가죽옷을 입었다고 말하듯 고대인들의 방패는 가죽으로 싸여 있다. 그들은 사냥하여 죽인 짐승의 가죽을 입었다. 이에 대해서는 파우사니아스가 적절한 문구를 제시한다.[314] 즉 가죽옷은 펠라스고스가 발명했다는 것이다. 그는 고대 그리스의 영웅으로서 그리스인들은 그의 이름을 따서 펠라스고스인들이라고 불린 적이 있었다. 아폴로도로스는 『신들의 기원』에서 그들을 가리켜 아우토크노테스(αὐτόχθοϒες)라고 불렀는데,[315]

---

314) 파우사니아스는 2세기 그리스의 지리학자였다. Pausanias, *Periegesis tes Hellados*, VIII, 1. 5.

그것은 "대지의 아들", 한마디로 "거인"이라는 뜻이었다[370]. 또한 두 번째의 야만 시대 즉 중세가 첫 번째의 야만 시대를 닮은 점이 있다는 것은 놀랄 만하다. 즉 단테는 나이 든 귀족이 "가죽과 뼈"로 된 옷을 입고 있다고 말하는 것이다.[316] 그리고 보카초도 그들이 가죽에 뒤덮여 돌아다닌다고 말한다.[317] 이것이 귀족들의 문장이 가죽으로 덮여 있는 이유이며, 머리와 다리의 가죽 끝부분은 소용돌이무늬로 마무리했다. 방패가 둥근 것은 앞서 말한 것처럼 [550] 개척하여 경작한 땅이 최초의 "땅의 경계"(orbes terrarum)였기 때문이다. 그래서 라틴어에서는 둥근 방패 "클리페우스"(clypeus)와 각이 진 방패 "스쿠툼"(scutum)을 구분한다.[318] 개간지는 "눈"이라는 의미에서 "루쿠스"라고 불리며, 오늘날에도 집안으로 빛이 들어오는 통로를 "눈"이라고 부른다. "모든 거인은 자신의 루쿠스를 갖고 있다"라는 영웅시대의 문구가 갖는 참된 의미, 즉 영웅들마다 자신의 개간지를 갖고 있다는 의미는 잊히고 변하고 타락했다. 이 이야기가 호메로스에 도착했을 때에는 이미 거인마다 이마 한가운데에 눈을 하나씩 갖고 있다는 것으로 변했던 것이다. 이러

---

315) 아폴로도로스는 기원전 2세기 아테네의 신화 작가였다. Apollodorus, *De origine deorum*, III, 8. 1.

316) Dante Alighieri, *Divina commedia, Paradiso*, 15. 112.

317) 니콜리니는 비코가 조반니 보카초와 조반니 빌라니를 착각한 듯하다고 지적한다. 이 문장은 빌라니의 다음 저작에서 확인할 수 있다. Giovanni Villani, *Cronica*, 6. 70. Vico, *Opere*, III, p. 614, n. 12.

318) "클리페우스"는 귀족의 광휘를 뜻하는 "클루오르"와 연결된 말임에 주목해야 한다.

한 외눈박이 거인으로부터 최초의 대장간에서 일했던 불카누스가 태어났다. 그 대장간은 불카누스가 불을 질렀던 숲으로서, 그곳에서 그는 최초의 무기를 만들었고, 그것은 불로 끝을 태운 창이었다[562]. 이러한 무기에 대한 생각을 연장시킨다면 그가 유피테르를 위해 번갯불을 만든 것이었다. 왜냐하면 유피테르가 번개를 보내는 방향인 하늘을 향해 숲이 열리도록 불을 붙인 자가 불카누스였기 때문이다.

[565] 이러한 가장 오래된 인간사로부터 탄생한 또 다른 신이 베누스이다. 베누스는 문명화된 아름다움을 상징하는 시적 인격체이다. 따라서 "정숙함"(honestas)은 "귀족성"[319]과 "아름다움"과 "덕성"을 의미한다. 이러한 세 가지 관념은 여기에 적은 순서대로 출현했다. 첫 번째로 이해해야 할 것은 영웅, 즉 귀족에 속하는 문명화된 아름다움이다. 그런 다음에야 인간의 감각에 속하는 자연적인 아름다움을 이해할 수 있는데, 왜냐하면 그것은 부분을 구별한 뒤 그것이 전체와 갖는 조화를 인식하고 이해할 수 있는 사람들에게만 가능한 일이기 때문이다. 실지로 아름다움은 그 조화에 존재한다. 따라서 촌뜨기나 저열한 평민은 아름다움을 전혀, 아니면 충분히 이해하지 못한다. 이것이 문헌학자들이 오해하고 있었다는 사실을 증명해주는데 그들은 우리가 말하고 있는 그렇게 단순하고 멍청했던 시절에 아름답고 균형 잡힌 신체를 가진 사람들

319) 원어는 nobiltà. "고결함"이라는 의미도 갖고 있지만, 그 어원으로 본다면 그러한 성격부터가 귀족으로부터 나온다.

을 왕으로 뽑았다고 말한다[252]. 왜냐하면 여기에서 말하는 아름다움이란 문명화된 아름다움, 즉 영웅들의 귀족성을 가리키는 것이었기 때문이다. 마지막으로 덕성의 아름다움을 이해해야 하는데, 그것은 "정숙함"이라고 불리며 철학자들만이 이해하는 것이었다. 따라서 문명화된 아름다움이란 아폴론, 바쿠스, 가니메데스, 벨레로폰, 테세우스 등등의 영웅들이 소유했던 것이 확실한데, 이런 점을 고려한다면 아마도 베누스는 남성이 아니었을까 여겨진다.[320)]

[566] 문명화된 아름다움이라는 생각은 신학적 시인들이 불경한 도피자들을 보고 그들이 인간의 외모를 하고 있지만 관습은 잔인한 짐승과 같다는 것을 알게 되면서 생기게 된 것임이 확실하다[688]. 그리스의 영웅들이었던 스파르타인들이 타이게토스 산에서 흉하고 기형인 아이들을 던져버렸다고 했을 때 그들이 염두에 두었던 것은 이런 문명화된 아름다움이 없는 아이들이었다. 바꾸어 말해, 엄숙한 혼례를 통하지 않고 귀족 여성이 낳았던 아이들을 버렸다는 말이다. 〈12표법〉에서 테베레 강에 버리라고 했던 "괴물"들도 바로 이런 아이들이었을 것이다[410]. 왜냐하면 법 조항도 별로 많지 않은 초창기의 국가에서 자연 속에는 거의 존재하지 않는 실제의 괴물을 염두에 두고 10인관들이 법을 제정했을 가능성은 조금도 없었기 때문이다. 법 조항이 넘칠 정도로 많은 오늘날에도 입법자들은 희귀한 사례에 대한 판결은 재판관의 재량에 맡긴다. 따라서 최초로 "괴물"이라고 불렸던 것은 사회적 괴물이었

---

320) Servius, *Ad Aenead*, II, 632.

음이 확실하다. 처녀 필루메나가 임신했다고 오해한 팜필루스가 그 잘못된 의심 속에서 "괴물 같은 그 무엇인가가 만들어지고 있네"(Aliquid monstri alunt)라고 말했을 때의 괴물이 바로 이런 것이었다.[321] 앙투안 파브르가 『파피니아 법학』에서 고찰하듯[322] 로마법에서는 그들을 "괴물"이라 부르는 관례가 계속하여 남아있다. 이에 대해서는 다른 맥락에서 이미 고찰한 바 있다[410].

[567] 리비우스는 로마의 고대에 대해 선의를 갖고 있는 것만큼이나 무지를 드러내기도 하는데 그가 다음과 같이 말했을 때에도 그런 양면적인 모습을 보였다. 즉 그는 만일 귀족이 평민과 결혼을 하여 아이가 생긴다면 그 아이는 "스스로의 모순을 갖고"(secum ipsa discors) 태어나는 것이라고 말했는데, 그것은 두 개의 본성이 혼합된 괴물이라는 말과 다르지 않다. 하나의 본성은 귀족의 영웅다운 본성이고, 다른 하나는 평민의 야수와 같은 본성으로서, 그 둘은 "야생 짐승의 결혼을 행한 것"(agitabant connubia more ferarum)이다.[323] 리비우스는 이 구절을 고대의 한 연대기 작가로부터 인용했는데, 그 뜻을 모르면서 사용했다. 왜냐하면 그는 이 문구를 "귀족이 평민과 결혼했다"는 뜻으로 해석했기 때문이다. 비참한 노예의 상태에 있던 평민들은 귀족들에게 결혼해달라는 요구를 할 수가 없었다. 그들이 요구하던 것은 그들도 엄숙하게 혼

321) Publius Terentius Afer, *Andria*, I, 5, 25.

322) 앙투안 파브르(1557~1624)는 프랑스의 법학자이다. Antoine Favre, Iurisprudentiae papinianeae scientia.

323) Quintus Horatius Flaccus, *Satirae*, I, 3, 108~110.

례를 치를 수 있는 권리를 달라는 것뿐이었다. 평민에게는 그런 정도가 결혼의 의미였다. 그렇지만 혼례는 귀족들만의 권리였고 [598], 짐승들 즉 평민들 사이에서는 어떤 종도 다른 종과 교접하지 않는다. 따라서 "야생 짐승의 결혼"이라는 구절은 영웅과 평민이 투쟁을 하던 당시 귀족들이 평민에게 모욕을 주기 위해 했던 말이었다. 평민은 결혼식에 엄숙함을 부여하는 공적인 전조를 받을 수 없었기 때문에 그들 누구도 아버지가 누구인지 확실하지 않았다. 로마법에 있는 "결혼식의 의례가 아버지를 확인시켜준다"(nuptiae demonstrant patrem)라는 조항은 모든 사람들이 알고 있었다. 이러한 불확실성에 근거하여 귀족들은 평민이 짐승들처럼 어머니나 딸과도 잠자리를 같이한다고 조롱했던 것이다.

[568] 평민들의 베누스에게는 비둘기가 따라다닌다. 그렇지만 그것은 열정적인 사랑을 상징하는 것이 아니다. 호라티우스가 묘사하듯 비둘기는 "저열한"(degeneres) 새이기 때문이다. 그것은 그가 "용맹한"(feroces) 새라고 정의한 독수리와 비교된다. 평민들은 사적인 전조나 사소한 전조만을 받을 수 있을 뿐으로, 그것은 바로나 메살라가 "큰 전조" 즉 "공적인 전조"라고 말하는, 독수리나 번개로부터 받는 전조와는 구분된다[525]. 로마의 역사가 공개적으로 확인시켜주듯, 이 공적인 전조가 귀족들이 갖는 영웅의 권리의 근거이다[110]. 반면 귀족들의 베누스, 즉 "신부의 들러리"(pronuba)에게는 백조가 따라다닌다. 앞서 살펴본 것처럼[533] 백조는 아폴론과 연관되기도 하는데, 아폴론은 고결성을 상징하는 신이며, 앞서 설명했던 것처럼[512] 그의 전조 아래 레다는 유피

테르에 의해 알을 잉태했던 것이다.

[569] 평민들의 베누스는 나신으로 묘사되고 있지만 귀족들의 베누스는 앞서 말했던 것처럼[512] 띠로 가리고 있다. 여기에서도 시에서 묘사되는 고대에 관해 우리가 얼마나 왜곡된 관념을 갖고 있는지 살펴볼 수 있다. 즉 나신은 성적 욕망에 대한 자극으로서 그려진 것이라고 여겨왔지만, 사실 그것은 자연적인 순결성을 표현한 것이었다. 바꾸어 말해 그것은 평민들 사이에서 자연적인 의무를 준수하도록 만드는 선의를 지키겠다는 것이었다. 뒤에 "시적 정치학"에서 살펴보게 될 것처럼[597~598] 평민들은 영웅의 도시에서 그 어떤 시민의 권리도 갖지 못했고, 따라서 그들이 이행해야 한다는 의무조차 어떤 시민법으로 강제한 것이 아니었기 때문이다. 그리하여 베누스에게는 여신 "그라티아"(Gratia)가 따라다니게 되었는데 그녀도 나신이었다.[324] 라틴어에서 "소송"(causa)과 "감사"(gratia)는 같은 뜻이었다. 그리하여 시인들에게 벌거벗은 "그라티아"는 "벌거벗은 서약"(pacta nuda)을 뜻했는데, 그것은 사회적 의무가 아닌 자연적 의무를 지키겠다는 서약이었다.

반면 로마법학자들이 "명문 서약"(pacta stipulata)이라고 부른 것은 훗날 주석자들에 의해 "옷을 입은"(vestiti) 서약이라고 불리게 되었다. 벌거벗은 서약을 명문화되지 않은 서약이라고 이해한다면, 명문화된 서약을 뜻하는 "스티풀라티오"(stipulatio)는 "막대기"

324) "그라티아"는 그리스 신화에서는 "카리스"로서 "감사" 또는 "은총"의 여신을 가리킨다.

를 뜻하는 "스티페스"(stipes)로부터 온 것이 아님이 확실하다. 왜냐하면 "스티페스"가 어원이라면 "서약"은 "스티풀라티오"가 아닌 "스티파티오"가 되어야 하기 때문이다. 서약을 유지시키는 강제의 의미를 감안한다면 그것은 "줄기"를 뜻하는 "스티풀라"(stipula)로부터 온 것임이 확실하다. 그것은 라티움의 농민들이 "곡식의 옷"이라고 부르면서 곡식을 덮던 것이다. 반면 초기의 중세 법학자들이 말하는 "옷을 입은 서약"은 봉건 영주의 "서임"(investiture)과 같은 기원으로부터 왔으며, 그것으로부터 "존엄성을 박탈하다"라는 의미의 "엑스페스투카레"(exfestucare)라는 말이 나온 것이 확실하다.

이런 이유로 라틴의 시인들은 영웅의 도시에서 평민들이 맺은 계약에 나타난 "소송"과 "감사"가 같은 뜻이라고 이해했다. 이와 비슷하게 후에 도입된 민족들의 자연법에 의거한 계약에서도 "소송"과 "거래"(negocium)는 동일한 의미였다. 울피아누스는 그 법을 인간의 법이라고 불렀다. 그런 종류의 계약에서 모든 거래는 언제나 소송, 또는 "조건"을 가리키는 "카비사"(cavissae) 또는 "보증"을 가리키는 "카우텔라"(cautelae)로서, 거래의 약속을 보증하기 위해 명문화시켜야 했기 때문이다.

제3장
동의만으로 성립되는 계약에 관한 추론

[570] 영웅시대의 민족들은 삶에 가장 필수적인 것들에만 관심

을 두고 있어서 자연의 곡식만을 수확했을 뿐 아직 화폐의 사용에 대해서는 이해하지 못했다. 그들에게는 몸이 전체인 것이나 다름없었기 때문에 그 시대의 가장 오래된 법은 오늘날 동의만으로 성립되는 계약이라는 것에 대해 조금도 인지하지 못했던 것이 확실하다. 그들은 극도로 조야했고 따라서 의심이 많았다. 왜냐하면 조야함은 무지로부터 나오며, 알지 못하는 사람들이 의심이 많다는 것은 변치 않는 인간 속성이기 때문이다. 그런 이유로 그들은 선의를 인지하지 못했으며, 따라서 모든 채무는 실제의 손이나 가상의 손으로 변제했다. 그것을 확실히 하기 위해 그들은 거래 행위를 엄격하게 명문화했다[1030]. 그리하여 다음과 같은 〈12표법〉의 유명한 조항이 나온 것이다. "만일 어떤 사람이 보증을 하거나 양도를 할 때 구두로 말한 것은 구속력을 갖는다"(Si quis nexum faciet mancipiumque, uti lingua nuncupassit, ita ius esto)[433, 1031]. 이러한 인간사의 본질에서 다음과 같은 진리가 출현한다.

I

[571] 가장 오래된 사고팔기는 물물교환이었다고 말한다. 그 대상이 부동산이었을 경우 그것은 중세 시대의 "차지권"(借地權: libellus)과 같은 것이었음이 확실하다. 그 유용성은 한 사람은 풍작을 올리는 땅을 지나치게 많이 갖고 있는데 다른 사람은 그런 땅을 갖고 있지 않을 때, 또는 그 역의 경우에 명백하게 드러난다[1071].

II

[572] 집의 임대차는 도시가 작고 주택이 한정되어 있을 때에는 이루어질 수 없다. 따라서 집주인은 다른 사람들이 집을 짓도록 땅을 빌려주어야 한다. 따라서 땅에 대한 임대만이 가능하다.

III

[573] 땅의 임대차는 "영구적 계약"(enfiteusi)이어야 하는데, 그것은 라틴어로 "클리엔텔라"(clientela)라고 부른다. 따라서 문법학자는 "피보호민"을 가리키는 "클리엔테스"가 "경작자"를 가리키는 "콜렌테스"(colentes)의 동의어에 가깝다고 말한다.[325]

IV

[574] 중세의 고문서에서는 영구적이든 일시적이든 집과 밭에 대한 임대차 계약만이 존재하는데, 그 이유가 여기에 있다.

V

[575] 어쩌면 이것이 "영구적 계약"이 "시민법"의 계약인 이유일

325) Isidore de Seville, *Origines*, X, 13.

것이다[1067]. 그 시민법은 여기에서 설명한 이유에 따라 "로마 영웅들의 법"(de iure heroico romanorum)과 같은 것이다. 법학자 울피아누스는 "인류의 자연법"(ius naturale gentium humanarum)을 이것과 대비시켰다. 여기에서 "인류"를 강조한 것은 이전의 야만 민족의 법과 대비시키려는 것이었지, 그 당시 로마 제국 외부에 있었던 야만 민족을 가리키는 것은 아니었다. 그들의 법은 로마의 법학자들에게 아무런 중요성도 갖지 못했다.

VI

[576] 폴리페모스가 오디세우스에게 한 말을 통해[516] 호메로스가 알려주듯, 거인들의 관습에서 가부장들은 자신의 일에만 관심을 두었을 뿐 다른 사람의 일로 고민하지 않았기 때문에 동업이나 조합[326]을 알 수가 없었다.

VII

[577] 똑같은 이유로 위임을 통한 계약도 알지 못했다. 그리하여 고대의 시민법에는 다음과 같은 규정이 있다. "누구도 본인이 아닌 사람으로부터는 획득할 수 없다"(Per extrameam personam acquiri nemini).[327]

---

326) 원어는 società.

VIII

[578] 그러나 영웅 민족의 법이 울피아누스가 정의한 인류의 법에 의해 계승되었을 때 대단히 큰 변화가 발생했다. 즉 매매는 옛날에는 계약 조항보다 두 배의 보상이 명문화되지 않았다면 취소되지 않았는데, 이제는 "선의"라 불리는 계약이 계약의 여왕이 됨으로써 보상의 권리는 명문화가 되지 않더라도 자연적으로 확보되었다.

제4장
신화의 규범

[579] 이제 불카누스와 마르스와 베누스라는 세 명의 시적 인격체로 돌아가 보자. 여기에서 다음에 주의를 기울이는 것이 필요하다고 보이는데, 그것은 우리의 신화에 중요한 규범으로서의 위치를 갖는다. 즉 이 세 명의 신성한 시적 인격체는 영웅을 상징하지만 동시에 그에 상반되는 평민을 상징하기도 한다는 것이다.[328] 불카누스

327) *Digest*, 50.17.11.

328) 영어 번역에서는 여기에서 오류가 있는 것처럼 보인다. 먼저 Bergin과 Fisch는 이 세 신이 평민을 상징하는 다른 세 명의 신과 달리 영웅을 상징한다고 번역했고, 새롭게 번역한 David Marsh는 이들이 평민을 상징한다고 말하며 영웅을 상징하는 세 명의 신으로 유피테르와 유노와 미네르바를 거론했다.

는 도끼로 유피테르의 머리를 갈라 미네르바를 탄생시켰고[589], 유피테르와 유노의 싸움에 간섭하려고 하다가 유피테르로부터 하늘에서 던져져 절름발이가 되었다.[329] 호메로스에 따르면 마르스는 유피테르로부터 호된 비난을 받았는데 유피테르가 그를 "신들 중에서 가장 저열한 신"이라고 말했다는 것이다. 또한 호메로스는 신들과 싸우던 미네르바가 던진 돌에 맞아 마르스가 부상을 당했다고 한다.[330] 그들은 전쟁에서 영웅을 위해 종사한 평민들이었음이 확실하다. 베누스는 평민들의 자연적인 아내였음이 확실하다. 베누스는 평민 마르스와 함께 영웅 불카누스의 그물에 사로잡혀 태양 아래 벌거벗은 채로 발견되어 다른 신들의 조롱을 샀던 것이다[560]. 그리하여 베누스는 그 뒤 불카누스의 아내가 되었다고 여겨졌으나 그것은 잘못이다. 살펴봤던 것처럼[511] 하늘에서의 혼례는 유피테르와 유노 사이 외에는 없었으며, 그것마저도 불임이었다. 그리고 마르스는 베누스의 "간음자"가 아니라 "내연 관계"라고 불렸는데, 앞으로 살펴볼 것처럼[683] 평민들 사이에서는 사실혼만이 존재했고, 로마인들은 그것을 "내연 관계"라고 불렀던 것이다.

[580] 이렇듯 세 명의 시적 인격체에 대해 알아본 것처럼 다른

그러나 그것은 원문에도 없을뿐더러 문법적으로도 성립하지 않는다. 앞서 귀족의 베누스와 평민의 베누스가 존재했다는 것에 비추어 본문처럼 번역하는 것이 비코를 정당하게 평가하는 것으로 보인다.

329) Hesiodos, *Theogonia*, 886, 924. 『일리아스』, I, 592, XV, 18.

330) 『일리아스』, V. 590, XX, 403.

신들에 대해서도 앞으로 적당한 장소에서 설명할 것이다. 그중에는 손을 뻗어 사과를 딸 수도 몸을 굽혀 물을 마실 수도 없는 평민 탄탈로스와 닿는 것마다 금으로 변해 굶어죽은 평민 미다스[649], 아폴론과 노래를 겨루다가 살해당한 평민 리노스가 있다[647].

[581] 이러한 이중적인 신화, 또는 이중적인 시적 인격체는 영웅의 국가에서 필연적이었던 것으로 보인다. 앞서 말했던 것처럼 [559] 그곳에서 평민들은 이름도 없었고, 영웅들 즉 주인들의 이름을 가져야 했다. 그 태초의 시대에는 언어가 극도로 빈약했음이 확실하지만, 언어가 풍부한 오늘날과 마찬가지로 당시에도 같은 어휘가 다른 의미는 물론 때로는 정반대의 의미를 가졌음이 확실하기 때문이다.

제5부

시적 정치학

제1장
최초의 국가가 엄격한 귀족주의로 출현하게 만든 시적 정치학

[582] 앞서 살펴본 것처럼[553~569] 가족은 영웅들이 선의와 힘과 보호 속에 받아들인 예속민들 위에 세워졌고, 그들은 세계 최초의 동맹자들이었다[258, 555, 558]. 그들의 목숨은 주인에게 의탁된 것이었고 그에 따라 그들의 소유물도 마찬가지였다. 가부장으로서 거대한 권위를 갖고 있던 영웅들은 자식들에 대한 생사여탈권을 갖고 있었고, 그들의 인신에 대한 권리의 결과로서 자식들의 재산 전체에 대한 재량권도 가졌다[556]. 아리스토텔레스가 가족의 자식들에 대해 "아버지 소유의 살아 있는 도구"라고 정의한 것은 이런 의미에서였다.[331] 로마에서 민중의 자유가 가장 확

장되었던 시기에조차 〈12표법〉은 로마의 가부장들에게 두 가지의 전제적 권리를 보장해주었다. 하나는 [자식들의] 인신에 대한 특권이며 다른 하나는 그들의 소유물에 대한 특권이었다. 로마 제국의 시대에 이르기까지 자식들은 노예나 마찬가지로 한 가지 종류의 재산(peculium)만을 소유할 수 있었는데, 그것은 아버지의 동의를 얻어야만 소유할 수 있는 재산(peculium profecticium)이었다[556]. 먼 옛날에 아버지들은 자식들을 세 차례 팔 수 있는 권리를 실제로 가졌던 것이 확실하다. 그 뒤 인간의 시대에 유약해진 습속이 퍼지면서 자식들을 아버지의 권리로부터 해방시키고 싶을 때에는 가상으로 자식들을 세 차례 파는 시늉을 했다.[332]

갈리아인들과 켈트인들은 노예와 자식들에 대한 아버지의 권리를 아직도 유지하고 있다.[333] 서인도 제도에서는 아버지들이 자식들을 실지로 파는 관습이 발견되었으며, 유럽에서는 모스크바인들과 타르타르인들이 자식을 네 번까지 팔았다. 다른 민족들이 "로마 시민들이 가진 것만큼"(talem qualem habent cives romani)[334] 대단한 아버지의 권리를 갖고 있지 않았다는 말은 전혀 사실이 아니다. 이 공공연한 거짓은 학자들이 그 문구가 모든 민족에게 통용

---

331) Aristoteles, *Nocomachean Ethics*, 1161b, 4.

332) Aulus Gellius, *Noctes atticae*, V, 9.

333) Gaius Julius Caesar, *Commentarii de Bello Gallico*, 6. 19.

334) 이것은 『로마대법전』의 『법률학 강요』(*Institutiones*)에서 확인할 수 있지만, 니콜리니에 따르면 이 구절은 16세기에 위조된 것이라고 한다. Vico, *Opere*, III, p. 622, n. 11.

된다고 본 공통적인 잘못에서 비롯된 것이다. 그 말은 로마 민중에 의해 정복된 민족들에 한정해서 법학자들이 했던 말인 것이다. 앞으로 길게 논하겠지만 그것은 전쟁에서 패배하여 모든 시민권을 박탈당한 민족에 대해서 했던 말이다. 시민권, 즉 사회적 권리를 박탈당한 그들에게는 아버지의 자연적 권리만이 남았고, 따라서 그들은 "혈족 관계"(cognatio)라고 불리는 자연적인 핏줄의 유대와 "소작권"이라 불리던[107] 자연적 소유권만 갖게 되었다. 따라서 울피아누스가 "인류의"(humanarum)라는 수식어로 특정하였던[575] "만민의 자연법에 의한"(de iure naturali gentium) 자연적 의무만이 그들에게 남게 된 것이다. 반면 이런 이유로 로마 제국에 패배하지 않아 제국에 속하지 않았던 다른 민족들은 로마인들이 가졌던 것과 똑같은 시민권을 갖고 있었다.

[583] 우리의 논지로 되돌아가자. 아버지의 죽음과 함께 아버지의 사적인 전제적 지배로부터 자유로워진 아들들은 그 모든 권력을 물려받았다. 그리하여 그러한 가부장권으로부터 자유로워진 모든 로마 시민은 로마법에서 "가족의 아버지"(paterfamilias)라고 불리게 된 것이다. 반면 예속민은 항상 노예의 상태로 살아야 했는데, 오랜 시간이 경과하면서 그들은 "복종하는 사람은 자연적으로 예속에서 벗어나기를 갈망한다"라는 앞서 제시했던 공리에 따라[292] 그러한 상태에 싫증을 느끼게 된 것도 당연했다. 이런 자들이야말로 앞서 말했던[580] 평민 탄탈로스였음이 확실하다. 그는 사과를 딸 수가 없다. 전술한 것처럼 그것은 황금 사과로서 영웅의 땅에서 자라는 것이기 때문이다. 타오르는 갈증을 해소시키

려 해도 물은 그의 입술에 닿는 듯 사라지고 말아 한 모금도 마실 수 없다. 언제나 바퀴를 돌려야 했던 익시온이 평민이었고, 바위를 산 위로 굴려 올려야 하는 시지포스도 마찬가지로 평민이었다[719]. 카드모스가 던진 이와 마찬가지로 시지포스의 바위도 딱딱한 땅을 가리키며, 그것이 꼭대기에 도달했다가 다시 굴러 떨어지는 것은 라틴어의 문구로 남아 있다. 즉 라틴어에는 "땅을 경작하다"라는 의미로 "땅을 돌리다"(vertere terram)라는 표현이,[335] "오랫동안 고된 일을 하다"라는 의미로 "바위를 굴리다"(saxum volvere)라는[336] 표현이 있는 것이다. 이런 모든 것 때문에 예속민은 영웅에 반항할 수밖에 없었다. 이것이 우리가 공리에서 일반적으로 추론했던[261] "필요성"인데, 가족 국가에서 영웅적인 아버지들에 대해 예속민들이 느꼈던 이 "필요성"으로 말미암아 국가가 태어났다.

[584] 여기에서 영웅들은 반역하는 예속민들 다수의 저항이라는 큰 위기를 맞아 자연히 계급으로 결속하게 되었던 것이 확실하다. 그들은 모든 가부장 중에서 가장 용맹하고 용기가 강한 자를 우두머리로 뽑아야 했다. 그런 자들을 "왕"(reges)이라 불렀다. 그 말은 "진압하다"거나 "지휘하다"라는 의미를 갖는 "지배하다"(regere)라는 동사에서 나왔다. 법학자 폼포니우스의 잘 알려진 문구로 표현하자면 이런 방식으로 "상황 자체가 명할 때 왕국이 세워졌다"(rebus ipsus dictantibus, regna condita).[337] 그것은 "신의 섭리에 의한 만민

335) Quintus Gaius Horatius, *Satirae*, I, 1, 28.
336) Publius Terentius Afer, *Eunuchus*, V, 9, 55.

의 자연법"(ius naturale gentium divina providentia constitutum)[338]에서 확립된 로마법의 원리와 상응한다. 이렇게 영웅의 왕국이 발생했다.

가부장은 가족의 최고 군주였고 그렇게 만들어진 가족 국가들 사이에서 평등은 고사하고 그 거인들의 맹렬한 본성 때문에 그들 중 누구도 다른 사람에게 양보하려 하지 않아 가족의 왕들로 구성된 원로들의 지배가 출현하였다. 그들은 인간적인 사려나 계획조차도 없었지만 그들의 개인적인 이익을 공동의 이익으로 통일시켰다. 그 공동의 이익을 "파트리아"(patria)라고 불렀는데, 그 말이 "파트리아 레스"[339]에서 "레스"가 생략된 것임을 감안한다면 그 말은 "아버지의 이익"을 뜻하는 것이며, 여기에서 귀족을 가리키는 "파트리키"(patrici)가 나왔다. 귀족만이 최초의 "파트리아", 즉 "조국"에서 시민이 될 수 있었다. 이런 의미에서 최초의 시대에 왕들은 자연에 의해 선택된 것이라는 전해져 내려오는 이야기에는 일말의 진리가 있다. 이 점에 관해서는 타키투스가 『게르마니아』에서 적절한 문구 두 개를 우리에게 제공하는데,[340] 그것은 다른 모든 야만 민족에게도 같은 관습이 통용되었으리라고 추측하게 해준다. 첫 번째는 "그들의 기병대와 쐐기부대는 우연히 무작위로 만들어진 것이 아니라 가족과 씨족으로 구성되었다"(Non casus,

337) *Digest*, I, 2, 2, 11.
338) *Institutiones*, I, 2, 11.
339) 엄밀하게 말하자면 "아버지의 것."
340) 두 문장 모두 제7장에 나온다.

non fortuita conglobatio turmam aut cuneum facit, sed familiae et porpinquitates)는 것이고, 두 번째는 "그들의 지도자는 명령보다는 모범으로 더 많은 일을 한다. 그들은 더 열정적으로 더 뛰어나게 더 앞장서서 싸움으로써 찬양을 받으며 지배한다"(Duces exemplo potuit quam imperio; si prompti, si conspicui, si ante aciem agant, admirantione praesunt)라는 것이다.

[585] 땅 위 최초의 왕이 이러했으리라는 것은 다음에 의해 증명된다. 즉 영웅 시인들은 하늘의 유피테르가 인간과 신의 왕이었다고 생각했는데, 그 근거는 호메로스에게 있다.[341] 그의 『일리아스』에는 유피테르가 테티스에게 신들이 하늘의 큰 회의에서 한 번 결정한 것에 위배되는 것은 그 어떤 일도 하지 말아야 한다고 설명하는 구절이 있다. 유피테르는 실로 귀족 왕처럼 말하고 있는 것이다. 스토아학파에서는 이 구절을 유피테르도 운명에 복종해야 한다는 자신들의 학설의 근거로 만들었다. 그러나 유피테르 및 다른 신들은 인간사에 관하여 회의를 열었던 것이며, 그들의 자유의지로 결정을 했던 것이다. 또한 바로 이 구절은 호메로스가 말하는 다른 두 장면과 함께 호메로스가 군주제를 언급하고 있는 것이라고 정치학자들이 잘못 해석하게 만들었다. 첫 장면에서는 아가멤논이 고집 센 아킬레우스를 꾸짖는다.[342] 두 번째 장면에서는 오디세우스가 반란을 일으키고 집으로 돌아가겠다고 주장하는 그리

341) 『일리아스』, 1. 517.
342) 『일리아스』, 1. 287.

스인들을 설득하여 힘들게 시작한 트로이의 포위를 계속하자고 설득한다.[343] 두 장면 모두에서 "한 사람만이 왕"이라는 구절이 나온다. 그러나 그것은 군주제를 말하려는 것이 아니라 전쟁에서는 한 사람만이 장수로서 지휘해야 한다는 말이다. 그것은 다음과 같은 타키투스의 금언을 확인시켜준다. "지휘권의 조건이란 단 한 사람에게만 주어지지 않으면 영(令)이 서지 않는다는 것이다"(eam esse imperandi conditionem, ut non aliter ratio constet quam si uni reddatur).[344] 게다가 호메로스 자신도 두 서사시의 여러 장면에서 영웅들의 이름을 말할 때면 언제나 "왕"이라는 수식어를 덧붙인 것이다. 「창세기」의 한 구절은 이것과 놀라울 정도로 일치한다. 모세는 에서의 자손들을 말하며, 그들 모두를 "왕"이라 부르고 있고, 그것은 불가타 성서에서 그들을 "대장"(duces)이라고 부른 것과 마찬가지이다. 그와 비슷하게 피로스 왕의 사절들도 로마에서 수많은 왕들로 이루어진 원로원을 보았다고 언급했던 것이다.

변화에 대한 평민들의 요구에 마주친 가부장들이 자연 상태 속에서 이미 갖고 있던 권리를 변화시켜야 했다면 그것은 그들이 가족 내에서 갖던 최고의 권한을 그들의 지배 계급으로서 권한에 종속시키려고 하는 사회적 본성 때문이었다고 밖에는 설명되지 않는다. 왜냐하면 앞서 공리에서 밝혔던 것처럼[261] 강한 자들의 본성이란 용맹함으로 획득한 것들을 가능한 한 적게 포기

343) 『일리아스』, 1. 204.

344) Cornelius Tacitus, *Annales*, 1. 6.

하는 것이었기 때문이다. 바꾸어 말해 그들은 그 획득물을 계속 소유하기 위해 필요한 만큼만 포기하였던 것이다. 따라서 우리는 "용맹으로 얻은 것을 비굴하게 포기하는 것"(virtute parta per flagitium amittere)을 견디지 못하던 강한 자들에 대한 경멸을 로마사에서 자주 읽게 된다. 이미 논증했듯[522] 시민 정부는 한 사람의 속임수나 힘에 의해 태어나지 않았다. 앞으로 더 논증하겠지만 [1011~1013], 사회적 권력은 모든 인간적 가능성 속에서 가족의 권위로부터 나왔고 시민 사회의 탁월한 소유권도 가부장의 자연적 소유권으로부터 나왔으리라고 생각하지 않을 수 없는 것이다. 가부장의 자연적 소유권으로부터 나왔다는 말은 "최고의 권리로부터"(ex iure optimo) 나왔다는 말로서, 그것은 사적이거나 공적이거나 어떤 채무로부터도 자유로운 권리였다는 것이다.

[586] 지금까지 고찰한 것은 놀랍게도 관련된 단어의 어원에 의해 증명된다. 즉 아무런 채무도 없는 가부장의 소유권을 가리키는 "최고의 소유권"(dominium optimum)이라는 라틴어를 그리스어에서는 "디카이온 아리스톤"(δίχαιον ἄριστον)이라고 불렀는데[491], 그 위에 세워진 국가를 그리스인들은 귀족정체, 즉 아리스토크라시라고 불렀고, 로마인들은 상류 부유층인 옵티마테스의 국가라고 불렀다. 옵티마테스라는 단어는 권력의 여신인 옵스로부터 파생된 것인데, 가장 강한 자나 선한 자를 뜻하는 "옵티무스"(optimus)도 거기에서 파생되었고, 그리스어에서는 그 말이 "아리스토스"(ἄριστος)였다[587]. 그런 이유로 옵스는 유피테르의 아내라고 불릴지도 모른다. 전술했던 것처럼[437] 스스로 신의 이름을

사용할 정도로 오만한 지배 계급 영웅들의 아내였다는 것이다. 반면 유노는 번개를 치는 하늘이라는 전조의 의미에서 유피테르의 아내였다[511]. 앞서 말했던 것처럼[549] 이 신들의 어머니는 키벨레로서 "귀족"이라는 의미에서 "거인"이라고 불렸으며 스스로 신이라 불렀던 자들의 "어머니"로 받아들여졌던 것이다. "시적 우주론"에서 살펴보겠지만[722] 키벨레는 도시의 여왕으로 받아들여지기도 한다.

옵스로부터 "상류 부유층"을 가리키는 "옵티마테스"가 나왔는데, 그들의 국가는 귀족들의 권력을 보존하기 위해 설립된 것이며, 귀족제 국가에는 두 가지의 중요한 관리 장치가 있었으니, 그 하나는 법령에 의한 것이고 다른 하나는 사회적 경계선에 의한 것이다. 법령에 의한 관리 장치에는 무엇보다도 친족 관계의 확인이 들어 있는데 로마력 309년에 이르기까지 로마인들은 평민을 혼례에서 배제시켰다[598]. 또한 정무직의 보호 장치를 발동해 귀족들은 평민의 집정관직에 대한 요구를 강력하게 반대했다. 그 뒤 성직에 대한 보호 장치도 이루어졌고 보호 장치는 마침내 법령에도 적용되기에 이르러, 초기의 모든 민족은 법령을 신성한 것으로 간주했다[999~1003]. 〈12표법〉 이전에 로마에서는 귀족들이 관습에 의해 지배했고, 그것은 할리카르나소스의 디오니시우스가 공리에서 확인해주었다[284]. 법학자 폼포니우스에 따르면[345] 이후 한 세기 동안 법의 해석은 주교들의 회의에서만 이루어졌고, 그

345) *Digest*, I, 2, 2, 6.

당시 그 회의에는 귀족만이 참여할 수 있었다.

또 다른 중요한 보호 장치는 사회적 경계선에 의한 것이다. 이와 관련하여 로마인들은 코린트를 멸망시켰을 때까지[346) 평민들이 호전적이 되지 않도록 전쟁의 규칙을 정당하게 지켰지만 동시에 그들이 부유해지지는 않을 정도로만 승리 속에서도 극도의 관대함을 베풀었다.[347) 그것은 앞서 두 개의 공리에서 제시했던 것과 같다[273~276].

[587] 이 위대하고 중요한 시기는 시적 역사에서 다음의 신화 속에 포함되어 있다. 그것은 사투르누스가 아기 유피테르를 삼키려 했는데 키벨레의 신관들이 그를 숨기고 무기로 소음을 내 울음소리를 감추려 했다는 이야기이다. 여기에서 사투르누스는 예속민의 시적 인격체임이 확실하다. 그들은 날마다 주인 아버지의 밭을 경작하려고 하며 그들의 생계를 유지하게 해줄 땅을 갖기를 간절히 바란다. 또한 이 사투르누스는 유피테르의 아버지이기도 하다. 왜냐하면 그가 원인이 되어 아버지들의 사회적 지배가 생겨났기 때문인데, 앞서 논했던 것처럼[586] 그것은 유피테르와 옵스의 결혼 속에 상징적으로 표현되어 있다.

번개와 독수리라는 가장 엄숙한 전조의 신으로 받아들여지고 있는 유피테르는 유노의 남편이다. 또한 전조의 신으로서 유피테

346) 기원전 146년의 일이다.

347) 평민이 평민으로서의 사회적 경계선 내부에 있는 것으로 만족하도록 조치를 취했다는 것이다.

르는 "신들의 아버지"인데, 여기에서 "신들"이란 "영웅들"을 가리킨다. 그들 스스로가 유피테르의 자식이라고 믿었기 때문이다. 그들은 유피테르의 전조와 함께 태어났고 여신 유노가 관장하는 엄숙한 혼례를 통해 태어난 것이기 때문에 "신"이라는 이름을 갖게 되었다. 또한 그들의 어머니는 대지, 즉 앞서 말한 것처럼 유피테르의 또 다른 아내인 옵스였다.

또한 유피테르는 "인간들의 왕"이라고도 불렸는데, 그것은 유피테르가 가족 국가 속의 예속민들과 영웅들의 도시국가의 평민들의 왕이었다는 말이다[437]. 시적 역사에 대한 무지로 말미암아 사람들은 아버지와 왕이라는 이 두 칭호를 혼돈하여 마치 유피테르가 인류의 아버지인 것으로 받아들였다. 그러나 고대 로마 공화국의 시절에 이르기까지 사람들은, 즉 예속민과 평민들은 혼례의 권리가 없었기 때문에 리비우스가 말하듯 "그들의 아버지를 칭할 수 없었다"(non poterant nomine ciere patrem)[433, 567].

[588] 앞서 말했고[267] 뒤에도 충분히 보여주겠지만 초기의 왕국에는 신관들이 많았는데, 그 신화는 계속하여 키벨레 또는 옵스의 신관들이 유피테르를 숨겨주는 이야기를 한다. 라틴어 문헌학자들은 이 숨겨준 일로부터 "라티움"(Latium)이라는 지명이 생겼다고 말한다.[348] 그리고 라틴어는 그 역사를 "왕국을 창시하다"(condere regna)라는 문구 속에 보존하고 있는데 "창시하다"라는 "콘데레"(condere)와 "숨기다"라는 "라테레"(latere)의 어원이 같다

---

348) 라틴어에서 "숨기다"라는 동사는 "latere"이다.

는 것에 대해서는 앞서 말한 바 있다[535]. 예속민들이 반란할 때 아버지들은 그에 대항하여 폐쇄적인 조직을 만들었는데, 그것에서 출발하여 정치학자들이 말하는 "통치의 비밀"(arcana imperii)이라는 말이 나타났다. 그 신관들은 무기로 소음을 내 유피테르의 울음소리를 사투르누스가 듣지 못하게 함으로써 그를 구했다. 유피테르는 그들의 계급으로 새롭게 합류했던 것이다. 공화국이 "무기의 근거 위에서 태어났다"고 플라톤이 그리도 모호하게 말했던 것은 이렇게 명확한 의미를 갖는다.[349] 앞서 아리스토텔레스가 우리에게 말해줬던 공리[271], 즉 영웅의 국가에서 귀족은 평민의 영원한 적이라는 것도 여기에 덧붙여야 한다. 하인들은 주인에게 돈을 지불받는 적(敵)이라는 말도 영원한 진리로 남는다. 그리스어에서는 "전쟁"을 뜻하는 "폴레모스"(πόλεμος)가 "도시"를 뜻하는 "폴리스"(πόλις)로부터 왔다고 하여 그 어원 속에 이러한 역사를 보존하고 있다.

[589] 여기에서 그리스인들은 대씨족의 열 번째 신을 상상 속에서 만들어내 미네르바라고 불렀다.[350] 그녀는 흉측하고 기괴한 상상 속에서 태어났다. 불카누스가 도끼로 유피테르의 이마를 갈랐는데 거기에서 미네르바가 태어났다는 것이다[579]. 이것으로 그들이 말하고자 하는 것은 평민 불카누스라는 시적 인격체 속에 포괄되던, 노예의 기술을 실행하던 다수의 예속민들이 유피테르의

349) Platon, *De Legibus*, 626A.
350) 그리스 이름은 "아테나"이다.

지배를 깼다는 것인데, 그 의미는 그의 지배력을 약화 또는 감소시켰다는 것이다. 라틴어에는 "지배력을 약화시키다"라는 의미로 "머리를 쪼개다"(minuere caput)라는 말이 있는데, 그 이유는 그 당시 추상어로 "지배"라는 말을 몰랐기 때문에 구체적인 단어인 "머리"를 사용했기 때문이라는 것이다. 가족 국가에서 유피테르의 지배는 전제적이었지만, 도시 국가에서 이제 그것은 귀족제로 바뀌었다. 따라서 "미네르바"라는 이름이 "쪼개다"라는 의미의 "미누에레"로부터 나왔으리라는 추측은 허황된 것이 아니다.[351] 또한 이렇게 아주 오래된 시적 고대로부터 "신분의 변화"를 뜻하는 "머리의 감소"(capitis deminutio)라는 말이 나왔으리라는 것도 마찬가지이다. 마치 미네르바가 가족 국가를 도시 국가로 바꾸었던 것처럼.[352]

[590] 철학자들은 훗날 이러한 신화에 대단히 장엄한 형이상학적 고찰을 덧붙였다. 즉 영원한 관념은 신 자체로부터 발생하는 반면 창조된 관념은 신에 의해 우리의 내부에 만들어진다는 것이다. 그러나 신학적 시인들은 사회적 계급이라는 관념으로만 미네르바를 생각했다. 그리하여 "계급"[353]이라는 말은 라틴어에서 "원로원"을 가리키는 말로 가장 즐겨 쓰게 된 것이다. 어쩌면 그것이 철학자들이 신의 영원한 관념이 신의 영원한 "질서"와 다름없다고

351) Marcus Tullius Cicero, *De natura deorum*, III, 24.
352) "신분"을 가리키는 말인 "stato"는 "국가"나 "상태"를 뜻하기도 한다.
353) 원어는 "ordo." 이 말은 "질서", "명령" 등등의 여러 의미를 갖는다.

믿게 된 이유였을 것이다. 그리고 거기에서 가장 뛰어난 사람들의 질서가 도시의 지혜라는 말이 불변의 원리로 남아 있게 된 것이다.

호메로스에 따르면 미네르바에게는 언제나 "전사"이며 "약탈자"라는 수식어가 따라붙을 뿐 "조언자"라고 불린 적은 단 두 차례밖에 없었다.[354] 그리고 부엉이와 올리브가 그녀에게 봉헌되는 것은 그녀가 밤에 명상을 하고 등불 아래 글을 읽고 썼기 때문이 아니라, 앞서 말했던 것처럼[387] 어두운 밤은 인간의 문명의 출발점이었던 숨는 장소를 뜻했기 때문이며, 어쩌면 더 정확하게는 도시를 구성했던 귀족 원로원이 비밀리에 법을 입안했던 것을 상징했기 때문일지 모른다. 그리스어로는 아테나(Αϑηνά)라고 불리는 미네르바의 도시인 아테네의 원로원에서 어두움 속에 투표를 하는 것은 아레오파고스의 관행으로 남아 있는 것이 확실하다. 그러한 귀족들의 관행으로부터 "법을 제정하다"(condere leges)라는 말이 나왔고,[355] 법을 입안하는 원로원은 "법의 제정자"(legum conditores)라고 부르는 것이다. 이와 비슷하게 원로원으로부터 여러 민족의 평민들에게 법을 전달한 사람들을 "법의 전달자"(legum latores)[356]라고 불렀던 것은 앞서 호라티우스의 재판에서 말했던 것과 같다[521]. 신학적 시인들은 미네르바를 결코 지혜의 여신으로 보지 않았기에, 동상이나 메달에서 그녀는 언제나 무장을 한

354) 『일리아스』, V, 260. 『오디세이아』, XVI, 282.
355) "condere"는 "숨기다"라는 뜻을 갖는다.
356) "legum latores"에서 "입법자"를 뜻하는 "legislatori"가 나왔다.

모습으로 나타난다. 바로 이 미네르바가 원로원의 미네르바였고,[357] 평민 집회의 팔라스였으며, 마지막으로 전쟁 속의 벨로나였다. 예컨대 호메로스에 따르면 텔레마코스가 아버지 오디세우스를 찾아 떠나려 할 때 그를 평민들의 집회로 인도하는 자가 팔라스인데, 그는 평민들을 "다른 사람들"이라고 부른 것이다.[358]

[591] 미네르바가 신학적 시인들에 의해 지혜의 여신으로 잘못 받아들여진 것은 원로원을 가리키는 "쿠리아"(curia)가 국가를 돌본다는 뜻의 "쿠라"(cura)로부터 왔다고 생각하는 잘못과 궤를 같이한다.[359] 그 당시는 민족들마다 거칠고 어리석었다. 그 단어는 고대 그리스어에서 손을 뜻하는 "케이르"(χείρ)로부터 파생되어 "권력"을 뜻하게 된 "키리아"(χυρία)로부터 왔고, 그것이 라틴어의 "쿠리아"로 바뀐 것이 확실하다. 연표와 그에 대한 주(註)에서 언급했듯[77] 이것은 고대를 보여주는 위대한 두 개의 단편적 기록들로부터 추론할 수 있다. 다행스럽게도 드니 프토는 그것이 영웅시대 이전의 그리스 역사 속에서 일어났으며, 따라서 이집트인들이 신의 시대라고 불렀고 우리가 이 책에서 받아들이고 있는 그 시대에 적용된다[52].

[592] 첫 번째는 헤라클레스의 자손인 헤라클레이다이가 아테네가 있는 아티카 지역을 포함한 그리스 전역에 퍼져 있었고, 그

357) 어둠 속에 비밀리에 투표를 하던 원로원을 가리킨다.

358) 『오디세이아』, II, 6, 267.

359) Marcus Terentius Varro, *De lingua latina libri XXV*, V, 155.

뒤에는 스파르타가 있는 펠로폰네소스로 스며들었다는 기록이다. 그곳에서는 헤라클레스의 자손인 귀족 헤라클레이다이 출신의 두 명의 왕이 민선 장관의 감독 아래 법을 집행하고 전쟁을 주관했다. 그 민선 장관은 평민이 아닌 귀족의 자유의 수호자였다. 그들은 국왕 아기스가 민중을 위한 법 두 개를 제정했다고 하여 그를 교수형에 처했다. 첫 번째 법은 리비우스가 "부유한 자들에 대항하여 평민들에 불을 지를 횃불"(facem ad accendendum adversus optimates plebem)이라고 정의했던,[360] 평민들의 부채를 탕감하려던 법이었다. 두 번째는 유산 상속과 관련하여 귀족들만이 직계 상속자, 부계 친족, 씨족 관계를 가질 수 있다는 이유로 귀족들에게만 적법한 상속권을 부여하였던 것을 귀족 계급 외부로 확대시킨 법이었다[110]. 곧 설명할 것처럼[598] 로마에도 〈12표법〉 이전에 그런 시도가 있었다. 그 결과 스푸리우스 카시우스, 만리우스 카피톨리누스, 그라쿠스 형제 및 다른 저명한 로마의 시민들이 억압받던 로마의 가난한 평민들을 조금이나마 돕는 법을 통과시키려 하다가 원로원에 의해 반역자로 낙인 찍혀 처형되었던 것이다. 그것은 스파르타의 국왕 아기스가 민선 장관들에 의해 살해된 것과 마찬가지였다. 스파르타의 민선 장관은 폴리비오스가 말한 것처럼 라케다이몬의 민중의 자유의 수호자가 결코 아니었다.[361]

그리스에서 아테나라고 부르는 미네르바를 따라 아테네라 불리

---

360) Titus Livius, *Ab urbe condita libri*, 32, 38, 9.

361) Polybius, *Historiae*, 32. 38. 9.

게 된 도시는 처음부터 귀족제 국가였음이 확실하다. 그리스의 역사는 그런 사실을 충실하게 말해주는데, 앞서 말했던 것처럼 드라콘은 아테네가 상류의 부유층에 점령당했을 무렵에 아테네를 지배했던 것이다[423]. 이것은 투키디데스에 의해서도 확인되는데, 그는 아테네가 엄격한 아레오파고스의 재판관들에 의해 지배되고 있었을 때나 로마가 귀족제 국가였을 때 그러했던 것처럼 영웅적 덕성으로 빛났고 탁월한 과업을 성취했다고 말했다.[362] 곧 이에 대해 상술할 것이다[625]. 한편 아테네는 페리클레스와 아리스티데스에 의해 귀족주의 국가에서 민중의 자유를 지향하는 국가로 바뀌었다. 로마는 민중의 호민관이었던 섹스투스와 카눌레이우스로부터 그런 변화가 시작되었다.

유베날리스는 아레오파고스의 재판관들을 "무장한 재판관"이라는 의미에서 "마르스의 재판관"이라고 번역했다. 아레오파고스라는 말은 마르스의 그리스 이름인 "아레스"(Αρης)와 라틴어에서 촌 또는 촌사람을 가리키는 "파고스"(pagus)가 결합된 것으로서 그는 그 말을 로마인들의 별명이기도 했던 "마르스의 사람들"이라고 번역하는 것이 더 나았을 것이다. 왜냐하면 아테네는 태어날 때부터 귀족들만으로 구성되어 있었고, 따라서 그들만이 무장을 할 권리를 갖고 있었기 때문이다.[363]

---

362) 니콜리니는 이 출전이 투키디데스가 아니라 이소크라테스의 *Areopagiticus*라고 밝힌다. Vico, *Opere*, III, p. 630, 13.

363) Decimus Junius Juvenalis, *Satirae*, 9. 111. 그렇지만 여기에는 "마르스의 원로원" 즉 "curia Martis"에 대한 언급만이 있을 뿐이다.

[593] 두 번째의 위대한 단편적 기록은 그리스인들이 사투르니아 즉 고대의 이탈리아와 크레타, 아시아를 여행하면서 쿠레테스, 즉 키벨레의 신관들이 그곳에 널리 퍼져 있음을 알았다는 것이다. 따라서 최초의 야만 민족들 사이에서는 어디에서든 쿠레테스의 왕국이 퍼져 있었는데, 그것은 고대 그리스에 퍼져 있던 헤라클레이다이의 왕국에 상응한다[25, 77]. 이 쿠레테스는 앞서 설명했던 신화에서[588] 사투르누스가 삼키려던 아기 유피테르의 울음소리를 무기의 소음으로 감추었던 무장한 신관들이었다.

[594] 지금까지 논한 모든 것으로 볼 때 최초의 귀족회의(comitia curiata)는 고대사의 이 시점에서 바로 이런 방식으로 태어났음이 확실하다. 이것이 로마사에서 우리가 읽을 수 있는 가장 오래된 귀족회의이다[624]. 그 회의는 무장을 하고 소집했으며 그 뒤에는 종교의 문제를 다루기 위해 지속되었다. 왜냐하면 초기의 시대에는 모든 세속적인 문제까지도 종교의 관점으로 보았기 때문이다. 리비우스는 한니발이 갈리아를 관통하여 지나갈 무렵에도 갈리아에서 그런 집회가 열렸다는 사실에 놀랐다.[364] 그러나 타키투스는 『게르마니아』에서 다음과 같은 이야기를 전한다. 즉 신관들도 그런 회의를 열어 마치 그들의 신이 그곳에 참석한 것처럼 무장을 하고 형벌을 결정한다는 것이었다.[365] 그것은 올바르게 말한 것인데, 형벌을 명하기 위한 귀족들의 회의는 무장을 하고 소집되었

---

364) Titus Livius, *Ab urbe condita libri*, 21. 29. 1.

365) Cornelius Tacitus, *Germania*, 7.

기 때문이다. 왜냐하면 법의 최고의 권위는 무기의 최고의 권위를 따르는 것이었기 때문이다. 또한 타키투스는 일반적인 의미로 말하기도 하는데, 방금 말했던 것처럼 모든 공적인 행사를 신관들이 주재하는데, 그들은 무장을 하고 일을 처리한다는 것이다.[366] 고대 게르만인들의 관습은 다른 모든 초기의 야만 민족들의 관습에 대한 이해의 실마리를 제공하는데, 여기에서도 그들은 신관들의 이집트 왕국과[605], 또한 그리스인들이 사투르니아, 즉 고대 이탈리아와 크레타 섬과 아시아에서 마주쳤던 무장한 신관, 즉 쿠레테스의 왕국과[593], 고대 라티움의 퀴리테스[112, 562]의 사례를 다시 상기시키는 것이다.

[595] 지금까지 논한 것에 비추어보면 퀴리테스의 법은 이탈리아 영웅시대 민족의 자연법이었음이 확실하다. 그들은 그것을 다른 민족들의 법과 구분하기 위하여 "로마 퀴리테스의 법"(ius quiritium romanorum)이라고 불렀다. 그 이름은 사비니인들과 로마인들 사이에 맺어진 조약과는 무관하다. 사비니인들의 수도였던 쿠레스로부터 "퀴리테스"라는 말이 나왔다는 설이 있지만, 그것은 사실이 아니다. 그렇다면 그것은 "퀴리테스"가 아니라 그리스인들이 사투르니아에서 마주쳤다는 신관인 "쿠레테스"가 되어야 하기 때문이다. 또한 라틴 문법학자들이 주장하듯 이 사비니인들의 도시가 케레스였다고 한다면 그것은 "케리테스"가 되어야 한다. 그러나 그것 역시 사실을 왜곡시킨다. "케리테스"라는 말은 검찰관

366) Cornelius Tacitus, *Germania*, 11.

에 의해 공적인 임무의 어떤 부분에도 참여할 수 없는 형벌을 받은 로마의 시민들을 가리키는 말로서,[367] 곧 살펴볼 것처럼 그들은 영웅시대에 도시가 창시될 당시 예속민들로 구성되었던 평민이나 마찬가지였다[597]. 사실상 사비니인들은 그 야만의 시대에 정복된 도시들마다 그러했듯 성벽을 파괴당한 채 평지로 흩어져 정복한 주민들의 밭을 갈아야 할 의무를 가졌기 때문에 그들은 로마의 귀족이 아닌 로마의 평민들과 결속되었다. 로마인들은 어머니 도시인 알바까지도 그렇게 만들었던 것이다.

그렇게 정복된 도시가 최초의 속주로서 그것은 "가까운 정복지"라는 의미로 "프로페 빅타이"(prope victae)라고 불리게 되었다. 그러한 예로서 코리올리를 들 수 있는데, 마르키우스는 코리올리를 정복했다 하여 "코리올라누스"라고 불리는 것이다.[368] 반면 멀리 떨어져 있어 최근에 정복한 속주는 "먼 정복지"라는 의미로 "프로쿨 빅타이"(procul victae)라고 불린다. 그러한 평지에 최초의 내륙 식민지가 유지되었던 것인데, 그것은 적절하게도 "끌려 내려온 식민지"라는 뜻으로 "콜로니아 데둑타이"(coloniae deductae)라고 불린다. 왜냐하면 그들은 위로부터 아래로 끌려 내려온 농민 일용노동자였기 때문이다[1023]. 그러나 후에 먼 곳에 만들어진 식민지

---

367) Aulus Gellius, *Noctes atticae*, XVI, 13. 공적인 임무란 투표이나 공직 취임 등을 가리킨다.

368) 로마인들은 전쟁에서 승리하여 정복한 지역을 장군의 이름에 첨부하는 관습이 있다. 일례로 아프리카에 있는 카르타고에 승리를 거두었다 하여 스키피오는 스키피오 아프리카누스라고 불린다.

에서는 "콜로니아 데둑타이"의 뜻이 정반대로 바뀌었다. 왜냐하면 로마의 낮고 비천한 곳에서 살던 가난한 평민들을 그 속주의 높고 험한 지역으로 보내 그들을 영주로 만들고 그곳의 영주들을 일용노동자로 바꾸어놓았던 것이 확실했기 때문이다[300, 560]. 단지 결과만을 보았던 리비우스에 따르면[369] 로마는 이런 방식으로 알바의 폐허 위에서 성장했고, 사비니인들은 로마의 사위들에게 납치된 딸들의 지참금으로 그 수도인 케레스의 부를 전해줬다는 것인데, 그것은 플로루스의 그릇된 주장을 받아들인 것에 불과하다.[370] 이 최초의 내륙 식민지는 그라쿠스 형제의 농지법 개혁 이후에 출현한 식민지와는 달랐다. 리비우스는 로마의 평민들이 귀족과 벌인 영웅시대의 투쟁을 언급하며 이 최초의 식민지를 경멸했다고 말했다. 아니면 최소한 유감스럽게 생각했다고 말했다.[371] 왜냐하면 여기에서는 후기의 식민지와 달리 로마 평민들이 자신의 지위를 향상시키기 위한 어떤 일도 하지 않았기 때문이라는 것이었다. 그렇지만 여기에서도 평민들이 투쟁에 기름을 부었다는 것을 알게 되면서 리비우스는 그 무의미한 고찰을 덧붙인 것이다.

[596] 마지막으로 미네르바가 무장한 귀족 계급의 시적 인격체를 상징한다는 사실은 호메로스가 『일리아스』에서 확인시켜준다.[372] 미네르바는 마르스와 싸우는 과정에서 돌을 던져 마르스에게 상처

369) Titus Livius, *Ab urbe condita libri*, 1. 30. 1.

370) Lucius Annaeus Florus, *Epitome bellorum omnium annorum*, I. 1. 14.

371) Titus Livius, *Ab urbe condita libri*, 6. 11. 8.

372) 『일리아스』, 8, 374.

를 입힌다. 앞서 살펴본 것처럼[579] 마르스는 전쟁에서 영웅들에게 종사한 민중들의 시적 인격체였던 것이다. 또한 미네르바는 유피테르에 대한 음모를 획책하는데, 그것이 귀족제의 방식과 일치한다. 귀족들은 그들의 왕이 폭군이 될 기미가 보이면 비밀리에 회의를 열어 그를 전복시키려 한다. 단지 이러한 시대에만 폭군 살해자의 동상을 세운다는 기록을 우리는 읽는다. 만일 그 왕이 우리가 생각하는 군주였다면 그 살해자들은 반역자가 되었을 것이다.

[597] 이렇듯 최초의 도시는 명령을 내리는 귀족들만으로 구성되었다. 그러나 사실상 그들에게는 봉사해줄 다른 사람들이 필요했기 때문에 귀족들은 도움을 받아야 한다는 공동 인식을 통해 반역적이라 할지라도 피보호민 군중을 만족시켜주어야 했다. 그리하여 그들에게 최초의 사절단을 파견했는데 민족의 법에 따르면 사절단은 통수권자가 보내는 것이었다. 사절단은 최초의 농지법을 갖고 갔는데[265], 강한 자들의 속성에 따라 그들은 그 법으로 피보호민들에게 최소한도만을 양보했으니[261], 그것이 귀족들이 피보호민들에게 할당했던 땅의 소작권이었다[604]. 이런 의미에서 케레스가 곡물과 법을 모두 발견하였다는 말은 사실인 것이다.[373] 이 농지법은 민족의 자연법에 따라 제정되었다. 소유권은 권력을 따르고, 예속민의 삶은 그들에게 도피처를 제공해 그들을 구해준 귀족에 의존하는 것이었기에 그들이 그렇게 의존적인 소유권만을

373) Publius Ovidius Nase, *Metamorphoses*, V. 431.

가져야 한다는 것은 적법하고 정당하다는 것이다. 바꾸어 말해 그들은 귀족들이 그들에게 할당한 땅의 소작권을 기꺼이 허락할 때에만 그것을 소유할 수 있다는 것이다. 이렇듯 예속민들은 영웅의 도시에서 시민으로서의 특권을 아무것도 가지지 못한 채 최초의 평민이 되었던 것이다. 아킬레우스가 아가멤논에게 사랑하는 여인 브리세이스를 빼앗기면서 부당한 대우를 받았다고 말했던 것이 바로 이러한 경우이다.374) 즉 그는 도시민의 권리를 전혀 갖고 있지 않은 일용노동자에게나 행해졌을 모욕을 받았다고 말했던 것이다.

[598] 혼례를 둘러싼 투쟁이 벌어질 때까지[110] 로마 평민들이 바로 그러했다. 실로 〈12표법〉으로 귀족들이 그들에게 부여한 두 번째의 농지법으로 땅에 대한 소작권을 얻었던 그들은 사망했을 경우 그들의 땅을 친족 상속자에게 유언이 없이(ab intestato) 물려줄 수 없었다. 이것은 여러 해 전 『보편법의 원리』에서 논증했던 것처럼 민족의 법에 따라 외국인들은 사회적 소유권을 갖지 못했고, 평민들은 아직 시민이 아니기 때문에 외국인과 같은 취급을 받았다는 것이다. 이 논지는 그 저작이 빛을 보게 된 것에 대해 유감스럽게 생각하지 않는 두 지점 중의 하나이다[29]. 그들은 엄숙한 혼례에 따르는 직계 상속권이나 부계 친족권이나 씨족의 권리 어느 것도 가지지 못했다. 유언에 의해 땅을 처분할 수도 없었다. 왜냐하면 그들은 시민이 아니었기 때문이다. 따라서 그들에게

374) 『일리아스』, 9, 648.

할당되었던 땅은 소유권의 명의를 가질 수 있는 귀족들에게 되돌아갔다. 평민들은 이것을 알게 되자 3년이라는 짧은 시간 안에 혼례의 권리를 요구하게 되었다. 로마의 역사가 공개적으로 말하고 있듯 평민들이 처해 있던 비참한 노예의 상황에서 그들은 귀족과의 통혼을 요구한 것이 아니었다. 그렇게 요구했더라면 라틴어 문구는 "가부장과의 결혼"(connubia cum patribus)이 되었어야 했다. 그러나 실제로 그들은 귀족들만이 누리고 있던 엄숙한 혼례를 요구했던 것이므로 그 문구는 "가부장의 결혼"(connubia patrum)이었던 것이다.[375] 그것은 바로와 메살라가 "가장 큰 전조"라고 불렀던 공적인 전조 중에서 가장 엄숙한 것으로서, 가부장들이 "전조는 우리의 것"이라고 말하던 바로 그것이었다[525]. 이런 요구를 하면서 사실상 평민들은 로마의 시민권을 요구한 것이다. 로마 시민권 중에 혼례라는 자연적 원리가 있었던 것이며, 그것을 법학자 모데스티누스는 "모든 신적인 권리와 인간적 권리를 공유하는 것"(omnis divini et humani iuris communicatio)이라고 정의했는데[110], 시민권에 대해 이보다 더 적절한 정의는 있을 수 없다.

375) 물론 여기에서 "가부장"은 "귀족"을 가리킨다.

제2장
모든 국가는 봉토에 관한 불변의 원리로부터 태어난다

[599] 인간사의 두 가지 본질로부터 봉토에 관한 불변의 원리가 확립되었다고 공리에서 설명했던 것처럼[260~262] 강한 자들은 자신의 소유물을 당연히 지키려 하며 평민들은 사회적 삶 속에서 당연히 혜택을 추구하려 한다. 그 결과로 세상에는 세 가지 종류의 봉토에 대한 세 가지 종류의 소유권이 태어났는데, 그것은 세 가지 종류의 인간이 세 가지 종류의 물건에 대해 갖는 것이다.

[600] 첫 번째는 농촌의 봉토, 또는 인간의 봉토에 대한 소작권[597]인데, "인간" 즉 평민이 주인의 밭의 결실을 갖는다는 것이다. 중세의 돌아온 야만 시대에 봉신들은 스스로를 "인간"(homines)이라고 부름으로써 이 사실을 고찰한 오트망을 놀라게 했다[437].

[601] 두 번째는 귀족, 또는 영웅의 무장한 봉토에 대한 공민적 소유권으로서 오늘날에는 "군사적" 소유권이라고 부른다. 그것은 귀족들이 무장한 계급으로 결집하여 그들의 땅에 대한 소유권을 보유하려는 것을 말한다. 이것은 자연 상태 속에서 최고의 소유권이었는데, 키케로는 이에 대해 〈예언자의 대답에 대하여〉라는 연설에서 자신의 시대에도 많은 가문에서 여전히 보유하고 있으며, "사적인 채무뿐만 아니라 공적인 채무도 갖지 않는 부동산의 소유권"이라고 정의했다[490, 984].[376] 이에 대해서는 「모세오경」에 황금 같은 구절이 있는데,[377] 요셉의 시절에 이집트의 신관들은 그

들 밭에 대한 공납을 지불하지 않았다고 모세는 말했다. 앞서 논증했듯[594] 영웅시대의 모든 왕국은 신관들로 이루어졌으며, 곧 논증할 것처럼[619] 로마 최초의 귀족들은 그들의 토지에 대해 어떤 세금도 국고에 납부하지 않았다. 영웅들의 국가가 형성되면서 이 최고의 사적 봉토는 지배하는 영웅 계급이라는 더 높은 권력의 소속이 되었다. 그렇게 만들어진 공동체는 "파트리아 레스"(patria res) 즉 "아버지의 것"이라고 불렸는데 그것을 줄여 "파트리아"(patria) 즉 "조국"이라고 부르게 되었다[584]. 귀족들은 그러한 계급의 지배를 지키고 유지해야 했는데, 그래야만 가족들 사이의 상호 평등의 바탕 위에서 가족국가 최고의 권력을 보존할 수 있었기 때문이다. 이것이 귀족들의 자유의 특성이다.

[602] 세 번째는 대단히 적절하게도 "사회적 소유권"이라고 불리는데, 그것은 처음에 귀족들만으로 구성되었던 영웅들의 도시가 땅에 대해 갖던 권리를 말한다. 앞서 논증했던 것처럼[582] 그 땅은 가부장들이 신의 섭리를 통해 받았다고 하는 신성한 봉토를 가리킨다. 그에 따라서 가족국가 안에서 가부장들이 군주가 되며 도시국가에서는 그들이 지배 계급으로 결집한다. 그리하여 영웅들의 도시는 최고의 주권자인 신에게만 복종하는 시민 주권 국가가 되었다. 여기에서 모든 사회적 주권은 신의 섭리를 인정한다. 주권자들 스스로가 그들의 위엄 있는 칭호에 "신의 섭리를 통

376) Marcus Tullius Cicero, *De haruspicum responsis*, 7. 14.
377) 「창세기」, 47. 26.

하여"나 "신의 가호에 의하여"와 같은 말을 덧붙일 때 그들은 이것을 잘 알고 있었다. 그렇게 함으로써 그들은 왕국을 접수하였다는 것을 공개적으로 언명한 것이다. 따라서 만일 섭리에 대한 경배가 금지된다면 그들은 자연적으로 몰락하게 되어 있었다. 왜냐하면 운명론자나 인과론자나 무신론자의 국가는 지금까지 세계에 존재했던 적이 없으며, 이미 살펴봤던 것처럼[334] 4대 종교만이 신의 섭리를 믿었기 때문이다.

평민들은 영웅에 걸고 맹세를 했다. "헤라클레스에 걸고!", "카스토르에 걸고!", "폴룩스에 걸고!", "피디우스에 걸고!"와 같은 표현들이 아직까지도 남아 있는 것이다. 앞으로 살펴보겠지만[658] 피디우스는 로마인들의 헤라클레스였다. 반면 영웅들은 유피테르에 걸고 맹세했다. 왜냐하면 평민들은 처음에 영웅들의 권능 안에 존재했지만 지배계급을 형성한 영웅들은 전조를 이유로 유피테르의 권능 안에 존재했기 때문이다. 로마력 419년에 이르기까지 로마의 귀족들은 평민 채무자를 사적으로 감금할 권리를 행사했다[115]. 전조가 허용하는 것처럼 보이면 그들은 재판관을 임명하고 법령을 입안하여 다른 주권들까지 확립시켰다. 전조가 금지시키는 것처럼 보이면 보류했다.

이 모든 것이 "신과 인간의 믿음"(fides deorum et hominum)인 것으로서, 이것으로부터 원조와 도움을 청하는 라틴어 문구인 "임플로라레 피뎀"(implorare fidem)이나 보호 아래 거두어들인다는 문구 "레키페레 인 피뎀"(recipere in fidem)이 파생되었다. "신과 인간의 도움을 탄원한다!"(proh deûm atque hominum fidem imploro!)[378]라는 표현도 마찬가지인데, 그것은 억압받은 사람들이 "신과 인간의 힘"의 가호를 받기를 탄원하는 것으로서, 이탈리아인들은 그것을 "세상의 힘"이라는 더 인간적인 의미로 바꾸었다[523]. 이러한 힘 때문에 최고의 사회적 주권은 "권능"이라고 불리게 된 것이다. 이러한 힘, 이러한 믿음으로 인해 방금 인용했던 맹세는 복종하는 자들의 존경을 확인시켜준다. 그리고 강한 자들이 약한 자들에게 베풀어야 하는 이러한 보호는 이 사회 세계를 유지하고 규정하는 힘이다. 이 둘이, 즉 맹세와 보호가 봉건제의 본질을 이룬다. 사람들은 그것의 핵심이 각각의 사회 세계의 근거였다는 것을 충분히 이해하지는 못했을지라도 최소한 감지하기는 했다. 전술했던[491] 그리스인들 국가의 메달에서 그것을 확인할 수 있다. 로마인들의 영웅시대의 표현에서도[411] 그것을 확인할 수 있다. 오늘날에도 군주의 왕관 위에는 원구(圓球)가 부착되어 있는데 거기에는 신성한 십자가가 새겨져 있다. 그 원구는 앞서 논증했던[550] 황금 사과로서 그것은 그 군주들이 지배하고 있는 영지에 대한 고도의 소유권을 의미한다. 그런 의미에서 대관식의 엄숙한 의례에서 군주는 왼손에 그 황금 사과를 들고 있는 것이다.

말하자면 사회적 권력이야말로 모든 것의 토대가 되어 그 모든 것을 지탱해주고 싸안으며 유지시켜주는 민중의 재산의 주인이라는 것이다. 이러한 재산의 일부라는 이유로 로마법에서 각 가부장의 가산(家産)은 "가부장의 것"(substantia patris) 또는 "가부장의

---

378) Marcus Tullius Cicero, *Tusculanae Disputationes*, X, 48.

재산"(paterna substantia)이라고 불린다. 그것은 스콜라철학의 용어로 말하자면 "분리되지 않는 몫"(pro indiviso)[379]인 것이다. 이것이 최고의 사회적 권력이 그 신민이 소유한 모든 것을 처분할 수 있다는 원리의 근원적인 이유이다. 즉 그들의 소유물과 일과 노동은 물론 그들의 인격체까지도 처분할 수 있다는 것이며, 따라서 그들의 땅에 대한 소유권을 행사하려 할 때마다 그들에게 공물이나 세금을 부과할 수 있다는 것이다. 오늘날의 도덕 신학자들과 공법(公法)에 관한 작가들은 (내용은 본질적으로 같지만) 다른 관점에서 그것을 "탁월한 소유권"이라고 불렀다[491]. 그것은 그러한 소유권과 관련된 법들이 왕국의 기본적인 법이라고 말하는 것이나 마찬가지이다. 이러한 소유권은 땅 자체에 대한 것이기 때문에 군주는 국가의 재산을 보존하기 위해서가 아니라면 반드시 그것을 행사해야 하는 것은 아니다. 국가를 유지하는가 또는 망치는가 하는 것에는 민중의 사유재산 전체가 걸려 있기 때문이다.

[603] 로마인들은 이렇듯 불변하는 봉토의 속성으로부터 국가가 태어났다는 것을 이해하지 못했다 할지라도 감지했다[218]. 이것은 토지의 소유권을 주장할 때 따르는 법률적 형식에 의해 확인되는데, 그것은 다음과 같이 우리에게 전해져 내려온다. "나는 퀴리테스의 법에 따라 이 땅이 나의 소유임을 선언한다"(Aio hunc fundum meum esse es iure quiritium)[961].[380] 이 형식에 따라 땅

379) 실지로는 분리되어 있지 않지만 이론적으로나 법적으로는 분리되어 있는 전체의 일부를 가리킨다.

의 소유권을 확인하는 절차가 이어지는데, 그 소유권은 국가에 귀속되며 따라서 그 소유권은 중앙의 권력으로부터 발생하는 것이다. 그것을 통해 모든 로마의 시민은 각자의 땅에 대한 확실한 주인이 된다. 그것은 스콜라철학자들이 말하는 "분리되지 않는" 소유권에 따른 것으로서, 그것은 단지 "법적인 구분"일 뿐으로 그런 이유에서 "퀴리테스의 법에 따른"(ex iure quiritium) 소유권이라고 불리는데, 앞서 인용했고 앞으로 인용할 수천 개의 증거가 증명하듯 퀴리테스란 본디 도시를 구성하던 민중 회의에 창으로 무장하고 참석했던 로마인들이었다[594, 624, 1073]. 모든 재산은 땅으로부터 발생하는데, 땅과 모든 재산의 주인이 없어졌을 때 그것이 국고로 환수되는 근본적 이유가 여기에 있다. 모든 개인적인 가산은 "분리되지 않는" 법에 따라 공공의 가산이 되는데, 그 소유자의 유고 시에는 그 법의 분리되지 않는 일부로서의 자격을 잃게 되어 전체에 귀속되어야 한다는 것이다. 이것이 다음과 같은 법률적인 문구의 근거가 된 것이 확실하다. 즉 특히 직계 상속자가 없는 경우의 합법적인 상속인 측에서 유산은 실지로 그들에게 단 한 번 주어지는 것임에도 그들에게 "다시 주어진다"(redire)고 말하는 것이다. 왜냐하면 로마 공화국을 창시할 당시 로마법을 제정했던 사람들은 모든 개인적 가산을 봉토로서 설정하였기 때문이다. 그것을 봉건법의 학자들은 "계약과 섭리로부터"(ex pacto et providentia)라고

---

380) "퀴리테스의 법"은 "공민법"을 가리킨다. 이 구절은 다음에서 확인할 수 있다. Aulus Gellius, *Noctes atticae*, XX, 10.

말하는데, 그것은 모든 것이 공공의 가산으로부터 나오며, 사회법의 계약과 섭리에 따른 엄숙한 절차에 의해 하나의 사적 소유자로부터 다른 소유자로 넘어가는 것이며, 사적인 소유자의 유고 시에는 본디 그것이 출현했던 출발점으로 되돌아가야 한다는 것이다.

이 모든 것은 실효된 유산과 관련된 파피아 포파이아 법에 의해 잘 확인되고 있는데, 이 법은 독신자들에게 합당한 처벌을 부과한다. 그들은 혼례를 통해 로마인의 이름을 전파하는 데 실패했기 때문에 그들의 유언은 무효가 되며, 만일 그들이 유언이 없이 사망한다면 친척들 중 누구도 상속을 받을 수 없다는 것이다. 두 경우 모두 그들의 이름을 보존할 상속자가 되지 못하기 때문이다. 따라서 그들의 가산은 유산의 형태로서가 아니라 국민의 재산이라는 형태로 국고에 반환되는 것으로서, 타키투스의 말을 빌리자면 국민은 "모든 시민의 부모"(tamquam omnium parentem)라는 것이다.[381] 이 심오한 작가는 여기에서 실효된 유산에 대한 처벌의 근거를 상기시키고 있는데, 그 근거는 인류 최초의 가부장들이 최초의 빈 땅을 소유하였던 태곳적 시절로 거슬러 올라간다. 이 최초의 소유가 세상의 모든 소유권의 기원이었다. 그 뒤 가부장들이 도시에서 연합했을 때 그들은 가부장권을 바탕으로 사회적 권력을 만들었고, 그들의 사적인 가산을 공적인 가산으로 만들었는데 그것을 국고라고 말하게 된 것이다[619]. 이러한 시민의 가산은 유산의 형태로 한 사적 소유자로부터 다른 사적 소유자에게로 전

381) Cornelius Tacitus, *Annales*, III, 28.

달되지만, 국고로 귀속되면 가산의 본래의 성격으로 되돌아가게 되는 것이다.

[604] 여기에서 영웅들의 국가가 발생했을 때 영웅들은 열한 번째의 중요한 신인 메르쿠리우스를 상상 속에서 만들었다[317]. 그는 전조의 실물어라 할 수 있는 신성한 지팡이로 예속민들에게 법을 전달했다. 베르길리우스에 따르면[382] 메르쿠리우스는 그러한 지팡이를 사용하여 죽음의 신 오르쿠스로부터 영혼을 불러왔다. 그것은 영웅들의 보호를 떠나 노예의 상태로 흩어져 떠돌아다니던 피보호민들에게 사회적 삶을 복구시켜주었다는 것으로서, 앞으로 설명할 것처럼[688, 717] 시인들은 그 노예 상태야말로 모든 사람들을 삼켜버리는 오르쿠스라고 표현했던 것이다. 그 지팡이는 한 마리 또는 두 마리의 뱀이 휘감고 있는 것으로 묘사된다. 그것은 본디 뱀의 껍질이었는데, 그것은 영웅들이 예속민들에게 남겨놓았던 소작권과 자기 자신들에게 남겨놓았던 공민적 소유권을 뜻한다[541].

지팡이 윗부분에는 두 개의 날개가 그려져 있는데 그것은 귀족 계급의 "탁월한 소유권"을 뜻한다[488, 590, 603]. 메르쿠리우스가 쓰고 있는 모자에도 날개가 달려 있는데, 그것은 모자가 자유[383]의 상형문자인 것처럼 귀족의 높고 자유로운 주권을 확인시켜준다. 게다가 메르쿠리우스의 발뒤꿈치에도 날개가 달려 있는데, 그것

382) Maro Publius Vergilius, *Aenaeas*, IV, 242~243.
383) 여기에서 말하는 "자유"는 "귀족의 자유"를 말한다.

은 지배하는 원로원이 보유한 땅에 대한 소유권을 뜻한다. 그밖에도 메르쿠리우스는 나신으로 묘사된다. 왜냐하면 그가 예속민들에게 전달한 소작권은 사회적 의례에 따르는 엄숙성이 전혀 없이 귀족들의 수치심에 의존하는 것이었기 때문이다. 이것은 앞서 살펴보았던 것처럼[569] 베누스와 그라티아가 나신으로 묘사된 것과 같은 맥락이었다. 이렇듯 새를 통해 다리우스에게 자신이 스키타이 땅의 전조를 소유한 주군이라는 것을 알리려고 했던 이단티르소스로부터[435] 그리스인들은 날개를 채택하여 귀족의 권리를 상징하려 하였던 것이다. 최종적으로 로마인들은 분절된 언어로써 "전조는 우리의 것"[110]이라고 추상적으로 말했는데, 그들은 평민들에게 영웅시대의 권리와 법이 그들에게 속한다는 것을 밝히고 싶었던 것이다.

앞서 살펴보았듯[487] 그리스의 메르쿠리우스의 지팡이에서 비록 뱀은 사라졌다 할지라도 날개는 이집트와 에트루리아와 로마와 영국에서 홀 위에 그려진 독수리가 되었다. 그 지팡이를 그리스에서는 "전령의 지팡이"라 하여 "케리케이온"(χηρύχιον)이라 불렀다. 왜냐하면 그것이 귀족의 예속민에게 농지법을 전달해주었기 때문이다. 또한 호메로스는 그 예속민을 "전령"을 뜻하는 "케리케스"(χήρυχες)라고 불렀다. 그것은 세르비우스 툴리우스의 농지법을 전달하기도 했는데, 그 법을 통해 인구조사(census)가 실행되었고 그에 따라 그 조사를 받는 농민들은 로마법에서 "켄시티"(censiti)라고 불렀다.[384] 또한 그 지팡이의 뱀은 땅의 소작권을 전달하기도 했으며, 따라서 앞서 논했던 것처럼[541] 평민들이 귀족들에게 바치는 토지세는 "뱀"을 가리키는 "오피스"(σφις)에서 파생된 말인 "오펠레이아"(ώφέλεια)라고 불리게 되었다. 마지막으로 그 지팡이는 유명한 헤라클레스의 매듭도 전달했는데[558], 그것에 의해 사람들은 헤라클레스의 10분의 1세(稅)를 귀족들에게 지불했고, 로마의 평민 채무자들은 페텔리아 법이 나올 때까지[115] 귀족들에게 "묶인" 봉신이었던 것이다. 이 모든 것에 대해서는 앞으로 더 많이 논할 것이다.

[605] 여기에서 덧붙여 말해야 할 것은 그리스의 이 메르쿠리우스가 이집트인들에게 법을 전달한 토트, 즉 헤르메스 트리스메기스투스였다는 사실로서, 그는 크네프라는 상형문자로 표시된다. 그는 뱀으로 묘사되는데, 그것은 경작지를 뜻한다[541]. 영웅의 전조를 의미하는 매가 로마인들에게서 독수리로 바뀌었듯[487], 그는 매 또는 독수리의 머리를 하고 있다. 그는 헤라클레스의 매듭의 상징인 띠를 두르고 있다[558]. 손에는 홀을 들고 있는데, 그것은 이집트를 신관이 지배한다는 사실을 뜻한다[594]. 날개 달린 모자를 쓴 것은 땅에 대한 탁월한 소유권의 증거이다[604]. 입에는 알을 하나 물고 있는데 그것은 이집트의 영역을 뜻한다. 만일 그것이 알이 아니라면 아마도 그것은 황금 사과일 텐데, 앞서 논증했던 것처럼[602] 그것은 신관들이 이집트의 영토에 대해 갖고 있던 탁월한 소유권을 뜻한다. 마네토는 이 상형문자 속에서 우주 전체의 발생을 읽어내려는 자만심을 보였다[733]. 학자의 자만심

384) "인구조사를 받는 사람"을 뜻한다.

은 극도로 부조리한 상태에 도달해 아타나시우스 키르허는『팜필리아의 오벨리스크』에서 그 상형문자가 거룩한 삼위일체를 뜻한다고 말할 정도였다.[385)]

[606] 여기에서 세계 최초의 상업이 시작되었는데, 그것으로부터 메르쿠리우스라는 이름이 나왔고[483], 훗날 그는 상업의 신으로 받아들여지기에 이른다. 또한 그의 최초의 임무로 그는 사절들의 신이라고 여겨지게 되었다[597, 604]. 또한 최초의 도시에서 스스로를 신이라고 불렀던 귀족들이 평민을 뜻했던 인간들에게 메르쿠리우스를 파견했다고 하는 것은 확실한 진리이다. 오트망은 중세의 돌아온 야만 시대에 봉신들이 스스로를 인간이라고 불렀다는 사실에 놀랐던 것이다[437, 587]. 이미 살펴보았던 것처럼 [488, 604] 귀족의 권리를 뜻하는 날개는 메르쿠리우스가 하늘로부터 지상으로 날아오고 지상에서 하늘로 돌아갈 때 사용했던 것으로 여겨진다.

이제 상업의 문제를 다시 논하자면, 그것은 부동산의 거래로부터 시작되었다. 최초의 대금 지급은 가장 간단하고 자연적인 것, 즉 토지로부터 수확한 곡물로 이루어졌던 것이 당연하다. 노역이나 물건이나 그와 비슷한 종류의 대금 지급은 지금도 농민들의 거래에서 이루어지는 관행이다.

[607] 이에 관한 모든 역사는 그리스 사람들이 "노모스"(νόμος)라는 단어 속에서 보존하고 있는데, 그 말은 "법"과 "목초지"를 모

---

385) Athanasius Kircher, *Obeliscus Pamphilius*(Roma, 1650), p. 358.

두 뜻한다. 왜냐하면 최초의 법은 농지법이었고[597, 604], 앞서 인용했고[557] 앞으로 더 설명할 것처럼[1058] 영웅시대의 왕들은 "민중의 양치기"라고 불렸기 때문이다.

[608] 타키투스가 고대 게르만인들에 대해 말할 때[386] 그들이 노예라고 오인했던 것은 앞서 논증하였던 것처럼[555, 582] 실지로는 영웅들의 동맹자였던 그들이 노예처럼 살았기 때문이다. 그런데 초기 야만 민족의 평민들은 타키투스가 말한 것과 비슷하게 영웅들에 의해 촌락에 분산되어 그들에게 할당된 땅에 있는 집에서 살며 주인을 받드는 데 필요한 모든 것을 농가에서 산출한 것으로 분담했다. 여기에다가 평민들은 주인을 보호하고 그들의 영광을 위해 봉사해야 한다고 타키투스가 말했던 그 서약[559]을 덧붙인다면 상황은 명백하다. 그러한 관계를 정의하기 위한 법률 용어를 찾으려 한다면 우리가 말하는 봉건주의보다 더 적절한 것을 발견할 수 없으리라고 확신한다.

[609] 이런 방식으로 최초의 도시는 귀족 계급과 평민 군중 위에 확립되었다. 그 둘은 우리가 여기에서 논하는 인간사의 본질로부터 생기는 두 가지의 영원히 대립되는 속성을 갖고 있다. 즉 평민은 언제나 국가 체제를 변혁시키기를 원하며 또한 실지로 국가를 변혁시켜왔던 반면 귀족은 항상 국가 체제를 유지하기 원한다는 것이다. 따라서 정치 체제의 동요가 있을 때마다 국가 체제를 유지하려고 애쓰는 사람들은 상류층 귀족이라고 불리는 것이며,

386) Cornelius Tacitus, *Germania*, 25.

국가가 "스타토"(Stato)라는 이름으로 불리는 것은 굳게 똑바로 유지하려 한다는 귀족들의 속성에서 비롯된 것이다.

[610] 여기에서 두 개의 구분이 발생한다. 첫 번째는 현자와 대중의 구분으로서, 공리에서 밝혔고[250] 앞으로도 여러 차례 논하겠지만 귀족들은 그들의 왕국을 전조에 대한 지식 위에 세웠기 때문이다. 이러한 구분의 결과로서 대중에게는 언제나 "불경하다"라는 수식어가 따라다닌다. 왜냐하면 영웅들 즉 귀족들이 영웅시대 도시의 신관들이었기 때문인데, 앞서 말했던 것처럼[586] 〈12표법〉 이후 한 세기가 지날 때까지 로마에서는 그것이 사실이었다. 따라서 최초의 민족들은 앞으로 설명할 것처럼[957] 시민권을 박탈할 때 물이나 불의 사용을 금지시키는 일종의 파문을 적용하였다. 왜냐하면 곧 살펴볼 것처럼[611] 최초의 평민들은 외국인으로 취급되었기 때문이다. 그리고 여기에서 다른 종교를 갖는 사람들에게는 시민권을 부여하지 않는 것이 불변의 원칙으로 굳었다[526]. 초기의 평민들은 신성하거나 거룩한 의식에 조금도 관여할 수 없었고, 여러 세기에 걸쳐 엄숙한 혼례도 거행할 수 없었기 때문에 앞서 논했던 것처럼[567] 사생아들은 "범속한 대중으로부터 왔다"고 하여 "불고 콰이스티티"(vulgo quaestiti)라고 불리게 되었다.

[611] 두 번째의 구분은 시민을 뜻하는 "키비스"(civis)와 "손님", "외국인" 또는 "적"을 뜻하는 "호스티스"(hostis)의 구분이다. 왜냐하면 최초의 도시는 영웅들과 그들이 도피처에 받아들였던 사람들로 구성되어 있었기 때문이다. 이런 의미에서 도피처는 모두가 영웅들이 만든 수용소라고 받아들여야 한다. 중세의 돌아온 야만

시대부터 이탈리아어에서 “오스테”(oste)라는 말은 “여인숙 주인”이나 “군인들의 숙소”를 지칭하는 말이었고, “오스텔로”(ostello)는 “여인숙”을 뜻하는 말로 남았다. 그리스 신화에서 파리스는 아르고스 왕가의 손님, 즉 적이었다. 그는 헬레네라는 인격체로서 표상되는 아르고스의 귀족 처자를 납치했던 것이다. 그와 똑같은 의미에서 테세우스는 아리아드네의 손님이었고, 이아손은 메데이아의 손님이었던 것이다. 왜냐하면 이들은 모두 그 여자들을 버리고 혼례를 맺지 않았기 때문이다. 오늘날의 우리들에게는 그것이 악당의 행동이라 여겨질지 몰라도 그들에게 그것은 영웅다운 행동이었다. 이에 따라 디도를 버린 아이네이아스의 경건한 마음도 옹호할 수 있을 것이다. 그는 디도로부터 엄청난 혜택을 받았고, 결혼에 대한 후한 지참금으로 카르타고 왕국을 제공받았음에도 운명에 따르기 위해 디도를 버리고 마찬가지로 외국인이었던 라비니아를 이탈리아에서 아내로 받아들여야 했던 것이다. 호메로스도 그리스의 영웅들 가운데 가장 위대한 아킬레우스라는 인격체 속에서 이러한 영웅들의 관행을 그리고 있다.[387] 그는 아가멤논의 세 딸 중 누구라도 아내로 받아들이면 일꾼과 양치기가 풍부한 왕의 일곱 영지를 지참금으로 주겠다는 제의를 거절하고 아버지 펠레우스가 조국에서 골라줄 어느 처자라도 아내로 받아들이겠다고 대답한다.

요컨대 영웅의 도시에서 평민은 손님이었으며 몇 차례 반복한

---

387) 『일리아스』, IX. 373.

아리스토텔레스로부터의 인용을 따른다면[271] 평민들에 대해 "영웅들은 영원한 적임을 맹세했다"는 것이다. 바로 이러한 구분은 "시민"을 뜻하는 "키비스"에 대립되는 "방랑자" 또는 "외국인"으로서의 "페레그리누스"(peregrinus) 사이에서도 확인된다. "페레그리누스"는 어원에 합당한 의미로 본다면 "시골에서 방랑하는 사람"을 뜻하는데 "아게르"(ager)는 "영토"나 "지역"을 뜻하기 때문이다.[388] "아게르 네아폴리타누스"(ager neapolitanus)나 "아게르 놀라누스"(ager nolanus)와 같은 문구에서 그것이 확인된다.[389] 반면 세상을 돌아다니는 진짜 외국인들은 시골길에서 방랑하지 않고 공공의 길을 직접적으로 택한다.

[612] 여기에서 논한 영웅시대의 손님이라는 말의 기원에 대한 설명은 그리스의 사모스인, 시바리스인, 트로이젠인, 암피폴리스인, 칼케돈인, 크니도스인, 키오스인 등의 역사를 이해하는 데 큰 빛을 던져준다. 그들은 외국인에 의해 귀족제 국가에서 민중의 국가로 바뀌었다고 한다. 이와 관련하여 우리는 오래 전에 『보편법의 원리』라는 제목으로 출간되었던 저서에서 〈12표법〉이 아테네로부터 로마로 왔다는 신화를 반박한 바 있다. 그것은 그 저작이 헛된 것이 아니었다고 자찬하는 두 지점 중의 하나이다[29]. 그 책에서 우리는 "구속에서 풀려난 강하고 건전한 자들에 관하여"(De forti

388) "페레그리누스"(peregrinus)는 "페르+아그리누스"(per-agrinus)로 나눌 수 있다.

389) 이것은 각기 나폴리와 놀라 주변의 지역을 일컫는 라틴어이다.

sanate nexo soluto)라는 제목이 붙은 장절의 주제가 귀족과 평민 사이의 그 투쟁이었다는 것을 논증했다. 라틴의 문헌학자들은 그 구속에서 풀려난 "강하고 건전한 자들"이 복종을 하게 된 외국인들을 뜻한다고 해석했다. 그렇지만 사실상 그들은 귀족들이 땅에 대한 어떤 소유권도 허용하지 않아 반란을 일으켰던 로마의 평민을 가리켰다. 그러한 평민의 소유권은 공공의 도판에 영구히 고정된 형태로 새겨져 불확실했던 권리를 확실하게 만들고 숨겨져 있던 권리를 명백하게 밝히는 법이 없다면 귀족들이 왕의 특권을 통해 그 소유권을 반환해갈 수 있었기에 그 조항은 그것을 막았던 것이다. 이것이 폼포니우스가 『학설휘찬』에서 말하였던 것의 참된 의미였다.[390] 그것 때문에 평민들은 그리도 큰 소요를 일으켰고 그리하여 10인관이 만들어졌던 것이다. 그들은 이 조항에 의거하여 국가의 체제를 변혁시키며 반란하던 평민들을 다시 복종하도록 만들었던 것이다. 왜냐하면 이 조항은 이전에 세르비우스 툴리우스의 인구조사에 의해 "땅에 얽매이게"(glebae addicti, 또는 adsciptitii) 만들었던, 혹은 앞서 말했듯 인구조사를 받는 "켄시티"가 되게 만들었던[107, 597, 604] 소작권이라는 사실상의 속박으로부터 벗어나 공민적 소유권이라는 가상의 속박만을 받아들이도록 선언하게 만들었다는 것이다. 그러나 옛 속박의 흔적은 페텔리아 법까지 이어져 내려왔는데, 그것은 귀족에게 평민 채무자를 사적으로 감금할 권리를 주는 법이었다[115]. 이 평민이야말로 "호민관의 선동"

---

390) *Digest*, I, 2, 2, 6.

을 받아 마침내 로마의 국가 체제를 귀족제에서 민중의 공화국으로 바꾼 외국인들이었다고 리비우스가 우아하게 표현하였던[391] 바로 그 사람들이었다. 이에 대해서는 연표에 대한 주에서 푸블릴리아 법에 대한 주석을 달며 상세하게 설명했었다[112].

[613] 로마가 최초의 농지 반란 위에 건립되지 않았다는 사실은 [584] 역사가 말해주듯 로마가 새로운 도시였다는 것을 우리에게 보여준다[160]. 로마는 여전히 폭력이 난무하던 당시 로물루스와 그의 동료들이 스스로 강한 자들이 되어 난민들을 받아들이고 앞서 우리가 설명했던[264, 566, 597] 피보호 관계를 확립했던 도피처 위에 건립되었던 것이다. 피보호민들이 그러한 상태를 부담으로 여기게 되기까지는 2백 년 가량이 흘렀을 것임이 확실하다. 왜냐하면 세르비우스 툴리우스 왕이 최초의 농지법을 채택하기까지는 그만큼의 시간이 걸렸기 때문이다[107]. 더 오래된 도시에서는 그 기간이 5백 년 가량 걸렸으리라는 것도 확실하다. 왜냐하면 그 도시들은 더 단순한 사람들로 구성되었던 반면 로마인들은 더 사려가 깊었기 때문이다. 그것이 로마가 라티움, 다음으로는 이탈리아, 그 뒤에는 세계 전체를 지배했던 이유이다. 그들의 영웅주의는 라티움의 다른 민족들보다 더 젊었던 것이다. 공리에서 밝혔던 것처럼[159~160] 이것이 로마가 그들 영웅시대의 역사를 속어로 기록하였던 반면 그리스인들은 그것을 신화로 썼던 이유로서 더 합당하다[158].

---

391) Titus Livius, *Ab urbe condita libri*, 2. 1. 4.

[614] 시적 정치학에 대해 우리가 생각해왔고 로마의 역사에서 보았던 모든 것들은 다음 네 가지 영웅시대의 상징물에 의해 확인된다. 첫 번째는 오르페우스 또는 아폴론의 리라, 두 번째는 메두사의 머리, 세 번째는 로마의 파스키스,[392] 네 번째는 헤라클레스와 안타이오스의 투쟁이다.

[615] 첫 번째로 리라는 이집트의 헤르메스 트리스메기스투스에 의해 법이 만들어졌던 것처럼 그리스의 메르쿠리우스에 의해 만들어졌다. 이 리라는 문명의 빛의 신 또는 귀족의 신인 아폴론이 그에게 주었다[533]. 왜냐하면 영웅의 국가에서는 귀족이 법을 제정했기 때문이다. 곧 상세하게 설명하겠지만[647, 661] 오르페우스와 암피온 및 그 밖의 신학적 시인들은 법에 대한 지식을 공언하면서 이 리라를 이용하여 그리스에 문명을 확립시켰다. 이렇듯 리라는 가부장의 규약[393]과 권력의 결합으로서, 거기에서 "공권력"이 나오고 그것은 "사회적 권력"이라고 불리며, 모든 사적인 권력과 폭력을 최종적으로 종식시키는 것이다[523]. 따라서 시인들이 법을 "왕국의 리라"(lyra regnorum)라고 정의하는 것에는 완전한 정당성이 있다. 폴리페모스가 오디세우스에게 말했던 것처럼 [516] 가족 국가 속에서 서로 간에 고립되고 분리되어 알지 못했기에 불화를 일으켰던 가부장들은 법에 의해 가족의 왕국에서 조

392) "파스키스"는 막대기 사이에 파스키스를 끼운 무기로서 로마 집정관의 권위를 나타내는 상징이다. "파시즘"이라는 용어는 이 단어에서 유래했다.

393) 원어는 "corde". 이 말은 동시에 리라의 "줄"을 가리키기도 한다.

화를 이루게 되었던 것이다. 이 영광스러운 역사는 하늘로 격상되어 "리라"라는 별자리로 묘사되기에 이르렀다. 영국 왕의 문장(紋章) 속에 있는 아일랜드 왕국은 하프로 그 방패를 채우고 있다. 훗날 철학자들은 이것이 태양과 일치하는 천체의 조화를 가리키는 것이라고 해석했다. 그러나 지금까지 사기꾼이라고 비난받기도 하는 피타고라스가 실지로는 신학 시인이며 민족을 창건한 사람이었다고 믿는다면[427], 피타고라스가 들을 수 있었고, 들었음이 확실하며 그 스스로가 연주했던 것도 확실한 아폴론의 리라는 지상에서 연주되었던 것이다.[394)]

[616] 메두사의 머리에 달린 뱀들은 관자놀이에 날개가 달렸다. 그것은 가족 국가에서 가부장들이 가졌던 우월한 소유권을 뜻하는데, 그것이 훗날 사회적인 탁월한 소유권을 구성하게 된다. 그 머리는 페르세우스의 방패에 못 박혀 있는데 그것은 무장한 미네르바가 지닌 방패와 같은 것이었다. 미네르바는 무기 속에서, 즉 초기 민족의 무장한 집회에서 구경한 사람들을 돌로 바꾸는 끔찍한 처벌을 명했던 것이다. 그 초기의 민족에는 로마인들도 포함된다. 그 뱀들 중 한 마리가 드라콘(용)이었는데, 그는 피로 법을 썼다고 일컬어진다. 왜냐하면 상류 부유층에 의해 점유되었을 때 아테네는 무장을 하고 있었기 때문이다. 아테네는 그리스에서 미네르바에 상응하는 "아테나"(Αθηνά)의 도시이다[542]. 앞서 살펴보

394) 리라는 후대의 철학자들의 해석처럼 천체의 조화를 상징했던 것이 아니라 인간계에 조화를 불러온 법을 상징했다는 의미이다.

았던 것처럼[423] 여전히 상형문자를 사용하는 중국에서 용은 사회적 권력의 상징이다.

[617] 로마인들의 파스키스는 가족 국가 가부장들의 지팡이 또는 막대기이다. 그 가부장들 중 한 명이 손에 잡고 있는 지팡이를 호메로스는 의미심장하게도 "홀(笏)"이라고 불렀는데, 그 가부장들은 왕이라고 불렸던 것이다.[395] 그는 아킬레우스의 방패를 묘사하며 그렇게 말했는데, 그 말 속에는 세계의 역사가 포함되어 있다. 즉 도시 국가 이전에 가족 국가의 시대가 있었다는 것인데 그에 대해서는 앞으로[683] 충분히 설명할 것이다. 이러한 지팡이로 전조를 받아들인 뒤 이 가부장들은 자식들에 대한 처벌을 규정했다. 앞서 살펴보았듯[526] 불충한 아들에 대한 처벌은 〈12표법〉 안에 적시되어 있다. 따라서 이러한 지팡이 또는 막대기들이 결집한 파스키스는 지금 논하고 있는 공권력의 발생을 의미한다.

[618] 마지막으로 영웅시대 도시의 헤라클레이다이 즉 귀족의 시적 인격체인 헤라클레스는 반란을 일으키는 예속민의 시적 인격체인 안타이오스와 투쟁을 벌인다. 헤라클레스는 안타이오스를 공중에 매달아 놓음으로써 그를 정복하고 땅에 묶어놓는다. 예속민들을 최초의 도시가 있던 높은 곳으로 되돌려 놓았다는 것이다. 여기에서부터 그리스인들이 "매듭"이라고 부르는 놀이가 생겼는데, 그것이야말로 헤라클레스의 매듭으로서, 그에 의해 헤라클레스가 영웅 민족의 기반을 닦았고, 평민들로부터 헤라클레스의 10분의

395) 『일리아스』, XVIII, 566.

1세(稅)를 납부받았으며, 그것이 영웅 국가의 호구 조사였던 것이 확실하다. 따라서 로마의 평민들은 세르비우스 툴리우스의 인구조사를 받으며 귀족들의 "넥시"(nexi) 즉 "묶인 자들"이 되었던 것이다. 타키투스는 고대 게르만인들이 그들의 군주에게 했다고 하는 서약에 대해 말해주는데,[396] 그들은 전쟁에서 자신의 비용을 들여 군주에게 봉사해야 하는 강제된 봉신이었던 것이다. 그들은 "자신의 비용을 들여 전쟁을 벌였던"(suis assibus militabant) 최초의 공납자들(assidui)이었던 것이다. 단, 그들은 행운을 쫓던 병사들이 아니라 엄한 필요성에 의해 그렇게 했던 것이다.

제3장
세금과 국고의 기원에 대하여

[619] 그러나 궁극적으로 평민들은 귀족들이 그들의 땅에 대해 행사하는 가혹한 지대와 가중한 약탈을 견딜 수밖에 없었다. 그리하여 그 시대의 말기에 이르면 평민들의 호민관이었던 루키우스 마르키우스 필리푸스가 당시 로마의 인구였던 30만 이상의 시민들에게 분배되었어야 할 땅을 2천 명의 귀족들이 소유하고 있다고 큰 소리로 절규했던 것이다.[397] 왜냐하면 타르퀴니우스 수페르부

396) Cornelius Tacitus, *Germania*, 14.
397) 필리푸스의 연설은 104년에 있었다.

스가 추방되고 40년이 지난 뒤 그의 죽음을 확신한 귀족들이 가난한 평민들을 다시 괴롭히기 시작했기 때문이다. 그 당시 원로원에서는 전에 평민들이 귀족들에게 사적으로 지불하였던 세금을 국고에 내도록 만드는 칙령의 시행을 시작할 수밖에 없었다. 그렇게 함으로써 이후로는 전쟁의 비용을 국고에서 부담하도록 하려는 것이었다. 이 시기로부터 세금은 로마의 역사에서 다른 모습으로 나타난다. 리비우스에 따르면[398] 귀족들은 조세 행정이 자신들의 권위에 어울리지 않는 것이라 하여 경멸했다고 한다. 그러나 리비우스가 이해하지 못한 것은 그 세금이 세르비우스 툴리우스가 제정한 세금과 달랐기 때문에 귀족들이 원하지 않았다는 사실이다. 그 세금은 민중이 귀족들에게 사적으로 납부하도록 함으로써 귀족들의 자유의 기반이 되었던 것이다. 그러나 리비우스도 다른 모든 권위자들과 마찬가지로 세르비우스 툴리우스의 세금이 민중의 자유의 기반이 되었다고 그릇되게 믿고 있었다. 왜냐하면 조세를 담당하는 관청보다 더 권위 있는 기관은 없었던 것이 확실하고 세금이 도입된 첫 해부터 집정관이 조세의 행정을 맡았기 때문이다.

이렇게 귀족들은 그들 자신의 탐욕스러운 술책을 통해 세금을 만들기에 이르렀는데, 그것은 결국 민중의 자유의 기반이 되었다. 이렇게 하여 필리푸스가 호민관이었던 시절 모든 땅이 2천 명의 귀족들 수중에 들어갔을 때 그들은 당시 30만 명에 이르던 다른 시민들의 세금을 내야 했다. 스파르타의 모든 땅이 소수의 소

398) Titus Livius, *Ab urbe condita libri*, IV, 8. 7.

유가 된 것도 바로 이런 방식을 통해서였다. 왜냐하면 옛날부터(ab antiquo) 귀족들은 개간되지 않은 땅을 평민들이 경작하도록 할당하여 사적으로 세금을 부과했고 국고에는 그 기록이 남아 있기 때문이다. 이러한 불평등 때문에 로마 평민들은 큰 소요와 반란을 일으켰다. 그것은 감찰관 퀸투스 파비우스의 대단히 신중한 조치로 인해 진정되었고, 그로 인해 그는 "가장 위대한"이라는 뜻의 "막시무스"(Maximus)라는 칭호로 불리게 되었다. 그는 모든 로마인들이 원로원 의원, 기사, 평민의 세 계급으로 분류되어야 하며, 시민들은 그들의 재산에 합당한 계급에 할당되어야 한다고 명령을 내렸다. 이것이 평민들에게 위안이 되었다. 왜냐하면 이전에 원로원 계급은 모든 관직을 독점하던 귀족들로만 구성되어 있었는데, 이제는 부유한 평민들도 원로원 계급에 들어갈 수 있어 모든 사회적 명예를 위한 정규적인 경로가 열리게 되었기 때문이다.

[620] 세르비우스 툴리우스의 세금이 민중적 자유의 기반이 되었다는 전해져 내려오는 이야기는 단지 이런 방식으로만 진실일 수 있다. 왜냐하면 연표에 대한 주에서 푸블릴리아 법의 한 조항에 대해 가설적으로 논했던 것처럼[112] 이것으로 그 재료가 제공되었고 여기에서 그 기회가 생겨났기 때문이다. 실지로 로마에 민주주의 공화국을 세웠던 것은 아테네에서 왔다고 하던 〈12표법〉이 아니라 로마 자체에서 태어난 푸블릴리아 법이었던 것이다. 실로 아리스토텔레스가 "민주주의 공화국"이라고 불렀던 것이 토스카나어에서는 베르나르도 세니에 의해 "세금의 공화국"으로 번역되었고, 그것은 "민중 자유의 공화국"을 뜻했던 것이다.[399] 리비우

스조차 이것이 옳다고 논증했다. 비록 그가 이 시기 로마의 정치 체제에 대해 무지했다 할지라도, 귀족들이 해외에서 무력으로 거둔 수많은 큰 승리로 그해에 얻은 것보다 더 많은 것을 그 법에 의해 국내에서 잃었다고 탄식했던 것이다.[400] 이 법의 입안자인 푸블릴리우스가 "민중의 독재자"라고 불리게 된 것은 바로 이런 이유 때문이다.

[621] 국민 모두가 도시의 구성원이 되게 만들었던 민중의 자유와 함께 사회적 소유권은 그 본래의 "공적 소유권"이라는 의미를 잃게 되었고, 이제는 로마라는 도시를 함께 구성하게 되었던 로마 시민들의 사적 소유권 속으로 분산되었다. 이 도시라는 말로부터 사회적이라는 말이 파생되었다[603].[401] 전술했던 것처럼[601] 최고의 소유권은 "공적인 채무를 포함하여 어떤 실제적인 채무에 의해서도 약화되지 않는 가장 강한 소유권"이라는 태생의 의미가 흐려진 채 "어떤 사적인 채무로부터도 자유로운 재산의 소유권"을 뜻하게 되었다. 공민적 소유권은 피보호민 또는 평민이 귀족으로부터 받은 땅을 잃게 되었을 때 귀족들이 보증해주었던 땅의 소유권을 더 이상 뜻하지 않게 되었다. 이제 그 소유권은 재산 청구

---

399) Bernardo Segni, *Trattato dei governi di Aristotile tradotto di greco in volgare*. 베르나르도 세니(1504~1558)는 피렌체 출신의 역사가로서 아리스토텔레스를 번역했다. 그런데 니콜리니는 이 책에서 "공화국"이라는 단어도 "민주주의"라는 단어도 "세금의 공화국"으로 번역된 경우가 없고 단지 "민중의 공화국"이라는 말로 번역되어 있다고 밝힌다. Vico, *Opere*, III, p. 649, n. 2.

400) Titus Livius, *Ab urbe condita libri*, VIII, 12, 14.

401) "도시"를 가리키는 "città"에서 "사회적"이라고 번역한 "civile"가 파생되었다.

소송을 통해 보호해야 했다.

초기의 로마법에서 공민적 소유권은 귀족들이 최초의 "법적 소유권자"(auctores iuris)임을 뜻했다. 그들은 다름 아닌 로물루스에 의해 명해졌던 피보호 관계를 다름 아닌 그 법을 통해 평민들에게 가르쳐주어야 하는 사람들이었다. 로마력으로 309년에 이르기까지 평민은 시민권이 부여하는 특권을 하나도 갖지 못했고[110, 598] 한 세기가 지난 뒤 〈12표법〉에 이르기까지도 법은 사제단의 수중에 있어 평민들에게는 비밀로 지켜져 왔던 것이라면 실로 귀족들이 평민들에게 가르쳐야 할 다른 법이 무엇이 있을 수 있었겠는가? 따라서 그 당시에 귀족들은 "법적 소유권자"였는데 이제 그러한 사실은 토지를 구입한 소유자가 그 토지에 대한 반환 청구를 타인으로부터 받았을 경우 그들을 돕고 지켜줄 수 있는 "권위를 인용할 수 있는"(laudatio auctoritatis) 형태로 남아 있게 되었다. 이제 그러한 공민적 소유권은 재산 반환의 소송에 의해 도움을 받을 수 있는 사적인 사회적 소유권으로 남아 있게 되었다. 그것은 단지 소유하는 것만으로 유지되는 소작권과는 구분된다.

[622] 이와 같은 방식으로 중세 돌아온 야만의 시대에 봉토의 영원한 본성도 돌아왔다. 프랑스 왕국의 경우를 예로 들어보자. 당시 프랑스 왕국을 구성하는 여러 지역은 왕에게 복종하는 영주들의 자치권역이었으며, 그 영주들은 아무런 공적 채무도 갖지 않는 자신들의 재산을 소유하고 있었던 것이 확실하다. 그 뒤 계승이나 반역이나 후계자 단절로 인하여 그 모든 재산은 왕국의 소유로 병합되었으며, 영주들의 모든 재산은 "최고의 법에 따라"(ex iure

optimo) 공적인 과세의 대상이 되었다. 왜냐하면 결혼이나 양도를 통해 봉신들의 수중으로 들어가게 된 왕의 집이나 땅도 과세나 공납의 대상이 되기에 이르렀기 때문이다. 이렇듯 세습 왕국에서 "최고의 법에 따른" 소유권은 점차 공적인 채무의 대상이 된 사적 소유권과 혼동이 되기에 이르렀고, 그것은 로마 황제의 가산이었던 왕실 재정이 점차 국고와 혼동되기에 이른 것과 마찬가지이다[1076].

[623] 이 저작의 개념에서 살펴보았던 것처럼[25] 세금과 국고에 대한 연구는 로마의 여러 제도에 대한 우리들의 연구 중 가장 어려운 부분이다.

제4장
로마 민회의 기원에 대하여

[624] 호메로스가 언급하였고 우리가 앞서 고찰했던[67] 두 개의 영웅시대의 집회인 "불레"와 "아고라"는 로마인들에게서 각기 "쿠리아 회"(comitia curiata)와 "부족회"(comitia tributa)가 되었다. 쿠리아 회에 대해서는 왕정 시대에 그에 대한 가장 오래된 기록을 읽을 수 있다. 그것은 "창"을 가리키는 "퀴르"(quir)로부터 파생되었는데, 그것의 소유격인 "퀴리스"(quiris)가 훗날 주격이 된 것이다. 그것은 이 책의 초판본의 "라틴어의 기원"에서 설명했던 것과 일치한다. 거의 모든 민족에게서 "권력"을 뜻하는 "손"의 그리

스어인 "케이르"(χείρ)로부터 "키리아"(χυρία)가 나왔고, 그 말은 라틴어의 "쿠리아"와 같은 의미이다[591]. 여기에서 "쿠레테스"가 파생되었는데, 그것은 창으로 무장한 사제를 가리켰다. 왜냐하면 모든 영웅 민족은 사제들로 구성되었으며, 그들만이 무장할 권리를 갖고 있었기 때문이다. 이러한 쿠레테스는 앞서 살펴본 것처럼[593] 사투르니아, 즉 고대 이탈리아와 크레타 섬과 아시아에 있던 그리스인들 사이에서 발견된다. 고대에 "키리아"는 "영주권"을 뜻했던 것이 확실하며, 오늘날에도 귀족제 국가는 영주권의 영역이라고 불리는 것이다. 이러한 영웅시대 원로원의 "키리아"로부터 권위를 뜻하는 말인 "키로스"(χύρος)가 파생되었다. 그렇지만 앞서 살펴봤고 앞으로 더 살펴볼 것처럼[387, 603, 621, 944] 그것은 "소유권"을 뜻하게 되었다. 이러한 어원으로부터 파생되어 오늘날 "키리오스"(χύριος)와 "키리아"(χυρία)는 각기 "신사"와 "숙녀"를 가리키는 말이 된 것이다. 그리스의 "쿠레테스"가 "케이르"로부터 온 것처럼 로마의 "키리테스"는 "퀴르"로부터 왔다[562]. 퀴리테스는 공적 집회에 참석한 사람들에게 주어지는 엄숙한 칭호이다. 앞서 나는 갈리아와 고대 게르만인들의 집회를 그리스인들의 쿠레테스와 함께 고찰하며 초기의 모든 야만 민족들은 무장을 하고 공적인 집회를 가졌다고 결론 내린 바 있다[594].

[625] 따라서 퀴리테스라는 엄숙한 칭호는 무장할 권리를 독점했던 귀족들만으로 민족이 구성되어 있었을 때 시작된 것이 확실하다. 훗날 로마가 민중 국가가 되었을 때 그 칭호에는 평민도 포함되었다.

처음에 무장할 권리를 갖지 못했던 평민의 집회는 "부족회"라 불렸다. 가족 국가에서 "가족"이라는 말이 예속민(famoli)이라는 말에서 나왔던 것처럼[552], 부족이라는 단어인 "트리부"(tribù)로부터 "공납"을 뜻하는 말인 "트리부툼"(tributum)이 나왔다. 왜냐하면 도시 국가에서 평민은 부족을 뜻했는데, 그들은 지배하는 원로원으로부터 명령을 받기 위해 모였고, 가장 중요하고 가장 빈번한 명령이 국고에 세금을 납부하라는 요구였기 때문이다.

[626] 그렇지만 그 뒤에 파비우스 막시무스는 로마의 시민들을 가산에 따라 세 계급으로 분류하는 세제를 도입했다. 그보다 전에는 단지 원로원만이 기사였다. 왜냐하면 영웅시대에는 단지 귀족들만이 무장할 권리를 가졌기 때문이다. 따라서 로마의 역사에서 우리는 고대의 로마 공화국은 가부장과 평민이라는 두 계급 사이에서 구분된다고 읽는 것이다. 그 당시에 "원로원"은 "귀족"과 같은 뜻이었고, "평민"은 "귀족이 아닌 자들"(ignobile)을 뜻했다. 고대의 로마인들에게는 두 계급만 있었기 때문에 집회도 두 종류밖에 없었다. 그 하나는 가부장, 혹은 귀족, 혹은 원로원으로 구성되는 "쿠리아 회"였고 다른 하나는 평민들, 즉 귀족이 아닌 자들로 구성되는 "부족회"였다. 그러나 이제 파비우스는 로마인들을 재산에 따라 원로원, 기사, 평민의 세 계급으로 나누었기 때문에 귀족들은 도시에서 더 이상 구분되는 계급이 아니라 그들의 재산에 따라 그 세 계급 가운데 어떤 곳에 속해야 했다. 그 시점 이후 "귀족"은 한 측으로는 "원로원"과 "기사", 다른 한 측으로는 "평민"으로 구분되었다. 그리고 "평민"은 "귀족이 아닌 자"가 아니라 가산이

변변치 않은 시민을 뜻했으며 경우에 따라서는 귀족일 수도 있었다. 반면에 원로원은 더 이상 귀족이 아니라 낮은 신분 출신일지라도 막대한 재산을 지닌 시민을 뜻하게 되었던 것이다.

[627] 이후로 로마인들 세 계급이 모두 모여 공적인 업무를 주재하고 그중에서도 특히 집정관 법을 제정하였던 집회를 "백인회"(comitia centuriata)라고 부르게 되었다. 평민들만이 호민관 법을 제정하였던 집회는 여전히 "부족회"라고 불렸다. 이것이 평민회 법[402]인데, 처음에는 키케로가 "평민에게 공포되어야 하는 법"이라는 의미에서 "평민에게 알려야 할 법"(plebi nota)이라고 불렀었다.[403] 폼포니우스가 말하는 이러한 법의 한 예는 왕들이 로마에서 영원히 추방되었다고 유니우스 브루투스가 평민들에게 포고한 것이었다.[404] 이와 비슷하게 군주제 국가에서 군주의 법은 "국민에게 알려져야 하는 법"이라는 뜻으로 "포풀로 노타"(populo nota)라고 부를 수 있다. 이에 대해 학식은 낮지만 예리했던 법학자 발두스는 평민회 의결을 가리키는 라틴어 단어 "플레비스키툼"(plebiscitum)에 에스(s) 자가 하나밖에 없다는 사실에 놀랐다. 왜냐하면 그 말이 "평민이 제정한 법"이라는 의미였다면 에스 자 두 개로 써야 했기 때문이다.[405]

---

402) 원어는 "plebiscito". 오늘날에는 "국민 투표"라는 뜻으로 사용된다.

403) Marcus Tullius Cicero, *De legibus*, 3. 3. 10.

404) *Digest*, I, 2. 2. 3.

405) 에스 자가 두 개라면 plebis-scitum이 되는데, 여기에서 plebis는 평민의 소유격이어서 이 말은 "평민이 제정한 법"이라는 의미를 갖는다. 또한 scitum은

[628] 마지막으로 신성한 의례를 확보하기 위해 쿠리아의 우두머리들만이 모여 신성한 문제를 다루는 집회는 "쿠리아 회"라는 이름으로 남아 있게 되었다. 왜냐하면 이러한 왕의 시대에는 세속적인 문제들도 종교의 관점에서 보았고, 앞서 말했던 것처럼[587, 593] 모든 곳에서 귀족들은 무장한 사제였기 때문이다. 그리하여 로마의 최후 시기까지 가부장권은 신성한 문제로 남아 있어, 양자를 입적하는 것은 쿠리아 회에서 쿠리아 법에 따라 결정되었다. 이것의 근거가 되는 법은 종종 "아버지의 의례"(sacra patria)라고 불린다[526].

제5장
국가 그리고 그와 동시에 민족의 자연법의 제정자인 신의 섭리에 대한 추론

[629] 국가는 신에 의해 정치가 이루어졌던 신의 시대에 태어났음을 우리는 알고 있다. 그 뒤에 최초의 인간에 의한 정치가 출현했는데, 그것은 영웅의 정치였다. 여기에서 인간의 정치라고 말한 이

"제정하다"라는 의미의 "sciscee"에서 파생된 말이 된다. 그러나 에스 자가 하나라는 것은 이 말을 plebi-scitum으로 나눌 수 있고 그럴 경우 이것은 "평민에게 알려야 하는 법"이 된다. 여기에서 scitum은 "알다"는 의미의 "scire"에서 파생된 말이 된다. Baldus, *Commentaria in primam "Digesti Veteris" patrem*. 발두스(1327~1406)는 이탈리아의 법학자였다.

유는 단지 신의 정치와 구분하기 위한 것뿐이다. 도도한 강의 거대한 흐름은 긴 여정을 거치며 맑은 물을 바다로 유입시키지만[412] 그 인간의 정치들 사이로는 신의 시대라는 강도 흐른다. 왜냐하면 인간이 하는 그 어떤 일이라 할지라도 그것은 신이 하는 것이라는 종교적인 사고방식은 여전히 존속하고 있었기 때문이다[922]. 그리하여 가족 국가를 지배하던 가부장들은 스스로를 유피테르로 만들었고[585], 최초의 도시 국가가 탄생했을 때 폐쇄된 계급 속으로 단합하여 미네르바를 만들었으며[579], 반역하는 피보호민들에게 파견한 사절로서는 메르쿠리우스를 만들었고[604], 곧 살펴볼 것처럼[634] 해적 영웅들로는 넵투누스를 만든 것이었다. 여기에서 섭리에 대한 경탄이 최고에 달한다. 왜냐하면 인간의 의도는 달랐다 할지라도 섭리는 인간으로 하여금 신성에 대해 두려워하도록 만들었기 때문이다. 신성에 대한 숭배야말로 국가의 최초이자 기본적인 근거였던 것이다. 종교는 사람들로 하여금 그들이 남들보다 먼저 점거하였던 빈 땅에 정착하도록 만들었다. 이러한 점거가 모든 소유권의 근원이었다[389]. 강건한 거인들이 항상 샘이 솟는 산꼭대기의 땅을 점거하였다. 섭리는 그들이 강건하고 방어가 가능하고 물이 풍부한 곳에 정착하도록 명함으로써 방황을 끝내게 하였다. 그 셋은 그 땅에서 훗날 도시 국가가 세워질 수 있게 만든 세 가지의 요인이다[525]. 게다가 또다시 종교의 도움을 받아 섭리는 그들을 어떤 여자들과 삶의 영원한 동반자로 결합하게 배려함으로써 혼례가 생겨났는데, 그것이 모든 권위의 기반이 되었다[506]. 훗날 이 여자들과 함께 가족이 만들어졌는데, 그것이 국가의 묘판(苗板)이 되었다. 마지막으로, 도피처를 엶으로써 그들은 피보호 관계를 확립했다[557].

이렇듯 훗날 최초의 농지법과 함께 두 가지의 인간 공동체로 구성된 도시를 탄생시킬 질료가 마련된 것이었다. 그 하나는 명령하는 귀족들이고, 다른 하나는 복종하는 평민들이었다. 호메로스의 한 이야기에서 텔레마코스는 복종하는 평민들을 "다른 사람들"[406]이라고 부르며 그들은 영웅으로 구성된 지배하는 사람들에 종속된 사람들이라고 말했다[590]. 여기에서 정치학의 질료가 나타나는데, 정치학이란 국가 안에서 명령하고 복종하는 것에 대한 학문일 뿐이다. 섭리는 국가가 출현할 때부터 그것이 귀족제라는 형상으로 태어나도록 만들었는데, 그것이 초기 인간의 야만적이고 고독한 본성에 부합하는 것이었다. 정치학자들이 지적하듯 이러한 형상은 법령과 사회적 경계선을 확보함으로써 존재할 수 있었다[586]. 그리하여 문명에 새로 접하게 된 사람들이 또다시 그들 정치 체제의 형상에 의해 오래도록 그러한 법령과 사회적 경계선 속에 갇혀 있음으로써 짐승 같은 야수적인 상태의 치욕스럽고 문란한 교접을 잊도록 만들었던 것이다. 그런데 인간의 정신은 개별적인 특수한 사실을 추구하는 경향이 있어 공공선이라는 개념을 이해하지 못한다. 그들은 다른 사람들의 개별적인 특수한 일에 대해서조차 관심을 두는 일에 익숙하지 않다. 그것은 호메로스가 폴리페모스로 하여금 오디세우스에게 말하게 했던 내용과 일치한다

406) 『오디세이아』, II, 6, 267.

[516]. 플라톤은 이 거인 폴리페모스에게서 사회 상태 이전의, 이른바 자연 상태 속의 가부장들을 확인했던 것이다[296]. 따라서 섭리는 귀족제라는 정치 체제의 형상을 통해 그 가부장들을 그들의 조국에 결속하도록 이끌었다. 그리하여 그들은 그들의 가족 군주국에서 추구했고 그 국가만큼이나 컸던 사적 이익을 보존하게 되었는데, 그들이 의도했던 것과는 아무런 상관없이 그들은 "국가"라 불리는 보편적인 사회적 선에 도달하게 된 것이다.

[630] "방법"에 대해 설명하며 제시했던 신성한 증거에 따라[343] 이제 여기에서 섭리가 이러한 인간사에 대해 명했던 방식의 단순명쾌함과 자연스러움에 대해 고찰해보자. 즉 인간은 그릇된 인식을 갖고 "모든 것은 신이 만들었다"고 말했을지라도 그것이 사실은 옳은 말이라는 것이다. 그리고 이러한 맥락에서 그 말의 무수히 많은 사회적 결과에 대해서도 고찰해볼 것인데, 이 저작 전체에서 고찰하듯 그것은 이른바 사회적 우주를 이루는 네 가지 요소를 통해 그 원인을 추적할 수 있을 것이다. 그 네 요소란 종교, 혼례, 도피처와 최초의 농지법이다[629]. 또한 에피쿠로스는 인간이 우연의 산물이라고 말했고 제논은 필연의 산물이라고 말했지만[345] 그리도 많고 다양한 인간사가 이것보다 더 단순하고 더 자연스럽게 시작될 수 있었을지 모든 인간적 가능성들 속에서도 자문해보아야 한다. 우연이 인간을 자연적 질서에서 일탈시키거나 운명이 인간을 거기에서 제외시키는 것도 아니기 때문이다. 국가가 태어나기로 되어 있던 시점에서 이미 질료는 마련되어 형상을 받을 준비가 되어 있었고, 그 형상으로부터 정신과 육체로 이루어

진 국가라는 틀이 출현하였던 것이다. 그렇게 준비된 질료가 그들만의 종교, 언어, 땅, 혼례, 씨족이나 가문의 이름, 문장(紋章), 그리고 그에 따른 소유권, 관직, 그리고 마지막으로 법이었다. 그 모든 것이 인간들에 속했기 때문에 완전히 무료였고, 그랬기 때문에 참된 국가를 이루는 질료가 된 것이었다.

이 모든 일이 일어난 것은 앞서 말한 모든 권리가 자연 상태 속에서 군주로서의 가부장들에게 속했기 때문에 가능했다. 이 시점에서 가부장들은 하나의 계급으로 단합하여 최고의 사회적 권력을 산출해내기에 이르렀다. 그것은 마치 자연 상태에서 가부장들이 단지 신에게만 복종하는 권위를 갖게 된 것과 마찬가지였다. 이러한 최고의 사회적 인격체는 정신과 육체로 이루어졌다. 현자들의 계급이 그 정신을 이루었던 것으로서 그들은 극심한 조야함과 단순성의 시대가 허락하는 가장 큰 지혜를 갖고 있었다. 현자의 계급이 없다면 국가는 외형적으로는 국가처럼 보일지 몰라도 그것은 영혼이 없이 죽은 육체로만 이루어진 것일 뿐이라는 사실이 불변의 진리가 된다. 육체는 머리와 사지로 구성된다. 그리하여 다음도 국가에 대한 또 다른 불변의 진리가 된다. 즉 어떤 사람들은 사회적 지혜의 임무를 수행하기 위해 정신을 사용해야 하는 반면, 다른 사람들은 전시에는 물론 물론 평화 시에도 필요한 장사나 기술을 위해 육체를 사용해야 한다는 것이다. 그것은 세 번째의 불변의 진리로 이어진다. 즉 정신은 언제나 명령하고 육체는 항상 복종해야 한다는 것이다[597].

[631] 여기에서 더 크게 놀라야 할 사실이 있다. 섭리는 가족을

탄생시켰을 때 자연법도 함께 탄생시켰다는 것이다. 모든 가족은 무지와 무질서 속에서 비록 참된 신을 알지는 못한다 할지라도 신성에 대한 어느 정도의 인식은 갖고 태어났다. 따라서 가족마다 그들만의 종교, 언어, 땅, 혼례, 이름, 문장, 정부, 법 등을 갖고 있었고, 가부장들은 그것을 이용하여 피보호민들 위에 군림하였던 것이다. 이와 비슷한 방식으로 국가가 탄생할 때 그것을 귀족제로 만듦으로써 섭리는 자연 상태 속에서 준수해야 했던 큰 씨족들, 즉 가족의 자연법을 도시 국가의 시대에 준수해야 하는 작은 씨족, 즉 민중의 자연법으로 바꾸어놓았다[316]. 왜냐하면 피보호민들에 대한 모든 전술한 권리를 갖고 있던 가부장들은 평민들에 대항하여 그 권리들을 자신들의 사회적 계급에만 국한되도록 만들었기 때문이다. 영웅 국가의 엄격한 귀족제의 형태는 여기에 달려 있었던 것이다.

[632] 이런 방식으로 민중과 민족들이 준수하게 된 자연법은 국가가 탄생할 때 최고의 사회적 권력의 특성이 되었다. 앞서 말한 그러한 권리를 갖지 못하면 그 민중이나 민족은 최고의 사회적 권력을 갖고 있지 못한 것이며 다른 민중이나 민족과의 관계에 있어서도 그 자연법을 행사할 수 없게 된다. 법과 그것의 집행 모두가 더 우월한 다른 민중이나 민족에게 귀속된다는 것이다.

[633] 초기 도시의 영웅들이 스스로를 신이라 불렀다는 사실과 함께[449], 우리가 여기에서 논한 것은 "신에 의해 결정된 법"(iura a diis posita)이라는 구절의 의미를 설명해준다. 그것은 민족들의 자연법[407]에 적용되는 말이다. 그러나 이 법은 훗날 우리가 앞서

여러 차례 언급했던[569, 575, 578, 582] 울피아누스의 인류의 자연법으로 대체되었다. 철학자들이나 도덕 신학자들은 거기에 근거하여 자연법의 불변하는 속성을 이해하려 했다. 그리하여 "신에 의해 결정된 법"이라는 그 구절은 이제 인류의 자연법이 참된 신에 의해 제정된 것이라는 의미로 재해석되기에 이른 것이다.

제6장
영웅들의 정치가 이어짐

[634] 모든 역사가들은 미노스 왕의 해적 행위와 이아손의 폰투스 해상 원정에 영웅시대의 출발점을 부여한다. 영웅시대는 트로이 전쟁으로 이어졌다가 영웅들의 방랑과 함께 종말을 맞는데 그것은 오디세우스가 이타카에 돌아옴으로써 끝이 나게 된다. 따라서 이 항해의 시대에 마지막의 중요한 신인 넵투누스가 태어났던 것이 확실하다[317]. 그것을 확인하기 위해 우리는 역사가들의 권위에 의존하는데, 그것은 호메로스의 금과옥조 같은 문장 몇 개와 철학적 논리의 도움을 받아 해결된다. 철학적 논리란 민족들마다 조선술과 항해술을 가장 늦게 발명하였다는 것이다. 왜냐하면 그러한 기술이야말로 발명의 천재적인 재능을 필요로 하기 때문이다. 따라서 그 발명자인 다이달로스는 천재의 상징으로 남아있

407) 일반적으로 "만민법"이라고 말한다.

으며, 루크레티우스는 "소출이 많은 땅"이라는 뜻을 전하기 위해 "다이달로스의 대지"(daedala tellus)라는 말을 썼던 것이다.[408] 우리가 언급했던 호메로스의 문구는 『오디세이아』에 나온다. 오디세우스는 접안하거나 폭풍에 표류하여 육지에 닿게 되면 언덕 위에 올라가 사람이 살고 있다는 증거를 찾기 위해 연기가 나는지 살펴본다.[409] 이러한 호메로스의 문구는 스트라본이 인용하고 있는 플라톤의 금과옥조[296]에 의해서도 확인되는데, 그는 초기의 민족들이 바다에 대해 오래도록 갖고 있던 두려움을 말했던 것이다. 그것은 투키디데스에 의해서도 확인된다.[410] 그는 해적에 대한 두려움 때문에 그리스 민족이 해안에 정착한 것이 늦어졌다고 말했던 것이다. 이런 이유로 넵투누스는 대지를 요동시키는 삼지창으로 무장을 한 것으로 묘사된다. 그 삼지창은 배를 나포하기 위한 갈고리였음이 확실하다. 멋진 은유에 의해 삼지창은 "이빨"이라고 불리며, 앞서 말했던 것처럼[535] "3"은 최상급을 가리킨다.[411] 그것으로 넵투누스는 뭍의 사람들이 그의 공격에 대한 두려움에 떨도록 만들었던 것이다. 그 뒤 이미 호메로스의 시대에 그는 실제의 땅이 요동치도록 만들었다고 여겨지며,[412] 플라톤이 그 견해를

408) Titus Carus Lucretius, *De rerum natura*, I, 228.

409) 『오디세이아』, X, 145.

410) Thucydides, *History of the Peloponnesian War*, I, 8.

411) "삼지창"은 이탈리아어로 "tridente"이다. 그것은 축어적으로 "세 개의 이빨"을 가리킨다.

412) 『일리아스』, VIII, 440; IX, 362, XX, 56~65. 『오디세이아』, V, 423, VI, 326.

이어받았다. 플라톤은 땅의 창자 속에 있는 물의 심연으로 지진을 설명했는데, 그 논지에 대해서는 앞으로 논증할 것이다[714].

[635] 유피테르가 황소로 변해 에우로파를 납치한 일이나 미노타우로스, 즉 미노스의 황소가 아티카의 해안에서 젊은 남녀를 납치했던 일도 이와 비슷한 일이었음이 확실하다. 따라서 "돛"은 "배의 뿔"이라고 불리기도 하여 베르길리우스도 이 표현을 사용했다.[413] 뭍의 사람들이 미노타우로스가 그 젊은이들을 삼켜버렸다고 했던 말은 진실을 담고 있다. 왜냐하면 그들은 배가 그 젊은이들을 삼키는 것을 두려움과 비탄 속에 목격하였기 때문이다. 바다의 괴물 오르카가 바위에 묶여 겁에 질려 있는 안드로메다를 삼키려 했던 것도 같은 이야기이다. 그 결과 라틴어에는 "겁에 질려 굳어버리다"(terrore defixus)라는 표현이 남아 있다. 페르세우스가 안드로메다를 구할 때 탔다고 하는 날개 달린 말도 또 다른 해적선이었음이 확실하다. 왜냐하면 돛은 "배의 날개"라고 불리기도 했기 때문이다. 이러한 영웅들의 고대에 대해 잘 알고 있던 베르길리우스는 배를 발명한 다이달로스에 대해 그가 "날개의 노"(alarum remigium)라고 불리는 기계를 타고 날아다닌다고 말한다.[414] 또한 다이달로스는 테세우스의 형이었다고 전해지기도 한다.[415] 따라서 테세우스는 미노스가 강요했던 법에 따라 황소, 즉 해적선에 삼켜졌던

---

413) Maro Publius Vergilius, *Aenaeas*, III, 549.

414) Maro Publius Vergilius, *Aenaeas*, IV, 18~19.

415) 플루타르코스는 『영웅전』의 "테세우스" 편에서 다이달로스가 테세우스의 "사촌"이라고 말한다.

아테네 청년들의 시적 인격체였음이 확실하다. 테세우스는 아리아드네, 즉 항해술의 가르침을 받아 실, 즉 항해를 수단으로 하여 다이달로스의 미궁으로부터 탈출한다. 이 미궁은 왕궁 안의 놀이터였는데 그것보다는 에게 해를 가리켰던 것이 확실하다. 에게 해는 수많은 섬을 감싸며 적시고 있다. 그 뒤 크레타 인들로부터 항해술을 배운 그는 아리아드네를 버리고 역시 항해술을 상징하는 그 여동생인 파이드라와 함께 돌아온다. 이렇게 그는 미노타우로스를 살해하고 미노스에 의해 부과되었던 가혹한 공납으로부터 아테네를 해방시킨다. 그것은 이제 아테네인들도 해적 행위를 행한다는 말이다. 이렇게 파이드라가 아리아드네의 자매이듯 테세우스는 다이달로스의 형제인 것이다.

[636] 이러한 문제와 관련하여 플루타르코스는『영웅전』의 "테세우스" 편에서[416] 영웅들은 "도둑"이라고 불리는 것을 큰 명예로 여겼으며 그들의 문장(紋章)에 덧붙여진 특권이라고 간주한다고 말했다. 중세의 돌아온 야만의 시대에도 "해적"은 귀족의 칭호로 받아들여졌다[1053]. 플루타르코스와 거의 비슷한 시기에 등장한 솔론의 법은 해적을 위한 조직을 허용했다고 전해진다.[417] 해적들은 자연법의 보호를 받지 못한다는 우리의 완벽한 문명에 비하면 솔론의 시대는 얼마나 차이가 나는가! 더욱 놀라운 것은 플라톤[418]과

---

416) 사실은 "테세우스" 편이 아니라 "폼페이우스" 편에 이 내용이 있다.

417) Hugo Grotius, *De iure belli et pacis*, II, 5, 5, 2.

418) Platon, *Sophistes*, 222 c.

아리스토텔레스[419]마저도 도둑질을 일종의 사냥이라고 보았다는 사실이다. 고대의 게르만인들도 이렇듯 가장 문명화된 민족의 위대한 철학자들에 동의한다. 카이사르의 언급에 따르면,[420] 고대의 게르만인들은 도둑질을 불명예스럽게 간주하지 않았을 뿐만 아니라 오히려 용기 있는 행동으로 받아들였다. 다른 어떤 능력도 없는 사람이 게으름으로부터 벗어날 유일한 길이라는 것이다. 이러한 야만적인 관행은 가장 개명된 민족들 사이에서도 상당히 오랫동안 지속되었다. 폴리비오스에 따르면[421] 로마와 카르타고 사이의 평화 조약의 한 조항은 로마인들이 해적이든 교역이든 시칠리아의 펠로룸 곶을 넘지 말아야 한다는 것이었다. 그렇지만 카르타고인들이나 로마인들의 문제는 사소한 것일 수 있다. 왜냐하면 그 당시 그들은 스스로를 야만인이라고 공언하고 있었기 때문이다. 예컨대 플라우투스는 여러 곳에서 그리스의 희곡을 "야만인의 언어"로 번역하였다고 말했는데, 그것은 "라틴어"를 가리키는 말이었다.[422] 그보다 훨씬 중요한 사실이 있다. 가장 문명화된 그리스에서 인간 문명이 가장 발전하였을 시기에조차 그들은 그렇게 야만적인 관행을 실행하고 있었고, 그들의 희극에서 거의 모든 주제로 그것을 다루었다는 것이다. 우리의 반대 측인 아프리카의 해안

419) Aristoles, *Politicos*, 1256 a.

420) Gaius Julius Caesar, *Commentarii de Bello Gallico*, VI, 23.

421) Polybius, *Historiae*, III, 24, 4.

422) Titus Maccius Plautus, *Asinaria*, 11. 니콜리니는 "여러 곳"이 아니라 이 희곡의 서막에 해당하는 이곳에 단 한 차례 언급되었다고 밝힌다.

에서는 그러한 관행이 여전히 기독교도들에 대하여 행해지고 있기 때문에 그곳을 바르바리아라고 부르고 있는지도 모를 일이다.

[637] 이렇듯 가장 오래된 전쟁법의 원리란 앞서 논한 바 있던 [611] 영웅 민족의 불친절함이었다. 그들은 외국인을 영원한 적으로 간주했고 적들을 국경으로부터 먼 곳에 위치시킬 수 있는 능력으로 그들의 힘을 과시했다. 타키투스는 고대 게르만인들 중에서도 가장 평판이 높은 수에비 족을 예로 들어 말했다.[423] 얼마 전에 언급했던 것처럼[636] 그들은 외국인을 도둑으로 간주하기도 했다. 이에 대해서는 투키디데스가 언급한 황금과 같은 문구가 있다.[424] 즉 그의 시대에 이르기까지 육지로 통행하든 해상으로 항해하든 여행자들끼리 마주쳤을 때 그들은 서로에게 도둑이 아니냐고 물었다는 것인데, 그것은 "외국인"인지를 물었다는 의미이다. 그러나 그리스가 더욱 문명화되면서 그들은 곧 이 야만적인 관습을 버렸고, 여전히 그것을 유지하고 있는 다른 민족들을 야만인이라고 불렀다. 자신의 경계를 침입한 외국인들을 살해한 트로글로디테스인들의 땅은 바로 이러한 의미에서 "바르바리아"(Βαρβαρία)라고 불리며, 오늘날에도 이러한 관행을 유지하는 야만 민족들이 있다. 문명화된 민족이라도 먼저 입국 요청을 하지 않은 외국인들의 입국은 허용하지 않는 것이 확실하다.

---

423) 그러나 비코가 말한 것처럼 그 전거는 타키투스가 아니라 카이사르였다. Gaius Julius Caesar, *Commentarii de Bello Gallico*, VI, 3.

424) Thucydides, *History of the Peloponnesian War*, I, 5, 2.

[638] 이러한 이유로 그리스인들이 야만인이라 부른 민족에는 로마인들도 있었다. 그것은 〈12표법〉의 두 개의 황금 같은 조항으로 확인된다. 첫 번째는 "외국인에 대해서라면 소유권은 영원히 유효하다"(Adversus hostem aeterna auctoritas esto)라는 것이다.[425] 두 번째는 키케로가 전해주는데, "날이 배정되면 외국인과 함께 출정하라"(Si status dies sit, cum hoste venito)는 것이다.[426] 여기에서 "외국인"을 가리키는 "호스티스"라는 단어는 일반적인 용어로 추론한다면 "소송의 적"을 비유적으로 가리키는 말일 것이다. 그러나 키케로는 바로 이 문구에다가 우리의 논점에 맞는 고찰을 덧붙인다. 즉 고대인들에게 "호스티스"는 훗날 "페레그리누스"가 뜻하던 것과 같았다는 것이다. 그 두 문장을 함께 연결시킨다면 로마인들이 처음부터 외국인을 전쟁의 영원한 적이라고 간주했음을 이해할 수 있다.

그러나 그 두 문장은 초기의 "호스티스"에게 적용시켜 이해해야 마땅하다. 전술했던 것처럼[611] 그들은 피신처에 받아들여졌던 외국인들로서, 영웅들의 도시국가가 형성될 때 평민의 자격을 얻었던 사람들이다. 따라서 키케로의 그 문장은 배정된 날에 "귀족이 평민과 함께 법정에 출두하여 그 땅이 그의 소유임을 확인해주어야 한다"는 뜻이다. 따라서 같은 법에서 언급한 "영원히 유효한 소유권"이란 공리에서 아리스토텔레스의 말을 통해 밝힌 바 있듯

425) 〈12표법〉, 3. 7.

426) 〈12표법〉, 2. 2. Marcus Tullius Cicero, *De officiis*, 1, 12, 37.

[271] 귀족들이 영원한 적대감을 맹세했던 평민들을 겨냥한 것이었다. 이러한 영웅들의 법 때문에 평민들은 로마의 땅을 아무리 오래 경작하였다 할지라도 그 땅을 소유할 수 없었다. 왜냐하면 땅은 귀족들 사이에서만 거래할 수 있었기 때문이다. 이것이 〈12표법〉이 단순 소유[427]를 인정하지 않은 가장 큰 이유이다.

그 뒤 영웅들의 법이 사용 빈도가 줄어들기 시작하고 인간들의 법이 강해지면서 법정관이 평민들의 단순 소유를 "법의 질서 밖에서"(extra ordinem) 도와주었다. 왜냐하면 그 〈12표법〉 안에서는 규정에 따른 엄격하고 공정한 판결을 내리기 위해 어떠한 조항도 어떠한 해석도 근거로 삼을 수 없었기 때문이다. 이 모든 것은 〈12표법〉이 평민들의 단순 소유를 귀족의 임의로운 의사에 맡겨 놓았기 때문이었다. 더구나 이것은 귀족들의 도둑질이나 폭력 행위에 대해서도 구애받지 않았다. 왜냐하면 아리스토텔레스를 통해 공리에서 밝혔듯이[269] 개인적인 무례나 잘못에 대한 법이 없었다는 것이 초기 국가의 불변의 원칙이었기 때문이다. 따라서 제4권에서 밝힐 것처럼[960] 그러한 문제는 개인들 사이에서 사적으로 무기의 힘을 빌려 해결해야 했다. 그런 실제적인 힘의 흔적은 반환 소송의 형식 속에 남아 있는데, 그 가상의 힘을 아울로스 겔리오스는 "짚의" 힘이라고 불렀다.[428] 이러한 모든 것은 법정관

427) "단순 소유"의 원어는 "nuda possessione"이다. 법적인 근거가 없이 사실상 어떤 대상을 점유하고 있는 경우를 말한다.

428) Aulus Gellius, *Noctes atticae*, XX, 10.

이 법의 질서 밖에서 포고하였던 금지인 "폭력에 반하여"(Unde vi)에 의해 확인된다. 왜냐하면 〈12표법〉은 개인적인 폭력에 대해서는 인지하지도 언급하지도 않았기 때문이다. 그것은 "폭력에 의한 재산의 강탈"(De vi bonorum raptorum)이나 "공포가 원인이 된 것"(Quod metus caussa)이라는 두 가지 조례에 의해서도 확인되는데, 이것들도 훗날 법정관에 의해 포고된 것이었다.

[639] 이렇듯 외국인을 영원한 적으로 간주하는 관행은 각 민족마다 평화 시에 사적으로 지키던 것이었다. 이것이 국외로 적용이 되었을 때에는 각 영웅 민족에게 공통적으로 인정되어 서로 간에 영원한 전쟁을 하는 것처럼 도적질과 해적질을 지속하였다. 이렇듯 플라톤이 무기의 근거 위에서 태어났다고 말했던[588] 도시들끼리 전쟁을 벌이기 이전부터 그들은 전시에 준하는 조치들로 통치하기 시작하였던 것이다. 그리스어에서 전쟁을 뜻하는 "폴레모스"는 도시를 뜻하는 "폴리스"로부터 온 것이다.

[640] 여기에서 지금까지 말했던 것을 확인하기 위해 다음과 같이 중요한 고찰을 제시한다. 즉 로마인들이 전 세계에서 정복지를 확대하고 승리를 거뒀던 것은 그들이 국내에서 평민들을 지배할 수 있도록 만들었던 네 개의 법의 뒷받침이 있었기 때문이었다는 것이다. (1) 야만의 지역에서는 로물루스의 피보호 관계를 실행하여 로마의 이주자들을 그곳에 보내 그곳의 주인들을 일용노동자로 바꾸어놓았다. (2) 더 개명된 지역에서는 세르비우스 툴리우스의 농지법을 적용시켜 그들에게 소작권을 허용하였다[107]. (3) 이탈리아에서는 〈12표법〉 중의 농지법을 적용시켜 그들에게 공민

적 소유권을 허용하였는데, 그리하여 그 땅은 "이탈리아의 토지"(solum italicum)라고 불리게 되었다. (4) 더 좋은 대우를 받았던 자치도시에서는 로마의 평민들에게 허용했던 혼례와 집정관의 법을 허용하였다.

[641] 초기 도시들 사이의 영원한 적대감은 선전포고를 필요 없게 만들었고, 그들 사이에서의 약탈 행위도 합법적이었다. 반면 훗날 여러 민족들이 이러한 야만적 관습에서 벗어나게 됨으로써 선전포고가 없는 전쟁은 도적 행위가 되었기에 울피아누스가 말한 인류의 자연법으로 인정받지 못하게 된 것이다[633]. 최초의 민족들 사이의 영원한 적대감은 로마인들이 알바인들과 오랜 기간에 걸쳐 치렀던 전쟁이 서로 간의 약탈이었다는 사실을 설명해준다. 따라서 여동생과 결혼을 하지 않고 납치해갔던 알바인 쿠라티우스를 애도하였다는 이유로 호라티우스가 여동생을 죽여야 했던 것도 납득이 가는 것이다. 로물루스조차도 알바인을 아내로 맞을 수 없었다. 그가 알바 왕가 출신이며 폭군 아물리우스를 추방하고 정통의 왕 누미토르를 복위시켜 알바에 큰 혜택을 베풀었다는 사실도 소용이 없었다. 이러한 전쟁에서 승리는 일차적인 이해당사자들의 결투를 통해 결정된다는 것도 주목해야 할 점이다. 알바 전쟁에서는 세 명의 호라티우스 형제들과 세 명의 쿠라티우스 형제들 사이의 결투가, 트로이 전쟁에서는 파리스와 메넬라오스 사이의 결투가 그러한 것이었다. 파리스와 메넬라오스 사이의 결투에 승부가 나지 않자 그리스인들과 트로이인들은 끝장을 볼 때까지 전쟁을 계속했다. 그와 비슷하게 중세의 돌아온 야만 시대에

도 왕국들 사이의 다툼을 군주들 개인의 결투로 결정하여 국민들의 운명을 거기에 맡겼다. 그러므로 알바는 라티움의 트로이였고 호라티아는 로마의 헬레네였던 것이다. 게르하르트 얀 포스는 『수사학』에서 그리스의 역사에도 똑같은 사례가 있다고 말했다. 그리스인들이 트로이를 10년 동안 포위했던 것은 라틴인들이 10년 동안 베이를 포위했던 것에 상응하는 것이 확실하다. 10년이라는 유한한 숫자는 이전의 모든 무한한 시간을 가리키는 것으로서 그 도시들은 서로에게 영원한 적대감을 보였던 것이다.

[642] 비록 이 책에서는 다른 전제에서 논한다 할지라도[73, 102] 숫자의 체계는 극도로 추상적이기 때문에 그것은 민족들마다 이해하기 어려운 것이었다. 로마인들은 그들의 이성이 한층 발전했을 때 숫자 "600"을 사용하여 무한의 숫자를 지칭했다. 그것은 마치 이탈리아인들이 무한을 가리키기 위해 처음에는 "100"을 그 다음에는 "1100"을 사용했던 것과 마찬가지였다. 왜냐하면 무한이라는 관념은 철학자의 정신에만 존재하는 것이었기 때문이다. 아마도 여기에 초기의 민족들이 큰 숫자를 지칭하기 위해 "12"를 꼽은 이유가 있을지 모른다. 왜냐하면 바로와 그리스인들은 신의 숫자를 3만까지 헤아렸다 할지라도[175] 큰 씨족들은 신들의 숫자를 "12"에 할당하고 있기 때문이다[317]. 무수히 많았을 것이 확실한 헤라클레스의 공적도 12개이다. 라틴인들은 무한히 분리될 수 있는 작은 돈인 "아스"도 열둘로 나눌 수 있다고 말한다. 〈12표법〉의 경우도 이와 마찬가지인 것이 확실한데, 그 표에 때때로 새겨진 법 조항들만 해도 무수히 많을 텐데 그렇게 부르는 것이다.

[643] 트로이 전쟁의 시대에 전쟁이 벌어지고 있는 지역에 사는 그리스인들을 아카이아인들이라고 불렀다. 그 이전에는 앞서 논했던 것처럼[564] 그리스의 아주 오랜 영웅이었던 펠라스고스의 이름을 따 펠라스기인들이라고 불렀다. 아카이아인들이라는 이름은 그 이후 그리스 전역으로 전파되기에 이르러, 대(大)플리니우스에 따르면 루키우스 뭄미우스가 기원전 146년 아카이아 동맹을 격파할 때까지 지속되었고, 그 이후에는 그리스인들이 언제나 "헬레네스"라고 불리게 되었다는 것이다.[429] 그렇게 아카이아라는 이름이 널리 전파되어 호메로스의 시대에는 모든 그리스인들이 연합하여 트로이 전쟁에 참가했다고 여기게 되었다는 것이다. 그것은 마치 타키투스가 전하듯[430] 갈리아인들에게서 쫓겨나 라인강을 넘었던 사람들이 스스로를 게르만인이라 부르기 시작하였지만, 곧 그 이름이 유럽의 많은 곳으로 전파되어 "게르마니아"라는 이름이 되었던 것과 마찬가지이다. 이렇듯 게르만 민족의 영광이 그들의 이름이 독일 전역으로 펼쳐지도록 만들었던 것이며, 그와 비슷하게 트로이 전쟁에 관한 이야기들은 아카이아인들의 이름이 그리스 전역에 펼쳐지도록 만들었던 것이다[741]. 최초의 야만 시대에는 각 민족들마다 동맹이라는 것을 이해하지 못했기 때문에 모욕을 당한 왕의 민족들이라 할지라도 트로이 전쟁의 시초에서 보듯

---

429) Gaius Plinius Secundus, *Naturalis Historiae*, xxxv, 8. 루키우스 뭄미우스는 기원전 146년 아카이아 동맹을 격파하였던 로마의 집정관이었다.

430) Cornelius Tacitus, *Germania*, 2.

이 복수를 하기 위해 무기를 들려 하지 않았던 것이다.

[644] 오로지 인간 문명의 본성을 이해함으로써 우리는 히스파니아[431]에 관한 풀기 어려운 문제를 해결할 수 있다. 히스파니아는 가장 강하고 호전적이라고 키케로가 칭찬했던[432] 민족들의 어머니였다. 카이사르는 그것을 직접 경험하였는데, 그는 승리를 거둔 세계의 다른 모든 지역에서는 제국을 위해 전투를 벌였지만 이스파니아에서만은 자신의 목숨을 구하기 위해 전투했다고 말했던 것이었다. 한니발은 아프리카의 전 병력을 새롭게 충원하여 사군툼을 함락하기 위해 여덟 달 동안 온힘을 다해야 했다. 그 뒤 줄어들고 지친 병력을 이끌고도 칸나이에서 대첩을 거둔 뒤 카피톨리나 언덕에서 로마에 승리를 선언하기 일보 직전까지 갔었던 것이다. 누만티아는 이미 카르타고에 승리를 거두었던 로마의 영광을 흔들어놓고 아프리카의 정복자였던 용감하고 현명한 스키피오를 당황하게 만들었다. 사군툼과 누만티아에서 보인 히스파니아의 명성에도 불구하고 히스파니아는 어찌하여 모든 민족을 하나로 연합시켜 타호 강둑에 제국을 건설하지 못했을까? 그 결과 루키우스 플로루스는 히스파니아가 조금씩 정복당해 결국 모두를 잃게 될 때까지 자신의 힘을 알지 못했다는 불행한 조사(弔辭)를 하게 되었던 것이다.[433] 또한 타키투스는 『아그리콜라 전』에서[434] 브리튼

431) 고대 로마에서 이베리아 반도 지역을 부르던 말이다.

432) Marcus Tullius Cicero, *Orationes Philippicae*, iv, 5. 13.

433) Lucius Annaeus Florus, *Epitome bellorum omnium annorum*, II, 17. 루키우스 플로루스는 2세기 로마의 역사가였다.

인들의 비슷한 관행에 대해 말하고 있는데, 브리튼인들이 가장 맹렬한 전사였던 시대에 그들은 "홀로 싸워 모두 정복되었다"(dum singuli pugnant, universi vincuntur)라고 우아하게 표현했던 것이다. 왜냐하면 그들은 공격받지 않는 한 자신 영역의 굴 속에 틀어박힌 야수처럼, 전술한 바 있는[296] 폴리페모스의 야만적이고 고독한 삶을 살았기 때문이다.

[645] 역사가들은 영웅들의 해상 전투에 큰 영감을 받았지만 그로 말미암아 그리스인들이 주도했던 육상의 정치는 물론 육상의 전투에도 눈을 감았다. 그러나 예리하고 대단한 분별을 가졌던 역사가 투키디데스는 대단히 중요한 기록을 남겼다.[435] 즉 영웅들의 도시에는 성벽이 없다는 것이다. 그리스의 스파르타와 히스파니아의 스파르타였던 누만티아가 여전히 그러하다. 오만하고 폭력적인 본성을 갖고 있던 영웅들은 계속하여 서로를 왕좌에서 밀어냈다. 예컨대 알바에서는 아물리우스가 누미토르를 밀어냈으며, 로물루스는 아물리우스를 밀어내고 누미토르를 알바의 왕좌에 복귀시켰다. 그리스 영웅시대의 왕가 계보나 라티움에서 14대를 이어온 왕가의 연속성이 그 시대의 연대기에 합리성을 확보해주리라는 생각은 터무니없다. 왜냐하면 연표에 대한 설명에서 확인했듯이[76] 유럽이 가장 조야했던 중세 돌아온 야만의 시대가 보여주듯 왕가의 운명만큼 변동이 심하고 비일관적인 것은 없기 때문

434) Cornelius Tacitus, *De Vita et Moribus Iulii Agricolae*, 12.
435) Thucydides, *History of the Peloponnesian War*, I, 2. 2.

이다. 실로 대단히 명민했던 타키투스는 『연대기』의 첫머리를 다음과 같은 말로 시작한다. "처음에 로마 시는 왕들이 갖고 있었다"(Urbem Romam principio reges habere). 그는 법학자들이 소유를 가리키는 세 가지의 동사인 "갖다"(habere), "취하다"(tenere), "소유하다"(possidere) 가운데 가장 약한 "갖다"를 사용하고 있는 것이다.

[646] 이렇게 불안정한 왕국에서 일어나는 일들은 시적 역사를 통해 전해진다. 그러한 역사는 "예언하다"라는 뜻으로 쓰인 "노래하다"라는 말에 유래하는 노래 경쟁을 보여주는 많은 이야기들을 담고 있다. 그것은 전조를 두고 벌어지는 영웅들의 투쟁을 가리킨다[508].

[647] 리비우스가 "자기모순"(secum ipse discors)이라 말했던[436] 괴물 사티로스였던 마르시아스는 노래 경쟁에서 아폴론에게 패배한 뒤 산 채로 껍질이 벗겨졌다. 영웅시대의 처벌은 얼마나 잔인했던가! 평민의 시적 인격체였음이 확실한 리노스는[580] 그와 비슷한 노래 경쟁에서 아폴론에게 살해되었다. 이 리노스는 암피온, 오르페우스, 무사이오스에 버금가는 영웅시인 리노스가 아니었다. 두 경우 모두 노래 경쟁은 아폴론과 벌였던 것인데, 아폴론은 신성, 즉 전조를 다루는 지식인 점복을 주재하는 신이다. 이미 많은 증거를 제시하며 살펴보았던 것처럼[508] 아폴론은 귀족의 신이기도 하다. 왜냐하면 전조는 귀족들만의 소유물이기 때문이다.

[648] 세이렌은 노래로 지나가는 뱃사람들을 홀린 뒤 목을 벴다.

---

436) Titus Livius, *Ab urbe condita libri*, IV, 2.

스핑크스는 여행자들에게 수수께끼를 제시한 뒤 풀지 못하면 살해했다. 키르케는 마법으로 오디세우스의 동료들을 돼지로 만들었다. 그리하여 "노래하다"라는 말은 "마법을 행하다"라는 뜻으로 받아들여졌고, 그 예는 "노래하여 뱀을 물리쳤다"(cantando rumpitur anguis)[437]는 시구에서 찾을 수 있다. 그리하여 페르시아에서는 처음에 전조에 의한 예언에 대한 지식을 뜻했던 "마지아"라는 말이 마술을 뜻하게 되었고, 그 행위는 그들이 읊는 주문(incantesimi)[438]이 되었다[475]. 이렇듯 앞서 말했던 것처럼[638] 뱃사람과 여행자와 방랑자들은 영웅들의 도시에서 외국인이었던 것이며, 그들은 전조를 함께 나누려고 영웅들과 투쟁을 벌이다가 패배하여 잔인하게 처벌을 받은 평민들을 가리킨다.

[649] 이와 비슷한 사례로서 사티로스였던 판은 노래로 명성이 높던 요정 시링크스를 잡으려 하지만 갈대만을 껴안게 되었다[467]. 또한 엄숙한 혼례의 여신인 유노와 사랑에 빠진 익시온도 구름만을 껴안을 뿐이었다. 이렇게 갈대는 경박함의 상징이며 구름은 자연적 결합의 공허함을 뜻한다. 구름으로부터 켄타우로스가 태어났다고 말하는데, 켄타우로스는 평민을 가리킨다. 그것은 리비우스가 말한 자연적인 "자기모순"인 것이다. 켄타우로스는 라피타족이 혼례를 거행하는 동안 그들로부터 신부들을 납치해

437) Maro Publius Vergilius, *Bucolica*, VIII, 71.

438) 이 말의 어근에 "노래하다"라는 단어인 "cantare"의 어근이 들어 있는 것에 주목할 것.

간 것이다. 이와 비슷하게 평민이었던 미다스는 당나귀 귀를 숨기고 다녔지만 판이 껴안았던 갈대, 즉 혼례를 거치지 않은 자연적 결합이 그것을 폭로한다[580]. 그것은 마치 로마의 귀족들이 평민들에게 "짐승과 같은 교접을 행하기에"(agitabant connubia more ferarum) 괴물이라고 말했던 것과 같은 이치이다[567, 734].

[650] 평민이었음이 확실한 불카누스도 유피테르와 유노 사이의 싸움에 간섭했다가 유피테르에게 차여 하늘에서 떨어져 절름발이가 되었다[579]. 이것은 영웅들로부터 유피테르의 전조와 유노의 엄숙한 혼례를 확보하려는 평민들의 투쟁을 가리키며, 실패할 경우 "모욕을 당한다"는 의미로 절름발이가 된다는 것이다.

[651] 이와 비슷하게 아폴론의 가족이었던 파이톤은 자신이 태양의 아들이라고 여겨 아버지의 황금 수레를 몰려고 한다. 황금 수레란 시적인 황금, 즉 곡물의 수레를 가리킨다[544, 548]. 그러나 그는 가족의 아버지의 곡물 창고를 향하는 일상의 궤도에서 벗어난다. 그것은 평민의 토지 소유권 요청을 의미하는 것이다. 결국 그는 하늘로부터 추락했다.

[652] 그러나 하늘로부터 떨어진 것 중에서 가장 중요한 것은 불화의 사과였다. 앞서 논증했던 것처럼[548] 이 사과는 토지의 소유권을 뜻한다. 왜냐하면 최초의 불화는 평민들이 스스로 경작하고자 했던 땅을 두고 생겨난 것이었기 때문이다. 평민이었음이 확실한 베누스는 엄숙한 혼례의 여신 유노와 권위의 여신 미네르바와 다퉜던 것이다. 파리스의 판단과 관련해서는 다행스럽게도 플루타르코스의 『호메로스의 시와 생애』가 전해지고 있다.[439] 여기

에서 그는 『일리아스』의 마지막 부분에 나오는 두 개의 시구는 호메로스가 쓴 것이 아니라 후대 사람이 쓴 것이라고 밝힌다.

[653] 아탈란타는 황금 사과를 던짐으로써 그녀의 구혼자들을 달리기 경주에서 패배시키는데, 그것은 헤라클레스가 안타이오스와 싸우다가 그를 공중에 매달아 패배시킨 것과 비슷하다[618]. 아탈란타는 평민들에게 처음에는 소작권을, 다음으로는 땅에 대한 공민적 소유권을 돌려주었지만, 혼례만은 허용하지 않았다. 그것은 로마의 귀족들이 처음에는 세르비우스 툴리우스의 1차 농지법을, 다음으로는 〈12표법〉의 2차 농지법을 부여했지만, 혼례만은 그들 계급 사이에서 유지했던 것과 마찬가지이다. 그것은 "혼례는 평민과 공유하지 않는다"(Connubia incommunicata plebi sunto)라는 조항에 의한 것인데, 그것은 "전조는 평민과 공유하지 않는다"(Auspicia incommunicata plebi sunto)는 조항의 직접적인 결과이다. 그리하여 평민들은 3년 뒤 혼례의 권리를 요구하기 시작하여 3년 동안 영웅들과 투쟁을 벌인 끝에 그것을 쟁취했다[110, 567, 598].

[654] 『오디세이아』에서 페넬로페의 구혼자들은 오디세우스의 왕궁을 침입한다. 그것은 영웅들의 왕국을 뜻한다. 그들은 스스로를 왕이라 부르고 왕의 재물을 집어삼킨 뒤 페넬로페를 아내로 맞으려 한다. 그것은 땅의 소유권을 확보한 뒤 혼례의 권리를 요구

---

439) Pseudo Plutarchos, *De vita et poësi Homeri*, I, 5. 그러나 이 저작은 플루타르코스를 사칭한 다른 사람의 저작인 것으로 알려져 있다.

한 것이다. 다른 판본에서는 페넬로페가 정절을 유지하는 한편 오디세우스가 새를 잡듯 구혼자들을 그물 속에 가둔다.[440] 그것은 귀족 불카누스가 평민 베누스와 마르스를 사로잡은 그물과 마찬가지이다[579]. 바꾸어 말해 오디세우스는 그 구혼자들로 하여금 아킬레우스의 일용노동자처럼 땅을 경작하게 만들었다는 것이다. 이는 앞서 말했던 것처럼[108] 코리올라누스가 세르비우스 툴리우스의 농지법에 만족하지 못하는 평민들을 로물루스의 일용 노동자의 상태로 격하시켰던 사실을 의미하는 것이다. 또한 오디세우스는 가난한 이로스와 싸워 그를 살해한다.[441] 그것은 오디세우스의 재물을 집어삼킨 평민들과의 땅을 둘러싼 투쟁을 상징한다. 또 다른 판본에서는 페넬로페가 구혼자들에게 몸을 팔고 인간과 짐승으로 만들어진 자연에 모순되는 괴물인 판을 낳는다. 이것은 혼례의 권리를 평민들에게 확대한 것을 가리킨다. 이것은 리비우스가 말했던[567] "자기모순"인 것이 확실하다. 로마의 귀족들은 귀족의 혼례를 평민들에게 허용하면 그 자식들은 판과 똑같으리라고 말했다. 즉 평민들에게 몸을 팔아 페넬로페가 낳았던 자식처럼 두 가지의 모순적인 본성을 갖는 괴물이 되리라는 것이었다.

[655] 황소와 잠자리를 같이했던 파시파이는 두 가지 다른 본성의 괴물인 미노타우로스를 낳았다. 이 이야기는 혼례의 권리를 외국인들에게 허용한 크레타 귀족들의 역사임이 확실하다. 그들

440) 『오디세이아』, XXII, 1ff.

441) 『오디세이아』, XVIII, 1~7, 239~242.

은 황소라고 부르던 배를 타고 크레타에 도착했는데, 앞서 설명했던 것처럼 그 배를 타고 미노스는 아티카에서 젊은 남녀를 납치했을 것이며 그 이전에는 유피테르가 에우로파를 납치했을 것이다[635].

[656] 이오의 신화도 이런 종류의 인간의 역사에 속한다. 유피테르는 이오와 사랑에 빠진다. 그는 이오에게 호의적인 전조를 보낸다. 유노는 질투한다. 그것은 영웅들만의 엄숙한 혼례를 보호하려던 사회적 질투이다[513]. 그리하여 백 개의 눈을 가진 아르고스로 하여금 감시하도록 만든다. 각기 자신의 눈을 갖고 있던 아르고스의 가부장들은 앞서 해석했던 것처럼[564] 자신의 공터를, 즉 자신이 개간한 땅을 갖고 있었다. 메르쿠리우스는 피리 소리로, 또는 노래로 아르고스를 잠에 들게 만들었다. 여기에서 메르쿠리우스는 평민 용병대의 시적 인격체였음이 확실하다. 그가 전조를 위한 싸움에서 아르고스의 가부장들을 패배시킨 것이다. 그는 노래로 혼례의 운명을 예언했던 것이다. 그 뒤 이오는 암소로 변하여 파시파이와 잠자리에 들었던 황소와 함께 누웠고, 이집트 땅을 유랑했다. 바꾸어 말해 다나오스를 도와 이나코스족을 아르고스 왕국에서 몰아냈던 이집트의 외국인인들 사이로 섞여 들어갔다는 것이다.

[657] 그러나 헤라클레스는 세월이 흐름에 따라 유약해져 이올레와 옴팔레의 명령에 따라 실을 짰다.[442] 바꾸어 말해 땅에 대한

442) Publius Ovidius Nase, *Metamorphoses*, IX, 494.

영웅들의 권리가 평민들에게 넘어갔다는 것이다. 영웅들은 평민들에 대항하여 스스로를 "인간"(viri)이라고 불렀고, 라틴어에서 그 말은 그리스어의 "영웅"과 같은 뜻이다.[443] 베르길리우스는 『아이네이아스』를 다음과 같이 시작한다. "나는 무기와 인간을 노래한다"(Arma virumque cano). 또한 호라티우스는 『오디세이아』의 첫 구절을 "뮤즈여, 내게 인간에 대해 말해주오"(Dic mihi, Musa, virum)라고 번역했다.[444] 또한 "인간"이라는 말은 로마인들에게 엄숙한 혼례를 거친 남편, 행정관, 신관이나 재판관을 뜻했으며, 그 모든 것은 영웅 계급에게만 속했다. 그런데 앞의 신화가 말하듯 그리스에서 땅에 대한 영웅들의 권리가 평민들에게 확대되었다는 것이다. 전술한 바와 같이[598] 그것은 〈12표법〉을 통해 투쟁하여 획득한 제2차 농지법을 통해 로마의 귀족들이 평민들에게 공민적 소유권을 양보한 것과 마찬가지이다.

중세의 돌아온 야만 시대에 앵글족의 법에서 봉건제에 의거한 재산은 "창(槍)의 재산"이라고 불렀고 봉건제에 의거하지 않은 자유 사유지의 재물은 "물레의 재산"이라고 불렀던 것도 이와 정확하게 일치한다. 그와 마찬가지로 왕국의 계승을 여성에게 허용하지 않는 살리카 법을 암시하며 프랑스 왕가의 문장(紋章)은 달마티카 복장을 하고 창으로 무장한 두 명의 천사가 받들고 있는 "백합은 물레를 돌리지 않는다"(Lilia non nent)라는 영웅시대의 구호로

443) 그 말은 "남자"를 뜻하기도 한다.

444) Quintus Horatius Flaccus, *Ad Pisones*, 141.

장식되어 있다. 그리하여 우리로서는 다행스럽게도 발두스는 살리카 법을 "갈리아 씨족의 법"(ius gentium gallorum)이라고 불렀는데,[445] 그것은 우리가 〈12표법〉을 "로마 씨족의 법"이라고 부를 수 있는 것과 마찬가지이다[110, 988]. 왜냐하면 그것은 유언이 없는 상속을 직계 상속자와 부계를 통한 친척과 씨족에게만 국한시키고 있기 때문이다. 앞으로 논증하겠지만[991] 로마의 초기에는 아버지의 재산을 유언이 없이도 딸들에게 상속시키는 관행이 있고, 그것이 〈12표법〉에서 법으로 통용되었다는 주장에는 신빙성이 조금도 없다.

[658] 마지막으로 헤라클레스는 켄타우로스인 네소스의 피에 젖게 되어 분노하는데, 켄타우로스는 리비우스가 말하는[567] 두 가지 모순되는 본성을 갖는 평민 괴물이다. 그것은 헤라클레스가 시민들의 분노 속에 혼례를 평민들에게 확대하였다가 평민의 피에 젖어 사망했다는 뜻이다. 로마의 헤라클레스인 피디우스 신은 페텔리아 법 때문에 죽었는데, 그 법은 "데 넥수"(De Nexu),[446] 즉 채무에 의한 노예를 해방시킨 법이다[115]. 이 법에 의해 "신뢰의 유대가 깨졌다"(vinculum fidei victum est)는 것이었다.

그렇지만 리비우스는 페텔리아 법이 실행되고 10년이 지난 뒤에 일어났던 사건과 이 문구를 연결시켰다. 본질적으로 같은 내용의 사건이었다는 것이 이유였다. 어쨌든 "신뢰의 유대를 깨기" 위

---

445) Baldus, *Commentaria in primam "Digesti veteris" partem*, I, 9.
446) "네소스"와 "넥수" 사이의 유사성에 주목할 것.

해서는 단순한 말보다는 행동이 필요했을 것이다. 리비우스는 자신이 추종하는 고대의 연대기 작가의 그 문구를 자신의 무지만큼이나 확신했던 것이다. 왜냐하면 평민 채무자들이 귀족 채권자들의 사적인 형벌로부터 해방되었다 할지라도 그들은 여전히 법의 결정에 따라 채무를 상환해야 했지만, 그들은 이제 헤라클레스의 매듭[558]이라는 봉건법의 굴레로부터는 벗어난 것이기 때문이다. 그것은 로물루스가 피신처에 로마를 세우게 했던 유대(紐帶)인 세계 최초의 피신처에 기원을 두고 있는 것이다[613]. 따라서 그 고대의 연대기 작가는 바로가 로마의 헤라클레스라고 말했던[447] 신 피디우스의 유대가 깨졌다는 의미로 "피디이 빈쿨룸"(fidii vinculum)이라고 썼던 것인데, 리비우스 같은 후대의 역사가들이 그것을 이해하지 못해 "신뢰"를 뜻하는 "피데이"(fidei)라고 읽고는 "신뢰의 유대"가 깨졌다고 말했던 것이다. 이와 동일한 영웅들의 자연법은 아메리카 인디언들에게서도 발견되고 우리의 세계에서도 아프리카의 아비시니아인들이나 유럽의 모스크바인들, 아시아의 타타르인들에게서 지속되고 있다. 히브리인들은 이것을 상당히 완화시켜 실행하여 그들에 따르면 채무자들은 7년 이상은 봉사하지 않아도 된다.

[659] 최종적으로 결론을 내리자면 줄 또는 힘을 뜻하는 리라로 그리스를 창건한 오르페우스의 경우도 마찬가지이다[523, 615]. 그것은 페텔리아 법의 매듭이기도 한 헤라클레스의 매듭과 같은

447) Marcus Terentius Varro, *De lingua latina libri XXV*, V, 66.

것인데, 그는 분노한 평민들을 뜻하는 바쿠스의 신도들에 의해 살해되었다. 그들은 리라를 산산조각 냈다. 앞서 논증했던 것처럼 리라는 법을 뜻했다. 그리하여 이미 호메로스의 시대에 영웅들은 외국인을 아내로 맞았고 사생아들도 왕위를 물려받을 수 있게 되었다. 이것은 그리스가 민중의 자유를 실행하기 시작했다는 것을 증명한다[802].

[660] 이 모든 것에 비추어 이러한 영웅들의 투쟁에서 영웅시대라는 이름이 만들어졌다고 결론 내릴 수 있다. 이러한 투쟁에서 패배하여 모욕을 당한 많은 우두머리들은 그들의 파당을 이끌고 바다를 헤매며 다른 땅을 찾아 나섰다. 어떤 자들은 메넬라오스나 오디세우스처럼 궁극적으로는 고국 땅으로 돌아왔다. 케크롭스, 카드모스, 다나오스, 펠롭스가 그리스에 정착했던 것처럼 외국 땅에 정착한 자들도 있다. 페니키아, 이집트, 프리기아처럼 문명이 더 일찍부터 발달했던 곳에서는 영웅들의 투쟁이 오랜 세기 전에 일어나기도 했다. 디도 역시 이런 사람에 속했다[78]. 그녀는 시숙 파당의 추격 때문에 페니키아로부터 쫓겨 카르타고에 정착했는데, 그곳은 "페니키아"를 본 따 "푸니카"라고 불린 것이다. 트로이가 파괴된 이후 그곳에서 피신한 카피스는 카푸아에, 아이네이아스는 라티움에, 안테노르는 파도바에 정착했다[770].

[661] 이런 방식으로 오르페우스, 암피온, 리노스 등등 그리스 시인 시대의 현자 또는 정치가들의 지혜는 끝이 났다. 그들은 전조에서 보이는 신들의 힘을 노래함으로써 그리스의 평민들이 영웅 계급에 복종하도록 만들었다. 그들은 신을, 즉 그들로 하여금

노래를 하도록 만든 그 신의 섭리를 노래함으로써 그들을 찬양했던 것이다. 이와 마찬가지로 10인관의 자손인 아피우스는 로마력 300년 무렵 로마의 평민들에게 귀족들만이 능통하게 알고 있는 전조에서 보이는 신의 힘을 노래함으로써 그들이 계속하여 귀족에게 복종하도록 만들었던 것이다[81]. 같은 방식으로 암피온은 리라에 맞춰 노래함으로써 돌을 움직이게 만들어 3백 년 전에 카드모스가 창건하였던 테베의 성벽을 쌓았던 것이다. 즉 그곳에 영웅 국가를 확보하였던 것이다[523, 734].

제7장
고대 로마의 제도에 관한 추론, 특히 로마의 군주정이라 추정되던 것과 유니우스 브루투스가 설립했다고 추정되는 민중의 자유에 대한 추론

[662] 그리스와 로마의 문명 사이에서 보이는 수많은 유사성은 고대 로마의 역사가 그리스의 많고 다양한 이야기 속에서 보이는 역사적 신화를 지속시키는 것처럼 보인다[158]. 기억도 아니고 상상도 아닌 이것을 이해하는 사람이라면 왕정 시대로부터 혼례의 권리가 평민들에게 확대되었을 때까지 마르스의 국민인 로마의 국민은 귀족들로만 구성되어 있었다는 것을 굳게 확인할 수 있을 것이다[598]. 호라티우스에 대한 재판이 시작되었을 무렵 왕 툴루

스 호스틸리우스는 2인관 또는 법정관에 의해 고발되었던 자들이 계급 전체에 호소할 권리를 부여하였다. 물론 이 당시 유일한 계급은 영웅 계급이었고 평민은 그러한 계급의 부수적인 요소에 불과했다. 그것은 그로티우스가 잘 확인시켜주듯 속주가 정복 민족의 부수적인 요소에 불과한 것과 마찬가지였다.[448] 사실상 평민은 텔레마코스가 공적인 집회에서 지칭했듯 "다른 사람들"이었던 것이다[590]. 따라서 이러한 민족 창시자들에 대한 논박할 수 없는 형이상학적 비판의 힘을 빌려 우리는 다음과 같은 잘못을 근절시킬 수 있는 것이다. 그것은 노예로 간주되던 사악한 일용노동자들이 로물루스가 죽은 뒤부터 왕을 선출할 권한을 갖게 되고, 그것을 가부장들로부터 인준받았다는 잘못된 생각을 가리킨다. 이것은 시대착오적인 생각임이 확실하다. 즉 훗날 평민들이 도시의 정치에 참여하여 집정관의 선출에서 몫을 할당받지만, 그것은 혼례의 권리가 가부장들로부터 평민들에게로 부여된 지 300년이나 지난 다음의 일인데, 그것을 로물루스 사후의 공위(空位) 시대에 잘못 적용시켰다는 것이다.

[663] 철학자들도 문헌학자들도 그렇게 가혹한 종류의 귀족제를 상상조차 할 수 없었다. 그리하여 그들은 "사람들"이라는 단어가 최근에 갖게 된 의미를 도시 국가의 초기에 적용시킴으로써 그 결과는 "왕"과 "자유"라는 다른 두 단어에 대한 또 다른 잘못으로 이어졌다. 따라서 모두가 로마의 왕은 군주정의 군주였고

448) Hugo Grotius, *De iure belli et pacis*, 8. 28. 8.

유니우스 브루투스가 명했던 자유는 민중의 자유라고 믿었다. 여기에서 우리는 참된 원리가 결여되어 있을 때 인간 관념의 왜곡이 일어날 수 있다는 것을 본다. 장 보댕도 이전의 모든 정치학자들과 마찬가지로 처음에 군주정이 있었고 다음으로 폭군정에 이어 민중의 공화국이 출현했고 마지막으로 귀족정이 왔다고 믿는 공통적인 과오에 빠지긴 했지만, 그럼에도 불구하고 그는 고대 로마에서 민중의 자유라고 여겨지던 것이 실제로는 귀족주의 공화국이었다는 사실을 알았다. 그는 정치 체제와 행정을 구분함으로써 자신의 이론을 세운 것이었는데, 고대 로마에서 정치 체제는 민중의 공화국이었다 할지라도 귀족제로 운영되고 있었다는 것이다. 이러한 모든 것에도 불구하고 결과는 정반대로 나타나 그의 이론은 통용될 수 없기에 이르렀다. 그리하여 그는 마침내 진실의 힘에 눌려 자신의 비일관성을 인정하고 고대 로마의 공화국은 정치 체제나 행정에 있어 모두 귀족제였다고 고백한 것이다[1004, 1884].

[664] 이 모든 것은 티투스 리비우스에 의해 확인되고 있는데, 그는 1년제의 집정관 직책 두 개를 만든 유니우스 브루투스의 규정에 대해 언급하면서 정치 체제에는 어떤 변화도 없었다는 것을 공개적으로 확언하였던 것이다.[449] 실로 현명한 브루투스가 타락에 빠진 로마의 정치 체제를 바로잡기 위해서 할 수 있었던 일은 그것을 원초의 상태로 돌려놓는 것뿐이었다. 1년제의 집정관 직

449) Titus Livius, *Ab urbe condita libri*, II, 1.

책 두 개로도 "왕권은 조금도 줄어들지 않았다"(nihil quicquam de regia potestate deminutum). 그 두 집정관들은 귀족정의 1년제 왕과 다름없었으며, 키케로는 『법률론』에서 그들을 "1년제 왕"(reges annuos)이라고 불렀다. 그들은 귀족제 국가였던 스파르타의 종신제 왕과 비슷했다. 모두가 알고 있듯 이 집정관들은 임기 중 소환될 수 있었다. 그것은 스파르타의 왕이 민선 장관에 의해 견제되었던 것과 비슷했다. 또한 그들은 임기가 끝난 뒤에는 재판에 회부될 수도 있었다. 스파르타의 왕도 민선 장관에 의해 사형을 당할 수 있었다.

리비우스의 이 한 문구는 로마 왕국이 귀족제였으며, 브루투스가 명했던 자유는 민중의 자유, 귀족으로부터 벗어난 민중의 자유가 아니라, 폭군 타르퀴니우스로부터 벗어난 귀족의 자유였다는 사실을 보여준다. 루크레티아 사건이 없었더라면 브루투스라 할지라도 그 일을 할 수 없었겠지만, 그는 자신에게 주어진 기회를 현명하게 활용했다[26]. 그 기회는 평민들을 폭군 타르퀴니우스에 맞서도록 선동할 장엄한 상황을 조성해주었다. 또한 타르퀴니우스는 귀족 계급을 나쁘게 대우했고 많은 원로원 의원이 그에게 살해됨으로써 브루투스는 원로원을 새롭게 충원해야 할 필요가 있었다[316]. 이렇게 함으로써 브루투스는 신중한 계획 아래 두 가지 공적인 혜택을 로마에 가져왔다. 첫째로 그는 몰락하던 귀족 계급을 강화시켰다. 또한 그는 평민들의 호의를 얻었다. 그는 귀족 계급의 재건에 가장 반대했을 가장 용맹한 사람들을 선택하여 그들이 귀족 계급에 편입되도록 만들었던 것이다[624]. 그렇게 그는 그 당시 "가부장들과 평민들 사이에"(inter patres et plebem) 분열되어 있던 도시를 통일한 것이다.

[665] 우리는 사투르누스 시대로부터 시작하여 로마의 왕정에 선행했던 많고 다양한 원인들을 고찰했다. 다음으로 보댕은 왕정이 고대 로마의 공화국에 끼쳤던 많고 다양한 결과를 추적했다. 리비우스는 그 원인과 결과를 연결시켜주는 끊이지 않는 연속성을 고찰했다. 그럼에도 불구하고 로마 왕국이 귀족제였고 브루투스가 확립시켰던 자유가 귀족의 자유였다는 사실을 확증하기에 충분하지 못하다면 우리는 예리하고 문명적인 그리스인들조차 받지 못했던 신으로부터의 특별한 가호를 야만적이고 조야했던 로마 민족이 누렸다고 결론을 내릴 수밖에 없다. 연표에 대한 설명에서 이미 살펴보았듯[101] 투키디데스는 그리스가 가장 개명되었던 펠로폰네소스 전쟁에 이르기까지 그들의 고대에 대해 아무것도 알지 못했던 것이다. 거기에서 나는 제2차 카르타고 전쟁에 이르기까지 로마도 마찬가지였다고 논증했다. 리비우스도 그 이후로는 더 확실하게 로마의 역사를 썼다고 공언했지만, 우리가 더 살펴봤던 그 전쟁의 역사에서 더욱 중요하게 참작해야 할 세 가지의 상황[117]에 대해서는 알지 못한다고 공공연하게 고백했다. 그러나 그렇게 로마인들이 신으로부터 특별한 가호를 받았다고 인정하더라도 남는 것은 모호한 기억과 혼란스러운 상상일 뿐이다. 그리하여 올바른 정신의 소유자라면 고대 로마의 일들에 대해 우리가 도출해낸 결론을 거부할 수 없을 것이다.

제8장
초기 민족의 영웅주의에 대한 추론

[666] 우리가 여기에서 다루고 있는 초기의 영웅시대는 초기 민족의 영웅주의에 대해 논해야 할 엄중한 필요성을 제기한다. 앞서 제시하여 공리[196]와 시적 정치학에서 확립하였던 원리[582]에 따른 이 영웅주의는 고대인들의 비견할 바 없는 지혜의 결과로 태어났다고 철학자들이 상정했던 것과는 완전히 다르다. 왜냐하면 앞서 확인하였듯이[663] 그 철학자들은 "사람들", "왕", "자유"라는 세 개의 단어에 대해 잘못 정의를 내린 문헌학자들에 의해 오도되었기 때문이다. 그들은 영웅시대의 "사람들"에 평민도 포함된다고 생각했고, 그 시대의 "왕"을 군주라 받아들였으며, "자유"를 민중의 자유로 받아들였던 것이다. 게다가 그들은 이 세 개의 단어에 그들 자신의 세련되고 학식 높은 정신에나 적절한 세 가지의 관념을 적용시켰다. 첫 번째는 소크라테스식의 도덕적 신조에 근거하는 정의라는 관념, 두 번째는 인류에 혜택이 되었다는 명성에서 비롯되는 명예라는 관념, 세 번째는 불멸성에 대한 갈망이라는 관념이다. 그 결과 그들은 그 세 가지 잘못된 관념을 적용시켜 왕이나 그 밖의 고대의 위대한 개인들이 그들 자신과 가족과 재산 전체를 봉헌하여 도시 국가나 민족의 대다수를 이루었던 가난한 사람들을 행복하게 만들려고 했다고 믿었다는 것이다.

[667] 그렇지만 그리스의 영웅 가운데 가장 위대했던 아킬레우스에 대해 호메로스는 철학자들의 세 가지 관념과 정반대되는 세

가지 특성을 언급하고 있다. 먼저 정의에 대해 말하자. 결투의 승자가 패자를 매장하도록 하자는 헥토르의 제안에 대해 아킬레우스는 사람들로 하여금 정의를 인식하도록 자연적으로 이끄는 두 가지인 지위의 동등함이나 공동의 운명에 대한 고려는 조금도 없이 다음과 같이 맹렬하게 대꾸한다. "언제 사람이 사자와 협상을 했고, 늑대와 양이 한마음인 적이 있었는가?" 그에 더해 "너를 죽이면 너를 벌거벗긴 채 내 전차에 매달아 사흘 동안을 트로이 성벽 주위로 끌고 다닐 것이다." 게다가 이런 말까지 했다. "그런 뒤에는 네 시체를 내 사냥개들에게 먹이로 주겠다."[450] 만일 불행한 아버지 프리아모스가 몸값을 내고 헥토르의 시체를 반환해가지 않았더라면 그는 그렇게 했을 것이다.

다음으로 명예에 대해 말하자. 아가멤논이 부당하게도 바로 이 아킬레우스로부터 브리세이스를 빼앗아가자 그는 개인적인 슬픔 때문에 인간은 물론 신들에게도 모욕을 당했다고 생각하여 유피테르에게 명예를 회복시켜달라고 요구하며 동맹군으로부터 자신의 군대와 군함을 철수시킴으로써 헥토르가 그리스인들을 학살하도록 허용했다.[451] 이렇듯 자신의 조국에 대해 빚을 지고 있다는 생각에서 나오는 헌신과는 정반대로 그는 자신의 개인적인 모욕에 대한 앙갚음으로 자신의 민족 전체를 파멸에 빠뜨리는 것이다. 게다가 그는 헥토르가 그리스인들을 학살하는 것을 보며 뻔뻔하

450) 『일리아스』, XXII. 261.
451) 『일리아스』, I. 334.

게도 파트로클로스와 함께 즐거워했다는 것이다.[452] 그보다 훨씬 더 위중한 것으로서, 트로이의 운명을 자신의 발뒤꿈치에 두고 있던 그가 트로이인들과 그리스인들 모두 다 전쟁에서 죽어버리고 파트로클로스와 그 둘만이 살아남기를 바라는 수치스러운 소원을 빌었다는 것이다.[453]

세 번째로 불멸성의 갈망에 대해 말하자. 지옥에 있는 아킬레우스에게 오디세우스가 만족하고 있냐고 묻자 그는 가장 비천한 노예가 되더라도 이승에 살고 싶다고 대답했다.[454] 이것이 호메로스가 그리스인들에게 영웅적 덕성의 모범이라고 노래했으며, 언제나 "흠 잡을 수 없는"이라는 수식어로 꾸몄던 영웅의 모습인가! 만일 시인이 마땅히 그래야 하듯 호메로스가 교훈을 줌으로써 즐거움을 주는 시인이라고 믿는다면 이 수식어는 오늘날 우리가 코앞에 파리가 날아다니는 것도 견디지 못하는 사람이라고 말하곤 하는 오만한 인간을 뜻한 것이라고 할 밖에는 이해할 도리가 없다. 그가 가르치려는 것은 중세 돌아온 야만의 시대에 결투를 벌이던 사람들의 도덕 전체의 기반이 되었던 형식적인 미덕에 불과한 것으로서, 그것으로부터 오만한 법과 높은 의무감이 출현하였다. 기사도 로망의 작가들은 편력하는 기사들의 자기만족적인 복수심을 노래했던 것이다[920].

---

452) 『일리아스』, XI. 599.
453) 『일리아스』, XVI, 97.
454) 『오디세이아』, IV, 488.

[668] 이와는 반대로 아리스토텔레스가 말하기를 영웅들이 언제나 평민들에 대해 영원한 적대감을 서약하고 있다는[271] 맹세에 대해 고찰해보자. 또한 덕이 넘치던 시기의 로마의 역사에 대해 고찰해보자. 리비우스는 피로스와 전쟁을 벌이던 그 시절에 대해 "이보다 더 많은 미덕을 산출한 시대는 결코 없었다"(nulla aetas virtum feracior)고 말한다.[455] 성 아우구스티누스가 『신국』에서 인용한 살루스티우스를 따라[456] 우리는 이 시기를 왕들의 추방으로부터 제2차 카르타고 전쟁이 끝날 때까지로 본다. 브루투스는 자유를 위해 자신의 집과 두 아들을 봉헌했다고 한다. 스카이볼라는 에트루리아의 왕인 포르세나를 암살하는 데 실패한 것에 대한 처벌로 자신의 오른팔을 화염 속에 넣음으로써 포르세나가 겁에 질려 도주하게 만들었다. "오만한 사람"이라고 불렸던 만리우스는 자신의 아들이 명예와 용기로 승리를 거두었다 할지라도 군율을 어겼다 하여 아들의 목을 베었다. 쿠르티우스는 무장을 하고 말을 탄 채 땅이 갈라진 죽음의 심연으로 몸을 던졌다. 데키우스 부자는 군대를 살리기 위해 그들 자신을 희생시켰다. 파브리키우스는 삼니움인들이 제시한 황금 더미를 거절했다. 쿠리우스는 피로스의 왕국을 나눠주겠다는 제의를 거절했다. 아틸리우스 레굴루스는 로마인들의 신성한 맹세를 지키기 위해 가장 잔혹한 죽음이 기다리고 있는 카르타고로 돌아갔다.

---

455) Titus Livius, *Ab urbe condita libri*, 9. 16. 19.

456) St. Augustine, *De civitate Dei*, II, 18.

그렇지만 이들 중 어느 누구가 로마의 비참하고 불행한 평민들을 위해 그 일들을 했던가? 그들은 확실하게 전쟁의 부담을 악화시켜 그들을 고리대금의 더 깊은 바닷속으로 던져 넣었다. 그 목적은 그들을 귀족들의 개인적 감옥 깊은 곳에 묻어, 그곳에서 그들이 비열한 노예처럼 등 위의 맨살에 채찍질을 당하도록 만들려는 것이었다. 게다가 로마의 덕성의 시대라고 하는 이 시기에 어떤 종류의 농지법이나 곡물법을 통해 귀족 계급으로부터 평민들의 부담을 조금이나마 덜려고 했던 사람들은 반역자처럼 기소되어 죽음을 맞지 않았던가? 한 예를 들자면 가장 비인간적인 갈리아의 세노네스 족의 방화로부터 카피톨리네 언덕을 지켰던 만리우스 카피톨리누스가 그와 같은 운명을 맞았던 것이다. 로마가 세계의 영웅들의 도시였던 것처럼 그리스의 영웅 도시였던 스파르타에서도 도량이 큰 왕 아기스가 그와 비슷한 운명을 맞았다. 그는 귀족들의 고리대금에 시달리던 라케다이몬의 불쌍한 평민들을 돕기 위해 부채를 말소시키는 법령을 제정하고 유산 상속권을 부여하려다가 5인관의 명령에 따라 교살당했던 것이다[592, 985]. 도량이 큰 아기스 왕이 스파르타의 만리우스 카피톨리누스였던 것처럼 만리우스 카피톨리누스는 로마의 아기스 왕이었으며, 가난하고 억압받는 로마의 평민들에게 다소간 신경을 쓴다는 단순한 혐의만으로 그는 타르페이아 바위에서 아래로 던져졌던 것이다. 그리하여 초기 민족의 귀족들은 스스로를 영웅으로 간주하고 평민들보다 우월한 본성을 갖고 있다고 여겼기 때문에[437] 그들은 불쌍한 대중을 상대로 악정을 펼칠 수 있었던 것이다. 확실히 로마의 역사는 거기에서 로마의 덕성을 확인하려고 하는 총명한 독자들을 당황스럽게 만든다. 그리도 큰 오만 속 어느 곳에 덕성이 있고, 그리도 큰 탐욕 속 어디에 중용이 있으며, 그리도 큰 불평등과 잔인함이 만연한 곳 어디에 정의나 자비가 있다는 말인가?

[669] 이러한 영웅시대 사회의 수수께끼를 풀 수 있는 원리는 다음과 같음이 확실하다.

I

[670] 앞서 논했던 거인들의 야수적인 교육 이후 영웅들의 어린이 교육은 엄하고 거칠고 가혹했다. 그 예는 그리스의 영웅이었던 문맹의 라케다이몬의 사례에서 찾을 수 있다. 이 민족은 자식들을 고통도 죽음도 두려워하지 않도록 키우기 위해 디아나의 신전에서 매질을 가해 때로는 아픔의 고통 속에 죽음에 이르기까지 했다. 이러한 거대한 가부장의 권한은 로마인들과 그리스인들 사이에 남아 있어서, 그들에게는 무고한 신생아를 죽이는 것이 허용된다. 반면 오늘날 우리가 어린아이들을 대하는 부드러운 태도는 우리 본성의 부드러움을 보여준다.

II

[671] 영웅시대에 아내는 지참금으로 사들였다. 그것은 "예물 교환과 빵 대접"(coëmptione et farre)에 따라 로마의 사제들이 거행하

던[548] 엄숙한 혼례 의식에 그 흔적이 남아 있다. 타키투스가 말했듯이[457] 그것은 고대 게르만인들의 관습이기도 했는데, 그것은 초기의 야만 민족 모두가 그러했으리라고 짐작하게 해준다. 아내를 얻는 것은 자식을 얻기 위한 자연적인 필요성 때문이었다. 그 밖에 아내는 노예처럼 취급되었으며, 그 사실은 우리 세계의 많은 곳과 신세계의 모든 곳에서 여러 민족의 관습으로 확인되고 있다. 아내가 지참금을 가져올 경우 그것은 남편으로부터 자유를 사들인 것이며, 남편이 혼례의 비용을 부담하기에 충분하지 못하다는 것을 공개적으로 고백하는 것이었다. 아마도 그것이 황제가 지참금에 많은 특권을 부여하며 옹호했던 이유일 것이다.

III

[672] 자식들이 재물을 획득하고 아내가 저축을 하는 것은 아버지와 남편을 위한 것이었지, 오늘날처럼 그 반대가 아니었다.

IV

[673] 놀이나 여흥은 씨름이나 경주처럼 격렬했다. 따라서 호메로스는 아킬레우스에게 "빠른 발"이라는 수식어를 붙였다. 그것은 창술 시합이나 야생 동물의 사냥처럼 위험하기도 했는데, 체력과

---

457) Cornelius Tacitus, *Germania*, 18.

정신을 단련시키고 목숨을 경시하여 위험을 감내하도록 하기 위함이다.

V

[674] 사치와 세련과 안락은 전혀 알지 못했다.

VI

[675] 고대 영웅시대의 전쟁처럼 모든 전쟁은 종교 전쟁이었다[562]. 종교를 이 『새로운 학문』의 제1원리로 받아들였던 이유 때문에[333] 전쟁은 대단히 격렬했다.

VII

[676] 그러한 전쟁의 결과로 영웅시대에 노예제가 성행했다. 전쟁의 패배자들은 신이 없는 사람들로 간주되어 그들은 사회적 자유와 함께 자연적 자유까지 잃었다. 여기에서 "천부의 자유는 삶에 더 필수적인 물건이 걸려 있을 때 더 맹렬하게 지키며, 삶에 필수적이 아닌 재물을 얻기 위해 사회적 예속에 굴복한다"는 앞서 제시했던 공리[290]가 적용된다.

VIII

[677] 이러한 모든 것 때문에 국가는 자연적으로 가장 강한 사람들로 구성되는 귀족제의 본질을 갖는다. 모든 사회적 명예는 소수의 귀족 가부장들에게 국한되어 있다. 당시의 공공선이란 조국이라는 이름 속에 보존하고 있는 가족 왕국에 존재했다. 여러 번 말했듯이[584] 참된 조국이란 소수의 가부장들의 이익이었으며, 그런 이유로 그 시민은 당연히 귀족이었다. 그러한 본질과 그러한 관습과 그러한 국가와 그러한 계급과 그러한 법으로 최초 민족의 영웅주의가 번성했다. 이 영웅주의는 오늘날 불가능해졌다. 우리의 사회적 본성이 그것과는 정반대되는 명분을 향하기 때문이다. 그 때문에 앞서 논증했듯[292] 두 가지 종류의 다른 국가 체제가 만들어졌는데, 그 하나는 민중의 자유 공화국이고 다른 하나는 군주국이다. 로마의 민중의 자유 시대에 우티카의 카토 단 한 사람만이 영웅이라는 명성을 얻었다. 그는 귀족제 국가의 정신으로 그 명성을 얻었다. 폼페이우스가 몰락하고 그가 귀족 당파의 우두머리로 남았는데, 그는 카이사르의 모욕을 견디지 못하고 스스로 목숨을 끊었다. 군주국에서 영웅은 주군의 명예와 영광을 위해 스스로를 바치는 사람들이다. 그러므로 고통받는 민중이 바라고 철학자들이 논하며 시인이 상상하듯 정의와 인류의 행복에 몸을 바치는(666) 영웅이 가져다 줄 수 있는 혜택이란 우리가 공리에서 밝혔던 것처럼[260] 인간 본성이 바라는 혜택에 포함되지 않는다고 결론을 내리는 것이다.

[678] 초기 민족의 영웅주의에 대해 여기에서 논했던 모든 것들은 로마의 영웅주의와 관련하여 앞서 제시했던 공리들[278~281]에 의해 예시되고 설명될 수 있다. 또한 그것은 투키디데스가 말하고 있듯이[592] 엄격한 아레오파고스의 재판관들이 다스리던 시대 아테네의 영웅주의에도 적용되며, 수없이 많은 증거로 논증하였던[423] 헤라클레이다이, 즉 귀족들의 국가였던 스파르타에도 적용되는 것이다.

제6부

시적 역사학

제1장
시적 역사학의 요약

I

[679] 신학적 시인들의 이러한 신성한 영웅시대의 역사는 불행하게도 카드모스의 신화 속에 묘사되어 있다[541].[458] 그는 먼저 큰 뱀을 죽였다. 즉 태곳적의 거대한 숲을 제거했다는 말이다. 다음으로는 뱀의 이빨을 뿌렸다. 그것은 휘어진 단단한 나무 조각으로 세계 최초의 밭을 갈았다는 말이다. 앞서 말했던 것처럼 철의 사용이 발견되기 이전에 그렇게 밭을 갈았던 것인데, 쟁기의 날

458) Publius Ovidius, *Metamorphoses*, III, 1.

은 "이빨"이라고 불리고 있다. 이 멋진 비유는 아직도 사용된다. 그 뒤 카드모스는 큰 돌을 던졌다. 앞서 설명했듯[583] 그것은 피보호민 혹은 예속민들이 경작하기 원하던 딱딱한 땅을 가리킨다. 그 밭고랑에서 무장한 사람들이 나타났다. 그것은 최초의 농지법을 둘러싼 영웅들의 투쟁에서[264, 597] 영웅들이 그 땅의 주인임을 자처하고 나선 것을 말한다. 그들은 서로 싸우다가 그 대신에 무장하고 단결하여 반란을 일으킨 피보호민들과 싸웠던 것이다. 밭고랑이란 초기의 도시에 형태와 안정성을 부여하기 위해 무기를 바탕으로 단합했던 계급을 뜻한다. 마지막으로 카드모스가 뱀으로 변했다. 그것은 귀족 원로원의 권위의 탄생을 뜻한다. 고대 로마인들이라면 그것을 "카드모스가 땅이 되었다"(Cadmus fundus factus est)라고 말했을 것이며 그리스인들은 카드모스가 피로 법을 쓴 드라콘이 되었다고 말했다[423]. 이 모든 것은 앞서[446] 우리가 설명하겠다고 약속했던 것이다.

카드모스의 신화는 몇 세기 동안의 시적 역사를 포함하고 있으며, 그것은 유아기의 어린아이가 세상을 표현하고자 할 때 겪게 되는 곤경을 보여주는 뛰어난 예이다. 우리는 신화 해석에 따르는 난점의 일곱 가지 근원을 열거할 것이다[814]. 페니키아에서 그리스로 속어 문자를 전달했다고 하는 카드모스가 이러한 역사에 대한 기록을 정확하게 남긴 것이라고? "기독교 세계의 바로"라고 불릴 정도로 박식한 사람이라는 명성에 어울리지 않게 데시데리우스 에라스무스는 수없이 많은 부조리한 것들을 이야기했고, 그중 하나가 이 카드모스의 신화가 카드모스에 의한 문자 발명의 역사를 포함하고 있다는 것이다.[459] 사람들을 위하여 문자를 발명해 큰 혜택을 주었다는 영광스러운 이야기는 명성이 자자하게 널리 알려져 있었던 것이 확실하다. 그런데 그 이야기를 카드모스의 신화라는 장막으로 가려 그리스의 대중이 알지 못하게 만들었고 그 결과 에라스무스의 시대까지도 알려지지 않은 채 남아 있었다고? "속어"(volgo)라는 말부터가 "대중"(volgari)에서 나온 말인데 그 이유가 그 위대한 발명을 대중에게 비밀로 하기 위해서였다고?

II

[680] 그러나 호메로스는 그와 똑같은 역사가 아가멤논이 물려받은 홀(笏)의 상형문자 속에 압축되어 있다고 놀랄 만큼 간결하고 적절하게 말해준다.[460] 그 홀은 불카누스가 유피테르를 위해 만들었다. 유피테르는 대홍수 이후 최초의 번개가 내렸을 때[377] 신과 인간들 위에 그의 왕국을 창시했는데, 그것은 가족 국가의 신성한 왕국이었다[522]. 그 뒤 유피테르는 메르쿠리우스에게 그 홀을 주었다. 그것이 최초의 도시에서 영웅들의 왕국이 태어나게 만든 제1차 농지법을 평민들에게 부여하게 했다는 지팡이였다[604]. 그 뒤 메르쿠리우스는 그것은 펠롭스에게, 펠롭스는 티에스테스

459) Desiderius Erasmus, *De recta latini graecique sermonis pronunciatione dialogus, Opera*(1703), I, 927.

460) 『일리아스』, 2, 101.

에게, 티에스테스는 아트레우스에게, 아트레우스는 아가멤논에게 주었던 것이다. 그것은 아르고스 왕가의 계보 전체를 통해 이어진 것이다.

III

[681] 그렇지만 그것보다 훨씬 충실하고 상세한 것이 아킬레우스의 방패 위에 그려져 있다는 것이 호메로스가 말하고 있는 세계의 역사이다.

[682] I. 처음에는 하늘과 땅과 바다와 태양과 달과 별들이 그려져 있다. 이것은 천지창조의 시대이다.

[683] II. 다음으로는 두 도시가 있다. 한 도시에는 노래와 결혼의 축가와 혼례가 그려져 있다. 그것은 엄숙한 혼례를 통해서만 태어나는 아이들을 포함하는 영웅들의 가족의 시대이다[520]. 다른 도시에는 그런 것이 보이지 않는다. 그것은 영웅들이 예속민들과 함께 살았던 시대를 가리키는데, 그들은 영웅들의 혼례에 따르는 엄숙한 의식을 거행하지 않는 자연적 결혼만을 행할 뿐이다[553]. 그리하여 이 두 도시는 함께 자연 상태,[461] 또는 가족 국가를 의미한다. 이것이야말로 오디세우스의 집사인 에우마이오스가 자신의 조국에 있다고 말한 두 개의 도시였다.[462] 그 두 도시는 모두

461) 또는 "자연적인 국가."
462) 『오디세이아』, XV, 411.

가부장의 지배를 받지만, 거기에서 시민들은 그들의 재산을 차별적으로 나눈다. 그것은 그들 사이에 공통적인 시민권은 없다는 뜻이다. 따라서 결혼의 축가가 없는 도시는 텔레마코스가 집회에서 이타카의 민중을 지칭했던 "다른 사람들"의 도시였다[590]. 이것이 아킬레우스가 자신에게 표출했던 아가멤논의 분노에 대해 불평하며 그가 자신을 정치에 아무런 몫도 하지 못하는 일용노동자로 취급했다고 한 말의 의미였다[597].

[684] III. 그 방패는 전술했던 혼례가 있는 도시에 의회와 법과 재판과 처벌이 있음을 보여준다. 이것은 로마의 귀족들이 평민들과 벌인 투쟁에서 평민들에게 했던 대답과 일치한다. 그들은 혼례와 통치권과 사제직이 자신들만의 것이라고 선언하였다. 법에 관한 지식과 판결은 사제직에 따르는 것인데, 혼례의 엄숙함을 구성하는 전조가 그들만의 것이기 때문에 그 모두가 그들의 전유물이라는 것이다[110]. 이런 이유로 "인간"(viri)이라는 말은 엄숙한 혼례를 거친 남편, 행정관, 사제, 그리고 마지막으로 재판관을 가리키는 말이 되었다. 그 말은 그리스에서 "영웅"이라는 말과 같은 뜻이다. 그렇다면 이것은 예속민의 가족을 바탕으로 가장 엄격한 귀족제의 형태로 세워진 영웅 도시의 시대를 가리킨다.

[685] IV. 다른 도시는 군대로 포위되어 있으며, 그 두 도시는 서로를 먹잇감으로 여기고 있다. 따라서 혼례가 없는 도시, 즉 영웅들의 도시의 평민들은 분리되어 완전히 적대적인 도시가 된 것이다. 이것은 우리가 앞서 논했던 것들을 놀라울 정도로 확인시켜준다. 최초의 외국인 즉 "호스테스"는 영웅 민족의 평민들이었던

것으로서[638] 자주 인용한 아리스토텔레스의 말처럼 그들에 대해 영웅들은 영원한 적대감을 맹세하였던 것이다[271]. 따라서 서로를 외국인으로 간주하는 두 도시는 앞서 논했듯[636] 서로를 약탈하며 영원한 적대감을 실행하고 있는 것이다.

[686] V. 마지막으로 그 방패에는 가족의 시대로부터 출발하는 인간 기술 문명의 역사가 묘사되어 있다. 왜냐하면 모든 것에 앞서서 가부장 왕이 등장하여 구운 황소를 추수한 사람들 사이에서 나누라고 홀을 갖고 명령하고 있기 때문이다. 다음으로는 포도밭이 보인다. 그 다음으로는 양떼, 양치기, 오두막이 보인다. 마지막으로는 춤추는 광경이 묘사되어 있다. 이 그림은 인간의 기술 문명이 필요성에 따라 출현한 순서를 아름답고 참되게 그리고 있다. 처음으로는 필수적인 기술인 빵과 술을 생산하는 농업, 다음으로는 유용한 기술인 목축업, 다음으로는 안락을 위한 기술인 도시건축, 그리고 마지막으로 즐거움을 주는 기술인 춤이 등장하는 것이다[239, 241].

제7부

시적 물리학[463)]

제1장
시적 물리학에 대하여

[687] 이제 시적 형이상학이라는 줄기의 다른 가지로 넘어간다. 시적 지혜는 이 줄기에서 물리학으로 가지를 치며 따라서 그것은 우주론과 천문학으로 뻗어나가는데, 그 결실은 연대기와 지리학으로 맺는다[367]. 여기에서 우리는 논의를 물리학으로부터 시작한다.

[688] 신학적 시인들은 민족들 세계의 물리학에 대해 고려한다. 처음에 그들은 "카오스", 즉 혼돈을 수치스럽게도 여성을 공유하

463) 당시의 의미로서는 "시적 자연학"이 더 적절한 표현인 것으로 사료되지만, 오늘날의 독자들에게는 생소할 것 같아 이렇게 옮겼다.

던 상태에서 인간의 씨앗이 교란된 것이라고 정의했다. 그 뒤 이것으로부터 물리학자들은 자연의 일반적인 씨앗의 교란 상태에 대해 생각하게 되었고, 그것을 표현하기 위해 시인들이 이미 발견하였고 따라서 적절하다고 보았던 그 단어 카오스를 사용했다. 시적 카오스는 교란되어 있다. 왜냐하면 거기에는 인간성의 질서가 하나도 없기 때문이다. 그것은 모호하다. 왜냐하면 문명의 빛이 결여되어 있기 때문이다. 그리하여 영웅들은 빛이 난다고 "인클리티"라고 불렸다[533]. 더구나 그들은 카오스를 모든 것을 닥치는 대로 집어삼키는, 형태가 없는 괴물 오르쿠스라고 생각했다. 왜냐하면 이렇듯 수치스러운 혼교의 시대에 사람들은 인간 고유의 형상을 하지 못했기 때문이다. 그리고 그들은 공백 속으로 빨려 들어갔는데, 왜냐하면 자손에 대한 불확실성 때문에 그들은 아무것도 남겨놓지 않았기 때문이다. 이러한 카오스를 훗날 물리학자들은 자연적 사물의 첫 번째 질료로 만들었는데, 그 자체는 형상이 없으면서도 형상에 굶주려하며 모든 형상을 삼켜버리기 때문이다. 한편 시인들은 거기에 판과 같은 괴물의 형상을 부여했는데, 판은 도시가 아닌 숲에 거주하는 모든 사티로스의 신성을 관장하는 숲의 신이다. 그는 땅 위의 거대한 숲을 떠돌아다니는 불경스러운 유랑민의 처지에 몰린 사람들을 가리키는 시적 인격체인데, 인간의 모습을 했지만 혐오스러운 짐승의 습관을 갖고 있다. 그 뒤 그것은 앞으로 고찰하려고 하는[910] 강요된 알레고리와 함께 "전체"를 뜻하는 "판"(πάν)이라는 이름에 오도되어 철학자들은 그를 우주 형성의 상징인 것처럼 받아들였다. 또한 학자들은 시인들이 프로테우스의 신화를 통해 우주 최초의 질료를 이해하려 한 것이라고 믿었다. 이집트에서 오디세우스는 물 밖에 있으면서 물속에 있는 프로테우스와 싸우는데 항상 새로운 모습으로 변하기에 그를 잡지 못한다.[464] 그러나 학자들은 최초의 인간의 무지함과 단순함을 숭고한 학문으로 만들어낸 것에 불과했다. 왜냐하면 최초의 인간들은 거울 속에 비치는 자신의 모습을 잡으려고 하는 아이들처럼 물에 비친 자신들의 모습과 동작을 보면서 물속에 사람이 있어 항상 다른 모습으로 변한다고 여겼던 것이기 때문이다.

[689] 마침내 하늘에서 번개가 내리자 유피테르는 인간에게 코나투스를 불러일으킴으로써 인간 세계에 출발점을 부여했다[504]. 운동이 육체에 고유한 것으로서 자연 세계를 출발시켰던 필수적인 행위라면 코나투스는 정신의 자유에 고유한 것이다. 앞서 "방법"에서 논했던 것처럼[340] 육체의 코나투스처럼 보이는 것은 단지 감각과 무관한 운동일 뿐이다. 이러한 코나투스로부터 문명의 빛이 나오는데, 그것의 시적 인격체가 아폴론이다. 그 빛으로 영웅들을 아름답게 만드는 문명의 아름다움이 구분된다[533]. 베누스가 이 문명의 아름다움의 시적 인격체인데[565], 물리학자들은 그녀를 자연적인 아름다움의 상징으로 오해하였고, 그 뒤에 그녀는 형상화된 모든 자연의 상징이자, 감각으로 인식할 수 있는 아름답게 장식된 모든 것의 상징이 되었다.

---

464) 『오디세이아』, IV, 365. 그러나 프로테우스와 싸운 사람은 오디세우스가 아니라 메넬라오스이다.

[690] 신학적 시인들의 세계는 네 가지 신성한 원소로부터 나왔다. 유피테르의 번개가 나온 공기[379], 디아나가 수호신인 영원한 샘의 물[528], 불카누스가 숲을 제거한 불, 키벨레 혹은 베레킨티아가 경작한 흙[549]이 그 네 가지이다. 이 넷은 신성한 의례의 요소로서, 전조, 물, 불, 곡물을 가리킨다. 베스타가 그것을 관장하는데, 앞서 말했던 것처럼 베스타는 키벨레 혹은 베레킨티아와 같다. 그녀는 경작지의 여신인데, 울타리가 쳐져 있는 경작지는 탑처럼 높은 곳에 있는 마을의 아래쪽에 있다. 그러한 탑으로부터 "탑에서 쫓겨난"(extorris)이라는 라틴어가 파생되었는데, 그것이 "추방당한"(ex terris)과 같은 말이 되었다. 그녀는 관을 쓰고 돌아다닌다. 그 관에는 "땅의 경계"(orbis terrarum)라는 글이 새겨져 있는데[550], 그것은 인간의 세계를 가리키는 것이 확실하다. 이리하여 물리학자들은 이후 자연을 구성한다고 여긴 네 가지 요소에 대해 연구하게 되었다.

[691] 신학적 시인들은 이 네 가지 요소와 그것으로부터 나오는 무수히 많은 자연적 현상에 생명이 있고 따라서 감각이 있는 형상을 부여했고, 게다가 대체적으로 인간의 형상을 부여하였기 때문에 "시적 형이상학"에서 이미 논했던 것처럼[375] 그리도 많고 다양한 신들이 생겨날 수 있었다. 여기에다가 플라톤은 "정신" 또는 "지성"에 대한 자신의 이론을 손쉽게 침투시켜 유피테르는 에테르의 정신이고 불카누스는 불의 정신이라는 등의 말을 할 수 있었던 것이다.[465] 그러나 신학적 시인들은 이러한 지성적인 물체에 대해 전혀 이해하지 못했기 때문에 호메로스의 시대에 이르기까지 감

각에 반대되는 이성의 힘으로는 인간의 정신을 알 수가 없었던 것이다. 이에 대해서는 『오디세이아』에 두 개의 황금 같은 구절이 있는데, "신성한 힘"(forza sacra)과 "비교(秘敎)의 힘"(vigor occulto)이라는 말들이 그들의 정신 수준을 곧바로 보여주는 것이다.[466)]

제2장
인간에 관한 시적 물리학 또는 영웅적 본질의 물리학

[692] 그러나 물리학에서 가장 위대하고 중요한 부분은 인간의 본성에 대한 고찰이다. 우리는 인류의 이교도 문명의 창시자들이 두려운 종교와 가부장의 가공할 권력을 사용하여 육체와 정신이라는 두 가지의 측면에서 인간 고유의 형상을 어떻게 발생시키고 산출했는지 살펴보았다. 성스러운 세례를 통해 그들은 거인의 체격으로부터 인간에게 고유한 형상을 이끌어냈다[524]. 또한 가정 경제학의 원리를 통해 그들의 야수적인 정신으로부터 인간 정신을 이끌어냈다[524]. 이에 대해 우리는 "시적 경제학"에서 이미 논한 바 있지만, 여기가 그것을 반추하기에 적합한 장소이다.

[693] 신학적 시인들은 극도로 조야한 물리학의 관점을 갖고 다

465) Plato, *Cratylus*, 404.
466) 『오디세이아』, XVIII, 34, 60.

음의 두 가지 형이상학적 생각을 인간 속에서 보았다. 그 둘은 "존재하다"와 "존속하다"이다.[467] 라틴의 영웅들이 "존재하다"를 "먹다"라고 대단히 투박하게 이해했다는 것은 확실하다. "먹다"라는 것이 "숨"(sum)이라는 동사의 최초의 의미였는데, 그 뒤 그 말은 "존재하다"와 "먹다" 모두를 뜻하게 되었다. 오늘날의 농부들도 병에 걸린 사람이 아직도 살아 있는지 물을 때 "아직도 먹고 있는가?"라고 말하는 것이다. 왜냐하면 "존재하다"라는 의미의 "숨"은 극도로 추상적인 것이어서 모든 특수한 개체를 초월하기 때문이다. 즉 그것은 모든 존재에 침투해 있을 만큼 편재(遍在)해 있고, 어떤 개체에 의해서도 제약받지 않을 만큼 가장 순수한 개념이라는 것이다. 반면 그들은 "존속하다"라는 것을 "아래에서 받쳐준다"라는 뜻으로 이해했는데, 사람들이 존속하는 것은 발 위이기 때문에 "존속"은 "발뒤꿈치"에 있다는 것이다. 그리하여 아킬레우스는 자신의 운명을 발뒤꿈치에 두고 있는데, 살고 죽는 그의 운명이 그곳에 있기 때문이었다.

[694] 그들은 육체의 구성을 고체와 액체로 환원시켰다. 고체에는 먼저 "창자"와 "살"이 포함된다. 라틴어에서 "비스케라티오"(visceratio)라는 말은 희생된 제물의 고기를 사제들이 사람들에게 나누어주는 의식을 가리킨다. 그리하여 고기가 식량이었을 때 사람들은 영양을 섭취한다는 말로 "베스키"(vesci)라는 동사를 사용했다. 다음으로는 "뼈"와 "관절"이 들어간다. 관절은 "아르투스"(artus)

---

467) 그 둘의 원어는 각기 "essere"와 "sossistere"이다.

라고 불렀다. 그 말은 "아르스"(ars)로부터 파생되었는데, 고대 라틴어에서 그 말은 "육체의 힘"을 뜻했다. 그리하여 "아르티투스"(artitus)라는 말은 "인간의 강인함"을 뜻했던 것이다. 그 뒤 "아르스"라는 단어는 정신의 능력을 굳건하게 만드는 모든 관념, 즉 예술을 뜻하는 말로 바뀌게 되었다. 다음으로는 "힘줄"이 들어간다. 그것은 사람들이 실물어로 말을 하던 벙어리였던 시절에 "힘"을 뜻했다. "줄"이라는 의미로 "피데스"(fides)라고 불렀던 이 힘줄로부터 파생되어 "신의 힘"을 뜻하는 "신앙"이 "피데스"라고 불리게 되었고, 이 "힘줄" 또는 "줄" 또는 "힘"으로부터 오르페우스의 리라가 만들어진 것이다[523]. 실로 그들이 이 "힘줄"에 "힘"을 위치시킨 것은 합당한 것이었는데, 왜냐하면 힘줄은 힘을 행사하는 데 필요한 근육을 뻗게 해주기 때문이다. 마지막으로는 "골수"가 있다. 사람들이 여기에 삶의 정수를 위치시킨 것 역시 합당하다. 그리하여 사랑에 빠진 사람은 사랑하는 여인을 "골수"를 뜻하는 "메둘라"(medulla)라고 불렀고, 비슷한 맥락에서 "메둘리투스"(medullitus)라는 말은 "온 마음을 다하여"라는 뜻이며, 엄청난 사랑은 "골수를 태우는 사랑"이라고 불린다. 액체에는 "피"만 있을 뿐이다. 왜냐하면 신경계의 체액이나 정액도 "피"라고 불리기 때문이다. "피에서 생긴"(sanguine cretus)이라는 시구도 "태어난"이라는 뜻을 갖는다.[468] 그 의미도 합당한데, 바로 그것이 피의 본질이기 때문이다. 또한 사람들이 피를 살을 구성하는 섬유질의 즙으

---

468) Maro Publius Vergilius, *Aenaeas*, IV, 191.

로 간주한 것도 합당하다. 그리하여 라틴어에서 "살집이 좋다"는 의미의 "수키플레누스"(succiplenus)라는 말은 "좋은 피에 젖어 있다", 즉 "신선하다"라는 말이다.

[695] 인간 형상의 또 다른 부분인 영혼에 대해서 신학적 시인들은 그것을 "공기"에 위치시켰다. 그리하여 라틴인들은 영혼을 "숨"을 가리키는 "아니마"(anima)라고 불렀다. 또한 그들은 영혼이 삶의 그릇이라고 생각했다. 라틴어에는 "우리는 숨으로 산다"(anima vivimus)라는 적절한 표현이 있으며, 다음과 같은 시구들도 있다. "삶의 공기로 옮겨가다"(ferri ad vitales)라는 말은 "태어나다", "삶의 공기를 들이마시다"(ducere vitales auras)[469]라는 말은 "살다", "삶이 공기로 돌아가다"(vitam referri in auras)[470]라는 말은 "죽다"를 뜻한다. 산문 라틴어에서는 "숨을 들이마시다"(animam ducere)[471]라는 말이 "살다", "숨을 끌다"(animam trahere)라는 말이 "위독하다", "숨을 내뱉다"(animam efflare)[472]라는 말이 "죽다"를 뜻한다. 그 결과 물리학자들은 세계의 영혼을 공기에 위치시키게 되었을 것이다. 또한 신학적 시인들이 삶의 경로를 혈액의 경로에 위치시킨 것도 합당한데, 혈액의 올바른 유통에 우리의 삶이 달려 있기 때문이다.

[696] 그들이 정신(animus)을 감각의 그릇이라고 느꼈던 것도 합

469) Maro Publius Vergilius, *Aenaeas*, I, 391.

470) Marcus Tullius Cicero, *De natura deorum*, I, 54.

471) Cornelius Tacitus, *Annales*, I, 42.

472) Marcus Tullius Cicero, *Pro Milone*, 18.

당하다. 왜냐하면 적절하게도 라틴어에는 "우리는 정신으로 느낀다"(animo sentimus)는 표현이 있기 때문이다. 또한 그들이 "정신"을 남성형으로 "영혼"을 여성형으로 만든 것도 합당하다. 왜냐하면 정신은 영혼 속에서 작동하기 때문이다. 베르길리우스는 정신을 "불 같은 힘"(igneus vigor)이라고 말했다.[473] 이렇듯 정신은 그 수하에 힘줄이나 그와 관련된 물질을 두고 있는 반면 영혼은 그 수하에 정맥과 피를 두고 있다. 그러므로 정신의 그릇은 에테르인 반면 영혼의 그릇은 공기이다. 정신의 비율에 따라 동물의 정신은 빠른 반면 존속의 정신은 느리다.[474] 또한 영혼이 운동을 주관하듯 정신은 코나투스를 주관하며 따라서 그 출발점이다. 그것이 베르길리우스가 말한 "불 같은 힘"이다. 신학적 시인들은 이것을 이해하지는 못했다 할지라도 느끼고 있었다. 호메로스는 그것을 "신성한 힘", "비밀의 활력"[475], "알지 못하는 신"이라고 불렀던 것이다. 그리스인들과 로마인들이 무슨 말이나 행동을 하면서 자신들 내부에 있는 더 우월한 원리를 느꼈을 때 그들이 어떤 신이 그 일을 의도했다고 말했던 것도 그와 마찬가지이다. 그러한 원리를 라틴인들은 "정신의 의도"(mens animi)라고 불렀다.[476] 조야하긴 하지만 그들은 관념이 신으로부터 인간에게로 온다는 것을 논증한 고결한 진리를 이런 방식으로 이해했던 것이다. 그 뒤 형이상학자들의

473) Maro Publius Vergilius, *Aenaeas*, IV, 730.

474) "존속의 정신"은 "식물의 정신"을 가리킨다.

475) Maro Publius Vergilius, *Aenaeas*, VI, 730.

476) Titus Carus Lucretius, *De rerum natura*, IV, 758.

자연 신학은 관념이 육체로부터 온다고 말했던 에피쿠로스주의자들을 논박하는 비길 바 없는 힘을 가진 논리가 되었다.

[697] 그들은 생명의 발생을 이런 방식으로 이해하여 후대의 학자들조차 더 적합한 방식을 알지 못했다. 그 방식은 "임신하다"(concipere)라는 한 단어 속에 포함되어 있는데 그 말은 "잡아들이다"(concapere)라는 단어로부터 파생되었다. 그것은 우리의 시대에 논증된 것처럼 공기의 무게도 포함하는 물리적 형체의 본성적인 행동을 표현하는 말인데, 주변의 모든 물체로부터 저항을 극복하고 모든 것을 받아들여 자신의 형상에 적응시키고 동화시킨다는 것이다.

[698] 쇠퇴는 "부패하다"(corrumpi)라는 단어로 슬기롭게 표현된다. 그 말은 육체를 구성하는 모든 부분이 해체되는 것을 의미한다. 그 반대가 되는 말에는 "건전함"(sanum)이 있는데, 왜냐하면 삶은 모든 건전한 부분들로 이루어지기 때문이다. 따라서 그들은 질병이 육체를 구성하는 고체를 부패시킴으로써 죽음을 가져온다고 생각했던 것이다.

[699] 신학적 시인들은 정신의 모든 내적 기능을 머리, 가슴, 심장이라는 육체의 세 부분으로 환원시켰다. 모든 인식 기능은 머리에 속한다. 그 모든 기능은 상상력을 포함하고 있기 때문에 그들은 기억력을 머리에 위치시켰다. 그리스어에서 상상력을 뜻하는 "판타지아"가 라틴어에서는 기억력을 뜻했던 것이다. 중세의 돌아온 야만 시대에는 "창의력"(ingegno)을 가리키는 말로 "상상력" 즉 "판타지아"가 사용되었고, "창의력이 풍부한 사람"을 가리키는 말

로 "상상력이 풍부한 사람"이라는 말이 사용되었다. 중세의 이탈리아어로 동시대인이 쓴 전기에서 콜라 디 리엔조가 그런 사람이었다고 묘사되고 있다.[477] 이 전기는 우리가 논하고 있는 고대 영웅들의 유사한 본성과 관습이 리엔조에게서도 나타난다고 하는데 그것은 여러 민족들이 같은 본성과 관습을 반복하고 있다는 사실에 대한 큰 증거이다[1046].

그렇지만 상상력은 다시 떠오른 회상에 불과하고 창의력은 기억한 것을 갖고 공들여 작업한 것일 뿐이다. 우리가 논하고 있는 영웅시대의 인간 정신은 글쓰기의 참된 기술에 의해 세련되게 바뀌지도 않았고, 어떤 계산이나 논증을 실천함으로써 정제되지도 않았으며, 오늘날의 언어에는 풍부하게 나타나는 추상적인 용어로 추론하지도 못했기 때문에, 앞서 "방법"에서 논했던 것처럼 [378] 인간의 정신은 머리와 가슴과 심장으로부터 발현되는 세 가지의 능력에서만 그 힘을 발휘할 수 있었다. 그 셋은 모두 인간 정신의 최초의 작동과 관련되는데, 그것을 조정하는 기술이 토피카이며 그 두 번째의 작동을 조정하는 것은 비판이다. 비판이 판단의 기술이라면 토피카는 발명, 또는 창작의 기술이다. 그것은 "시적 논리학"의 마지막 추론에서 논한 것과 같다[495~498]. 사물의 발명이 그에 대한 판단보다 먼저 오는 것이 당연하기 때문에 세계의 유아기에 사람들이 정신의 최초의 작동과 관련한 일에 전념했던

477) *La Vita di Cola Rienzo*, ed. Zefirino Re, Firenze, 1854, 140. 콜라 디 리엔조(1313~1354)는 중세 이탈리아의 정치가였다.

것은 당연하다. 왜냐하면 그 시기에는 삶의 필요성과 유용성 때문에 모든 발명이 불가결했기 때문이다. "참된 호메로스의 발견"[782]에서 충분히 논증하겠지만 그러한 필요성과 유용성은 철학자들이 등장하기 훨씬 이전에 충족되었다. 그렇다면 신학적 시인들이 기억력을 "뮤즈의 어머니"라고 불렀던 것은 옳다. 이미 살펴봤던 것처럼[508, 534] 뮤즈는 인간성의 모든 예술을 가리키기 때문이다.

[700] 이러한 맥락에서 앞서 "방법"에서 말했던[338] 대단히 중요한 고찰을 다시 한 번 강조해야만 한다. 즉 이교도의 인간 문명을 창시했던 초기의 인간들이 어떻게 생각했는지 오늘날의 우리는 이해하기는커녕 실로 상상조차 할 수 없다는 것이다. 왜냐하면 그들의 정신은 개별적인 사물에만 집착하여 프로테우스의 신화에서 살펴보았듯[688] 표정의 변화들까지도 새로운 얼굴로 간주했기 때문이다. 그들은 모든 새로운 감정을 새로운 심장, 새로운 가슴, 새로운 정신이라 여겼다. 그런 이유로 "입"(ora), "얼굴"(vultus), "정신"(animi), "가슴"(pectora), "심장"(corda) 등의 단어는 숫자의 개념이 아니라 인간 본성 때문에 복수형으로 사용되지만 단수의 뜻을 갖는 시적인 복수형으로 존재하는 것이다.[478]

[701] 신학적 시인들은 가슴을 모든 감정이 위치하는 자리로 만들었고, 합당하게도 가슴 아래의 두 지점에 감정 자극의 출발점을 두었다. 분노의 원천은 위(胃)에 두었다. 왜냐하면 압박해오는 고통

---

478) 그 단어들의 단수형은 다음과 같다. "os", "vultus", "animus", "pectus", "cors".

에 대응하기 위해 주위의 담즙 분비 기관으로부터 전달받은 담즙을 그곳에서 분배함으로써 위의 연동 운동을 강화시키기 때문이다. 성욕의 원천은 또 다른 곳인 간에 두었는데, 그곳은 "피의 공장"이라고 정의되었다. 시인들은 간을 "심장 앞에 있는" 기관이라 하여 "프라이코르디아"(praecordia)라고 불렀다. 티탄족 하나가[479] 여러 동물들마다 각각의 가장 감한 감정을 간 속에 이식했다고 한다. 조야하다 할지라도 그들은 성욕이 모든 감정의 어머니임을 이해했고, 감정이 우리의 체액 안에 존재한다는 것을 알았다.

[702] 신학적 시인들은 심장을 모든 사려의 자리로 만들었다. 그리하여 영웅들은 심장 속에서 그들의 걱정을 "움직이고"(agitabant), "흔들고"(versabant), "되돌렸던"(volutabant) 것이다. 왜냐하면 그들은 감정에 의해 흔들리지 않는 한 어떤 일도 할 생각을 하지 않을 정도로 우둔하고 무분별했기 때문이다. 따라서 라틴어에서는 "현자"를 "심장이 있는 사람"(cordati)이라고 불렀고 그 반대로 "바보"를 "심장이 없는 사람"(vecordes)이라고 불렀던 것이다. 그들은 "결심"을 "느낀 것"(sententiae)이라 불렀다. 왜냐하면 그들은 느낀 대로 판단했으며, 따라서 영웅들의 판단은 질료에 있어서는 그를지 몰라도 형상에 있어서는 언제나 옳기 때문이다[825].

479) 프로메테우스를 가리킨다.

제3장
영웅적 문장(文章)에 관한 추론

[703] 초기 인간들의 정신은 모든 것을 개별적으로만 인식했기 때문에 짐승과 다름이 없었고, 그런 이유에서 새로운 감각 인식이 이전의 감각 인식을 완전히 지워버리기 때문에 비교나 우회적인 논리가 불가능했다. 그런 이유에서 그들의 문장은 감정을 느꼈던 사람에게만 개별화된 형태로 만들어졌던 것이 확실하다 [825].[480] 카툴루스가 번역한 사포의 서정시 중에서 디오니시우스 롱기누스가 장엄함의 예로 찬탄을 금치 못한[481] 문장이 있는데, 그것은 사랑에 빠진 사람이 사랑하는 여인 앞에서 자신을 빗대어 직유로 표현한 것이다. "그는 내게 신처럼 보인다"(Ille me par esse deo videtur).[482] 그렇지만 이것은 장엄함에 있어서 부족하다는 것이었다. 왜냐하면 그 문장은 자신의 감정을 개별화시키지 않았기 때문이라는 것이다. "우리는 신들의 삶에 도달했다"(Vitam deorum adepti sumus)는[483] 테렌티우스의 시구처럼 1인칭 시점에서 말해야 한다는 것이다. 이러한 감정은 말한 사람만의 것임에도 불구하고 1인칭 복수형으로 썼기 때문에 공통적인 감정의 풍미를 갖고 있다. 그렇지만 바로 이 시인의 또 다른 희극에서 그 감정은 장엄

480) "1인칭"의 시점으로 씌어졌다는 뜻으로 이해할 수 있을 것이다.
481) Pseudo Longinus, *De sublimitate*, X, 1~2.
482) Gaius Valerius Catullus, *Catullus* 51.
483) Publius Terentius Afer, *Heautontimorumenos*, 693.

함의 최상의 단계로 격상되는데, 1인칭 단수의 형태로 말을 함으로써 표현한 사람만의 개별적인 감정을 드러냈다는 것이다. "나는 신이 되었다"(Deus factus sum).[484]

[704] 그런 이유로 추상적인 문장은 철학자들의 몫이다. 왜냐하면 그것은 보편 개념을 포함하고 있기 때문이다. 감정을 반영하는 일은 그릇되고 냉담한 시인의 몫이다.

제4장
영웅적 기술(記述)에 관한 추론

[705] 마지막으로 신학적 시인들은 정신의 외적 기능을 육체의 다섯 가지 감각으로 환원시켰는데, 그것은 예리하고 생생하고 강력한 감각이었다. 그들에게는 이성이 전혀 또는 거의 없었고 건강한 상상력만이 있었기 때문이다. 이에 대한 증거는 그들이 감각에 부여한 어휘에서 찾을 수 있을 것이다.

[706] "듣다"라는 말인 "아우디레"(audire)는 "끌어들이다"는 말인 "하우리레"(haurire)로부터 파생되었다. 왜냐하면 귀는 다른 물체의 진동을 공기로부터 들이마시기 때문이다. 구분하여 보는 것을 그들은 "눈으로 구별하다"(cernere oculis)라고 말했고 이탈리아어의 "구별하다"(scenere)라는 단어도 여기에서 나왔을 것이다. 왜

484) Publius Terentius Afer, *Hecyra*, 843.

냐하면 눈은 체와 같고 동공은 두 개의 구멍과 같아서 체의 막대기가 먼지를 땅바닥에 걸러내듯, 눈으로부터 동공을 통해 빛의 막대기가 나와 뚜렷하게 보이는 사물에 닿게 되는 것이기 때문이다. 이것이 스토아학파에서 논했고 우리의 시대에는 데카르트가 훌륭하게 증명했던 빛의 막대기이다.[485] 일반적인 의미로 "보다"라는 말은 "눈으로 점령하다"(usurpare oculis)라고 했는데,[486] 본다는 것은 사물을 시각으로 소유한다는 뜻이다. "만지다"(tangere)라는 말은 "훔치다"라는 의미도 갖는다. 왜냐하면 물체를 만진다는 것은 그 물체로부터 무엇인가를 가져가는 것이기 때문인데, 오늘날의 기민한 물리학자들은 그것을 이해하기 시작했다. "맡다"는 말로는 "올파케레"(olfacere)라는 단어를 쓰는데, 그 말에는 냄새를 맡을 때 그 냄새를 만들어낸다는 의미가 담겼다.[487] 실로 후대의 물리학자들은 엄격한 관찰을 통해 감각 기관이 감각되는 성질을 만들어낸다는 것이 참임을 발견했다. 마지막으로 그들은 "맛보다"는 말로 "사페레"(sapere)라는 단어를 썼는데, 그 단어는 적절하게도 풍미를 내는 사물에 적용되었다. 왜냐하면 그들은 사물에 고유한 풍미를 맛보는 것이기 때문이다. 그리하여 훗날 그들은 훌륭한 비유를 통해 사물에 대한 "지혜"(sapientia)라는 말을 만들어냈다. 그러한 "지혜"는 사람들의 견해가 만들어낸 것이 아니라 그 자체의 본

485) René Descartes, *Dioptrique*, 1. 2.

486) Titus Carus Lucretius, *De rerum natura*, I, 300.

487) "olfacere"는 "olere"(냄새 맡다)와 "facere"(만들다)의 합성어로 볼 수 있다.

성 속에 있는 용도로 사용하는 능력을 가리킨다는 것이다.

[707] 여기에서 신의 섭리를 찬미해야 한다. 왜냐하면 인류가 야수의 상태에 빠져 있을 때 섭리는 우리의 육체를 보호하기 위해 우리에게 감각을 부여하였기 때문이다. 비록 야수가 인간보다 훨씬 예리한 감각을 갖고 있기는 하지만, 초기 인류의 감각은 우리를 보존하기에 충분히 예리한 야수적 본성의 감각이었다. 그 뒤 이성의 시대가 도래하면서 육체의 보호를 위해 이성의 조언을 받으며 감각은 무뎌졌다. 이러한 모든 것 때문에 호메로스에게서 보았던 것과 같은 영웅적인 기술(記述)은 너무도 빛나고 명쾌하여 후대의 모든 시인들은 그에 버금가기는커녕 모방하지도 못한다.

제5장
영웅적 관습에 관한 추론

[708] 그러한 영웅의 감각이 구비된 영웅의 본성으로부터 영웅의 관습이 형성되고 정착되었다. 그들은 선조인 거인들로부터 벗어난 지가 얼마 되지 않았기 때문에 극도로 조야하고 야수적이었다. 파타고니아인들에 대해서 말했던 것처럼[170, 338] 그들은 이해력이 부족하지만 상상력은 방대하고 감정은 격렬하다. 따라서 그들은 거칠고 조잡하고 잔인하고 난폭하고 오만하고 까다롭고, 자신의 결심에는 완고하지만 그와 동시에 새롭고 상반되는 대상이 보이면 아주 쉽게 마음이 변한다. 그들은 마치 고집 센 농부

와 같아서 합리적인 논리 앞에는 굴복한다. 그렇지만 그들은 이성의 힘이 약하기 때문에 그 논리가 그들의 마음속에서 떠나기만 하면 그들의 원상태로 되돌아간다. 호메로스가 그리스의 영웅들 가운데 가장 위대하다고 말한 아킬레우스가 그러하듯[667, 786], 영웅들은 이성의 능력이 결여되어 있기 때문에 허세가 많고 과민하다가도 아량이 많고 관대하기도 하다. 아리스토텔레스가 비극의 주제로 받아들일 만한 영웅은 최선도 최악도 아니고 위대한 악덕과 위대한 미덕을 함께 갖고 있는 인물이 되어야 한다는 것을 시작(詩作)의 규칙으로 받든 것은[488] 이러한 영웅적 관습의 예를 염두에 두고 있었기 때문이다. 왜냐하면 최고의 관념만을 실현시키려는 미덕의 영웅주의는 시가 아닌 철학에 속하는 것이기 때문이다. 용맹하나 예의 바른 영웅주의도 호메로스 이후에 출현한 시인에 의한 것이었다. 그들은 새로운 종류의 신화를 만들어내거나, 민족의 창시자에 어울릴 법한 장중하고 엄격한 옛 신화를 관습이 유약해진 시대에 맞추어 변화시키고 최종적으로는 타락시켰던 것이다[81]. 우리는 아킬레우스에게서 이에 대한 큰 증거를 찾을 수 있는데, 그것은 우리가 논하고 있는 역사적 신화의 해석에 규범이 될 수 있을 것이다. 그는 아가멤논에게 브리세이스를 빼앗김으로써 하늘과 땅을 가득 메울 정도로 울부짖으며, 『일리아스』 전체에 소재를 제공해주고 있다. 그럼에도 불구하고 『일리아스』를 통틀어 그 소녀가 곁에 없기에 느끼는 연민의 감정은 조금도 찾아볼 수

488) Aristoteles, *De poetica*, 15.11.1454b.

없다. 마찬가지로 메넬라오스는 헬레네 때문에 그리스 전체를 트로이와의 전쟁 속으로 몰고 가지만, 그 길고 험한 전쟁을 거치면서 헬레네에 대한 연정이나 그녀를 빼앗아가 즐기고 있는 파리스에 대한 질투는 조금도 보이지 않는 것이다.

[709] 영웅들의 문장과 기술과 관습에 대한 세 개의 추론을 통해 우리가 언급했던 모든 것들은 이 책에 이어지는 제3권 "참된 호메로스의 발견"에서 다룰 것이다[780~914].

제8부

시적 우주론

제1장
시적 우주론에 대하여

[710] 신학적 시인들이 그들이 신성하다고 상정했던 물체를 물리학의 원리로 설정하였던 것처럼[401], 그들은 그 물리학에 부합하는 우주론을 묘사했다. 그들은 이 세계가 하늘과 땅과 그 중간에 개재하고 있는 신들에 의해 형성되었다고 간주했다. 하늘의 신은 "천상의 신"(dii superi), 땅의 신은 "지하의 신"(dii inferi), 그 사이에 개재하는 신은 "중간에 있는"(medioxumi) 신이라고 불렀던 것이 확실하다.

[711] 그 세계에서 그들이 최초로 관조했던 장소는 하늘이었으며, 천상에 있는 사물은 그리스인들에게 최초의 "마테마타", 즉 "장엄한 것"이자 최초의 "테오레마타", 즉 "관조해야 하는 신성한

것"이었다[391, 477]. 그러한 사물을 관조하는 것이 라틴어에서 "콘템플라티오"(contemplatio)라고 불리게 된 것은 "하늘의 관자놀이"(templa coeli)라는 말로부터 왔고[391, 478], 동방에서 조로아스터라는 이름이 출현한 것은 보샤르가 말하듯 "별의 관조자"라는 말로부터 파생되었다는 것이다[55, 60, 440]. 별을 관조한다는 것은 점복관들이 밤에 별이 떨어지는 궤적으로 점을 쳐서 전조를 받으려던 것이었다.

[712] 시인들에게 최초의 하늘은 산꼭대기보다 높지 않았다. 그곳은 유피테르의 최초의 번개에 의해 야수적인 방황을 멈췄던 거인들이 정착한 곳이었다. 앞서 충분히 설명했듯이[379] 이곳이 땅을 지배하던 하늘이었으며, 따라서 인류에게 큰 혜택이 베풀어지기 시작했던 출발점이었다. 따라서 그들은 하늘이 산꼭대기라고 생각했던 것이 확실하다. 산꼭대기의 뾰족함으로부터 돌이나 금속에 새기는 도구인 "끌"의 라틴어인 "코엘룸"(coelum)이 나왔다. 아이들이 하늘의 지붕을 떠받쳐주는 기둥이 산이라고 생각한 것도 이와 비슷하다. 아라비아인들도 이러한 우주론의 원리를 『코란』에 기술하고 있다.[489] 이런 기둥 두 개를 헤라클레스의 기둥이라고 불렀다[726]. 기둥의 원래 의미는 그렇게 받쳐주거나 버텨주는 것이었고, 둥근 기둥은 훗날에야 건축에 도입되었다. 호메로스에 따르면 테티스는 아킬레우스에게 유피테르가 다른 신들을 데리고 아틀라스 산으로 잔치를 벌이러 갔다고 말했다.[490] 그곳이 바로 올

---

489) 『코란』, 41.9, 78.6.

림포스 산꼭대기에 있던 하늘의 지붕이었다. 하늘에 올라가 신들을 높은 곳에서 쫓아내기 위해 오사 산 위에 펠리온 산을, 펠리온 산 위에 올림포스 산을 쌓는 식으로 산을 쌓아올렸다는 거인들에 대한 신화는 호메로스 이후에 만들어졌던 것임이 확실하다[399]. 왜냐하면 『일리아스』에서 호메로스는 신들이 언제나 올림포스 산꼭대기에만 있었다고 썼고 따라서 신들을 쫓아내기 위해서는 올림포스 산을 흔드는 것만으로도 충분했기 때문이다. 그 신화는 『오디세이아』에는 나오지만,[491] 잘 맞아 들어가는 것처럼 보이지는 않는다. 왜냐하면 바로 그 서사시에서 오디세우스가 죽은 영웅들을 만나는 지하 세계는 도랑 정도의 깊이밖에 되지 않았기 때문이다. 따라서 호메로스가 『오디세이아』에서 지하 세계에 대해 갖고 있던 관념이 그 정도의 한계를 갖고 있다면 천상 세계에 대한 『일리아스』의 작가로서 그의 관념도 그에 상응하는 정도였을 것이다[879]. 따라서 앞서 증명하기로 약속했던 것처럼 그 신화는 호메로스가 쓴 것이 아니다.

[713] 이 하늘에서 신들은 땅을 지배했고 영웅들과 접촉을 했으며, 그 순서는 유피테르부터 시작하여 앞서 설명했던 자연신통기를 따르는 것이었다[317]. 곡식 이삭으로 만든 관을 쓰고 저울을 들고 있는 아스트라이아는 그 하늘에서 땅 위에 정의를 펼쳤다. 곡식 이삭으로 만든 관을 쓴 것은 영웅들이 평민에게 시행했던 최

490) 『일리아스』, 1. 423.
491) 『오디세이아』, 11.313.

초의 정의가 제1차 농지법이었기 때문이다[597]. 저울을 든 것은 사람들이 처음으로 무게를 알게 되었음을 뜻한다. 그 뒤에야 무게의 척도를 알게 되며 아주 늦게야 숫자를 알게 되는데, 그것이 이성의 근거가 된다[642]. 피타고라스는 육체에서는 더 이상 추출될 것이 없음을 알았기에 인간 영혼의 본질을 수에 둔 것이었다. 페가소스를 탄 벨레로폰처럼 영웅들은 말을 타고 이 천상을 달렸다. 라틴어에는 "말을 타고 날아간다"(volitare equo)라는 표현이 있는 것이다.[492] 이 하늘에서 유노는 은하수를 젖으로 하얗게 칠했다. 그러나 그녀는 불임이었기에 그 젖은 그녀의 젖이 아니었다. 그녀가 수호신으로 있는 영웅들의 혼례를 통해 태어난 적자들에게 물렸던 가족의 어머니들의 젖이었다[513]. 이 하늘 위에서 신들은 시적인 황금 즉 곡식 수레를 타고 돌아다닌다. 거기에서 "황금시대"라는 말이 나왔다[539, 542]. 이 하늘에서는 날개가 사용되었는데, 날기 위해서라거나 재치의 신속함을 상징하기 위해서가 아니라 앞서 충분히 논증했듯이[488] 전조에 의한 근거에 바탕을 둔 영웅들의 법을 상징하기 위해서였다. 그리하여 영웅의 사랑을 가리키는 히멘에게는 날개가 달렸고, 아스트라이아, 뮤즈, 페가소스, 사투르누스, 파마에게도 날개가 달렸다. 메르쿠리우스는 관자놀이와 발뒤꿈치에 날개가 달렸으며, 앞서 말했던 것처럼[604] 이 하늘로부터 무장한 평민들이 있던 계곡으로 제1차 농지법을 전달했던 지팡이에도 날개가 달렸다. 용에도 날개가 달렸다. 고르곤도

492) Maro Publius Vergilius, *Aenaeas*, XII, 650~651.

관자놀이에 날개가 달렸지만, 그 날개 역시 재치를 뜻하지도 날아가는 것을 뜻하지도 않았다[616]. 이 하늘에서 프로메테우스는 태양의 불을 훔쳤다[549]. 영웅들이 부싯돌을 부딪쳐 여름의 뜨거운 태양에 말라붙은 산 위의 가시덤불을 태웠던 그 불이다. 믿을 만하게 전해오는 이야기에 따르면 이것이 히멘의 횃불이 가시나무로 만들어진 이유이다. 불카누스는 유피테르의 발길질 때문에 이 하늘에서 떨어졌다[579, 650]. 파에톤은 태양 마차를 타고 가다 이 하늘에서 떨어졌다[651]. 불화의 사과가 떨어진 것도 이 하늘로부터였다[652]. 이 신화들에 대해서는 모두 설명한 바 있다. 마지막으로 로마인들의 신성한 방패가 내려온 것도 이 하늘로부터였다.

[714] 신학적 시인들이 상정했던 지하 세계 최초의 신은 물의 신이었다. 최초의 물은 "스틱스"라고 불리던 마르지 않는 샘이었는데, 앞서 말했던 것처럼[527] 신들은 그 물로 맹세를 했다. 어쩌면 그런 이유로 플라톤이 땅의 중심부에는 물의 심연이 있다고 말했을지 모른다[634]. 그러나 호메로스에 따르면 신들의 투쟁 당시 플루토는 넵투누스가 지진으로 땅을 열어 지하 세계를 인간과 신들에게 드러내지 않을까 두려워한다.[493] 그러나 심연이 땅의 가장 깊은 창자 속에 있다고 가정한다면 넵투누스의 지진은 정반대의 결과를 가져왔을 것이다. 왜냐하면 지하 세계는 물에 완전히 잠겨버렸을 것이기 때문이다. 이것은 내가 논증하겠다고 약속했던 것

493) 『일리아스』, I. 20. 61.

인데[634], 플라톤의 알레고리는 그 신화와 제대로 조화를 이루지 못하는 것이다. 지금까지 말했던 것들로 볼 때[712] 최초의 지하 세계는 샘의 원천보다 더 깊지 못했던 것이 확실하다. 그 최초의 수호신은 디아나라고 여겨진다. 시적인 역사는 디아나가 세 가지 모습을 하고 있다고 말한다. 즉 하늘에서는 디아나이며, 땅에서는 오빠인 아폴론과 동행하는 여자 사냥꾼 킨티아이며, 지하에서는 페르세포네인 것이다.

[715] 매장과 함께 지하 세계에 관한 관념이 확대되었다. 시인들은 묘지도 "지하 세계"라고 부르게 된 것이었다. 성서에서는 지금도 그 표현을 사용한다. 따라서 지하 세계는 도랑 정도의 깊이였다. 호메로스에 따르면 그곳에서 오디세우스는 죽은 영웅들의 영혼과 만났던 것이다[712]. 왜냐하면 이곳에 엘리시온의 뜰이 있다고 상정되는데, 죽은 사람들의 영혼은 매장된 덕분에 영원한 평화를 누린다. 엘리시온의 뜰은 죽은 사람들의 선량한 영혼인 마네스의 행복한 터전이다.

[716] 그 뒤 지하 세계는 기껏 밭고랑 정도의 깊이가 되었다. 곡식의 종자를 상징하는 케레스, 즉 페르세포네는 신 플루토에게 납치되었다가 그곳에서 6개월 정도를 머무른 뒤 하늘의 빛으로 다시 돌아갔다. 그에 따라 아이네이아스가 지하 세계로 갈 때 가져갔던 황금 가지도 설명이 될 것이다[721]. 베르길리우스는 곡식의 이삭이라는 것을 이미 우리가 알고 있는 황금 사과라는 영웅시대의 비유를 계속시키려 했던 것이다[546].

[717] 마지막으로 지하 세계는 산꼭대기 위 하늘 높은 곳의 반

대편에 있는 평지나 골짜기에 있는 것으로 받아들여졌다. 그곳에는 수치스러운 난교 속에 머물러 있던 방랑자들이 흩어져 있었다. 따라서 그 지하 세계는 에레보스 신의 세계이기도 한데, 그는 카오스의 아들이라고 불리기도 한다. 카오스는 인간 씨앗을 교란시키는 신이다[688]. 또한 에레보스는 문명의 밤의 아버지이기도 하다. 바꾸어 말해 이름이 불분명한 사람들의 아버지라는 것이다. 반면 하늘은 문명의 빛으로 빛나며 따라서 영웅들은 "인클리티"라고 불렸다[513, 689]. 이 지하 세계를 관통하여 망각의 강 레테가 흐른다. 왜냐하면 이 사람들은 후손에게 기억될 어떤 이름도 물려주지 않았기 때문이다. 반면 하늘의 영광은 찬란한 영웅들의 이름 속에서 영원해진다[555]. 자신의 지팡이로 농지법을 전달해주었던[604] 메르쿠리우스가 모든 것을 삼켜버리는 괴물인 오르쿠스로부터 영혼들을 소환해낸 것도 바로 지하 세계로부터였다. "이것으로 그는 오르쿠스로부터 영혼들을 불러냈다"[494]고 하는 베르길리우스의 말은 이러한 인간의 역사를 보존하고 있는 것이다. 바꾸어 말해 후손에게 아무것도 남겨주지 못했기 때문에 모든 것이 삼켜져버려 참혹한 노예와 야수의 상태에 있는 인간들의 삶을 메르쿠리우스가 복구시켜주었다는 것이다. 훗날 그 지팡이는 죽은 자들을 되돌려오는 힘을 갖고 있다는 허황된 믿음 때문에 마법사들이 사용하게 되었다. 로마의 법정관은 노예가 해방되었다는 표시로 어깨를 막대기로 두드리는데, 마치 죽은 자들에게 삶을 되돌려 주

494) Maro Publius Vergilius, *Aenaeas*, IV, 242.

려는 것 같다. 마법사들도 마법을 부릴 때 그 막대기를 사용했는데, 그것은 페르시아의 현자 마법사들이 전조에 의한 점복을 위해 사용했던 것이다. 트로구스 폼페이우스가 유스티누스의 저서를 축약하면서 확인시켜주듯,[495] 이리하여 지팡이에는 신성이 부여되었고, 민족들마다 이것은 신성하며 기적을 행할 수 있다고 여기게 되었다.

[718] 이 지하 세계는 케르베로스가 지킨다. 그는 수치심 없이 사람들이 보는 앞에서도 성욕을 채우는 개와 같다. 케르베로스는 목이 세 개인데, 이미 수차례 고찰했던 것처럼[491] 3이란 최상급을 가리킨다. 왜냐하면 그는 오르쿠스와 마찬가지로 모든 것을 집어삼키기 때문이다. 그가 땅 위에 나타나면 태양은 뒤로 돌아간다. 왜냐하면 그가 영웅의 도시에 들어서자 문명의 빛은 또다시 문명의 밤으로 돌아갔기 때문이다.

[719] 이 지하 세계의 밑바닥에는 타르타로스 강이 흐르고 있는데, 그곳은 죄인들이 처벌을 받는 곳이다. 익시온이 영원히 수레바퀴를 굴리고, 시시포스가 바위를 굴리며 탄탈로스가 굶주림과 목마름에 죽을 고통을 받는, 앞서 설명했던[583] 그 모든 신화가 그곳에서 벌어진다. 그 목마름의 고통을 야기하는 강이 "만족 없는"이라는 이름의 강인데, 아케론 강과 플레게톤 강이 바로 그것이다. 티티우스와 프로메테우스는 이런 사정에 무지한 후대의 신화 작가들에 의해 이곳으로 떨어졌다. 그러나 그들은 하늘 높은

495) Justinianus, *Digest*, XLIII, 3,3.

곳의 바위에 묶여 산의 독수리에게 내장을 뜯어 먹히고 있다. 이미 언급했듯[387] 그것은 전조에 따르는 끔직한 고통을 표현한 것이다.

[720] 그 뒤 철학자들은 그 모든 신화가 그들 자신의 도덕과 형이상학을 고찰하고 설명하기에 적합하다는 것을 알아차렸다. 그 신화는 플라톤으로 하여금 인간이 아닌 신만이 내릴 수 있는 세 가지 처벌을 고안하게 만들었다. 그것은 망각과 수치와 양심의 가책이었다. 또한 그는 신학적 시인들이 말하는 지하 세계가 인간에게 고통을 주는 정신의 정념을 정화시키는 길이라고 해석했다. 그 길을 통해 통합의 길로 들어설 수 있다는 것이었다. 즉 영원히 신적인 것에 대해 관조를 함으로써 인간의 정신은 신과 하나가 될 수 있다고 여겼던 것이다. 그는 신학적 시인들이 말한 엘리시온의 뜰이 바로 그 경지라고 이해했다.

[721] 그러나 초기 민족의 창시자들이 그러한 도덕적, 형이상학적 관념을 갖고 이 지하 세계로 내려온 것은 결코 아니었다. 신학적 시인들은 민족을 창시했던 사람들에 합당하게도 그들이 정치적 관념을 갖고 지하로 내려왔다고 묘사했다. 따라서 그리스 민족을 창시했던 오르페우스도 지하 세계로 내려왔다[523]. 그는 지상으로 나올 때 뒤를 돌아보지 말라는 금기를 어겼기에 아내 에우리디케를 잃었다. 그것은 여자들과 혼교하는 수치스러운 상태로 되돌아갔음을 뜻했다. 모든 민족들마다 창시자의 하나로 꼽고 있는 헤라클레스도 아테네를 창건한 테세우스를 풀어주기 위해 지하 세계로 내려갔다. 테세우스는 페르세포네를 구하기 위해 지하로

내려갔던 것인데, 앞서 말했듯이[541] 페르세포네는 케레스와 같다. 따라서 그것은 뿌린 씨의 익은 곡식을 거두러 갔다는 뜻이다.

『아이네이아스』의 앞 여섯 권에서는 정치적 영웅에 대해, 마지막 여섯 권에서는 전쟁의 영웅에 대해 노래했던 베르길리우스는 고대 영웅시대에 대한 심오한 지식을 갖고 아이네이아스가 지하세계에 내려갔던 것에 대해 가장 상세하게 설명하고 있다. 당시에는 모든 민족마다 무녀가 있었고 그들 열두 명의 이름이 전해져 내려오는데[381], 아이네이아스는 키메의 무녀의 조언과 길 안내를 받았다. 바꾸어 말해 그는 초기 민족의 민중적 지식이었던 점복의 도움을 받았다는 것이다. 앞서 논증했듯[516~518] 고대의 영웅들은 야수적인 기원으로부터 벗어난 지 얼마 지나지 않았기 때문에 여전히 잔인하고 비인간적인 신앙을 실행하고 있었는데, 그러한 피비린내 나는 종교에 따라 아이네이아스는 동맹자였던 미세네스를 제물로 바쳤다. 영웅들은 그들 최초의 동맹자들에[496] 대해 그러한 잔인한 권리를 행사하고 있었던 것이다[558]. 그 뒤 그는 아직 경작되지 않아 덤불로 뒤덮인 땅을 가리키는 태고의 숲으로 들어가 케르베로스의 입에 잠이 오게 하는 먹이를 넣어 잠들게 만들었다. 이것은 오르페우스가 리라 소리로 케르베로스를 잠들게 만들었던 것과 마찬가지인데, 여러 차례 논증했던 것처럼 그 리라는 법을 가리킨다[523, 615]. 또한 헤라클레스는 그리스에서 안타이오스를 묶었던 그 매듭으로 그 개를 묶었고[618], 앞서 밝혔던

496) 즉 하인이나 노예를 가리킨다.

것처럼 이것은 제1차 농지법을 뜻한다[604]. 이렇듯 채워지지 않는 식욕 때문에 케르베로스는 목이 세 개인 것으로 상정된다. 3은 최상급을 가리키며 그것은 엄청나게 큰 목을 가졌다는 의미이다[491].

다시 아이네이아스로 돌아가자. 아이네이아스는 앞서 논했듯이[716] 밭고랑 정도의 깊이였던 지하 세계로 내려가 디스에게 황금 가지를 내밀었다.[497] 디스는 영웅시대 풍요의 신, 즉 시적 황금인 곡물 수확의 신이었다. 이 디스는 페르세포네를 납치한 플루토와 같았다. 왜냐하면 페르세포네는 곡물의 여신인 케레스와 같았기 때문이다. 여기에서 이 위대한 시인 베르길리우스는 곡물 이삭을 상징하는 황금 사과의 비유를 차용하여 수확을 의미하는 황금 가지로 뜻을 확장시켰다. 황금 가지가 줄기에서 뽑히면 또 다른 가지가 그곳에서 자라난다. 첫 번째 수확이 있은 뒤 일 년이 지나지 않으면 새로운 수확이 불가능하기 때문이다. 여기에서 신들이 기분이 좋으면 가지는 손에 잡자마자 쉽게 뽑히지만, 그렇지 않다면 어떤 힘을 주어도 뽑을 수가 없다. 왜냐하면 곡식은 신이 의도하는 곳에서는 당연히 잘 자라지만 신이 의도하지 않는 곳에서는 인간이 어떤 공을 들여도 수확이 불가능하기 때문이다. 아이네이아스는 지하 세계를 관통하여 엘리시온의 뜰로 나아간다. 왜냐하면 영웅들은 경작한 땅에 정착한 뒤에는 앞서 설명했던 것처럼[529] 죽은 뒤에 매장과 함께 영원한 평화를 누리기 때문이다. 여기에서

497) Maro Publius Vergilius, *Aenaeas*, VI, 635.

그는 선조들과 후손들을 본다. 왜냐하면 앞서 살펴보았듯이[715] 시인들이 지하 세계라고 불렀던 묘지라는 종교와 함께 최초의 계보학이 세워졌으며, 이것으로부터 역사가 시작되었기 때문이다 [533].

[722] 신학적 시인들은 울타리 지키기와 관련하여 땅을 인식했는데, 그리하여 "땅"이 "테라"(terra)라고 불리게 되었다. 그러한 영웅 시대의 기원은 "영토"(territorium)라는 단어에 보존되어 있는데, 이 말은 "주권"(imperium)이 행사되는 지역을 가리킨다. 그러나 라틴어 문법학자들은 이 말을 오해하여 로마의 행정관들에게 길을 내주기 위해 파스키스를 들고 군중을 몰아대던 관리에 대한 두려움(terrendo)으로부터 나왔다고 믿었다. 그러나 "영토"라는 단어가 나타났을 당시에는 로마에 큰 군중이 없었다. 왜냐하면 바로에 따르면[498] 로마는 250여 년을 지배하는 동안 스무 개 이상의 민족을 진압했지만 영토는 20마일을 넘지 못했기 때문이다[88]. 오히려 그 단어의 기원은 훗날 사회적 권력이 출현하게 되었던 경작된 땅의 울타리가 베스타 여신의 피비린내 나는 의식에 의해 지켜졌다는 사실에 있을 것이다. 이미 살펴보았던 것처럼 로마의 베스타는 그리스의 키벨레나 베레킨티아와 마찬가지이며, 그녀는 탑으로 된 관을 쓰고 있다. 탑이란 요새화된 위치의 땅이다. 이 관으로부터 이른바 "땅의 경계"가 만들어졌다. 그것은 본디 민족의 세계를 가리켰는데, 훗날 우주론 학자들에 의해 "세상의 경계"(orbis

498) 그러나 실지로는 바로가 아니라 성 아우구스티누스이다.

mundus), 또는 한 단어로는 "세계"(mundus)라는 말로 의미가 확대되었고, 그것은 자연의 세계를 가리키는 말이 되었다[549, 690].

[723] 시적 세계는 세 개의 왕국 또는 지역으로 나뉜다. 즉 유피테르의 하늘 세계, 사투르누스의 지상 세계, 그리고 디스라 불렸던 영웅들의 풍요의 신 플루토의 지하 세계가 그것이다. 디스는 최초의 금인 곡물의 신이었다. 왜냐하면 경작된 땅이 사람들의 참된 재산이었기 때문이다.

[724] 이렇듯 신학적 시인들의 세계는 문명의 4요소로 구성되었다. 앞서 말했던 것처럼 그 뒤 그것이 물리학자들에 의해 자연의 원소로 간주되었다. 즉 유피테르의 요소는 공기였고, 불카누스의 요소는 불이었으며, 키벨레의 원소는 땅, 지하 세계의 디아나의 요소는 물이었다[690]. 앞서 말했듯이[634] 민족들마다 바다로 내려온 것은 뒤늦은 일이었기 때문에 넵투누스를 시인들이 알게 된 것도 늦었다. 그리하여 그가 여기에 포함되지 않은 것이다. 수평선 너머로 펼쳐지는 바다는 모두가 "대양"이라고 불렸고, 대양으로 둘러싸인 육지는 모두가 섬이었다. 호메로스가 대양으로 둘러싸여 있다고 말했던 아이올로스 섬이 그렇다[753]. 곧 논증할 것처럼[742] 그 대양은 그리스의 서풍을 가리키는 제피로스로부터 수태하여 레소스의 말들을 낳았다. 같은 대양의 같은 해안에서 아킬레우스의 말도 태어난 것이 확실한데, 그 말도 제피로스에 의해 수태되었다.

[725] 마지막으로 모든 밋밋한 경사가 "문두스"(mundus)라고 불렸다는 생각으로부터 출발하여 "밋밋하다"라는 라틴어는[499] "쉽다"

라는 뜻을 갖게 되었다. 그 뒤 여성을 다듬어주고, 깨끗하게 만들어주고 세련되게 만들어주는 모든 것은 "여성용 장식품"(mundus muliebris)라고 불리게 되었다. 또한 땅과 하늘의 형태가 구형이기 때문에 원주의 어느 곳에서라도 다른 모든 방향으로 경사가 져 있다. 그리하여 대양은 해안의 모든 땅에 접하며, 전체라는 것은 무수히 많고 다양한 가시적인 형체로 장식되어 있다. 시인들은 이러한 우주를 "문두스"라고 불렀으며, 그것은 자연이 스스로를 장식하고 있다는 대단히 아름답고 장엄한 은유이다.

499) "밋밋하다"라는 뜻의 라틴어에는 "in mundo est"와 "in proclivi est"가 있는데 모두 "쉽다"라는 뜻을 갖는다.

제9부

시적 천문학

제1장
시적 천문학에 대하여

[726] 이러한 세계의 체계는 약간 발전된 형태로 호메로스의 시대까지 지속되었다. 호메로스는『일리아스』에서 신들을 언제나 올림포스 산 위에 배정했으며, 테티스로 하여금 신들이 잔치를 벌이기 위해 올림포스 산에서 아틀라스 산으로 갔다고 아들 아킬레우스에게 말하게 한 것이다. 그리하여 호메로스의 시대에는 땅에서 가장 높은 산이 하늘을 떠받쳐주는 기둥이라고 여겼던 것이다. 따라서 지브롤터 해협의 아빌라 산과 칼페 산은 "헤라클레스의 기둥"이라고 불리게 된 것인데, 하늘을 떠받치느라고 지친 아틀라스를 이어받아 그 일을 했다 하여 그렇게 불리는 것이다.

제2장
고대의 모든 민족들에게서 보이는 천문학 원리의 동일성에 대한 천문학적 · 물리학적 · 문헌학적 논증

[727] 그러나 인간 정신의 무한한 힘이 계속 발전해나가고 전조를 받기 위해 하늘을 관조하는 일 때문에 사람들이 언제나 하늘을 관찰해야 했기 때문에 사람들의 정신 속에서 하늘은 훨씬 더 높아졌고, 그렇게 하늘이 높아진 만큼 신과 영웅들도 높아졌다. 여기에서 시적 천문학을 재확인하기 위해 세 가지의 문헌학적 지식을 사용하는 것이 도움이 될 것이다. 첫 번째는 천문학이 칼데아인들에 의해 이 세상에 태어났다는 것이다. 두 번째는 페니키아인들이 이집트인들에게 칼데아인들의 사분의(四分儀) 사용법과 북극성의 고도에 대한 지식을 전달했다는 것이다. 세 번째는 페니키아인들이 칼데아인들로부터 점성 신학을 배워 그리스인들에게 전달했다는 것이다. 이러한 세 개의 문헌학적 지식에 다음의 두 가지 철학적 진리를 더할 수 있을 것이다. 첫 번째는 퇴폐기에만 일어나는 일로서 민족들이 극단적인 종교의 자유에 빠지지 않는 한 그들은 외래의 신을 받아들이기를 꺼려한다는 인간사에 관한 진리이다. 두 번째는 시각적인 착각에 의해 행성들이 항성들보다 더 크게 보인다는 물리적 진리이다.

[728] 이러한 원리를 전제로 우리는 동방의 모든 민족과 이집트인들과 그리스인들 사이에서는 물론 라티움에서도 민중에 기원을

두고 있는 동일한 천문학이 태어났다고 단언한다. 행성이 항성보다 훨씬 크게 보이기 때문에 그 민족들마다 신들은 행성에, 영웅들은 별자리의 항성에 배정했던 것이다. 그리하여 페니키아인들은 그리스인들 사이에서 신들이 행성들에 위치하여 회전하고 영웅들은 별자리를 구성한다는 것을 알고 있었고, 그 뒤 그리스인들도 똑같은 일이 로마인들 사이에서 일어나고 있음을 쉽게 알 수 있었던 것이다. 그리스인들 사이에서 발견했던 이러한 사례에 바탕하여 페니키아인들은 이집트인들도 마찬가지였다고 쉽게 말할 수 있었다. 이런 방식으로 영웅들과 그들의 법이나 문장(紋章)으로 상징되는 상형문자와 많은 숫자의 큰 신들이 하늘로 격상되어 학식 높은 천문학에 의해 지금까지 이름이 없었던 별들에 이름이 붙게 되었다. 말하자면 별들이라는 그 질료에 별자리와 돌아다니는 행성의 형상이 구비되기에 이른 것이다.

[729] 이렇게 초기의 민족들은 민중적 천문학으로 시작하여 하늘에 그들의 신과 영웅의 역사를 기록하였던 것이다. 그 결과 다음과 같은 불변하는 진리가 나온다. 즉 역사로 기록되어 마땅한 소재는 신성이나 영웅주의로 가득 찬 인간의 기억이라는 것이다. 신성이란 천부적인 창의력이나 비교(秘敎)의 지식에 의한 업적을 가리키며, 영웅주의란 인간의 용맹함이나 민중적 지식에 의한 업적을 가리킨다. 그리하여 시적 역사학은 학식 높은 천문학자들에게 영웅과 그들의 상형문자를 하늘의 한 곳에만 있고 다른 곳에는 없는 항성의 무리를 통해 묘사할 동기를 부여하였고, 돌아다니는 별들에게는 큰 신들을 배정하여 그것이 행성의 이름이 된 것이었다.

[730] 별자리보다는 행성에 대해 조금 더 상세하게 이야기하자. 혼례를 통한 결합에 따르는 정숙함의 여신인 디아나는 잠에 빠진 엔디미온과 조용히 밤을 보내는데, 그녀에게는 밤의 빛을 제공하는 달이 배정된 것이 확실하다[528]. 문명의 아름다움의 여신인 베누스에게는 행성들 가운데 가장 화려하고 밝은 행성인 금성이 배정되었다[565]. 신의 전령이자 문명의 빛으로 옷을 입은 메르쿠리우스는 귀족의 상징인[488] 날개가 달렸다. 날개로 반란을 일으킨 피보호민들에게 농지법을 전달해주었던 것이다. 그는 태양의 빛으로부터 숨겨져 거의 보이지 않는 행성인 수성에 배정되었다. 영웅들을 부르는 "인클리티"라는 말이 나온 문명의 빛의 신인 아폴론에게는 모든 자연적 빛의 원천인 태양이 배정되었다[533]. 피에 젖은 마르스는 비슷한 빛깔의 행성인 화성에 거주한다. 인간과 신들의 왕이자 아버지인 유피테르는 모든 것들의 위에, 그러나 사투르누스보다는 아래 있는 목성에 위치한다[379]. 사투르누스는 유피테르와 시간의 아버지이기 때문에 다른 모든 행성보다 공전 주기가 긴 행성인 토성에 배정되었다[549]. 만일 사투르누스의 날개가 잘못된 알레고리에 의해 시간의 신속함을 상징한다고 한다면 그것은 잘 들어맞지 않는다. 왜냐하면 그 행성은 공전 주기가 가장 길기 때문이다.[500] 그러나 사투르누스는 날개와 함께 낫을 하늘로 갖고 갔다. 그것은 인간의 생명을 거두려는 것이 아니라 곡식을 거두려는 것이었으며, 영웅들은 그 수확으로 햇수를 셌고, 경작된

500) 토성의 둘레에 있는 테를 날개로 해석한 것이다.

땅은 영웅들의 영역이었다. 마지막으로 행성은, 즉 떠돌아다니던 신들은 하늘이 지상에 있었을 때[413] 타고 다녔던 황금 수레, 즉 곡식 수레와 함께 이제 하늘에서 정해진 궤도를 돈다.

[731] 지금까지 논했던 모든 것에 비추어 항성과 행성들이 달 아래 지상의 물체에 큰 영향력을 끼친다고 믿어왔던 것은 신과 영웅들이 지상에서 행사했던 권력으로부터 온 것이라고 말해야 한다. 자연적 원인에 기인하는 것은 없다.

제10부

시적 연대기

제1장
시적 연대기에 대하여

[732] 신학적 시인들은 연대기에 그러한 천문학과 상응하는 출발점을 부여했다. 왜냐하면 "씨를 뿌렸다"라는 뜻의 "사티스"(satis)로부터 파생된 "사투르누스"는 그리스에서 "크로노스"(Χρονος)라고 불리기 때문이다. 그에 따라 크로노스(χρονος)는 "시간"을 뜻한다. 그것은 모두가 농민으로 구성된 초기의 민족들이 곡식을 수확한 것으로 햇수를 세었다는 것을 이해하게 만들어준다. 그것이 농부들이 1년 내내 일을 했던 유일한, 아니면 최소한 가장 중요한 목적이었기 때문이다. 처음에 벙어리였던 그들은 원하는 햇수를 뜻하기 위해 그만한 숫자의 곡식 이삭이나 짚단을 보이거나 수확하는 동작을 했었던 것이 확실하다[431]. 따라서 고대 영웅시대에

대해 누구보다도 잘 알고 있던 베르길리우스가 표현했던 두 구절의 의미를 이해할 수 있게 된다. 첫 번째는 부적절한 표현이었음에도 극도로 현학적인 해석 때문에 부적절하게 왜곡된 것이었는데, 이것은 초기의 시대에 스스로를 제대로 표현하지 못하던 빈곤함을 보여줄 뿐이다. "몇 번의 이삭 뒤 나는 왕국을 보고 놀랄 것이다"(Post aliquot mea regna videns mirabor aristas)라는 이 글은 단지 "몇 년이 지난 뒤"(post aliquot annos)라는 말에 불과하다. 두 번째인 "세 번째의 수확이었다"(Tertia messis erat)라는 표현은 더 명확하다. 오늘날까지도 이탈리아 전체에서 말 잘하기로 평판이 높은 토스카나의 농부들은 "3년이 지났다"라고 말하는 대신 "세 번의 수확을 거두었다"라고 말한다. 로마인들은 우리가 여기에서 논하는바 수확으로 상징하는 시적인 한 해라는 영웅시대의 역사를 "안노나"(annona)라는 단어 속에 보존하고 있는데, 그 말은 해마다 남아도는 물자 중에서도 특히 잉여 곡물의 관리를 뜻한다.[501)]

[733] 그리하여 헤라클레스는 고대 이교 문명에 대해 우리가 알고 있는 모든 것을 얻게 해주는 그리스인들에게 시대를 구분하는 한 기준인 올림픽 경기의 창시자라고 전해져 내려온다. 왜냐하면 그가 숲에 불을 놓아 땅으로 만들었고 그곳에 뿌린 씨로 수확을 거둔 뒤 그것으로 햇수를 계산했기 때문이다. 올림픽 경기는 헤라클레스가 불을 뿜는 네메아의 사자를 물리친 것을 기념하기 위해 네메아인들에 의해 시작된 것이 확실하다. 그 불을 뿜는 사자

501) "안노나"는 한 해를 가리키는 "안누스"(annus)에서 파생되었다.

란 땅 위의 거대한 숲이었다고 앞서 해석한 바 있었는데, 땅을 길들이는 일에는 엄청나게 큰 노력이 필요하기에 그 일에 아주 강한 동물인 "사자"의 이름을 붙여 빗댔다는 것이었다. 앞서 "귀족들의 문장(紋章)에 관한 원리"에서 논했던 것처럼[540, 563] 그 뒤 사자는 가장 강한 동물로 통용되기에 이르렀다. 천문학자들은 곡물 이삭으로 만든 관을 쓴 아스트라이아의 별자리 옆 황도대에 사자의 별자리를 배정하였다. 이것이 때로 원형 경기장에서 사자상이나 태양의 상이 보이는 이유이다. 또한 기둥 위에 알을 얹어놓은 것을 볼 수도 있는데, 그것은 무엇보다도 곡물의 기둥이었음이 확실하며, 알은 개간지로서 바꾸어 말해 앞서 논했듯[564] 거인들에 의해 숲이 불에 타 만들어진 눈이었던 것이다. 그 뒤 천문학자들은 알의 타원형이 태양이 일 년 동안 돌아다니는 궤도의 타원형을 의미한다고 생각했다. 크네프가 입에 물고 있는 알이 우주의 발생을 의미한다고 해석한[605] 마네토보다는 천문학자들의 이러한 해석이 더 적절한 것처럼 보인다.

[734] 앞서 논했던[317] 자연신통기는 신의 시대 내부의 여러 시기의 순서를 정하는 데 도움이 된다. 그러한 시기는 인류 초기의 어떤 필요성이나 유용성에 상응하여 일어나는데, 그 출발점은 언제나 종교이다. 신의 시대는 이교 민족들 사이에서 유피테르들이 출현한 이래, 바꾸어 말해 대홍수 이후 하늘이 번개를 내리기 시작한 이래 최소한 9백 년 이상 지속되었음이 확실하다. 유피테르로부터 시작하는 열두 명의 큰 신들은 그렇게 상정된 영웅의 시대를 열두 개의 작은 시기로 구분하여 시적 역사학의 시대 구분

을 확실하게 만들었다. 예를 들어 신화적 역사에서 대홍수와 거인들 직후에 위치하며 아내 피라와 함께 혼례를 수단으로 가족을 확립하였던 데우칼리온은 그리스인들의 상상력 속에서 엄숙한 혼례의 여신이었던 유노의 시기에 태어났다[511]. 그리스어를 창시했고 그것이 세 아들에 의해 세 개의 방언으로 갈려나가게 했던 헬렌은 아폴론의 시기에 태어났다. 아폴론은 노래의 신으로서 그의 시기에 시적 언어가 운문으로 시작되었다[533]. 히드라 또는 네메아의 사자를 살해한, 즉 땅을 밭으로 만들어 씨를 뿌린 큰 업적을 세웠고 헤스페리아로부터 황금 사과를 찾아왔던 헤라클레스는 경작지의 신인 사투르누스의 시기로 정해진다[540, 549]. 황금 사과의 이야기는 역사로 기술해 마땅한 수확을 가리키는 것이지, 어떤 기생충 같은 해석자들이 말하듯 황금 사과가 석류는 아니다. 한편 페르세우스는 미네르바의 시기에 명성을 얻었던 것이 확실하다[423, 542]. 이미 사회적 권력이 존재하고 있을 당시 그의 방패에는 미네르바의 방패처럼 메두사의 머리가 그려져 있었기 때문이다[589]. 그리고 마지막으로 오르페우스는 메르쿠리우스의 시기 다음에 태어났음이 확실하다[604]. 그는 아직 짐승 같던 그리스인들에게 영웅에 속하던 지식이었던 전조에 의한 신의 힘을 노래해줌으로써 그리스 영웅 민족을 확립시켜 "영웅시대"라는 어휘를 부여하였기 때문이다. 그 시대에 영웅들의 투쟁이 일어났다. 그리하여 오르페우스와 함께 리노스, 암피온, 무사이오스 등등의 영웅 시인들이 번성하였다. 그중 암피온은 카드모스가 테베를 건설하고 3백 년 뒤에 그곳에 돌로 성벽을 쌓았다. 돌을 가리키는 라틴어

"라피스"(lapis)는 "바보"를 가리키기도 하는데 어리석은 평민을 말한다. 그것은 로마가 건설된 뒤 정확하게 3백 년 뒤에 10인관의 손자였던 아피우스가 "짐승처럼 난교를 하던"(agitabat connubia more ferarum) 로마의 평민들에게 전조에서 보이는 신의 힘을 노래해준 것과 마찬가지이다. 로마의 평민은 오르페우스가 말하는 그리스의 짐승과 마찬가지였다. 또한 전조에 대한 지식은 귀족만의 전유물이었다. 그리하여 그는 평민들을 복종시키고 영웅 국가 로마를 확립시켰던 것이다[661].

[735] 여기에서 우리는 시대를 너무 일찍 잡거나 너무 늦게 잡는 시대착오를 네 가지 종류로 분류해야 한다. 첫 번째는 실제로는 많은 일이 일어났지만 확인된 사실은 없는 시대이다. 신의 시대가 그러한데, 인간사의 모든 기원을 그곳에서 찾을 수 있는데도 불구하고 그 시대는 학식 높은 바로에 의해 "암흑시대"가 되어버렸다[52]. 두 번째는 제시된 사실은 풍부하게 많지만 실제로 일어난 일은 없는 시대이다. 2백 년 동안 지속되었다는 영웅시대가 그러한데, 특히 호메로스를 비롯한 영웅 시인들에 의해 신화가 만들어졌다는 잘못된 믿음 때문에 신의 시대에 일어났던 일들로 채워졌던 것이다. 그 사실들은 신의 시대로 되돌려져야 한다. 세 번째는 분리되어야 할 시대를 결합시키는 착오이다. 예컨대 오르페우스라는 단 한 사람의 생애 동안 잔인한 짐승 같던 그리스가 트로이 전쟁을 벌이던 찬란한 문명으로 변했다는 오류를 말한다. 〈연표〉에 대한 주에서 그 연대기의 기괴한 허황됨은 이미 밝힌 것과 같다[79]. 마지막으로 네 번째는 결합되어 있어야 할 시대를 분리시키는 것

이다. 예를 들어 시칠리아와 이탈리아에 있는 그리스의 식민지는 영웅들의 방랑 이후 3백 년이나 지난 뒤에 건설된 것으로 되어 있지만, 실지로는 영웅들의 방랑의 과정에서 그 결과로 건설되었던 것이다[86].

제2장
세계사의 출발점을 결정하기 위한 연대기적 기준
그 출발점은 통상 세계사의 출발점으로 알려진 니노스 왕국보다는 앞선 것임이 확실하다

[736] 우리에게 합리적인 시적 연대기를 부여했던 이른바 자연신통기에 힘입고, 시적 역사학에서 주목했던 여러 종류의 시대착오를 염두에 두면서 세계사의 출발점을 확정하기 위하여 우리는 다음과 같은 연대기적 기준을 설정한다. 그 출발점은 통상적으로 알려져 있는 니노스 왕국보다는 앞선 것이 확실하다.

전락한 인류가 땅 위의 거대한 숲에 퍼진 것은 공리에서 신중하게 산정했던 것처럼[298, 301] 메소포타미아에서부터 시작했음이 확실하다. 불경한 셈족은 단지 1백 년 동안을 동방의 아시아에서, 함족과 야벳족은 2백 년 동안을 세계의 다른 곳에서 야수적인 방랑 생활을 했다. 초기의 민족들 사이에 그리도 많은 유피테르가 퍼져 있었다는 사실은 앞서 확인했던 것처럼[193] 대홍수가 모든 곳에서 있었다는 증거인데, 그 뒤 유피테르의 종교와 함께 민족의 군주들이 운명이 정한 그들 각각의 땅에 정착했다. 그곳에서 신의 시대가 9백 년 지속되었고, 그 끝 무렵에 그들은 해안으로 내려왔던 것이 확실하다. 민족들마다 바닷가에서는 찾을 수 없는 식량과 물을 찾아 땅에 퍼져 있었기 때문에 그 민족들은 내륙에서 창시되었던 것이다. 그리하여 열두 명의 큰 신들 가운데 넵투누스에 대한 관념이 가장 늦게 그리스 사람들의 정신 속에 나타난 것이다[634]. 비슷한 방식으로 라틴인들 사이에서도 라티움의 황금 시대였던 사투르누스의 시대로부터 안쿠스 마르키우스가 오스티아를 점령하기 위해 바다로 내려오기까지는 9백 년이 걸렸다. 그 뒤 그리스인들이 영웅시대라고 부르는 2백 년이 흘렀다. 그것은 미노스 왕의 해적 약탈로 시작하여 폰투스로 떠난 이아손의 해상 원정과 트로이 전쟁으로 이어졌다가 오디세우스가 이타카로 귀환하는 것으로 끝이 난다.

그리하여 페니키아의 수도였던 티레는 내륙으로부터 해안으로, 그리고 그 뒤 페니키아 해의 섬으로 옮겨졌던 것이 확실하며, 대홍수 이후 1천 년 이상이 지난 다음이었다. 티레는 그리스의 영웅시대 이전부터 항해술과 식민지로 명성이 높았는데, 식민지는 지중해로부터 대양까지 널리 퍼져 있었다. 따라서 [이 모든 것은] 모든 인류의 출발점이 동방에 있었고, 최초의 야수적인 방랑은 내륙에서 이루어졌으며, 그 뒤 육지와 해상에서의 영웅들의 법이 생겼고, 마지막으로 페니키아인들의 해상 교역에 의해 초기의 민족들이 나머지 세계로 전파되었다는 사실을 증명하는 증거가 되는 것이다. 우리가 공리로 확인했던[299] 민족의 이동에 관한 이러한 원리는 볼프강 라티우스가 상정했던 것보다 훨씬 더 합리적이다 [300].

[737] 앞서 살펴봤듯[727] 신들의 동일성은 별들로까지 격상되었고, 그것은 페니키아인들이 동방으로부터 그리스와 이집트로 전달했다. 그것을 통해 모든 민족은 동일한 과정을 밟아간다는 것을 확인했다. 그것을 통해 조로아스터부터 세계 최초의 왕국인 아시리아를 건립한 니노스에 이르기까지 칼데아인들이 동방에서 지배했던 것도 비슷한 기간이 걸렸으리라고 짐작할 수 있다.[502] 이집트의 헤르메스 트리스메기스투스로부터 세소스트리스에 이르기까지의 시간도 그에 부합한다. 타키투스가 람세스라고 말했던 세소스트리스는 그곳에 거대한 왕국을 건설했다[85]. 이 둘은 모두가 내륙의 민족이었기 때문에 신의 체제와 영웅의 체제와 민중의 자유라는 연속되는 단계를 밟아왔던 것이 확실하다. 만일 이집트인들이 그들 과거의 모든 역사를 세 시대로 구분했던 것을 받아들인다면[52] 인간 정부의 마지막 형태인 군주제에 도달하기 위해서는 그랬어야 마땅하다는 것이다. 왜냐하면 앞으로 살펴보겠지만 [925, 1007] 군주제는 민중의 무제한적 자유 위에서 태어날 수밖에 없는데 내란이 발생하면 귀족들은 민중에 굴복할 수밖에 없기 때문이다. 권력이 그렇듯 국민들 사이에서 잘게 분산되어 있을 때 그것은 더 쉽게 민중의 자유를 지지하는 한 사람에게 집중되어 궁극적으로 군주가 출현하게 되는 것이다. 그러나 페니키아는 해양

502) 대략 1100년 정도를 말한다.

민족이었고 교역을 통해 부를 축적하였기 때문에 인간 정부의 최초의 형태인 민중의 자유의 단계에 머물러 있었다.

[738] 감각에 의해 확인될 수 있는 사실이 없을 때에는 역사에 대한 기억이 쓸모가 없기 때문에 우리는 이렇듯 단지 이성의 힘만으로도 이집트와 동방의 세계사의 출발점에 아시리아 왕국의 창건을 위치시킬 수 있는데, 그것은 이집트와 동방보다 더 오래되었다[44~58]. 오늘날에 이르기까지 이 왕국의 출현은 여름비에 개구리가 태어나듯 불현듯 이루어진 것처럼 받아들여지고 있다. 그러나 그것은 정부의 세 형태 가운데 가장 늦게 생긴 군주제 형태의 출현에 선행하는 수많은 원인들을 우리가 알지 못하기 때문일 뿐이다.

[739] 이런 방식으로 우리가 여기에서 확인하고자 하는 연대기는 인류가 밟아왔던 관습과 행적의 진척에 맞춰 시대를 정한다. 왜냐하면 우리의 연대기는 그 소재가 시작하는 곳에서부터 시작하기 때문이다[314]. 즉 수확의 횟수로 햇수를 계산했던 크로노스, 또는 사투르누스로부터 시작한다는 것이다. 따라서 그리스인들은 시간을 "크로노스"라고 말한다[73]. 또한 우리의 연대기는 전조를 받기 위해 하늘을 관조했던 우라니아와 함께 시작한다[391]. 또는 떨어지는 별들의 궤적을 통해 신탁을 제시하려던 별의 관조자 조로아스터로부터 시작한다[62]. 앞서 말했던 것처럼[711] 그런 것들이 민족들마다 관조하고 관찰하였던 최초의 장엄하고 신성한 대상이었던 마테마타와 테오레마타였다. 그 뒤 사투르누스가 일곱 번째의 천계(天界)에 오르고 우라니아가 별과 행성의 관조자가

되었을 때 칼데아인들은 광활하게 펼쳐진 평원에 힘입어 천문학자와 점성술사가 되었다. 그들은 천체의 운동을 측정하고 그 위상을 관찰했으며 그것이 달 아래의 물체들에 끼치는 영향력에 대해 상상했다. 헛되게 끝나긴 했지만 그들은 그것이 인간의 자유의지에 대해 끼치는 영향력까지 생각하려 했던 것이다. 이러한 학문들은 그 속성에 부여된 최초의 이름을 아직도 유지하고 있다. 즉 "천문학"이란 별들의 운동 법칙에 관한 학문이며, "점성술"은 별들의 언어에 관한 학문이라는 것이다[474]. 그 둘은 모두 "점복"을 뜻한다. 그것은 "테오레마타"로부터 "신학"이라는 말이 나온 것과 마찬가지이다. 그 말은 신탁, 전조, 점복 등에 나타난 신의 언어에 대한 학문을 가리킨다[379]. 그리하여 마침내 땅을 측량하기 위해 수학이 내려왔는데, 그 척도란 이미 논증하였던 천체의 척도가 아니라면 확인될 수가 없다. 수학 최초이자 가장 중요한 분야인 "기하학"(geometria)은 이름 속에 그에 합당한 기원을 보존하고 있다.[503]

[740] 두 명의 뛰어난 천재 요세푸스 유스투스 스칼리제르와 드니 프토는 엄청나게 박식함에도 불구하고 그들의 학문을 소재로부터 출발하는 데 실패했다. 왜냐하면 스칼리제르는 『시간의 수정』에서, 프토는 『시간론』에서 천문학의 연도로부터 출발하는데, 초기의 민족들 사이에서 천문학은 최소한 1천 년 동안 태어나지도 않았기 때문이다. 그것은 하늘에서 별들과 행성들이 교차하거나 대립하는 것만을 보여줄 뿐 지구 위에서 일어나는 일이나 그 결과에

503) "geometria"는 "땅"(geo)과 "측량"(metria)의 합성어이다.

대해서는 아무것도 확인해주지 못하기 때문이다. 추기경 피에르 데이의 고귀한 시도도 마찬가지였다[169]. 그들의 저작은 세계사의 출발점이나 그 연속성에 대해 큰 결실을 맺지 못했던 것이다.

제11부

시적 지리학

제1장
시적 지리학에 대하여

[741] 이제 시적 역사학의 또 다른 눈인 시적 지리학을 정화시키는 일이 남았다.[504] "인간 정신의 또 다른 속성은 멀리 떨어져 있고 알지 못하는 사물에 대해서는 그들이 알고 있는 것과 그들 앞에 존재하는 것에 의해 판단한다는 것이다"라는 앞서 공리에서 제시했던 인간의 본성에 따라[122], 시적 지리학은 전체적으로는 물론 부분적으로도 그리스 내부의 작은 생각에서 태어났다. 그 뒤 그리스인들이 세계로 진출함에 따라 시적 지리학도 점차 확대되어 오늘날 우리에게 전해져 있는 형태가 되었다. 고대의 지리학자들은

504) 비코가 말하는 시적 역사학의 다른 하나의 눈은 시적 연대기이다.

이러한 진리를 활용하지는 않았다 할지라도 인정하기는 했다. 즉 그들은 고대의 민족들이 먼 이국의 땅으로 이주할 때 그곳의 도시와 산과 강과 언덕과 해협과 섬과 곶에 고향의 이름을 붙였다는 것을 확언하기 때문이다.

[742] 따라서 그리스 내부에서 아시아나 인도는 동쪽에, 유럽이나 헤스페리아는 서쪽에, 트라키아나 스키타이는 북쪽에, 리비아나 마우레타니아는 남쪽에 있는 지역을 가리켰다. 그 뒤 작은 그리스 세계의 이름이 유사한 방향의 세계를 지칭하는 말이 되었다. 이에 대한 명백한 증거는 네 방위에서 불어오는 중요한 바람에서 찾을 수 있는데 처음에 그리스 내부에서 갖고 있던 이름을 이제는 오늘날의 지리학에서 유지하고 있는 것이다. 예컨대 막힘없는 수평선을 갖고 있는 어떤 바다라도 해당되는 오케아노스의 해안에서 레소스의 암말은 제피로스에 의해 수태되는데, 제피로스는 그리스의 서풍을 가리킨다[724]. 또한 바로 그 오케아노스의 해안에서 아킬레우스의 말들도 제피로스에 의해 수태되었다. 아이네이아스가 아킬레우스에게 말했던 것처럼[505] 에리크토니오스의 말은 보레아스에 의해 수태되었는데, 보레아스는 그리스의 북풍을 가리킨다. 이렇듯 중요한 바람과 관련된 진리는 방대하게 확대되었다. 즉 그리스인들의 정신이 엄청나게 확장되면서 호메로스의 시대에 신들이 머물렀던 올림포스 산의 이름은 별들의 하늘로 올라가 그곳에 머무르게 된 것이다.

---

505) 『일리아스』, XX, 221.

[743] 이러한 원리에 의거하여 그리스의 동쪽에 있던 큰 반도가 소아시아라고 불리게 되었고, 그 뒤 "아시아"라는 이름은 동쪽에 있는 세계에 모두 적용되기에 이르렀다. 그와 반대로 아시아의 서쪽에 있는 그리스 자체는 유럽이라고 불리게 되었는데, 유피테르가 황소의 모습을 하고 납치했던 "에우로파"로부터 그 이름이 나온 것이다. 그 뒤 유럽이라는 이름은 서쪽의 대양까지 이르는 거대한 대륙 전체로 확대되었다. 또한 그들은 그리스 서쪽에 있는 지역을 "헤스페리아"라고 불렀는데, 그쪽의 지평선으로 별 헤스페로스가 저녁에 졌기 때문이다. 그 뒤 같은 방향에서 보이던 이탈리아는 훨씬 더 컸기 때문에 대(大)헤스페리아라고 불리게 되었다. 그것은 같은 방향의 에스파냐까지 확대되어 에스파냐는 "먼 헤스페리아"라고 불리게 되었다. 반면 이탈리아에 있는 그리스인들은 바다 건너 동쪽에 보이는 곳을 이오니아라고 불렀고 그리하여 "이오니아 해(海)"라는 이름이 나왔다.[506] 그 뒤 그리스 본토와 아시아의 그리스 영토에 사는 사람들은 방향의 유사성 때문에 동쪽으로 소아시아에 보이는 지역을 이오니아라고 불렀다. 피타고라스가 사모스 출신이라고 말할 때 그 사모스는 오디세우스가 지배했던 섬들 가운데 하나인 첫 번째 이오니아 해에 있는 섬이지 두 번째의 이오니아 해인 에게 해에 있는 사모스 섬이 아니었다고 보는 것이 합리적일 것이다.[507]

506) "이오니아 해"는 그리스와 이탈리아 사이의 바다이다.
507) 비코가 말하는 이 첫 번째 이오니아 해의 사모스 섬은 케팔리니아로 추정된다.

[744] 트라키아에서[508] 마르스가 태어났는데, 그는 그리스의 신이었음이 확실하다. 오르페우스도 그곳 출신임이 확실한데, 그는 그리스 최초의 신학적 시인 중 하나였다.

[745] 그리스의 스키타이에서[509] 아나카르시스가 출현했는데[510] 그는 그리스에 스키타이의 신탁을 남겼다[100, 128]. 그것은 조로아스터의 신탁과 비슷한 것이 확실하다[59]. 그것은 본디 신탁을 통한 역사였을 것이다. 그리하여 아나카르시스는 가장 오래된 신탁의 신으로 받아들여졌는데, 그 뒤 그의 신탁은 날조에 의해 철학의 학설로 바뀌게 되었다. 그와 비슷하게 「오르피카」도[511] 오르페우스의 시라고 여겨지고 있지만, 조로아스터의 신탁과 마찬가지로 시적인 풍미는 전혀 없이 플라톤학파와 피타고라스학파의 냄새만 강하다[128]. 연표에 대한 주에서 의문을 제기했던 것처럼[100] 이 스키타이의 원주민이었던 히페르보레오이인들에 의해 그리스에 두 개의 유명한 신탁인 델포이 신탁과 도도나 신탁이 전해진 것으로 보인다. 아나카르시스는 이 스키타이에서 원주민인 히페르보레오이인들에게 그리스의 법에 의한 문명을 도입하려다가 형인 칼두이다스에게 살해되었다. 반 회른이 말하고 있는 그 야만의 철학으로부터 그리도 큰 혜택을 받아 그가 그들을 위해 법을 제정했다고? 그와 같은 이유로 아바리스도 스키타이인이었

508) 이 "트라키아"는 그리스 내부의 북동 지역을 가리킨다.

509) 이 "스키타이"는 그리스의 최북단에 있는 지역이다.

510) "아나카르시스"가 아니라 "아바리스"이다. 주 206) 참고할 것.

511) 이 저작은 4세기의 위작이라고 여겨진다.

음이 확실하다. 왜냐하면 그도 스키타이의 신탁을 썼다고 전해지는데, 그것은 방금 언급했던 아나카르시스의 신탁과 같은 것이었음이 확실하기 때문이다. 그런데 그가 신탁을 썼다는 것보다 훨씬 뒤에 이단티르소스가 그 스키타이에서 실물어를 사용했다고 한다[99]. 그렇다면 그 신탁은 그리스 철학이 도입된 이후 어떤 날조자가 썼던 것이 확실하다. 그리하여 아나카르시스의 신탁은 학자들의 자만심 때문에 비교(秘敎)의 지혜를 담은 신탁인 것으로 받아들여지게 되었지만 이제는 전해지지 않는다.

[746] 헤로도토스에 따르면[512] 그리스에 영혼불멸의 학설을 전한 살모크시스는 마르스와 마찬가지로 게테인이었다.

[747] 동방의 인도로부터 바쿠스가 승리를 거두고 돌아왔다고 말하지만 그것도 그리스 내부의 인도였음이 확실하다. 그는 황금 수레를 타고 왔다고 하는데, 그것은 곡물이 풍요롭던 그리스 내의 지역에서 왔음을 의미한다. 앞서 설명했듯[508, 540] 헤라클레스가 히드라와 사자를 길들였던 것처럼 바쿠스는 뱀과 호랑이를 길들였던 것이다.

[748] 오늘날까지도 펠로폰네소스에 남아 있는 "모레아"라는 지명은 그리스의 영웅이었던 페르세우스가 그리스 내부의 마우레타니아에서 자신의 과업을 수행했다는 사실을 증명해준다. 왜냐하면 펠로폰네소스가 아카이아보다 남쪽에 위치하듯 아프리카는 유럽

512) Herodotus, *Historiai*, IV, 93~95. 살모크시스는 다뉴브 강 하류에 살던 게테인의 신이었다.

보다 남쪽에 위치하기 때문이다. 여기에서 헤로도토스가 자국의 고대에 대해 얼마나 무지했는지 드러나며, 그 때문에 투키디데스의 비난까지 받는다[101]. 왜냐하면 그는 한때 무어인들이 백인이었다고 기술했기 때문이다.[513] 실지로 그들은 그리스 국내에 있는 모레아인들이었을 것이다. 그곳은 오늘날까지도 "흰 모레아"라고 불린다.

[749] 이와 마찬가지로 아스클레피오스가[514] 그의 의술로 코스섬을 페스트로부터 구했다는 것도[515] 그리스 내부의 이 마우레타니아였을 것이다. 만일 그가 모로코 사람들을 구할 수 있었다면 그는 세계의 모든 곳에서 페스트로부터 사람들을 구했을 것이다.

[750] 헤라클레스가 기둥을 받치고 있는 늙은 아틀라스의 어깨에서 하늘의 무게의 부담을 덜어준 것도 이 마우레타니아에서였다[726]. 아틀라스 산은 이전에 아토스 산이라고 불렸던 지협인데 크세르크세스에 의해 잘려져 마케도니아와 트라키아로 나눠지게 되었다. 그리스와 트라키아 사이에는 지금도 아틀라스라고 불리는 강이 흐르고 있다. 그 뒤 아빌라 산과 칼페 산이 아프리카와 유럽을 갈라놓고 있는 지브롤터 해협에서 헤라클레스가 하늘을 떠받드는 기둥을 고정시켰다고 전해지며[726], 그리하여 아틀라스

---

513) 니콜리니는 헤로도토스의 저작에 이런 내용이 없다고 지적한다. 그는 아마도 비코가 프톨레마이오스나 플리니우스의 저작에서 읽은 내용을 잘못 기억한 것이 아닐까 추정한다. Vico, *Opere*, III, p. 715, n. 13.

514) 비코는 여기에서 히포크라테스와 아스클레피오스를 착각했다.

515) 이 질병을 당시 "무어인들의 페스트"라고 불렀다.

는 그 부근 아프리카에 있는 산의 이름이 되었다. 이와 비슷한 방식으로 호메로스의 작품 속에서 테티스가 아들 아킬레우스에게 말했던 대답의 사실성을 확인할 수 있다. 즉 아들의 불만을 테티스가 유피테르에게 전하지 못하는 이유는 유피테르와 다른 신들이 올림포스 산에서 아틀라스 산으로 잔치를 벌이러 떠났기 때문이라는 것이었다. 우리는 앞서 이 대답으로 신들이 산꼭대기 높은 곳에 거주한다고 언급한 바 있다[712]. 만일 이 대답이 아프리카에 있는 아틀라스 산을 언급한 것이었다면 그것은 너무도 믿기 어렵다. 왜냐하면 호메로스 자신이 메르쿠리우스에 대해 다음과 같이 말하고 있기 때문이다. 즉 메르쿠리우스는 날개가 달렸음에도 오늘날 우리가 모로코라고 부르는 왕국보다 훨씬 가까운 페니키아 해에 있는 칼립소 섬까지 가는 것조차 버겁다고 말했던 것이다[89].

[751] 헤라클레스가 황금 사과를 아티카로 가져온 것도 그리스 내부의 헤스파리아로부터였음이 확실하다[734]. 또한 아틀라스의 딸인 요정 헤스페리데스도 그곳에서 황금 사과를 지키며 살고 있었다.

[752] 이와 마찬가지로 파에톤이 추락했다고 하는[651] 에리다노스 강도 그리스 내부의 트라키아에 있으며 흑해로 들어가는 도나우 강이었을 것이다. 그 뒤 그리스인들이 포 강을 봤을 때 그들은 그 강이 도나우 강처럼 서에서 동으로 흐르는 강이라 하여 포 강을 에리다노스 강이라고 불렀다. 그리하여 신화학자들은 파에톤이 이탈리아에서 추락한 것으로 만드는 잘못을 저질렀던 것이다.

그러나 그리스인들이 별자리에 올린 것은 그리스 민족만의 영웅시대의 역사적 사실이었고, 그중 하나가 에리다노스 강이었다.

[753] 마지막으로 그리스인들이 대양에 이르렀을 때[516] 그들은 수평선을 가로막는 것이 없는 모든 바다가 대양이라는 협소한 생각을 확장시켰다. 이전에 호메로스는 아이올로스 섬을 둘러싼 바다를 대양이라고 불렀던 것이다. 그리고 그 생각과 함께 이름도 확대되어 거대한 대륙 전체를 둘러싼 바다를 대양이라 부르게 된 것이다[724]. 그리하여 넵투누스의 힘도 방대하게 확대되어, 플라톤이 땅의 창자에 위치시켰던 물의 심연으로부터 삼지창으로 땅 전체를 흔들 수 있게 되었던 것이다[634]. 이러한 물리학의 조야한 원리는 앞서 설명한 바 있다.

[754] 이러한 지리학의 원리에 의해 호메로스는 그의 잘못이라고 전가되었던 심각한 오류로부터 완전히 벗어날 수 있다.

[755] I. "연"(蓮)이라 불리는 식물의 껍질을 먹는다고 호메로스가 말했던 "연식인"(蓮食人)들은 훨씬 더 가까운 곳에 살고 있었던 것이 확실하다.[517] 왜냐하면 호메로스는 오디세우스가 말레아 곶으로부터 연식인들이 사는 곳까지 가는 여정이 아흐레가 걸린다고 말했기 때문이다. 만일 그 연식인들이 전해져 내려오는 것처럼 지브롤터 해협의 건너편에 살았더라면 아흐레의 여정이 걸렸다는 것은 믿기 힘들 뿐 아니라 불가능하다. 이것은 에라토스테네스가

516) 대서양을 가리킨다.
517) 『오디세이아』, IX, 80.

주목했던 호메로스의 잘못이었다.[518]

[756] II. 호메로스 시대의 라이스트리곤인들은 그리스의 민족이었던 것이 확실하다.[519] 그는 그들의 낮이 가장 길다고 말했는데, 그것은 전 세계가 아닌 그리스의 민족들 사이에서 그렇다는 말이었다. 이 문장 때문에 아라토스는[520] 이 사람들이 용의 머리 아래에 위치하고 있다고 말했다.[521] 그런데 장중하고 정확한 작가인 투키디데스는 라이스트리곤인들이 시칠리아에 산다고 말했는데, 그들은 시칠리아 섬의 북쪽 끄트머리에 살았던 것이 확실하다.[522]

[757] III. 똑같은 논리에 의하여 킴메리인들도 그리스에서 다른 어떤 민족들보다도 밤이 가장 길었던 것인데, 그들은 그리스의 가장 북쪽에 위치하고 있다. 밤이 길기 때문에 그들은 지하 세계 가까이에 살고 있었다고 말해진다. 따라서 지하 세계로 인도하는 무녀의 동굴 근처에 살았다고 하는 쿠마이인들이야말로 그 위치의 유사성에 비추어 킴메리인들이라고 불렸던 것이 확실하다.[523] 왜냐하면 키르케의 마법에 걸리지 않는 처방을 메르쿠리우스로부터 받았기에 아무런 마력의 힘도 갖지 못한 오디세우스가 단 하루

518) Gaius Plinius Secundus, *Naturalis Historiae*, V, 7, 41.

519) 『오디세이아』, X, 80.

520) Aratos, *Phainomena*, 1, 26. 실지로는 아라토스가 아니라 기원전 2세기의 철학자 Krates가 그의 시에 달았던 주석에 있는 내용이다.

521) "용"은 북극 근처에서 보이는 별자리를 가리킨다. 따라서 "용의 머리 아래"란 북극 지역을 가리킨다.

522) 『펠로폰네소스 전쟁사』, VI, 2, 1.

523) Gaius Plinius Secundus, *Naturalis Historiae*, III, 5, 9.

만에[524] 그 멀리 떨어진 지하 세계를 방문하기 위해 북쪽 끝에 사는 킴메리인들을 찾아갔다가 쿠마이 근처에 있는, 오늘날에는 치르첼로 산이라고 불리는 치르체이 산으로 되돌아왔다고는 믿을 수 없기 때문이다. 그 뒤 그들의 이름은 멀리 떨어진 메오티데 습지[525] 주민들의 이름이 되었다.

[758] 이러한 그리스인들의 시적 지리학에 비추어 살펴보면 동방 고대의 역사에 관한 큰 문제들을 많이 해결할 수 있다. 그러한 문제들은 확실히 동방에 있었던 민족들을 남쪽과 북쪽 아주 먼 곳에 위치시킴으로써 발생했던 것이다.

[759] 우리가 그리스의 시적 지리학에 대해 말하고 있는 것은 라틴 민족들의 고대 지리학에도 통용된다. 본디 라티움은 대단히 협소했던 것이 확실하다. 전술한 것처럼[88] 250년에 걸쳐 다스리면서도 로마는 기껏 20여 개의 민족을 복속시켰고, 제국은 20마일 너머로 확대되지 않았던 것이다. 확실히 이탈리아는 치살피나 갈리아와 마그나 그라이키아를 경계로 그 내부에 국한되어 있었다.[526] 그러나 그 뒤 로마의 정복과 함께 그 이름은 확대되어 방대한 지역을 가리키게 되었다. 토스카나 해(海)의 경우도 마찬가지

---

524) 『오디세이아』, XI, 6~8.

525) "아조프 해"를 가리킨다.

526) "치살피나 갈리아"는 포 강 유역을 가리킨다. 갈리아에 살던 켈트족이 침입해 들어와 지배한 적이 있었기에 "알프스 이쪽 편에 있는 갈리아"이라는 의미로 그렇게 불린다. "마그나 그라이키아"는 이탈리아 남부에 그리스인들이 식민도시를 건설하였던 곳을 말한다. 따라서 초기의 라티움은 이탈리아 반도 중부에 국한되어 있었다는 것이다.

이다.[527] 그 바다는 호라티우스 코클레스 혼자 다리 위에서 에트루리아 군대 전체를 막았을 당시에는 작은 바다였던 것이 확실하다. 그러나 그 뒤 로마의 승리와 함께 그 말은 이탈리아 서해안 전역을 가리키게 되었다.

[760] 이와 똑같은 방식으로 이아손이 해상 원정을 떠났던 폰투스도 프로폰티스라고 불리는 해협에 의해 분리된, 유럽과 아주 가까운 땅이었음이 확실하다. 그 땅에서 폰투스 해라는 이름이 나왔으며, 그 뒤 그 이름은 미트리다테스 왕국이 있었던 아시아 먼 곳의 해안으로 확장되었다. 왜냐하면 똑같은 신화에서 메데이아의 아버지인 아이에테스는 에우보이아 섬의 칼키스 출신이라고 말하기 때문이다. 에우보이아 섬은 오늘날 네그로폰트라고 불리는데, 그곳의 바다에 그 이름이 붙여졌을 것이며, 거기에서부터 "흑해"라는 이름이 파생되어 그렇게 불리고 있는 것이 확실하다. 크레타 섬도 본디 에게 해의 열도 속의 섬 하나였는데, 앞서 설명했던 것처럼[736] 그 섬들의 미궁 속에서 미노아 왕이 아테네인들에 대해 해적 행위를 했던 것이 확실하다. 그 뒤 그것이 지중해로 옮겨져 그곳에 남게 되었다.

[761] 이렇듯 우리는 라틴인들로부터 그리스인들로 돌아왔다. 이제 오만한 그리스인들이 세계로 퍼져나가면서 그들은 트로이 전쟁과 그 영웅들의 방랑의 명성도 함께 퍼뜨렸다. 거기에는 안테노스, 카피스, 아이네이아스와 같은 트로이인들과 메넬라오스,

527) "토스카나 해"는 "에트루리아 해" 또는 "티레니아 해"라고 불리기도 한다.

디오메데스, 오디세우스와 같은 그리스인들이 포함되어 있었다. 그들은 세계 도처에 테베의 헤라클레스와 같은 민족 창시자의 인격체가 널리 퍼져 있음을 알게 된 뒤 그들이 부른 이름인 헤라클레스가 널리 퍼지도록 만들었다. 그리하여 바로는 고대의 민족들 사이에서 그 이름을 마흔이 넘게 꼽을 수 있었고, 라틴인들은 그들의 헤라클레스를 "피디우스 신"이라고 불렀다는 것을 우리는 확인했다[14, 658]. 그 결과 그리스인들은 이집트인에 못지않게 오만함을 보였던 것이다. 이집트인들은 앞서 제시했던 두 개의 공리에 따라[53, 59, 124] 그들이 세계에서 가장 오래된 민족이라고 그릇되게 믿으면서 그들의 유피테르였던 암몬은 세계에서 가장 오래된 신이고, 다른 모든 민족의 헤라클레스는 이집트의 헤라클레스에서 이름을 얻었다고 생각했다. 그리스인들도 그들의 헤라클레스를 세계의 모든 곳으로 돌아다니게 만들면서 괴물을 퇴치하고 영광만을 집으로 갖고 오도록 만들었던 것이다.

[762] 그들은 아르카디아의 에반데르처럼 운문으로 말을 하는 양치기의 시적 인격체도 모든 곳에서 발견했다. 에반데르는 아르카디아에서 라티움으로 와 동향의 헤라클레스에게 피신처를 제공했고 "시"(carmina) 때문에 "카르멘타"라고 불리던 여자와 결혼했다. 그녀가 라틴어 문자를 발명했는데, 그것은 분절된 음성의 형상을 갖춘 것으로서 그것이 시의 질료였다. 마지막으로 지금까지 말했던 모든 것을 확인해주듯 그리스인들은 그들의 쿠레테스가 사투르니아, 즉 고대 이탈리아, 크레타 섬, 아시아에 퍼져 있었음을 알고 난 뒤[593] 라티움에서도 그러한 시적 인격체를 보게 된

것이었다.

[763] 그러나 이러한 그리스의 언어와 관념은 민족들마다 외국인들에게 문호를 개방하지 않던 극도로 야만적인 시기에 라티움에 전파되었다. 리비우스는 다양한 언어와 관습을 가진 많은 민족이 중간에 가로막았기 때문에 피타고라스 자신은 물론 그의 유명한 이름마저도 세르비우스 툴리우스의 시기에 크로톤으로부터 로마에 도달하기 어려웠으리라고 말했다[93]. 이러한 난제를 해결하기 위해 우리는 공리를 통해[306~307] 라티움의 해안에는 그리스의 도시가 세워져 있었는데 훗날 고대의 그림자 속으로 묻혀버리게 되었다는 것을 필연적인 추론으로 제시한 바 있다. 그곳에서 그리스인들이 로마인들에게 문자를 가르쳐주었는데, 타키투스는 그 문자가 그리스의 고대 문자와 유사하다고 말했다[440]. 이것은 로마인들이 바다 건너 그리스 본토는커녕, 마그나 그라이키아의 그리스인들도 아닌 라티움의 그리스인들로부터 문자를 받아들였다는 강력한 논지를 제시하는 것이다. 피로스 왕과 마주친 타란토 전투의 시기까지 로마인들은 그리스 본토를 알지 못했다. 그렇지 않다면 로마인들은 그리스의 고대 문자가 아닌 최신의 그리스 문자를 사용했을 것이다.

[764] 따라서 헤라클레스, 에반데르, 아이네이아스와 같은 이름들은 그리스로부터 라티움으로 들어왔으며 그것은 고대 민족들의 다음과 같은 관습들을 설명해준다.

[765] 먼저, 야만의 시대에는 민족들마다 그들 고유의 관습에 애착을 갖지만 문명화가 시작되면서 그들은 외국의 상품이나 복장

은 물론 외국어도 좋아하게 된다. 따라서 로마인들은 그들의 신 피디우스를 그리스의 헤라클레스로 바꾸었고, "피디우스에 걸고"라는 원래의 맹세 대신에 "헤라클레스에 걸고!", "폴룩스에 걸고!", "카스토르에 걸고!" 같은 표현이 도입되었던 것이다.

[766] 다음으로, 민족들마다 특히 자신의 기원이 야만적이었다고 믿을 이유가 있을 때 명성 높은 외국에 기원을 두고 싶어 한다는 민족의 자부심 때문에[125] 로마인들은 그들의 참된 창시자인 피디우스를 그리스의 창시자인 헤라클레스로, 그들의 전원 시인들의 시적 인격체를 아르카디아의 에반데르로 자발적으로 바꿨다. 그와 비슷하게 중세의 돌아온 야만 시대에 조반니 빌라니는 피에솔레를[528] 아틀라스가 건설했고, 트로이의 왕 프리암이 게르마니아를 다스렸다고 말했던 것이다.[529]

[767] 세 번째로, 민족들마다 외국의 물건을 봤을 때 자국어로 확실하게 표현할 수 없다면 필연적으로 외국어를 사용한다.

[768] 마지막으로 네 번째, "시적 논리학"에서 논했던 것처럼[410] 최초의 인간은 대상으로부터 특성을 추상해내지 못했다. 추상적으로 생각하지 못했기 때문에 그 특성을 말할 때 그 대상 자체를 말했다. 라틴어에는 이에 관한 명백한 사례가 많다.

[769] 로마인들은 사치품을 알지 못하다가 타란토인들에게서 그것을 본 뒤 향수 뿌린 사람을 타란토인이라고 말했다. 그들은

---

528) 피에솔레는 피렌체에 있는 언덕을 가리킨다.

529) Giovanni Villani, *Cronica*, 1.7, 18.

전술을 알지 못하다가 카르타고인들에게서 그것을 본 뒤 그것을 "카르타고의 기술"이라고 말했다.[530] 그들은 화려함을 알지 못하다가 카푸아인들에게서 그것을 본 뒤 화려함이나 뛰어남을 "캄파니아의 건방짐"(supercilium campanicum)이라고 말했다.[531] 누마와 안쿠스는 "사비니인"이라고 불렸다. 왜냐하면 로마인들은 "독실함"이라는 말을 몰랐고 사비니인들은 그러한 특성으로 명성을 얻었기 때문이다. 세르비우스 툴리우스는 "그리스인"이라고 불렸다. 왜냐하면 로마인들은 "교활함"이라는 말을 몰랐기 때문이다. 우리가 방금 말했던 라티움의 그리스 도시를 정복하여[763] 그리스인들을 알게 되기 전까지 그 개념은 표현될 수 없었던 것이 확실하다. 또한 세르비우스 툴리우스는 "노예"라고 불리기도 했는데, 앞서 논증했던 것처럼[107] 평민들에게 제1차 농지법을 가져다줌으로써 그들에게 소작권을 양도한 그의 "나약함"을 다른 방식으로 표현할 수 없었기 때문이다. 어쩌면 이것 때문에 그가 가부장들에게 살해되었을 것이다. 교활함은 나약함에 뒤따르는 속성이기 때문에 로마인들의 강인함과 용맹함과는 맞지 않았다. 로마에는 왕위에 오를 만한 영웅이 없어 비천한 노예의 지배를 받을 수밖에 없었다고 단언하는 사람들은 로마의 기원을 정당하게 평가한 것이 아니며 그 창건자인 로물루스의 지혜를 크게 훼손시킨 것이다.

---

530) Titus Livius, *Ab urbe condita libri*, XXV, 39. 원문에서는 "포에니의 기술"로 표현되어 있다.

531) 카푸아는 캄파니아의 수도이다.

그것은 작가들이 쓴 문헌에만 의존하는 비평가들 때문에 받게 된 부당한 대우이다[143, 348, 392]. 그들의 뒤를 이은 다른 사람들도 그들과 마찬가지로 로마인들을 대했다. 라티움에 강력한 제국을 건설하여 에트루리아로부터 잘 수호해낸 로마인들이 무법의 야만인들처럼 이탈리아 반도와 마그나 그라이키아와 그리스 본토에서 그들의 자유를 명해줄 법을 찾아 헤맸다고? 그것은 모두가 〈12표법〉이 아테네에서 로마로 전해졌다는 우화를 유지시키기 위한 것일 뿐이다.

제2장
아이네이아스의 이탈리아 진출에 대한 추론

[770] 지금까지 논했던 모든 것을 통해서 아이네이아스가 어떤 방식으로 이탈리아에 도착하여 알바에 로마 민족을 창건했고 로마인들이 거기에서 기원을 찾고 있는지 논증할 수 있다. 라티움의 해안에 있었다는[306, 763] 그리스의 도시는 트로이가 있었던 아시아의 그리스인들이 건설한 도시였다. 로마인들은 그들의 정복을 내륙에서 근처의 해안으로 확장할 때까지 그 도시에 대해서 알지 못했다. 그 출발점은 세 번째의 왕 안쿠스 마르키우스였다. 그는 로마와 아주 가까운 해안의 도시인 오스티아를 정복함으로써 시작했다[736]. 오스티아는 로마가 확장하면서 마침내 로마의 외항이 되었다. 그리하여 로마인들은 뭍을 통해 도피해온 아르카디

아인들을 라티움에 받아들였던 것처럼 바다로 도피해온 프리기아인들을 그들의 보호 아래 두고, 영웅시대의 전쟁법에 따라 그들의 도시를 파괴했다. 그리고 아르카디아인들과 프리기아인들은 두 종류의 시대착오로 인해[735] 로물루스의 피신처에서 구원을 받았던 것으로 만들어진 것이다. 즉 아르카디아인들은 시대를 앞서 잡고, 프리기아인들은 시대를 늦게 잡았던 것이다.

[771] 만일 사실이 이렇게 진행되지 않았더라면 공리에서 확인했던 것처럼[307] 로마의 기원을 아이네이아스에 두는 것은 어떤 논리라도 혼란시켜 당혹스럽게 만들 뿐이다. 그러한 혼란과 당혹을 피하기 위해 리비우스를 필두로 학자들은 그러한 기원이 신화에 불과하다고 치부했지만 그들은 우리가 공리에서 말했듯[149] 신화는 공공적 근거를 갖고 있다는 것을 고려하지 못했다. 에반데르는 라티움에서 로마가 건립되기 5백여 년 전에 그곳에 헤라클레스의 피신처를 구해줬다고 한다. 아이네이아스는 알바 왕가를 창건했고 14대에 걸친 왕들의 치세에 특권을 늘려 마침내 알바가 라티움의 수도가 되었다고 한다. 그런데 아르카디아인들과 프리기아인들은 그렇게도 오랜 기간에 걸쳐 방랑을 하다가 최종적으로 로물루스에게서 피신처를 구했다니! 그리스의 내륙인 아르카디아에서 바다에 대해서는 아무것도 모르는 양치기들이 먼 바다를 건너 라티움의 한가운데로 침투했다니! 그것도 첫 번째 왕인 로물루스 이후 세 번째 왕인 안쿠스 마르키우스가 인접한 해안에 최초로 식민지를 만들던 그 시기에. 그리고 그들은 물론 흩어져 있던 프리기아인들은 어떻게 하여 이탈리아에서 이미 강력한 민족이 되었

던 로마인들에 대해 타렌토인들이 알게 된 것보다 4백 년 앞서 라티움에 도달할 수 있었던 것일까[116]? 게다가 마그나 그라이키아에서 이미 잘 알려진 피타고라스라는 이름이 중간에 가로막는 다양한 언어와 관습을 가진 민족들 때문에 크로톤에서 로마에 도달하는 데 2백 년이 걸렸다고 리비우스가 말했던 것보다도 2백여 년 전의 일이라는데[93].

[772] 그럼에도 불구하고 전술한[149] 공리와 일관되게 우리가 말해왔던 것처럼 이러한 민간전승은 처음부터 진리의 공공적 근거를 갖고 있음이 확실하며, 그리하여 민족 전체가 그리도 오랫동안 보존해오고 있는 것이다. 그렇다면? 우리는 티레니아 해안에 많은 도시가 존속했던 것과 마찬가지로 라티움 해안에도 그리스의 도시가 있었음을 인정해야 할 필요가 있다. 이 도시들은 〈12표법〉 이전에 로마인들에 의해 정복되었고, 야만적인 시대의 승리에 따르는 영웅들의 법에 따라 파괴되고, 패배자들은 영웅들의 "동료"(socii)로서 받아들여졌을 것이다[558]. 시적 인격체로서 이 그리스인들은 숲속을 헤매는 방랑자인 "아르카디아인"이라고 불렸고 바다를 통해온 자들은 "프리기아인"이라고 불렸다.

그것은 로마인들이 그들에게 항복한 패배자들을 "로물루스의 피신처에 받아들였다"고 말했던 것과 같은 맥락으로서, 그들은 로물루스가 개간지에 피신처를 열어 그곳으로 사람들이 도피해왔을 때 로물루스가 제정했던 피보호관계에 의거하여 일용노동자가 된 사람들과 마찬가지였다는 것이다. 그렇게 정복되어 항복한 사람들로부터 로마의 평민들이 출현하였던 것이 확실하다. 그것은 왕의 추방으로부터 〈12표법〉까지의 기간에 위치시킬 수 있다.[532)]그것은 그들에게 땅의 소작권을 허용한 세르비우스 툴리우스의 농지법 덕분이었다. 이에 불만을 가진 코리올라누스는 앞서 말했던 것처럼[108] 이 평민들을 로물루스 시대의 일용노동자로 되돌리려 했다. 그 뒤 그리스인들은 모든 곳에서 트로이 전쟁과 영웅들의 방랑 이야기를 퍼뜨렸다. 특히 이탈리아에서는 아이네이아스의 방랑을 이야기했는데, 왜냐하면 이미 그곳에서 그들의 헤라클레스와 에반데르와 쿠레테스를 볼 수 있었기 때문이었다[761~762]. 이런 방식으로 시간이 흐름에 따라 야만스러운 민족의 입에서 민간전승은 변했고 최종적으로는 훼손되었다. 그리하여 아이네이아스는 라티움의 로마 민족의 창시자가 된 것이다. 그러나 보샤르에 의하면 그는 이탈리아에 발을 들여놓은 적이 없었다.[533)] 스트라본은 그가 트로이에서 밖으로 나온 적이 없다고 말했다.[534)] 또한 가장 중요한 호메로스는 그가 트로이에서 죽은 뒤 왕국을 후손들에게 물려줬다고 말했다.[535)] 그리하여 두 가지의 민족의 자만심이 작용했다[125]. 그리스인들은 트로이 전쟁의 명성을 그리도 높이려 했고, 로마인들은 명성 높은 외국에 기원을 두고 있다는 것을 자랑하려 했던 것이다. 그리스인들은 아이네이아스를

---

532) 왕의 추방은 기원전 509년, 〈12표법〉의 채택은 기원전 451년이다.

533) Samuel Bochart, *Lettre à monsieur de Segrais ou dissertation si Enée a jamais été en Italie*(1663).

534) *Geografia*, XIII, 1, 53.

535) 『일리아스』, XXIII, 306.

로마인들 위에 세웠고, 로마인들은 마침내 그를 창시자로 받아들였던 것이다.

[773] 이러한 전설은 피로스와의 전쟁에 이르러서야 비로소 만들어질 수 있었다. 그 이후에야 로마인들은 그리스의 문물을 애호하게 되었기 때문이다. 그것은 외국인들과 오랫동안 광범위하게 교류한 뒤에야 얻을 수 있는 관습이다.

제3장
영웅 도시의 이름과 기술(記述)

[774] 이제 시적 지혜에 대한 논의를 완성시키기 위해서는 명명학과 지역지리학이라는 지리학의 분야에 대해 검토해야 할 일이 남아 있다. 그것은 장소 그중에서도 특히 도시에 이름을 붙이고 기술하는 것을 가리킨다.

[775] 전술한 것처럼[525] 신의 섭리는 영웅의 도시를 강인한 장소에 세웠으며, 고대 라틴인들은 신의 시대에 그곳에 "제단"(aras)이라는 신성한 이름을 붙였던 것이 확실하다. 그 말은 강인한 위치를 가리키는 "요새"(arces)로부터 나온 말이다. 돌아온 야만의 시대에 이탈리아어에서 영지는 깎아지른 바위(rocce)에서 파생된 "요새"(ròcche)로 불리다가 그 뒤 "성"(castella)으로 바뀌었다. 그와 비슷하게 "제단"이라는 말도 영웅 도시의 전역을 가리키는 말로 확대된 것이 확실하다. 앞서 고찰했던 것처럼[546, 611] "외국인

들과의 경계"라는 의미로서 그것은 "밭"(ager)이라 불리었고, "시민들의 사법권"이라는 의미로는 "영토"(territorium)라고 불렸다. 이 모든 것을 말해주는 타키투스의 금과옥조가 있다.[536] 그것은 로마에 있는 헤라클레스의 큰 제단을 묘사한 것인데, 그 원리를 강력하게 지원하기에 문장 전체를 인용한다. "그리하여 도시의 경계를 긋는 고랑은 가축 시장으로부터 시작하는데, 거기에서는 청동으로 된 황소의 상을 볼 수 있고, 그것은 고랑에 묶여 있는 동물이다. 그 고랑은 헤라클레스의 큰 제단을 포함하도록 그어졌다." 살루스티우스의 금과옥조도 있다.[537] 그것은 카르타고 제국과 키레네 제국의 경계를 표시하기 위해 남겨진 필라이누스 형제의 유명한 제단에 대해 이야기한다.

[776] 고대의 모든 지리학에는 이런 제단들이 산재해 있다. 아시아부터 시작하자면, 켈러는 『고대 지리학』에서[538] 시리아의 모든 도시는 이름이 제단을 뜻하는 "아라" 또는 "아람"으로 시작하거나 끝나기 때문에 시리아 자체가 아라메아 또는 아라미아라고 불린다고 말한다. 그러나 그리스에서는 테세우스가 불행한 자들의 제단 위에 아테네를 건설했다[561]. 그가 불행한 자들이라고 간주했던 사람들은 무법의 불경한 사람들로서, 수치스러운 혼교에서 비롯된 다툼을 피해 강인한 사람들의 강인한 땅에서 피신처를 찾았

536) Cornelius Tacitus, *Annales*, 12, 24.
537) Sallustius Crispus, *Bellum Jugurthinum*, 79. 10.
538) Christophorus Keller, *Notitia orbis antiqui*, II, 459.

던 것인데, 앞서 말했던 것처럼 그들은 고독하고 나약했으며 경건한 사람들이 문명을 통해 획득한 모든 혜택을 필요로 했던 것이다. 그리스인들에게 "제단"(ἀρα)은 "서약"을 뜻하기도 했다. 왜냐하면 앞서 논했던 것처럼[191, 517, 549] 이교 최초의 제단 위에 오른 최초의 제물은 "사투르누스의 제물"이라고 불렸기 때문이다. 그것이 라틴어로는 "분노에 봉헌된 제물"(diris devoti)이라고 번역되었는데, 그 제물이 최초의 "아나테마타"(ἀναθήματα)였다. 그들은 불경하고 폭력적인 사람들로서 살기 위해 그들을 피해 도주해 온 약한 자들을 쫓다가 강한 자들의 경작지에 감히 침범했던 사람들이었다[553]. 어쩌면 그런 이유로 "살다"(campare)라는 말이 "구원받다"는 의미로 사용될지 모른다.[539] 그 제물들은 베스타 신에게 봉헌되어 살해된 것이다. 그런 이유로 "제물"(supplicium)이라는 뜻의 라틴어는 "처벌"이나 "희생물"과 같은 의미로 사용되며, 그런 용례는 누구보다도 살루스티우스에서 찾을 수 있다.[540] 그 라틴어 단어의 다중적인 의미에 대해서는 그리스어의 단어 "제단"(ἀρα)이 상응하는데, 앞서 말했던 것처럼 그 말은 "서약"을 뜻하기도 하고, 피해를 입힌 주체(noxa)를 뜻하기도 하며, "분노"(dirae)를 뜻하기도 한다. 최초의 제물은 "분노의 여신"에게 봉헌되었던 것이며, 그 이후 이교의 제단 위에 올랐다. 이에 대해서는 제4권에서 더 상세하게 논할 것이다[957~958]. 이와 비슷하게 오늘날 "우리"나

539) 이탈리아어의 동사 "campare"는 경작지를 가리키는 "campo"와도 연결된다.
540) Sallustius Crispus, *Bellum Catilinae*, 9. 2.

"감옥"을 뜻하는 말로 남아 있는 라틴어 단어 "하라"(hara)는 고대 라틴인들에게 "제물"을 의미했던 것이 확실하다. 이 단어로부터 점복관을 뜻하는"아루스펙스"(aruspex)라는 말이 나왔다. 그는 제단 앞에서 희생된 제물의 창자를 보며 점을 쳤던 것이다.[541)]

[777] 헤라클레스의 큰 제단에 대해 말했던 것에 비추어 로물루스도 개간지에 열린 피신처에서 테세우스의 제단과 비슷한 제단 위에 로마를 창시했음이 확실하다[561]. 왜냐하면 로마인들은 그곳에 어떤 신성을 갖고 있는 제단을 세웠다는 언급이 없이 개간지나 성스러운 숲을 언급한 적이 없기 때문이다. 그리하여 일반적으로 피신처는 "도시 창시자들의 오래된 평의회"였다고 말함으로써 리비우스는 고대의 지리학에서 어찌 그리도 많은 도시의 이름이 "아라" 즉 "제단"이라는 말을 포함하고 있는지 그 이유를 보여주고 있는 것이다. 키케로가 원로원을 "동료들의 제단"(ara sociorum)이라고 부른 것도 이러한 고대에 대한 지식이 많기 때문이었다는 것을 우리는 인정해야 한다.[542)] 왜냐하면 로마의 속주에서 탐욕스러운 총독들의 잘못된 행정에 기인하는 재정적 불만을 제기한 곳이 원로원이었으며, 따라서 최초의 동료(socii)로서 속주의 기원을 상기시켜주기 때문이다.

[778] 우리는 아시아와 유럽의 그리스와 이탈리아에서 영웅들의 도시가 "제단"(arae)이라고 불렸음을 논증했다. 살루스티우스에

---

541) "아루스펙스"는 "제단을 보다"라는 의미를 갖는다.

542) Marcus Tullius Cicero, *In Verrem*, 5.48.126.

따르면 아프리카에는 앞서 말했던 유명한 필라이누스 형제의 제단이 남아 있다[775]. 북쪽의 유럽으로 돌아가면 트란실바니아에는 "시칠리아의 제단"이라는 도시가 남아 있다. 그것은 고대 훈족의 신분 높은 농민과 양치기들이 창건했는데, 헝가리인들 및 색슨인들과 함께 그 지역을 구성했던 것이다. 타키투스에 따르면 게르마니아에는 "우비인들의 제단"(Ara Ubiorum)이 있다. 에스파냐에서 "아라"는 많은 도시의 이름에 들어 있다. 그러나 시리아어에서 "아리"라는 단어는 "사자"를 가리킨다. 우리의 예를 보면 12명 큰 신의 자연신통기에서 그리스인들에게 마르스라는 관념이 생겨난 것은 제단을 보호하려는 생각에서 나왔음을 논증한 바 있다. 마르스는 그리스어로 "아레스"(Αρης)라고 불린다. 그리하여 그 강력한 관념은 돌아온 야만의 시대에 사자의 문장(紋章)으로 가득 찬 도시와 귀족의 저택으로 나타난 것이다[563, 733]. 시간과 공간과 관습에 있어서 동떨어진 수많은 민족에게서 같은 발음과 같은 의미를 갖는 이 "아라"라는 단어는 "쟁기"를 뜻하는 라틴어 "아라툼"(aratum)의 어근이 되었을 것이며, 그 쟁기의 몸통 부분은 "우릅스"(urbs)라고 불렸다[550].[543] 또한 "아라"로부터 요새를 가리키는 "아르크스"(arx)와 "격퇴하다"를 뜻하는 "아르케오"(arceo)가 파생된 것이 확실하다. 그리하여 작가들은 땅의 경계를 뜻하는 표현으로 "방패 땅"(ager arcifinius)이라는 문구를 사용한다. 그리하여 "무기"(arma)와 "활"(arcus)이라는 말도 출현하게 되었다. 그들

543) "우릅스"는 "도시"를 뜻하는 라틴어이다.

은 재해를 물리치고 먼 곳에 두는 것이 힘이라고 올바르게 생각했던 것이다.

결론

[779] 우리는 시적 지혜가 절대적인 최고의 찬사를 받아 마땅하다는 것을 보여주었다. 그중의 하나는 이것이 초기의 인류를 확립시켰다고 하는 확실하고 변함없는 찬사인데, 민족의 자만심과 학자의 자만심이라고 하는 두 개의 자만심이 그러한 찬사를 거부하고 있다. 민족들은 시적 지혜가 허황한 화려함뿐이라고 말하고, 학자들은 이것이 적절하지 못한 지혜에 불과하다고 말하며 시적 지혜를 확인하는 체하지만 결과적으로는 그것을 부정했다. 우리에게 전해져 내려온 민간전승과 관련된 또 다른 찬사는 고대인들의 지혜가 그 현자들을 단 한숨에 위대한 철학자이자 입법자이자 장군이자 역사가이자 연설가이자 시인인 것으로 만들어놓았다는 것이고, 그리하여 그런 방식으로 그 지혜를 원했던 것이다. 그러나 사실상 그 현자들을 만들어내면서 시적 지혜는 신화에 나타난 대로 그들의 윤곽만을 그렸을 뿐이다. 우리는 신화 속에서 배아나 모형처럼 숨겨진 지식 전체의 윤곽만을 발견할 수 있는 것이다. 신화 속에서 민족들은 거친 방식으로, 그리고 인간 감각을 통하여 이 지식 세계의 원리를 진술했을 뿐이며, 그 뒤 학자들의 논리와 격률을 통해 특별한 숙고를 배려하며 설명되어야 하는 것이다. 제2권에서 이 모든 것을 통해 다음을 논증하려 한다. 신학적 시인은 인간 지혜의 감각이며 철학자는 지성이다[363].

제3권

참된 호메로스의 발견에 관하여

제1부

참된 호메로스를 찾아서

서론

[780] 제2권에서 시적 지혜란 처음에는 신학적 시인이었고 그 뒤에는 영웅 시인이 되었던 그리스 민중의 민중적 지혜였다고 논증했다. 그것은 호메로스의 지혜 역시 다른 부류가 아니었다는 필연적 결론으로 이어진다. 그렇지만 호메로스에게는 비교(秘敎)의 장엄한 지혜가 있다는 견해를 플라톤은 확고하게 남겨놓았고, 다른 철학자들도 앞다투어 그의 뒤를 따랐는데 그중에서도 플루타르코스는 책 한 권을 남길 정도였다[652, 867]. 우리는 여기에서 호메로스가 과연 철학자였는지 검토해보고자 한다. 이 문제에 대해서는 디오니시우스 롱기누스가 책 한 권을 썼는데, 디오게네스 라에르티오스가 『피로의 생애』에서 언급하고 있다.[1)]

제1장
호메로스에게 숨겨져 있다는 지혜에 대하여

[781] 그에게 확실하게 주어야 마땅한 것은 그에게 주어야 하기 때문에 호메로스는 그가 살던 야만 시대 그리스 민중의 감정과 그에 부합하는 민중의 관습을 그대로 따를 수밖에 없었다는 것을 인정하자. 왜냐하면 그러한 민중의 감정과 관습이 시인들에게 적합한 소재를 제공하기 때문이다. 그가 말하는 다음의 사항들은 그의 것으로 돌려주자. 즉 신들은 그들의 힘에 따라 평가되었다는 것이다. 유피테르는 거대한 사슬의 신화에서 보이듯이[387] 최고의 힘을 통하여 인간과 신들의 왕임을 증명하려 했다. 이러한 민중적 견해 위에서 호메로스는 디오메데스가 미네르바의 도움을 받아 베누스와 마르스에게 부상을 입히게 만들었고,[2] 신들의 투쟁에서 미네르바가 베누스의 옷을 벗기고 마르스를 바위로 때리도록 만들었던 것이다.[3] 그렇듯 유피테르의 지혜에나 어울릴 만큼 무기를 잘 쓰는데도 사람들의 통념 속에서는 미네르바가 철학의 여신이었다니![509] 민족의 자연법에 대해 글을 쓴 사람들마다 그리스 민족이 세계에 문명을 전파했다는 통념을 말하는 것과는 정반대로 호메로스는 야만적인 그리스 민족들 사이에 만연해 있던 비인

1) 니콜리니는 이 책이 아니라 비잔틴 제국에서 만든 백과사전인 『수이다스』에 이 내용이 있다고 지적한다.

2) 『일리아스』, V, 334, 883.

3) 『일리아스』, XXI, 403, 423.

간적인 관습에 대해 말했다는 것을 인정하자. 예컨대 오디세우스는 화살에 독을 묻히기 위해 독초를 찾아 에피라에 갔던 것이며,[4] 게다가 전쟁에서 사망한 적들의 매장을 거부하고 그들의 시체를 새나 개의 먹이가 되도록 방치했던 것이다. 그런 이유로 불행한 왕 프리아모스는 아들 헥토르의 시체가 벌거벗겨진 채 아킬레우스의 전차에 매달려 트로이 성벽 주위를 사흘 동안 끌려 다녔음에도 그 시체의 몸값을 비싸게 지불해야 했던 것이다[667].[5]

[782] 그럼에도 불구하고 시의 목적이란 민중의 교사가 되어 그들의 잔인성을 교화시키는 데 있다. 따라서 민중의 잔인한 감정과 관습을 잘 안다고 할지라도 그에 대해 민중이 찬탄하고 즐거움을 느끼게 만들어 그러한 즐거움을 인정하도록 만드는 것은 현명한 사람이 할 일이 아니다. 또한 영웅은 물론이거니와 신들의 상스러운 행동에 상스러운 민중이 즐거움을 느끼도록 도발하는 것도 현명한 사람이 할 일이 아니다. 예컨대 마르스는 미네르바와 싸우는 과정에서 미네르바에게 "개에 달라붙는 파리"라고 욕을 했고[6] 미네르바는 디아나를 때렸던 것이다.[7] 그리스에서 가장 위대한 영웅이라는 아킬레우스와 그리스 동맹군의 맹주였던 아가멤논은 둘 다 왕이면서도 서로를 "개"라고 불렀다.[8] 이것은 오늘날의 통속극

4) 『오디세이아』, I, 259.
5) 실제로는 열이틀이었다. 『일리아스』, XXIV, 30.
6) 『일리아스』, XXI., 394.
7) 『일리아스』, XXI, 424. 디아나가 아니라 베누스이다.
8) 『일리아스』, I, 225.

에서 하인들조차 하지 않을 말이다.

[783] 신이시여! 그 맹주 아가멤논이라는 사람의 지혜라고 하는 것에는 "어리석음"이라는 말보다 더 적절한 이름을 붙일 수 있을까? 크리세이스를 납치해간 것 때문에 아폴론이 잔인한 역병을 돌게 하여 그리스 군대를 몰살시키자 그리스인들의 장군인 아가멤논은 아킬레우스의 압박을 받아 납치했던 크리세이스를 아폴론의 신관이었던 그녀의 아버지 크리세스에게 돌려보냈다. 그 뒤 모욕을 받았다고 생각한 아가멤논은 자신의 지혜로부터 나온 정의로운 행동으로 명예를 회복할 수 있으리라 믿었다. 그것은 아킬레우스가 아끼던 브리세이스를 그에게서 빼앗아오는 것이었다. 그러자 트로이의 운명을 자신의 손안에 쥐고 있던 아킬레우스는 화가 나 군대와 전함을 이끌고 물러났고, 그리하여 헥토르는 역병에서 살아남은 그리스인들을 전멸시켰다.

이것이 지금까지 그리스의 예의규범과 문명을 건설하였다고 여겨온 호메로스의 진면목이었다. 그는 이런 일화로 시작하여 『일리아스』 전체를 짜 맞추고 있으며, 그 주요 등장인물은 그러한 맹주이자 그러한 영웅으로서, "초기 민족의 영웅주의"에서 살펴보았던 [667] 실례를 우리는 아킬레우스에게서 확인하는 것이다. 곧 살펴보겠지만[809] 시적인 인격체를 창출하는 데 견줄 사람이 없다는 호메로스가 바로 이렇다. 시적 인격체 중 가장 위대하다는 자조차 우리의 문명화된 인간 본성과는 조금도 조화를 이루지 못한다. 반면 그것은 외골수적인 귀족들의 영웅적 본성과는 완벽한 조화를 이루는 것이다[667].

[784] 호메로스가 말하고 있는 영웅들의 음주에 대해서는 어떻게 말해야 할까? 그의 영웅들은 술을 그리도 즐겼고, 정신적인 고통을 겪을 때면 취함으로써 위로를 받으려 했다. 그 누구보다도 현명했다는 오디세우스가 그러했던 것이다.[9] 이 얼마나 철학자에 어울리는 위로란 말인가?

[785] 스칼리제르는 호메로스가 거의 모든 비유를 짐승이나 그 밖의 야만적인 사물에 견준다는 사실에 분개했다.[10] 그것이 거칠고 야만적인 민중을 이해시키기 위해서 불가피한 일이었다고 인정한다 할지라도, 비유할 수 없는 것을 비유함으로써 큰 성공을 거둔다는 것은 어떤 종류의 철학에 익숙하거나 철학의 빛을 본 사람에 어울리지 않는 일임이 확실하다. 또한 그리도 많고 다양한 피비린내 나는 전투를 묘사하면서 사용하는 비정하고 잔혹한 문체도 어떤 철학의 경지에 도달하여 교화된 정신에서 나온 것이 아니다. 특히 『일리아스』의 장엄함을 이룬다는 잔인한 학살의 묘사가 그러하다.

[786] 게다가 철학의 지혜를 연구함으로써 확립되고 확고해지는 안정된 정신은 그리도 경박한 신이나 영웅을 그려낼 수 없다. 어떤 자들은 너무도 감정이 격해져 고통을 받다가도 그에 반대되는 사소한 일로도 곧 조용해지고 평정을 찾는다. 어떤 자들은 극심한 분노로 끓어오르다가도 슬픈 일을 회상하면서 울음보를 터뜨

9) 『오디세이아』, VIII, 59.

10) Giulio Cesare Scaligero, *Poeticae libri septem*, pp. 543~622.

린다.[11] 이와 정확하게 똑같은 일이 이탈리아의 중세 말기에 일어났다. 역시 역사만을 노래했던 토스카나의 호메로스인 단테가 이 시기에 출현한 것이다[817]. 또한 앞서 말했던 콜라 디 리엔조의 『전기』는 호메로스가 말하는 그리스 영웅들의 관습과 비슷한 것을 생생하게 드러내고 있다[699]. 리엔조가 그 당시 로마의 유력자들에 의해 로마가 불행하게 억압받는 상황을 언급하는 동안 그는 물론 같이 있던 사람들까지도 터져 나오는 눈물을 참을 수 없었다고 한다. 반면 어떤 자들은 슬픔에 깊이 잠겨 있다가도 어떤 즐거운 일이 눈에 띄면 알키노오스의 만찬에 갔던 현자 오디세우스처럼 고민을 완전히 잊고 환락에 몸을 맡긴다.

어떤 자들은 침착하고 조용하게 있다가도 다른 사람이 무심결에 한 말이 자신의 기분에 맞지 않는다고 폭력을 행사하며 참혹하게 죽여버리겠다고 말할 만큼 화를 낸다. 앞서 말했던 것처럼 밤에 메르쿠리우스의 도움을 받아 헥토르의 시신의 몸값을 치르기 위해 그리스군의 진중으로 찾아온 프리아모스를 자신의 막사에서 맞아들인 아킬레우스의 태도가 그러한 것이었다. 아킬레우스는 프리아모스와 식사를 했다. 그 불행한 아버지는 용감했던 아들에 대한 연민을 무심결에 입 밖으로 내뱉었는데, 그것이 아킬레우스의 심기를 건드린 것이다. 아킬레우스는 손님을 환대해야 한다는 신성한 법도도 잊고, 그를 전적으로 신뢰했기에 프리아모스가 홀로 찾아왔다는 사실도 고려하지 않은 채, 그 왕에게 내려진

11) 『일리아스』, XXIV, 507.

수많은 불행이나 그러한 아버지에 대한 동정이나 노인에게 보여야 할 존경심도 없이, 또한 그 무엇보다도 큰 연민을 불러일으키는 공동의 운명에 대해서도 냉담하게 자신의 야수적인 분노를 폭발시켜 "네 목을 잘라버리겠다!"라고 호통을 칠 지경에 도달한 것이다.[12)]

바로 이 아킬레우스는 아가멤논에 의해 이루어진 사적인 모욕을 결코 용서하지 않았다. 그의 행동은 거의 불경스러운 수준에 도달했다. 그 모욕이 아무리 심각한 것이라 할지라도 그들의 조국이나 민족 전체의 몰락으로 앙갚음을 하는 일은 결코 정당화될 수 없었다. 트로이의 운명을 자신의 손안에 쥐고 있는 그가 그리스인들 모두가 파멸되면서 헥토르에게 비참한 패배를 맞는 것을 보며 즐거워하고 있는 것이다. 조국에 대한 사랑이나 민족의 영광도 그들을 돕도록 그를 움직이지 못한다. 마침내 그가 그들을 도운 것은 단지 그의 친구 파트로클로스가 헥토르에 의해 살해당해 생긴 개인적 슬픔을 달래기 위해서였다. 또한 브리세이스를 빼앗긴 것에 대해서는 죽음의 순간에도 용서하지 않았다. 단지 한때 부유하고 강력했지만 이제는 몰락한 프리아모스 왕가의 불행한 아름다운 처녀 폴리크세나가 비참한 노예가 되어 그의 무덤 앞에 산 제물로 바쳐져서 그의 유해의 재가 그녀의 피를 마지막 한 방울까지 빨아들이기 전까지는.[13)] 두말할 필요가 없이 이해의 한계를 넘어

12) 『일리아스』, XXIV, 552.

13) Euripides, *Hecuba*, 37, 220.

선다. 호메로스의 또 다른 서사시 『오디세이아』를 가득 채우고 있는 이야기들은 아이들에게 옛날이야기를 해주는 할머니에게나 어울릴 법한데, 철학자가 갖는 사고의 진중함과 격식을 갖춘 자가 그 이야기들을 만들었다고?

[787] 내가 제2권의 "영웅의 본성에 관한 추론"[666]에서 논증했던 것처럼 그렇듯 조야하고, 비열하고, 잔인하고, 거칠고, 불안정하고, 비합리적이고, 비논리적으로 완고하고, 경박하고 어리석은 관습은 어린아이처럼 정신이 나약하거나 여인처럼 상상력이 강하거나 감정이 요동을 치는 청소년에게나 속하는 것이다. 따라서 우리는 호메로스가 어떤 숨겨진 철학적 지혜를 갖고 있다는 주장을 부정한다. 여기서 논했던 것들이 참된 호메로스를 찾기 위한 필요성을 제기하는 의혹의 출발점이다.

제2장
호메로스의 조국에 대하여

[788] 이런 것들이 지금까지 호메로스에게 숨겨진 지혜라고 믿어왔다. 이제는 그의 조국을 살펴보겠다. 그리스의 거의 모든 도시가 호메로스의 고향이라고 다투어왔고,[14] 심지어는 그가 이탈리

---

14) 니콜리니는 일곱 개의 도시라고 지적한다. 다음을 참조할 것. Aulus Gellius, *Noctes atticae*, III, 2.

아에 있던 그리스인이라고 말하는 사람까지도 있다. 『호메로스의 조국』에서 레오 알라치는 그의 조국을 확인하기 위해 많은 공을 들였지만 헛된 노력으로 끝났다.[15] 그렇지만 요세푸스가 문법학자 아피온에 반대하며 결연히 주장하는 것처럼[438] 호메로스보다 오래된 작가는 전해 내려오지 않고 다른 작가들은 그보다 오랜 시간 뒤에 출현했기 때문에 우리는 우리의 형이상학적 비판을 적용하여[348] 그가 그리스 민족의 창시자로 받아들여지듯 그를 민족의 창시자로 취급하여 그의 조국과 그가 속한 시대에 관한 진실을 호메로스 자신으로부터 찾아내야 한다.

[789] 『오디세이아』의 저자인 호메로스에 대해서는 그가 그리스 서부에서 약간 남쪽 출신이라고 확실하게 말할 수 있다. 호메로스는 오디세우스가 오늘날의 코르푸 섬인 파이아케스를 떠나기를 갈망하자 그 왕인 알키노오스가 장비를 잘 갖춘 배에 그의 부하들을 태워 제공하는 장면을 묘사한다.[16] 거기에서 알키노오스는 그 부하들이 숙련된 뱃사람들이라서 필요하다면 그를 지금의 네그로폰트인 에우보이아까지라도 데려다 줄 것이라고 말한다. 이 에우보이아는 우연히 그곳을 본 사람들이 말하듯 아주 멀리 떨어진 곳이어서 그리스인들에게는 북쪽의 극지와 같았다. 그 구절로 인해 『오디세이아』의 작가인 호메로스는 『일리아스』의 작가와는 다른 사람이었다는 증거가 확인된다. 왜냐하면 에우보이아는 트로이로

---

15) Leone Allacci, *De patria Homeri*(1640).

16) 『오디세이아』, 7.319.

부터는 멀리 떨어져 있지 않았기 때문이다. 트로이는 헬레스폰트 해안 근처의 아시아에 위치해 있으며, 그 좁은 해협에는 다르다넬스라고 하는 두 개의 요새가 있는데 그 이름은 오늘날까지도 그곳이 고대 트로이의 영토 "다르다니아"였다는 사실을 상기시켜준다. 또한 우리는 세네카에게서 『일리아스』와 『오디세이아』가 같은 작가의 작품인지를 놓고 벌어진 그리스 문법학자들 사이의 유명한 논쟁이 있었음을 알게 된다.[17)]

[790] 그리스의 도시들마다 호메로스가 자신의 시민이었다는 명예를 다퉜던 것은 그의 시에서 보이는 단어나 문구나 사투리가 그들의 토속어에 있었기 때문이었다.

[791] 여기에서 지금까지 논한 것은 참된 호메로스를 찾는 데 도움이 될 것이다.

제3장
호메로스의 시대에 대하여

[792] 호메로스의 서사시 가운데 다음 구절들이 그의 시대를 확인시켜준다.

---

17) Lucius Annaeus Seneca, *De brevitate vitae*, 13.

I

[793] 아킬레우스는 파트로클로스의 장례식에서 훗날 전성기의 그리스 올림픽에서 거행하던 모든 종목의 경기를 볼 수 있도록 만들었다.[18)]

II

[794] 앞서 고찰했듯[681~686] 아킬레우스의 방패에서는 다른 무엇보다도 옅은 부조의 주조술과 금속 세공이 보이는데, 그것은 이미 발명된 것이었다. 그러나 회화는 아직 발명되지 않았다. 왜냐하면 주조술은 부조를 통해 사물의 표면에서 상대적으로 얕은 곳으로부터 무엇인가를 추상해내고, 금속 세공은 어느 정도 깊이에서 그 일을 해내지만, 회화는 절대적인 표면 그 자체를 추상해내는데, 그것은 대단한 솜씨를 요구하기 때문이다. 따라서 호메로스나 모세 그 누구도 회화를 언급한 적이 한 번도 없는데, 그것이 회화가 어느 정도 오래되었는지를 말해주는 증거이다.

III

[795] 알키노오스의 정원에서의 환락과 그의 궁성의 장대함과

18) 『일리아스』, XXIII, 257.

그 연회의 호사스러움은 그리스인들이 이미 사치와 화려함을 찬양하는 단계에 도달했음을 보여준다.

IV

[796] 페니키아인들은 이미 그리스의 해안에 상아, 자줏빛 염료, 베누스의 동굴에 피우던 아라비아 향,[19] 그 밖에도 양파의 껍질보다 더 얇은 무명,[20] 수놓은 옷 등을 가져다 놓았고, 또한 구혼자들이 페넬로페에게 가져온 선물 중에는 넓은 곳에서는 펴지고 좁은 곳에서는 줄어드는 섬세한 장치가 들어간 옷도 있었다.[21] 이것은 우리 시대의 나약성에나 어울리는 발명품이 아닌가!

V

[797] 아킬레우스에게 갈 때 프리아모스가 타고 간 마차는 삼나무로 만들었으며,[22] 칼립소의 동굴은 향이 좋은 삼나무의 냄새가 났다.[23] 그것은 황제 네로와 엘라가발루스의 치하에서 가장 사치품에 탐닉하던 시절에도 로마인들이 누리지 못했던 세련된 감각

---

19) 이것은 비코가 "칼립소"의 동굴을 착각한 것으로 보인다.
20) 『오디세이아』, XIX, 232.
21) 『오디세이아』, XVIII, 292.
22) 『일리아스』, XXIV, .265.
23) 『오디세이아』, V, 59.

을 보여준다.

VI

[798] 키르케의 거처에는 호화로운 욕탕이 있다고 묘사된다.[24)]

VII

[799] 구혼자의 하인들은 아름답고 우아하고 금발이었는데, 그것은 오늘날 우리의 관습이라고 요구할 만한 예의범절이다.

VIII

[800] 남자들도 여자처럼 머리카락에 신경을 쓴다. 헥토르와 디오메데스는 그렇게 여성화된 파리스를 꾸짖는다.[25)]

IX

[801] 호메로스는 그가 말하는 영웅들이 언제나 구운 고기를 먹는다고 기술한다. 이것은 가장 단순하고 손쉬운 식사이다. 숯 외에

---

24) 『오디세이아』, X, 360.
25) 『일리아스』, III, 54, XI, 385.

는 더 필요한 것이 없기 때문이다. 그러한 관습은 제물을 바치는 의례 이후에도 남아 있었다. 라틴어에는 "제사 고기"(prosiicia)라는 말이 남아 있는데, 그것은 로마인들이 제물로 바쳐진 고기를 제단 위에서 불에 구운 뒤 잘라서 손님들에게 대접하던 것을 가리키는 말이다. 훗날 그것은 제물이 아닌 고기와 마찬가지로 꼬치에 꿰어 굽게 되었다. 아킬레우스는 프리아모스와 함께할 식사를 준비할 때 스스로 양의 고기를 자른 뒤 파트로클로스에게 굽게 하여 식탁을 차린 뒤 바구니 안에 든 빵을 그 위에 올려놓았다.[26] 영웅들은 연회를 제물을 바치는 의례처럼 생각했고, 그들이 의례를 주재하는 신관이 되었다고 여겼던 것이다. 로마인들 사이에는 신분 높은 자들을 위한 화려한 연회인 "에풀라이"(epulae), 민중을 위한 공적 만찬인 "에풀룸"(epulum), 그리고 신관들이 벌이던 "에풀로네스"(epulones)라는 이름의 "신성한 만찬"이라는 관습이 남아 있다. 이에 따라서 아가멤논은 두 마리의 양을 죽여 그것을 제물로 삼아 프리아모스와의 전쟁 조약을 성스럽게 만든 것이었다.[27] 오늘날에는 푸줏간 주인이나 할 일이겠지만, 당시에는 그것이 장엄한 일이었다.

고기를 삶는 것은 후대의 일이었다. 그것은 불 이외에도 물, 냄비와 다리가 셋 달린 솥이 필요했다. 베르길리우스도 그의 영웅들

26) 파트로클로스가 아니라 아우토메돈테였고, 그 연회도 아킬레우스가 오디세우스를 위해 연 자리였다.

27) 전쟁 조약을 성스럽게 만든 것은 이것이 아니라 파리스와 메넬라오스와의 결투였다.

이 이런 고기를 먹게 하고 또한 꼬치에 꿴 고기를 굽게 만든다.[28] 마지막으로 조리를 한 음식이 등장하는데, 여기에는 지금까지 말한 모든 것들 외에 양념도 필요하다. 이제 호메로스의 영웅들의 연회로 돌아가자. 그는 그리스 사람들의 가장 섬세한 음식이 밀가루와 치즈와 꿀로 만든 것이라고 기술하지만,[29] 두 군데에서는 낚시와 비유하기도 한다.[30] 또한 오디세우스는 거지로 가장하여 적선을 구하면서 구혼자 중 한 사람에게 신은 환대하는 왕에게, 즉 가난한 방랑자들에게 자선을 베푸는 사람들에게 생선이 풍부한 바다를 준다고 말한다. 그것이 가장 맛이 있는 요리를 만든다는 것이다.[31]

X

[802] 마지막으로 우리의 논지에 가장 중요한 것으로서 호메로스는 그리스에서 영웅들의 법이 이미 쇠퇴하고 민중의 자유가 시행되기 시작한 이후에 출현한 것으로 보인다. 왜냐하면 그의 영웅들은 외국 여성들과 혼례를 치르며, 사생아들이 왕위를 계승하기 때문이다. 이것은 사실을 반영했던 것처럼 보인다. 이미 오래 전

28) Maro Publius Vergilius, *Aenaeas*, I, 209~213.

29) 『일리아스』, XI, 629~630, 638~639; 『오디세이아』, X, 234~235, 20.69.

30) 실지로는 일곱 군데이다. 그 일곱 군데는 다음과 같다. 『일리아스』, XVI, 406~407, 745; 『오디세이아』, V, 51, 432~433, X, 124, XII, 51~54, XXII, 384~388.

31) 『오디세이아』, XIX, 113. 구혼자가 아니라 정체를 밝히기 전에 페넬로페와 했던 대화에 나온다.

에 헤라클레스는 추한 켄타우로스인 네소스의 피에 물들어 미친 뒤 죽고 말았던 것이다. 바꾸어 말해 제2권에서 말했던 것처럼 영웅의 법이 끝났다는 것이다[659].

[803] 호메로스의 시대와 관련하여 그의 시 자체를, 고찰하여 수집한 텍스트 분석 자체의 권위를 경시할 생각은 없다. 나는 『일리아스』보다는 『오디세이아』를 인용했는데, 디오니시우스 롱기누스는 『오디세이아』를 나이가 든 호메로스의 작품이라고 판단한다.[32) 우리는 그 작품을 트로이 전쟁보다 훨씬 뒤에 위치시키는 사람들의 견해를 중시하는데, 그것은 트로이 전쟁보다 460년 정도가 지난 뒤인 누마 왕의 시대에 출현했을 것이다[865]. 그런데 우리는 그들이 그보다 더 이후에 호메로스를 위치시키지 않은 것은 다행스러운 일이라고 생각한다. 왜냐하면 그들은 누마의 시대 이후 프삼메티코스가 이집트의 문호를 그리스인들에게 개방했다고 말했기 때문이다. 특히 『오디세우스』에서 무수히 많은 문구를 통해 호메로스가 말하듯 그리스인들은 오래 전부터 교역을 위해 그들의 문호를 페니키아인들에게 개방하고 있었다. 그리스인들은 페니키아인들의 상품에 못지않게 그들의 이야기도 좋아했다. 그것은 마치 오늘날 유럽 사람들이 인도를 좋아하는 방식과 비슷하다. 그러므로 다음의 두 사실은 모순되지 않는다. 즉 호메로스는 이집트에 가본 적이 없다는 사실과 그럼에도 그는 이집트와 리비아, 페니키아와 아시아, 그리고 이탈리아 전체와 시칠리아에 대해 그리도 많

32) Pseudo Longinus, *De sublimitate*, IV.

이 말하고 있다는 사실을 함께 엮어도 무리가 없다는 것이다. 왜냐하면 그리스인들은 페니키아인들로부터 그곳에 대한 이야기를 들었기 때문이다.

[804] 그렇지만 우리는 그리도 많은 우아한 관습이 특히 『일리아스』에서 호메로스가 말하는 그 시대의 영웅들의 야만적이고 잔인한 관습과는 어떻게 조화를 이룰 수 있는 것인지는 알 수가 없다. 그러므로 "야만스러운 행동이 점잖은 행동과 뒤섞이지 않도록 하기 위해"(ne placidis coëant immitia)[33] 우리는 그 두 서사시가 오랜 시간에 걸쳐 많은 손에 의해 작성되고 편찬되었으리라고 보는 것이다.

[805] 이렇듯 지금까지 믿어왔던 호메로스의 조국과 시대에 대해 지금까지 말했던 것을 바탕으로 참된 호메로스를 찾기 위해 그러한 의혹을 더욱 파헤칠 것이다.

제4장
영웅시에 관한 호메로스의 비길 바 없는 능력에 대하여

[806] 우리가 앞서 논증했듯 호메로스에게는 어떠한 철학도 존재하지 않았다는 사실은 물론이거니와 그의 조국과 시대에 대해

---

33) Quintus Horatius Flaccus, *Ad Pisones*, 12.

우리가 발견한 것은 그가 어쩌면 단지 평범한 민중의 한 사람이 아니었을까 하는 강력한 의심을 제기하게 만드는데, 그것은 다음과 같이 호라티우스가 제시하는 어려움에 의해 확인된다. 호라티우스는『시론』에서 호메로스 이후 비극의 새로운 등장인물이나 인격체를 창출해내는 것이 절망적으로 어렵다고 토로하며[34] 시인들에게 호메로스에게서 등장인물을 따오라고 조언한다. 이러한 절망적인 어려움에 다음과 같은 어려움이 더해진다. 즉 신희극(新喜劇)[35]의 등장인물은 모두가 새롭게 창출되어야 했다는 것이다. 아테네에는 무대에 오르는 신희극의 등장인물은 완전히 새롭게 창작되어야 한다는 법이 있었던 것이다.[36] 그리스인들은 그 법을 너무도 잘 지켜 그리도 자만심이 많던 로마인들도 그들과의 경쟁을 포기할 정도였다. 파비우스 퀸틸리아누스는 "그리스인들과는 희극에서 경쟁할 수 없다"(Cum graecis de comoedia non contendimus)라고 말했던 것이다.[37]

[807] 호라티우스가 말한 어려움에는 더 넓은 맥락에서 두 개의 다른 어려움이 더해져야 한다. 첫 번째로, 앞서 출현했던 호메로

---

34) Quintus Horatius Flaccus, *Ad Pisones*, 128. 시의 작법과 그 예술에 관해 피소네 부자에게 보낸 편지가 바로 호라티우스의『시론』이다.

35) 구희극(舊喜劇)에 대응하는 말로서 기원전 4세기에 성행했던 풍자극이다. 구희극에서는 공적인 인물이나 사건을 다루었다면 신희극에서는 평범한 인물들의 일상을 다루었다.

36) 기원전 404년 아테네에는 살아 있는 인물의 이름을 등장인물에 사용하는 것을 금지시키는 유명한 법 규정이 있었다.

37) Fabius Quintilianus, *Institutio Oratoriae*, 12.10.38.

스는 어찌하여 그리도 모방하기가 어려운 영웅 시인이 되었을까? 그런데 후에 태어난 비극은 모든 사람이 알다시피 그리도 조야하게 태어난 것일까? 이에 대해서는 곧[910] 상세하게 고찰할 것이다. 두 번째로, 철학은 물론 시와 비평의 이론보다 앞서 출현했던 호메로스는 어찌하여 장엄한 시인들 즉 영웅시인들 중에서도 가장 장엄한 시인이 되었고, 그 뒤 철학과 시와 비평의 이론이 발명된 이후에 출현한 시인들이 먼 거리를 두고 그의 뒤를 따라오기조차 버거워하게 되었을까? 그러나 지금 우리가 제기한 질문은 차치한다 할지라도 호라티우스가 말한 어려움은 신희극과 관련하여 우리가 방금 말했던 어려움과 결합하여 파트리치, 스칼리제르, 카스텔베트로 및 시의 이론에 관한 중요한 대가들로 하여금 그 차이에 대한 이유를 연구하도록 만들었다.

[808] 그 이유는 앞서 우리가 "시적 지혜"에서 발견했던 시 자체의 기원에서 찾을 수밖에 없다. 그것은 시의 본질을 이루고 있는 시적 인격체를 말하는 것이다[376]. 신희극은 소크라테스의 철학이 숙고했던 현재의 인간 관습을 다루었다. 소크라테스 철학의 가르침에 능통했던 그리스의 시인들은[38] 이상적인 인간의 빛나는 표본을 창출하기 위해 도덕과 관련된 일반적인 금언을 사용할 수 있었다. 메난드로스가 바로 그런 시인이었는데, 그에 비하면 로마의 모방자였던 테렌티우스는 로마인들에 의해서조차 "반쪽의 메난드로스"라고 불렸다.[39] 그렇게 창출된 등장인물들은 호화로운

38) 여기에서 말하는 "시인"은 극작가를 포함한다.

광휘로 대중을 일깨울 수 있었는데, 그들은 합리적인 개념을 통해 이해하는 일에 무능했던 것에 비례하여 강력한 예를 통해 이해하는 일에는 능통했기 때문이다. 구희극은 사악한 아리스토파네스가 『구름』에서 대단히 선량한 소크라테스를 이야깃거리로 만들어 파멸시켰던 것처럼[906, 911][40] 실생활에서 줄거리와 주제를 택해 그것을 그대로 극에 올렸다. 그러나 비극은 영웅들의 증오와 조롱과 분노와 복수에 경이라는 옷을 입혀 무대에 올렸다. 그것은 장엄한 본성으로부터 나오는 것인데, 그러한 본성이 잔인하고 조야하고 끔찍한 감정과 언사와 행동의 당연한 출처이다. 그 모든 것들은 극도로 일관적이며 주제도 균일하다. 그리스인들은 이런 작품을 그들의 영웅시대에 산출할 수밖에 없었던 것이며, 그 끝 무렵에 호메로스가 출현했던 것이다.

이것은 다음과 같은 형이상학적 비판에 의해 논증된다. 즉 신화는 본디 직설적이고 영웅들의 거친 본성에 부합하는 것이었는데 호메로스에게는 왜곡되고 타락한 형태로 도달했다는 것이다[221]. 앞서 "시적 지혜" 전체를 통틀어 고찰했듯이[514, 708] 신화는 처음에 사실적인 역사였지만, 점차 변화되고 타락하여 마침내 그렇게 타락된 형태로 호메로스에게 전해졌다. 따라서 호메로스

39) 비코의 시대에는 카이사르가 이 말을 했다고 믿었지만, 실지로 이 말을 한 사람은 키케로였다고 니콜리니는 지적한다.

40) 니콜리니의 지적에 따르면, 아리스토파네스의 『구름』과 소크라테스의 재판 사이에는 25년의 차이가 있음에도 비코의 시대에는 본문에서 언급한 것처럼 믿고 있었다.

는 영웅시인의 제3기에 속하는 것이다. 제1기는 그리스인들에게 "참된 말"이라고 뮈토스(μῦθος)가 본래의 의미로 정의되었던 것처럼 신화가 참된 진술의 용도로 발명되었던 시기였다. 제2기는 그것을 변경시키고 타락시켰던 시기였다. 세 번째의 마지막 시기는 호메로스의 시기로서, 그렇게 타락된 형태로 신화를 받아들였던 시기이다.

[809] 그러나 우리의 논지로 되돌아가자면, 이제 우리는 왜 아리스토텔레스가 『시학』에서 호메로스만이 시적인 허구를 창작해 낼 수 있었다고 말했는지[41] 그 근거를 알 수 있다. 왜냐하면 그가 만든 시적 인격체는 비견될 바 없이 적절한 장엄성을 갖고 있기에 호라티우스의 찬탄을 불러왔던 것인데,[42] 그것은 "시적 형이상학"에서 정의한 것과 같은 보편적 상상력으로서[381] 그리스 사람들은 모든 다양한 개별을 그러한 속(屬)과 결부시켜 이해하려 하였던 것이다. 예컨대 『일리아스』의 주인공인 아킬레우스에게는 영웅적 용맹의 모든 속성과 그것으로부터 발생하는 감정이나 관행을 결부시켰던 것이다. 이를테면 급한 성격, 외고집, 성마름, 달래기 어려움, 폭력적 성향과 같은 것은 모두가 힘과 관련되는 것으로서 호라티우스가 아킬레우스의 특성이라고 나열하는 것이다.[43] 『오디세이아』의 주인공인 오디세우스에게는 영웅적 지혜의 모든

41) Aristoteles, *De poetica*, 24.18.
42) Quintus Horatius Flaccus, *Ad Pisones*, 129~130.
43) Quintus Horatius Flaccus, *Ad Pisones*, 119.

속성을 결부시켰는데, 그것은 주의력, 인내력, 위선, 이중성, 기만과 관련된 관습으로, 말에는 관심을 보이면서도 행동에는 무관심해 상대방으로 하여금 잘못과 자기기만에 이르게 만드는 것이다. 그리스인들은 이 두 주인공을 유형으로 삼아 각각의 개별적인 행동과 연결시켰는데, 여전히 어리석고 우둔한 그리스인들조차 그것을 알아챌 수 있을 정도로 두드러지게 눈에 띄는 행동과 결부시켰다는 것이다. 이 두 주인공은 한 민족 전체가 만든 것이나 다름없기에 당연히 균일하게 만들어질 수밖에 없었다. 그 균일성 속에 민족 전체의 공통 감각이 결집하여 신화의 품격과 미와 매력이 독특하게 존재하게 되었다. 그것은 대단히 강력한 상상력에 의해 창조된 것이기 때문에 장엄하게 창조될 수밖에 없었다[142, 144]. 그리하여 시의 두 가지 불변하는 속성이 남게 된다. 그 하나는 시적 장엄함이란 언제나 민중적인 요인을 포함하고 있다는 것이며, 다른 하나는 그 민중은 먼저 영웅적 인격체를 일단 만들어내고 그 뒤에는 빛나는 사례로 두드러져 보이는 등장인물을 통해 그 관습을 확인한다는 것이다.

제5장
참된 호메로스의 발견을 위한 철학적 증거

[810] 지금까지 논한 것들에 다음과 같은 철학적 증거를 덧붙인다.

I

[811] 앞서 공리에서 다음을 열거했다. 즉 인간은 자연적으로 그들을 사회 속에 결속시키는 법과 제도에 대한 기억을 보존하려는 경향이 있다는 것이다[201].

II

[812] 로도비코 카스텔베트로가 이해한 진리가 있다. 즉 역사가 먼저 태어난 뒤 시가 태어났다는 것이다. 왜냐하면 역사는 사실에 대한 단순한 진술이지만 시는 사실의 모방이기 때문이라는 것이다.[44] 그는 다른 면에서는 대단히 예리하지만 이 통찰을 시의 참된 원리를 발견하기 위해 사용하는 방법은 몰랐다. 그 방법이란 다음의 철학적 증거와 결합시키는 일이다.

III

[813] 시인들이 토속의 역사가들보다 먼저 있었던 것이 확실하기 때문에 최초의 역사는 시였던 것이 확실하다.

---

44) Lodovico Castelvetro, *Poetica D'Aristotile volgarizzata ed esposta*, pp. 4~6

IV

[814] 신화는 그 기원에 있어 참되고 엄정한 진술이었기에 앞서 말했던 것처럼[401, 808] 뮈토스(μύϑος)는 "참된 말"이라고 정의되었다. 그러나 처음에 그것은 너무도 조야해서 점차 본래의 의미를 잃게 되어 변하게 되었고 그 결과 개연성이 없어졌으며, 그 뒤 의미가 모호해지고 수치스러워졌으며, 마지막으로는 믿을 수 없게 되었다[221, 708]. 이것이 신화 해석을 어렵게 만드는 일곱 가지이며 이에 대해서는 제2권에서 쉽게 찾을 수 있다.

V

[815] 우리가 방금[808] 논증했던 것처럼 호메로스에게는 이렇게 타락되고 왜곡된 형태의 신화가 전해졌다.

VI

[816] 신화의 본질을 이루는 시적 인격체는 주제의 형상과 속성을 추상해낼 능력이 없는 상태에서 자연히 태어날 수밖에 없었다. 그 결과 그것은 야만이 극도에 달했던 시대의 자연적 필요성 아래 놓인 민족 전체의 사고방식이었던 것이 확실하다[209]. 개별적인 것에 대한 관념을 언제나 확장시키려 하는 것이 시적 인격체의 영원한 속성이다. 이에 대해서는 아리스토텔레스가 멋진 문구를

남겼다. 즉 사고가 협소한 사람들이 개별로 금언을 만든다는 것이다.[45] 그 이유는 인간 정신이란 무한정한데 감각의 엄격성에 제한되어 있어 신적인 본성을 표현할 다른 방법이 없기에 개별을 확장시킬 수밖에 없다는 것이다. 어쩌면 이것이 그리스와 라틴의 시인들 모두 신과 영웅의 상을 인간의 상보다 언제나 크게 상정한 이유일 것이며, 중세의 돌아온 야만 시대에 특히 성부와 예수 그리스도와 성모 마리아의 그림이 압도적으로 크게 그려진 것도 같은 이유일 것이다.

VII

[817] 사고력은 악용될 경우 허구의 어머니가 되는데, 야만인들은 사고력이 결여되어 있었다. 따라서 최초의 라틴어 영웅 시인들은 참된 역사를 노래했던 것인데, 그것은 로마 전쟁의 역사였다. 중세의 돌아온 야만 시대에도 이러한 야만적인 본성 때문에 라틴어 시인들은 역사만을 노래했고, 그 예가 군터나 아풀리아의 굴리엘모 같은 시인들이었다[471]. 같은 시대의 로망의 작가들도 진실의 역사를 쓰고 있다고 믿었다. 철학에 의해 계몽된 시대에 살았던 보이아르도나 아리오스토조차도 그들 시의 주제를 파리의 주교였던 튀르팽의 역사에서 취했던 것이다[159]. 사고력이 결여되어 있었지만 자연적으로 신뢰가 가고 개방적이며 신실하고 관대

45) Aristoteles, *Ars rhetorica*, 2.21.

하며 마음이 커서[516, 708] 허구를 꾸며낼 수 없었던 야만의 본성 때문에 고도로 심원한 지식을 갖고 있던 단테조차 『신곡』에서 실재 인물을 등장시켜 그들 생전의 사실을 토로하게 만들었다[786]. 그가 자신의 작품에 "희극"(commedia)이라는 제목을 붙인 것은 앞서 말한 고대 그리스의 구희극[808] 실재 인물을 그 줄거리 속에 등장시켰기 때문이다. 이 점에 있어서 단테는 『일리아스』를 쓴 호메로스와 비슷했다. 디오니시우스 롱기누스는 『오디세이아』가 "서술적"인 데 비해 『일리아스』는 "극적" 또는 표현적이라고 말했던 것이다.[46] 프란체스코 페트라르카 역시 학식이 높은 사람이었지만 라틴어로 제2차 포에니 전쟁을 노래했고, 토스카나어로 쓴 『개선』은 영웅적 어조로 쓴 역사 이야기 모음집이다. 여기에서 최초의 신화가 역사였다는 명백한 증거가 태어난다. 풍자는 실재하며 게다가 아주 잘 알려진 사람을 나쁘게 말한다. 비극은 시적인 역사 속의 인물을 택해 줄거리로 삼는다. 구희극은 현존하는 유명한 인물을 무대에 올렸다. 신희극은 사고력이 훨씬 강화된 시대에 태어났기 때문에 마침내 등장인물을 허구로 만들어내기에 이르렀다. 그 예로 이탈리아어에서 신희극은 학문이 놀랄 정도로 발전한 16세기에야 부활했다.[47] 또한 그리스인들도 로마인들도 허구의 인물로 비극의 주인공을 만든 적은 결코 없었다. 민중의 취향이 그것을 강력하게 확인시켜주는데, 그들은 음악극에서 언제나 줄거

---

46) Pseudo Longinus, *De sublimitate*, IX.

47) 이것은 플라우투스와 테렌티우스를 모방하여 태어난 문학적 희극을 가리킨다.

리가 비극적인 역사만을 원할 뿐이다. 그렇지만 희극에서는 허구적인 줄거리도 허용하는데, 왜냐하면 그것은 사적이고 잘 알려져 있지 않았기 때문에 사람들이 그 허구를 사실이라고 믿었기 때문이다.

VIII

[818] 시적인 인격체의 본질이 이렇듯 역사적이기 때문에 그들의 시적 알레고리는 "시적 지혜"를 통틀어 논증했던 것처럼[403] 그리스 초기 시대와 관련된 역사적 의미를 포함하고 있는 것이 확실하다.

IX

[819] 그러한 역사는 우리가 언급했던 첫 번째의 철학적 증거에 따라[811] 민족의 공동적인 기억을 보존하고 있음이 마땅하다. 왜냐하면 민족의 유년기로서 그들은 놀라울 정도로 기억력이 강했기 때문이다[211]. 이것은 신의 섭리가 없었다면 불가능한 일이었다. 앞서 여러 차례 인용했듯 아피온을 반박하는 요세푸스의 권위에 의존하면[66] 호메로스의 시대에는 물론 그 이후로도 얼마 동안 민중 문자는 아직 발명되지 않았다. 민중 문자가 없던 시대에 사람들에게는 육체적 존재만 있을 뿐 사고력은 조금도 없어[375] 개별을 느끼는 생생한 감각과 그것을 인지하고 확대시키는

강한 상상력과 그것을 보편적 상상력과 결부시키는 기민한 창의력과 그것을 유지시키는 강건한 기억력만 있을 뿐이었다. 그러한 능력들도 정신과 관련되어 있는 것은 사실이지만, 그 뿌리는 육체에 있었고 따라서 육체로부터 활력을 얻었다. 따라서 기억력은 상상력과 같으며, 그런 이유로 라틴어에서는 상상력을 "기억력"(memoria)이라고 불렀던 것이다. 예컨대 테렌티우스는 "상상할 수 있는"이라는 의미로 "기억할 수 있는"(memorabile)이라는 말을 사용했고,[48] 일상적인 라틴어의 용례에서 "고안하다"(comminisci)라는 말은 "창작하다"라는 의미인데, 그것은 상상력의 특성이다. 그리하여 "고안한 것"(commentum)은 "창작한 것", 즉 "픽션"을 가리키게 된 것이다. 이와 비슷하게 상상력은 창의력을 뜻하기도 했다. 중세, 돌아온 야만의 시대에 창의적인 인물은 "상상력이 풍부한 사람"이라고 불렸고, 그 예로서 콜라 디 리엔조의 전기를 쓴 동시대의 작가가 그를 그렇게 불렀던 것이다[699]. 따라서 기억력에는 세 가지 다른 측면이 있다. 사물을 회상하는 기억력과, 그것을 변경하거나 모방하는 상상력과, 그것에 새로운 전기를 부여하여 적절하게 배치하거나 적절한 맥락 속에 위치시키는 창의력이 그 셋이다. 이런 이유로 신학적 시인들은 기억의 여신을 "뮤즈의 어머니"라고 불렀던 것이다.

---

48) Publius Terentius Afer, *Andria*, II.3.73.

X

[820] 그러므로 시인들은 민족들마다 최초의 역사가였음이 확실하다[464~471]. 이것이 카스텔벨트로가 자신의 금언을 사용해서도 시의 참된 기원을 찾지 못한 이유이다[812]. 왜냐하면 그만이 아니라 플라톤부터 아리스토텔레스에 이르기까지 다른 모든 사람들도 우리가 공리에서 설명했고[202] "시적 지혜"에서 논증했듯 모든 초기 민족의 역사는 신화에 출발점을 두고 있다는 것을 쉽게 알아챌 수 있었을 것이기 때문이다.

XI

[821] "시적 지혜"는 장엄한 시인이 동시에 장엄한 형이상학자가 되는 것은 불가능하다고 규정한다. 왜냐하면 형이상학은 감각으로부터 정신을 추상해내는 반면 시적 능력은 정신 전체를 감각 속에 잠기게 만들기 때문이다. 형이상학은 보편 위로 날아가는 반면 시적 능력은 개별 속으로 파고 들어가야 한다.

XII

[822] "인간의 모든 능력은 타고난 것이 아니라 집요한 노력으로 얻을 수 있다. 그렇지만 시의 능력은 타고난 재능이 없이 노력만으로는 얻을 수 없다"라는 앞서 제시했던[213] 공리에 따라 시와

비평의 "기술"은[49] 창의력을 배양할 수는 있지만 위대하게 만들지는 못한다. 왜냐하면 그렇게 배양된 섬세함은 작은 미덕에 불과하며, 위대성이란 모든 작은 것을 경멸하기 때문이다. 실로 거대한 격류가 탁류만을 쏟아 내리면서 바위나 나무둥치까지 격한 흐름 속에 휩쓸어가듯, 우리가 호메로스에게서 자주 발견하는 저열한 말들은 그런 바위나 나무둥치와 같다.

XIII

[823] 그러한 표현들이 호메로스를 모든 장엄한 시인들의 아버지이자 제왕이 아닌 것으로 만들지는 않는다.

XIV

[824] 왜냐하면 우리는 아리스토텔레스가 호메로스의 기만이야말로 누구도 도달할 수 없는 것이라고 말했음을 알며, 호라티우스도 그의 등장인물은 모방할 수가 없다고 판단했음을 알기 때문이다[809].

49) 원어는 "arti"이다. 다른 어떤 의미보다도 그것은 타고난 것이 아니라 "인위적"인 것이라는 함의를 먼저 고려해야 한다.

XV

[825] 제2권의 "영웅의 본성에 관한 추론"에서 논증했듯 호메로스는 시적 문장에 있어 마침내 장엄함이 하늘까지 도달했다. 그의 문장은 진정한 감정의 표현이거나 타오르는 상상력에 힘입어 진정으로 느꼈다고 생각했던 것의 표현이었음이 확실한데, 그런 이유로 그것은 느낀 사람들 속에 개별화되었다. 따라서 우리는 삶의 금언이란 일반화된 것이기 때문에 철학자의 문장이라고 정의하는 반면, 감정 자체를 반영하는 것은 그릇되고 냉담한 시인의 몫이라고 말하는 것이다[703~704].

XVI

[826] 앞서 고찰했던 것처럼[785] 거칠고 야만적인 사물과 견준 호메로스의 비유는 비견될 바가 없는 것이 확실하다.

XVII

[827] 앞서 살펴본 것처럼[707, 785] 호메로스가 전쟁과 죽음을 끔찍하게 묘사한 것이 『일리아스』를 경이롭게 만들었다.

XVIII

[828] 이러한 문장과 비유와 기술은 앞서 밝힌 것처럼[785] 신중하고 교양 있고 고상한 철학자의 본성에서 나온 것일 수 없다.

XIX

[829] 호메로스가 말하는 영웅들의 관습은 어린아이처럼 정신이 나약하거나 여인처럼 상상력이 강하거나 감정이 요동을 치는 청소년에게나 속하는 것이다. 따라서 앞서 논증했던 것처럼[786~787] 철학자가 그것을 그리도 자연스럽고 적절하게 만들어 내는 것은 불가능하다.

XX

[830] 앞서 살펴보았던 것처럼 표현이 서투르고 상스러운 것은 그리스어의 형성기에 그리스인들이 그 언어로 자신을 표현하려고 애는 쓰지만 그 능력이 극도로 빈곤하였기에 생기는 불균형의 결과이다.

XXI

[831] "시적 지혜"에서 그렇지 않음을 증명했지만, 설사 호메로

스의 시가 숨겨진 지혜의 가장 장엄한 신비를 포함하고 있다 할지라도, 그것이 표현된 방식은 철학자에 어울리는 솔직하고 질서 잡히고 신중한 정신에 의해 고안된 것은 아니다[384].

XXII

[832] 제2권의 "언어의 기원"에서 살펴본 것처럼[456] 영웅들의 언어는 직유와 이미지와 비유의 언어였다. 그것은 사물의 속성을 적절하게 정의 내리는 데 필요한 종(種)과 속(屬)에 대한 개념이 없기에 생겨난 것인데, 민족 전체에 공통적인 자연적 필요성에서 생겨난 것이다.

XXIII

[833] 역시 제2권에서 말했던 것처럼[463] 초기의 민족이 영웅시로 말했던 것은 자연적 필요성 때문이었다. 여기에서 또다시 우리는 섭리를 찬미해야 한다. 즉 민중 문자가 아직 발명되지 않았을 당시 섭리는 운문으로 말하도록 명하여 박자와 격의 도움을 받아 그들의 기억이 가족과 도시의 역사를 더 쉽게 보존할 수 있도록 만들었다는 것이다.

XXIV

[834] 앞서 "시적 지혜"에서 충분히 설명했던 것처럼[634] 그러한 신화와 그러한 문장과 그러한 관습과 그러한 언어와 그러한 운문은 모두가 영웅적이라고 불리며, 그것은 역사가 영웅들에게 할당했던 시대에 통용되었다.

XXV

[835] 따라서 앞서 말한 모든 것은 민족 전체의 속성이며, 결과적으로 그 민족의 모든 개인들에게 공통적인 것이다.

XXVI

[836] 그렇지만 앞서 말한 모든 특성으로부터 발생한 그 본성이 호메로스를 가장 위대한 시인으로 만들었다 할지라도, 우리는 그가 철학자였다는 것을 부정한다[787].

XXVII

[837] 더구나 우리는 "시적 지혜"에서 숨겨진 지혜의 의미가 후대에 출현한 철학자들에 의해 호메로스의 신화에 침투되었다고 논증했다[515, 720].

XXVIII

[838] 그러나 숨겨진 지혜가 몇몇 특정 인물들의 소유물이 아닌 것처럼 영웅들의 신화의 본질 전체를 이루는 영웅들의 시적 인격체가 갖는 격식은 오늘날 철학이나 시와 비평의 이론에 가장 박학한 사람들이라도 도달할 수 없는 것이었음은 방금 살펴본 바와 같다. 호메로스는 그 허구에 있어 따라올 사람이 없다고 아리스토텔레스가 말했고, 그 등장인물에 있어서는 모방할 수가 없다고 호라티우스가 호메로스에게 특권을 부여했던 것은 바로 그러한 격식 때문이었다[809].

제6장
참된 호메로스의 발견을 위한 문헌학적 증거

[839] 히브리인 요세푸스가 속계의 작가 중 가장 오래되었다고 결연하게 주장하는 호메로스를 포함한 초기 민족의 창시자들에 대해 형이상학적 비판에서 비롯된 수많은 철학적 증거들을 살펴보았는데, 이제 거기에 다음과 같은 문헌학적 증거들을 더한다.

I

[840] 고대의 모든 세속계의 역사는 신화에 기원을 둔다[202].

II

[841] 고대의 게르만인들과 아메리카 인디언처럼 다른 민족들과 절연되어 있는 야만 민족들은 그들 역사의 기원을 시 속에 보존하고 있다[470].

III

[842] 로마사를 기록하기 시작한 것은 시인들이었다[471, 817].

IV

[843] 중세의 돌아온 야만 시대에 역사를 기록한 자들은 라틴어 시인들이었다.

V

[844] 이집트의 높은 신관이었던 마네토는 상형문자로 쓰인 고대 이집트의 역사를 장엄한 자연신학으로 바꾸어놓았다[222].

VI

[845] "시적 지혜"에서 우리는 그리스의 철학자들도 신화로 이

야기된 고대 그리스의 역사에 대해 똑같은 일을 했음을 논증했다[361].

VII

[846] 따라서 우리는 "시적 지혜"에서 마네토가 했던 방식을 역으로 되돌려 신화에서 신비적 의미를 제거하고 그 본래의 역사적 의미를 복원시키려 했다[384, 403]. 우리가 그 일을 자연스럽고 용이하게, 아무런 억지나 속임수나 왜곡도 없이 할 수 있었던 것은 신화가 함축하고 있는 역사적 알레고리가 적절하다는 것을 보여주는 증거이다.

VIII

[847] 이 모든 것은 스트라본이 황금 같은 문구 하나에서 말했던 것을[50] 엄정하게 확인시켜주는데, 헤로도토스 이전에, 어쩌면 밀레토스의 헤카타이오스[51] 이전에 그리스 민족의 모든 역사는 시로 기록되었다는 것이다.

50) Strabon, *Geografia*, I.2.6.

51) 헤카타이오스는 기원전 6세기 그리스의 역사가이자 지리학자였다.

IX

[848] 또한 제2권에서[464~471] 우리는 고대나 근대 모두 민족 최초의 작가들은 시인이었다는 것을 논증하였다.

X

[849]『오디세이아』에는 두 개의 황금 같은 문구가 있다. 누군가가 이야기를 잘해서 칭찬을 받는데, 음악가처럼 가수처럼 이야기한다는 것이다.[52] 호메로스의 음유시인들이 바로 그러했을 텐데, 그들은 평범한 사람으로서 호메로스 서사시의 많은 부분을 암송하며 기억 속에 보존하였던 것이다.

XI

[850] 히브리인 플라비우스 요세푸스가 그리스의 문법학자 아피온에 반대하며 결연하게 말하듯 호메로스는 자신의 시를 글로 남기지 않았다.

---

52)『오디세이아』, XI, 367.

XII

[851] 음유시인들은 그리스 도시의 시장과 축제를 돌아다니며 각기 호메로스 시의 여러 부분을 노래 불렀다.

XIII

[852] 음유시인이라는 말을 구성하는 두 단어의 어원을 살펴보면 그것은 "노래를 기워 합치는 사람"이다.[53] 그 노래란 그 민중들로부터 수집한 것임이 확실하다. 이와 비슷하게 보통명사인 호메로스(σμηρος)는 "함께"(σμού)와 "연결하다"(εϊρειν)라는 단어들로 이루어졌으며, 따라서 "보증인"을 뜻한다. 보증인이란 채권자와 채무자를 함께 연결시킨다. 이러한 어원은 동떨어지고 억지로 짜 맞춘 것 같지만, 이야기들을 연결시켜 새롭게 구성한 우리의 호메로스의 의미에는 적절한 것으로 보인다.

XIV

[853] 아테네의 독재자 페이시스트라토스 일가는 호메로스의 시들을 『일리아스』와 『오디세이아』로 분류하여 배열했거나, 아니

53) 음유시인의 원어는 rapsòdi인데, 그 말은 "깁다, 꿰매다"라는 뜻의 rhaptein과 "노래"를 뜻하는 oid가 결합된 말이라고 볼 수 있다.

면 그렇게 하도록 시켰다. 호메로스의 그 두 시의 문체 사이에 차이가 무한하다는 것을 감안한다면 그 이전에는 그것이 얼마나 혼란스러운 자료 더미였을까 이해할 수 있을 것이다.

XV

[854] 키케로가 『신들의 본성에 관하여』에서,[54] 그리고 아일리아누스의 뒤를 이어 셰퍼가 기록했던 것처럼[55] 페이시스트라토스 일가는 범(汎)아테네 축제에서 음유시인들이 이 시를 노래해야 한다고 규정했다.

XVI

[855] 그러나 페이시스트라토스 일가는 로마에서 타르퀴니우스 일가가 쫓겨나기 얼마 전에 아테네에서 추방되었다. 그러므로 앞서 확인했던 것처럼[803] 호메로스가 누마 시대의 사람이라고 상정한다면 음유시인들이 호메로스의 시를 기억으로 보존해왔던 것은 페이시스트라토스 일가 이후 오랜 기간이 흘렀어야 함이 확실하다. 이렇게 전해져오는 이야기는 페이시스트라토스 일가의 시대

---

54) 그러나 이 책이 아니라 다음에 이 내용이 있다. Marcus Tullius Cicero, *De oratore*, 3.34.137.

55) Claudius Aelianus, *Varia Historia*, 8.2. 요한 셰퍼는 1713년 스트라스부르에서 발간된 아일리아누스의 이 책의 편집자이다.

에 아리스타르코스가 호메로스의 시를 정화시키고 분류하고 배열하였다는 또 다른 전해져오는 이야기의 신빙성을 빼앗는다. 왜냐하면 그것은 민중 문자가 없이는 이루어질 수 없는 일인데, 그러한 문자가 있었다면 음유시인들이 그것을 기억하기 위해 노래해야 할 필요가 없었을 것이기 때문이다.

XVII

[856] 그러므로 자신의 저작을 기록으로 남겼던 헤시오도스는 페이시스트라토스 일가보다 이후에 위치시켜야 할 것이다. 왜냐하면 그가 호메로스처럼 음유시인들의 기억에 의해 보존되었다고 제시할 어떤 근거도 없기 때문이다. 그렇지만 연대기 학자들은 그를 호메로스보다 30년 이전에 위치시키려고 헛된 노력을 한다. 그렇지만 이 원주(圓周) 시인들도 호메로스의 음유시인들과 마찬가지로 그들의 신들의 시초부터 오디세우스가 이타카로 돌아올 때까지 그리스의 신화적 역사를 모두 보존해왔다. 이들의 이름은 "원"을 가리키는 "퀴클로스"(χύχλος)로부터 파생된 것으로서, 축제의 날에 그들 둘레에 모여든 민중들에게 신화를 노래해주던 평범한 사람들이 아닐 수 없었다. 그렇게 둘레에 모여든 사람들이야말로 호라티우스가 『시론』에서 "비천하고 큰 원"(vilem patulumque orbem)이라고[56] 말했던 그들이다. 다시에르는 호라티우스가 이 말

56) Quintus Horatius Flaccus, *Ad Pisones*, 132. 정확하게 호라티우스의 표현은

로 "긴 에피소드"를 말했다고 하는 주석자들에 대해 불만을 표시했다.[57] 어쩌면 그러한 불만의 이유는 다음과 같을 것이다. 즉 이야기 속의 에피소드는 단지 길다고 해서 비천해지지는 않는다는 것이다. 예를 들자면 마법의 정원에 있는 리날도와 아르미다의 희롱이나 늙은 목동과 에르미니아가 나누는 긴 대화는 길다고 할지라도 비천하지는 않다.[58] 전자의 표현은 화려하고 후자는 섬세하며 모두가 고상하다.

호라티우스의 『시론』으로 돌아가자면, 호라티우스는 비극 시인들에게 호메로스의 시에서 줄거리를 택하라고 충고하지만, 그럴 경우 그들은 이미 시인이 될 수 없다는 위험성에 직면하게 된다는 사실도 지적한다. 왜냐하면 시의 줄거리는 이미 호메로스가 만들어놓은 것이기 때문이다. 호라티우스는 다음 세 가지 사항을 염두에 둔다면 호메로스 서사시의 줄거리도 그들 자신의 주제가 될 수 있으리라고 그 위험성에 대처할 방법을 말해준다. 첫 번째는 쓸데없이 장황한 설명을 덧붙이지 말라는 것이다. 예컨대 축제의 날에 둘러서 있는 비천하고 큰 무리에게 "격노한 오를란도"[59]나

"비천한 사람들까지도 포함하여 모두에게 열린 원"이라고 되어 있다.

57) 앙드레 다시에르(1651~1722)는 호라티우스의 『시론』을 번역한 프랑스의 학자이다. "에피소드"는 주제에서 벗어난 이야기를 뜻한다. André Dacier, *Œuvres d'Horace en latin, traduites en français par M. Dacier et le père Sanadon*, (Amsterdam, 1735), p. 133.

58) 이들은 모두 토르콰토 타소의 서사시 『해방된 예루살렘』에 나오는 등장인물이다.

59) 루도비코 아리오스토의 작품 제목.

"사랑에 빠진 오를란도"[60] 또는 각운을 갖춘 다른 로망을 한 줄 한 줄 읽어주되 말 많은 산문으로 길게 설명하지 말라는 것이다. 두 번째는 충실한 번역가가 되지 말라는 것이다. 마지막 세 번째의 조언은 비굴한 모방자가 되지 말라는 것이다. 즉 호메로스가 자신의 주인공들에게 배정했던 성격을 고수한다 할지라도 그들에게 어울리는 새로운 감흥과 말과 행동을 창출해내라는 것이다. 그리하면 호메로스와 같은 주제로, 비슷한 문체로 쓴다고 할지라도 새로운 시인이 될 수 있는 것이다.

호라티우스는 그 『시론』에서 시장터의 사소한 시인들을 "원주 시인"이라고 불렀다.[61] 이런 종류의 작가들은 "퀴클리오이"(χύχλιοι) 또는 "엔퀴클리오이"(έΥχύχλιοι)라고 불렸고, 그들의 작품집은 "퀴클로스 에피코스"(χύχλος έπιχος), 또는 "퀴클리아 에페"(χύχλια έπη), 또는 "포이에마 엔퀴클리콘"(ποίμα έΥχύχλιχον), 또는 단지 "퀴클로스"(χύχλος)라고 불렸다. 이것은 제라드 랭베인[62]이 디오니시우스 롱기누스의 저작을 편집하며 부친 서문에서 고찰한 내용이다. 헤시오도스가 호메로스보다 앞섰다고 한다면 이런 방식으로 그의 시가 신에 관한 모든 이야기를 포괄하고 있기 때문일 것이다.

---

60) 마테오 마리아 보이아르도의 작품 제목.

61) Quintus Horatius Flaccus, *Ad Pisones*, 132.

62) 제라드 랭베인(Gerard Langbaine: 1608~1658)은 영국의 고전학자이다.

XVIII

[857] 이런 방식으로 운문이 아닌 산문으로 많은 위대한 저작을 남긴 히포크라테스도 호메로스보다 앞섰다고 말할 수 있을 것이다. 산문으로 썼기 때문에 그것은 당연히 기억력을 통해 보존되어야 할 필요성이 없었으며, 따라서 그에게는 헤로도토스와 비슷한 시대가 배정되는 것이다.

XIX

[858] 이러한 모든 것 때문에 포스는 세 개의 영웅시대의 비문에 지나치게 큰 믿음을 부여하여 요세푸스를 논박할 수 있다고 믿었던 것이다.[63] 그 세 개의 비문은 암피트리온과 히포코온과 라오메돈의[64] 비문인데, 그것은 오늘날의 메달과 마찬가지로 날조된 것이다. 마르틴 스호크는 포스에 반대하며 요세푸스를 지지한다.

XX

[859] 우리는 여기에다가 호메로스는 민중 문자에 대해 언급한

63) Gerard Jan Voss, *Aristarchus sive de arte grammatica*, 1.46, 50. 그 세 비문에 대해서는 헤로도토스가 『페르시아 전쟁사』에서 언급하고 있다. Herodotus, *Historiai*, 5.59.

64) 라오메돈이 아니라 라오다마스인데, 이 셋은 모두 그리스의 영웅들이다.

일이 없다는 사실을 덧붙인다. 벨레로폰을 속이기 위해 프로이토스가 에우레이아에게 보냈다는 편지는 앞서 고찰했던 것처럼 "기호"(σήματα)로 쓴 것이었다[433].

XXI

[860] 아리스타르코스가 호메로스의 시에 수정을 가하기는 했지만, 그것은 여전히 다양한 방언과 부적절한 언사를 많이 포함하고 있다. 그것은 그리스 여러 민족의 관용적인 표현일 것이며, 운율도 멋대로 무시한다.

XXII

[861] 앞서 고찰한 것처럼[788~791] 호메로스의 조국은 알려져 있지 않다.

XXIII

[862] 앞서 살펴본 것처럼[788] 그리스의 거의 모든 민족은 호메로스가 자신의 도시 출신이기를 원한다.

XXIV

[863] 앞서 강력하게 추론했던 것처럼[789] 『오디세이아』를 쓴 호메로스는 그리스의 서남부 출신이며, 『일리아스』를 쓴 호메로스는 동북부 출신이다.

XXV

[864] 그의 시대조차 알려져 있지 않다[792].

XXVI

[865] 이와 관련된 견해는 대단히 많고 다양하여, 그 차이는 460년에 이른다. 양쪽의 극단적인 견해를 본다면, 어떤 사람은 호메로스가 트로이 전쟁 당시의 인물이라고 보며, 어떤 사람은 누마 시대로 늦추어 본다[803].

XXVII

[866] 디오니시우스 롱기누스는 두 서사시의 문체에서 보이는 큰 차이점 때문에 호메로스가 『일리아스』는 젊었을 적에, 『오디세이아』는 늙어서 썼을 것이라고 말했다[803]. 그것은 역사에서 알아야 할 가장 중요한 두 가지인 시간과 장소가 어둠 속에 남아있

는 상황에서 이 그리스의 큰 빛에 대해 말한 참으로 특수한 진술이다.

XXVIII

[867] 이러한 고찰은 『호메로스의 전기』의 작가가 헤로도토스든 다른 사람이든 상관없이 그에 대한 매력적인 세부 사실로 책 한 권을 썼다 할지라도 그에 대한 신뢰를 빼앗아간다. 플루타르코스가 썼던 호메로스의 『전기』도 철학자로서 대단히 진지하게 썼다 [780].[65]

XXIX

[868] 그러나 롱기누스가 그러한 추론을 한 것은 아마도 호메로스가 『일리아스』에서는 젊은이들의 특성인 분노와 오만함을 아킬레우스를 통해 표현했고, 『오디세이아』에서는 늙은이의 특성인 노회함과 신중함을 오디세우스를 통해 표현했다고 보았기 때문일 것이다.

---

65) 18세기 초에 『호메로스의 전기』를 헤로도토스의 작품이라고 여전히 믿는 사람들은 별로 없었다. 반면 또 다른 전기는 플루타르코스의 저작이라고 알려져 왔지만 그에 대해서는 별로 의심하지 않았다.

XXX

[869] 호메로스가 장님이었다는 민간전승이 있는데, 이오니아의 사투리에서는 호메로스라는 말이 장님을 뜻한다.

XXXI

[870] 호메로스 자신도 높은 자들의 연회에서 노래하는 시인들을 장님이라고 묘사했다. 그 예는 오디세우스를 위해 베푼 알키노오스의 연회와 구혼자들의 연회에서 노래한 사람들이다.[66]

XXXII

[871] 눈이 먼 사람들이 놀라운 기억력을 갖고 있다는 것은 인간 본성에 합당하다.

XXXIII

[872] 마지막으로 그는 가난했고, 자신의 시를 노래하면서 그리스의 장터를 떠돌아다녔다고 전해진다.

---

66) 각기 『오디세이아』, VIII. 64; I, 153.

제2부

참된 호메로스의 발견

서론

[873] 실로 이 책의 초판본에서는 지금 이 판본과는 다른 방식으로 논했다 할지라도, 학문과 지식이 뛰어난 예리한 정신의 소유자들이 그 책을 읽고는 지금까지 믿어왔던 호메로스가 참이 아니라는 의심을 하게 되었다. 그렇지만 호메로스와 그의 시에 관하여 우리가 논했고 다른 사람들이 말했던 이 모든 것들은 어떤 목적을 갖고 선택하거나 제기한 것이 아니었다. 그런데 이 모든 것들은 트로이 전쟁의 경우와 마찬가지로 호메로스에게도 똑같은 일이 일어났다고 단언하게 만든다. 즉 트로이 전쟁은 역사에서 유명한 시대 구분의 기준이 되었을 정도지만, 명민한 비평가들은 그 전쟁이 이 세상에 존재한 적이 없다고까지 생각하는 것이다[84]. 만일 트로이 전쟁의 경우와 마찬가지로 호메로스가 그의 서사시라는

위대한 흔적을 남겨놓지 않았더라면 그러한 난관은 우리로 하여금 그가 자연 속에 존재하는 특정의 인물이 아니라 관념 속의 시인이었다고 말하게 만들었을 것이다. 그러나 한쪽으로는 그리도 많은 큰 난관들이 있지만 다른 한쪽으로는 그 서사시들이 남아서 전해진다는 사실을 함께 고려하면 중간의 길을 택할 수밖에 없어 보인다. 즉 호메로스가 그리스의 역사를 노래로 말한 한 그는 그리스인들의 영웅에 대한 관념 또는 그 시적 인격체였다는 것이다.

제1장
지금까지 믿어온 호메로스의 비적절성과 불가능성은 여기에서 발견한 호메로스에 의해서는 적절하고 필연적으로 바뀐다

[874] 여기에서 발견한 모든 것에 비추어 지금까지 호메로스에게서 적절하지 못하고 사실성도 떨어진다고 믿어왔던 것들이 지금 새롭게 발견된 호메로스에 의해서는 적절하고 필연적인 것으로 바뀐다. 무엇보다도 호메로스와 관련하여 불확실성 속에 남겨져 있었던 가장 중요한 문제들은 우리로 하여금 다음과 같이 말하도록 만든다.

I

[875] 그리스의 민족들마다 그의 조국이었다는 명예를 위해 경쟁하였고, 그가 그들 민족의 시민이었다고 주장하는 이유는 그리스 민중 자체가 이 호메로스였기 때문이다[788, 861].

II

[876] 그의 시대에 관한 견해가 그리도 다양한 이유는 우리의 호메로스가 트로이 전쟁부터 누마의 시대에 이르기까지 460년의 기간을 통틀어 그리스 민중의 입과 기억 속에 살아 있었기 때문이다[803].

III

[877] 호메로스가 눈이 먼 것[869]

IV

[878] 그리고 호메로스의 가난은[872] 음유시인들의 특징이었으며, 그들은 눈이 멀었기에 "호메로스"라고 불렸고, 예외적으로 강한 기억력을 갖고 있었으며, 가난했기 때문에 그리스의 도시들을 떠돌아다니며 노래함으로써 생계를 유지했다. 그들이 그 노래의

저자인 것은 그들이 자신들의 역사를 시로 만들었던 민중의 일부였기에 사실인 것이다.

V

[879] 그러므로 호메로스가 『일리아스』를 젊은 시절에 지었다는 것은 그리스가 젊었던 시절, 따라서 오만함과 분노와 복수와 같은 장엄한 감정이 들끓고 있을 때의 산물이라는 것이다. 그러한 감정은 기만을 참아내지 못하는 반면 관대함을 사랑하기에 힘의 영웅인 아킬레우스를 찬양했던 것이다. 그러나 늙어서는 『오디세이아』를 지었다. 그것은 그리스의 정신이 신중함의 어머니인 사고력에 의해 어느 정도 진정된 이후의 산물이라는 것이며, 따라서 지혜의 영웅인 오디세우스를 사랑했던 것이다. 그리하여 젊은 호메로스의 시대에 그리스의 민족은 조야함, 비열함, 잔인함, 야만, 흉포함을 좋아했다. 반면 늙은 호메로스의 시대에 그들은 알키노오스의 사치, 칼립소의 쾌락, 키르케의 안락, 세이렌의 노래, 구혼자들의 소일거리와 페넬로페의 정절에 대한 유혹이나 포위나 공격의 시도와 같은 것들을 애호했다. 그 두 종류의 관습은 같은 시기에 양립하기는 불가능해 보인다[803, 866]. 이러한 난점은 너무도 중요한 것이기에 신성한 플라톤조차 그것을 해결하기 위해서는 호메로스가 영감에 의해 이렇듯 구역질이 나고 암울하고 방탕한 관습을 예견할 수밖에 없었다고 말했던 것이다. 그러나 플라톤은 그렇게 함으로써 호메로스를 그리스 문명의 어리석은 창시자로 만들었

을 뿐이다. 왜냐하면 플라톤이 비난의 목적으로 그런 말들을 하였다 할지라도 호메로스는 그리스 민족이 창시되고 오랜 시간이 지난 뒤 나타나게 될 타락하고 방종한 관습을 가르친 것이었기 때문이다. 결과적으로 호메로스는 인간사에서 이루어지는 자연적 과정을 재촉함으로써 그리스인들이 부패로 서둘러 나아가게 된 것이다.

VI

[880] 이런 방식으로 『일리아스』의 작가 호메로스는 『오디세이아』의 작가 호메로스보다 많은 시대가 앞섰던 것이 논증되었다.

VII

[881] 또한 우리는 자신의 조국에서 일어났던 트로이 전쟁을 노래 불렀던 호메로스는 그리스의 북동부 출신이며, 오디세우스를 노래했던 호메로스는 오디세우스의 왕국이 있었던 그리스의 남서부 출신이었다는 것도 논증했다[789].

XIII

[882] 그리하여 그리스 민중의 무리 속으로 사라져버리는 호메로스는 비평가들에 의해 이루어진 많은 비난에도 불구하고 정당화되는 것이며, 특히 다음과 같은 이유에서이다. 즉

IX

[883] 그의 사악한 문장과

X

[884] 상스러운 관습과

XI

[885] 조야한 비유와

XII

[886] 여러 지역의 관용어와

XIII

[887] 멋대로 운율을 무시하는 것과

XIV

[888] 비일관적인 다양한 사투리와

XV

[889] 신을 인간으로 만들고 인간을 신으로 만드는 것 등이 그 이유인 것이다.

[890] 디오니시우스 롱기누스는 이러한 신화는 철학적 알레고리라는 장치로밖에는 변호할 수 없다고 믿었다. 말하자면 처음에 그리스인들에게 노래했던 방식으로 들리는 서사시로는 호메로스에게 문명의 창시자라는 명예가 주어질 수 없다는 것이었다. 호메로스에게 제기된 그러한 난점은 앞서 "연표에 대한 주"에서 그리스 문명의 창시자로 불리는 오르페우스에 대해서 제기했던 [79~81] 난점과 같은 것이었다. 그러나 앞서 말했던 것은 특히 그리스 민족 후기의 특성이었을 뿐이다. 그리스 민족이 창시될 당시에는 앞서 자연신통기를 통해 논증했듯 그리스인들 자체가 독실하고 경건하고 정숙하고 강인하고 정의롭고 관대했으며, 그들은 그들의 신들도 그렇게 만들었다. 그 뒤 오랜 세월이 지나면서 신화가 모호해지고 관습이 타락하였다. 그리하여 "시적 지혜"에서 논했던 것처럼 그들은 자신의 타락한 본성을 반영하여 신들도 방탕하게 만들었던 것이다. 그것은 인간은 모호하고 의심스러운 법을 자연스럽게 자신의 감정과 유용성에 맞춘다는 공리에 따른 것이다[220]. 왜냐하면 앞서 말했던 것처럼[221] 신들의 관습이 그들 자신의 관습과 반대된다면 신들은 그들의 욕망을 허용하지 않을까 두려워했기 때문이다.

XVI

[891] 그러나 우리는 호메로스에게 두 개의 위대한 탁월성이 있다는 것을 정당하게 인정해야만 하는데, 그 둘은 사실상 하나라고 볼 수 있다. 아리스토텔레스가 말하는 시적 기만과 호라티우스가 말하는 영웅들의 시적 인격체는 단지 호메로스에 의해서만 창조될 수밖에 없었다는 것인데[809], 이 점에 있어서 호라티우스는 자신이 시인이 될 수 없다고 공언했다. 왜냐하면 그 스스로가 말하는 "작품의 색채"(colores operum)를 유지할 능력이 없기 때문이라는 것이었는데,[67] 그것은 아리스토텔레스가 말하는 "시적 기만"과 같은 말이었다. 또한 플라우투스도 모든 측면에서 사실의 모습을 갖고 있는 거짓말을 한다는 의미로 "색채를 얻다"(obtinere colorem)라는 말을 사용한 것을 볼 수 있는데,[68] 그런 것이 좋은 이야기임이 확실하다는 것이었다.

[892] 그 밖에도 시 예술의 대가들 모두가 호메로스는 다음과 같은 면에서 비교할 대상이 없다고 말하며 그에게 여러 탁월성을 부여한다.

---

67) Quintus Horatius Flaccus, *Ad Pisones*, 86.

68) Titus Maccius Plautus, *Miles Gloriosus*, II.2.32.

XVII

[893] 그의 거칠고 야만적인 비유[785, 826]

XVIII

[894] 전쟁과 죽음에 대한 잔혹하고 비참한 묘사[827]

XIX

[895] 장엄한 감정으로 가득 찬 문장[825]

XX

[896] 명확하고 빛이 나는 그의 문체. 이러한 모든 것들이 그리스 영웅시대의 특성인데, 호메로스는 그 모든 것에 있어서, 그리고 그 시대를 통틀어 비교할 바가 없는 시인이었다. 왜냐하면 왕성한 기억력과 강한 상상력과 장엄한 창의성의 시대에 그는 어떤 의미로든 철학자가 아니었기 때문이다[781~787].

XXI

[897] 따라서 훗날 출현한 철학이나 시의 이론이나 비평의 기술

중 그 어떤 것으로도 호메로스의 뒤에 따라올 만한 시인조차 만들어낼 수 없었던 것이다.

[898] 더구나 그는 자신에게 부여된 다음 세 개의 불멸의 찬사를 확실히 그 스스로 획득했던 것이다.

XXII

[899] 첫 번째로 그는 그리스의 정치 체제와 문명의 창시자였다.

XXIII

[900] 두 번째로 그는 다른 모든 시인들의 아버지라고 불렸다.

XXIV

[901] 세 번째로 그는 모든 그리스 철학의 원천이었다[779].

그러나 그중 어느 것도 지금까지 믿어왔던 호메로스에게 주어질 수는 없는 것이었다. 첫 번째의 찬사가 합당하지 않은 것은 데우칼리온과 피라의 시대 이래, 즉 혼례와 함께 그리스 문명이 시작된 지 1800년이 지난 다음에야 호메로스가 출현한 것이기 때문에 "시적 지혜"에서 그 근거를 밝혔던 것처럼 그리스 문명의 창시자가 될 수 없었다는 것이다[523]. 두 번째의 찬사도 마찬가지이다. 왜냐하면 호메로스 이전에 오르페우스, 암피온, 리노스, 무사이오스 등의 신학적 시인들이 번성했던 것이 확실하기 때문이다. 연대기 학자들은 여기에 헤시오도스를 추가하여 그를 헤로도토스보다 30년 이전에 위치시키고 있다. 키케로는 『브루투스』에서 호메로스 이전에도 다른 영웅 시인들이 있었다는 것을 인정했고,[69] 에우세비우스는 『복음의 준비』에서 필레몬, 타미리스, 데모도코스, 에피메니데스, 아리오스타이오스 등등 시인들의 이름을 나열한다.[70] 마지막으로 세 번째의 찬사도 합당하지 않다. 왜냐하면 "시적 지혜"에서 충실하고 상세하게 논증했던 것처럼 철학자들은 호메로스의 서사시에서 그들의 철학을 발견했던 것이 아니라 오히려 그들의 철학을 거기에 삽입시켰던 것이기 때문이다. 그렇지만 이 서사시에 담겨 있는 시적 지혜 자체는 철학자들에게 그들의 고상한 진리를 숙고할 기회를 제공했고, 그것을 설명할 수단 역시 제공했다. 이 모든 것을 우리는 제2권의 시초에 약속했던 것처럼 제2권을 통해 명확하게 설명했다.

69) Marcus Tullius Cicero, *Brutus*, 18.71.

70) Eusebius, *Praeparatio evangelica*, 10.11.

제2장
그리스 민족의 자연법의 두 위대한 보고로 밝혀진 호메로스의 서사시

[902] 그러나 무엇보다도 우리의 발견을 통해 우리는 호메로스에게 추가적으로 대단히 찬란한 영광을 돌려야 한다.

XXV

[903] 그는 우리에게 전해져 내려오는 모든 초기 민족의 역사에 대한 최초의 역사가였다는 것이다.

XXVI

[904] 따라서 그의 시는 그리스 초기의 관습에 대한 두 개의 위대한 보고였다고 높이 평가되어야 마땅하다. 그러나 그의 시에도 〈12표법〉에 떨어진 것과 똑같은 운명이 떨어졌다. 〈12표법〉은 솔론이 아테네인들에게 부여하였고 그 뒤 로마인들에게 전해졌다고 믿어져왔기 때문에 라티움의 영웅 민족의 자연법의 역사를 지금까지 감춰왔던 것이다. 그와 비슷하게 호메로스의 서사시도 한 희귀하고 완벽한 시인이었던 특정 인물의 작품인 것으로 간주되어왔기 때문에 그리스 민족의 자연법의 역사를 우리에게 감춰왔던 것이다.

부록
극시인과 서사 시인의 합리적 역사

[905] 우리는 이미 호메로스 이전에 시인들의 세 시대가 있었다는 것을 논증했다[808]. 첫 번째는 신학 시인의 시대로, 그들 자신이 영웅으로서 진실하고 엄정한 신화를 노래했다. 두 번째는 영웅 시인의 시대인데, 그들은 신화를 변경하고 타락시켰다[901]. 세 번째가 호메로스의 시대인데, 그들은 변경되고 타락한 신화를 받아들였다. 최초의 민족들에 의해 자연적으로 형성되었던 관념들을 설명하는 데 도움이 되었던 가장 어두운 고대의 역사에 대한 형이상학적 비판은 이제 철학자들이 지금까지 모호하고 혼란된 방식으로 기술해왔던 극시인들과 서정 시인들의 역사를 석명하고 구분할 수 있도록 해줄 것이다.

[906] 철학자들은 영웅시대의 가장 오래된 시인으로서 메팀나의 아리온을 꼽는다.[71] 그는 서정 시인으로서 디티람보스를 발명하였고, 그것이 합창대로 이어졌다. 그는 시로 노래하는 사티로스극을 도입하였는데, 디티람보스는 원형으로 배치된 합창단으로서 바쿠스 신을 찬양하는 시를 노래 불렀다. 철학자들은 서정시의 시대에 비극 시인들도 번성했다고 말하는데, 디오게네스 라에르티

71) 비코는 아리온을 암피온으로 착각하여 원문에는 암피온으로 되어 있다. 암피온은 호메로스 이전 시대의 전설적인 시인이고 아리온은 훨씬 후대인 기원전 7~6세기의 인물이다. 이곳에서는 아리온으로 바로잡았다.

오스는 최초의 비극에서는 합창단만이 공연했다고 확언한다.[72] 또한 그들은 아이스킬로스가 최초의 비극 시인이었다고 말하며, 파우사니아스는 아이스킬로스가 비극을 쓴 것은 바쿠스의 명령에 따른 것이었다고 말했다.[73] 그렇지만 호라티우스는 『시론』에서 테스피스가 비극의 원조라고 말하고 있는데, 그는 사티로스극과 함께 비극이 시작되었다고 하면서 테스피스가 포도 수확의 철에 수레 위에서 사티로스극을 도입하였다는 것이었다.[74] 철학자들은 그 뒤 폴레몬이 "비극의 호메로스"라고 불렀던 소포클레스가 등장했다고 말한다.[75] 그 뒤 비극은 에우리피데스에 의해 완성되는데, 아리스토텔레스는 그를 "트라기코타톤"(τραΥιχώτατον), 즉 "가장 비극적인 자"라고 불렀다.[76] 그들은 같은 시대에 아리스토파네스가 출현하여 고대의 희극을 발명하여 새로운 희극으로의 길을 열었다고 말한다. 그 후 메난드로스가 그 길을 갔던 것이다. 『구름』이라는 제목의 아리스토파네스의 희극은 소크라테스에게 파멸을 가져다주었다[808, 911]. 그 뒤 다른 철학자들은 히포크라테스를 비극 시대에 위치시키기도 하지만 다른 철학자들은 그를 서정 시인의 시대에 위치시킨다. 그러나 소포클레스와 에우리피데스는 〈12표법〉의

---

72) Diogenes Laertius, *De clarorum philosophorum vitis etc*, 3.56.

73) Pausanias, *Periegesis tes Hellados*, 1.21.2.

74) Quintus Horatius Flaccus, *Ad Pisones*, 275~277.

75) 폴레몬은 기원전 3세기 아테네의 철학자였다. 비코는 그를 1세기 로마의 문법학자 팔라이몬과 착각한 듯하여 원본에서는 그렇게 기록하고 있지만, 이곳에선 폴레몬으로 바로잡았다.

76) Aristoteles, *De poetica*, 13.10.

시대보다 어느 정도 이전에 살았고, 서정 시인들은 그 이후에 출현하였다. 그 사실은 히포크라테스를 그리스의 칠현의 시대에 위치시키는 연대기를 혼란에 빠트린다.

[907] 이와 같은 난점을 해결하기 위해서 우리는 두 종류의 비극 시인과 두 종류의 서정 시인이 있었다고 말해야 한다.

[908] 고대의 서정 시인들은 무엇보다도 신의 찬가를 쓰는 작가였음이 확실한데, 호메로스는 그것을 서사시로 썼던 것이었다. 그 뒤 그들은 아킬레우스가 리라에 맞추어 죽은 영웅들을 위해 노래를 불렀듯 리라에 맞춰 찬가를 썼다. 그와 비슷하게 라틴어 최초의 시인들은 『살리의 찬가』를 쓴 작가들이었는데, 그것은 신들의 축일에 살리라 불리던 사제들이 노래한 찬가였다. 그 사제들이 그렇게 불린 것은 "뛰다"라는 뜻의 라틴어 "살리레"(salire)로부터 파생되었을 수 있는데, 그리스의 합창단은 원형으로 뛰어다녔다. 이러한 시의 단편들은 라틴어에서 우리에게 전해져 내려오는 가장 오래된 기억으로서, 앞서 고찰했던 것처럼[438, 469] 영웅시의 풍미를 갖고 있다. 이 모든 것은 문명의 기원을 확인시켜주는데, 신앙심이 깊었던 최초의 시기에 그들은 신만을 찬양하였던 것이 확실하다. 중세의 돌아온 야만 시대에 이러한 신앙심도 돌아와 당시 유일하게 글을 쓸 줄 알던 사람들인 성직자들은 거룩한 찬가만을 만들었던 것과 비슷하다. 그 뒤 영웅의 시대에 그들은 아킬레우스가 노래 불렀듯 영웅들의 강한 행적만을 찬양하고 기념했다. 메팀나의 아리온은 이런 종류의 신성한 서정 시인에 속했던 것이 확실하다. 또한 그는 디티람보스의 원조이기도 했다. 디티람보스는 영

웅시로 쓰인 비극의 최초의 형태라고 할 수 있다. 앞서 논했던 것처럼[466] 영웅시는 그리스인들이 노래했던 최초의 시였다. 따라서 최초의 사티로스극은 아리온의 디티람보스였고, 호라티우스는 비극에 관한 논의를 사티로스극으로부터 시작하는 것이다.[77]

[909] 후기의 서정 시인들은 가곡 서정 시인들이었는데 핀다로스가 그들의 제왕이었다. 그는 이탈리아어로 "음악을 위한 아리아"라고 부르는 시를 썼다. 이런 형식의 시는 약강격의 시 이후에 나타난 것이 확실한데 약강격은 앞서 논증했던 것처럼[464] 영웅시[78] 이후에 그리스인들이 즐겨 사용하던 운율이었다. 그리하여 핀다로스는 이러한 서정 시인들이 노래를 불렀던 올림픽 경기에서 그리스인들이 찬양했던 화려한 용맹성의 시대에 출현했던 것이다. 이와 비슷하게 호메로스는 아우구스투스의 치하에서 로마인들이 가장 화려했던 시대에 등장했다. 이탈리아어에서 가곡의 시대는 가장 부드럽고 온화했던 시대에 나타났다.[79]

[910] 그 뒤 비극 시인과 희극 시인은 다음과 같은 범위 내에서 활동했다. 즉 테스피스와 아리온은 각기 그리스의 다른 지역에서 포도 수확기에 사티로스극의 원조가 되었는데, 그것은 사티로스를 등장인물로 하는 고대의 비극이었다. 그 당시의 조야하고 단순한 방식으로 그들은 최초의 가면을 만들어낸 것이 확실한데, 쉽게

77) Quintus Horatius Flaccus, *Ad Pisones*, 220.
78) 호메로스 서사시의 운율인 강약약격을 말한다.
79) 바로크 시대를 가리킨다.

구할 수 있는 염소 가죽으로 발과 다리와 허벅지를 감싸고 얼굴과 가슴은 포도주의 찌꺼기로 칠하고 이마에는 뿔로 무장을 하였던 것이다. 그 이후 오늘날에 이르기까지 포도 수확하는 사람들은 "뿔이 난 사람"(cornuti)이라고 불리는 민중 어법의 용례가 남아있는 것이다. 따라서 포도 수확의 신인 바쿠스가 아이스킬로스에게 명하여 비극을 만들도록 하였다는 이야기는 사실일 것이다. 이 모든 것은 앞서 충분히 논했던 것처럼[566, 906] 영웅들은 평민들이 인간과 염소의 두 본성을 갖고 있는 괴물이라고 말했던 시대와 잘 어울린다.

따라서 비극이라는 명칭이 이러한 가면으로부터 파생되었고 비극이 그러한 사티로스의 합창단으로부터 출발하였다는 추론이 강력해지는 것이다. 그러한 종류의 시 경연 대회의 승자에게 주는 염소의 그리스어인 "트라고스"(τράΥος)로부터 유래하였다는 추론에 대해서 호라티우스는 큰 비중을 두고 고려하지 않으며 그것을 "사소한 것"이라고 말했다.[80] 또한 사티로스에서 파생된 말인 새타이어는 사티로스극이 태어날 당시의 상스럽고 모욕적인 의미를 보존하고 있다. 왜냐하면 "바쿠스의 방"이라고 불렸던 행복한 캄파니아 지방에서 포도를 수확하는 농노들이 지주에게 욕설을 해도 된다고 허용하듯 조잡한 마스크를 쓰고 포도 운반용 수레에 타고 있던 농부들에게도 그런 일이 허용되었기 때문이다. 그리하여 판의 신화에서 그리스어의 "판"(πάν)은 "모두"를 뜻하기 때문에 철학

80) Quintus Horatius Flaccus, *Ad Pisones*, 220~224.

적 신화에서 "판"은 우주를 뜻하고 털이 많은 하반신은 땅을 뜻하며 붉은 가슴과 얼굴은 불의 원소, 두 뿔은 해와 달을 의미한다고 했지만 학자들이 그 신화에 주입한 진실이 얼마나 보잘것없는지 알 수 있게 된다[688]. 반면 로마인들은 "사티라"(satyra)라는 단어 속에 그러한 신화의 역사를 보존하고 있는데, 페스투스에 따르면 그것은 여러 종류의 음식으로 만든 요리를 뜻한다는 것이다. 그리하여 그 뒤 다양한 사항을 포괄하는 "일괄법"(lex per satyram)이라는 말도 생겨났다. 이와 비슷하게 우리가 논하고 있는 사티로스극은 호라티우스의 언급에 따르면 신, 영웅, 왕, 장인, 노예 등 다양한 종류의 인간이 등장하는 극을 뜻한다.[81] 그리스어나 라틴어로 우리에게 전해져 내려오는 이런 형식의 작품은 없지만 로마인들 사이에서 존속하였던 사티로스극은 다양한 주제를 다루지 않고 각각의 극에 각각의 줄거리가 배정되었다.

[911] 그 뒤 아이스킬로스는 사티로스의 합창단이었던 아리온의 디티람보스를 인간의 합창단으로 바꿈으로써 고대의 비극, 즉 사티로스극을 인간의 가면을 쓰는 중기의 비극으로 전환시켰다. 중기의 비극이 고대의 희극의 기원이었던 것은 확실한데, 중기의 비극에는 많은 등장인물이 나오므로 인간의 합창단이 어울리는 것이었다. 그 뒤 소포클레스에 이어 에우리피데스가 출현했고, 이 에우리피데스가 우리에게 후기의 비극을 남겨주었다. 아리스토파네스와 함께 고대의 희극은 소크라테스에게 추문을 안겨주며

81) Quintus Horatius Flaccus, *Ad Pisones*, 225~230.

끝이 났다. 메난드로스는 새로운 희극을 우리에게 남겨주었는데, 그것은 사적이고 가공의 인물로 꾸려진 것이었다. 앞서 논했던 것처럼[806, 808, 906] 사적인 등장인물이라서 가공의 인물이라도 무방했고, 그리하여 더욱더 사실적으로 여겨졌다. 따라서 거기에는 더 이상 합창단이 개입할 수 없었다. 합창단은 논평을 가하는 대중이었으며, 따라서 공적인 일에 논평을 가한 것이었다.

[912] 이런 방식으로 사티로스극은 영웅시로 쓰였으며, 그 뒤 라틴어에서 그런 형식으로 보존되었다. 왜냐하면 최초의 민족은 영웅시로 말했으며,[82] 그 뒤 그들은 약강격의 시로 말했기 때문이다. 그리하여 비극은 자연스럽게도 약강격의 시로 작성되었으며, 그리스인들은 이미 산문으로 말하기 시작했기 때문에 희극도 맹목적으로 선례를 따라 약강격으로 쓰였다. 약강격은 확실히 비극에 적합한 운율이다. 그것은 분노를 발산시키기 위해 태어난 운율이었으며, 공리에서 확인했던 것처럼[233] 호라티우스는 그 속도를 "빠른 발"이라고 불렀다. 민간전승에 따르면 이 운율은 아르킬로코스가 자신에게 딸을 주지 않으려 했던 리캄베스에 대한 분노를 표출하기 위해 만들었다고 하며, 그 시의 악랄함 때문에 리캄베스 부녀는 좌절하여 목을 매달았다고 한다. 이 이야기는 혼례를 둘러싼 영웅들의 투쟁의 역사임이 확실하다. 즉 투쟁의 과정에서 반역을 일으키는 평민은 귀족들과 딸의 목을 졸랐던 것이 확실하다.

[913] 이리하여 그토록 격렬하고 신속하고 플라톤이 서사시보

---

82) 즉 강약약격으로 말했다는 것이다.

다도 운율이 장엄하다고 했던 비극은 물론 희극처럼 섬세한 시에도 함께 통용되는 시 예술의 기이함이 태어나게 된 것이다. 또한 앞서 말한 것처럼 비극이 그리도 두렵게 표출시키는 분노와 분개에 적합한 약강격이 희극의 우아함과 매력을 위해 필요한 농담과 유희와 감미로운 사랑에도 유효하게 된 것이다.

[914] “서정” 시인이나 “비극” 시인이라는 이름의 제한이 없었기 때문에 히포크라테스는 칠현 시대의 사람으로 간주되었다. 그러나 그는 헤로도토스의 시대 정도에 위치시켜야 할 것이다. 왜냐하면 그는 여전히 사람들이 전반적으로 신화로 말을 하던 시대에 출현했기 때문이다. 히포크라테스의 전기에는 신화의 풍미가 있고, 헤로도토스는 자신의 역사의 큰 부분을 신화로 말하고 있다. 이 시기에는 산문체의 말을 도입했을 뿐 아니라 민중 문자로 글을 쓰기도 했다. 여러 차례 말했던 것처럼[98, 857, 906] 헤로도토스도 민중 문자로 글을 썼는데, 그는 역사를 썼고 히포크라테스는 의학에 관한 많은 저작을 남겨놓은 것이다.

제4권

민족들이 밟는 과정

서론

[915] 우리는 제1권에서『새로운 학문』의 원리를 확립했다. 제2권에서는 이교의 신과 인간과 관련된 제도의 기원을 "시적 지혜" 속에서 추적하고 발견했다. 제3권에서는 호메로스의 서사시가 그리스 민족들의 자연법의 위대한 두 개의 보고임을 밝혔는데[902], 그것은 〈12표법〉이 라티움 민족들의 자연법에 대한 엄정한 증언이었다고 이미 밝혔던 것과 마찬가지이다[154]. 그러한 바탕 위에서 철학과 문헌학의 빛을 받고 앞서 제기했던 영원한 이상적 역사와 관련한 공리들을 따르면서[241~245] 이제 우리는 제4권에서 민족들마다 밟아갔던 과정을 덧붙일 것이다. 왜냐하면 여러 민족들마다 관습이 다양하게 나뉜다 할지라도, 그 과정은 이집트인들이 전에 그들의 세계가 밟아왔다고 말하는 세 개의 시대의 구분에 따라 진행되어왔다는 변함없는 동일성을 보이고 있기 때문이다. 그 세 시대란 신의 시대, 영웅의 시대, 인간의 시대이다[31, 52].

민족들마다 이러한 구분에 상응하여 항상 끊이지 않는 인과 관계의 질서 속에서 그 과정을 밟아온 것이기에, 그들은 세 가지 종류의 본성을 통해 그것을 보여준다[916]. 그러한 세 가지 종류의 본성으로부터 세 가지 종류의 관습이 출현하며[919], 그러한 관습으로부터 세 가지 종류의 민족의 자연법이 나타난다[922]. 자연법의 결과로 세 종류의 사회적 주권 또는 국가가 규정되었다[925]. 그렇게 인간 사회에 들어서게 된 사람들은 세 종류의 큰 문제인 관습과 법과 국가에 관한 모든 것을 서로에게 소통하기 위하여 세 가지 종류의 언어와 그에 상응하는 세 종류의 문자를 만들었다[928, 932]. 또한 그것을 정당화하기 위해 세 가지 종류의 법학이 세 가지 종류의 권위와 세 가지 종류의 이성과 세 가지 종류의 재판의 도움을 받아 만들어졌다[937. 942, 947, 954~974]. 이 세 가지 종류의 법학은 민족들마다 그 존속의 과정에서 공언하는 당대의 학파를 통해 실행된다[975]. 이러한 학파는 셋씩 특수하게 한 조를 이루어 다른 것들을 발생시키는데 제4권에서는 그것들을 열거할 것이다. 그것은 하나의 일반적인 통일성 속에 포괄되는데, 그것은 섭리적인 신에 대한 신앙이라는 통일성인 것으로서, 이 민족의 세계에 형태와 삶을 부여하는 정신의 통일성인 것이다. 이러한 것들에 대해 폭넓게 논해왔기에, 이제는 그 전개 과정의 순서를 논증할 것이다.

제1부

세 가지 종류의 본성

[916] 첫 번째의 본성은 시적, 창조적 본성으로서 그것은 논리적인 사고가 가장 약한 자들에게서 가장 강력하게 나타나는[185] 상상력의 허구적인 힘을 통해 생겨난다[385]. 실로 그것은 신적인 본성이라고 말할 수 있는데, 왜냐하면 그것이 사물에 생명이 있는 물체라는 본질을 부여하며, 그것은 신이라는 관념으로부터 나온 것이기 때문이다. 그것이 신학적 시인들의 본성이었는데, 모든 초기 민족들마다 고유의 신에 대한 믿음에 의거하여 창시되었을 때 그들이 가장 오래된 현자였다. 게다가 그것은 잔인하고 야수적인 본성이었다. 그들의 상상력은 그들 스스로 만들어낸 신에 대해 끔찍한 두려움을 갖게 만들었기 때문이다[518]. 여기에서 두 개의 불변하는 진리만이 남는다. 첫 번째는 종교만이 민족의 야만성을 제어할 수 있는 유일하게 강력한 수단이라는 것이고, 두 번째는 종교란 그것을 주재하는 사람들의 내적 존경심을 얻을 때 번성한

다는 것이다.

[917] 두 번째는 영웅적 본성으로서, 그들은 자신의 기원이 신에 있다고 믿는다[449]. 그들은 신이 모든 것을 만들었고 모든 일을 했다고 믿었기 때문에[377, 379, 508, 629] 그들 자신도 유피테르의 전조 아래 태어난 유피테르의 자손이라고 생각했다. 그리하여 비로소 인간 종족이 된 그들은 그들의 영웅 신분이 그들에게 자연적 고귀성을 주었고, 그것을 통해 그들이 인류의 군주가 된 것도 정당하다고 간주했다. 이러한 자연적 고귀성은 짐승과 같은 수치스러운 교접을 피해 그들의 피신처로 도피해온 사람들에 대한 우월감을 갖도록 만들었다. 그들은 신이 없이 그곳으로 왔던 것이기에 영웅들은 그들을 짐승으로 간주했던 것이다. 이 두 본성에 대해서는 앞서 논한 바 있다[553].

[918] 세 번째의 본성은 인간적 본성으로서, 지적이고 따라서 겸손하며, 자비롭고 합리적이다. 그것은 양심과 이성과 의무가 법이라고 인정한다.

제2부

세 가지 종류의 관습

[919] 첫 번째의 관습은 종교와 경건심에 물들어 있는 관습으로서, 대홍수 이후에 출현한 데우칼리온과 피라의 관습이라고 말한다[79, 523].

[920] 두 번째의 관습은 화를 내고 허례를 부리는 관습으로서, 아킬레우스의 관습이라고 말한다[667, 786].

[921] 세 번째의 관습은 의무를 지키는 관습으로서, 사회적 의무라는 관점에서 가르쳐야 하는 것이다.

제3부

세 가지 종류의 자연법

[922] 첫 번째는 신성한 법이다. 사람들은 모든 것이 신 자체이거나 신이 만든 것이라고 생각했기에 그들 자신과 그들의 모든 일들이 신의 법 속에 있다고 믿었다.

[923] 두 번째는 영웅법이다. 그것은 힘의 법이지만, 종교의 견제를 받는다. 왜냐하면 인간의 법이나 그 어떤 것으로도 힘을 억제할 수 없을 때 종교만이 힘을 제한된 범위 안에 유지시킬 수 있기 때문이다. 따라서 섭리는 본성적으로 흉포했던 최초의 민족이 그들의 종교에 설득당하도록 만들었던 것이다. 그리하여 본성적으로 힘을 인정하고 이성의 사용이 불가능했던 그들이 운명에 의해 사리를 판단하게 함으로써 전조에 의한 점복의 조언을 받아들이도록 만든 것이었다. 이 힘의 법은 창의 끝에서 권리가 나온다는 아킬레우스의 법이다.

[924] 세 번째는 인간의 법으로서 충분히 발달한 인간 이성에

의해 제정된 법이다.

제4부

세 가지 종류의 정치

[925] 첫 번째는 신들의 정치인데, 그리스인들은 그것을 "신정"이라고 불렀다[629]. 여기에서 사람들은 모든 것이 신의 명령을 받는다고 믿었다[379]. 이것은 신탁의 시대였는데, 그것은 우리가 역사에서 읽는 가장 오래된 제도이다.

[926] 두 번째는 영웅들의, 즉 귀족들의 정치이다. 그것은 "가장 강한 자"라는 의미에서 "옵티마테스의 정치"라고 불린다[586]. 또한 그리스에서는 "귀족"을 의미하는 헤라클레스의 자손이 하는 "헤라클레이다이의 정치"라고 불렀다. 헤라클레이다이는 고대 그리스의 전역으로 퍼져나갔고, 그 뒤 스파르타에 정착했다. 귀족들의 정치는 키벨레의 신관이었던 "쿠레테스의 정치"라고 불리기도 했는데, 그리스인들은 쿠레테스가 고대의 이탈리아인 사투르니아와 크레타 섬과 아시아에 퍼져 있었음을 알았다[592]. 그것이 로마에서는 "키리테스의 정치"가 된 것이었는데, 그것은 무장한 신관

들의 공식적인 집회였다[595]. 이런 정치에서는 앞서 말했던 것처럼 신에게 기원을 두고 있다는 귀족들의 자연적 특권으로서의 모든 사회적 권리가 그 영웅들로 구성된 지배 계급 내부에 국한되어 있었다. 짐승과 태생이 같다고 간주되던 평민에게는 생명과 자연적 자유의 권리만이 허용되었을 뿐이다[597].

[927] 세 번째는 인간의 정치이다. 인간 고유의 본성인 지적인 본성의 평등성 때문에[918] 모든 사람들이 자신의 도시에서 자유롭게 태어나는 한 모두는 법에 따라 평등하다. 이것이 민중의 자유로서, 여기에서 모두 또는 대다수가 도시의 정당한 권력이 되는 것이며, 그러한 권력을 통해서 그들은 민중적 자유의 주인이 된다. 군주제에서도 마찬가지인데, 군주는 그의 신민을 법 앞에서 모두 평등하게 만든다. 그러나 군대의 통수권은 그 혼자만의 손 안에 있기 때문에 그만이 탁월한 사회적 본성을 갖는다.

제5부

세 가지 종류의 언어

[928] 세 가지 종류의 언어가 있다.

[929] 첫 번째는 침묵 속에 거행되는 종교적 행위 또는 신성한 의례를 위한 신성한 정신의 언어이다. 로마의 민법에는 그러한 의례로부터 이어진 "법적 행위"(actus legitimi)라는 것이 남아 있는데,[1] 그것은 모든 사회적 거래를 계약할 때 이행해야 했다. 그러한 언어는 그 특성으로 볼 때 종교에 부합한다. 그것은 논리적으로 따지는 것보다는 존중해야 한다는 것을 더욱 중요하게 여기기 때문이다. 그것은 민족들마다 아직 분절된 언어를 갖지 못했던 최초의 시대에 필연적이었다.

[930] 두 번째는 문장(紋章)을 통해 말을 하던 영웅들의 상징의

1) "법적 행위"란 로마법에 따른 계약을 법적으로 확인하기 위해 거행하던 의식을 가리킨다.

언어였다. 앞서 말했던 것처럼[484~488] 이 언어는 군대의 규율 속에 남아 있다.

[931] 세 번째는 오늘날의 모든 민족들이 사용하고 있는 분절된 말의 언어이다[448~454].

제6부

세 가지 종류의 문자

[932] 세 가지 종류의 문자가 있다.

[933] 첫 번째는 적절하게도 "상형문자"라고 불리는 신성한 문자인데, 앞서 논증했던 것처럼[435] 그것은 모든 민족이 처음부터 사용하던 것이다. 그것은 보편적 상상력인데, 공리에서 제기했듯[209] 통일적인 것을 좋아하는 인간 정신에 내재하는 속성에 따라 자연적으로 발생한 것이다. 즉 추상을 통해 일반적인 개념을 만들어낼 능력이 없던 인간이 상상을 통한 표현으로 그것을 만들어낸 것이다. 그들은 그 보편에 포함된 모든 특수한 개별을 그 시적 보편으로 환원시켰다. 전조와 관련된 모든 것을 유피테르에게 돌리고[379], 혼례와 관련된 모든 것을 유노에게 돌리는[513] 등등의 방식이 그런 것이다.

[934] 두 번째는 영웅의 문자이다. 이것 역시 보편적 상상력인데, 용맹한 투사의 행적은 모두 아킬레우스에게 환원시키고 현명

한 사람의 조언은 모두 오디세우스에게 환원시키는 것처럼 다양한 종류의 영웅들의 행적을 그러한 보편으로 환원시킨다는 것이다. 이러한 상상의 속(屬)은 훗날 인간의 정신이 주제로부터 그 형상과 속성을 추상해낼 수 있게 된 뒤에는 지성의 속으로 바뀌게 되었고, 그에 따라 철학자들이 출현하게 되었다. 그들로부터 그리스가 가장 문명화된 시대에 신희극의 작가들이 나타났는데, 그들은 인간 관습으로부터 지성의 속을 추출하여 그들의 희극 속에서 묘사했던 것이다[808].

[935] 마지막으로 민중 문자가 발명되었는데, 그것은 민중 언어에 동반하는 것이었다. 그것은 단어로 구성되어 있는데, 영웅 언어가 이전에 사용하던 개별의 속(屬)에 준한다고 말할 수 있다. 앞서 인용했던 예를 다시 든다면[460] "내 마음속에서 피가 끓는다"라는 영웅어의 문구에서 "나는 화가 났다"라는 말이 만들어졌다는 것이다. 민중 문자를 만들어냈던 사람들은 소수의 문자만을 만들어 마치 그것이 속(屬)인 것처럼 그것을 사용하여 수많은 사물을 표현했던 것이다. 반면 오늘날까지도 중국인들은 12만 개의 사물을 표현하기 위해 12만 개에 달하는 상형문자를 사용하는 것이다.

이러한 발명은 확실히 인간 정신의 작업을 넘어서는 것이기에 앞서 말했듯이[428] 베르나르트 폰 말린크로트나 잉게발트 엘링은 그것을 신의 발명품이라고 보았다. 이런 공통적인 경이감이 많은 민족들로 하여금 신성으로 탁월한 사람들이 그들을 위해 문자를 발명해주었다고 믿도록 만들었다는 것은 쉽게 이해할 수 있다. 일리리아인들에게 성 히에로니무스가 그러하며, 슬라브인들에게

성 키릴로스가 그러한 것 등등을 예로 들 수 있다. 이에 대해서는 안젤로 로카가 고찰했는데, 그의 책 『바티칸의 도서관』은 민중 문자와 그 알파벳에 대해 기술하고 있다.[2] 그러나 이러한 견해는 다음과 같은 질문 하나로 그릇된 것임이 명백하게 드러난다. 왜 그들은 그들 자신이 발명한 문자를 가르치지 않았는가? 그러한 난점은 앞서 논했던 것처럼 카드모스에게서 보이는데[440] 그는 페니키아로부터 그리스인들에게 문자를 전해주었다고 일컬어지지만, 훗날 그리스인들이 사용한 문자는 페니키아 문자와 완전히 달랐던 것이다.

[936] 앞서 우리는 이러한 언어나 문자가 평민이 지배하던 시대에 사용되었기에 "민중"어나 "민중" 문자라고 한다고 말했다[443]. 이러한 언어와 문자에 대한 지배권에 힘입어 자유로운 민중은 법의 지배자가 되기도 하였던 것이 확실하다. 왜냐하면 공리에서 살펴보았던 것처럼[283] 권력자들이라 할지라도 그들의 의사와 무관하게 강제적으로라도 준수해야 한다는 의미를 법에 부여하였던 것이 자유로운 민중이었기 때문이다. 군주라 할지라도 그러한 최고의 권한을 민중으로 빼앗아갈 수 없는 것은 당연하다. 그러나 인간사에 있어서 이 양도할 수 없는 본성에 힘입어 민중과

---

2) Angelo Rocca da Camerino, *Bibliotheca apostolica vaticana variarum artium ac scientiarum materiis curiosis ac difficillimis scituque dignis illustrata*(Roma, 1591), pp. 152~168. 바티칸의 시스틴 성당에 있는 프레스코화는 다양한 알파벳과 그 발명자를 그리고 있으며, 로카의 이 책은 그 그림에 대한 안내서이지만, 그 책에서는 단지 알파벳만을 재생시키고 있다.

분리할 수 없는 그 최고의 권한은 군주의 권한에 크게 기여했던 것이 확실하다. 왜냐하면 군주는 민중이 제정한 국왕의 법을 귀족들이 받아들일 수밖에 없도록 만들 수 있었기 때문이다. 이러한 민중 문자와 언어에 대한 권한은 필수적이었다. 왜냐하면 그것은 사회적 본성의 순서에 있어서 자유로운 민중 국가가 군주국에 선행했음을 뜻하기 때문이다.

제7부

세 가지 종류의 법학

[937] 세 가지 종류의 법학 또는 법에 대한 지혜가 있다.

[938] 첫 번째는 앞서 살펴보았던 것처럼[381] "신비 신학"이라 불리는 신에 대한 지혜를 가리킨다. 그것은 "신들의 말에 대한 학문" 즉 점복의 신성한 신비를 이해하려 한다. 전조의 신성에 관한 이 학문은 민중적 지혜로서 그것의 현자는 신학적 시인들이었는데, 그들이 초기 민족 최초의 현자였다. 이러한 신비 신학 때문에 그들은 스스로를 "미스타이"(mystai)라고 불렀으며, 이러한 지식에 밝은 호라티우스는 그 말을 "신들의 해석자"라고 번역했다[381]. 따라서 이러한 첫 번째의 법학 최초의 고유한 의미는 "해석"(interpretari)이었는데, 그것은 "아버지들 사이로 들어가는 것"(interpatrari)에 준하는 것으로서, 앞서 살펴보았듯 신들이 처음에 아버지라고 불렸던 것처럼[448] 아버지와 동급이 되는 것이었다. 단테라면 이것을 "신의 내부로 들어가는 것"(indiarsi)라고 말

했을 텐데, 그것은 신의 정신 속으로 들어가는 것을 뜻했다.[3] 이러한 종류의 법학은 신성한 의식의 엄숙성만으로 법을 평가한다. 그리하여 로마인들 사이에는 "법적 행위"와 관련된[929] 많은 미신이 나타나게 되었다. 또한 로마인들의 법에는 "엄숙한" 혼례와 유언을 가리켜 "정당한 혼례"(iustae nuptiae)나 "정당한 유언"(iustum testamentum)이라고 부르는 용례가 남아 있다.

[939] 두 번째는 영웅들의 법학인데, 그것은 어떤 적합한 단어를 사용하여 예비 조치를 취하는 것을 뜻한다. 오디세우스의 지혜가 그 예인데, 호메로스에 따르면 그는 언제나 자신의 말을 규범에 맞게 사용함으로써 자신이 원하는 것을 솜씨 좋게 획득한다. 따라서 고대 로마 법학자들의 명성은 모두가 "조심하다"(cavere)라는 말에 달려 있었던 것이다. 법학자들의 법적 자문은 "대답하는 법"(de iure respondere)이라고 불리는데, 그것은 소송에 참여하는 고객에게 재판관이 인정할 수밖에 없는 방식으로 정황이나 절차에 맞추어 사실을 설명하도록 주의를 기울이는 것을 말한다[965]. 이와 비슷하게 중세의 돌아온 야만 시대에도 법학자들의 명성은 모두가 계약과 유언과 관련된 주의 사항을 찾아주거나 법적 소원이나 조서를 작성하는 능력에 달려 있었다. 이것은 로마 법학자들이 말하는 "조심하다"라는 단어나 "대답하는 법"과 상응한다.

[940] 세 번째는 인간의 법학이다. 이것은 사실 자체의 진상을 규명하여 법의 규정을 소송의 형평이 요구하는 모든 것에 자비롭

3) Dante Alighieri, *Divina commedia, Paradiso*, 4.28.

게 적용한다. 이러한 법학은 자유로운 민중의 공화국에서 시행되는데, 군주국에서는 특히 더 많이 시행된다. 그 둘은 모두가 인간의 정치이기 때문이다[927].

[941] 이렇듯 신과 영웅의 법학은 민족들마다 조야하던 시대에 통용되었던 것이 확실하며 인간의 법학은 인간성이 계몽된 시대에 참인 것으로 받들어졌다. 이 모든 것과 그에 뒤따르는 확실한 것과 참된 것에 대한 정의 및 공리는 "원리"에서 제시하였다[137, 321~322, 324~325].

제8부

세 가지 종류의 권위

[942] 세 가지 종류의 권위가 있다[350, 386~390]. 그중 첫 번째는 신의 권위로서, 그 섭리에 대해서는 이유를 묻지 않는다. 두 번째는 영웅의 권위인데, 법의 엄숙한 규정에 전적으로 의존한다. 세 번째는 인간의 권위로서 이것은 경험이 많거나 실제적인 문제에 탁월한 신중성을 갖고 있거나 지적인 문제에 대해 장엄한 지혜를 갖고 있는 사람들에게 주어지는 신뢰로부터 오는 것이다.

[943] 민족들마다 밟아가는 과정에서 법학에 적용되는 이 세 종류의 권위는 같은 과정 속에서 변화하는 원로원의 세 종류의 권위와 상응한다.[4]

[944] 그중 첫 번째는 소유에 의한 권위인데, 이것으로부터 소유에 대한 권리를 갖고 있는 사람을 "소유권자"(auctores)라고 부르며

4) "원로원"의 권위는 "입법부"의 권위로 보아야 할 것이다.

〈12표법〉에서는 그 권리를 언제나 "소유권"(auctoritas)이라고 불렀다[386]. 이러한 권위는 가족 국가 시대의 신들의 정치에 기원을 두고 있는데, 가족 국가에서는 모든 것이 신의 것이라고 정당하게 믿었기 때문에 권위도 신의 권위였던 것이 확실하다. 그 뒤 오늘날 우리의 시대가 그러하듯 원로원이 최고의 권위의 자리가 된 영웅들의 귀족제 속에서 그러한 권위는 지배하는 원로원의 권위가 되었다. 그리하여 영웅들의 원로원은 민중이 이전에 다루었던 안들을 추인하게 되었던 것이다. 이것을 리비우스는 "민중이 제안했던 것에 대해 아버지들이 소유권자가 되었다"(eius, quod populus iussisset, deinde patres fierent auctores)라고 말했다[113].[5] 그렇지만 이것은 역사에서 말하는 것처럼 로물루스 사후의 궐위 기간부터 시작된 것이 아니라 앞에서 논했던 것처럼[112, 598] 평민들에게 시민권을 허용하였던 귀족제의 몰락기로부터 비롯된 것이었다. 그렇지만 리비우스가 말하듯 이러한 규정은 "때로 폭력으로 귀결될 위험"(saepe spectabat ad vim),[6] 즉 반란의 위협을 수반했던 것이다. 그리하여 만일 민중이 그들의 제안을 추인받기 원한다면 그들은 예컨대 원로원의 동의를 얻을 수 있는 집정관을 지명해야 한다는 것인데, 그것은 군주제 속에서 민중이 행정관을 지명할 때와 마찬가지인 것이다.

[945] 앞서 말했던 것처럼[112] 로마의 민중이 자유롭고 절대적

5) Titus Livius, *Ab urbe condita libri*, 1.17.9.

6) Titus Livius, *Ab urbe condita libri*, 1.9.6.

인 권력의 주인이라고 선언했던 푸블릴리오 필로법 이후 원로원의 권위는 후견인의 권위가 되었다. 그것은 자기 자신의 가산의 주인이었던 피후견인의 거래를 후견인이 승인하는 것과 마찬가지였으므로 "후견인의 권위"(auctoritas tutorum)라고 불렸다. 이러한 권위는 원로원에서 미리 입안했던 법의 규정에 따라 원로원이 민중에게 부여하는 것인데, 후견인의 권위가 피후견인에게 부여되어야 하는 것인 만큼 원로원은 민중과 함께해야 한다는 것으로서, 그것은 민중의 대집회에 입회해야 하며, 민중이 법안을 제정하기 원할 때 그 제정하는 행위에 입회해야 한다는 것이다. 그렇지 않다면 그들은 법안을 과거화시켜야, 즉 "옛 법안을 승인해야"(probaret antiqua) 하는데, 그것은 새로운 법안을 원하지 않는다고 선언하는 것이다[113]. 이 모든 것은 민중이 법을 제정할 때 열악한 조언을 받아 국가에 해가 되는 법을 만들지 않도록 하거나, 제정하는 과정에서 원로원의 조정을 받도록 하기 위해서였다. 이렇듯 평민이 법을 제정하도록 원로원이 평민에게 제출하는 법의 규정에 대해 키케로는 명민하게도 "기술된 권위"(perscribere auctoritates)라고 정의했다.[7] 그것은 입회하는 것만으로 피후견인의 행위를 승인하는 후견인의 권위와 같은 사적인 권위가 아니라, 완전하게 기술된 권위를 가리킨다. 라틴어 "페르스크리베레"(perscribere)가 "완전하게 기술하다"라는 말이다. 그것은 평민이 이해할 수 없도록 약자를 사용하여(per notas) 쓴 법 규정과는 다르다. 이것이 푸블릴

7) Marcus Tullius Cicero, *De oratore*, 3.2.5.

리아 법이 규정한 것이다. 이후 원로원의 권위는 리비우스가 말한 것처럼 "회의의 결과가 불확실할 때 유효한 것"(valeret in incertum comitiorum eventum)이 되었다.[8)]

[946] 마지막으로 국가가 민중의 자유에서 군주제로 바뀜에 따라 세 번째 종류의 권위가 뒤따른다. 그것은 신용이나 지혜에 대한 평판에 따르는 권위이다. 이것은 조언자의 권위인데, 이와 관련하여 황제 직속의 법학자들은 "권위자"(auctores)라고 불렸다. 군주제에서 원로원의 권위도 그러한 것이었을 텐데, 군주는 원로원들이 제시하는 조언을 따르거나 따르지 않을 완전하고 절대적인 자유를 갖고 있었다.

---

8) Titus Livius, *Ab urbe condita libri*, 1.17.9.

제9부

세 가지 종류의 이성

제1장
신성한 이성과 국가 이성

[947] 세 가지 종류의 이성이 있다.

[948] 첫 번째는 신성한 이성으로 신만이 이해할 수 있다. 인간은 그것에 대해 신에 의해 그들에게 계시된 것만 알 수 있다. 처음에는 히브리인이, 다음에는 기독교도가 이 계시를 받았다. 이것은 내적인 말로 정신에게 전해진 계시였다. 왜냐하면 그것은 정신으로만 이루어진 신의 말이었기 때문이다. 한편 외적인 말을 통한 계시도 있는데, 그것은 예언자의 말이나 사도에게 전한 예수 그리스도의 말이나 사도들이 교회에게 전한 말이다. 이교도에게는 그것이 전조나 신탁이나 신의 전언이라고 여겨지는 그 밖의 물질적인 신호를 통한 것이었다. 왜냐하면 이교도는 신이 물질로 이루어

졌다고 믿었기 때문이다. 그리하여 모든 것이 이성인 신에게서 이성과 권위는 동일하며, 따라서 좋은 신학에서 신의 권위는 이성과 동등한 위치를 차지한다. 여기에서 우리는 섭리를 찬미해야 한다. 왜냐하면 이교 세계의 사람들이 이성을 이해하지 못하던, 가족 국가였던 것이 확실한 태고의 시대에 섭리는 그 사람들로 하여금 이성 대신에 그들이 신의 조언이라고 믿던 전조의 권위를 따르는 잘못에 빠지게 하여 그것의 지배를 받도록 만들었기 때문이다. 이것은 다음과 같은 영원한 진리 때문이다. 즉 사람들은 인간사가 이성이 결여되어 있는 정도를 넘어 그 정반대로 진행되는 것처럼 보일 때 신의 섭리의 심연 속에 숨어 있는 불가해한 조언 속으로 빠져 들어가는 것이다.

[949] 두 번째는 국가의 이성인데 로마인들은 그것을 "사회적 형평"(civilis aequitas)이라고 불렀다. 앞서 공리에서[320] 울피아누스는 그것에 대해 모든 인간이 자연스럽게 알 수 있는 것이 아니라 인류의 보존에 필요한 것을 구분할 수 있는 소수의 숙련자들만이 알 수 있는 것이라고 정의했다. 그 소수는 당연히도 영웅들의 원로원의 현자들이었다. 그중에서도 로마의 원로원이 가장 현명했는데, 그들은 평민이 실질적으로 공무의 처리에서 배제되어 있었던 귀족들의 자유의 시대에는 물론, 민중이 원로원의 지도를 받으며 공공의 업무를 볼 수 있었던 민중의 공화국에서도, 즉 그라쿠스 형제의 시대가 끝날 때까지도 그러했던 것이다.

제2장
고대 로마의 정치적 지혜에 대한 추론

[950] 여기에서 해결하기 대단히 어려워 보이는 문제가 나타난다. 즉 로마가 조야했던 시대에 어떻게 로마인들은 로마의 정치에 그렇게도 현명했던 반면, 그들이 가장 계몽되었던 시대에 어떻게 울피아누스는 "오늘날 단지 몇몇의 전문가만이 정치를 이해하고 있다"고 말할 수 있었는가 하는 것이다[320]. 그 대답은 민족 초기에 영웅주의를 만들어냈던 것과 같은 자연적 원인에 놓여 있다. 세계의 영웅으로서 로마인들은 자연적으로 사회적 형평성을 지키려 하였으며, 따라서 법이 표현되고 있는 문구에 극도로 세심한 주의를 기울였다는 것이다. 그러한 문구에 미신으로 보일 정도로 집착함으로써 그들은 법이 모든 사실 속에서 집행되도록 만들었다. 그것은 오늘날 국가 이성이 작동하는 것과 비슷하게 그 법이 아무리 엄하고 거칠고 잔인하더라도[322] 그것을 준수해야 한다는 것이었다. 그리하여 사회적 형평성은 모든 것의 여왕으로서 모든 것을 그 법에 종속시켰다. 키케로는 이 주제의 중요성을 고려하여 그것을 "인민의 안전이 최고의 법"(Suprema lex populi salus esto)이라고 표현했던 것이다.[9] 왜냐하면 앞서 충분히 논증했던 것처럼[584] 귀족제 국가였던 영웅시대에 영웅들은 공익의 큰 부분을 사적으로 소유하고 있었기 때문이다. 그것은 조국이라는 이름

9) Marcus Tullius Cicero, *De legibus*, 3.3.8.

으로 국가가 가족 왕국의 형태 속에 영웅들을 위해 보존하고 있었던 것이다. 국가가 그들을 위해 보존하고 있는 이 엄청난 특수 이익 때문에 그들은 자연스럽게 사소한 사적인 이익은 그 뒤에 두었다. 그리하여 그들은 국가의 공익을 보호하는 관대한 사람이 되었고, 국가의 일에 자문을 주는 현자가 되었다. 이것이 신의 섭리에 의한 높은 배려였다. 앞서 호메로스와 플라톤을 통해 고찰했듯 [296, 338] 폴리페모스의 아버지들은 공공의 이익과 동일시되는 큰 사적 이익이 없었더라면 야만 생활을 포기하고 문명으로 진입하지는 않았을 것이기 때문이다.

[951] 그러나 자유로운 민중 공화국이나 군주국이 출현한 인간의 시대에는 이와 달랐다. 왜냐하면 전자에서는 시민들이 국부를 지배했는데, 국가를 지배하는 국민을 구성하는 시민들이 세부적인 부분으로 나뉘는 것만큼 국부도 그들 사이에서 세부적으로 분할되기 때문이다. 후자에서는 국민들이 스스로 사적 이익을 돌보도록 명령을 받는 한편 국익에 대한 고려는 절대 군주에게 맡겨놓는다. 여기에다가 우리는 이러한 형태의 국가들을 만들어냈던 자연적인 원인을 덧붙여야 한다. 그것은 영웅주의를 만들어냈던 자연적인 원인과는 정반대된다. 그것은 앞서 논증했던 것처럼[670] 안락함의 추구, 자식에 대한 사랑, 여성에 대한 애정, 삶의 욕망과 같은 것들이다. 이러한 모든 원인들에 의해서 오늘날 사람들은 모두에게 평등하게 사적인 혜택을 가져다주는 사소한 세부 사항에만 관심을 갖도록 자연적으로 이끌리고 있다. 이것이 여기에서 논하는 세 번째 종류의 이성인 “자연적 이성”에 의해 고려되는 “공평

한 선”(aequum bonum)으로서, 법학자들은 이것을 “자연적 형평”(aequitas naturalis)이라고 불렀다[326]. 이것만이 대중에게 이해가 가능한 이성이다. 왜냐하면 대중은 그들이 관련된 재판에 구체적 사실이 적시되었을 때에만 관련된 법에 최소한의 관심을 보이기 때문이다. 군주제 국가에서는 내각의 공공적 긴급 상황에서 사회적 형평을 갖고 조언을 해줄 소수의 현자만 필요한 반면, 민중에게 정의를 주재하기 위해서는 자연적 형평을 공언할 사적인 법률에 통달한 수많은 법학자들이 필요하다.

제3장
로마법의 기본적 역사에 대한 추론

[952] 세 가지 종류의 이성에 대해 여기에서 논한 것들은 로마법의 역사를 확립시키기 위한 토대가 될 것이다. 왜냐하면 앞서 공리에서 제시했듯이[246] 정부는 통치받는 사람의 본성에서 출현하는 것이기에 통치받는 사람의 본성에 부합해야 한다. 그런 이유로 법도 정부에 맞추어 집행되어야 하며, 같은 이유에서 정부의 형태에 따라 해석되어야 한다[925]. 이것을 법학자나 법 해석자 가운데 어느 누구도 실행하지 않은 것으로 보인다. 그들은 이전에 로마의 사례를 다룬 역사가들이 빠져 들어갔던 것과 똑같은 잘못에 빠져 들어간 것으로 보인다. 그 역사가들은 로마 공화국의 다양한 시대에 제정되었던 법들에 대해 논하고 있기는 하지만,

그 공화국이 겪어왔던 정부의 형태와 그 법들 사이의 관련성을 지적하는 데는 실패했다. 그리하여 그들은 법을 발생시켰던 자연적으로 적합한 원인과는 무관한 사실들만을 제시했던 것이다. 따라서 법학자로서도 정치가로서도 대단히 박식했던 장 보댕은 고대 로마에서 자유 민중의 공화국에서 일어났던 일이라고 역사가들이 말했던 사실들이 실지로는 귀족제 공화국에서 일어났던 것이라고 말했는데, 그것은 바로 이 책에서 주장하려는 것과 같다[629].

이러한 모든 것을 염두에 두고 로마사를 윤색하려는 모든 자들에게 다음과 같은 질문을 던져야 한다. 왜 고대 초기의 법학은 〈12표법〉을 그리도 엄격하게 적용하려고 했을까? 왜 중기의 법학은 〈12표법〉을 존중하면서도 법무관의 포고를 통해 합리적인 정상참작을 시행하기 시작했을까? 왜 말기의 법학은 〈12표법〉을 전혀 고려하지도 않으면서 너그럽게도 자연적 형평을 공언한 것일까?[10] 그런 뒤 그 역사의 윤색자들은 일종의 대답을 제시했는데 그것은 로마인들의 관대함을 심각하게 훼손하는 것이었다. 왜냐하면 그들은 엄격함이나 엄숙함이나 세심함이나 섬세한 말이나 법의 비밀성까지도 법을 자신들의 수중에 넣어 사회 권력의 큰 부분을 차지하려는 귀족들의 기만에 불과했다고 말한 것이나 다름없었기 때문이다.

[953] 그러나 실제로 일어났던 일은 기만과는 거리가 멀었다.

---

10) 여기에서 대략 "초기"는 공화정 로마의 시대, 중기는 제정 로마의 초기, 말기는 제정 로마의 말기로 간주해야 할 것이다.

그것은 그들의 본성으로부터 출현한 관습이었던 것으로서, 관습으로부터 국가가 결정되고 국가로부터 그러한 관행이 결정되기 때문이다. 인류의 초기에 극도로 야만적이어서 단지 종교만이 그들을 제어할 수 있는 유일한 수단이었을 시대에[177] 앞서 살펴보았던 것처럼[925] 섭리는 인간이 신성한 정부의 치하에서 살도록 명했으며, 모든 곳에서 다스리는 법도 신성한 법이 되어야 한다고 명했다. 즉 그 법은 신비롭게 대중으로부터 숨겨져 있어야 한다는 것이었다[586]. 가족 국가 속의 법은 자연적으로 이런 종류의 법이어서, 그것은 엄숙하게 봉헌된 의례 속에서 펼쳐지는 무음의 언어 속에서 보장되었다. 그것이 "법적 행위"에 남아 있는 것이다[929]. 당시 단순했던 정신의 그들은 다른 사람들과 삶에 유용한 것들을 교환할 때 상대방의 실제적인 뜻을 확인하기 위해 그러한 의례가 필요하다고 믿었다. 반면 오늘날 우리의 정신이 갖춘 자연적인 지성 때문에 그것은 구두로 확인하거나 단순한 기호만으로도 충분하다.

그 뒤 귀족제 국가에서 인간에 의한 정치가 이어졌다[926]. 본성적으로 종교적 관습을 계속하여 실행하면서 그들은 종교를 통해 법을 신비로운 비밀 속에 남겨두었다. 이러한 비밀성이 귀족제 국가의 살아 있는 영혼이었다. 그러한 종교를 통해 그들은 법을 엄격하게 집행했다. 그것이 사회적 형평성의 엄격성인 것으로서, 무엇보다도 그것이 귀족제를 유지시킨 것이다[320, 949]. 그 뒤 민중의 공화국이 출현했다. 그것은 본성적으로 공개적이고 관대하며 도량이 크다. 그것은 본성적으로 자연적 형평성을 이해하는 대중의 지배를 받기 때문이다[951]. 앞서 살펴본 것처럼[443, 936] 대중이 주인인 이른바 민중 언어와 민중 문자는 동일한 속도로 발전하였고, 그것으로 법을 입안하고 기록하였으며, 따라서 이전에 비밀이었던 것이 공개되었다. 폼포니우스는 이것이 로마의 평민들이 더 이상 견디지 않겠다고 한 "숨겨진 법"(ius latens)이라고 말한 것이었다[284]. 즉 앞서 말했던 것처럼[763] 로마의 평민들은 민중 문자가 그리스로부터 로마로 전파되었기 때문에 이제는 그 법이 도판 위에 기록되어야 한다고 주장한 것이다. 인간사의 순서는 마침내 군주국에 도달하게 되었다. 여기에서 군주는 법이 자연적 형평성에 따라 집행되어 결과적으로 대중이 이해할 수 있는 것이 되기를 바랐다. 그리하여 법 앞에서 강자와 약자가 평등해지기를 원했던 것인데, 군주만이 그 일을 할 수 있었다[936, 951]. 반면 사회적 형평성 또는 국가 이성은 공공의 이성에 밝은 소수의 현자만이 이해할 수 있는 것으로서, 그 영원한 속성에 따라 왕의 금고 속에 비밀로 보존되어 있었던 것이다.

제10부

세 가지 종류의 재판

제1장
첫 번째 종류: 신들의 재판

[954] 세 가지 종류의 재판이 있다.

[955] 첫 번째는 신들의 재판이다. 이른바 "자연 상태"의 가족 국가에서는 법에 의해 지배하는 사회적 권위가 없었기 때문에 가부장들은 자신들에게 가해진 부당한 처사에 대해 신들에게 호소했다. 그것이 "신들에 대한 믿음에 탄원하다"(implorare deorum fidem)라는 문구가 갖는 본래의 적절한 의미였다. 또한 그들은 그들의 명분이 갖는 정의에 증인을 서달라고 신들에게 요청했다. 그것이 "신을 증인으로 소환하다"(deos obtestari)라는 문구가 갖는 본래의 적절한 의미였다. 이러한 호소와 변론이 본래의 의미에 따른 최초의 연설이었으며, 따라서 라틴어에서 "연설"(oratio)이라

는 말에는 "호소"와 "변론"이라는 의미가 남아 있는 것이다. 이것과 관련된 아름다운 문구는 플라우투스[11]와 테렌티우스[12]에게서도 찾을 수 있고, 〈12표법〉에도 두 개의 금과옥조가 남아 있다. 그 둘은 "절도를 고발하다"(furto orare)와 "동맹을 서약하다"(pacto orare)라는 표현이다. 립시우스는 그 표현에 들어 있는 "오라레"라는 말을 "간원하다"라는 뜻의 "아도라레"(adorare)라고 해석했지만 그것은 옳지 않다. 첫 번째의 예는 "소송을 걸다"(agere)라는 뜻으로 쓰였으며, 두 번째의 예는 "약속하다"(excipere)라는 뜻으로 쓰인 것이다. 이렇듯 "연설"이라는 말에서 비롯된 흔적이 법정에서 소송을 대리하여 진술해주는 사람을 "변론인"(oratores)이라고 부르는 데에 남아 있다. 단순하고 조야한 사람들이 이런 방식으로 신들에게 호소했는데, 그들은 호메로스가 올림포스 산 위에 산다고 말했던 것처럼 산꼭대기에 머무르고 있다고 여겼던 신들이 그들의 호소를 들어줄 것이라고 생각했던 것이다[712]. 또한 타키투스는 높은 산꼭대기보다 신들이 "인간들의 기도를 더 잘 들어줄 곳은 없다"(preces mortalium nusquam propius audiri)라는 미신 때문에 전쟁을 벌였던 헤르문두리 족과 카티 족의 이야기를 전한다.[13]

[956] 이 당시 이교도들은 모든 것이 신이라고 생각했기 때문에 신의 재판을 통해 확보한 권리도 마찬가지로 신이었다. 예컨대

11) Titus Maccius Plautus, *Asinaria*, 1.1.

12) Publius Terentius Afer, *Andria*, 1.1.114.

13) Cornelius Tacitus, *Annales*, XXIII, 57.

"라르"는 집의 소유권의 신이었고, "호스피탈레스 신"이란 피신할 권리의 신이었다. "페나테스 신"은 가부장권의 신, "게니우스 신"은 혼례의 권리의 신, "테르미누스 신"은 경작지 소유권의 신, "마네스 신"은 매장할 권리의 신이었는데, 이 "마네스 신"에 대해 〈12표법〉에는 "마네스 신의 법"이라는 황금 같은 흔적이 남아 있는 것이다.[14)]

[957] 이러한 연설, 또는 소환이나 호소나 증언 뒤에는 저주 행위가 이어졌다. 그리하여 그리스의 아르고스에는 저주의 신전이 있었던 것이다. 그렇게 저주를 받은 사람들을 "아나테마타"(ἀναθήματα) 라고 불렀는데, 그들은 "파문당한 사람"이나 마찬가지였다. 먼저 "저주의 서약"(nuncupare vota)을 엄숙하게, 즉 규정에 맞추어 거행한 뒤 저주받은 자들은 분노의 여신에게 봉헌되었다. 이것이야말로 진정 "끔찍한 공물"(diris devoti)이었던 것이다. 그 뒤에는 그들을 죽였다. 앞서 고찰했던 것처럼[101] 스키타이인들은 칼을 땅에 꽂고 그것을 신처럼 경배한 뒤 그것으로 그들을 죽였다. 이런 종류의 살해를 라틴인들은 "막타레"(mactare)라고 불렀는데, 그것은 희생 제물을 바치는 의례에서 사용하는 용어로 남아 있다. 그리하여 에스파냐어의 "마타르"(matar)와 이탈리아어의 "아마차레" (ammazzare)라는 말이 "살해하다"라는 말로 남은 것이다. 그리스어에서는 "아라"(ἀρα)라는 말이 "위험한 물체", "서약", "분노"라는 뜻이고, 라틴어에서 그것은 "제단"이나 "제물"을 뜻했다[776]. 따

---

14) Marcus Tullius Cicero, *De legibus*, II, 9.22.

라서 일종의 파문은 어떤 민족에게도 존재했다. 그중에서도 카이사르는 갈리아인들의 그런 의례에 대한 상세한 기록을 남겨놓았고,[15] 앞서 논했던 것처럼[101] 로마인들 사이에는 물과 불의 사용 금지 명령이 있었다. 이러한 봉헌에 관한 많은 사실들이 〈12표법〉에 들어 있다. 예컨대, 평민의 호민관에게 범법 행위를 한 자는 "유피테르에게 봉헌한다"거나, 불효자는 "아버지들의 신에게 봉헌한다"거나, 다른 사람들의 곡물에 불을 놓은 사람은 "케레스에게 봉헌"하고 산 채로 불에 태운다거나 하는 것이다[1021]. 플라우투스가 "사투르누스의 제물"[16]이라고 불렀던 것도 이와 비슷하게 봉헌한 자들이었음이 확실하다[191]. 공리에서 말했던 것처럼[191] 이러한 신들의 처벌의 잔인함은 비인간적인 마녀를 닮았다.

[958] 이렇듯 사적으로 집행된 재판과 함께 민족들마다 "순수하고 독실한 전쟁"(pura et pia bella)이라고 불렀던 전쟁을 벌이기 시작했다. 또한 그들은 "제단과 화로를 위한"(pro aris et focis) 전쟁을 벌이기도 했다[562]. 즉 인간사의 공적인 측면과 사적인 측면 모두를, 즉 인간사의 모든 것을 신의 관점에서 고려하였던 것이다. 따라서 영웅들의 전쟁은 모두가 종교 전쟁이었다. 전령은 선전포고를 하면서 적의 도시에서 신을 불러냈고, 적들을 신에게 봉헌했다[550, 1050]. 그리하여 항복한 왕들은 로마인들에 의해 카피톨리네 언덕의 유피테르 페레트리우스[17] 앞에 세워진 뒤 살해되었다.

---

15) Gaius Julius Caesar, *Commentarii de Bello Gallico*, 4.13.

16) Titus Maccius Plautus, *Amphitryon*, 4.2.15~16.

그것은 베스타가 최초의 제단에 봉헌했던 최초의 제물인 "호스티아"였던 불경스러운 난폭자들의 예를 따른 것이었다[549]. 항복한 민족은 최초의 예속민들의 선례를 따라 신이 없는 사람들로 간주되었다. 그리하여 영혼이 없는 물건인 노예는 로마인들의 언어에서 "획득물"(mancipia)이라고 불렸고, 로마법에서 그들은 물건으로(in loco rerum) 받아들여졌다.

제2장
결투와 보복에 관한 추론

[959] 민족들마다 야만의 시대에는 신들의 재판의 한 가지 종류로서 결투가 있었다. 그것은 태곳적 신들이 지배하던 시기에 생겨나 영웅들의 국가에서 오랫동안 실행되어왔던 것이 확실하다. 영웅들의 국가에 대해 우리는 아리스토텔레스가 『정치학』에서 말했던 금과옥조를 공리에서[269] 언급한 바 있는데, 영웅들의 국가에는 사적인 악행을 처벌하고 그 피해에 대해 보상하게 하는 법이 없었다는 것이다. 지금까지 사람들은 이것을 믿지 않았다. 왜냐하면 학자의 자만심으로 말미암아 최초의 민족은 고대인들의 견줄 바 없는 지혜를 갖고 있었다고 그릇되게 믿는 철학적 영웅주의에 따른 견해를 유지해왔기 때문이다[666].

17) 전쟁에서 승리를 보장하는 신으로서 유피테르의 다른 명칭.

[960] 확실히 로마에서는 앞서 말했던 것처럼[638] "폭력에 반하여"(Unde vi)와 같은 금지 명령이나 "폭력에 의한 재산의 강탈"(De vi bonorum raptorum)이나 "공포가 원인이 된 것"(Quod metus caussa)이라는 조례들이 늦게, 그것도 법정관에 의해 도입되었다. 또한 중세의 돌아온 야만 시대에는 사적인 보복이 바르톨로의[18] 시대까지 지속되었다. 고대 로마인들의 "반환 청구"(condiczioni) 또는 "개인적 소송"이 그런 종류였을 것임이 확실하다. 왜냐하면 페스투스에 따르면 "반환을 청구하다"(condicere)라는 말은 "고발하다"(denonziare)라는 의미였기 때문이다. 이렇듯 가부장은 자신의 소유물을 부당하게 강탈한 사람으로부터 그것을 되찾기 위해서는 고발을 해야 했다. 그러한 고발은 개인적인 소송의 절차로 남아있다. 울리히 차지우스는[19] 이 점을 명민하게 이해했던 것이다.

[961] 그렇지만 결투는 실제적인 재판을 포함하기도 한다. 즉 논란의 대상이 된 "물건을 앞에 놓고"(in re praesenti) 행해지는 것이기 때문에 고발이 필요가 없는 것이다. 여기에서부터 "반환 소송"(vindiciae)이라는 관행이 남아 있는데, 이것은 가상의 힘을 과시하여 부당한 소유자로부터 흙덩어리를 얻어내는 것이다. 그 가상의 힘을 아울로스 겔리오스는 "짚의"(festucaria) 힘이라고 불렀다.

18) 14세기 이탈리아의 법학자 바르톨로 사소페라토를 가리키는데, 그는 로마법에 대한 권위자였다.

19) 울리히 차지우스(Ulrich Zasius)는 16세기 스위스의 법학자인데, 비코는 파올로 디아코노가 요약한 차지우스의 책을 읽은 것으로 보인다고 니콜리니는 지적한다.

그렇지만 반환 소송은 본디 실제적인 힘으로부터 나왔던 것이 확실하다.[20] 그 뒤 그 흙덩어리를 재판관에게 가져가서 그 앞에서 재판관에게 "나는 이 토지가 로마의 공민법에 의해 나의 것임을 선언한다"(Aio hunc fundum meum esse ex iure quititium)라고 말하는 것이다[562]. 따라서 증거가 없기에 결투가 도입되었다고 말하는 사람들은 잘못되었다. 오히려 재판을 위한 법이 없기 때문에 도입되었다고 말했어야 하는 것이다. 덴마크의 왕 프로토가 모든 분란은 결투를 수단으로 하여 끝을 내야 한다고 명령함으로써 법률적인 재판에 의한 해결을 금지시켰다는 것은 확실하다.[21] 롬바르드, 살리, 앵글, 부르군트, 노르만, 데인, 알레마니 등 여러 민족들의 법도 법률적인 재판을 피하기 위한 결투의 진행 절차로 가득 차 있다. 이와 관련하여 퀴자스는 『봉토론』에서 다음과 같이 말한다. "기독교도들은 민사 소송이든 형사 소송이든 이런 방식으로 오랫동안 청산해왔기 때문에 모든 것을 결투에 맡겼다"(Et hoc genere purgationis diu usi sunt christiani tam in civilibus quam in criminalibus caussis, re omni duello commissa).[22] 그러므로 게르마니아에서는 말을 타고 다니는 "기사"(Ritter)라고 하는 사람들이 결투

---

20) 반환 소송을 가리키는 라틴어 vindiciae가 힘이라는 뜻의 "vi"로 시작한다는 것에 주목해야 한다.

21) 문법학자 사소, 또는 삭소의 책, 『덴마크의 왕과 영웅의 역사』(*Danorum regum heroumque historiae*)에 그 내용이 있다고 한다. 그렇지만 니콜리니는 그 왕은 물론 그가 만들었다고 하는 법령까지도 허구일 것이라고 지적한다. Vico, *Opere*, III, p. 787, n. 7.

22) Jacques de Cujas, *Opera omnia*.

의 기술을 직업으로 삼아 상대방에게 진실을 말하도록 하는 일이 일어나곤 했다. 실로 결투는 증인이 허용되고 따라서 재판관의 입회가 가능해진다면 형사나 민사 재판이 되었던 것이다.

[962] 초기의 야만스러웠던 시기에 결투가 행해졌다고 믿은 사람들은 없다. 그 이유는 기록이 없기 때문이다. 그러나 인간은 물론 플라톤이 자연 상태 속에서 가장 오래된 가부장이었다고 인정했던[296] 호메로스 작품 속의 폴리페모스조차 자신에게 가해진 악행을 견뎌내고 말았다는 것은 이해하기 어렵다. 공리에서 밝힌 것처럼[269] 확실히 아리스토텔레스도 도시 국가 이전의 가족 국가는 물론 가장 오래된 공화국에서조차 시민들이 그들 사이에서 사적으로 벌어진 악행을 바로잡거나 피해에 대한 처벌을 내릴 법이 존재하지 않는다고 말했다. 우리는 고대의 로마에서도 그러했다는 것을 방금 논증했다[960]. 따라서 아리스토텔레스는 이것이 야만 민족의 관습이었다고 우리에게 말해주고 있는 것이다. 왜냐하면 그들은 아직 법에 의해 교화되지 않았기 때문이다.

[963] 그러한 결투의 중요한 흔적이 두 개 남아 있다. 하나는 그리스의 역사에서, 다른 하나는 로마의 역사에서 보인다. 고대 라틴어에서 전쟁은 결투를 뜻하는 두엘라(duella)라고 했는데 민족들 사이에 전쟁이 벌어지더라도 그것은 이해 당사자 둘 사이의 전투로 시작했던 것이 확실하다. 그것이 왕이라 할지라도 마찬가지였다. 그들은 각기 자신의 민족들이 보는 가운데 전투를 벌이는데, 그 구경꾼들은 공개적으로 자신들의 명분을 옹호하거나 모욕을 당한 경우에는 보복하기를 바라는 것이다. 그리스 역사에서 찾

을 수 있는 확실한 예는 트로이 전쟁이 메넬라오스와 파리스 사이의 결투로 시작하였다는 것이다. 메넬라오스는 아내 헬레나를 빼앗긴 남편이었고, 파리스는 헬레나의 유혹자였다. 그 결투가 결판이 나지 않았기에 그리스인들과 트로이인들이 전쟁을 벌인 것이다. 로마사에서는 로마인들과 알바인들 사이의 전쟁에서도 그런 관습이 보였다. 즉 세 명의 호라티우스 가문 사람들과 호라티아를 납치해갔던 한 명을 포함하는 세 명의 쿠리아티우스 가문 사람들 사이의 결투가 모든 것을 결정했다[641].

이러한 무기에 의한 재판에서는 승리의 운에 따라 옳고 그름이 가려졌다. 그것이 신의 섭리의 교훈이었다. 즉 야만적이고 이성의 능력은 협소하여 옳고 그름을 이해할 수 없었던 민족들 사이에서 전쟁은 전쟁을 낳을 수밖에 없었기에 그들은 신이 누구를 선호하는가에 맡겨 정의와 부정의를 판가름하게 함으로써 전쟁을 막았던 것이다. 이교도들이 성스러운 욥을 조롱했던 것도 신이 그를 버려 왕의 자리에서 떨어지게 만들었다고 믿었기 때문이었다.[23] 같은 원리에 의거하여 중세의 돌아온 야만 시대에도 결투의 패배자는 아무리 명분이 옳다고 하더라도 오른손을 잘렸던 것이다.

[964] 민족들마다 사적으로 실행하던 이러한 관습으로부터 도덕 신학자들이 전쟁의 외적 정의라고 말한 것이 출현했다[350]. 이것에 의거하여 민족들마다 자신의 영토에서 안전하게 머무를 수 있었던 것이다. 이런 방식으로 전조는 가족 국가에서 가부장들

---

23) 「욥기」, 2.11.

의 군주와 같은 권위를 확립시켰고, 영웅들의 도시국가에서는 귀족들의 지배를 보존하였으며, 그것을 평민들과 공유하였을 때에는 로마의 역사가들이 명확하게 밝히듯 민중의 자유 공화국을 산출했다. 이제 마지막으로 그것은 무기의 운명에 따라 행복한 승리자를 정당화시켜준 것이다. 이것은 섭리에 내재하는 관념에 의하지 않고는 출현할 수 없는 것이었다. 그것은 모든 민족에게 보편적이며, 이 저작의 "개념"에서 말했던 것처럼[27] 설사 정당한 자들이 고통을 받고 부당한 자들이 번영을 하는 것을 보게 된다 할지라도 그 정의에 따라야만 하는 것이다.

제3장
두 번째 종류: 통상적인 재판

[965] 신들의 재판 이후 최근에 출현한 두 번째의 재판은 통상적인 재판인데, 그것은 신들의 재판의 잔재로서 언어 사용에 극도의 신중성을 보였으므로 "언어의 숭배"(religio verborum)라고 불렸다. 그것은 한 글자도 바꿀 수 없다는 신성한 규정 속에서 보편적으로 개념화되었던 신들의 질서에 부합하는 것이었다. 그리하여 소송과 관련하여 "점 하나를 빠뜨리면 소송에서 패한다"(qui cadit vergula, caussa cadit)라는 속담이 생겨난 것이다. 이것이 영웅 민족의 자연법인 것으로서, 고대 로마의 법학이 자연스럽게 준수하던 것이었다. 이것이 법정관의 변경될 수 없는 말을 가리키는

"파리"(fari)이고, 여기에서 법정관이 재판을 주재하는 날을 가리키는 "개정일"(dies fasti)이라는 말이 나왔다. 영웅들의 귀족제에서는 영웅들만이 그 재판에 참석할 수 있었기 때문에 그것은 "신의 법"(fas deorum)이라고 불렸다. 앞서 설명했던 것처럼[449] 그 시대에는 영웅들이 스스로를 "신"이라고 불렀기 때문이다. 그것으로부터 훗날 "운명"(Fatum)이라는 말이 나오게 되었다. 그것은 자연 속의 사물을 산출하는 불가항력적인 인과관계의 질서로서, 그것이야말로 신의 말씀이었다. 어쩌면 이것으로부터 이탈리아어의 "명하다"(ordinare)라는 말이 나와 "반드시 수행해야만 하는 명령"을 가리키는 법률적인 용어가 되었을 것이다.[24)]

[966] 이러한 질서는 재판과 관련해서는 소송의 엄격한 규정을 뜻했는데, 그것이 피고 호라티우스가 저명인사였음에도 그에게 잔인하고 모욕적인 형벌을 내리도록 만들었던 것으로서 피고의 무죄가 판명되었음에도 2인관조차 그를 방면할 수 없었던 것이다. 그러나 그가 호소하자 민중은 그를 방면했고, 그에 대해 리비우스는 이렇게 말했다. "그의 명분보다는 그의 용맹에 대한 찬탄"(magis admiratione virtutis quam iure caussae)[25)] 때문에 그를 방면했다[500]. 이러한 재판의 질서는 힘으로 옳고 그름을 판별했던 아킬레우스의 시대에 필연적이었는데, 이에 대해 플라우투스는 우

---

24) "명하다"라는 이탈리아어 동사 "ordinare"와 "질서"라는 뜻의 이탈리아어 "ordine"의 어근이 같음에 주목해야 한다.

25) Titus Livius, *Ab urbe condita libri*, 1.26.12.

아한 필치로 다음과 같이 기술했다. “동의는 동의가 아니고, 동의가 아닌 것이 동의이다”(pactum non pactum, non pactum pactum).[26)]즉 강한 자들은 거만한 욕심을 채우기 위해 약속을 지키지 않을 것이며, 약속을 지키려는 의도도 없다는 것이다.

그리하여 논란과 분쟁과 살인이 일어나지 않도록 신의 섭리는 사람들로 하여금 그들의 권리를 자연스럽게, 즉 명문화된 엄격한 규정에 있는 그대로 받아들여야 한다고 조언하는 것이다. 이렇게 고대의 로마는 물론 중세 이탈리아의 법학자들이 그들의 고객을 지켜주었다는 명성을 얻게 된 것이다[939]. 이러한 영웅 민족의 자연법은 플라우투스의 많은 희극에 줄거리를 제공했다.[27)] 이러한 희곡에서는 여자 노예와 사랑에 빠진 젊은이의 간계에 넘어가 여자 노예를 빼앗기는 뚜쟁이가 나온다. 잘못한 일이 없는데도 어떤 법 규정을 정확하게 말하지 않았다는 이유로 소송을 걸 수도 없을 뿐더러 노예의 몸값을 오히려 보상해야 하는 일까지 생긴다. 어떤 자는 증거도 없는 절도 죄목으로 받게 된 처벌을 반으로 줄여달라고 애걸하며, 또 다른 자는 다른 사람의 노예를 강간했다는 이유로 기소되는 것이 두려워 도시 밖으로 도망을 간다. 이렇듯 플라우투스의 시대의 재판에서는 자연적 형평성이 지배했던 것이다.

[967] 사람들만이 그렇게 엄격한 법을 자연스럽게 준수한 것이 아니었다. 인간은 자신의 본성에 따라 신들도 그들의 서약에서 그

---

26) Titus Maccius Plautus, *Aulularia*, 1.281.

27) 플라우투스의 희극 〈페르시아 처녀〉와 〈작은 페니키아인〉을 가리킨다.

것을 준수하였다고 믿었다. 그리하여 호메로스는 유노가 유피테르에게 서약을 한 것은 그가 서약의 증인일 뿐 아니라 재판관이었기 때문이었다고 말한다. 유노는 자신이 넵투누스를 부추겨 트로이인들을 향해 폭풍이 불도록 하지 않았으며 그것은 수면의 신 솜누스를 매개로 한 일이었다는 것이었다.[28] 유피테르도 그 서약에 만족했다. 또한 메르쿠리우스는 노예 소시아로 변장한 뒤 진짜 소시아 앞에서 서약한다. "내가 너를 속인다면 메르쿠리우스 신도 네게서 등을 돌릴 것이네."[29] 플라우투스가 〈암피트리온〉에서 관객에게 거짓 서약을 가르치기 위해 이 장면을 넣었다고 믿을 수는 없다. 스키피오 아프리카누스와 로마의 소크라테스라고 불리는 라일리우스는 로마 공화국에서 현자들의 제왕으로 꼽히는 두 사람이었는데, 이들이 테렌티우스의 희극 창작을 도왔다고 전해진다. 그런데 이들도 관객에게 거짓 서약을 가르치려고 했다는 것은 더더욱 믿기 어렵다. 테렌티우스의 〈안드리아〉에서 노예 다부스는 하녀 미시스를 시켜 주인 시모의 집 문 앞에 아기를 놓아두도록 만든다. 그렇게 함으로써 그는 만일 주인이 그에게 묻는다면 양심에 거리낌이 없이 자신이 직접 그 아기를 거기에 둔 것은 아니라고 말할 수 있었던 것이다.[30]

[968] 그러나 이 점에 관해 더 중요한 증거가 있다. 예리하고 지

---

28) 『일리아스』, XV, 47~50.

29) Titus Maccius Plautus, *Amphitryon*, 1.234.

30) Publius Terentius Afer, *Andria*, 4.4.7~15.

적인 도시 아테네에서 관객들이 에우리피데스의 대사를 들었다.[31] 키케로는 그것을 다음과 같이 라틴어로 번역했다. "나는 혀로만 서약했다. 마음으로는 서약하지 않았다"(Iuravi lingua, mentem iniuratam habui).[32] 관객은 그 대사를 듣는 순간 중얼거리며 불쾌함을 표시했다고 한다. 왜냐하면 그들은 〈12표법〉에서 명했던 것처럼 "혀로 선언한 것은 지켜져야 한다"(uti lingua nuncupassit, ita ius esto)는 견해를 본성적으로 지니고 있었기 때문이다. 이것이 불행한 아가멤논이 경건하고 순진한 딸 이피게네이아를 산 제물로 바치겠다고 한 경솔한 서약에서 벗어날 수 없었던 이유이다. 그리하여 우리는 공리에서 제시한 바 있듯이[191] 섭리를 인정하지 않는 루크레티우스가 아가멤논의 처사에 충격을 받아 "종교가 이렇게 큰 악을 부추길 수 있다니!"라고 불경스럽게 부르짖은 것도 이해할 수 있게 되는 것이다.

[969] 마지막으로 우리의 논점을 확인하기 위하여 로마의 법학과 로마의 역사에서 다음의 두 가지 확실한 논거를 인용한다. 그 하나는 갈루스 아퀼리우스가 사기에 관한 조례(de dolo)를 도입한 것은 공화정 말기였다는 사실이며,[33] 다른 하나는 아우구스투스가 사기나 유혹을 당한 사람들을 방면할 재량권을 재판관에게 부여했다는 사실이다.

---

31) Euripides, *Hippolytus*, 612.

32) Marcus Tullius Cicero, *De officiis*, 3.29.

33) 가이우스 갈루스 아퀼리우스는 기원전 58년 법정관을 지냈던 로마의 법학자였다.

[970] 평화 시에 이런 관습에 익숙해져 있었기 때문에 전쟁에서 패배한 민족들은 항복의 조건에 따라 비참하게 속박을 당하거나 다행스러울 경우 승리자들의 분노를 조롱으로 받아넘겨야 했다.

[971] 비참하게 박해를 당했던 자들은 카르타고인들이었다. 그들은 생명과 도시와 재산을 유지할 수 있다는 조건으로 로마와의 평화를 받아들였다. 그들은 "도시"(civitas)를 "건물"로 받아들였다. 그러나 로마인들은 "도시"(urbs)를 "시민 공동체"로 받아들였다. 그리하여 그 뒤 로마인들이 평화 조건을 실행하면서 카르타고인들에게 해안에 건설된 "건물"을 포기하고 내륙으로 들어가라는 명령을 내리자 그들은 복종하기를 거부하고 방어를 위해 다시 무기를 들었던 것이다. 그 결과 로마인들은 카르타고인들을 반역자라 선언하고 영웅시대의 전쟁법에 따라 카르타고를 점령한 뒤 야만스럽게 불을 질렀다. 카르타고인들은 로마인들과 협상을 할 때 그들이 이해할 수 없었던 조건들을 부과하는 것을 받아들일 수 없었던 것이다. 그들은 이전부터 민족의 기질을 예리하게 만들어주는 아프리카인들 특유의 명민함은 물론 해상 교역을 통한 지성을 갖춘 민족이었다. 그러나 로마인들은 그 전쟁이 부당하다고 보지 않았다. 왜냐하면 스키피오 아프리카누스가 결판을 냈던 누만티아와의 전쟁이 부당했다고 평가하는 몇몇 로마인들의 주장에도 불구하고 그 밖의 모든 사람들은 로마가 부당한 전쟁을 시작한 것이 코린토스를 파멸시킨 당시로부터 비롯된다고 견해의 일치를 보았기 때문이다.

[972] 중세의 돌아온 야만 시대에는 우리가 논하고 있는 것에

대한 더 좋은 증거가 남아 있다. 신성로마제국의 황제 콘라트 3세는 제위의 경쟁자였던 자의 선동으로 반란을 일으킨 바인스베르크 시에 항복 조건을 포고했다. 무엇이든 여자들만이 등에 지고 나를 수 있는 만큼만 갖고 그 도시를 떠나는 것을 허용한다는 것이었다. 그러자 바인스베르크의 그 독실한 여자들은 아들과 남편과 아버지를 등에 업었다. 승리자인 황제는 그 승리의 순간에 성문 앞에 서 있었다. 승리자가 무례하게 행동하는 것은 자연스러운 일이었지만 그는 분노를 억제했다. 권력자가 권력을 획득하거나 유지하려 할 때 그에 대한 방해로부터 생겨나는 분노는 끔찍한 결과를 초래할 수 있었음에도 그것을 참은 것이다. 그의 군대는 칼과 창을 빼들고 바인스베르크의 남자들을 모두 살해하려고 대기하고 있었는데 그들 모두가 안전하게 지나갈 수 있도록 지켜보고만 있었던 것이다. 그로티우스와 푸펜도르프와 셀든이 말하는 것처럼 인간 이성에 바탕을 둔 자연법이 모든 시대에 모든 민족에게 있었다는 주장은 얼마나 그릇된 것인가![34]

[973] 지금까지 논해왔던 모든 것과 앞으로 논할 것들 모두는 앞서 법과 동의와 관련하여 옳은 것과 확실한 것에 대해 정의를 내렸던 공리로부터[321, 324] 발생한 것이다. 또한 야만의 시대에는 말을 지켜야 하는 엄격법이 자연스러운 것이었다. 그것이야말

---

34) 콘라트 3세가 바인스베르크의 남자들을 살려준 것은 단지 자신이 했던 약속을 지키기 위해서였을 뿐이며, 그로티우스와 푸펜도르프와 셀든이 주장하듯 이성에 바탕을 둔 자연법 때문이 아니었다는 것이다.

로 "민족들의 법"(fas gentium)이었던 것이다. 인간의 시대에는 자비법이 자연스러운 것이었다[326]. 그것은 "자연의 법"(fas naturae)라고 불리는 것이 적절한데, 명분의 형평성에 따라 판단되기 때문이다. 그것은 인간의 옳고 적절한 본성인 합리적 인간성에 근거한 불변의 법이다.

제4장
세 번째 종류: 인간의 재판

[974] 세 번째 종류의 재판은 대단히 예외적[35]인 것이다. 이 재판은 관련된 사실의 진위에 따라 결정되지만, 양심의 명령에 따라 명분의 형평성이 요구하는 것에 맞추어 사람들을 자비롭게 돕는다. 이러한 재판은 지성의 일부라 할 수 있는 자연적 겸손함을 갖추고 있으며, 인간성의 딸이라 할 수 있는 선의에 의해 보장되기 때문에 민중 공화국의 공개적인 성격에 어울린다. 또한 그것은 군주국의 관대함에도 더욱 잘 어울린다. 왜냐하면 군주는 예외적인 재판을 통해서 법 위에 있는 그들이 양심과 신에게는 복종한다는 것을 자랑할 수 있었기 때문이다. 오늘날 평화 시에 실행되고 있

35) 원어는 straordinari. 영어로는 extraordinary인데, 법의 질서를 가리키는 order의 바깥에 있다는 어원적인 의미에 주목해야 한다. 다른 적절한 어휘를 찾을 수 없어 "예외적"이라고 번역했다.

는 이러한 재판으로부터 그로티우스와 셀든과 푸펜도르프의 전쟁에 관한 세 가지의 법체계가 출현하였다[329]. 그러나 니콜로 콘치나 신부는 그들에게서 많은 잘못과 결함을 발견했기에 훌륭한 철학에 더 잘 어울리고 인간 사회에도 더 도움이 되는 또 다른 법체계를 고안해냈다.[36] 그는 이탈리아에 영광을 안겨주며, 유명한 파도바 대학교에서 수석 강사로서 담당하고 있는 형이상학 강의의 뒤를 이어 이 법체계를 가르친다.

36) Niccolò Concina, *Iuris naturalis et gentium metaphysica asserta*(Padova, 1732).

제11부

세 종류의 시대의 학파

제1장
종교적 시대, 격식의 시대, 시민의 시대의 학파

[975] 앞서 말했던 모든 것들은 세 개의 시대적인 학파를 통해 실행된다.

[976] 그중 첫 번째는 신들의 지배 아래 시행되는 종교적인 시대의 학파이다[919, 925].

[977] 두 번째는 아킬레우스처럼 격식만 차리는 사람들의 학파이다. 돌아온 야만의 시대에는 이것이 결투자들의 학파였다.

[978] 세 번째는 시민의 시대 즉 겸손한 시대의 학파로서 울피아누스가 특히 "인류의 자연법"(ius naturale gentium humanarum)이라고 부르면서 "인간"이라는 수식어를 더하며 정의했던 민족의 자연법의 시대의 학파이다. 로마 제국 시대의 작가들은 신민의 의무

를 "사회적 의무"(officium civile)라고 불렀으며, 법을 해석함에 있어서 자연적 형평성을 위배하는 모든 죄는 "반사회적"(incivile)이라고 불렀다. 이것은 로마의 법학에 있어 가장 늦은 시대에 태어난 학파로서 민중의 자유의 시대에 출발하였다. 따라서 법정관들은 이미 변한 로마인들의 본성과 관습과 정치에 맞추어 법을 조정해야 했다. 그들은 영웅시대 로마에 자연스럽게 제정되었던 〈12표법〉의 경직성을 이완시키고 그 엄격성을 완화시켜야 했다. 그 뒤 황제들은 법정관들이 드리웠던 모든 장막을 거두고 이제 민족들마다 익숙해진 온화함에 부합하게 자연적 형평성을 공개적으로 관대하게 실시해야 했다.

[979] 법학자들은 정의와 관련된 기준을 그들 시대의 학파에 맞추어 정당화시켜야 했다. 왜냐하면 이 학파들이 로마의 법학을 대표했으므로 이에 맞추어 로마인들도 세계의 모든 다른 민족들과 합류할 수 있었기 때문이다. 이것은 신의 섭리가 가르쳤던 것으로서, 로마의 법학자들은 그것을 민족의 자연법의 원리로 확립시켰다. 앞서 공리에서 말했던 것처럼[335] 이것은 로마법에 박식한 자들의 어떤 해석을 강제로 주입시킨 철학의 학파가 아니었다. 또한 황제들도 그들의 법령이나 어떤 규정을 제정할 때 그 근거로서 "시대의 학파"의 가르침의 안내를 받은 것이라고 말했던 것이다. 바르나베 브리송은『로마 민중의 언어 형식과 그 엄격성』에서 그 예를 들고 있다.[37] 군주의 학교는 시대의 관습이기 때문에[247] 타키

37) Barnabé Brisson, *De formulis et solemnibus populi romani Urbis*.

투스는 자신의 시대의 타락한 학파를 개탄하며 "타락시키고 타락하는 것이 시대의 정신"(corrumpere et corrumpi seculum vocatur)이라고 말했다.[38] 오늘날 우리는 그것을 "유행"이라고 부른다.

38) Cornelius Tacitus, *Germania*, 18.

제12부

영웅들의 귀족제에서 이끌어낸 다른 증거들

서론

[980] 민족들마다 밟아왔던 과정에서는 대단히 다양한 원인과 결과의 강력한 사슬 속에서 인간 문명의 일들을 이어주는 일정하고 영속적인 질서를 볼 수 있는데, 그것이 우리의 정신으로 하여금 우리의 원리를 진리로 받아들이도록 이끌고 있는 것이 확실하다. 그러나 의문의 여지를 남기지 않기 위해 우리는 다른 사회 현상에 대한 설명을 덧붙인다. 그것은 앞서 논했던[582] 영웅들의 국가와 관련된 발견이 없이는 설명할 수 없다.

제1장
국경의 관리에 대하여

[981] 앞서 말했던 것처럼[586, 629] 귀족제 국가에 대한 두 가지의 가장 큰 특성이란 사회적 경계선의 관리와 법령의 관리이다.

[982] 사회적 경계선의 관리는 앞서 살펴본 것처럼[925] 신들의 정부 아래 피비린내 나는 종교와 함께 실행되기 시작했다. 왜냐하면 그것은 야수적인 상태에서 물건의 수치스러운 공동 소유를 끝내기 위해 밭에 울타리를 치던 일로부터 출발하였기 때문이다. 이러한 울타리로부터 처음에는 가족의, 그다음에는 씨족 또는 일가의, 그 뒤에는 민족의, 마지막으로는 국가의 경계가 정착되었다. 따라서 폴리페모스가 오디세우스에게 말하듯 거인들은 각기 자기 자신의 동굴에서 처자식과 함께 살면서 다른 사람들의 일에 간섭하지 않으며[516], 이전의 야만적인 관습을 유지하고 있었다. 그들은 폴리페모스가 오디세우스와 그 동료들에게 했던 것처럼 경계를 침범하는 사람은 누구라도 살해하려고 했다. 여러 차례 말한 것처럼 플라톤은 이 거인들에게서 가족 국가의 가부장들을 확인했던 것이다[296]. 그리하여 앞서 논증했던 것처럼[637] 도시들마다 오랜 세월에 걸쳐 서로를 적으로 간주하는 관습이 파생되었던 것이다. 법학자 헤르모게니아누스가 주장했던 땅의 조화로운 분배라는 것은 이후 로마법의 모든 해석자들이 선의로 받아들였지만 그것은 사실 어불성설이었다[550]. 학문이란 그 주제가 시작하는 곳에서 시작해야 하기에 "사물의 분배와 그 소유권의 획득"

(De rerum divisione et acquirendo earum dominio)에서 그가 가르치고자 했던 원리는 인간사의 태곳적 기원으로부터 시작해야 했다. 이렇게 경계선을 지킨다는 일은 귀족제 국가에서 자연스럽게 실행되었다. 귀족제 국가는 정치학자들이 주장하는 것처럼 정복에 의해서 확립된 것이 아니었다. 오히려 훗날 물건의 수치스러운 공동 소유가 일소되고 민족들 사이의 경계가 제대로 굳어진 뒤에야 민중의 공화국이 출현했는데, 그것이야말로 제국의 확장을 위해 만들어진 국가였던 것이다. 그 뒤 군주제 국가가 출현했는데, 그것은 제국의 확장에 더욱 적합한 국가였다.

[983] 〈12표법〉이 단순 소유를 인정하지 않았던 이유는 이것밖에 다른 것이 있을 수 없다. 영웅시대에 점유에 의한 소득권 취득은 자연적인 양도를 격식화하기 위한 것이었는데, 뛰어난 해석자들은 그것을 "소유권의 추가"(dominii adiectio)라고 정의했으며, 그것은 이미 획득한 자연적 소유권에 사회적 소유권을 더해준다는 것이었다. 그러나 그 뒤 민중 자유의 시대에 법정관들이 법령을 통해 단순 소유를 지원하게 되자 점유에 의한 소득권 취득은 사회적 소유권을 직접적으로 획득하는 "소유권의 약탈"(dominii adepti)로 바뀌기 시작했다. 처음에 소유권의 소송은 법정에서 이루어지지 않고 법정관이 사법권의 외부에서 용인하는 것으로 끝났는데 [638] 오늘날에는 법정까지 가야 끝나게 될 공산이 가장 큰 재판이 "소유권 소송"이라고 불리는 재판이다.

[984] 그리하여 대략 로마의 민중의 자유 시대에 소작권, 공민적 소유권, 최고의 소유권, 사회적 소유권의 구분은 쇠퇴하기 시작

하여 군주제 아래에서는 사실상 소멸하였다. 이러한 용어들이 생겨났을 당시의 의미는 오늘날의 의미와는 대단히 다르다. 즉 첫 번째의 소작권이란 대상의 지속적인 보유로 유지되는 것이었다. 두 번째의 공민적 소유권은 법을 통해 확증될 수 있는 소유권으로서, 〈12표법〉과 함께 귀족으로부터 평민에게 확대되었지만, 이미 충분하게 설명했던 것처럼[109, 38, 1073] 평민은 자신에게 소유권을 명도했던 귀족을 보증인으로 소환할 때만 그 권리가 확증되었다. 세 번째의 최고의 소유권은 공적, 사적인 모든 채무에서 자유로운 것으로서[619] 민중 자유의 근거가 되었던 호구 조사가 시행되기 이전에 귀족들끼리 누리던 것이었다. 마지막으로 네 번째의 사회적 소유권은 도시 자체가 소유하고 있는 것으로서, 오늘날에는 "탁월한" 소유권이라고 불린다[266]. 최고의 소유권과 공민적 소유권의 차이는 민중 자유의 시대에 이미 희미해져서 최근의 법학자들은 거기에 별 관심을 두지 않는다. 그러나 군주제 아래에서 단순한 자연적 양도로부터 발생한 이른바 소작권과 획득 또는 사회적 양도에서 발생한 공민적 소유권은 유스티니아누스의 법령 "단순한 공민적 소유권의 폐지에 관한 법"(De nudo iure quiritium tollendo)과 "점유에 의한 양도"(De usucapione transformanda)에 의해 완전히 혼란스럽게 바뀌었고, "양도 가능한 재산"(res mancipi)과 "양도 불가능한 재산"(res nec mancipi) 사이의 유명한 구분도 완전히 폐기되었다. 그리하여 법적으로 요구할 수 있는 소유권을 뜻하는 "사회적 소유권"과 어떠한 사적 부담도 지지 않는 "탁월한 소유권"만이 남게 되었다.

제2장
법령의 관리에 대하여

[985] 법령의 관리는 신의 시대에 질투와 함께 시작되었다. 앞서 살펴보았듯이[511, 513] 엄숙한 혼례의 여신 유노는 질투가 많았다. 질투는 여성의 공유라는 수치스러운 일로부터 가족을 지키려는 목적으로 생겨난 것이다. 그렇게 관리하려는 것이 귀족제 국가의 자연스러운 특징이다. 귀족제 국가는 귀족 계급 내부에서 가족 관계가 형성되고 이어져 부와 그에 따른 권력이 상속되기를 바란다. 그것이 민족들마다 유언법을 늦게 채택한 이유이다[992]. 타키투스는 고대 게르만인들에게 유언법이 없었다고 말한다.[39] 앞서 말했던 것처럼[592] 아기스 왕은 스파르타에 유언법을 도입하려다가 라케다이몬 귀족의 자유의 수호자였던 5인관들에 의해 교살되었다. 그러므로 〈12표법〉의 논평가들이 그 열한 번째 조항에서 "전조는 평민과 공유하지 않는다"(Auspicia incommunicata plebi sunto)[653]라는 구절을 적시해낸 것이 얼마나 예리한 일이었는지 이해할 수 있다. 왜냐하면 공사를 불문하고 모든 사회적 권리는 무엇보다도 전조에 의존하던 것이었으며, 그것이 모든 것을 귀족의 계급 내부에 보유하도록 만들었던 것이기 때문이다. 그러한 권리에는 혼례, 가부장권, 직계 상속자, 부계 상속자, 씨족 관계, 적법한 상속, 유언, 후견인 등이 포함되었다[110, 598]. 그리

39) Cornelius Tacitus, *Germania*, 20.

하여 〈12표법〉의 앞선 열 개의 조항에서는 이 모든 권리를 평민들과 공유하고, 특히 유언법을 통해 민중 국가에 적합한 법을 확립시켜놓은 체 가장한 뒤, 열한 번째 법의 조항 하나로 〈12표법〉 전체를 귀족제로 만든 것이었다. 진상이 이처럼 복잡했던 것이었음에도 그 학식이 높은 자들이 말한 것 역시 사실이었다. 즉 그들은 마지막의 두 개 조항이 로마 고대의 관습을 법으로 바꾼 것이라고 말함으로써, 〈12표법〉이 고대 로마의 귀족제를 반영하였다는 우리의 주장을 역으로 확인시켜준 셈이기 때문이다.

[986] 이제 우리의 논제로 돌아온다면, 인류가 모든 곳에서 엄숙한 혼례를 통해 정착한 이후 민중 국가가 출현했고, 그보다 훨씬 뒤에 군주제가 나왔다. 군주제에서는 평민들과의 통혼과 유언에 의한 상속 때문에 귀족 계급이 불안정해졌고 귀족 가문의 재산이 유출되었다. 앞서 충분히 설명했던 것처럼[598] 로마의 평민들은 단지 자연적인 혼인만을 실행하다가 로마력 309년에 귀족들이 혼례를 허용함으로써 비로소 엄숙한 혼례를 거행할 권리를 갖게 되었다. 사실 그들은 로마의 역사가 우리에게 전해주듯 비굴한 노예에 준하는 비참한 상태에 있었기 때문에 귀족에게 통혼권을 요청할 엄두도 내지 못했다[598]. 『새로운 학문』의 초판본에서 말했다시피 로마의 법학에 이러한 원리를 적용시키지 않는 한 지금까지 회자되는 로마의 역사는 그리스의 신화적 역사보다도 믿을 수가 없다. 왜냐하면 그리스 신화는 그 의미가 무엇인지 알 수 없을 정도에 불과하다면 로마의 역사는 우리의 본성에 따른 인간 욕망의 순서를 정반대로 위배하였기 때문이다. 로마의 역사가 보여주

는 순서란 가장 비참한 인간이 처음에는 혼례의 권리를 얻으려고 투쟁하여 귀족 신분이 되려 했고, 그다음으로 집정관직을 원해 명예를 구했으며, 마지막으로 사제직을 요구하여 재산을 구했다는 것이다. 그러나 인간의 변하지 않는 사회적 본성은 사람들로 하여금 처음에는 재산을, 다음으로는 명예를, 마지막으로 신분을 원하게 만든다.

[987] 따라서 우리는 다음과 같이 말해야만 한다. 즉 앞서 논했던 것처럼 두 번째의 농지법이었던[638] 〈12표법〉과 함께 평민들이 귀족으로부터 땅에 대한 어떤 소유권을 얻었지만, 그들은 여전히 외국인으로 남아 있었다는 것이다. 왜냐하면 그러한 소유권은 외국인에게 부여하는 것이었기 때문이다. 평민들은 곧 경험을 통해서 유언이 없이 그들의 땅을 친척에게 남겨주는 것이 불가능하다는 것을 알게 되었다. 그들은 엄숙한 혼례를 실행할 수 없었기에 직계 상속자, 부계 상속자, 씨족 관계가 모두 있을 수 없었다. 유언을 통해서 유산을 남기는 것은 더욱 불가능했다. 왜냐하면 그들은 시민이 아니었기 때문이다[110]. 그것은 놀라운 일도 아니다. 세 개의 평민 투표에 의해 결정되었던 푸리아 법, 보코니아 법, 팔키디아 법이 확인시켜주듯[40] 그들은 지성이 전혀, 아니면 거의 없는 사람들이었기 때문이다. 그리하여 그들은 최종적으로 팔

40) 푸리아 법은 호민관 카이오 푸리오에 의해 기원전 200년 무렵에, 보코니아 법은 호민관 퀸토 보코니아 삭사에 의해 기원전 169년에, 팔키디아 법은 호민관 카이오 팔키디아에 의해 기원전 40년에 제정되었는데, 모두가 유산 상속과 관련된 법이다.

키디아 법에 의하여 바라던 목적, 즉 유산이 상속인으로부터 몰수되지 않도록 할 수 있었던 것이다. 앞서 논했던 것처럼[598] 평민들은 〈12표법〉이 제정되고 3년도 지나기 전에 죽은 평민에게 할당되었던 땅이 그런 방식으로 귀족들에게 되돌아가는 것을 인지한 뒤 혼례의 권리와 함께 시민권을 요구하였다. 그러나 로마가 오늘날의 정부와 같은 형태로 로물루스에 의해 창시되었다고 상정했던 정치학자들에게 오도된 문법학자들은[41] 영웅들의 도시에서 평민들은 오랜 세기에 걸쳐 외국인으로 간주되었고 따라서 그들끼리 자연적 결혼만을 실행하고 있었음을 알지 못했다. 그리하여 그들은 역사 자료의 문구 "평민은 귀족의 혼례를 원했다"(plebei tentarunt connubia patrum)를 "귀족과의 혼례"(cum patribus)라고 읽을 정도로 사실에서도 정확하지 못했을 뿐더러 라틴어에도 능통하지 못했던 것이다. 혼례법에는 "삼촌은 형제의 딸과 결혼하지 않는다"(patruus non habet cum fratris filia connubium)라는 표현이 명확하게 있는 것이다.[42] 만일 그들이 이것을 알았더라면 그들은 평민들이 원하던 것이 귀족과의 통혼이 아니라 귀족들만 누릴 수 있었던 엄숙한 혼례를 거행할 권리였다는 것을 파악할 수 있었을 것이다[598].

[988] 그러므로 합법적인 상속을 〈12표법〉에서 규정한 것이라

---

41) 구체적으로는 역사가 리비우스를 가리키는 것으로 보인다.

42) Titus Livius, *Ab urbe condita libri*, 4.1.1, 4.4.5. 리비우스는 "connubia patrum" 즉 "귀족들의 혼례"를 "connubia cum patribus", 즉 "귀족과의 혼례"로 잘못 해석하고 있다는 지적이다.

고 간주한다면 사망한 아버지의 유산은 직계 상속자에게, 직계 상속자가 없으면 부계 상속자에게, 그도 없으면 씨족계의 친척에게 물려준다는 것인데, 그렇다면 〈12표법〉은 정확하게 로마인들 판본의 살리카 법전인 것처럼 보인다.[43] 처음에 살리카 법은 게르마니아에서 준수했고, 따라서 초기의 다른 민족들도 그러했을 것으로 보이는데, 최종적으로는 프랑스에서, 그리고 프랑스 외부에서는 사부아에 존속하게 되었다. 이 상속법에 대해 발두스는 "갈리아 씨족의 법"(ius gentium gallorum)이라고 불렀는데 그것은 우리의 의도와 부합한다[657]. 이렇게 생각한다면 부계 상속자나 씨족의 친척 관계에 바탕을 두는 로마의 상속법도 "로마 씨족의 법"(ius gentium romanarum)이라고 부를 수 있을 것이다. 거기에 "영웅들의"라는 수식어나 "로마의"라는 수식어를 덧붙이는 것이 적절하고, 그것이야말로 "로마의 공민법"(ius quiritium romanorum)인데, 앞서 논증했던 것처럼[595] 그것이 영웅시대에 모두에게 공통적이던 자연법이었다.

[989] 살리카 법은 여성의 왕위 계승을 배제시키고 있는데, 타나퀼[44]이라는 여성이 로마 왕국을 지배했다는 이야기가 있다고 해

43) 살리카 법전은 프랑크 족의 일파인 살리 족의 법전으로서 6세기 초엽에 편찬되었다.

44) 타나퀼은 로마의 다섯 번째 왕 타르퀴니우스 프리스쿠스의 아내로 알려져 있다. 니콜리니는 비코가 말하는 내용과 달리 타나퀼이 왕위에 오른 사실은 없고 단지 세르비우스 툴리우스에게 왕위 찬탈을 권했을 뿐이라고 지적한다. Vico, *Opere*, III, p. 802, n. 1.

서 살리카 법과 위배되는 것은 아니다. 이것은 단지 세르비우스 툴리우스처럼 간계가 뛰어난 자에 의해 조종되었던 약한 정신의 소유자를 지칭하는 영웅시대의 표현이었을 뿐이다. 세르비우스 툴리우스는 평민들의 도움을 받아 로마 왕국을 침범했고, 앞서 논했던 것처럼 평민들에게 제1차 농지법을 제정해주었던 것이다. 중세 돌아온 야만의 시대에는 타나퀼과 똑같은 방식으로 교황 요하네스 8세가 여성이라고 불렸다. 레오 알라치는 이 전설에 대해 책 한 권을 썼는데,[45] 그가 그런 말을 듣게 된 것은 콘스탄티노플의 총주교였던 포티오스에게 굴복할 정도로 약했기 때문이라는 것으로서, 바로니오의[46] 뒤를 이어 스퐁드도[47] 그 사실을 확인했다.

[990] 이러한 난점이 해결되었기 때문에 이제 우리는 앞서 "로마 영웅 씨족의 자연법"이라는 의미로 "로마의 공민법"이라는 표현을 사용하였던 것과 다르지 않은 방식으로[988] 제정 로마의 법학자 울피아누스가 자유로운 공화국에서는 물론 군주국에서 더욱 더 잘 통용되었던 법에 대해 상당히 비중 있는 용어를 사용하여 "인류의 자연법"(ius naturale gentium humanarum)이라고 정의했다고 말할 수 있다[569]. 이러한 모든 것 때문에 유스티니아누스의

45) Leone Allacci, *Confutatio fabulae Johannae papissae*. 책의 제목에서 보이듯 교황 요하네스가 요안나였다는 이야기가 있었다.

46) Cesare Baronio, *Annales ecclesiastici*. 체사레 바로니오(1538~1607)는 이탈리아의 추기경이었다.

47) Henri de Sponde, *Annanes ecclesiastici Baronii in epitomem redacti*. 앙리 드 스퐁드(1568~1643)는 프랑스의 역사가였다.

『법률학 강요』의 부제로 붙은 제목 "자연법, 만민법과 시민법에 대하여"(De iure naturali, gentium et civili)는 수정되어야 한다. 헤르만 불테이우스는 이 제목에서 구두점을 없애고 접속사 "과"(et)도 생략했을 뿐 아니라 울피아누스를 본 따 "인류의"라는 말을 덧붙여 『인류의 시민 자연법에 대하여』(*De iure naturali gentium humanarum civili*)로 바꾼 것이다.[48] 왜냐하면 로마인들은 사투르누스의 시대에 처음으로 도입되었던 법을 관습으로 보존하다가 뒤에는 법령화된 방식으로 준수하였던 것이 확실하기 때문이다. 그것은 바로가 『신의 일과 인간의 일』이라는 자신의 대작에서 로마의 제도가 외래의 요인과 혼합되지 않은 로마 자체에 기원을 두고 있다고 논했던 것과 마찬가지이다[364].

[991] 이제 영웅시대 로마의 상속제도로 돌아가 보자. 고대 로마에서 모든 여성들 중에서 딸들만은 상속을 받았다는 주장에는 의심할 만한 강력한 근거가 많이 있다. 왜냐하면 우리에게는 영웅시대의 가부장들은 자비심이 조금도 없었음을 말해주는 중요한 증거들이 많기 때문이다. 〈12표법〉은 친권을 상실한 아들을 상속에서 제외시키기 위해 7촌까지의 부계 친척들에게 상속을 허용했다.[49]

48) Hermann Vulteius, *Institutiones iuris cuvilis a Iustiniano compositas commentarius*(Marburg, 1613). 그러나 니콜리니는 이 책의 11쪽에 『법률학 강요』의 제목을 아무런 변경이 없이 De iure naturali, gentium et civili로 기록하였다고 지적한다.

49) Justinianus, *Institutiones*, 3.1.9. 그러나 니콜리니는 여기에 촌수의 구분이 없다고 지적한다. 부계 친척이라면 누구라도 상속이 가능하다는 것이다.

가부장은 자식들의 생사여탈을 포함한 전권을 휘둘러 그들이 획득한 것에 대해서도 전제적인 소유권을 갖고 있었다. 그들은 그들 가문에 어울릴 만한 여자들만을 받아들이기 위해 아들을 대신하여 혼례를 주관했다. "혼약하다"(spondere)라는 라틴어 동사에 그 흔적이 남아 있는데, 원래 그 말의 뜻은 "남을 대신하여 약속하다"라는 것이며, 여기에서 "혼약"(sponsalia)이라는 말이 나왔다. 가부장들은 양자 입양도 같은 관점으로 바라보아 혈통이 달라도 생산력이 큰 아들을 선택하여 쇠퇴해가는 가문을 강화시키는 수단으로 받아들였던 것이다. 그들은 친권 상실이 징계나 처벌을 대신한다고 보았다. 그들은 서자를 적자로 인정한다는 것을 알지 못했다. 왜냐하면 첩을 얻는다는 것은 해방된 노예나 외국인에게만 가능한 것이어서, 그 영웅의 시대에 그들과는 엄숙한 혼례가 불가능했기에 그 사이에서 태어난 아이들은 아버지의 귀족 지위에 오를 수 없었기 때문이다[529, 802]. 유언을 남겼다 할지라도 가장 사소한 이유로 그것은 무효화되고, 적법한 상속만이 남게 되었던 것이다. 그토록 개인적 이름의 명성에 자연적으로 이끌리던 그들이 로마라는 공동의 이름의 영광에 불타올랐다고? 이 모든 것은 영웅들의 국가로서 귀족제 국가의 고유한 관습이었으며, 그것은 최초 민족들의 영웅주의에 합치하는 것이다[670].

[992] 〈12표법〉이 아테네로부터 로마로 전해졌다고 단언하는 박식한 법학의 주석자들이 저지른 명백한 잘못은 그나마 일고의 가치가 있다. 그것은 〈12표법〉으로 로마에 상속법과 적법한 상속이 규정되기 이전에 로마의 가부장들이 유언 없이 남긴 유산

은 "주인이 없는 물건"(res nullius)으로 취급되었다는 주장을 말하는 것이다. 그러나 섭리는 세계가 물건의 수치스러운 공유 상태로 되돌아가지 않도록 하려고 귀족제 국가라는 형태를 통해 소유권의 확실성이 보존되도록 배려하였다. 그리하여 유언의 개념이 생기기 이전부터 초기의 민족들마다 적법한 상속을 준수했던 것이 확실하며, 타키투스가 고대 게르만인들에 대해 우리에게 명확하게 말해주듯 그것은 민중 국가는 물론 군주국에는 더욱 적합한 것이었다[985]. 고대 게르만인들의 관례가 그러했다는 것은 최초의 야만 민족 모두가 그러했으리라고 추측할 만한 충분한 이유가 된다. 그것이 게르마니아에서 준수되었던 살리카 법이 중세의 돌아온 야만 시대에는 보편적으로 준수되었으리라는 추측의 근거이다[988].

[993] 그렇지만 후기의 로마법 학자들은 그들이 알지 못하는 초기 시대의 인간사를 자신들 시대의 인간사를 기준으로 판단함으로써 무수히 많은 잘못의 근원이 되었는데, 그들은 〈12표법〉이 유언 없이 죽은 아버지의 유산을 딸에게도 주게 된 근거라고 생각했다. 그 이유는 〈12표법〉에 나오는 "그의"(suus)라는 단어이다.[50] 그들은 라틴어의 문법에서 남성형이 여자들까지도 포함한다는 것을 근거로 삼아 딸들에게도 유산을 나누어주었다고 생각한 것이다. 그러나 영웅시대의 법학은 이 책에서 여러 차례 논했던 것처럼 법

50) 〈12표법〉 5조 4항에는 "suus heres"라는 말이 나온다. "그의 상속자"라는 말이다. 그것은 남성형이다.

조문을 가장 엄밀하게 적용시켰다. 따라서 "그의"라는 단어는 아들 외에는 다른 누구도 의미하지 않았다. 이것에 대해서는 확실한 증거가 있다. 몇 세기 뒤에 갈루스 아퀼리우스는 유복자에 관한 조항을 도입하였는데 그는 거기에 "만일 아들이나 딸이 태어난다면"(Si quis natus natave erit)이라고 명기하였던 것이다.[51] 남성형인 "아들"(natus)만을 써놓는다면 유복자로 탄생할 딸이 포함되지 않을까 우려해서 그렇게 했던 것이다. 따라서 유스티니아누스의 『법률학 강요』에서 〈12표법〉은 "부계 친척"(adgnatus)이라는 남성형 단어가 남성 친척과 여성 친척 모두를 동등하게 포함했는데, 중기의 법학자들이 이 법을 더욱 엄격하게 적용시켜 아버지와 같은 혈통의 자매들에게만 적용시켰다고 말한 것은[52] 이런 문제에 대한 무지로부터 비롯된 것이었다. 실제로 일어났을 법한 일은 그것과 정반대였다. 처음에는 "그의"(suus)라는 단어가 가족의 딸들에게까지 적용되었다가 후에는 "부계 친척"(adgnatus)이 아버지의 자매로까지 적용되었던 것이다. 그런데 우연히도 이것이 "중기"의 법학이라고 불리게 되었는데, 그것은 잘된 일이었다. 왜냐하면 앞서 충분히 설명했던 것처럼[33, 952] 이전의 고대의 법학은 세심하게 주의를 기울여 문구를 지키려 했던 반면 "중기"의 이 법학은 〈12표법〉의 엄격성을 완화시키려 했던 것이기 때문이다.

[994] 그러나 최고의 권력이 귀족으로부터 평민으로 옮겨가면

---

51) Gallus Aquilius는 기원전 66년 법정관을 지낸 로마의 법학자였다.

52) Justinianus, *Institutiones*, 3.2.3.

서 평민들은 그들의 힘과 재산과 권력을 그들 자손의 숫자로 측정하기 시작하였기 때문에 자신의 혈통에 대한 애착을 느끼기 시작했다. 이전에 영웅들의 도시에서 평민들은 그런 애착을 갖지 못했다. 왜냐하면 그들은 귀족의 노예를 생산하기 위해서만 자식들을 낳았기 때문이었다. 그리하여 출산은 봄에 이루어지도록 조정되었는데, 그래야만 그 아이들이 병이 없이 튼튼할 수 있으리라 여겼기 때문이었다. 라틴어 어원학자들에 따르면 앞서 논했던 것처럼 [443] 그들은 노예로 태어났기에 "베르나이"라고 불렸으며, 그들이 사용하는 "토속어"는 "베르나쿨라이"라고 불리게 되었던 것이다. 어머니들도 아이들을 사랑했다기보다는 증오했던 것이 확실한데, 출산의 고통과 육아의 어려움만을 가져올 뿐 삶의 어떤 즐거움이나 혜택을 바랄 수 없었기 때문이다. 그러나 평민 숫자의 증가는 귀족제 국가에 위험한 요인이 되었다. 귀족제란 소수의 소유물이기에 그렇게 이름 붙여진 것이었다. 어쨌든 인구의 증가는 민중 공화국은 물론 군주제를 더욱 영광스럽게 만들었다. 그것이 제국 시대의 법이 출산의 고통과 어려움 때문에 여성들에게 더욱 우호적으로 바뀌게 된 이유이다. 그리하여 민중 자유의 시대부터 법정관들은 혈통에 따른 권리에 더욱 신경을 쓰며 "재산의 소유"(bonorum possessiones)라 불렸던 상속권을 인정하기 시작했던 것이다. 그들은 재산의 확산이 더욱 쉽게 이루어질 수 있도록 유언의 결함이나 미비함을 보완할 대비책을 만들기 시작했는데, 단지 평민들만이 그에 환호했던 것이다.

[995] 마지막으로 황제들이 등장한다. 그들은 귀족들의 영광의

그늘에 가려 있었기 때문에 인간 본성에 근거한 권리를 촉진시키려 했다. 그것이야말로 평민과 귀족이 공동으로 소유하고 있는 것이기 때문이다. 이것은 아우구스투스로부터 시작했는데, 그는 수탁자들의 권리를 보호하는 데 큰 힘을 기울여 큰 성공을 거두었다. 그가 살아 있던 기간에 유산을 물려주는 사람들에게 받는 사람들의 권리를 강제시키는 법이 통과되었던 것이다. 그 이전에는 신탁을 받은 유산 상속인이 좋은 의도를 갖고 있을 때에만 상속이 불가능한 사람에게도 재산이 돌아갔다. 그 뒤 수많은 원로원의 법령이 뒤따랐는데, 그것과 함께 모계 친척도 부계 친척과 같은 지위에 들어섰다. 마침내 유스티니아누스는 팔키디아 법의 4분의 1 규정과 트레벨리우스 원로원의 의결을 합병시킴으로써,[53] 상속인과 수탁자 사이의 차이마저 철폐시켜 유언과 유언 보충서[54] 사이의 차이를 최소화시켰고, 부계 친척과 모계 친척도 실질적으로 동등하게 만들었다. 그렇듯 후기의 로마법은 고인의 유지를 참작하는 방향으로 나아간 만큼 사소한 이유로도 유언을 무효화시키려던 옛날과는 반대로 그 타당성을 인정하는 방식으로 해석되기에 이르렀던 것이다.

[996] 민중의 공화국에서는 자식들을 사랑했고, 군주국에서는 가부장들이 자식들에게 헌신하기를 바랐을 만큼 문명이 발전한

---

53) 팔키디아 법의 4분의 1 규정이란 재산의 분할을 막기 위해 상속인이 유산 가운데 최소한 4분의 1을 물려받아야 한다는 규정이고, 트레벨리우스 의결은 거기에 수정을 가한 것이다.

54) "유언 보충서"는 유언을 남기는 사람이 작성한 간략한 메모를 가리킨다.

시대였기 때문에 가족의 가부장들이 구성원들의 인신에 대해 갖던 거대한 권한이 사라졌다. 따라서 황제들은 가족 구성원들의 획득물에 대한 가부장의 권리도 폐지시키려 했던 것이다. 이를 위해 황제들은 먼저 "군사 자금"(peculium castrense)을 도입하여 아들들을 전쟁으로 끌어들인 뒤, 그것을 "준군사 자금"(peculium quasi castrense)으로 확대하여 그들을 제국의 관리로 받아들였다. 마지막으로는 "기타 자금"(peculium adventicium)을 도입하여 군인도 관리도 원하지 않는 아들들을 만족시켰다. 또한 그들은 가까운 부계 친척에게만 국한되었던 양자 입양에서 부계의 권리도 박탈하였다. 그들은 모든 곳에서 공식적인 입양(adrogationes)을 장려하였는데, 그것은 스스로가 가족의 가부장인 시민일 경우에는 다른 가족에 종속하는 가족 구성원이 된다는 점에서 상당히 곤란한 일이었다. 그들은 부권으로부터의 면제를 혜택이라고 간주했고, "사실혼"(per subsequens matrimonium)이라 불리던 것에 의해 태어난 서자에게도 엄숙한 혼례에 통해 태어난 적자와 같은 위치를 부여했다. 그러나 무엇보다도 "아버지의 최고 권력"(imperium paternum)이라 불리던 것이 황제들의 권력과 비슷하게 비쳐질까 봐 그것은 "부권"(patria potestas)이라고 부르도록 조치하였다.

그것은 아우구스투스가 현명하게 대처하여 도입했던 선례를 따른 것이었다. 아우구스투스는 최고 권력의 일부라도 갖기를 원하는 민중의 질투를 불러일으키지 않도록 하기 위해 "호민관 직권"(tribunicia potestas)이라는 직함을 내세워 로마의 자유의 수호자를 자처한 적이 있었던 것이다.[55] 그러나 공화국에는 "최고의 권력"이 없었기 때문에[56] 평민의 호민관이란 실질적인 권력이었다. 실지로 아우구스투스의 시대에 평민의 호민관 하나가 라베오에게 출두하라고 소환하였으나 로마법의 양대 학파 중 하나의 거두였던 그는 평민의 호민관에게는 최고의 권력이 없다고 하며 거부권을 행사했다.[57] 그렇지만 문법학자도 정치학자도 법학자도 평민들이 집정관직을 공유하려고 투쟁했을 때 귀족들의 전략을 알지 못했다. 그들은 자신들이 소유하고 있는 최고의 권력을 조금도 양보하지 않으면서 군사 호민관을 만드는 편법을 쓴 것이었다. 일부는 귀족이고 일부는 평민인 그들은 역사가들이 언제나 기술하듯[58] "집정관의 직권"(cum consulari potestate)을 갖지만, 역사가들이 결코 기술한 바가 없듯, "집정관의 최고의 권력"(cum imperio consulari)은 갖지 못한다는 것이었다.

[997] 그리하여 자유로운 로마 공화국은 세 개의 부분으로 나누어진 권력 관계 속에서 태어났던 것이다. 그것은 "원로원의 권위"(senatus autoritas), "민중의 최고 권력"(populi imperium), "민중 호민관의 직권"(tribunorum plebis potestas)이다. 로마법에서 "최고 권력"과 "직권"이라는 두 단어는 그 태생의 의미를 유지하고 있다. 즉 "최고 권력"은 집정관과 법정관처럼 사형을 부과할 권리를 갖

---

55) Cornelius Tacitus, *Annales*, 1.2.

56) 그 말은 "황제의 권력"을 뜻하기도 한다.

57) 이 일화는 다음에서 확인할 수 있다. 그렇지만 니콜리니는 사실 관계가 본문과는 다르다고 지적한다. Aulus Gellius, *Noctes atticae*, 13.12.4.

58) Titus Livius, *Ab urbe condita libri*, 4.6.7.

는 최고의 행정직의 소유물인 반면 "직권"은 "안찰관"(aediles)과 같이 "미약한 강제권에 국한된"(modica coërcitione continetur) 부차적인 행정직의 소유물인 것이다.

[998] 마지막으로 로마의 군주들은 인간성을 향한 자비심을 확대시켜나가면서 노예에 대한 주인들의 가혹한 행위를 억제시키며 노예에게도 혜택을 베풀었다. 그들은 노예 해방의 절차를 간소화시킴으로써 노예 해방을 확대시키는 결과를 가져왔다. 옛날에는 로마인들에게 큰 혜택을 준 뛰어난 외국인들에게만 허용하던 시민권이 아버지가 노예라 할지라도 어머니의 태생이 자유민이거나 그 자격을 획득하였다면 로마에서 태어난 모든 사람들에게 부여되었다. 영웅의 시대에 귀족제에 적합한 법은 씨족의 법(lex gentium), 또는 가문의 법이라고 불렸다. 이제 민중 전체가 최고 권력의 주인인 민중 공화국이 성장하고 군주들이 그들의 신민 전체를 대표하는 군주제가 등장하면서 그 법은 "민족들의 자연법"[59]이라고 불리게 되었다.

제3장
법의 관리에 대하여

[999] 법령의 관리는 결과적으로 행정직과 사제직을 관리하는

59) 통상 이것을 "만민법"이라고 부른다.

일로 이어지며, 따라서 법과 그것을 해석하는 학문에 대한 관리로도 이어진다. 귀족 국가 시대의 로마사에서 혼례권과 집정관과 사제직은 모두가 귀족들로만 이루어진 원로원 계급 내에 국한되어 있었다. 그들의 법에 대한 지식도 귀족에게만 허용되었던 사제단 내부에 신성하고 비밀스럽게 보존되어 있었다[953]. "신성하다"라는 말과 "비밀스럽다"라는 말은 동의어였다. 어쨌든 법학자 폼포니우스의 말에 따르면[586] 법의 지식이 귀족에게만 허용되었던 정황은 〈12표법〉 이후 1백 년 정도 로마인들 사이에서 지속되었다. 또한 앞서 말했던 것처럼[684] "인간"(viri)이라는 라틴어는 그 시대의 로마인들 사이에서 그리스어의 "영웅"과 같은 의미였으며, 엄숙한 혼례를 통한 남편, 행정관, 사제, 재판관을 가리켰다. 그렇지만 여기에서 우리는 법에 대해 논할 것이다. 왜냐하면 그것이 영웅들의 귀족제의 중요한 특성이며 그렇기에 귀족들이 평민에게 가장 뒤늦게 허용한 것이었기 때문이다.

[1000] 신의 시대에 법의 관리는 세심하게 이루어졌다. 그리하여 신성한 법을 준수하는 일이 곧바로 종교였던 것이다[953]. 종교는 이후의 모든 정부를 통해 지속되었는데, 여기에서 신의 법은 봉헌된 말과 엄숙한 의례라는 어떤 불변의 형식과 함께 준수되어야 했다. 이렇게 법을 관리하는 것보다 귀족제 국가의 특징을 더욱 잘 드러내는 것은 없다. 아테네, 그리고 그 이후 아테네의 예를 따라 그리스의 거의 모든 도시들이 신속하게 민중의 자유로 전환하였던 것은 귀족제 국가인 스파르타인들이 말하듯 아테네에서는 수많은 법들이 기록되었는 데 반하여 스파르타에서는 몇몇 법들

만을 지켰기 때문이다.

[1001] 귀족제 국가에서 로마인들은 〈12표법〉을 엄격하게 준수했다[952]. 그리하여 타키투스는 그 법을 "모든 공평한 법의 최종본"(finis omnis aequi iuris)[60]이라고 말할 정도였다. 왜냐하면 자유를 공평하게 만들기에 충분하다고 여겨졌던 이 법 이후 집정관들이 제정한 사적인 법은 전혀 또는 거의 없었기 때문이다. 이 법은 십인관 이후에 제정되었던 것이 확실한데, 십인관이란 시적 인격체로 생각하는 고대인들의 방식에 따라 이름 붙여진 것이었다[422]. 바로 이 법에 대해 리비우스는 "모든 공평한 법의 원천"(fons omnis aequi iuris)이라고 말했는데,[61] 이것이 모든 법 해석의 근원이었음이 확실했기 때문이다.

아테네인들을 따라서 로마의 평민들도 개개의 사안마다 매일 새로운 법을 통과시켰다. 왜냐하면 그들은 보편을 통해 생각하는 방식을 몰랐기 때문이다. 귀족의 지도자였던 술라가 평민의 지도자였던 마리우스를 패배시킨 뒤 "상설 청문단"(quaestiones perpetuae)을 만들어 그러한 혼란을 일부나마 바로잡았다. 그러나 그가 독재자의 자리에서 물러난 뒤 타키투스가 말한 것처럼[62] 개별적인 법안은 이전보다 더욱 늘어났다. 정치학자들이 확인시켜 주듯 법안의 증가보다 더 쉽게 군주제에 도달하는 길은 없다. 그

---

60) Cornelius Tacitus, *Annales*, 3.27.

61) Titus Livius, *Ab urbe condita libri*, 3.34.6.

62) Cornelius Tacitus, *Annales*, 3.27.

리하여 아우구스투스는 군주제를 확립하려는 목적으로 무수히 많은 법안을 만들었고, 그의 뒤를 이은 군주들도 무엇보다 원로원을 이용하여 사법의 영역에서 원로원의 법령을 만들었다.

그럼에도 불구하고 민중의 자유의 시대에도 법의 규정은 엄격하게 준수되었다. 그리하여 키케로가 "로마의 데모스테네스"라고 말했던 크라수스조차 유복자가 상속을 받을 경우 명시되지는 않았다 할지라도 통상적으로 받아들여야 한다는 것을 주장하기 위해 웅변을 토로해야 했다.[63] 또한 키케로도 법적 문서에서 "r" 자 하나가 빠졌다는 이유로 아울루스 카이키나의 농장을 탈취하려던 섹스투스 아이부티우스를 저지하기 위해 열변을 토해야 했다.[64] 궁극적으로 콘스탄티누스가 사실상 법적 문서를 폐기함으로써 형평성을 위한 어떤 특수한 동기가 법 조항에 선행하는 시점에 도달하게 되었다.[65] 이렇듯 인간적 정부 아래에서 인간 정신은 자연적

---

63) 이것이 기원전 93년에 있었던 "크리우스 재판"이다. 코포니우스라는 사람이 만일 자신이 사망한 뒤 아들이 출생하면 그가 상속을 받고 그 아들이 성년에 이르기 전에 사망하면 크리우스를 상속인으로 한다고 지정했다. 그런데 코포니우스가 사망한 뒤 아들이 태어나지 않아 크리우스는 자신이 정당한 상속인이라고 주장했다. 그러자 코포니우스의 가까운 친척 한 사람이 유언 없이 죽을 경우에 자신이 정당한 상속자임을 주장했다. 크라수스가 크리우스의 변호를 맡았고 법학자 퀸투스 스카이볼라가 그 친척의 변호를 맡았다. 결국은 "유언 보충서"를 통한 고인의 유지를 인정하여 크라수스가 승리를 거두어 크리우스가 상속을 받게 되었다. 이것은 다음에 기록되어 있다. Marcus Tullius Cicero, *Brutus*, 36.138.

64) 그러나 이 사건에서 문제가 된 것은 "r"이 아니라 "d"였다고 니콜리니는 지적한다. 즉 "deieci"가 "eieci"로 잘못 기입되어 있었다는 것이다. Marcus Tullius Cicero, *Pro Caecina*, 18. Vico, *Opere*, III, p. 810, n. 1.

형평성에 순응하게 되었던 것이다[927, 940]. 처음에 로마의 귀족제는 "특권은 법으로 발의하지 않는다"(Privilegia ne irroganto)는[66] 〈12표법〉의 조항을 준수했다. 그 뒤 민중 자유의 시대에는 수많은 개별적인 법들이 통과되었다. 마지막으로는 군주제에서 황제들이 특권만을 부여했는데, 만일 공적에 합당하게 부여한 것이라면 그것보다 자연적 형평성과 더 잘 조화를 이루는 것은 없을 것이다. 실지로 오늘날 법에 대한 예외 조항은 모두가 특수한 공적 조회의 결과로 나온 특권이라 할 수 있는 것으로서, 법의 통상적인 특성으로부터는 멀어진 것이라고 말할 수 있다.

[1002] 그리하여 우리는 다음과 같은 일이 일어났다고 믿는다. 즉 중세 돌아온 야만 시대의 조야함 속에서 민족들마다 로마법을 망각하게 되었다는 것이다. 프랑스에서는 자신의 목적을 위해 로마법을 거론하는 사람은 엄중한 처벌을 받았고, 에스파냐에서는 사형에 처해질 정도였다는 것이다. 확실히 이탈리아에서도 귀족들은 자신의 일을 로마법에 의거해 처리하는 것을 수치라 간주하면서 롬바르드인들의 법을 따른다고 공언했다. 오랜 습관을 떨쳐버리는 데 뒤늦은 평민들만이 관습이 힘을 유지하던 일부 로마법을 계속하여 준수했을 뿐이다. 이것이 유스티니아누스 법전이나

---

65) 니콜리니는 "콘스탄티누스"가 아니라 "콘스탄티우스 2세"였다고 지적한다. Vico, *Opere*, III, p. 810, n. 2.

66) 〈12표법〉, 9.1. 이 조항에서 "특권"은 "사적인 법" 또는 "개인적인 법"으로 번역해도 무방하다. 본디 특권이라는 단어는 privi와 leges가 합성된 것이기 때문이다.

서로마의 다른 기념비적 법들이 이탈리아에 전해지지 않고, 바실리카 법전을 비롯한 동로마의 다른 법들이 그리스인들에게 잊힌 이유이다. 그러나 훗날 군주제가 부활하고 민중의 자유가 다시 도입되면서 유스티니아누스의 저서에 수록된 로마법은 보편적으로 받아들여지게 되었고, 그리하여 그로티우스는 그것이 유럽 여러 민족의 자연법이라고 인정하게 되었던 것이다.

[1003] 여기에서 우리가 찬양해야 할 것은 로마인들의 신중함과 지혜이다. 이러한 국가 체제의 변화에도 불구하고 법정관들과 법학자들은 〈12표법〉의 자구가 갖는 원래 의미가 변하지 않거나 변하더라도 최소한 그것이 지체되도록 애썼다[950]. 어쩌면 이것이 로마 제국이 성장하고 지속될 수 있었던 일차적인 이유였을 것이다. 왜냐하면 국가 체제의 변화 속에서도 로마는 민족들의 세계를 지배하는 것과 동일한 그 원칙 위에 굳게 서고자 온 힘을 다했기 때문이다. 모든 정치학자들이 동의하듯 그것보다 한 국가가 성장하고 지속하기에 더 좋은 방책은 없기 때문이다. 그러므로 로마인들 사이에서 세계에서 가장 현명한 법이 산출된 것은 로마 제국이 세계에서 가장 강력한 국가가 된 것과 같은 이유에서 비롯된 것이다. 폴리비오스는 로마의 위대성이 귀족들의 종교 때문이라고 모호하게 말했고,[67] 마키아벨리는 평민들의 관대함 때문이라고 보았으며,[68] 플루타르코스는 저서 『로마의 운명』에서 로마의 덕성과 지

---

67) Polybius, *Historiae*, 6.56.6

68) Niccolò Machiavelli, *Discorsi*, 1.4.2.1.

혜를 샘내며 그들의 행운 탓이라고 돌렸지만[69] 어쨌든 법이 로마의 위대성의 원인이었다. 토르콰토 타소는 그의 저서 『플루타르코스에 대한 로마의 답변』에서 간접적으로 플루타르코스를 비판했다.[70]

---

69) Lucius Mestrius Plutarchus, *De fortuna romanorum*.

70) Torquato Tasso, *Riposta di Roma a Plutarco*.

제13부

영웅들의 귀족제에서 이끌어낸 다른 증거들

제1장
초기의 정부와 후기의 국가를 결합시킨 혼합 국가에서 도출한 추가적 증거

[1004] 제4권에서 우리가 다룬 것 모두는 민족들마다 그 모든 역사의 과정에서 거쳐가는 세 가지 종류의 국가 또는 정부에 대해 논증한 것이나 다를 바 없다. 그중 첫 번째는 신들의 정부로서 그 출발점으로부터 인간사의 순서에 의해 후속 정부들이 연속으로 출현하는데, 그 순서는 이상적인 영원한 역사의 원리로서 공리에서 밝혔던 것과 같다[241~245]. 첫 번째는 귀족들의 국가이고, 그 뒤로 자유로운 민중의 국가가, 마지막으로 군주제가 이어진다. 그리하여 타키투스는 비록 이 순서를 알지는 못했을지라도 이 저작의 개념에서 말했던 것처럼[29] 국가의 형태에는 민족의 본성이

명한 이 세 가지밖에 없다고 말했던 것이다. 인간적인 고려에 의해 혼합된 다른 종류의 정치 체제가 있다고 할지라도 그것은 인간의 노력에 의해 얻어진 것이라기보다는 하늘에서나 바랄 수 있는 것으로서 혹시 생긴다 할지라도 지속되지는 못한다는 것이다. 그러나 이러한 정치적 또는 사회적 체제의 자연적인 순서에 의심의 여지를 남기지 않기 위해 사회 체제의 순서 속에서 혼합적인 국가가 자연적으로 발생할 수도 있음을 보여야 한다. 그러나 그것은 그 기본적인 유형들이 혼합된다는 것은 아니다. 그럴 경우에 그것이야말로 괴물이 될 것이기 때문이다. 그것은 단지 이전의 정치 체제에 이후의 국가 행정의 형태가 결합되어 이루어진 것이다. 이러한 혼합은 인간은 변화할 때 이전 관습으로부터의 어떤 흔적을 때때로 보유하고 있다는 공리에 따른 것이다[249].

[1005] 따라서 우리는 다음과 같이 말한다. 초기 민족의 가부장들은 야수적인 삶에서 인간적인 삶으로 진입하면서 종교심이 많던 시대의 자연 상태인 신적인 정부 속에서 그들이 이전의 상태에서 지녔던 잔혹한 비인간적인 면모를 많이 유지하고 있었다. 그리하여 플라톤은 호메로스의 폴리페모스에게서 최초의 가부장들을 보았던 것이다[296]. 이와 마찬가지로 귀족제 국가가 처음 형성되었을 때에도 가부장들은 이전의 자연 상태에서 유지했던 사적인 최고의 권력을 그대로 갖고 있었다. 그들은 대단히 오만했고, 그들 사이에서는 평등했기 때문에 다른 자들에게 아무것도 양보하지 않으려 했다. 그리하여 그들은 그들 귀족제 형태의 국가 속에서 지배 계급의 공적인 최고 권력에만 복종했다. 그런 방식으

로 각 가족의 가부장들이 가졌던 고도의 사적 소유권은 원로원의 우월한 공적 소유권을 이루게 되었고, 그렇게 그들이 가족에 대해 누리던 사적인 최고의 권력이 그들 계급만의 사회적인 최고의 권력이 되었던 것이다. 가족들이 도시 국가를 건설하게 된 것은 이런 방식으로 이해할 수밖에 없다. 왜냐하면 도시란 가족의 최고 권력이 자연적으로 혼합된 귀족제 국가로 태어난 것이 확실하기 때문이다.

[1006] 가부장들이 그러한 소유권을 그들 지배 계급 내부에 유지하고 있는 한 국가는 귀족제로 남아 있었다. 그러나 영웅시대에 가부장들의 법이 민중들에게 땅에 대한 소유권과 혼례의 권리와 최고의 권력과 사제직과 그와 관련된 법에 대한 지식을 허용했을 때까지만 그러했다. 영웅들의 도시에서 평민의 숫자가 늘어나고 그들이 전쟁에 익숙해짐에 따라 국가 내에서 숫자가 적었던 가부장들은 겁을 먹게 되었다. 평민들은 숫자에 따른 힘의 도움을 받아 원로원의 권위가 없이 법을 제정하기 시작했고, 그리하여 귀족제 국가가 민중의 국가로 바뀌었다. 왜냐하면 법의 제정과 관련된 주체와 시간과 영역과 관련하여 두 개의 최고 입법 권력은 단 한순간도 존속할 수 없기 때문이다. 그리하여 독재 집정관 필로는 푸블릴리아 법에 의해 로마 공화국은 이미 민중의 공화국이 되었다고 선언했던 것이다[112]. 이러한 변화 속에서 소유권은 이미 변화하기 이전 형태로부터 가능한 한 많은 것을 유지하기 위해 자연적으로 후견인의 권위로 바뀌게 된다. 그것은 가부장이 미성년의 자녀들에 대해 갖던 권한이 아버지의 사망 이후 다른 후견인

의 권한 아래로 옮겨지는 것과 마찬가지이다. 이러한 권한에 따라 권력의 주인이 된 자유로운 민중은 공적인 문제에 대해서는 견해가 취약하여 후견인이 된 원로원의 지배를 받게 되었다. 그리하여 그것은 본질적으로 자유로운 국가라 할지라도 귀족제의 방식으로 운영된 것이다. 그러나 민중의 공화국에서도 유력한 자들이 자신들 세력의 사적인 이익을 위해 공적인 여론을 유도하고, 자유로운 민중은 개인적인 혜택을 목적으로 그 유력한 자들의 유혹을 받아 그들의 야망에 공적인 자유를 종속시켰을 때에는 파당과 반란과 내란이 일어나 민족 자체의 파멸의 위험이 닥치자 군주제의 형태가 도입되었다.

제2장
민족을 안정시키게 만든 영원하고 자연적인 왕의 법

[1007] 이러한 군주제의 형태는 영원하고 자연적인 왕의 법과 함께 도입되었는데, 그것은 아우구스투스가 로마의 군주제를 확립시켰다는 것을 인정한 모든 민족이 인식하던 것이었다. 로마법의 해석자들은 이 법을 보지 못했는데, 왜냐하면 그들은 트리보니아누스의 "왕의 법"이라는 신화에 너무 집착하고 있었기 때문이다. 트리보니아누스는 『법률학 강요』에서 자신이 그 법의 저자라고 공개적으로 언명했다가[71] 『학설휘찬』의 한 곳에서는 그것이 울피아

누스의 저작이라고 말했다.[72] 그러나 민족들의 자연법을 잘 알고 있던 로마의 법학자들은 왕의 법을 잘 이해하고 있었다. 이에 대해 폼포니우스는 로마의 법에 대한 간략한 저서에서 그러한 왕의 법에 대해 "상황이 명하면 왕국이 건설된다"(rebus ipsis dictantibus, regna condita)라고 간명하게 말했다[584].[73]

[1008] 이러한 자연적인 왕의 법은 "사익은 영원하다"라는 자연적인 공식 아래에서 태어났다. 자유로운 공화국에서는 모두가 자신의 사적 이익을 지키고자 하기 때문에 그것을 위해 그들은 민족의 멸망을 무릅쓰고 공공의 무기를 사용한다. 따라서 민족을 보존하기 위해서는 로마에서 아우구스투스가 그러했던 것처럼 한 사람이 일어서서 무기의 힘으로 공적인 관심을 자신의 수중에 집중시켜 신민들로 하여금 자신의 사적인 업무를 돌보도록 만들고, 공적인 업무에 관해서는 군주가 그들에게 위임하는 정도까지만 관심을 갖도록 해야 한다는 것이다. 그렇게 함으로써 파멸에 이를지도 모르는 민중은 구원을 받게 되는 것이다. 오늘날의 법학자들은 "왕 아래에서 공동체의 조건은 사적인 인간처럼 취급된다"(universitates sub rege habentur loco privatorum)라고 말하면서 이러한 진리에 동의하였다. 왜냐하면 대다수의 시민은 더 이상 공적인 복지에 관심을 두지 않기 때문이다. 민족의 자연법을 잘 알았던

71) Justinianus, *Institutiones*, 1.2.6.

72) *Digest*, 1.4.1.

73) *Digest*, 1.2.2.11.

타키투스는『연대기』에서 카이사르 가문 안에서만도 이런 순서에 의해 인간 사회에 대한 관념이 변해왔다고 지적한다.[74] 아우구스투스의 죽음이 임박하자 "소수의 사람들만이 자유의 혜택에 대해 쓸모없는 이야기를 했다"(pauci bona libertas incassum disserere). 티베리우스가 등장하자 "모든 사람들이 군주의 명령을 받들었다"(omnes principis iussa adspectare). 이어지는 세 명의 카이사르 가문의 황제들에게서는 처음엔 "무관심"(incuria)이, 마지막엔 "마치 낯선 일인 것처럼 정치에 대한 무지"(ignorantia reipublicae tanquam alienae)가 나타났다는 것이다.[75] 이렇듯 시민들이 자신의 국가에서조차 외국인처럼 되어버렸기 때문에 군주는 스스로 그들을 지배하고 대표해야 할 필요가 생겼다.

자유로운 국가에서 강력한 인물이 군주가 되기 위해서는 민중의 지지를 받아야 할 필요가 있다. 왜냐하면 군주국은 그 본성에 있어 대중의 지지를 얻으며 통치해야 하는 것이기 때문이다. 첫 번째로 군주는 법을 통해 그의 신민들을 모두 평등하게 만들 필요가 있다. 다음으로는 군주의 특성으로 유력자들에게 모욕을 줌으로써 대다수를 억압으로부터 자유롭고 안전하게 만들 필요가 있다. 다음으로는 또다시 군주의 특성을 발휘하여 삶의 필요조건이 충족되도록 만들고 자연적인 자유를 향유할 수 있도록 만들어야

74) Cornelius Tacitus, *Annales*, 1.4.

75) 이 부분은『연대기』에서 확인되지 않는다. 다음에서 찾을 수 있다. Cornelius Tacitus, *Historiarum libri*, 1.1.

한다. 마지막으로 군주는 모든 계급에게 "자유의 특권"이라 불리는 특권을 부여한다. 탁월한 공적을 남긴 사람에게는 예외적인 사회적 명예를 부여하는데, 자연적 형평성이 명하는 특별한 법령에 의해 이루어지도록 한다. 여러 차례 설명한 바 있듯이[292, 924, 927] 이렇듯 군주제는 충실하게 발전한 이성에 근거한 인간 본성에 가장 잘 어울리는 체제이다.

제3장
장 보댕의 체계에 근거한 정치 이론의 원리에 대한 반박

[1009] 지금까지 논한 것에 비추어 우리는 장 보댕의 정치 이론의 학문적 근거가 어느 정도 타당한지 판단할 시점에 이르렀다. 그는 정치 체제의 형태가 다음과 같은 순서로 이어진다고 했다. 즉 군주제로 시작하여 폭군제의 단계를 거쳐 자유로운 민중의 국가가 되었다가 마지막으로는 귀족제에 도달한다는 것이다[663].[76] 나는 특히 이 책의 4권에서 수없이 많은 증거를 들어 확립했던 정치 체제의 자연적인 순서로서 충분히 그를 논박했다는 것으로 만족할 수도 있을 것이다. 그러나 우리는 그의 견해에서 불가능한 것과 부조리한 것을 완벽하게 반박하고자 한다.

---

76) Jean Bodin, *De la république*, 특히 제1장과 제2장.

[1010] 확실히 그는 가족을 근거로 삼아 도시가 구성되었다는 것에는 동의한다. 그러나 앞서 지적했던 공통의 오류 때문에[552] 그는 가족이 단지 자식들만으로 구성되었다고 믿었다. 이제 그에게 묻는다. 어떻게 그런 가족 위에 군주제가 생길 수 있었을까?

[1011] 방법은 둘 뿐이다. 하나는 힘이며 다른 하나는 속임수이다.

[1012] 힘에 의한 것이었다면 어떻게 가족의 가부장이 다른 사람들을 굴복시킬 수 있었을까? 왜냐하면 보댕에게 있어서는 자유로운 공화국은 폭군제 이후에 출현했다. 그런데 가부장들은 군주제에 이미 길들여져서 그들의 조국이 그들 자신과 그들의 가족을 보호해줄 것이라고 서약을 하였다는 것인데, 여전히 야수적이고 야만적인 자유에 익숙했던 폴리페모스였던 그들이 불평등을 견디며 굴복하는 것보다는 가족 전체가 몰살되기를 바라지 않았을 것인가?[584]

[1013] 속임수에 의한 것이었다면? 자유로운 공화국에서 그것은 자유나 권력이나 재부로 유혹하여 왕권을 얻으려는 사람들이 채택하는 방식이다. 자유에 대해 말하자면, 가족 국가에서 가부장들은 이미 군주였기에 자유로웠다. 권력에 대해 말하자면, 폴리페모스의 본성은 동굴 속에 홀로 거주하면서 가족만을 들보고 다른 사람들에는 관심을 두지 않는 것인데, 그것은 야만적인 기원에 바탕을 둔, 권력과는 무관한 습관이었다. 또한 재부란 그 단순하고 검소했던 최초의 시대에 아무런 의미도 갖지 못했다[526].

[1014] 난점은 초기의 야만 시대에 요새가 없었다는 사실 때문

에 극단적으로 늘어난다. 투키디데스가 말해주듯 가족들로 구성된 영웅들의 도시에는 오래도록 성벽이 없었다[76, 645]. 앞서 말했던 것처럼 영웅들의 귀족제 국가에서 그들의 질투를 사는 일은 치명적이었다. 그리하여 발레리우스 푸블리콜라는 높은 곳에 집을 지었다는 이유로 폭군이 되려 한다는 의심을 샀기에 하룻밤 사이에 그 집을 헐어버렸고, 다음날에는 민회를 소집하여 릭토르로 하여금 집정관의 파스키스를 민중의 발 아래로 던지게 만들었던 것이다.[77] 성벽이 없이 도시를 건설하는 관습은 야만 민족들 사이에서 오래 지속되었다. 독일에서는 새잡이라고 불렸던 하인리히 1세가 처음으로 촌락에 흩어져 살던 평민들을 불러 모아 도시의 성벽 안에 살도록 만들었다는 기록이 있다.[78] 도시 창건자들이 도시의 성벽과 문을 쟁기로 표시하였기 때문에 문이 있어야 할 곳에 "쟁기를 끌고 갔다"(portando aratro)는 말에서 문을 뜻하는 "포르타"(porta)라는 말이 나왔다고 하는 라틴어 어원학자들의 설은 결코 옳지 않다[550, 778]. 에스파냐의 궁정에서는 중세 야만 시대의 잔인성과 치안의 불안 때문에 60년 이내에 80여 명의 왕족이 살해되었을 정도였다. 그러한 범죄가 너무도 빈발하여 가장 오래된 라틴 교회의 하나였던 엘비라 평의회의 교부들은 그 범죄자들을 파문으로 벌했다.[79]

---

77) Titus Livius, *Ab urbe condita libri*, 2.7. 발레리우스 푸블리콜라는 기원전 509년 로마의 집정관이었다. 릭토르는 파스키스를 들고 집정관을 따라다니며 죄인을 체포하던 관리였다.

78) Ekkehard, *Monumenta Germaniae historica, Scriptores*, 6. 182.

[1015] 가족이 자식들만을 포함한다고 가정할 때 난점은 무한대로 늘어난다. 왜냐하면 그럴 경우 힘이나 속임수를 수단으로 한 자식들은 다른 사람들의 야망의 도구가 되어 아버지들을 배신하고 죽였을 것이기 때문이다. 그리하여 최초의 국가는 군주제가 아니라 불경하고 사악한 폭군제가 되었을 것이다.그것은 로마의 젊은 귀족들이 폭군 타르퀴니우스의 편을 들어 가부장들에 대해 음모를 꾸몄던 것에서 예를 찾을 수 있다. 그들은 법의 엄격성에 대한 증오 때문에 그렇게 행동했던 것이다. 민중 공화국의 법은 관대하고 적법한 왕국의 법은 인자하며 폭군의 법은 타락했다. 그 법이 엄격했기 때문에 젊은 음모가들은 목숨을 건 시도를 감행했던 것이다. 브루투스의 두 아들들도 음모에 가담했다가 아버지가 명한 엄격한 처벌로 말미암아 참수되었다. 그런데도 로마 왕국이 군주제였고 브루투스가 명한 자유가 민중의 자유였다고?

[1016] 이러한 난점들 때문에 보댕 및 다른 정치 이론가들은 우리가 여기에서 논증하였던 가족 국가 속의 가족 군주제를 인정할 수밖에 없었다. 또한 가족은 자식들뿐 아니라 예속민들도 포함한다는 것도 인정했던 것이다. 무엇보다도 이 예속민(famoli)으로부터 가족이라는 말이 나왔던 것이다. 이 예속민들이 도시들 사이의 전쟁의 결과로 나타난 노예들의 선례였을 것이다[556]. 이렇게 자유민도 노예도 보댕이 말한 것처럼 국가를 이루는 재료가 되었지

79) 이것은 313년의 엘비라 평의회가 아니라 638년에 있었던 톨레도 평의회의 결과였을 것이라고 니콜리니는 추정한다. Vico, *Opere*, III, p. 817, n. 9.

만, 그가 말한 방식대로는 아니었다.

[1017] 그의 방식대로 자유민과 노예가 국가의 재료가 될 수 있어야 한다면 그는 자신의 민족이 "프랑크족", 즉 "자유민"이라고 불렸다는 사실에 놀랄 수밖에 없었던 것인데, 그가 고찰하였던 것처럼 초창기부터 그들은 비천한 노예처럼 취급되었기 때문이다. 이것은 그가 자신의 관점에 집착하여 민족은 페텔리아 법에 의해 예속에서 자유로워진 사람들에 의해 완성되었다는 사실을 보지 못했기 때문이다[658]. 따라서 보댕을 놀라게 만들었던 "프랑크족"이라는 말은 우리가 이 『새로운 학문』에서 논증했듯이[437] 시골의 봉신들이 스스로를 "인간"(homines)이라고 불러 오트망을 놀라게 만들었던 것과 마찬가지였다. 또한 영웅 민족의 평민은 처음에 바로 이런 자들로 구성되었던 것이다[597]. 또한 우리가 이미 밝혔듯 귀족제를 민중의 자유로 전환시키고, 마지막으로는 군주제로 이끈 것도 바로 이들 대중이었다. 그들은 민중어 덕분에 그런 일을 할 수 있었던 것인데, 이미 논했던 것처럼[953] 그들은 민중의 자유와 군주제 아래 민중어로 법을 입안하였던 것이다. 라틴어에서는 민중어를 "베르나쿨라"(vernacula)라고 불렀는데, 왜냐하면 그것은 전쟁에서 잡아온 노예가 아닌 집에서 태어난 노예를 가리키는 "베르나"(verna)로부터 이름이 붙여졌기 때문이다.

이미 살펴본 것처럼 그렇게 집에서 태어난 노예는 가족 국가의 시대로부터 모든 민족들 사이에 존재했다[443, 994]. 그런 이유 때문에 그리스인들은 호메로스가 영웅들을 "아카이아인의 아들들"이라고 불렀던 것처럼[530] 더 이상 아카이아인이라고 불리지 않고, 그리스 민중어의 창시자인 헬렌을 따라 헬레네스라고 불리게 된 것이다[643]. 또한 히브리인들도 더 이상 초기에 "이스라엘의 아들들"이라고 불렸던 것처럼 불리지 않고 가부장들이 성스러운 언어의 전파자라고 말했던 헤베르로부터 따온 이름인 "히브리인"이라고 불리게 된 것이다[530]. 보댕은 물론 정치 이론에 대해 글을 쓴 다른 모든 작가들은 『새로운 학문』에서도 특히 로마의 역사와 관련하여 증거를 대 가며 논증했던 명백한 진리를 잘 알고 있었던 것일까? 즉 언제나 모든 민족에게 있어서 평민들이 국가의 체제를 귀족제에서 민중의 자유로, 그리고 민중의 자유에서 군주제로 변화시켜갔다는 것이며, 이미 "언어의 기원"에서 충분히 증명했던 것처럼[443] 그들은 민중어를 창안함으로써 자신들의 이름을 그 민족에 부여했다는 것이다. 이렇게 고대의 프랑크족은 그들의 이름을 프랑스에 부여하여 보댕을 놀라게 만든 것이다.

[1018] 마지막으로, 우리가 지금 갖고 있는 경험을 통해 볼 때 귀족제 국가란 중세 야만 시대의 유물로서 숫자도 극히 적다. 이탈리아의 베네치아, 제노바, 루카와 달마시아의 라구사, 독일의 뉘른베르크가 여기에 해당하는데, 그 밖의 나라들은 귀족제로 통치되는 민중 국가일 뿐이다. 따라서 자신의 이론에 따라 로마 왕국은 군주제였으나 로마에 민중의 자유가 도입되면서 폭군을 제거했다고 주장할 수밖에 없었던 보댕은 민중이 자유를 획득한 초기에 자신의 원리가 요청하는 결과를 찾을 수 없었다. 왜냐하면 그 실제적인 결과란 귀족제 국가에 고유한 것이었기 때문이다. 그렇지만 앞서 살펴보았던 것처럼 평판을 잃지 않으면서 곤경에서

벗어나기 위해 보댕은 처음에는 로마의 국가 체제가 민주제였지만 행정은 귀족제로 이루어졌다고 말했다가 진실의 힘에 눌려 이후로는 행정뿐 아니라 정치 체제도 귀족제였다고 말함으로써 수치스럽게도 비일관적인 모습을 보인 것이다.

[1019] 이미 살펴보았듯 정치 이론에서의 그러한 잘못은 "민중"과 "왕국"과 "자유"라는 세 가지의 용어를 제대로 정의하지 못한 데 따른 것이었다[105, 666]. 그들은 최초의 민중이 귀족은 물론 평민으로 구성되어 있다고 믿었다. 그렇지만 실지로는 수천의 증거가 보여주듯 그것은 귀족만으로 이루어졌다[597]. 고대 로마의 자유는 민중의 자유, 즉 주인들로부터 해방된 민중의 자유라고 여겨져왔지만 실지로 그것은 주인들의 자유로서, 폭군 타르퀴니우스로부터 벗어난 귀족들의 자유였던 것이다. 그러한 폭군의 살해자들에게는 동상이 세워졌다. 왜냐하면 그 동상은 지배자였던 원로원의 명령으로 세워진 것이었기 때문이다. 초기 민족들의 야만 상태 속에서는 치안이 불안한 왕궁에서 살고 있던 왕들도 귀족 출신이었다[1014]. 앞서 살펴본 것처럼 의심의 여지가 없이 귀족제였던 스파르타의 두 명의 종신직 왕이 그러했고, 키케로가 자신의 『법률론』에서 "일 년 임기의 왕"(reges annuos)이라고 불렀던 두 명의 집정관이 그러했다. 리비우스는 유니우스 브루투스가 만들어낸 집정관직이 로마 왕국 내에서 왕권에 관해 어떠한 변화도 이끌어내지 못했다고 공개적으로 천명했다. 앞서 고찰했던 것처럼 이러한 일 년 임기의 왕은 다스리는 기간 중에는 민중이 항의할 수 있었고, 임기가 끝난 뒤에는 그 행정에 대해 민중에게 보고해야

했다[664]. 또한 영웅시대에는 투키디데스가 말했듯 한 왕이 다른 왕을 왕좌에서 끌어내리는 일이 일상적으로 일어났다[76]. 중세 돌아온 야만 시대에도 이와 비슷한 일들이 일어났음을 확인할 수 있는데, 이 시대에 왕국의 운명만큼 불확실하고 가변적인 것도 없었다. 우리는 타키투스가 『연대기』를 시작하면서 했던 말에 대해서도 고찰했다. 그는 자신이 선택한 어휘가 갖는 적절성과 힘을 통해 자신의 견해를 전달한다. 그는 "처음에 왕들이 로마 도시를 가졌다"(Urbem Romam principio reges habuere)라고 『연대기』를 시작했는데, 여기에서 사용된 "갖다"라는 동사는 법학자들이 소유를 가리키며 사용하는 세 가지의 동사인 "갖다"(habere), "취하다"(tenere), "소유하다"(possidere) 가운데 가장 약한 의미를 갖는다[645]. 또한 그는 "우르벰"(urbem)라는 단어를 사용했는데, 그것은 엄밀하게 말해서 도시의 건물을 뜻하는 것으로서 물질적인 소유를 의미하기 위해 의도된 것이었다. 그는 전체 또는 대다수의 시민의 공동체를 뜻하며 따라서 공적인 권리를 형성하는 정신을 가리키는 "키비타템"(civitatem)이라는 단어를 사용하지 않았던 것이다.

제14부

민족의 과정을 확인시켜주는 마지막 증거들

제1장
형벌, 전쟁, 숫자의 순서

[1020] 이 『새로운 학문』의 원리에 의해 제시했던 원인과 결과가 합치하는 다른 사례들이 있으며, 그것은 민족들의 삶의 과정에서 겪어가는 자연적 과정을 확인시켜준다. 우리는 그 대부분을 이미 아무런 순서도 없이 흩어진 상태로 언급한 바 있지만, 여기에서 그것을 함께 모아 인간사의 자연적 연속성 속에서 종합하여 배열하려 한다.

[1021] 예컨대 형벌은 가족의 시대에 폴리페모스의 형벌에 이를 만큼 극히 가혹한 것이었다. 아폴론이 살아 있는 마르시아스의 껍질을 벗긴 것은 그런 상태에서 이루어진 것이었다. 그것은 귀족제 국가에서도 이어졌다. 즉 페르세우스의 방패는 그것을 본 사람들

을 돌로 변하게 만들었던 것이다[423]. 그리스인들은 형벌을 "파라데이그마타"(παραδείΥματα)라고 불렀는데, 그것은 라틴인들이 "엑셈플라"(exempla)라고 부른 것과 같은 의미로서, "규범적 처벌"이라는 것이었다[501]. 이미 살펴봤던 것처럼 중세의 돌아온 야만 시대에도 사형을 "보통의 형벌"이라고 불렀다. 수많은 증거를 통해 귀족제였음을 논증했던 스파르타의 법에 대해서는 플라톤도 아리스토텔레스도 그것이 야만적이고 잔인하다고 판단했는데, 그들의 고명한 왕 아기스는 5인관에 의해 교살되었던 것이다[668, 985]. 로마가 귀족제 국가였을 때 로마의 법도 승리를 거둔 고귀한 호라티우스를 벌거벗겨 곤장으로 매질을 한 다음 나무에 매달아 죽게 만들었다. 이 모든 것들은 다른 주제를 논하며 이미 거론한 바 있다. 〈12표법〉은 다른 사람의 곡물에 방화를 한 사람을 산 채로 불에 태워 죽였고,[80] 위증을 한 사람은 타르페이아 바위에서 떨어뜨렸으며,[81] 빚을 갚기에 소홀한 채무자는 산 채로 신체를 조각냈다[957].[82] 툴루스 호스틸리우스는 그와 마찬가지로 왕이었던 알바의 메티우스 푸페티우스가 동맹의 서약을 지키지 않았다 하여 산 채로 신체를 조각냈던 것이다.[83] 그 이전에는 로물루스 자신도 국가에 대한 반역을 꾀했다는 혐의만으로 똑같은 처벌을 받았다.[84] 로마에서는 그런 처벌이 행해지지 않았다고 말하는 사람

80) 〈12표법〉, VIII. 10.
81) 〈12표법〉, VIII, 23.
82) 〈12표법〉, III, 5.
83) Titus Livius, *Ab urbe condita libri*, 1.28.

들에게는 이 정도의 예로 충분할 것이다.

[1022] 그 뒤 민중의 공화국에서 관대한 형벌이 등장했다. 그곳에서는 대중이 지배하는데, 그들은 나약한 자들로 이루어졌기 때문에 본성적으로 동정심에 기울어졌다. 그렇게 관대한 형벌을 받은 예로는 호라티우스를 꼽을 수 있다. 그는 공적으로 행복한 일에 눈물을 보였던 누이동생에게 영웅적 분노를 느껴 살해했는데 전에 고찰했던 것처럼 리비우스의 우아한 표현에 따르면 로마의 민중은 "그의 명분이라기보다는 그의 용맹 때문에" 그를 방면하였다는 것이다. 플라톤과 아리스토텔레스가 아테네의 자유의 시대에 민중의 자유의 온화함 속에서 스파르타의 법을 비난했던 것처럼 [1021] 로마 민중의 자유에 익숙해 있던 키케로는 로마의 기사 라비리우스가 개인적으로 왕에 대한 반역을 도모했다는 이유로 사형이라는 비인간적인 잔혹한 처벌을 당하게 되자 그에 대해 항의했던 것이다.[85] 마지막으로 군주제가 출현하자 군주들은 자신의 이름 앞에 "관대한"이라는 듣기 좋은 호칭을 붙이기 좋아했다.

[1023] 또한 영웅시대의 잔인한 전쟁은 패배한 도시의 파멸을 뜻했고, 항복한 적들은 승리자의 밭을 경작하기 위해 농촌에 흩어진 일용 노동자의 무리로 바뀌었다. 이미 밝혔던 것처럼 이것이 영웅시대에 있었던 내륙의 식민지였다[595]. 그 뒤 민중 공화국의 관대함을 통해 이것도 바뀌었다. 민중 공화국은 원로원의 지배를

---

84) Titus Livius, *Ab urbe condita libri*, 1.16.

85) Marcus Tullius Cicero, *Pro Rabirio Perduellionis Reo*, 8.10.4.13.

받기는 했지만, 패배자들로부터 영웅 민족의 자연법은 박탈하였으되 울피아누스가 말한 인류의 자연법은 자유롭게 향유할 수 있도록 만들었다[569, 990]. 로마의 정복지가 확대되면서 "로마 시민의 고유권"(propriae civium romanorum)이라고 불리게 된 권리는 로마의 시민에게만 국한되기에 이르렀다. 여기에는 혼례권, 가부장권, 직계 상속권, 부계 상속권, 씨족권, 공민적 또는 사회적 소유권, 양도권, 사용 취득, 계약, 유언, 후견제와 세습 같은 것들이 포함되었다[110]. 이러한 시민권은 모두가 자유로운 민족들마다 로마의 지배 아래 들어가기 이전에 본디 소유하고 있었던 것이 확실하다[582]. 마지막으로 군주제에 도달하게 되자 안토니누스 피우스 황제 아래[86] 로마 세계 전체가 하나의 로마가 되기를 원했다. 왜냐하면 알렉산드로스 대왕이 전 세계가 자신에게는 하나의 도시이며 그의 팔랑크스가 그 요새라고 말하곤 했던 것처럼 전 세계를 하나의 도시로 만드는 것이 위대한 군주에게 고유한 염원이었기 때문이다. 그리하여 로마의 법정관들에 의해 속주에서 촉진되었던 민족의 자연법은 오랜 세월이 지난 뒤 마침내 로마의 법이 되었다. 로마인들이 속주에서 행사했던 영웅들의 법은 폐지되기에 이르렀다. 왜냐하면 군주들은 그들의 신민이 법을 통해 평등해지기 원했기 때문이었다[953].

또한 로마의 영웅시대에는 전적으로 〈12표법〉에 바탕을 두었던 로마의 법학이 키케로가 『법률론』에서 주목하듯[87] 그의 시대 이후

86) 안토니누스 피우스가 아니라 카라칼라였다.

로마의 법정관들의 칙령을 따르기 시작한 뒤 마지막으로 하드리아누스 황제 이후에는 전적으로 〈영구 칙령〉(Edictum perpetuum)에 근거하게 되었다. 그것은 살비아누스 율리아누스에 의해 작성되고 배열된 것으로서 거의 모두가 속주의 칙령이었다.

[1024] 국가는 다스리기 쉬운 작은 지역에서 귀족제로 출발하여 정복을 통해 확장된 뒤에는 자유로운 공화국이 적절하며 마지막으로는 군주제가 출현하는데, 그것은 크면 클수록 아름답고 위엄이 있다.

[1025] 국가는 귀족제의 치명적인 의심을 지나 민중 공화국의 소요를 거쳐 마침내 군주제 밑에서 안정된다.

[1026] 그러나 마지막으로 우리는 구체적이고 복합적인 인간 사회의 일들을 추상적이고 가장 순수한 숫자의 순서로 재구성해보고자 한다[642, 713]. 정치는 가족의 군주와 함께 하나로 시작한다. 그 뒤 영웅들의 귀족제에서는 소수로 전환된다. 전체 또는 다수가 공공의 법을 만드는 민중의 공화국에서는 다수 혹은 전체로 바뀐다. 마지막으로 시민들의 지지를 받는 군주제에서는 또다시 하나로 환원된다. 숫자의 본성에 의해 우리는 하나, 소수, 다수 또는 전체 이외의 다른 구분은 물론 이것과 다른 순서도 생각할 수 없다. 소수나 다수 또는 전체 역시 하나의 원리를 함축하고 있다. 아리스토텔레스가 숫자는 분리될 수 없는 것으로 구성된다고 말했던 것처럼,[88] 전체를 넘어서면 우리는 또다시 하나로부터 시작해

---

87) Marcus Tullius Cicero, *De legibus*, 1.5.16.

야 하는 것이다. 그리하여 인간 사회는 모두가 가족의 군주와 시민의 군주에 포함되는 것이다.

제2장
추론
고대의 로마법은 진지한 시였으며, 고대의 법학은 엄격한 시였다. 그 내부에서 법적 형이상학 최초의 거친 윤곽이 드러난다. 그리스인들 사이에서 철학은 어떻게 법으로부터 발생했는가?

[1027] 그 밖에도 특히 로마의 법학에는 이 원리밖에는 다른 원인을 찾을 수 없는 다른 많은 결과들이 있다. 무엇보다도 다음 공리를 먼저 고려하자. 즉 인간은 본성적으로 참된 것을 따르려는 경향이 있기 때문에 그것을 얻을 수 없을 때에는 확실한 것에 매달리려 한다는 것이다[137]. 그리하여 "양도"는 "참된 힘"이라는 의미의 "참된 손"(vera manu)으로부터 나왔다. "힘"이란 추상적이고 "손"이란 구체적이기 때문이다. 모든 민족에게서 "손"은 "권력"을 뜻했으며, 그리하여 그리스인들이 "케이로테시아이"(χειροθεσίαι) 또는 "케이로토니아이"(χειροτονίαι)라고 부르는 것들이 생기게 되었는데, 전자는 권력을 갖는 자리에 선출된 사람들이 머리에 손

88) Aristoteles, *Metaphysics*, 1085b22.

을 올림으로써 그것을 확인하는 행위이며, 후자는 이미 권력을 부여받은 사람들에게 손을 들고 함성을 지름으로써 권력을 승인하는 행위를 말한다. 이것은 묵음의 시대에 합당한 의례로서, 중세의 돌아온 야만 시대에도 왕의 선출은 함성으로 확인했던 것이다. 이러한 참된 "양도"는 점령의 경우에도 일어나는데, 그것이야말로 모든 재산권의 최초의 근거로서, 그 뒤 로마인들에게 재산의 소유는 전쟁에 달려 있었던 것이다. 그리하여 로마인들에게 노예는 "획득물"(mancipia), 전리품이나 정복지는 "장악한 물건"(res mancipi)으로 불렸고, 패배한 자들에게는 그것이 "장악하지 못한 물건"(res nec mancipi)이 되었던 것이다. 그런데도 "양도"가 로마인들의 사적인 거래에서 사회적 소유권을 획득하기 위한 수단으로 로마의 성벽 내부에서 태어났다고 하는 주장의 터무니없음이란!

[1028] 이러한 "양도"에 뒤이어 나타난 것은 이에 부합하는 참된 "사용 취득"이었다[983]. "사용"이라는 라틴어 "우수스"(usus)는 "소유"(possessio)를 뜻하는데, 그것은 실제적인 사용을 통해 소유권을 획득하는 것을 말한다. "잡다"라는 라틴어 "카피오"(capio)가 그런 의미이다. 소유란 무엇보다도 사물의 지속적인 물리적 점유를 통해 실행된다. 따라서 라틴어 "소유"(possessio)란 "계속 앉아 있는 것"(porro sessio)으로부터 파생된 것이 확실한데, 그 결과 라틴어에서는 이후에 주거지를 "세데스"(sedes)라고 불렀으며 그것은 계속하여 꼼짝 않고 앉아 있는 상태를 뜻하는 말이었다. 그것은 라틴어의 어원학자들이 주장하는 것처럼 "발의 위치"(pedum positio)에서 온 것이 아니다. 왜냐하면 법정관은 후자가 아닌 전자

에 근거하여 소유를 인정했으며 그에 따라 금지 명령을 시행하였기 때문이다. 그리스어에서 "테시스"(θέσις)라고 부른 이러한 소유에서 테세우스라는 이름이 유래한 것인데, 그리스어의 어원학자들이 말하는 것처럼 그의 아름다운 자태에서 그 이름이 나온 것이 아니었다. 왜냐하면 아티카 사람들은 오랜 기간 그곳에 정착하여 머물면서 아테네를 건설했기 때문이다. 그것이 사용 취득인 것으로서, 모든 민족은 그런 방식으로 국가 건설을 합법화하였다.

[1029] 또한 아리스토텔레스가 말하는 영웅 국가에서는 사적인 악행을 바로잡을 방법이 없었는데, 앞서 살펴본 것처럼 재산의 반환 청구 소송은 실제적인 힘을 통해 이루어졌고, 그것이 세계 최초의 결투, 또는 사적인 전쟁이었다[960]. 그것은 개인적인 보복이었으며, 중세의 돌아온 야만 시대의 바르톨루스 당시까지 계속되었다.

[1030] 시대의 야만성이 교화되면서 법에 의해 사적인 폭력이 금지되기 시작하고 모든 사적인 힘은 공권력으로 통일되기에 이르렀다. 그것은 "사회적 주권"이라고 불리게 되었는데, 본성적으로 시인이었던 초기의 민중은 이전에 자신의 권리와 법을 보존하기 위해 사용했던 실제의 힘을 본성적으로 모방하였다. 그리하여 그들은 자연적 양도라는 신화를 만들었고, 그것으로 엄숙한 사회적 전통을 만들었다. 그것은 상징적인 매듭을 전달하는 행사였는데, 그 매듭은 유피테르가 거인들을 태초의 빈 땅에 묶어놓았던 것으로서, 그 뒤 최초의 민족이 그들의 피보호민, 또는 예속민을 땅에 묶어놓았던 그 매듭을 뜻하는 것이었다. 그렇게 신화화된 양

도와 함께 그들은 모든 사회적 업무를 "합법적 행위"로 수행하게 되었던 것인데[558], 그것은 민중이 여전히 벙어리였던 시대의 엄숙한 의례였다. 그 뒤 분절된 언어가 형성되면서 계약에서 상대방의 의사를 확인하기 위하여 그들은 이러한 매듭을 전달하면서 확실하고도 정확하게 계약의 내용을 엄숙한 말로 포장하기에 이르렀다[569]. 이와 비슷하게 전쟁이 끝난 뒤에도 정복당한 도시의 항복 조건을 명문화한 법이 입안되었다. 그것은 "평화"를 뜻하는 라틴어 "파키오"(pacio)로부터 파생된 이탈리아어 "파치"(paci)라고 불렸는데, 그것은 "동의"를 뜻하는 "팍툼"(pactum)과 같은 말이었다. 그것의 주목할 만한 흔적은 콜라티아의 항복 조건에 남아 있다. 리비우스의 언급에 따르면 그것은 엄숙한 질의응답의 형태를 갖춘 권력 양도의 계약이었다.[89] 따라서 대단히 적절하게도 항복하는 사람들을 "양도한 자"(recepti)라고 불렀고, 그것은 로마의 전령이 콜라티아의 대표자들에게 "나는 받아들인다"(Et ego recipio)라고 말했다는 사실을 확인시켜준다. 그러므로 영웅시대의 계약이 로마 시민들에게만 국한되었다는 말은 얼마나 터무니없는가! 또한 타르퀴니우스 프리스쿠스가 콜라티아의 항복 방식을 받아들여 여러 민족들에게 항복의 행위를 하도록 가르쳤다는 말을 지금까지도 믿어온 사람들의 양식 역시 얼마나 터무니없는가!

[1031] 이러한 방식으로 라티움의 영웅 민족의 법은 〈12표법〉의 유명한 조항에 정착하기에 이르렀다. 그것은 다음과 같다. "만일

89) Titus Livius, *Ab urbe condita libri*, 1.38.1.

어떤 사람이 보증하거나 양도할 때 구두로 말한 것은 구속력을 갖는다"(Si quis nexum faciet mancipiumque, uti lingua nuncupassit, ita ius esto)[433, 570]. 이 조항은 모든 고대 로마법의 원천이었던 것으로서, 로마의 법을 아티카의 법과 비교하는 사람들조차 이것은 아테네로부터 로마로 전해지지 않았다고 고백한다.

[1032] 처음에 사용 취득은 물리적인 점유에만 적용되었으나[1028] 뒤에는 가상적인 것에도 확대되어 정신적인 동의에 의해서도 점유가 인정되었다. 마찬가지로 재산의 반환 소송도 가상적인 힘에 의해 상징화되었으며[961], 영웅시대의 반환 청구는 채무자의 엄숙한 선언을 보존하고 있는 개인적 행위로 전환되었다[960]. 세상이 유아기에 있을 때에는 다른 방도가 없었다. 왜냐하면 공리에서 제시했던 것처럼[215] 어린아이들은 그들의 능력 속에서 참된 것을 모방하려 하기 때문인데, 모방과 다를 것이 없는 시는 그런 능력으로 구성되는 것이다.

[1033] 광장에는 사람 수만큼이나 많은 가면이 나타났다. 왜냐하면 "페르소나"란 단지 "가면"을 뜻하기 때문이다. 또한 그곳에는 그만큼 많은 이름이 있었다. 실물어를 사용하던 묵음 언어의 시대에[435, 929] 이름은 가문의 문장(紋章)을 뜻했던 것이 확실하기 때문이다[433]. 앞서 논했던 것처럼 아메리카의 인디언들은 그것으로 자신들의 가족을 구분한다. 가부장의 페르소나 또는 가면 아래에는 그의 모든 자식과 노예들이 숨겨져 있었으며, 실제의 이름 또는 문장(紋章) 아래에는 모든 친족과 씨족이 숨겨져 있었다. 그리하여 우리는 아이아스가 그리스인들의 탑이 되고 호라티우스가

혼자 다리 위에서 에트루리아의 군대 전체를 막아서는 것이며, 돌아온 야만의 시대에는 40명의 노르만 영웅들이 살레르노에서 온 사라센 군대 전체를 몰아냈던 것을 보게 된다. 그리하여 프랑스 팔라딘 기사단의 놀라운 힘에 대한 명성이 전해진다. 그들은 최고의 권력을 갖는 군주들이었으며(독일에는 팔라틴 백작이라는 이름이 남아 있다), 그 누구보다도 롤랑의 용맹을 꼽을 수 있는데, 그는 훗날 오를란도라고 불리게 되었다. 이에 대한 이유는 앞서 발견하였던 시의 원리에서 유래하는 것이었다[376]. 즉 로마법을 창안했던 사람들은 누구도 지성적 보편을 이해하지 못하던 시대에 보편적 상상력을 만들어냈던 것이다. 그리고 이후 시인들이 등장인물이나 가면을 극장에 도입했던 것처럼 그들은 "이름"과 "페르소나"를 광장에 도입했던 것이다.

[1034] "페르소나"라는 단어가 "두루 울려 퍼지다"라는 뜻의 "페르소나레"(personare)로부터 온 것이 아님은 확실하다. 호라티우스가 말했던 것처럼 관객이 손으로 꼽을 만큼 적었던[90] 초기 도시의 상당히 작은 극장에서 목소리로 더 큰 극장을 채우기 위해 사용하는 가면은 필요 없었다. 또한 "페르소나"라는 단어의 두 번째 음절이 장모음인 반면 "두루 울려 퍼지다"의 어근이 되는 "소나"(sona)는 단모음이라는 사실도 그것을 확인시켜준다. 오히려 "페르소나"는 "페르소나리"(personari)로부터 온 것이 확실한데, 그 동사는 "야생 짐승의 가죽을 두르다"라는 의미였을 것이라고 추측하는데,

90) Quintus Horatius Flaccus, *Ad Pisones*, 206.

그것은 영웅들에게만 허용된 일이었다. 이와 동반하는 단어로 "옵소나리"(opsonari)라는 동사가 있는데, 처음에 그것은 사냥한 짐승의 고기를 먹는 것을 뜻했음이 확실하다. 베르길리우스는 그 고기로 자신의 영웅들이 호화롭게 만찬을 하는 장면을 묘사한다.[91] 이렇듯 호사스러운 대접이란 영웅들이 최초의 전쟁에서 갖고 돌아온 죽인 짐승의 가죽이었는데, 그 최초의 전쟁이란 자신과 자신의 가족을 지키기 위해 짐승들과 벌인 것이었다[958]. 시인들은 이러한 영웅들에게 가죽의 옷을 입혔고, 특히 헤라클레스는 사자의 가죽을 입었다. 우리가 방금 그 최초의 의미를 복원시켰던 "페르소나리"라는 동사의 이러한 기원으로부터 이탈리아인들이 "페르소나지"라고 부르는 말이 파생되었으리라고 추측할 수 있는데, 그것은 높은 신분과 큰 명성을 갖고 있는 사람들을 뜻한다.

[1035] 동일한 원리로서 그들은 추상적인 형상을 이해하지 못했기 때문에 구체적인 형태로 상상을 했으며, 자신의 본성에 따라 거기에 생명력을 불어넣었다[401]. 그리하여 그들은 "상속"을 상속하는 재산의 여주인인 것으로 상상했으며, 상속하는 모든 물품마다 그녀의 온전한 존재를 인식했다. 그들은 재판관에게 농지의 반환 소송의 형식으로서 흙덩어리를 제시하며 그것을 "이 땅"(hunc fundum)이라고 불렀다[961]. 그렇듯 그들은 이해하지 못했다 해도 권리가 분리될 수 없는 것임은 최소한 거칠게라도 감지하고 있었다[1038].

---

91) Maro Publius Vergilius, *Aenaeas*, 3.223.

[1036] 이러한 본성과 부합하게 고대의 법학은 모두가 시적이었다. 그들은 일어난 것을 일어나지 않은 것처럼, 일어나지 않은 것을 일어난 것처럼 상상했다. 그들은 태어난 자들을 아직 태어나지 않은 것으로, 죽은 자를 살아 있는 자로 상상했으며, 미결의 상속에 있어서 죽은 자들은 여전히 살아 있었다. 그것은 쓸 사람이 없는 수많은 빈 가면을 도입했는데, 그것을 상상에 의해 날조된 권리인 "상상의 권리"(iura imaginaria)라고 불렀다. 법의 평판은 법의 위엄을 보존하고 사실을 정당하게 판단하는 우화를 만들어내는 데 달려 있었다. 따라서 고대 법학의 모든 허구란 가면을 쓴 진실이었다. 또한 법을 표현할 때의 형식에는 어떠한 가감도 어떠한 변경도 없이 정해진 방식대로 정해진 숫자의 단어만을 사용해야 했기 때문에 전술한바 리비우스가 호라티우스의 처벌을 명했던 판결에 대해 말했듯이[500] 그것을 "노래"(carmina)라고 불렀던 것이다. 이것은 플라우투스의 〈당나귀 희극〉의 황금 같은 문구에 의해 확인되는데, 거기에서 디아볼루스는 기생충 같은 식객 하나를 위대한 시인이라고 말한다. 단지 그가 법률의 정해진 용어라는 보호 장치를 "노래하듯" 읊어댔기 때문이다.[92]

[1037] 따라서 고대의 로마법 전체가 광장에 있던 로마인들을 대변하는 진지한 시였고, 고대의 법학은 진지한 시학이었다. 우리의 논점에 적절하게도 유스티니아누스는 『법률학 강요』의 서문에서 "고대 법률의 우화"(antiqui iuris fabulas)를 말하고 있다. 그는

92) Titus Maccius Plautus, *Asinaria*, 4.1.1-3.

조롱조로 그 문구를 사용했지만, 우리가 논하고 있는 이러한 문제에 대해 잘 알고 있는 어떤 고대의 법학자로부터 그 문구를 차용했음이 확실하다. 우리가 논증했던 것처럼 로마의 법학은 이러한 고대의 우화에 근거를 두고 있는 것이다. 이렇듯 사실적이고 진지한 극적 우화에 사용되었던 "페르소나"라고 불린 가면에서 "사람들의 법"(De iure personarum)의 원리가 파생되었던 것이다.

[1038] 그러나 민중 공화국의 인간의 시대가 도래하면서 큰 집회에서 지성이 큰 역할을 하게 되었다. 그 뒤 지성과 보편적 개념에서 추출된 근거가 "법의 지성 속에 존재하게 되었다"(consistere in intellectu iuris)라고 일컬어진다.[93] 그러한 지성은 입법자들이 법을 입안할 때 그 속에서 표현하고자 하는 의지를 말한다. 그러한 의지가 바로 "법"[ius]이라고 불린다[398]. 그러한 의지는 공통적인 합리적 효용성의 개념에 의해 합의에 이른 시민들의 의지를 말한다. 그들은 그것이 본질적으로 정신적이라고 이해했음이 확실하다. 왜냐하면 행사되어야 하지만 물질적 대상과 연결되지 않은 모든 권리를 그들은 "법의 지성 속에 존재한다"라고 말했기 때문이다. 그러한 권리를 "벌거벗은 권리"(nuda iura)라고 말하는데, 그것은 구체적 물건과 무관한 권리였다. 그러한 권리는 정신적인 실체의 양태로 존재하기 때문에 분할이 불가능하며, 따라서 영원하다. 왜냐하면 영원하지 못하고 부패한다는 것은 부분으로 분할되는 것과 다르지 않기 때문이다[698].

93) *Digest*, 45.3.5.

[1039] 로마법의 해석자들은 법적 형이상학의 명성 전체를 권리의 분할 불가능성에 두었다. 그것은 "분할 가능한 것과 분할 불가능한 것"(De dividui et individuis)이라는 유명한 주제의 취급을 두고 벌어졌던 것이다. 그러나 그들은 그에 못지않게 중요한 원리를 고려하지 않았으니, 그것은 영원성을 말한다. 그들은 다음의 두 가지 법의 규칙에서 그것을 확인해야 했는데, 첫 번째로 "법의 목적이 끝나는 곳에서 법은 끝난다"(cessante fine legis, cessat lex)[94]라는 규칙을 확립시켰다. 여기에서는 "법의 근거"라고 말하지 않고 "법의 목적"이라고 말한 것에 주목해야 한다. 왜냐하면 "법의 목적"이란 명분에 있어 모두에게 공평하게 유용해야 한다는 것인데, 그것은 언제나 실현될 수 있는 것이 아니기 때문이다. 반면 법의 근거 또는 법의 이성은 그 법이 어떤 상황이라는 옷을 입은 사실과 부합하는지를 확인하는 것으로서, 그러한 상황의 옷을 입었을 때 법의 근거가 살아서 지배하게 된다. 두 번째 규칙은 "시간은 권리를 창출하거나 소멸시키는 양태가 아니라는 것"(tempus non est modus constituendi vel dissolvendi iuris)을 확립시킨다. 왜냐하면 시간은 영원을 시작하거나 끝낼 수 없기 때문이다. 사용 취득이나 취득 시효에 있어서 시간은 권리를 창출하거나 소멸시키지 않으며 단지 그러한 권리의 소유자가 그것을 포기하였다는 사실만을 증명할 뿐이다. 예를 들어 "용익권이 종료되었다"라고 말

94) Hermann Vulteius, *Institutiones iuris cuvilis a Iustiniano compositas commentarius*(Marburg), p. 432.

할 때 그 권리가 종료되었다는 것이 아니라 그것은 그 물건이 계약 상태가 해지되어 원래의 자유로운 상태로 돌아갔음을 말하는 것이다. 여기에서 다음의 두 가지 중요한 추론이 도출된다. 첫 번째로 권리란 그것에 대한 지성이나 개념에 있어 영원한 것인 반면 인간은 시간 속에 존재하기 때문에 그것은 신으로부터 유래할 수밖에 없다는 것이다. 두 번째로 세상에 존재해왔고, 존재하고 있고, 앞으로 존재할 무수히 많고 다양한 권리란 초기의 인간의 권력이 다양하게 변용된 것인데, 그 초기의 인간이 인류의 군주로서 모든 땅에 대한 소유권자였다는 것이다.

[1040] 법이 먼저 있었고 그 뒤에 철학이 나온 것이 확실하기 때문에[1043], 소크라테스가 일반적인 범주 또는 추상적 보편 개념의 윤곽을 그려낸 것은 아테네의 시민들이 모든 사람에게 엄격하게 공평한 효용을 제시할 수 있는 법에 대한 관념에 동의하게 되었던 과정을 귀납해냄으로써 가능한 일이었다. 즉 균일한 개체들을 모아 그 균일성에 의해 규정되는 일반적 범주를 만들어냈다는 것이다[499].

[1041] 플라톤은 공공의 집회에서 개별적인 사람들의 정신은 사적인 이익을 위해서는 열정적으로 작용하지만 공동의 이익을 위해서는 그렇지 않다는 사실을 알아챘다. 그리하여 사람들은 개별적으로는 사익을 추구하지만 집단적으로는 정의를 찾는다는 말이 있다. 그렇게 함으로써 플라톤은 창조된 정신이 이해할 수 있는 최고의 관념을 관조할 수 있는 위치로 스스로를 격상시켰던 것이다. 이러한 관념은 창조된 정신과는 구분되며, 단지 신의 내부에

만 존재할 수 있다. 그리하여 그는 자신의 감정을 뜻대로 조정할 수 있는 철학적 영웅의 경지에 도달한 것이다.

[1042] 다음으로 아리스토텔레스는 좋은 법에 대한 정의를 신성하게 내렸다. 그것은 "감정으로부터 자유로운 의지"[95]인 것으로서, 그것이야말로 영웅들의 의지라고 말할 수 있다. 그는 정의가 덕성의 여왕으로서 영웅의 정신에 거주하며 다른 모든 것들에 명령을 내린다고 이해했다.[96] 왜냐하면 그는 사법 정의가 사회적 주권의 정신 속에 자리 잡고 있으면서 원로원의 신중성과 군대의 강인함과 축제에서의 절제를 명할 뿐 아니라 두 가지 특수한 형태의 정의도 지배한다고 고찰했기 때문이다. 그 두 가지는 국고를 분배함에 있어서의 정의와 광장에서의 소통에 필요한 정의이다. 분배의 정의는 기하학적인 비율에 근거하는 정의인 반면 소통의 정의는 산술적인 비율에 근거하는 정의이다.[97] 그는 민중 공화국의 근간인 세제에서 그것을 확인했던 것이 확실하다[619]. 그것은 시민들의 가산에 근거하여 명예와 부담을 기하학적 비율로 분배한다.

아리스토텔레스 이전에는 산술적인 비율의 분배밖에 알지 못했다. 그리하여 영웅시대의 정의의 여신인 아스트라이아는 저울과 함께 묘사되는 것이며[713], 〈12표법〉의 모든 형벌은 경제범일 경우 피해액의 "두 배"(duplio), 신체에 해를 입힌 범죄에 대해서는

---

95) Aristoteles, *Politics*, 1287a32.

96) Aristoteles, *Nocomachean Ethics*, 1129b12.

97) Aristoteles, *Nocomachean Ethics*, 1131b12, 29.

"보복"(talio)을 명하고 있는 것이다. 이제 "공공의 법"에 대해 글을 쓰고 있는 철학자나 도덕 신학자들이나 학자들은 분배의 정의가 기하학적인 비율로 시행되어야 한다고 말한다. 보복의 법은 라다만투스에 의해 만들어진 것이기 때문에 그는 형벌이 분배되는 것이 확실한 지하 세계의 재판관이 되었다.[98] 아리스토텔레스의 『니코마코스 윤리학』에서는 보복의 법을 마그나 그라이키아에서 민족을 창건한 피타고라스가 만들었다고 하여 그것을 "피타고라스의 정의"라고 부른다.[99] 그곳의 귀족들은 피타고라스 일족이라고 불리는데, 훗날 존엄한 철학자이자 수학자가 되었던 피타고라스에게는 수치스러운 일일 것이다.

[1043] 지금까지 논한 모든 것에 비추어 우리는 형이상학과 논리학과 도덕이 모두 아테네의 광장에서 출현했을 것이라고 결론을 내린다. 아테네인들에 대한 솔론의 충고였던 "너 자신을 알라"(Nosce te ipsum)로부터 민중 공화국이 출현했다. 그것은 앞서 "시적 논리학"에서 논했던 추론에 부합한다[414]. 민중 공화국으로부터 법이 나왔고, 법으로부터 철학이 나왔다. 따라서 민중적 지혜의 현인이었던 솔론은 비학(秘學) 지혜의 현인으로 여겨진다. 이것은 철학적으로 논한 철학사의 편린일 텐데, 이 세상에 철학자만 존재한다면 종교가 필요 없을 것이라고 말했던 폴리비오스에 대해

---

98) 라다만투스는 유피테르와 에우로파 사이에서 태어난 아들로서 크레타 섬에서 공정하게 재판을 한 인물로 알려져 있고 사후에는 지하 세계의 재판관이 되었다고 전해진다.

99) Aristoteles, *Nocomachean Ethics*, 1132b21.

서 이 책을 통해 행해왔던 비판 중에서도 최종적인 비판일 것이다[179]. 오히려 종교가 없었더라면 국가도 없었을 것이고 따라서 철학도 없었을 것이기 때문이다. 신의 섭리가 인간사를 이런 방식으로 인도하지 않았더라면 학문이나 덕성에 대한 개념조차 존재하지 못했을 것이다.

[1044] 이제 우리의 주제로 돌아와 우리가 논하고 있던 것에 대해 결론을 내리도록 하자. 민중의 공화국에 이어 군주제가 출현한 인간의 시대 이후[927] 사람들은 법적 소송의 본질을 이해하기 시작했는데, 처음에 그것은 적합하고 정확한 언어를 사용하여 주의의 조치를 취하는 것이었다. 그리하여 "주의하다"(cavendo)로부터 파생된 "카비사"(cavissae)라는 말이 소송을 뜻했는데, 그것이 축약되어 "카우사"(caussae)라는 말로 남게 된 것이다[569]. 합의에 의한 계약에서 그러한 소송은 거래나 타협 그 자체였다. 오늘날 그러한 거래나 타협은 서약에 의해 의례화되는데, 그것은 거래를 산출하기 위해 계약의 행위를 통해 동의에 도달하는 것이다. 소유권의 양도를 위해 정당한 명의를 구성하는 계약에서 이러한 동의는 자연적인 양도를 도출하기 위해 의례화된다. 언어의 동의 또는 계약 조건에 의해 완성된다고 여겨지는 이러한 계약을 통해서만 엄밀한 원래의 의미에서 주의의 조치는 소송이 되는 것이다. 이것은 계약과 동의로부터 파생되는 의무에 대한 우리의 이전 논의를 더욱 확실하게 밝혀줄 것이다.

[1045] 요컨대 인간은 확실히 정신과 육체와 언어로 구성되는데, 언어가 정신과 육체의 매개체이다. 묵음의 시대에 정의에 관

한 확실성은 처음에 육체로부터 나왔다. 그 뒤 분절된 언어가 발명되면서 그것은 언어의 공식에 의해 표현되는 확실한 관념으로 전환되었다. 마지막으로 인간의 정신이 이성적으로 충분히 발전했을 때 그것은 정의의 관념에 관한 진실이라는 최종적 단계에 도달했다. 그것은 소송에 있어서 특정의 사실적 정황에 의해 결정된다. 이러한 진실을 학식 높은 바로는 "자연의 공식"(fumula naturae)이라고 불렀다.[100] "요인"에서 상세하게 구분했던 것처럼 [321~325] 이것은 불투명한 실체의 표면에서 가장 미세한 사실까지 밝혀줄 것이다.

100) 이 문구는 성 아우구스티누스가 『신국』에서 인용한 것이다. St. Augustine, *De Civitas Dei*, 4.31.

제5권

민족이 다시 일어났을 때
인간사의 반복

서론

[1046] 『새로운 학문』의 무수히 많은 곳에서 우리는 최초의 야만의 시대와 돌아온 야만의 시대에 놀랄 정도로 일치점이 많다는 것을 무수히 많은 자료를 통해 고찰할 수 있었다. 따라서 우리는 인간사의 과정이 민족들마다 다시 일어설 때 반복된다는 것을 쉽게 이해할 수 있다[1108]. 그렇지만 그것을 더욱 확실하게 확인하기 위해 이 마지막 권에서 이 특별한 주제에 대한 논의를 제시하려 한다. 그것은 두 번째의 야만의 시대에 대해 더 큰 빛을 밝혀줄 것인데, 고대 최고의 학자였던 마르쿠스 테렌티우스 바로가 자신의 시대에 대해 "어두운" 시대라고 불렀지만[52], 이 시대는 최초의 야만 시대보다 훨씬 더 어두웠다. 또한 그것은 가장 선하고 가장 위대한 신이 자신의 섭리에 따른 조언을 통해 모든 민족의 인간사가 이루 형용할 수 없는 자신의 은총을 따르도록 만들었는지를 논증해줄 것이다.

제1장
최초의 야만의 역사의 반복으로 설명되는 후기 야만의 역사

[1047] 신의 섭리는 초인간적으로 작용하면서 순교자들의 덕성을 로마의 권력에 맞서게 했고, 또한 교부들의 교리와 기적을 그리스의 헛된 진리와 맞서게 함으로써 기독교 신앙의 진리를 설명하고 확인시켰다. 그 뒤 무장한 민족들이 흥기하여 모든 면에서 조물주의 참된 신성에 대항하려 했을 때 섭리는 인간 문명에 새로운 질서가 태어나도록 허용하여 인간사의 자연적 과정에 따라 참된 신앙이 확립되도록 만들었다.

[1048] 이러한 영원한 조언에 따라 진정으로 거룩한 시대가 복구되었는데[925, 976], 그 시대에는 가톨릭 왕들이 모든 곳에서 기독교 신앙을 수호하기 위해 그 보호자가 되어 성직자의 법의를 입고 그들 자신의 지위를 왕위로 격상시켰다. 그리하여 지금도 그들은 "성스러운 전하"(Sagra Real Maestà)라는 칭호로 불리는 것이다. 그들은 교회의 고위직을 겸하기도 했다. 생포리앵 샹피에르의 『프랑스 왕의 계보』에 따르면 위그 카페에게는 "파리의 백작이자 수도원장"이라는 칭호가 붙었고,[1] 파라댕은 『부르고뉴 연대기』에서 프랑스의 군주들에게 통상적으로 "공작이자 수도원장" 또는 "백작

---

1) Symphorien Champier, *Regum Francorum genealogia*. 1507년 리옹에서 출판된 이 책의 제2권에 이러한 칭호가 나온다.

이자 수도원장"이라는 칭호를 붙였다는 오래된 기록에 대해 고찰하고 있다.[2)] 이렇듯 초기의 기독교도 왕들은 무장한 종교의 기반을 닦았던 것이다. 그들은 자신들의 왕국에서 아리우스파와 사라센 교도와 다른 모든 불경한 사람들에 대항하여 가톨릭교를 재확립했다. 성 히에로니무스는 아리우스파가 기독교 세계 전체를 타락시켰다고 말한 바 있다.[3)]

[1049] 이리하여 영웅 민족들이 "순수하고 경건한 전쟁"(pura et pia bella)이라고 불렀던 전쟁이 실제로 돌아왔고[562, 958], 따라서 오늘날에도 모든 기독교 권좌의 왕관에는 십자가가 새겨진 구체가 달려 있는 것이다[602]. 그것은 "십자군"이라 불렀던 전쟁 당시 그들이 군기에 그렸던 것이기도 하다.

[1050] 중세의 돌아온 야만 시대에 인간 문명의 반복은 놀라울 정도였다. 예를 들어 마크로비우스가 기록했듯 고대의 전령은 선전포고를 하기 위해 적의 도시에 갔을 때 대단히 우아한 형식을 갖추고 대단히 장려하게 "신들을 불러냈다"(evocabant deos).[4)] 그렇게 함으로써 그들은 정복한 민족들로부터 신을 빼앗았다고 믿었고, 그리하여 그들이 전조도 빼앗았다고 여겼던 것이다. 전조는 우리가 이 저작을 통해 논했던 모든 것의 최초의 원리였다. 승리에 관한 영웅시대의 법에 따라 패배한 자들에게는 공적인 권리이든 사

---

2) Guillaume Paradin, *Annales de Bourgogne*(Lion, 1566), p. 149.
3) Saint Jerome, *Dialogus contra luciferianos*, 19.
4) Macrobius, *Saturnalia*, 3.9.7.

적인 권리이든 어떤 사회적 권리도 남아 있지 않게 되었다. 우리가 주로 로마사를 통해 충분히 논증했듯이 영웅의 시대에는 모두가 신의 전조에 달려 있었던 것이다[110]. 이 모든 것은 영웅시대의 항복의 공식에 포함되어 있다. 타르퀴니우스 프리스쿠스는 그것을 콜라티아에 적용하였던 것인데[1030], 패배한 자들은 승리한 자들에게 "신적인 것과 인간적인 것 모두를 빼앗겼던"(debebant divina et humana omnia) 것이다. 중세의 돌아온 야만 시대에도 도시를 탈취할 때 그들은 이와 같은 방식으로 성인들의 유명한 유해나 유물을 찾아서 빼앗는 것을 일차적인 관심사로 삼았다. 따라서 그 당시의 사람들은 유해나 유물을 묻거나 숨기기에 전력을 다했던 것이다. 그러므로 그러한 장소는 교회 안 가장 깊고 은밀한 곳에 있었던 것이다. 이것이 중세에 성인들의 유해가 이장되는 큰 이유였다. 이러한 관습의 흔적이 있다. 즉 패배한 민족은 탈취당한 모든 종(鐘)을 승리한 장군으로부터 사들여야 했던 것이다.

[1051] 게다가 5세기부터 야만 민족이 유럽과 아시아와 아프리카에 출몰하기 시작했을 때 승리한 야만 민족은 패배한 자들을 이해하지 못했고, 그 가톨릭교의 적들은 그들만의 철기 시대에 이탈리아어든 프랑스어든 에스파냐어든 독일어든 민중어로 된 기록을 남겨두지 않았다. 독일어에 대해서는 아벤티누스가 『바이에른 연대기』에서 말하듯[5] 슈바벤의 프리드리히에 이르기까지, 또는 다른 사람들에 따르면 앞서 말했던 것처럼 오스트리아의 루돌프 황제

5) Johannes Aventinus, *De annalibus boiorum*.

에 이르기까지[435] 자신들의 언어로 문서를 기록하지 않았다. 앞서 말했던 모든 민족들 사이에서는 야만적인 라틴어로 된 기록만을 찾을 수 있는데, 단지 극소수의 성직자였던 귀족들만이 이해할 수 있었다. 따라서 우리는 이 불행했던 시대를 통틀어 민족들은 침묵어를 통한 소통으로 되돌아가게 되었다고 추측할 수밖에 없다. 민중어의 기록이 희소했기 때문에 모든 곳에서 가족의 문장(紋章)에 사용하는 상형문자로 돌아가게 되었던 것이 확실하다. 그것은 집과 묘지와 땅과 가축에 대한 영주의 권리를 뜻하는 소유권에 확실성을 더해주기 위해 사용되었던 것이다.

[1052] "교회법에 따른 정죄"라고 불리던 일종의 신들의 재판도 되돌아왔다. 이러한 재판 중의 하나는 최초의 야만 시대에 있었던 결투인데[959], 신성한 교회법은 그것을 인정하지 않았다.

[1053] 영웅적인 도적질도 되돌아왔다. 앞서 밝힌 것처럼 영웅들은 "도적"이라고 불리는 것을 명예로 생각했고, "해적질"을 하는 것이 귀족의 자격이 되었다[636].

[1054] 영웅적인 복수도 되돌아왔다. 앞서 살펴보았듯이 그것은 바르톨루스의 시대까지 지속되었다[960].

[1055] 앞서 살펴본 것처럼 최초의 야만 시대의 전쟁과 마찬가지로 돌아온 야만의 시대에도 전쟁은 모두가 종교 전쟁이었기 때문에[676, 1059], 영웅들의 노예제도 되돌아왔는데, 그것은 기독교 민족들 사이에서도 오랫동안 지속되었다. 이 당시에는 결투가 관행이었기에 승리자들은 패배자들에게 신이 없다고 생각했고, 따라서 그들은 짐승과 다를 바 없다고 생각했던 것이다[958]. 민족

에 대한 그러한 관념은 지금도 기독교도나 터키인들 모두가 유지하고 있다. 기독교도에게 터키인들은 개를 뜻했고, 터키인들에게 기독교도는 돼지를 뜻했다. 따라서 기독교도는 터키인을 정중하게 대접해야 할 때 그들을 "무슬림"이라고 부르며 그것은 "참된 신자"를 가리킨다. 그리하여 전쟁에서 양측은 모두 영웅적인 노예제를 실행하는데, 기독교인의 노예제가 조금 더 온화한 편이다.

[1056] 그러나 인간사의 이러한 측면에서 무엇보다도 가장 놀라운 것은 이 새로운 신의 시대에 고대 세계 초기의 피신처가 다시 시작되었다는 것이다. 리비우스가 말했듯이 그곳이 최초의 모든 도시가 건설되었던 곳이었다[561]. 이 야만적 시대의 극단적인 잔인함과 흉포함 속에서 폭력과 약탈과 살인이 도처에서 자행되었다. 공리에서 밝혔던 것처럼[177] 인간의 어떤 법에도 구애받지 않는 그 사람들을 제어할 방법은 종교가 명한 신의 법밖에 없었다. 그리하여 그 폭력적인 시대에 억압받고 파멸될까 두려워했던 사람들은 그러한 야만 속에서도 비교적 자비로웠던 주교나 수도원장에게 그들 자신과 가족과 가산을 의탁하여 보호를 받았다. 그러한 복종과 보호가 봉토를 성립시키는 중요한 요인이었다. 그리하여 유럽의 모든 민족들 중에서도 가장 야만적이고 잔인했던 것이 확실한 게르만족이 살던 게르마니아에 세속 군주보다 교회 군주, 즉 주교와 수도원장이 훨씬 더 많았던 것이다. 또한 이미 밝혔던 것처럼[1048] 프랑스에서는 최고의 군주들이 "백작이자 수도원장" 또는 "공작이자 수도원장"이라는 칭호로 불렸다.

그리하여 유럽의 수많은 도시와 마을과 성에 성인들의 이름이 붙게 되었다. 왜냐하면 미사에 참배하고 우리의 교회가 명하는 다른 신성한 임무를 수행하려던 사람들은 높은 장소나 숨겨진 장소에 작은 교회를 지었기 때문이다[525]. 그것은 그 시대에 기독교도들의 자연적인 피신처라고 말할 수 있으며, 그 근처에 자신들의 거처를 마련했다. 이러한 두 번째의 야만에 대해 우리가 찾아볼 수 있는 가장 오래된 유적은 그러한 장소에 있는 작은 교회들인데, 그곳은 거의 모두가 폐허가 되었다. 우리에게 가장 유명한 이러한 장소의 예로는 아베르사에 있는 산 로렌조 수도원인데, 그것은 카푸아의 산 로렌조 수도원과 병합되었다. 이 수도원은 캄파니아, 삼니움, 아풀리아와 옛 칼라브리아에 있는, 즉 볼투르노 강으로부터 타란토 만에 이르는 백열 개의 교회를 수도원장과 수도승을 통해 직간접적으로 지배한다. 산 로렌조 수도원의 원장들은 앞서 말한 그 모든 지역의 영주들이었다.

제2장
민족들이 밟아가는 봉토의 영원한 본성의 반복과 봉건법에서 반복되는 고대의 로마법

[1057] 이러한 신의 시대를 뒤이어 영웅의 시대가 따랐는데, 그것은 거의 정반대라고 말할 수 있는 영웅적 본성과 인간적 본성 사이의 차이가 반복된 결과였다[567]. 그것이 시골의 봉신들이 봉건주의의 용어로 스스로를 "인간들"(homines)이라고 부름으로써

오트망을 놀라게 만들었던 이유이다[437, 600, 606]. 그 단어로부터 같은 의미를 갖는 봉건제도의 두 용어인 "호미니움"(hominium)과 "호마기움"(homagium)이 파생된 것이 확실하다.[6] "호미니움"은 "인간의 소유권"(hominis dominium)을 뜻하는 말로서, 영주가 봉신을 소유하는 것을 말한다. 퀴자스에 따르면 헬모디우스는 이 말이 "호마기움"보다 더 우아하다고 생각했다는 것인데, "호마기움"이란 "인간의 인도권"(hominis agium)을 뜻하는 말로서, 영주가 원하는 곳으로 봉신을 보낼 수 있는 권리를 말한다.[7] 봉건법에 능통한 학자들은 이 야만적인 단어를 대단히 우아한 라틴어로 "충성"을 뜻하는 "옵세퀴움"(obsequium)으로 번역했는데, 그 말은 본디 영웅이 자신의 땅을 경작하기 위해 이끄는 곳으로 봉신이 기꺼이 따라가야 한다는 것을 뜻했다. "옵세퀴움"이라는 단어는 봉신이 영주에게 바쳐야 할 충성심을 강조하고 있다. 따라서 라틴인들에게 "옵세퀴움"이란 봉토가 수여될 때 봉신이 지켜야 하는 예의와 충성을 하나로 합친 의미를 갖는다. 고대의 로마인들에게 "옵세퀴움"이란 "군대의 업무"(opera militaris)라고 불리던 것과 불가분의 관계에 있었고, 우리의 봉건법 연구자들은 그것을 "병역"(militare servitium)이라고 불렀다. 로마의 역사가 보여주듯 그것은 로마의 평민들이 오랜 기간에 걸쳐 자비로 전쟁에서 귀족을 위해 봉사했

6) 통상적으로 "호미니움"은 "농노", "호마기움"은 "시종"을 가리킨다.
7) 헬모디우스가 아니라 퀴자스 자신이 이 말을 했다. 헬모디우스는 12세기 독일의 역사가로서 달마티아 지방의 봉건주의에 대한 책을 썼다.

던 것을 말한다[107]. 이러한 군대의 업무가 따르는 병역은 노예에서 해방된 자유민이라 할지라도 그 후견인들에게 계속하여 지켜야 할 의무가 있었다. 우리가 로마의 역사를 통해 고찰했던 것처럼 이것은 로물루스가 피보호 관계 위에 로마를 건설했던 시대로부터 비롯된다. 공리에서 지적했던 것처럼[106] 피보호 관계란 그의 피신처로 받아들인 일용노동자들에게까지 확대된 보호의 관계였다. 이러한 고대사의 피보호 관계를 "봉토"라는 말보다 더 적절하게 설명할 수는 없다. 실지로 학식이 높은 봉건법 연구자는 야만적인 단어 "봉토"(feudum)를 우아한 라틴어 "피보호 관계"(clientela)로 번역했다.

[1058] 이러한 원리는 "업무"(opera)라는 단어와 "노역"(servitium)이라는 단어의 어원을 통해 명백하게 드러난다. 왜냐하면 "업무"라는 말은 그 태생의 의미에 있어서 한 명의 농부가 하루에 해야 하는 일을 가리켰던 것으로서, 따라서 라틴어에서는 농부를 "오페라리우스"(operarius)라고 불렀고 이탈리아어에서는 "조르날리에레"(giornaliere)라고 불렀던 것이다.[8] 이들은 시민으로서의 특권을 아무것도 가지지 못한 자들이었다. 아가멤논이 브리세이스를 강탈해갔을 때 아킬레우스는 자신이 일용노동자의 취급을 받았다고 불평했던 것이다[597]. 라틴어에서는 일용노동자들을 "일하는 무리"(greges operarum) 또는 "노예 무리"(greges servorum)라고까지 불

8) 특히 이탈리아어에서 "조르노"(giorno)는 "하루"를 가리킨다. 따라서 그 말은 "일용노동자"를 가리키기도 한다.

렀다. 왜냐하면 영웅들은 최초의 노동자들과 이후의 노예들을 짐승으로 간주하였기 때문인데, 그들은 무리를 이뤄 풀을 뜯는다 하여 "풀 뜯는 무리"(pasci gregatim)로 불렸다. 인간의 무리가 먼저 있었고 그 뒤에 가축의 무리가 나온 것이 확실하다. 또한 그러한 상호관계를 통해서 사람들의 목자가 먼저 있었고 그 뒤에 가축 무리의 목자가 생겨난 것이다. 그리하여 호메로스는 언제나 영웅들에게 "사람의 목자"라는 수식어를 붙인다[557]. "노모스"(νόμος)라는 단어가 그 사실을 확인시켜주는데, 앞서 고찰했듯[607] 그리스인들에게 그 말은 "법"과 "목초지"를 모두 뜻한다. 왜냐하면 제1차 농지법과 함께 반란을 일으키는 예속민들에게 영웅들이 할당한 땅을 유지할 권리를 주었는데, 그것을 "노모스" 또는 "목초지"라고 불렀던 것이다. 식사가 인간에게 합당한 것처럼 짐승에게는 "목초지"가 합당한 것이었다[917].

[1059] 최초의 무리에게 풀을 뜯기는 임무는 아폴론에게 속한 것이 확실하다. 아폴론은 문명의 빛의 신이자 귀족의 신이었다[533]. 신화적 역사는 그가 암프리소스 강의 목자였다고 말한다. 트로이의 왕이었던 파리스도 목자였음이 확실하다. 아킬레우스의 방패 위에 그려져 있는 호메로스가 왕이라고 부른 가부장도 목자였는데, 그는 홀을 들고 구운 황소가 추수자들 사이에서 잘 분배되도록 명령한다. 이 장면은 가족 국가 시대의 세계의 역사를 표현한다[686]. 우리의 목자들의 임무는 가축을 먹이는 것이라기보다는 가축을 인도하고 감시하는 것이었다. 이러한 영웅의 시대에는 약탈이 빈발했기 때문에[636] 가축을 먹이는 일은 초기 도시의

경계가 어느 정도 안전하게 확보된 다음에야 도입되었던 것이다. 이것은 목가시나 전원시가 왜 가장 문명화가 이루어진 시대에나 출현하는지 그 이유를 말해주는 것이 확실하다. 그리스에서는 테오크리토스, 로마에서는 베르길리우스, 이탈리아에서는 산나자로와 함께 전원시가 출현했던 것이다.

[1060] "노역"이라는 단어도 최근의 야만 시대에 똑같은 일이 반복되었음을 보여준다. 봉신과 반대되는 관점에서 영주는 "세니오르"(senior)라고 불렸는데, "주인"이라는 의미에서 그렇게 불린 것이다.[9] 그리하여 옛 프랑크족은 보댕을 놀랍게 만든 집안에서 태어난 하인이었고[1017],[10] 그들은 고대 로마에서 "베르나이"라고 불리던 가내 노예와 마찬가지였다. 그들로부터 민중어를 뜻하는 "베르나쿨라이"라는 말이 파생되었다. 그들은 대중을 뜻했는데, 영웅들의 도시에 살던 평민들을 가리켰다[597]. 시적 언어는 영웅들, 즉 초기 국가의 귀족들이 도입하였다[437].

[1061] 그 뒤 권력자들을 민중에 의존하게 만든 내전을 겪으며 영주들의 힘은 분산되고 약화되어 권력은 군주제의 왕이라는 인간에게 다시 집중되었다. 그리하여 자유민들의 "충성", 즉 "옵세퀴움"은 "군주에 대한 충성"(obsequium principis)으로 바뀌게 되었다. 타키투스에 따르면 군주에 대한 신하의 모든 의무는 바로 이

9) "senior"는 "나이가 많다"는 뜻의 라틴어 "senex"의 비교급이니, "원로"라는 뜻으로 받아들일 수 있다.

10) "프랑크"라는 말 자체가 "자유민"을 뜻했기 때문이다.

것으로 구성되었다고 한다.[11] 그와는 반대로 영웅의 본성과 인간의 본성 사이에 존재한다고 여겨지는 차이에 의해 봉건 시대의 영주들은 "바론"이라고 불리게 되었는데, 그 말은 앞서 살펴본 것처럼 그리스의 시인들이 사용했던 "영웅"이나 고대 라틴인들이 사용했던 "인간"(viri)이라는 말과 같은 뜻이었다. 에스파냐인들이 "남자"를 "바론"(varón)이라 부르는 데에 그 흔적이 남아 있는데, 봉신들은 약하기 때문에 영웅시대의 의미로 "여성"이라고 불렸다[78, 989].

[1062] 우리가 방금 논했던 것에 덧붙여 영주를 뜻하는 "시뇨리"(signori)라는 이탈리아어는 "원로"를 뜻하는 라틴어 "세니오레스"에서 왔을 수밖에 없다. 왜냐하면 그들이야말로 유럽의 새로운 왕국들마다 최초의 공공 의회를 구성하던 자들이었음이 확실하기 때문이다. 그것은 로물루스가 자연스럽게 나이 많은 귀족들로 공공의 평의회를 만들고 그것을 "원로원"(senatum)이라 불렀던 사실을 따른 것이다. 이리하여 그들은 "아버지"(patres)라고 불리게 되었고, 노예에게 자유를 부여했던 사람들은 "후견인"(patroni)이라 불리게 되었던 것이다. 이탈리아에서는 "파드로니"(padroni)라는 말이 "보호자"를 뜻하게 되었다. 이 "파드로니"라는 단어는 우아한 라틴어의 속성을 유지하고 있다. 의미는 반대이지만 "촌락의 봉신"을 뜻하는 라틴어인 "클리엔테스"(clientes)도 그러한 우아함을 간직한 또 다른 단어이다. 앞서 설명했던 것처럼[106] 세르

---

11) Cornelius Tacitus, *Annales*, 1.3.

비우스 툴리우스는 인구 조사를 명함으로써 그들에게 봉토를 부여한 것이었는데, 로물루스의 피보호 관계는 가능한 한 바꾸지 않으려 했던 것이다. 제4권에서 보댕에 대해 논하며 말했듯이[1017] 프랑크족에게 그 이름을 부여했던 것은 이들 해방 노예였다.

[1063] 이러한 방식으로 봉토도 되돌아왔는데, 앞서 공리에서 밝혔던[260] 영원한 원천으로부터 솟아난 것이었다. 사람들은 사회적 본성 속에서 혜택을 바라기 때문에 학식이 높은 봉건법 학자들은 봉토를 그 속성에 맞추고 라틴어의 우아함을 갖춰 "혜택"(beneficia)이라고 불렀다. 오트망은 승리자들이 정복한 땅에서 경작지는 스스로 소유하는 한편 불행한 패배자들에게는 생계유지를 위해 개간되지 않은 땅을 남겨주었다는 것을 알기는 했지만 그 논점을 활용하지는 못했다. 그리하여 제2권에서 기술했듯 최초의 봉토가 다시 되돌아온 것인데, 그것은 로물루스의 피보호 관계와 마찬가지로 개인적인 촌락의 봉토로부터 출현할 수밖에 없었던 것이다. 공리에서 고찰했던 것과 같이[260~263] 그것은 고대 민족들의 세계 모든 곳에 흩어져 있었다. 이러한 영웅시대의 피보호 관계는 로마의 민중 공화국이 번영을 누릴 때 평민들이 토가를 입고 아침마다 대영주에게 문안인사를 올리는 관습으로 바뀌었다. 평민들은 그 대영주들에게 고대 영웅들의 칭호를 붙여주었다. "왕이시여, 평안하시오"(Ave, rex). 낮에는 그들을 따라 광장에 나섰고, 저녁에는 그들과 함께 집으로 돌아왔다. 영주들은 옛 영웅들이 "민중의 목자"라고 불렸던 것에 부합하게 그들에게 만찬을 베풀었다[1058].

[1064] 이러한 개인적인 봉신들이 고대 로마 최초의 "바데스" (vades), 즉 농노 또는 종자(從者)였을 텐데, 그 뒤 "바데스"는 법정에서 변호사와 함께 어디로든 따라가야 하는 "피고"를 가리키는 말로 남았다[559]. 그러한 종류의 의무는 "바디모니움"(vadimonium)이라고 말한다. 그리하여 『새로운 학문』 초판본에 있는 "라틴어의 기원"에서 밝힌 것처럼 "바데스"는 라틴어의 "바스"(vas)와 그리스어의 "바스"(βάς)와 게르만어의 "바스"(was)에서 파생된 것이며, 그 뒤 "바수스"(wassus)는 최종적으로 "바살루스"(vassallus)가 되었다. 오늘날 이런 종류의 봉신은 야만의 모습을 아직도 많이 갖고 있는 추운 북쪽 지방의 왕국에 많이 퍼져 있다. 특히 폴란드에서 그들은 "크메트"(kmet)라고 불리는데, 일종의 노예이다. 그들의 영주는 그들 가족 전체를 노름에 걸기도 하는데, 질 경우 새로운 주인을 섬겨야 한다. 이들은 갈리아의 헤라클레스의 입에서 나오는 시적인 황금인 곡식으로 된 사슬에 귀가 꿰여 그가 끌고 가려는 곳으로 끌려가야만 하는 자들이었던 것이 확실하다[560].

[1065] 그 뒤 촌락의 봉토는 민족들 최초의 농지법과 함께 실제적인 종류의 봉토가 되었는데, 로마에서는 앞서 밝혔던 것처럼 세르비우스 툴리우스가 최초의 인구 조사를 명해 귀족들에게 할당되었던 땅의 소작권을 평민들에게 허용함으로써 일어난 일이었다. 그것은 이전처럼 인간적인 부담만이 아니라 실제적인 부담을 수반하는 것이었다. 그들이 최초의 "만키페스"가 되었던 것이 확실한데, 그 말은 이후 국고에 부동산에 대한 납세의 의무를 갖는 사람들을 뜻하는 말로 남게 되었다[433, 559]. 조금 전 우리는 오

트망이 승리자들은 패배자들의 생계유지를 위해 미개간지를 경작하도록 넘겼다고 말했다는 사실을 알았는데[1063] 만키페스가 바로 이 패배자들과 같은 부류였다. 또한 그리스의 헤라클레스에 의해 땅에 묶였던 안타이오스나[618] 피디우스 신 즉 로마의 헤라클레스에 의해 묶였다가 마침내 페텔리아 법에 의해 풀려난 자들도[115] 다시 돌아오게 되었던 것이다.

[1066] 앞서 논했던[658] 페텔리아 법에 의해 구속에서 풀려난 사람들은 그들의 모든 속성에 따라 봉신들과 같은 부류였다고 표현할 수 있는데, 그들은 그러한 매듭, 즉 구속에 "묶여 있다"(legati)는 의미에서 "종자"(從者: liege)라고 불린다. 오늘날 봉건법학자들은 그들을 주인의 모든 친구나 적을 자신의 친구나 적으로 인식해야 하는 사람들이라고 정의하는데, 그들은 우리가 앞서 말했던 것처럼[559] 타키투스가 말하는 고대 게르만의 봉신들과 같았다. 즉 그들은 주인의 명예를 위해 봉사해야 한다고 서약하는 것이다. 그 뒤 이러한 봉토가 정치적 주권을 갖는 영광을 누리게 되었을 때 로마의 민중은 패배한 왕들을 포함하는 묶여 있는 봉신들에게 "왕국을 선물로 주었다"(regna dono dabat).[12] 로마의 역사가 전해주는 엄숙한 의례를 통해 "왕국을 선물로 주었다"라는 것은 "혜택을 주었다"(beneficium dabat)라는 말과 다를 바 없다. 그리하여 그들은 로마 민중과 동맹을 맺게 되었던 것이지만, 그것은 라틴어에서 "불평등 동맹"(foedus inaequale)이라고 불렀던 동맹에

12) Sallustius Crispus, *Bellum Jugurthinum*, 5.4.

불과했다. 그들은 "로마 민중의 왕족 친구들"이라고 불렸지만 그것도 로마의 황제들이 궁정의 귀족들을 "친구"라고 불렀던 것과 같은 의미일 뿐이었다. 이러한 불평등 동맹은 주권을 갖는 봉토를 수여한 것에 불과한데, 그것은 리비우스가 기록으로 남겨두었던 형식에 따라 개념화되었던 것이다. 즉 동맹을 맺은 왕은 "존엄한 로마 민중에 봉사해야 한다"(servaret maiestatem populi romani)라는 것으로서,[13] 그것은 법학자 파울루스가 말했던 것과 같은 맥락인데, 그에 따르면 법정관은 "존엄한 로마 민중에 봉사하는" (serbata maiestate populi romani) 법을 제시해야 한다는 것이었다.[14] 다시 말해 법정관은 법이 허용하는 자들에게만 법을 시행하고 법이 부정하는 자들에게는 시행하지 않는다는 것이다. 이렇게 동맹을 맺은 왕들은 주권을 갖는 봉토의 영주였지만, 더 큰 주권을 갖는 자에게 복종해야 했다. 이렇게 유럽에는 "존엄"이라는 칭호가 거대한 왕국과 수많은 지역의 영주인 위대한 국왕들에게만 붙여져야 한다는 공통적인 인식이 되돌아온 것이다.

[1067] 농촌의 봉토와 함께 "영구차지권"(永久借地權: emphyteusis)이라는 것도 돌아왔는데,[15] 그것에 따라 태곳적 삼림이 개간되었다 [575]. 이에 따라서 차지에 따르는 수수료를 가리키는 "라우디미아" (laudimia)는 봉신이 영주에게 바치는 세금과 영구적으로 차지한

---

13) Titus Livius, *Ab urbe condita libri*, 38.11.2.

14) 니콜리니는 "파울루스"가 아니라 "프로클루스"였다고 지적한다. *Digest*, 49.15.7.1.

15) "영구차지권"이란 땅을 장기간 또는 영구적으로 대여해주는 것을 말한다.

소작인이 지주에게 바치는 세금 모두를 뜻하게 되었다.

[1068] 얼마 전에 말했던 것처럼[1057] 고대의 피보호 관계도 돌아왔는데 이제 그것은 "위탁"(commende)이라고 불렸다. 그리하여 봉신들은 라틴어의 우아한 속성을 살려 "피보호민"(clientes)이라고 불렀고, 봉토는 "피보호 영지"(clientelae)라고 불렀다[263].

[1069] 세르비우스 툴리우스가 명했던 인구 조사와 같은 종류의 인구 조사도 돌아왔다. 그것을 통해서 로마의 평민들은 오랜 기간에 걸쳐 전쟁에서 자신의 비용으로 귀족들을 위해 종사해야 했다[107]. 이제 "강제 노역자"(angari) 또는 "비상 강제 노역자"(perangari)라고 불렸던 봉신들은 고대 로마의 공물 납세자인 "아시두이"(assidui)와 같은 사람들이 되었는데, 그들은 "자신의 비용으로 전쟁을 치렀다"(suis assibus militabant). 게다가 귀족들은 로마의 평민 채무자들을 개인적인 감옥에 가둘 수 있었는데 페텔리아 법에 의해 그들이 봉건법의 매듭에서 해방될 수 있었다.

[1070] "프레카리아"(precaria)도 돌아왔다. 그것은 가난한 사람들의 청원을 받아들여 그들이 경작하여 생계를 유지하도록 준 땅을 말한다. 앞서 논증한 것처럼[638] 〈12표법〉은 이러한 소유를 결코 인정하지 않았다.

[1071] 폭력을 동반한 야만은 상업에 대한 믿음을 파괴시켜 사람들로 하여금 자연적 삶에 필수적인 것에만 신경을 쓰도록 만들고, 모든 지대는 이른바 "자연적인" 곡물만으로 지불되어야 했기 때문에 이 시대에는 부동산의 거래를 위한 "임대 계약"(libellus)도 생겨났다. 앞서 말했던 것처럼[571] 어떤 사람은 어떤 종류의 곡

물을 생산하는 땅이 많은 반면 어떤 사람은 그런 땅이 없고, 그 역의 경우도 있기 때문에 서로 교환을 하는 일이 생기기에 그 효용성은 충분히 이해된다.

[1072] "양도"도 돌아왔는데, 봉신은 충성과 복종의 의미로 자신의 두 손을 영주의 두 손 사이에 놓는다. 세르비우스 툴리우스의 인구 조사에 의해 만들어진 지방의 봉신은 조금 앞서 논했던 것처럼[1065] 로마 최초의 만키페스였다. "양도"와 함께 "양도 가능한 재산"(res mancipi)과 "양도 불가능한 재산"(res nec mancipi) 사이의 구분도 돌아왔다. 왜냐하면 봉건적 장원은 봉신에게는 "양도 불가능"했지만 영주에게는 "양도 가능"했기 때문이었다. 그것은 로마 속주의 땅이 속주민들에게는 "양도 불가능"했지만 로마인들에게는 "양도 가능"했던 것과 마찬가지였다. 양도 행위와 함께 계약도 돌아왔다. 그것은 "봉임" 또는 "서임"이라고 불렀는데, 앞서 논증했던 것처럼[569] 그 둘은 같다. 계약과 함께 고대 로마의 법학에서 처음에는 "카비사"라고 적절하게 불리다가 후에 축약되어 "카우사"로 불리게 된 것도 돌아와 두 번째 야만의 시대인 중세에 같은 라틴어 어원에서 "카우텔라"라고 불리게 되었다[939, 1044]. 그러한 카우텔라를 통해 계약과 서약을 의례화시키는 것을 "주종계약"(homologare)이라고 불렀는데,[16] 그것은 "인간"[즉 봉신]을 뜻하는 "호미네스"로부터 파생된 말이고, 앞서 살펴본 "호미니움"과 "호마기움"도 여기에서 파생되었다[1057]. 왜냐하면 이 시대의 계

---

16) "homologare"는 "인간을 배치하다"라는 의미를 갖는다.

약은 모두가 봉건적 계약이었기 때문이다. 이렇듯 명문화된 카우텔라와 함께 양도의 행위 속에서 보증되었던 서약도 돌아왔는데, 로마의 법학자들은 그것을 "명문 서약"(pacta stipulata)이라고 불렀다. 그것은 곡식을 감싸고 있는 "줄기"를 뜻하는 "스티풀라"(stipula)로부터 온 말이다. 같은 의미에서 야만 시대의 학자들은 "봉임"이라고 불리기도 한 "서임"으로부터 "옷을 입은 서약"이라는 말을 사용하기도 했다. 이렇게 명문화된 주의 사항으로 보증이 되지 않은 서약은 두 시대에 모두 "벌거벗은 서약"(pacta nuda)이라고 불렸다.

[1073] 직접적 소유권과 용익적 소유권이라는 두 종류의 소유권도 돌아왔다. 그것은 고대 로마인들의 공민적 소유권과 소작권에 정확하게 부합하는 것이다[582, 600]. 직접적 소유권은 처음에 로마인들 사이에서 공민적 소유권이 발생한 것과 똑같이 태어났다. 그것은 귀족이 평민에게 허용한 땅의 소유권이었다. 그 땅에 대한 평민의 소유권이 말소되면 그는 "나는 이 토지가 로마의 공민법에 의해 나의 것임을 선언한다"(Aio hunc fundum meum esse ex iure quititium)라고 말하는 의례를 치러야 했다[562, 961]. 앞서 말했던 것처럼 이러한 요청은 사실상 로마의 귀족 계급 전체를 불러낸 것과 다르지 않았는데, 로마의 귀족제 아래에서 그들만이 시민이었고, 그들의 권위로부터 평민들이 땅을 요청할 수 있는 사회적 소유권이 나왔기 때문이다. 〈12표법〉은 이러한 종류의 소유권을 언제나 "권위"(auctoritas)라고 불렀는데, 그것은 로마의 영토 전반에 대해 원로원이 갖는 소유의 권위로부터 비롯된 것이며 앞서 논했던 것처럼[386, 944] 이후 민중 공화국이 출현하면서 민중이 최고

의 권력을 갖게 되었다.

[1074] 무수히 많은 다른 인간사와 마찬가지로 이 두 번째 야만 시대의 "권위"에 대해서 우리의 『새로운 학문』은 최초의 야만 시대였던 고대의 사례를 통해 밝히고자 한다. 이 두 번째의 야만 시대는 첫 번째의 야만 시대보다 훨씬 더 모호하다. 다음 세 개의 봉건 시대의 단어에 "권위"에 대한 세 가지 명백한 흔적이 남아있다. 첫 번째는 "직접적"이라는 단어인데, 그것은 소유권을 청구하는 소송이 본디 직접적인 상관에 의해 승인받아야 한다는 것을 확인시켜 준다. 두 번째는 "라우디미아"라는 단어로서 자신의 주인을 보증인으로 불러냄으로써 소유하게 된 봉토의 소유에 지불하는 수수료를 가리킨다. 마지막으로 "라우도"(laudo)라는 단어가 있는데, 그것은 본디 이러한 종류의 소송에서 내려진 사법적 판결을 의미했지만 뒤에는 "조정"(compromessi)이라고 불리게 되었다. 왜냐하면 이러한 소송은 자유보유지(allodi)와 관련된 소송과 비교할 때 우호적으로 끝날 공산이 컸기 때문이다. 자유보유지에 관한 소송은 앞서 살펴본 것처럼[961] 관련된 지주들이 손에 무기를 들고 결투로 끝을 볼 가능성이 컸다. 칭찬하다라는 뜻의 라틴어 "라우스"(laus)에서 이탈리아어 "로데"(lode)가 왔듯 뷔데는 이러한 자유보유지가 "알라우디아"(allaudia)라고 불렸을 것이라는 견해를 보였다.[17] 결투의 관습은 나폴리 왕국에 아직도 존속하고 있는데, 여기에서

---

17) Guillaume Budé, *Annotationes in Panedectas, Opera* 3, 270. 기욤 뷔데(1467~1540)는 프랑스의 법학자이자 문헌학자였다.

영주들은 다른 영주가 자신의 영토에 침입했을 때 소송이 아닌 결투로 복수한다. 고대 로마의 공민적 소유권처럼 옛 야만족의 직접적 소유권은 마침내 소송을 이끌어내는 소유권을 뜻하게 되었다.

[1075] 민족들마다 밟아가는 반복의 과정 속에는 로마 후기의 법학자들과 중세 시대의 학자들 사이에 동일한 운명이 반복되는 것을 보여주는 명약관화한 사례가 있다. 이미 수천 개의 증거를 통해 보여주었듯이 로마 후기의 법학자들이 고대의 로마법을 시야에서 놓쳤던 것처럼 중세 시대의 법학자들은 고대의 봉건법을 보지 못했다. 왜냐하면 로마법에 박학한 해석자들은 직접적 소유권과 용익적 소유권이라는 두 종류의 중세 시대의 소유권이 로마법으로부터 왔다는 것을 결연히 부정하였기 때문이다. 그들은 부르는 말이 다르다는 것에만 관심을 두었지 실지로는 둘이 같다는 것을 이해하지 못했던 것이다.

[1076] "최고의 권리로부터"(ex iure optimo) 온 재산도 돌아왔다. 박식한 봉건법 학자들은 그것을 "자유보유"의 재산이라고 정의했는데, 공적이든 사적이든 일체의 부담을 면제받았기 때문이었고, 또한 그것을 키케로가 "최고의 권리로부터" 출현하여 자신의 시대에 남아 있다고 보았던 소수의 가문의 재산과 비교하였기 때문이다[601]. 그러나 이런 종류의 재산에 대한 인식은 로마 후기의 법에서 잊혔기 때문에 오늘날 자유보유의 재산의 사례는 사실상 찾기 어렵다. 또한 이전에 로마인들의 "최고의 권리로부터" 온 토지가 그러했듯이 자유보유지는 온갖 사적인 채무로부터 자유로운 부동산이었다 할지라도 궁극적으로는 공적인 채무에서 벗

어날 수 없었다. 왜냐하면 세르비우스 툴리우스가 로마의 국고의 기반이 되었던 인구 조사를 명했던 것과 똑같은 방식이 되풀이되었기 때문인데, 그 방식에 대해서는 앞서 확인한 바 있다[619]. 그러므로 자유보유지와 봉토는 봉건법에 따라 재산을 분류하는 큰 기준으로, 봉토는 영주의 보증에 의해 보호된 반면 자유보유지는 그렇지 않았다.

학식이 높은 봉건법 학자들조차 이러한 원리를 몰랐기 때문에 그들이 키케로를 따라 "최고의 권리로부터 온 재산"(bona ex iure optimo)이라고 라틴어로 말했던 자유보유지가 어찌하여 "물레의 재산"(beni del fuso)이라고 불리게 되었는지 결코 이해할 수가 없었던 것이다. 앞서 말했던 것처럼[657] 그것은 본래의 의미에 있어서 어떠한 공적인 채무에 의해서도 약화되지 않는 강력한 권리를 갖는 재산이었다. 그것은 가족 국가에서 가부장들의 재산이었고 최초의 도시에서 오랜 기간에 걸쳐 그렇게 유지되어왔다. 이것은 헤라클레스의 노력에 의해 그들이 획득했던 재산이다. 즉 그것은 헤라클레스가 이올레와 옴팔레의 노예가 되어 물레바퀴를 돌리게 되었다는 그 신화의 기원을 안다면 쉽게 해결되는 난점이었던 것이다. 바꾸어 말해 영웅들이 나약해져 그들의 영웅적 권리를 평민들에게 양보하게 되었다는 것인데, 평민들은 여성으로 간주되었던 것이다. 앞서 설명했던 것처럼[657] 영웅들은 스스로를 "인간", 또는 "남자"라고 불렀던 것이다[1061]. 또한 그렇게 나약해진 영웅들은 인구 조사와 함께 그들의 재산을 국고에 귀속시키게 되었는데, 그것이 처음에는 민중 공화국의 기반이 되었다가 그 뒤에는 군주제의 확립에 도움이 되었다.

[1077] 이렇듯 고대의 봉건법은 후대에는 시야에서 사라졌지만, 그것도 "퀴리테스의 법으로부터 나온"(ex iure quiritium) 토지로 되돌아왔다. 우리는 그것을 "창으로 무장한 로마인들의 공공 집회의 법"[603]이라고 설명하였는데, 로마인들은 "창"을 "퀴레스"(quires)라고 불렀던 것이다[562]. 이러한 퀴리테스로부터 "나는 이 토지가 로마의 공민법에 의해 나의 것임을 선언한다"(Aio hunc fundum meum esse ex iure quititium)라고 말하는 소유권 청구의 의례가 생겨난 것인데, 이미 말했던 것처럼[1073] 그것은 영웅들의 로마의 귀족 전체를 소유권자로서 불러낸 것이었다. 두 번째 야만의 시대인 중세에 봉토가 소유권자로서 영주의 보증을 필요로 했던 "창의 재산"이라고 불렸던 것은 확실한데, 그것은 "물레의 재산"이라고 불렸던 자유보유지와 구분되었다. 나약해져 여성의 노예가 된 헤라클레스가 물레질을 했다던 그 물레를 말하는 것이다. 이것이 프랑스 왕의 문장에 새겨진 "백합은 물레를 돌리지 않는다"(Lilia non nent)라는 구호로 대변되는 영웅시대로 거슬러 올라가는 기원인데, 그 왕국에서 여성은 계승권이 없다는 것이다. 이렇게 발두스가 살리카 법을 "갈리아 씨족의 법"(ius gentium gallorum)이라고 불렀듯 "로마 씨족의 법"(ius gentium romanorum)이었던 〈12표법〉의 씨족 상속도 돌아온 것이다. 살리카 법은 게르마니아에서 시행되었던 것이 확실하고 따라서 유럽의 다른 초기 야만 민족에서도 시행되었던 것인데, 이후 그것은 프랑스와 사부아에 국한되기에 이르렀다[988].

[1078] 최종적으로 무장한 법정도 돌아왔다. 그것은 앞서 살펴보았던 것처럼[594] 그리스에서는 "쿠레테스"라고 불렸고 로마에서는 "퀴리테스"라고 불렸던 무장한 귀족들의 모임이었다. 유럽 왕국에서 최초의 의회는 프랑스의 의회가 "귀족"들의 의회였던 것처럼 "영주"들의 의회였던 것이 확실하다. 프랑스의 역사는 왕이 처음에 그 의회의 우두머리였다는 것을 명백하게 말하고 있는데, 그가 대표자의 자격으로 소송을 주재하도록 법정 귀족을 만들었다는 것이다. 그리하여 그 법정 귀족은 계속하여 프랑스에서 공작이나 백작이라고 불리는 것이다. 그들은 키케로가 로마 시민의 생명이 걸려 있다고 말했던 최초의 재판관과 마찬가지였던 것이다.[18] 왜냐하면 툴루스 호스틸리우스 왕은 대표자로서 2인관을 임명했는데, 티투스 리비우스가 우리에게 남긴 표현에 의하면 그의 임무는 누이동생을 살해했던 "호라티우스를 반역의 혐의로 기소하는 것"(in Horatium perduellionem dicerent)이었기 때문이다[500].

[1079] 영웅시대의 엄격성 속에서 도시 국가가 영웅들만으로 구성되어 있던 시대에[597] 시민을 살해한다는 것은 조국에 반하는 적대적인 행위로 간주되었다. 그것이 "반역"이라는 라틴어 "페르두엘리오"(perduellio)의 본래 의미였다. 게다가 그러한 모든 살해는 "부친 살해"(parricidium)라고 불렸다. 왜냐하면 앞서 살펴봤듯 로마가 가부장과 평민으로 나뉘었던 시대에 희생자가 가부장, 즉 귀족이었기 때문이다. 실로 로물루스에서 툴루스 호스틸리우

---

18) Marcus Tullius Cicero, *Pro Milone*, 3.7.

스에 이르기까지 귀족 살해에 관한 재판은 없었다. 왜냐하면 귀족들은 그러한 범죄를 저지르지 않도록 주의를 기울였을 뿐만 아니라 앞서 논했던 것처럼 그들 사이의 결투에 의존했기 때문이다[1074]. 그러나 호라티우스 사건의 경우 호라티아의 살해에 대해 개인적인 복수를 위해 결투를 할 사람이 없었기 때문에 툴루스 호스틸리우스에 의해 비로소 최초의 재판이 열리게 된 것이었다. 반면 평민이 살해되었을 경우 그것이 주인의 소행이라면 어떤 기소도 제기되지 않으며, 주인이 아닌 사람의 소행이라면 그 평민은 노예였을 것이 확실하기 때문에 주인에게 손해 배상을 해야 했다. 그것은 지금도 폴란드, 리투아니아, 스웨덴, 덴마크, 노르웨이에서 벌어지는 관행이다. 그러나 로마법에 박학한 해석자들은 이러한 난점을 파악하지 못했다. 왜냐하면 그들은 로마의 황금시대가 순진무구했다는 허황된 견해에 의존하였기 때문이다. 또한 정치학자들은 똑같은 이유로 고대의 공화국에 사적인 악행이나 범행에 관련된 법이 없었다는 아리스토텔레스의 말에 의존하였다[269]. 그리하여 다른 점에서는 명민하였던 타키투스나[19] 살루스티우스나[20] 그 밖의 저자들조차 국가와 법의 기원에 대해 논할 때 도시국가 이전의 최초의 상태에서 사람들은 처음부터 각자가 아담인 것처럼 순진무구한 상태에 있었다고 말한 것이다. 그러나 오트망을 놀라게 했고[437] 울피아누스가 민족의 자연법을 "인간

19) Cornelius Tacitus, *Annales*, 3.26.

20) Sallustius Crispus, *Bellum Catilinae*, 2.1.

의"(humanarum) 법이라고 부르게 만들었던[569] 호칭인 "인간"(homines)을 [즉 평민을] 도시에서 받아들인 이후 모든 인간의 살해는 "살인"(homicidium)이라고 불리게 되었다.

[1080] 이러한 의회에서는 권리와 상속, 상속인의 중죄와 결여가 원인이 된 봉토의 양도 등과 관련된 봉건제의 소송을 심의하였다. 그러한 소송은 여러 차례에 걸친 판례에 의해 확인되어 봉건제의 관례가 되었는데, 그것은 다른 모든 것들보다 더 오래된 유럽의 관례였다. 그것은 앞서 충분히 논증했던 것처럼 민족의 자연법이 봉토라는 인간적 관습으로부터 태어난 것임을 확인시켜준다[599].

[1081] 마지막으로, 호라티우스가 판결을 통해 유죄가 선고된 뒤 툴루스 왕은 앞서 논증했듯[662] 당시 귀족들만으로 구성된 '민중'에게 호소할 수 있도록 허용했다. 왜냐하면 피고가 원로원의 선고로부터 구제책을 찾으려면 바로 그 원로원에 호소하는 것밖에 할 수 있는 일이 없었기 때문이다[500]. 그와 마찬가지로 중세의 돌아온 야만 시대에 귀족들은 처음에 의회의 우두머리였던 프랑스 왕에게 호소할 수밖에 없었던 것이 확실하다.

[1082] 나폴리의 신성 평의회(Sagro Consiglio)는 그러한 귀족들의 의회의 흔적을 잘 보존하고 있다.[21] 그 의장에게는 "신성한 전하"(Sagra Regal Maestà)라는 칭호가 주어졌고, 평의원들은 "전사"(milites)라고 불리며 사무관의 자격으로 일을 했다. 왜냐하면 첫

---

21) 아라곤의 알폰소 1세가 1442년에 설립하여 1808년까지 존속했다.

번째의 야만의 시대에 호메로스와 로마의 역사를 통해 고찰한 것과 마찬가지로[425, 558] 중세의 두 번째 야만의 시대에 귀족들만이 군인이었고 평민은 전쟁에서 그들을 받들 뿐이었기 때문이다. 그 평의회의 판결에 대해서는 다른 법정이 아닌 바로 그 법정에서만 상소하는 것이 허용되었다.

[1083] 우리가 여기에서 열거하였던 모든 것에 비추어 우리는 모든 곳에서 왕국이 제도는 아니라 할지라도 행정에 있어 귀족제로 통치되는 국가였다고 결론을 내린다. 폴란드와 북쪽의 추운 지방에서는 여전히 그러하고, 스웨덴과 덴마크에서는 150년 전만 해도 그러했다.[22] 곧 폴란드도 예외적인 이유가 자연적 과정을 저해하지 않는 한 시간과 함께 완전한 군주국에 도달하게 될 것이다.

[1084] 이것은 참으로 진실이었기 때문에 보댕은 자신의 프랑스 왕국이 메로빙거와 카롤링거 두 왕조에 있어서 우리가 말했던 것처럼 행정은 아니라 할지라도 국제에 있어 귀족제였다고 말하기에 이르렀다. 그러나 여기에서 우리는 보댕에게 묻는다. 어떻게 하여 프랑스 왕국은 지금처럼 완벽한 군주국이 되었는가? 프랑스의 팔라딘 기사들이 어떤 왕의 법에 따라 카페 왕조의 왕들에게 자신의 권력을 포기하고 그것을 넘겨주기라도 했다는 말인가? 만일 보댕이 자유민으로서 최고의 주권을 포기한 로마 민중이 옥타비아누스 아우구스투스에게 그 주권을 넘겨주었다고 하는 트리보

22) 니콜리니는 스웨덴 왕국은 1544년까지 그러했지만 그와 달리 덴마크는 1660년에 세습 군주국이 되었다고 지적한다.

니아누스가 날조한 왕의 법에서[1007] 자신의 논거를 찾으려 했다면, 타키투스의 『연대기』 최초의 몇 페이지를 읽는 것으로도 그것이 그릇된 이야기임을 알기에 충분할 것이다. 여기에서 타키투스는 로마 군주국의 출발을 자신의 인격체 속에서 합법화하였던 아우구스투스의 마지막 행동들에 대해 말하고 있는데, 실로 모든 민족은 로마 제국이 아우구스투스와 함께 시작했다고 인식하고 있다. 어쩌면 프랑스도 카페 왕조의 왕 한 명이 무력으로 점령했던 것일까? 그러나 모든 역사가 그러한 불행과는 먼 거리를 유지하고 있다. 그리하여 보댕과 공공의 법에 대해(de iure publico) 글을 썼던 그 밖의 다른 모든 정치학자들과 법학자들은 국가의 권력을 자유롭게 만들고, 또한 자유롭기 때문에 실현되어야 하는 영원하고 자연적인 왕의 법을 인정해야만 했다. 그리하여 고위 귀족이 민중에 대한 지배력을 잃을수록 민중은 자유로워지고, 그들은 자유로워지는 만큼 왕을 강화시켜 그가 군주가 되도록 만든다는 것이다[1008]. 그러므로 철학자들 또는 도덕 신학자들의 자연법이 이성의 법인 반면 민족의 자연법은 유용성과 힘의 자연법인 것이다. 그것이 법학자들이 말하듯 "기회가 요구하고 인간의 필요성이 요청함에 따라"(usu exigente humanisque necessitatibus espostulantibus)[23] 민족들마다 실행하는 법인 것이다.

[1085] 학식 높은 봉건법 학자들은 고대 로마법의 아름답고 우아한 표현으로 봉건법 학설의 야만성을 사실상 완화시켰고, 여기

23) Justinianus, *Institutiones*, 1.2.2.

에서 논증했던 것처럼 봉건법의 개념은 로마법의 개념과 극도로 일치하고 있기 때문에 그 이상으로 완화시킬 수도 있었다[1057]. 봉건법이 야만인들이 로마법에 불을 붙였던 불똥에서 태어난 것은 아닌지 올덴도르프 및 그 밖의 사람들에게 고려해보게 하자.[24] 사실상 로마법은 라티움의 초기 야만 시대에 실행되었던 봉토의 불씨로부터 태어났으며, 그러한 봉토가 세계 모든 국가의 기원이었다. 특히 앞서 "시적 정치학"을 논한 곳에서 증명했고[599], 이 "저작의 개념"에서 논증하리라고 약속했던 것에 맞춰[25] 우리는 유럽의 새로운 왕국들의 기원이 봉토의 영원한 본성에 있다는 것을 확인했다.

[1086] 마침내 이탈리아의 대학교에서는 유스티니아누스의 법전에 응축되어 있는 로마법을 가르치게 되었다[1002]. 그것은 인류의 자연법에 근거를 두고 있는 것으로서, 이제 더 발달하여 지적이 된 정신은 자연적 형평성에 바탕을 둔 법학을 배양하는 데 전념했다. 평등한 인간의 본성이 귀족과 평민을 시민권에 있어서도 평등하게 만들었다. 또한 [평민 최초의 사제였던] 티베리우스 코룬카니우스가[25] 법률을 공개적으로 가르치기 시작하면서 법은 귀족의 은밀한 손을 떠나게 되었으며[999], 귀족의 권력도 점차 약화되었다. 그와 똑같은 일이 유럽의 왕국에서도 일어났는데, 귀족

24) Johann Oldendorp, *Actionum forensia progymnasmata*(Köln, 1544). 올덴도르프(1480~1567)는 독일의 법학자이다.

25) 코룬카니우스는 기원전 280년 집정관을 지낸 로마의 법학자였다.

제에 의해 통치되던 유럽의 왕국들이 자유 공화국을 거쳐 완벽한 군주국이 된 것이다.

[1087] 민주제와 군주제는 모두 인간의 정치이기 때문에 그 둘은 서로 바뀔 수 있다. 그러나 인간의 사회적 본성에 비추어 귀족제에서는 그것이 불가능하다. 그리하여 시라쿠사의 디온은 왕족의 일원으로서 괴물 같은 폭군이었던 디오니시우스를 시라쿠사에서 추방했고, 그 자신은 신성한 플라톤의 우정에 어울릴 만한 아름다운 시민적 덕성을 갖추고 있었음에도 귀족제로의 전환을 꾀했기에 잔인하게 살해되었던 것이다. 또한 피타고라스 일파는 앞서 설명했던 것처럼 마그나 그라이키아의 귀족들을 가리키는데, 그와 똑같은 시도를 했다는 이유로 대부분이 난도질을 당했고, 안전한 곳에 피신해 있던 나머지도 대중에 의해 산 채로 불에 태워졌다. 왜냐하면 평민들은 일단 그들의 본성이 귀족과 평등하다는 것을 인식하게 되면 시민권에 있어 그들과 평등하지 않다는 것을 자연적으로 견디지 못하기 때문이다. 그렇게 그들은 자유로운 공화국이나 군주제를 이루었던 것이다. 그리하여 민족들의 오늘날의 인간성에 비추어 귀족제 국가는 극소수밖에 남아 있지 않으며 [1094], 거기에서는 대중을 복종시킴과 동시에 만족시키기 위해 무한한 노력을 들여 기민하고 신중한 정책을 펼쳐야 하는 것이다.

제3장
새로운 학문의 원리에 비추어본 고대와 현대의 민족에 대한 기술

[1088] 로마의 세계 패권에 위협이 되었던 세 개의 국가인 카르타고와 카푸아와 누만티아는 인간 문명의 이러한 과정을 겪지 않았다. 카르타고는 아프리카 특유의 기민성이 해상 교역에 의해 더욱 예리해져 그런 과정을 피할 수 있었다[971]. 카푸아인들은 온화한 기후와 비옥한 캄파니아 지방의 풍요로움 때문에 그것을 피할 수 있었다. 마지막으로 누만티아인들은 영웅시대가 최초로 꽃을 피울 무렵에 세계 최강의 전력을 등에 업고 카르타고를 정복한 스키피오 아프리카누스 휘하의 로마 세력에 압도되었다[971]. 그러나 로마인들은 이러한 장애물이 아무것도 없었기 때문에 올바른 속도로 나아가 민중의 지혜를 수단으로 하여 섭리의 인도를 받게 되었던 것이다. 그리하여 로마는 세 가지 형태의 국가 체제를 이 『새로운 학문』에서 수많은 증거를 들어 논증했던 자연적 순서에 따라 거쳐가면서 각 단계마다 그것이 자연적으로 다음 단계로 이어질 때까지 존속했던 것이다. 그들은 푸블릴리아 법과 페텔리아 법에 이르기까지 귀족제를 지켰고[104~115], 아우구스투스의 시대까지는 민중의 자유를 지켰으며, 군주제 국가의 형태를 파괴하는 내적, 외적인 원인들에 대해 인간으로서 저항하는 것이 가능할 때까지는 군주제를 지켰다.

[1089] 오늘날에는 완벽한 인간 문명이 모든 민족에게 널리 퍼져

있는 것으로 보인다. 왜냐하면 소수의 위대한 군주들이 민중의 세계를 지배하고 있기 때문이다. 만일 여전히 일부의 야만이 존재하고 있다면, 그것은 그 군주국이 가상적이고 잔인한 종교에 대한 민중의 믿음 속에서 지속되어왔기 때문일 것이며, 그 지배를 받는 민족이 처한 불균형한 자연적 조건도 추가적인 이유일 것이다.

[1090] 추운 북쪽부터 이야기하자면 모스크바의 차르는 기독교 도입에도 불구하고 게으른 정신의 사람들을 지배하고 있다. 타르타르의 칸은 나약한 민족을 지배하며, 그들은 그의 거대한 제국의 큰 부분을 차지했고 지금은 중국과 연합한 고대의 세리카 민족과 마찬가지였다. 에티오피아의 네구스나 페즈와 모로코의 강력한 왕들도 지나치게 나약하고 흩어져 있는 민족을 다스린다.

[1091] 그러나 온난한 지역에서는 균형 잡힌 본성을 가진 민족이 태어난다. 가장 먼 동쪽부터 시작하자면, 일본의 황제는 카르타고 전쟁을 벌이던 당시의 로마인들과 비슷한 인간 본성을 가졌다. 그는 무기를 들면 냉혹하지만, 학식 높은 여행자들이 고찰하듯 그의 말에는 라틴어와 비슷한 울림이 있다. 그렇지만 흉포한 신에 대한 끔찍하고 잔인한 가상적인 종교 때문에 모두는 치명적인 무기로 무장을 하며 영웅적인 본성을 많이 갖고 있다. 그곳을 찾아간 선교사 신부들이 그들을 기독교도로 개종시키려 할 때 인식하는 가장 큰 어려움은 평민들이 귀족과 같은 본성을 갖고 있다고 귀족들을 설득할 방도가 없다는 것이다. 이에 비해 중국의 황제는 온화한 종교로 다스리고 학문을 배양하기 때문에 대단히 인간적이다. 인도의 황제들은 문명화된 편이며 전반적으로 평화의

정책을 시행한다. 페르시아와 터키의 군주들은 그들이 다스리는 아시아의 온화함과 그들 종교의 조야한 교리를 혼합시켰다. 그리하여 특히 터키의 군주들은 그들의 오만함을 화려하고 사치스럽고 관대하고 베푸는 마음으로 완화시키고 있다.

[1092] 그러나 무한히 순수하고 완벽한 신의 관념을 가르치며 인류 전체를 향한 자선을 명령하는 기독교 신앙을 모든 곳에서 실행하는 유럽에는 대단히 인간적인 관습을 가진 큰 군주국들이 있다. 150년 전까지 스웨덴과 덴마크가 그러했고 오늘날 폴란드와 영국이 그러하듯 추운 북쪽 지방에 위치한 나라들은 군주국이라 할지라도 귀족제로 운영되는 것처럼 보인다. 그러나 인간 문명의 자연적인 과정이 이례적인 이유로 침해되지 않는다면 이들도 완전한 군주제에 도달할 수 있을 것이다[1083]. 세계의 이쪽 부분에서만 학문이 발달했기 때문에 다수의 민중 공화국이 존재하며, 다른 곳에서는 사실상 그것을 찾아볼 수 없다. 게다가 동일한 공적인 효용성과 필요성이 반복되기 때문에 아이톨리아인들이나 아카이아인들의 연방 공화국 같은 형태가 부활했다. 그것이 로마인들의 압도적인 세력에 대항하여 스스로를 방어할 필요에서 나왔던 것처럼 스위스의 칸톤이나 네덜란드의 지역 동맹은 자유로운 민중의 도시들이 두 개의 귀족제로 연합하여 전쟁과 평화를 불문하고 영구적인 동맹을 맺은 것이다. 또한 독일 제국의 실체란 수많은 자유 도시와 주권을 갖는 군주들로 이루어진 체계로서, 그 우두머리는 황제였는데, 제국의 행정은 귀족제에 따라 운영되었다.

[1093] 주권국이 영속적이든 일시적이든 연방으로 통일할 때 그

것은 귀족제 국가의 형태를 취하며, 앞서 논증했던 것처럼[273, 1023] 거기에는 귀족제 특유의 불안감이 들어선다. 그러므로 국가의 사회적 성격에 비추어 귀족제보다 우월한 국제(國制)는 생각할 수 없기 때문에 이러한 연맹이야말로 시민 국가의 최종적인 형태인 것이 확실하지만, 동시에 그것은 초기의 형태였던 것도 확실하다. 왜냐하면 이 저작에서 수많은 증거를 들어 증명했던 것처럼 가족에서 최고의 권력을 갖는 왕이었던 가부장들이 최초의 도시에서 연합하여 지배 계급이 되었기 때문이다[584]. 그것이 원리의 본성이다. 즉 사물은 최초에 시작한 모습으로 최후의 종말을 맞는다는 것이다.

[1094] 이제 우리의 논제로 돌아온다면, 오늘날 유럽에는 귀족제 국가가 다섯 개밖에 없다. 즉 이탈리아의 베네치아, 제노바, 루카와 달마티아의 라구사, 그리고 독일의 뉘른베르크이다. 이 모두는 영토가 협소하다. 그러나 기독교도의 유럽은 모든 곳에서 문명이 충만하여 정신과 영혼의 즐거움은 물론 육체의 안락까지도 가져다주며 인간의 삶을 행복하게 만들어주는 모든 것이 풍요롭다. 이 모든 것은 기독교 덕분인데, 그것은 지극히 숭고한 진리를 가르쳐 이교도들의 가장 박학한 철학도 그 종교를 위해 봉사하도록 받아들였고, 세 개의 언어를 그 자체의 언어로 배양시켰다. 가장 오래된 히브리어와, 가장 섬세한 그리스어와, 가장 위대한 라틴어가 그 셋이다. 따라서 인간적인 목적을 위해서도 기독교는 세계의 모든 종교 중 최선이다. 왜냐하면 그것은 철학자들의 정선된 학설과 문헌학자들의 배양된 학식에 바탕을 둔 이성과 계시된 지혜를

결합시키고 있기 때문이다.

[1095] 마지막으로 대양 건너편으로 눈을 돌리면 신세계의 아메리카인들은 만일 유럽인들에 의해 발견되지 않았더라면 지금도 이런 문명의 과정을 밟고 있을 것이다.

[1096] 이제 특히 이 제5권에서 논했던 인간 문명의 반복에 비추어 대비시켰던 고대와 근대의 민족의 최초와 최근의 시대와 관련된 수많은 자료들에 대해 고찰해보자. 그것은 그리스와 로마 역사의 특정 사실들을 설명해줄 뿐만 아니라, 그것이 전개된 방식이 아무리 다양할지라도 이해해야 할 실체는 동일하다는 사실에 바탕을 두고 모든 민족이 태어나서 성장하고 성숙한 뒤 쇠퇴하고 몰락하는 과정 속에서 따라가는 영원한 법의 이상적 역사를 제시해줄 것이다[349, 393]. 그릇된 말이긴 하지만 무한한 세계가 있다면 그 세계조차 그 과정을 따를 것이다. 그리하여 우리는 이 저작에 『새로운 학문』이라는 불쾌감을 불러일으킬 수도 있는 제목을 붙이지 않을 수 없었던 것이다. 민족들의 공통적인 본성이라는 보편적인 주제를 다루는 이 책의 정당한 주장을 인정하지 않는다면 그것은 부당한 일이다. 모든 완벽한 학문은 그 개념 속에 그러한 특성을 가지고 있다. 이에 대해 세네카는 다음과 같이 표현했다. "만일 이 세계가 찾고자 하는 것을 그 내부에서 찾을 수 없다면 이 세계는 사소한 것에 지나지 않는다"(Pusilla res hic mundus est, nisi id, quod quaerit, omnis mundus habeat).[26]

---

26) Lucius Annaeus Seneca, *Naturales quaestiones*, 7.31.2.

이 저작의 결론

신의 섭리가 명한 최선의 종류의 영원한 자연적인 국가

[1097] 이제 우리는 이 저작을 플라톤과 함께 마무리하고자 한다. 그는 네 번째 종류의 국가를 상정했는데 거기에서는 정직하고 선량한 사람들이 최고의 주인이 된다. 그것이야말로 자연적으로 참된 귀족제일 것이다. 민족이 최초로 출발하였을 때부터 섭리는 플라톤이 생각했던 이러한 국가로 이끌었다. 왜냐하면 섭리는 다른 사람들보다 더 크고 강한 거인 같은 체구의 사람들이 강한 본성을 타고난 야수들처럼 산꼭대기를 헤매다가[369~373] 대홍수 이후 최초로 번개가 쳤을 때 산속의 동굴로 피신해 들어가 그들이 유피테르라고 생각했던 더 큰 힘에 복종하게 되었기 때문이다. 그러고는 놀랍게도 오만함과 잔인함으로 가득 차 있던 그들이 일종의 신성함 앞에서 겸손하게 되었던 것이다[377~379]. 이러한 인간사의 순서 속에서 땅 위의 거대한 숲속에서 야수처럼 헤매던 그들의 방랑을 멈추게 하고 그들을 인간 문명의 질서 속으로 안내하

기 위해서 섭리가 택할 수 있었던 다른 방도를 우리는 생각할 수가 없다.

[1098] 여기에서 이를테면 수도원과 같은 국가, 즉 고독한 주권자의 국가가 최고와 최선의 신의 지배 아래 형성되었다[379]. 그들은 그것을 번개의 섬광으로부터 생각해내 받아들이게 되었던 것인데, 그것이야말로 인간을 지배하는 신의 참된 빛이었다고 믿었던 것이다. 그 뒤 그들은 그들이 누리는 모든 혜택을 신이라 생각했고, 인간의 필요성을 위해 제공되는 모든 도움도 신이라고 생각하며 그것들을 신으로서 두려워하며 섬겼다. 그 뒤 그들은 인간들 사이에서 극도로 폭력적으로 표출되었던 것이 확실한 두려운 미신의 강력한 억압과 야수적인 육욕의 저항하기 어려운 충동 사이에서 고통을 받으며 하늘을 올려보면 하늘의 모습은 그들에게 경외를 일으켜 그들은 성욕을 자제하고, 육욕에 대한 충동을 코나투스 속에서 제어했던 것이 확실하다. 이런 방식으로 그들은 인간의 자유를 향유하기 시작했는데, 인간의 자유란 성욕의 발동을 억압하고 그것을 다른 방향으로 나아가게 만드는 것이다. 왜냐하면 자유란 성욕의 발원지인 육체가 아니라 정신으로부터 나오는 것이 확실하며, 그리하여 그것이 인간에 합당한 것이기 때문이다.

그들은 천성적으로 저항적이지만 수줍음이 많은 여성을 힘으로 동굴 속에 끌어넣고 그곳에서 그들과 교접을 하며 평생의 반려로 정착시켰다. 그리하여 정결하며 종교적인 최초의 인간 교접과 함께 혼례가 시작되었고, 그것을 통해 어떤 아내가 어떤 자식을 낳아 그들을 어떤 아버지로 만들었다. 그리하여 가족의 기반이 닦였고, 그들은 오만하고 잔인한 본성에 어울리게 가족 내에 거대한 권력을 갖고 자식과 아내를 지배했다. 그리하여 훗날 도시가 세워졌을 때 그들은 사회적 권력을 두려워하도록 길들여져 있었다 [502~552]. 이렇듯 섭리는 성과 연령과 덕성에 있어서 가장 뛰어난 가부장들이 지배하는 군주제 형태의 가족 국가를 명했던 것이다. 이러한 국가에서는 그 가부장들이 군주였다. 이 가부장들은 경건하고 정숙하고 강한 사람들이었기 때문에 우리가 "자연의" 국가라고 불러야 하는 그 국가 속에서, 즉 가족 국가 속에서 최초의 자연적 질서를 형성하였던 것이 확실하다.[1] 이들은 자신의 영토에 정착했기 때문에 이전에 야수같이 방황하던 때처럼 더 이상 도주할 수가 없어서 자신과 가족을 지키기 위해 침입하는 야수들을 죽여야만 했다. 또한 그들과 가족의 생계를 유지하기 위해 음식을 찾아 방랑하는 대신 땅을 개간하여 곡식의 씨를 뿌렸다. 이러한 모든 것이 이제 태어나기 시작한 인류를 구제한 것이었다.

[1099] 그러는 동안 평원과 계곡에는 자신들 고유의 사악한 힘에 굴복하여 물건과 여자를 수치스럽게 공유하는 자들이 널리 퍼져 있었다. 그들은 신을 두려워하지 않는 불경스러운 자들이었다. 짐승과도 교접을 하는 그들은 정숙하지 못했다. 때로는 어머니나 딸과도 몸을 섞는 그들은 사악했다. 오랜 시간이 지난 뒤 그러한 수치스러운 공유에서 발생한 악행 때문에 그들은 나약하고 방황

---

1) "국가"를 가리키는 단어 "stato"는 "상태"라는 말로 번역할 수도 있다. 따라서 "자연의 국가"는 "자연 상태"라고 읽을 수도 있다.

하며 외로워졌고, 강건하고 난폭한 자들에게 쫓기게 되어 마침내 가부장들의 피신처로 몸을 피하게 되었다. 이들을 받아들여 보호하게 된 가부장들은 이들 예속민들을 바탕으로 피보호관계를 맺어 가족 왕국을 확대하기에 이르렀다. 그리하여 그들은 확실히 영웅적인 덕성 위에서 자연적으로 우월한 질서 위에 국가를 발전시켰다. 그러한 덕성으로는 먼저 신을 경배하는 경건심이 있었다. 비록 그들은 계몽되지 못해 다양한 두려움 때문에 신을 나누어 많은 신을 만들어냈다 할지라도 신을 경배했던 것이다. 그것은 디오도로스 시쿨로스가 확인한 바 있었고,[2] 에우세비우스는『복음의 준비』에서,[3] 알렉산드리아의 키릴로스는『배교자 율리아누스에 대한 반론』에서[4] 그것을 더욱 확실하게 했다. 경건심의 덕분으로 그들에게는 신중함이라는 덕성도 부여되었는데, 그것은 신의 전조로부터 조언을 받아들이는 것이었다. 또한 절제의 덕성도 부여되었는데, 그것은 언제나 신의 전조를 통해 택한 한 여자와만 생애의 반려로서 정절을 지킨다는 것이다. 또한 강인함이라는 덕성도 있었는데, 그것은 짐승을 죽이고 땅을 경작하기 위한 것이다. 또한 관대함이라는 덕성도 있었는데, 그것은 약한 자를 구하고 위험에 처한 자를 돕는 것이다. 이것이 헤라클레스의 국가의 본질이었는데, 거기에서는 경건하고 현명하고 정결하고 강인하고 관대한

---

2) Diodorus Siculus, *Bibliotheke*, 4.2, 6.1.

3) Eusebius, *Praepatatio evangelica*, 2.2.

4) Kyrillos, *Adversus Iulianum imperatorem*, 7.235.

자들이 오만한 자들을 억누르고 약한 자들을 보호했던 것이다. 그것이 문명화된 정치의 가장 탁월한 형태이다[553].

[1100] 그러나 마지막으로, 종교와 선조의 덕성과 피보호민들의 노력 덕분에 위대하게 남은 가족의 가부장들은 보호의 법을 남용하여 피보호민들을 가혹하게 다스리기 시작했다. 그렇게 그들이 자연적 질서, 즉 정의를 져버리자 피보호민들은 반란을 일으켰다. 그러나 질서가 없다면, 즉 신이 없다면 인간 사회는 잠시도 유지되지 못하기 때문에 섭리는 자연스럽게 가족의 가부장들을 그 친족들과 단결시켜 피보호민들에 대항하는 계급으로 만들었다.[5] 피보호민들을 달래기 위해 가부장들은 세계 최초의 농지법을 통해 그들에게 땅의 소작권을 허용하는 한편 그들 스스로는 가족 내 최고의 소유권을 보유했다. 그리하여 귀족들의 지배 계급에 기반하여 최초의 도시가 출현한 것이다[582~598].

당시의 자연 상태에 부합하게 자연적 질서가 없는 상황에서 섭리는 친족과 성별과 연령과 덕성에 바탕을 둔 사회적 계급을 그 도시에 탄생시켰다. 첫 번째의 계급은 자연적 질서에 가장 가까운 것이었다. 그것은 인류의 고결성에 근거한 것이었고, 따라서 영웅주의에 근거한 것이었다. 그러한 상태에서 고결성이란 신의 전조를 받아들여 택한 아내에게서 자손을 생산하는 것을 뜻했다. 그 고결성을 바탕으로 귀족은 평민을 지배했다. 평민은 엄숙한 법도에 따른 혼례를 거행할 수 없었다. 이제 신성한 전조에 의해 가족

5) "ordini"라는 단어가 "질서"와 "계급"이라고 해석될 수 있음에 유의해야 한다.

이 지배되던 신의 시대가 끝난 뒤 영웅들은 그들 자신의 귀족 정부의 형태를 통해 지배하게 되었다. 그들 국가의 가장 근원적인 토대는 그 귀족 계급 내부에서 종교를 수호하게 만든 것으로서, 왜냐하면 종교만이 모든 영웅의 법과 시민권을 보장하는 것이었기 때문이다. 그러나 그러한 귀족성이란 운명에 의해 주어지는 것이었기 때문에 섭리는 그 귀족들 사이에서 가부장들의 계급이 생겨나도록 만들었다. 그들은 연령이 많아 자연적으로 그럴 자격이 되었던 것이다. 또한 가부장들 사이에서 가장 원기가 좋고 강건한 사람이 왕이 되었는데, 다른 가부장들의 우두머리가 되어 그들에게 반역했던 피보호민들을 제어하고 압도하도록 이끄는 것이 그의 임무였다.

[1101] 그러나 세월이 지나고 인간의 정신이 발전하면서 마침내 민족들마다 그 평민은 영웅주의의 허황됨을 다시금 인식하게 되었다. 귀족과 동등한 인간 본성을 갖고 있다는 것을 인식한 그들은 스스로도 도시의 사회 질서에 편입되기를 원했다. 민중은 시간이 지나면 궁극적으로 주권자가 될 것이었기 때문에 섭리는 그보다 훨씬 이전에 경건심과 종교에 기반을 둔 귀족들과 경쟁을 하도록 허용했다. 그러한 영웅들과의 경쟁에서 평민들은 귀족들과 전조를 공유하기 위해 투쟁했다. 왜냐하면 모든 공적, 사적 시민의 권리가 전조에 의존하는 것이었기 때문이다. 그리하여 민중은 경건심과 종교에 대한 사랑에 관심을 보임으로써 도시의 주권을 획득하게 되었다. 이러한 점에서 로마의 민중이 다른 모든 민족을 능가했기 때문에 그들이 세계의 주인이 되었다. 이런 방식으로 점

차 자연적 질서가 사회적 질서와 결합되면서 민중 공화국이 태어났다. 민중 공화국에서는 모든 것이 추첨이나 균형 잡기로 환원되기 때문에 우연이나 운명이 지배하지 않도록 하기 위해 섭리는 조세가 공직자의 기준이 되도록 명했다. 그리하여 게으른 자가 아닌 부지런한 자, 낭비하는 자가 아닌 검약하는 자, 한가한 자가 아닌 대비하는 자, 소심한 자가 아닌 관대한 자, 한마디로 수많은 염치없는 악행을 저지르는 가난한 자들보다는 미덕 또는 그렇게 여겨지는 것을 지닌 부자가 정치에 적합한 것으로 판단되기에 이른 것이다.

그러한 민중 공화국에서는 국민 전체가 공동으로 정의를 원하며 공평한 법이 모두의 선이기 때문에 공평한 법을 입안했다[1038]. 이러한 법을 아리스토텔레스는 신성하게도 "감정이 없는 의지"라고 정의했는데, 그것은 감정을 제어할 줄 아는 영웅들의 의지이다[1042]. 이러한 국가에서 철학이 태어났다[1043]. 그 국가의 형태 자체가 그들을 고취시켜 영웅을 형성하도록 만들었고, 그러기 위해 진리에 관심을 갖도록 만들었던 것이다[1041]. 섭리가 그렇게 명한 것이다. 즉 이전처럼 덕성의 행동이 종교적 감정에 의해 촉발되는 것이 아니라 철학이 덕성의 개념을 이해할 수 있도록 만들었던 것이다. 그리하여 미덕에 대해 깊이 사색해보는 것만으로도 그들은 설사 덕성을 갖추지 못한다 할지라도 악행에 대해서는 부끄럽게 생각하게 되었다는 것이다. 단지 그렇게 함으로써만 악행에 빠지기 쉬운 사람들에게 의무감을 갖도록 만들 수 있었던 것이다. 또한 섭리는 철학으로부터 웅변이 태어나는 것을 허용했다. 좋은 법을 입안하는 민중 공화국의 형태 자체로부터 정의에 대한 열정이 생겨났고, 웅변은 이러한 덕성의 관념으로부터 민중에게 좋은 법을 입안해야 한다고 불을 붙였다. 이러한 웅변은 스키피오 아프리카누스의 시대에 만개했다고 결연히 단언할 수 있는데, 그 시대에는 카르타고가 남긴 폐허 위에서 로마의 세계 제국을 확립시켰던 시민적 지혜와 군사적 용기가 행복하게도 결합하여 있어서 그 결과 필연적으로 강건하고 지혜로 충만한 웅변이 뒤따랐기 때문이다.

[1102] 그러나 민중의 국가 역시 타락함에 따라 철학도 타락했다. 철학은 회의주의에 빠져 어리석은 학자들은 진리를 헐뜯기에 몰두했다. 그리하여 그릇된 웅변이 발생했는데, 그것은 소송에서 상반되는 당사자들을 동등하게 옹호할 준비가 되어 있었다. 그리하여 로마 평민들의 호민관이 그러했듯 웅변을 남용하는 일이 발생하게 되었다. 그 당시 로마의 시민들은 재산을 질서를 만드는 데 사용하지 않고 권력을 쌓는 데 사용하려 했다. 또한 맹렬한 남풍이 바다를 요동치게 하듯 이런 시민들은 국가를 내전으로 몰고 가 전면적인 무질서의 상태로 이끌었다. 그리하여 그들은 국가가 완벽한 자유에서 무정부 상태의 완벽한 폭정 즉 자유민의 무제한의 자유에 도달하도록 만들었는데, 그것이 모든 폭정 중에서도 가장 나쁜 폭정이다.

[1103] 도시의 이러한 거대한 악에 맞서 섭리는 인간사의 다음과 같은 순서에 맞추어 세 가지의 구제책을 채택하였다.

[1104] 첫 번째로 섭리는 민중들 가운데서 아우구스투스와 같은

한 사람을 찾아 그가 군주로 일어나 확립될 수 있도록 명하였다. 군주는 자유 속에서 태어났지만 이제는 그 무제한의 자유를 조정하고 제어하기에 도움이 되지 못하는 모든 질서와 법을 무기의 힘을 통해 자신의 수중에 장악하였다. 역으로 섭리는 군주의 권력이 무한하다 할지라도 군주의 의지를 자연적 질서 내부에서 유지하도록 제한시켰다. 그것은 민중이 그들의 종교와 자연적 자유에 만족할 수 있도록 만들기 위한 것이었는데, 민중의 이러한 보편적인 만족감이 없다면 군주제 국가는 지속될 수도 안전할 수도 없는 것이기 때문이다.

[1105] 섭리는 이러한 구제책을 국내에서 찾지 못한다면 국외에서 찾는다. 민중이 타락했을 때 그들은 본성적으로 제약 없는 감정의 노예가 된다. 사치, 유약함, 탐욕, 질투, 오만, 허영 등의 노예가 되는 것인데, 그 방종한 삶의 쾌락을 추구하면서 그들은 가장 비천한 노예들에게나 어울릴 거짓말, 사기, 비방, 절도, 비굴, 위선 등의 모든 악행에 빠져드는 것이다. 섭리는 민족들의 본성에 기인하는 민족의 자연법에 따라 그들이 노예가 되도록 명하였다. 즉 그들을 무기로 정복하여 속주로 만들어 더 나은 민족에게 복종하게 만든 것이다. 여기에서 자연적 질서의 위대한 두 개의 빛이 솟아나온다. 첫 번째로 스스로를 지배하지 못하는 자는 그것이 가능한 다른 사람들의 지배를 받아야 한다는 것이다. 두 번째로 세계를 지배하는 민족의 본성이 언제나 우월하다는 것이다.

[1106] 그러나 만일 민중이 이러한 궁극적인 사회적 병폐로 타락하였는데도 자생의 군주에 대한 동의도 얻을 수 없고 더 우월

한 민족에 의해 정복되어 밖으로부터 보호를 받을 수도 없게 된다면 섭리는 이러한 극단적인 병폐에 대한 극단적인 구제책을 채택한다. 그런 민족은 야수들처럼 자신들의 사적인 이익만을 고려하는 버릇에 빠져 있고 극도의 유약함 또는 오만함에 도달하였기 때문에 야생 짐승들처럼 가장 사소한 불만에도 화를 내며 분노를 표출한다. 그러므로 그들 무리의 숫자가 늘어나 그들의 몸으로 북적거리게 된다 할지라도 그들은 사적인 의지와 욕망이라는 극단적인 고독 속에서 짐승과 같은 삶을 사는 것이다. 각자는 자신의 욕망과 변덕만을 추구하기 때문에 단 두 명이 있다 하더라도 동의에 도달하지 못한다. 이러한 모든 것 때문에 섭리는 그들의 완고한 파벌과 절박한 내전을 통하여 도시를 숲으로 만들고 숲을 인간의 소굴로 만드는 것이다. 이런 방식으로 오랜 세월의 야만이 흐르면 그 사악한 술책을 부리는 비천한 총기조차 녹슬게 된다. 최초의 감각의 야만보다도 이 이성의 야만은 훨씬 더 그들을 비인간적인 짐승으로 만든다.[6] 왜냐하면 감각의 야만은 그로부터 스스로를 방어하거나 도피하거나 조심할 수 있는 온화한 야만성을 보여주는 반면 이성의 야만은 아첨과 포옹을 하면서 친구나 친지의 삶과 재산을 노리는 비열한 만행을 저지르기 때문이다. 그리하여 이런 정도의 계산된 악행에 도달했을 때 섭리는 그 최종적인 구제책을 채택하여 그들을 놀라고 무감각하게 만든다. 그리하여 그들은

6) "이성의 야만"은 "la barbarie della riflessione"를 옮긴 것이다. "타산적인 야만"이라고 말할 수 있다.

더 이상 안락함이나 사치나 쾌락이나 허영을 느끼지 못하고 단지 삶에 필수적인 것들에만 신경을 쓰게 된다. 마침내 소수의 사람들만이 남게 되어 삶에 필수적인 물품이 풍요롭게 되면 그들은 자연스럽게 사귀기 쉽게 바뀐다. 그리하여 초기 민족 시대의 시원적인 단순성이 되돌아오게 되며, 그들은 신앙과 정직과 신의를 갖춘 사람들이 된다. 이리하여 그들에게 정의의 자연적인 기반인 경건심과 신앙과 진리가 되돌아오는데, 그것이야말로 신의 영원한 질서의 은총과 아름다움인 것이다.

[1107] 인류 전체의 문명이 밟아온 과정에 대한 이 단순하고 명쾌한 고찰에 대해 철학자나 역사가나 문법학자나 법학자들이 덧붙일 다른 것이 없다고 한다면 이것이야말로 신이 세우고 지배하는 위대한 도시라고 확실하게 말할 수 있을 것이다. 리쿠르고스, 솔론 및 10인관 같은 사람들은 아름답고 위대한 사회적 덕성에 있어 다른 모든 도시들을 앞서는 세 도시인 스파르타와 아테네와 로마를 좋은 질서와 좋은 법을 통해 건설하였다는 평판을 지금까지 받아왔기 때문에 현명한 입법자로서 하늘 높이까지 영원히 칭찬을 받고 있다. 그렇지만 그 도시들은 짧게 지속되었거니와 민족들의 세계와 비교할 때 그 범위도 넓지 못했다. 민족들의 세계는 그러한 질서에 의해 명해지고 그러한 법에 의해 확보되었던 것이기 때문에 쇠퇴할 때조차 모든 곳에서 보존될 수 있고 영속적으로 지속될 수 있는 국가의 형태를 취한다. 그렇다면 그것은 초인간적인 지혜의 조언 덕분인 것이라고 말할 수 있지 않을까? 왜냐하면 그것은 법의 힘을 빌리지 않고 인간의 관습을 사용하여 그 인간 세

계를 신성하게 조정하고 안내하기 때문이다. 앞서 공리를 통해 [308] 디오 카시우스의 말을 빌려 밝힌 것처럼 법의 힘은 폭군과 같지만, 관습은 인간 본성의 표현으로서 그것을 실행할 때 아무런 강제력이 동원되지 않기 때문에 디오는 관습이 즐겁게 명령을 내리는 왕과 같다고 말했던 것이다.

[1108] 이러한 민족의 세계는 인간들 스스로가 만든 것이다. 우리는 철학자들이나 문헌학자에게서 그것을 찾을 수 없기에 그것을 『새로운 학문』의 논박할 수 없는 제1의 원리로 삼았다. 그러나 의심할 바 없이 이 세계는 인간이 스스로에게 제시하는 특수한 목적과는 다르고, 때로는 반대되지만 언제나 우월한 섭리의 정신으로부터 발생하였다. 그 정신은 인간의 협소한 목적을 더 큰 목적에 봉사하는 수단으로 만들어 언제나 이 땅 위에 인류가 보존되도록 배려하였다[342, 344]. 인간이 야수처럼 육욕을 충족시키고 그 자손을 버리려 하지만, 그들은 혼례의 정숙성을 출발시켜 가족이 발생하게 만들었다[505, 520]. 가부장들은 피보호민들에게 제약이 없는 권위를 휘두르려 하지만, 그들은 그것을 사회적 권력에 종속시켜 도시국가가 나오게 만들었다[584]. 지배 계급의 귀족들은 평민들에 대한 주인으로서의 자유를 남용하려 하지만, 그들은 민중의 자유를 확립시킨 법에 복종해야 했다[598]. 자유로운 민중은 법의 속박을 떨쳐버리려 하지만, 그들은 군주에게 복종하게 되었다[1007, 1104]. 군주는 모든 종류의 무절제한 악행으로 그의 신하들을 모멸함으로써 자신의 지위를 높이려 하지만, 그 신하들을 더 강한 다른 민족의 노예로 만들 뿐이다[1105]. 민족들은 스

스로 분열되지만 그 잔류자들은 생존을 위해 황야로 도피하고 그리하여 불사조처럼 다시 일어나게 된다[1106]. 이 모든 것을 행하는 것은 정신이다. 왜냐하면 인간은 지성을 갖고 행동하기 때문이다. 그것은 운명이 아니었다. 왜냐하면 선택에 의한 행동이었기 때문이다. 그것은 우연이 아니었다. 왜냐하면 그들 행동의 결과는 언제나 같은 것으로 나타났기 때문이다.

[1109] 그리하여 우연을 믿던 에피쿠로스와 그의 제자들인 홉스와 마키아벨리는 사실에 의해 논박된다. 또한 사실은 운명을 믿던 제논과 스피노자도 논박한다. 그와는 대조적으로 사실은 섭리가 인간사를 조정한다는 것을 확립시킨 신성한 플라톤을 제왕처럼 받드는 정치철학자들의 편에 서 있다[129, 179]. 그러므로 아티쿠스에게 에피쿠로스를 떠나서 섭리가 인간사를 조정한다는 것을 인정하지 않는 한 같이 법을 논하지 못한다고 선언한 키케로가 옳았던 것이다[335]. 푸펜도르프는 자신의 가설을 통해 섭리를 인정하지 않았고, 셀든은 그것을 인정했던 반면 그로티우스는 무시했다[394]. 그러나 로마의 법학자들은 섭리를 민족의 자연법의 제1 원리로 확립시켰다[310, 335, 342, 584, 979].

왜냐하면 이 저서를 통해 충분히 논증하였듯, 세계 최초의 정부는 섭리를 통해 완전한 형태의 종교를 소유했던 것이고, 그것을 토대로 해서만 가족 국가가 발생하였던 것이기 때문이다. 그 뒤 가족 국가가 영웅들의 정부 또는 귀족제 정부로 바뀐 뒤에도 종교는 중요한 안정적인 기반이 되었다. 그 뒤 민중의 정부로 이행이 되는 과정에서도 종교는 그것을 획득하는 수단이 되었다. 마지막으로 군주제의 정부로 안착할 때에도 종교는 군주들의 방패가 되었다. 따라서 만일 민중이 종교를 잃는다면 그들에게는 사회 속에서 살 수 있는 방도가 없어진다. 방어할 방패도, 조언을 얻을 수단도, 지원을 받을 근거도, 한마디로 그들이 세상에 존재해야 할 어떤 형태도 남아 있지 않게 되는 것이다.

[1110] 벨로 하여금 이 세상에 신에 대한 인식이 없이 민족이 존재할 수 있는지 말해보라 하라[334]! 폴리비오스로 하여금 세상에 철학자만 있다면 종교가 필요 없다고 한 말이 사실인지 말해보라 하라[179]! 종교만이 사람들을 효과적으로 행동하게 만드는 감정에 호소함으로써 그들이 유덕한 일을 할 수 있도록 만들 수 있다. 덕성에 관한 철학자들의 논리적인 교훈은 덕성에 대한 의무를 충족시킬 감정을 불러일으키는 데 도움이 될 도덕적 웅변에만 도움이 될 뿐이다. 그렇지만 우리의 참된 종교인 기독교와 그릇된 다른 종교들 사이에는 본질적인 차이가 있다. 우리의 종교에서 신의 은총은 영원하고 무한한 선을 위해 유덕한 행동을 해야 한다고 가르친다[136, 310] 그러한 선은 감각에 종속하지 않으며, 따라서 감각으로 하여금 유덕한 행동으로 움직이도록 만드는 것은 정신인 것이다. 반면 그릇된 종교는 현세에서든 내세에서든 유한하고 가변적인 선을 제시한다. 그들은 감각적 쾌락의 축복을 기대하는 것이며, 따라서 감각이 정신을 유덕한 행동으로 몰고 가는 것이다.

[1111] 그러나 섭리는 이 저작을 통해 논했던 인간사의 순서를 따라 세 가지 감정을 통해 그것을 명확하게 느낄 수 있게 만들어 준다. 첫 번째는 경이이고, 두 번째는 고대인들의 비견될 바 없는

지혜에 대해 학자들이 느껴왔던 존경이며, 세 번째는 그것을 열렬히 추구하고 획득하려 했던 열정적인 욕망이다. 왜냐하면 그것이야말로 섭리가 밝힌 세 개의 등불로서, 그것을 통해 앞서 말했던 세 가지의 정당하고 아름다운 감정이 고취되기 때문이다. 그러나 이후 그러한 감정은 첫 번째의 공리에서 제기하여 이 책 전체를 통해 비판하였던[125, 127] 학자의 자만심과 민족의 자만심에 의해 타락되기에 이르렀다. 그러나 타락되지 않은 그 감정은 모든 학자들이 찬양하고 존중하여 신의 무한한 지혜로 함께 나아가기 위해 추구해야 하는 것이다.

[1112] 요약하자면 이 저작에서 논한 모든 것을 통해 다음과 같이 결론을 내릴 수 있다. 이 『새로운 학문』은 경건심의 연구와 분리될 수 없으며, 경건하지 않은 사람은 참되게 현명하지 못하다.

I
들어가며

이탈리아의 사상가 잠바티스타 비코는 1668년에 태어나 1744년에 사망했으니, 그의 생애는 전반적으로 계몽주의의 시대와 맞물린다. 우리나라에서 비코는 역사 전공자들 사이에서만 약간 알려져 있을 뿐이다. 그 이유는 그의 사상이 다소나마 소개된 것이 역사학개론이나 서양사학사와 같은 수업만을 통해서였기 때문이다. 그러한 수업에서 비코는 역사학의 구제주로 부각되었다. 데카르트와 뉴턴의 영향 아래 모두가 수학적으로 말하고 자연과학적으로 생각하며 역사학은 물론 인문학 전체를 낮춰 평가하던 시대에 비코는 거기에 맞섰기 때문이다. 특히 데카르트에 따르면 의심의 여지가 없이 명석하고 판명한 것만이 진리의 근거가 될 수 있기에 수학을 비롯한 자연과학만이 최고 학문의 지위를 누릴 수 있었다. 반면 데카르트는 기억력에 근거하는 학문인 역사학의 근거를 박약하게 만들었다. 기억력은 시간이 지나면서 퇴색하기 마련이고, 역사가들은 자신의 과거를 훌륭하게 윤색하려는 경향이 있기 때문에 역사학은 의심스러운 학문이라는 것이다.

이러한 데카르트에 대항하여 비코는 인간이 만든 것을 인간은 알 수 있다는 원리에 바탕을 두고, 인간의 합당한 연구 대상은 인간의 사회, 인간의 역사라고 주장하면서 역사학을 포함한 인문학을 위한 기틀을 제공했다는 것이다. 즉 자연은 신이 만들었기 때문에 그에 대한 궁극적인 지식은 신에게만 가능한 반면 인간 사회는 인간이 만든 것이기 때문에 인간이 알 수 있고, 따라서 인간의 이야기야말로 인간의 합당한 연구 대상이라는 것이다. 이것이 이른바 "베룸 입숨 팍툼"(verum ipsum factum), 즉 "진리는 만든 것과 같다"라는 원리이다. 풀어 말하면 어떤 물건을 발명한 사람이야말로 그 물건의 작동 방식을 알고 있기에 그것을 만들 수 있다는 원리인 것이다.

역사학개론이나 서양사학사 수업을 통해 알려진 또 다른 비코는 '나선형 사관'이라는 독특한 역사관을 주장한 역사철학자였다는 것이다. 쉽게 말해 비코는 역사가 순환하면서 되돌아간다 하더라도 그 이전보다는 발전된 상태로 돌아간다고 말했다는 것이다. 진보 사관과 순환론이라는 결합될 수 없는 두 개의 관점을 결합시킨 그 관점이 갖는 매력이 컸기 때문인지 비코를 기억하는 많지 않은 사람들마다 그를 언급할 때면 언제나 '나선형 사관'이라는 말을 먼저 꺼낸다. 그러나 비코의 사관은 순환론일 뿐 나선형 사관은 아니다. 그렇게 잘못 알려진 것은 19세기 초에 비코를 발견하면서 그를 흠모하게 된 프랑스의 역사가 쥘 미슐레의 탓이 크다. 그는 프랑스 혁명의 직계 후손으로서 역사의 진보를 믿었기에 비코의 모든 것을 받아들이면서도 순환론만은 인정할 수 없었다. 순환론은 뒤로 돌아가는 것을 전제로 하지 않는 한 존재할 수 없는 것이기에 미슐레는 비코의 사관을 나선형의 방식으로 해석하였던 것이다.[1)]

어찌 되었든 우리나라에서 비코가 소수의 역사 전공자들 사이에서만 통용되는 이름으로 알려져 있는 것과 달리 외국에서는 다양한 학문 분야에서 비코가 갖는 중요성에 대한 공감대가 형성되어 널리 확산되고 있다. 앞으로 상세하게 설명하겠지만, 그 과정에서 비코의 『새로운 학문』의 번역이 갖는 핵심적인 역할은 결코 과소평가할 수 없는 것으로서, 이 번역을 통해서 비코의 창의성에 대한 인식이 새로워지고 그로 말미암아 본격적인 학술적 논의가 활성화되기 바란다.

1) '나선형 사관'에 대해서 미슐레는 1829~1830년 파리의 고등사범학교에서 행한 제2 강좌에서 언급했다. 그것은 다음에서 확인할 수 있다. Paul Viallenei, *La Voie Royale: Essai sur l'Id e de Peuple dans l'Oeuvre de Michelet*(Paris: Flammarion, 1971), p. 228.

II
비코에 대한 인식의 확산[2)]

1) 추종자들의 비코

서양에서도 비코에 대한 인식이 높아진 것은 비교적 최근의 일이다. 비코라는 이름이 학문의 세계에서 사라지지 않고 유지될 수 있었던 것은 몇몇 열성적인 추종자들의 헌신적인 노력 덕분이었다. 비코가 활동했던 17세기 말과 18세기 초에 나폴리는 정치적 문화적으로 유럽의 뒷골목 같은 곳이었다. 나폴리의 지식인들 스스로 그것을 인정했다. 비코보다 거의 정확하게 두 세기 뒤에 나폴리에서 태어난 역사가 베네데토 크로체에 따르면, 나폴리의 개혁을 꿈꾸었던 철학자이자 수학자 파올로 마티아 도리아는 "나폴리 왕국은 완전한 행복을 결코 누리지 못한 채, 그 시민들의 불화와 참혹한 음모 때문에 혼란 속에 있었다"[3)]라고 토로한 바 있다. 나폴리가 자랑하던 학문 분야가 있었다면 그것은 법률학이었는데, 그 대표적인 학자인 가에타노 필란지에리까지도 "할 수 있는 일은 법률을 개혁하는 것밖에 없었다"[4)]라고 자조적으로 말할 정도였다.

---

2) 이 부분은 2017년 4월 29일 네이버 문화재단에서 주최한 "열린 연단"에서 행했던 강연의 원고를 보완하고 수정한 것이다.

3) Benedetto Croce, *History of the Kingdom of Naples*, tr. Frances Frenaye (University of Chicago Press, 1970), p. 156.

4) Ibid., p. 157.

그렇듯 낙후된 나폴리[5]에서마저 비코는 눈에 띄지 않았다. 비코의 삶에 결정적인 영향을 미쳤던 사건은 1723년 나폴리 대학교 법과대학 교수직에 응모하여 탈락한 것이었다.[6] 그는 어느 경쟁자보다도 좋은 자격 조건을 구비하고 있었지만 대학 내의 인사 관계 문제에는 둔감했기 때문에, 시민법 교수직 공개 모집에서 탈락했던 것이다. 수사학 교수였던 그는 봉급이 여섯 배 많은 법학 교수직에서 탈락한 뒤 세속적 성공에 대한 미련을 버리고 저서의 집필에 몰두했다. 그리하여 2년이 지난 1725년에 그의 필생의 업적으로 꼽히는 『새로운 학문』의 초판본을 발간했다. 그렇지만 반지를 팔아 비용을 충당하며 출판한[7] 그 책에 대해 사람들은 여전히 무관심했다. 비코는 친구 베르나르도 마리아 자코 신부에게 보낸 편지에서 비탄에 빠진 자신의 심경을 다음과 같이 토로했다. "이 도시 나폴리에서 내 책은 황무지에 버려진 것 같습니다. 나는 책을

---

5) Harold Stone은 비교적 최근의 연구에서 나폴리의 문화 수준이 상당히 높았으며 다양했다고 소상하게 밝히고 있다. 혁신적인 박물관과 도서관에 지식인들이 몰려들어 당시로서는 상당히 과격한 책들까지 읽었다는 것이다. 다음을 참고할 것. Harold Stone, *Vico's Cultural History: The Production and Transmission of Ideas in Naples, 1685~1750* (Leiden, New York, Cologne, 1997). 그렇다면 나폴리가 낙후되었다는 것은 유럽의 대도시에 비해 상대적으로 낙후되었다는 것으로 받아들여야 할 것으로 보인다.

6) Giambattista Vico, *The Autobiography*, trs., Max Harold Fisch & Thomas Goddard Bergin(Cornell University Press, 1944), p. 8.

7) Anthony Grafton, "Introduction" to Giambattista Vico, *New Science: Principles of the New Science Concerning the Common Nature of Nations*, tr., David Marsh(Penguin Books, 1999), p. xv.

보낸 사람들을 만나지 않으려고 모든 공공장소를 피하고 있습니다. 혹시 피하지 못할 경우에는 멈춰 서지 않고 목례만 하면서 지나갑니다. 왜냐하면 멈춰서 이야기해도 그들은 내 책을 받았다는 조그마한 표시조차 하지 않아서, 이 책이 사막에 버려졌다는 나의 생각을 확실하게 해줄 뿐이기 때문입니다."[8)]

비코의 그 생각은 옳았다. 그러나 당분간만 옳았다. 장기적으로 그 책은 결코 사막에 버려지지 않았다. 오늘날 우리가 이탈리아의 학문과 사상을 기억하고 찬양한다면, 그것은 당대에 많은 영향력을 행사하던 법률학의 대학자인 필란지에리가 아니라 무명 인사였던 비코 때문일 것이다. 『새로운 학문』에 내포된 수많은 독창적인 사상은 추종자들을 끌어 모으기에 충분했다. 물론 그 숫자는 많지 않았을지라도, 그들은 모두가 뛰어난 철학자, 역사가, 문학자, 문학비평가로서 비코가 열어준 새로운 지평에 매료되어 비코와의 만남이 초래한 기쁨과 충격을 토로했던 것이다.

미국의 문학비평가이자 작가인 에드먼드 윌슨은 레닌이 상트페테르부르크의 핀란드 역에 도착할 때까지 사회주의의 역사를 서술한 『핀란드 역으로』에서 사회주의의 출발점을 프랑스 역사가 미슐레가 비코를 발견한 사실로 보고 있다.[9)] "출생 이후 내게 영향

---

8) 1725년 10월 25일에 보낸 이 편지의 전문은 다음에서 확인할 수 있다. *The Autobiography*, pp. 14~16.

9) Edmund Wilson, *To the Finland Station: A Study in the Writing and Acting of History*(Garden City, N. Y. 1953). 이 책은 『인물로 본 혁명의 역사』라는 제목으로 실천문학사에서 번역 출간되었다가 2007년부터 『핀란드 역으로』라는

을 준 인물은 없었다. 나는 본질적으로 고독하게 태어났다"[10]라는 오만한 일기를 남긴 19세기 프랑스 최대의 역사가인 미슐레는 비코에게만 예외를 인정하여, 1824년 비코를 처음 접했을 때의 감흥을 다음과 같이 술회하였다. "1824. 비코. 역작. 지옥의 그림자. 광휘. 황금 가지. 1824년 이래로 나는 비코에게서 얻은 열정, 그의 위대한 역사의 원리에 대한 믿기지 않을 정도의 도취에 사로잡혀 있었다."[11] 그리고 더 나아가 "내게는 비코 이외의 스승이 없었다. 그의 생명력의 원리, 스스로를 창조해가는 인류라는 원리가 나의 책과 나의 교육을 만들어준 것이다"[12]라는 앞서의 인용문과 모순되는 기록을 남김으로써 비코와의 관계 속에서 미슐레의 지적 계보를 추적하려는 후대의 학자들을 곤혹스럽게 만들고 있다.[13]

어쨌든 미슐레는 감흥을 느끼는 데 그치지 않고 비코의 사상을 전파하는 데 온 힘을 다했다. 실로 "19세기 유럽에 있어서 비코의 평판에 지대한 영향을 끼친 사건은 1824년 미슐레가 『새로운 학문』을 발견했다는 사실이다."[14] 미슐레는 비코의 사상을 소개하는

원래의 제목으로 이매진 출판사에서 출판하고 있다.

10) Jules Michelet, *Journal*, vol. 1. ed. Paul Viallaneix(Paris: Gallimard, 1959), p. 362. 이 일기는 1841년 7월 22일에 기록한 것이다.

11) Wilson, *To the Finland Station*, p. 2.

12) Jules Michelet, *Histoire de France: Moyen Age*, vol. 1(Paris: Flammarion, 1869), p. xi.

13) 비코와 미슐레의 관련성에 대해서는 Hanook Cho, "For Michelet's Vico: An Interpretation of Michelet's Translation of Vico's *Scienza Nuova*," Ph.D. dissertation(The University of Texas, 1991).

14) *The Autobiography*, p. 75.

논문을 썼을 뿐 아니라, 1829년 비코의 원전을 불어로 번역했다.[15] 비코의 사상이 유럽 지성사의 구도 속에서 제 위치를 찾을 수 있었던 것은 비록 선별적인 번역이었다 할지라도 "이탈리아 사람들조차도 원전보다 알기 쉽다고 생각했던"[16] 미슐레의 불역본을 통해서였다. 미슐레의 번역은, 그 뒤 1940년대에 토머스 고다드 버긴과 맥스 해럴드 피시의 노력을 통해 비코의 『자서전』과 『새로운 학문』에 대한 권위적인 영역본이 등장할 때까지, 비코에 관련된 사상의 교류와 전파에 가교의 역할을 하였던 것이다.

20세기를 대표하는 이탈리아의 역사가이자 역사철학자 베네데토 크로체는 『비코의 철학』[17]이라는 책을 통해 비코 사상의 독창성을 새롭게 인식할 계기를 만들어주었는데, 그 책이 나오게 된 배경에 얽힌 일화는 동향의 선배에 대한 크로체의 열정을 보여준다. 크로체는 하이델베르크 대학을 중심으로 서남독일학파를 창건하여 프랑스의 실증주의에 대해 선전포고를 하며 독일 역사주의의 한 축을 건설하였던 신칸트학파의 역사철학자 빌헬름 빈델반트가 쓴 『철학사』라는 책을 평하며 그 책 어디에도 잠바티스타 비코의 저작에 대한 언급이 없다고 항변했다. 그것이 정당한 항의라는 것을 곧 알아챈 빈델반트는 개정판에 비코의 텍스트를 보충하여 수록했다. 크로체는 대학자가 겸허하게 자신의 주장을 받아들인 것

---

15) Jules Michelet, *Œuvres choisies de Vico*(Paris: Flammarion, 1835).

16) *The Autobiography*, p. 77.

17) Benedetto Croce, *La filosofia di G. B. Vico*, 1911. *The Philosophy of Giambattista Vico*, tr. R. G. Collingwood(London, 1913).

에 화답하여 현대의 비코 연구에 분수령이 되었다는 평가를 받는 『비코의 철학』을 빈델반트에게 헌정하였다.[18)]

아일랜드 출신의 소설가인 제임스 조이스는 비코에 심취한 또 다른 사람이다. 그 역시 비코에 대해 각별한 존경심을 보이며 그것을 여러 가지 방식으로 표현하였다. 그의 소설 『율리시즈』는 호메로스의 『오디세이아』의 형식을 빌려 1904년 6월 16일 하루를 담은 소설로 당시의 더블린 모습을 세밀하게 재현했다. 이 소설에서 나타나는 '의식의 흐름'이라는 기법을 통해 조이스는 20세기의 영문학사에 변혁을 가져왔다. 작품 구상부터 완성까지 15년이 걸린 『율리시즈』 이후 일 년이나 펜을 놓았던 조이스는 1923년 최후의 야심작인 『피네간의 경야』 집필을 시작하여 엄청난 시간과 열정을 기울였다. 일부 후원자들마저 경악하며 지원을 끊었을 정도로 문학적 실험 정신을 극단으로 몰고 간 이 소설의 무대도 아일랜드이다. 16년에 걸쳐 완성시킨 이 작품이 책으로 출간된 것을 57세의 생일 선물로 받고 2년이 지난 뒤 그는 타계했다.

이 작품을 읽은 한 평자가 프로이트와 융의 영향을 많이 받은 작품이 아닌가 하고 묻자, 조이스는 "프로이트나 융을 읽을 때와는 달리 비코를 읽을 때 나의 상상력은 늘어난다"[19)]고 대답함으로써 원래의 물음과는 상관없이 비코에 대해 경의를 표했다. 마지막 문장이 첫 문장으로 연결되는 이 소설의 순환적인 구성부터

---

18) A. Robert Caponigri, *Time and Idea*, p. ix.

19) Richard Ellmann, *James Joyce*(Oxford University Press, 1959), p. 706.

가 비코의 순환론적 역사 해석의 틀을 따온 것이며 비코의 자서전에서 보이는 생애의 여러 순간들은 『피네간의 경야』의 여러 구절에서 비유적으로 암시되고 있다. 이러한 외양적인 유사성 이외에도 비코가 언어의 다의미성, 역동성에 부여하고 있는 중요성은 곧바로 『피네간의 경야』에서 나타나고 있는 조이스의 새로운 언어에 반영되고 있다. 즉 조이스가 만들어낸 단어들은 언어의 발전 과정을 역으로 거슬러 올라간 시도라고 볼 수 있는 것으로서 그 시도를 통해 조이스는 비코가 모든 언어의 원형이라고 말했던 "공동의 정신적 언어"(lingua mentale comune)를 추구하려 했던 것이다.[20]

비교문학자이자 문학비평가로서 나치를 피해 터키의 이스탄불로 도피한 상태에서 저술한 『미메시스』로 사실주의 문학 연구의 토대를 마련한 에리히 아우어바흐도 비코의 열렬한 추종자였다. 그는 "비코와 미학적 역사주의"라는 논문을 통해 우리가 우리와 시간적, 공간적으로 다른 문화권의 예술을 이해하고 감상할 수 있는 이유는 낭만주의와 그 정신을 이어받은 역사주의가 도래하기 50여 년 전에 "인간이 만든 것은 인간이 이해할 수 있다"라는 원리를 확립한 비코 덕분이라고 주장했다.[21] 그는 부분적으로나마 비코의 『새로운 학문』을 독일어로 번역했다. 그가 고대 말기와 중세의 라틴 문학을 다룬 방대한 저서의 서문에서 "단순하고도 명백

---

20) 『피네간의 경야』와 비코의 관련성에 대해서는 다음을 참고할 것. Hanook Cho, "Vico in *Finnegans Wake*," 『교수논총』(한국교원대학교, 1995년 6월).

21) Erich Auerbach, "Vico and Aesthetic Historism," in *Scenes from the Drama of European Literature*(University of Minnesota Press, 1959), pp. 181~198.

한 사실이란 한 인간의 저작은 그의 삶으로부터 분출되어 나오며, 인간이 삶을 통해 경험에 축적시킨 모든 것을 해석한 작품이란 결코 쇠진되지 않을 것인 반면 충분한 경험이 없는 사람들은 삶으로부터 우둔한 결론만을 이끌어내 왔을 뿐"이며, 따라서 "우리가 궁극적으로 한 작품 속에서 이해하고 사랑하는 것은 한 인간의 삶이며, 그것은 바로 우리 자신의 가능성"[22]이라고 표현한 그의 기술에서도 비코의 체취를 흠씬 느낄 수 있다.

이들 이외에도 아이자이아 벌린, 아르날도 모밀리아노, 헤이든 화이트 등등 유럽과 미국의 최고 지성들이 근대 지식인의 만신전에 비코를 위해 굳건한 장소를 마련하고 있다.[23] 또한 『오리엔탈리즘』을 통해 제국주의의 연구에 새로운 지평을 연 에드워드 사이드는 비코를 자신이 본받을 실천적 지식인의 귀감으로 보았다. 그는 기원을 강조한 비코의 철학을 염두에 두며 자신의 평론집 하나의 제목을 『출발점: 의도와 방법』이라고 붙였다.[24]

실로 비코의 어두운 생애와 뒤늦게 찾아온 명성의 대비는 너무도 극명한 것이어서, 비코를 다루는 많은 책들은 그 명암의 극적인 대조를 강조하면서 시작한다. 한마디로, 프랑스의 저명한 사상사가인 폴 아자르는 잠바티스타 비코가 그 자신의 시대에 독자층

---

22) Erich Auerbach, *Literatursprache und Publikum in der Lateinischen Sptantike und im Mittelalter*(Francke Verlag Bern, 1958), S. 14.

23) Grafton, "Introduction," p. xiii.

24) Edward W. Said, *Beginnings: Intention and Method*(Columbia University Press: New York, 1985).

을 확보할 수 있었더라면 유럽 사상의 진행 과정은 다르게 바뀌었을 것이 확실하다고 말했다.[25] 그것이 스스로의 시대를 훨씬 앞질러 살았던 선구자에게 보내는 최대의 헌사인 것은 확실하다. 그렇지만 아자르의 그 언급은 그 열성가들의 헌신적인 노력에도 불구하고 아직 비코는 더 많은 독서 대중을 만나지 못했다는 사실마저 알려준다.

2) 전면에 나선 비코

비코가 많은 사람들의 관심을 받게 된 두 번의 계기가 있다. 첫 번째는 1944년에 비코의 『자서전』이, 1948년에 『새로운 학문』이 미국의 역사철학자 토머스 고다드 버긴과 이탈리아 문학 전문가 맥스 해럴드 피시에 의해 공동으로 번역된 것이다. 저명한 이탈리아의 역사가인 가에타노 살베미니는 『자서전』의 영역본이 나온 지 4개월 후인 1944년 8월 1일 역자의 한 사람인 피시에게 다음과 같은 편지를 보냈다.

친애하는 피시 교수에게,

당신의 잠바티스타 비코를 읽고 얻은 무한한 기쁨에 당신과 버긴 교수에게 감사의 말씀을 드려야만 하겠습니다. 얼마나 훌륭한 업적인지 찬탄을 금할 수가 없습니다. 영어라는 옷을 입은 비코는 우리의 일부가, 말 그대로 우리의 일부가 되고 있습니다. 우리는 비코를 이해

---

25) Paul Hazard, *La Crise de la conscience europ enne*(Paris: Bonvin e Cie, 1935), I, p. 432.

하고 사랑하고 경애하며, 그의 어린애와 같은 허영심까지 즐거워합니다. 비코를 이탈리아어로 읽기는 너무도 힘이 듭니다. 비코를 당신의 영어로 읽는다는 것은 대단한 즐거움입니다. 더구나 번역본의 서론은 내게 있어서조차 불가사의하게 남아 있던 사실들을 밝혀줍니다. 고백하거니와 나는 언제나 비코를 이탈리아어 원전으로 읽으려 시도했지만 번번이 실패했음을 말해야겠습니다. 그러나 이제 누구라도 그를 읽을 수 있게 되었습니다. 나는 곧 나올 영어판의 『새로운 학문』을 못 견디게 기다리고 있습니다. 그때에야 나는 그 책을 읽을 것입니다.[26)]

살베미니의 편지는 비코의 연구에 내재하는 대단히 중요한 난관을 말해주고 있는데, 그것은 이탈리아의 유수한 학자들도 이해하기 어려운 비코의 이탈리아어 원전을 말한다. 현대 이탈리아어의 용례에서 볼 수 없는 어법이나 단어의 사용은 물론, 언제 끝이 날지 모르는 비코의 문장은 가뜩이나 이해하기 힘든 그의 사상을 더욱 접근하기 어렵게 만들었던 요인이다.

앞서 언급했듯 이탈리아인들조차도 1829년에 이루어진 미슐레의 불역본을 비코의 원전보다 선호했던 것이다. 버긴과 피시의 번역은 학문적인 엄격성이나 언어의 명료함에 있어서 표본적인 번

---

26) Giorgio Tagliacozzo, "Toward a History of Recent Anglo-American Vico Scholarship, Part I: 1944~1969," *New Vico Studies*, vol. 1(1983), p. 1에서 재인용.

역으로 꼽히고 있는바, 이들이 비코 연구에 미친 영향은 그 이전과 이후에 나타난 비코 연구서의 질적, 양적 차이에 의해 웅변적으로 증명된다. 버긴과 피시의 번역이 즉각적이고 대대적인 비코에 대한 관심을 야기한 것은 아니었지만 1950년대를 통하여 비코를 다룬 출판물이나 혹은 그를 인용하는 사례가 서서히 다방면에서 늘어났다. 더구나 50년대 말부터 나타나기 시작한 비코에 대한 박사학위 논문들은 고된 번역의 작업에 기초를 둔 학문적 결실이 나타나기 시작하는 조짐이었다고 말할 수 있을 것이다. 지금의 이 한국어 번역이 우리나라에서 비코 연구의 기폭제가 되기를 바라는 또 다른 근거이다.

비코가 대중의 관심의 전면에 나서게 된 두 번째 계기는 1968년 비코의 탄생 300주년을 기념하는 국제 심포지엄이 뉴욕에서 열린 것이었다. 그 학술대회가 열리게 된 것은 한 추종자의 지칠 줄 모르는 열성에 기인한 것이었는데, 이것은 이후 비코에 대한 학문적 연구에 있어 획기적인 전환점이 되었기에 그것이 배태된 내막을 다소 상세히 따라가 볼 필요가 있다. 그 학술대회가 열리는 데 크게 공헌한 비코의 추종자는 조르조 탈리아코초라는 학자였다. 그는 1909년 이탈리아의 로마에서 태어났으나 무솔리니의 파시즘을 피해 1939년 미국으로 망명했다. 망명 이전부터 비코에 관심을 두고 있던 탈리아코초는 1950년대를 통하여 미국 정부가 지원하는 방송 매체인 '미국의 소리'(Voice of America)의 방송통신대학 강좌의 편집자로, 또한 새로운 학문 풍토를 생성하던 뉴 스쿨 대학교의 철학 강사로 일하며, 학문의 통합이라는 거대한 과제에 몰두하고 있었다. 논리 경험주의적 접근에 일시 경도되었던 그는 곧 이에 실망하고 에른스트 카시러, 수잔 랭거의 저작을 통해 비코에 대한 기억을 되살렸다.

1950년대 말부터 다시 비코에 몰입하기 시작한 그는 자신의 강좌를 통해, 그리고 1960년대 초에 지속적으로 발표한 논문들을 매개로 비코에 대한 대중적인 관심을 일으키려고 노력했다.[27] 1960년대 중반 이후 비코를 알리기 위한 그의 노력은 수많은 학자들과의 지칠 줄 모르는 면담이나 서신 교류로 이어졌다. 이러한 노력의 결과 그는 비코에 대한 관심이 실로 다방면에 걸친 학문 분야의 선구적 인물들에게 공통적인 것이었음을 확인했다. 그가 이 당시 접촉한 인물들의 면면을 살피자면 인류학의 마거릿 미드와 클로드 레비스트로스, 게슈탈트 심리학의 마이클 폴라니와 루돌프 아른하임, 정신분석학의 에리히 프롬과 실바노 아리에티, 사회학의 에드워드 실즈, 탤컷 파슨스, 피티림 소로킨, 생물학의 루트비히 폰 베르탈란피, 테오도시우스 도브잔스키, 르네 뒤보스, 조지 게일로드 심프슨, 교육심리학의 제롬 브루너, 정치 철학의 레오 스트라우스, 과학사의 스티븐 툴민, 미학의 허버트 리드, 사상사의 스튜어트 휴즈 등으로 이들은 각기 자신의 분야에서 최고봉에 이른 대가들이었다.[28] 이들의 비코에 대한 공감적인 관심을 확인

---

27) 그의 대표적인 논문은 다음과 같다. Giorgio Tagliacozzo, "The Tree of Knowledge," *American Behavioral Scientist*, vol. 4, no. 2 (Oct. 1960), pp. 6~12.

28) Giorgio Tagliacozzo & Hayden V. White eds., *Giambattista Vico: An*

한 탈리아코초는 비코 탄생 300주년을 기념하는 국제학술대회가 불가능한 일이 아님을 확신하게 되었다. 그리하여 대서양을 사이에 둔 양 대륙의 학자들로부터 수집한 41편의 논문들은 마침내 피츠버그의 에드거 카우프먼 재단의 재정적 지원에 힘입어『잠바티스타 비코: 국제 심포지엄』이라는 책으로 결실을 보게 되었다.

이 심포지엄의 목적은 비코에 대한 관심을 더욱 널리 확산시키는 것이었기 때문에 비코의 사상에 대한 깊은 탐구보다는 비코의 학문적 계보, 비코의 사상이 현대의 여러 학문에 대해 지니는 중요성 등에 초점을 맞추고 있다. 4부로 이루어진 이 책은 비교 연구의 성격을 갖는바, 제1부에서는 비교사의 관점에서 비코와 그 이전, 이후의 사상가들과의 관련성을 소개했다. 제2부에서는 서양 각국에 미친 비코의 영향을 다루었고, 제3부에서는 비코가 오늘날의 사회과학에 갖는 중요성에 천착했으며, 제4부에서는 비코가 현대 철학, 교육학, 미학과 갖는 관련성을 심도 깊게 추구하였다. 실로 최근에 있어서 어느 한 사상가를 기념하는 학술 대회로서는 최대의 규모였다. 또한 그 심포지엄의 결과물로 나온 책은 1970년과 1973년 사이에 거의 90개에 달하는 학술잡지에서 대단히 큰 호평을 받음으로써 그 학술대회가 성공했음은 물론 비코의 사상이 여러 학문 분야에 유용하게 적용될 수 있음을 증명했다.

한편 이 책의 발간 이후 미국 내외의 수많은 학자들의 반응 역시 대단한 것이어서 이들은 심포지엄에서 다루어지지 않은 현대

International Symposium(Johns Hopkins Press, 1969), p. ix.

의 여러 학문에서 비코가 갖는 중요성을 지적하였고, 이들의 지적은 그 후속편인 『잠바티스타 비코의 인간학』[29]의 발간을 통하여 정당화되었다. 이 후속편은 다루는 범위가 전편보다 축소되었지만 내용은 더 심원하게 바뀌었다. 5부로 나누어진 이 책의 제1부는 역사 해석의 문제를, 제2부는 비코의 역사관과 역사적 지식의 문제를, 제3부는 비코와 역사철학의 문제를, 제4부는 심포지엄에서 다루어지지 않았던 인문사회과학의 제반 문제에 대해 비코가 갖는 의미를, 제5부는 비코에게 있어서 실천적 규범으로서의 지식의 문제를 각기 다루고 있다.

이 두 권의 성공에 고무된 탈리아코초의 노력은 비코의 고향인 나폴리의 비코 연구소에 버금가는 뉴욕의 비코 연구소의 설립으로 이어졌다. 이 연구소는 뉴욕의 뉴 스쿨과 풍부한 재정을 자랑하는 미국 남부의 명문인 애틀랜타의 에모리 대학과의 제휴 아래 연구 활동을 펼쳐나갔으며, 그 첫 번째의 업적은 1976년에 열린 제2차 국제 비코 학술대회로 나타났다. 1979년에 『비코와 현대의 사상』[30]이라는 제목으로 책의 형태를 얻은 이 학술 대회는 그 제목이 말해주듯, 비코의 사상이 현대의 학문에 대해 지니는 선구적인 의미를 캐내는 것을 목표로 했다. 2부로 나누어진 이 학술대회의 제1부는 비코의 사상이 오늘날의 인문사회과학에서 추구하는 여러

---

29) Giorgio Tagliacozzo & Donald Phillip Verene eds., *Giambattista Vico's Science of Humanity*(Johns Hopkins Press, 1976).

30) Giorgio Tagliacozzo, Michael Mooney, Donald Phillip Verene eds., *Vico and Contemporary Thought* (Humanities Press, 1979).

문제에 대해 제시할 수 있는 해결책에 목표를 두어, 상상력의 철학, 인간 본성과 인문과학, 역사 해석과 재구성, 진보 개념 등등의 문제에 대한 비코가 던져줄 수 있는 의미를 파악함에 주력하고 있고, 제2부는 개별적인 학문 분야, 즉 심리학, 정신분석학, 인류학, 사회학, 정치학, 교육학, 비평 이론 등에서 비코의 사상이 갖는 선구적 역할을 규명하려 시도했다.

비코를 자신들의 철학자로 자부해온 이탈리아 학계는 미국이 비코 연구를 주도한다는 사실에 자극받아 1978년 베네치아에서 제3차 국제 비코 학술대회를 개최했다. 이 대회는 뉴욕의 비코 연구소와 공동으로 주관한 것으로서, 이 대회에서 발표된 논문들은 나폴리에 있는 비코 학회의 학술지인 『비코 연구소 학회지』(*Bollettino del Centro di studi vichiani*)를 위시한 이탈리아의 여러 잡지와 1981년 미국에서 출판된 『비코: 과거와 현재』[31]에 분산 게재되었다. 여기에 실린 36편의 논문들은 대체로 비코의 지적 배경에 대한 설명과 철학적 인식론 및 방법론의 구명에 초점을 맞추며, 동시에 이전의 세 권의 논문집에서 빠진 고금의 사상가들과 비코와의 관련성을 밝히는 데 주력하고 있다.

약 10년 동안 세 번의 국제학술대회가 열리고 네 권의 논문집이 발간되었다는 사실은 비코의 중요성에 대한 일반적인 인식이 무르익어가고 있음을 말해주고 있다. 더구나 이제는 비코 자신에 국한된 학술대회에 그치지 않고 마르크스의 탄생 100주년을 기념하

---

31) Giorgio Tagliacozzo ed., *Vico: Past and Present* (Humanities Press, 1981).

여 『비코와 마르크스: 유사성과 차이점』이라는 논문집이 발간되었고,[32] 뉴욕의 비코 연구소와 에모리 대학의 후원 아래 1985년 베네치아에서는 비코와 제임스 조이스에 대한 국제학술대회가 열렸다.[33]

라살에게 보낸 편지[34]는 물론, 『자본론』의 각주에서 비코를 언급하고 있는 카를 마르크스의 사상은 확실히 비코에 견주어 해석될 수 있는 측면을 지닌 것이어서, 많은 마르크스주의자들이 비코에 대한 관심을 표시해왔다. 또한 인간 본성은 근본적으로 역사 과정을 통해 변화하는 것으로 파악한 비코와 마르크스의 관점은 어떠한 유사성을 지니고 있고, 더 나아가 비코의 철학 체계에 내재하는 계급투쟁의 요소는 비코와 마르크스를 비교하며 연구해야 할 필요성을 촉발시켜왔다. 탈리오코초의 편집으로 편찬된 『비코와 마르크스』의 기고자들은 대체로 마르크스의 연구자들이 아닌 비코의 연구자들로서 이 사실은 상대적으로 마르크스 연구자들의 비코에 대한 인식도가 비코 연구자들의 마르크스에 대한 인식도에 미치지 못한다는 사실을 말해준다.[35] 이 논문집은 그 부제에서

32) Giorgio Tagliacozzo ed., *Vico and Marx: Affinities and Contrasts* (Humanities Press, 1983).

33) 이 학술대회의 결과는 다음과 같이 출판되었다. Donald Phillip Verene (ed.), *Vico and Joyce*(State University of New York Press, 1987).

34) 마르크스는 1862년 4월 28일 라살에게 보낸 편지에서 비코를 읽으라고 권했다. *The Karl Marx Library*, vol. 7, *On History and People*, ed & tr. Saul K. Padover(New York: McGraw-Hill, 1977), pp. 311~312.

35) Tagliocozzo, op. cit., p. viii.

알 수 있듯이 두 사상가들의 유사성뿐 아니라 차이점도 밝히고 있는바, 그 본질적인 원인이란 비코의 순환적인 역사관은 어떤 최종적 목표를 향해 전진하는 역사관을 수용하지 못한다는 차이에 존재하고 있을 것이다.

한편 제임스 조이스에 대한 비코의 영향은 조이스 자신이 여러 곳에서 인정하고 있고, 또한 그 스스로 새뮤얼 베케트에게 요청하여 밝히도록 한 바가 있을 정도이나[36] 이 양자의 관련에 대한 연구는 미흡한 점이 많았다. 즉 비코의 연구자나 조이스의 연구자는 많으나 이 양자를 같이 연구한 사람은 없었다는 것이 현실로서 이제 뉴욕의 비코 연구소의 후원으로 이탈리아에서 열린 이 양자에 대한 학술대회는 이들 각각의 연구자를 함께 모아 공동 연구의 터전을 마련하였다는 사실에 그 의의가 있다. 그 결과로 출판된 『비코와 조이스』의 제1부는 비코의 순환적 역사관과 이것이 특히 조이스의 극단적인 '의식의 흐름' 계열의 소설인 『피네간의 경야』에 대해 지니는 의미, 제2부는 대체로 조이스에 끼친 비코의 영향에 대한 역사적 고찰, 제3부는 이들 양자에 있어서 언어의 일차적인 중요성과 신화 해석에 관한 고찰을 다루고 있다. 마지막으로 이 대회의 의장이자 논문집의 편집자인 도널드 필립 버린은 에필로그에 이 대회의 개회사를 실음으로써 비코의 순환 사관이나, 앞뒤의 끝이 없이 돌아가는 조이스의 『피네간의 경야』에 걸맞은 배려를 하고 있다.

---

36) Samuel Beckett, "Dante...Bruno.Vico..Joyce," in *Disjecta*, ed. Ruby Cohn (Grove Press, 1984).

3) 국제적 교류의 확대

이제 비코 연구는 점차 세계적으로 번져나가고 있고, 때로는 국제적인 협력 속에 공동 연구가 이루어지기도 한다. 그렇지만 그 연구를 주도하는 나라는 미국, 이탈리아 그리고 독일로 압축되는데, 각 나라마다 연구 경향에 차이가 보인다. 먼저, 이탈리아의 비코 연구는 나폴리에 있는 비코 연구소(Centro di Studi Vichiani)가 중심이 되어 이루어지며 이 연구소에 의해 1971년부터 발간되고 있는 『학회지』(*Bollettino*)는 이탈리아 학자들의 학문적 업적 교류의 터전을 이루고 있다. 크로체와 니콜리니의 전통을 계승한 이탈리아 학자들은 여전히 문헌학적, 역사적인 방법을 주로 사용하여 비코의 사상을 그 자신의 시대에 정당히 안착시키는 것을 목표로 하고 있다. 이러한 관점에서 이들은 한동안 비코 연구의 유행을 이루었던 '19세기 사상의 선구자'로서의 비코라는 신관념주의적 해석을 거부하고 바로크 시대와 계몽주의 시대의 문화상에 초점을 맞추어 그 일부로서 비코를 파악하려 한다. 따라서 이들이 비코를 이후의 사상가들과 비교 연구할 경우, 이들은 대체로 비코와 후대 사상가들과의 유사성보다는 차이점을 밝힘에 목적을 두고 있다. 이러한 측면에서 볼 때 이들이 비코 사상의 내적인 전개 과정을 밝히는 데 더 큰 노력을 경주하고 있다는 사실은 당연한 추세라 할 수 있을 것이다.

한편 1924년에 이루어진 『새로운 학문』에 대한 에리히 아우어바흐의 부분적인 번역에 의해 미국의 학자들보다 일찍 비코의 사상에 접할 수 있었던 독일의 학자들은 수사학자로서의 비코에 더 큰 비중을 두고 있다. 즉 독일 학자들의 관점에 의하면 르네상스 인문주의자들의 수사학에 대한 관심은 비코에 이르러 절정에 이르렀으며, 비코가 나눈 '문헌학'과 '철학'의 구분은 독일의 관념철학에서 중요한 위치를 차지하는 '정신과학'과 '자연과학'의 구분의 선구적 역할을 한 것이었다. 그에 따라 비코는 독일 학자들로부터 '정신과학'(Geisteswissenschaft)의 진정한 창시자로 숭앙받게 된다. 독일 학자들은 비코의 철학에 내재하는 해석학적인 요소, 즉 '진리는 만들어진 것'이라는 베룸 입숨 팍툼(verum ipsum factum)의 원리에 큰 중요성을 부여하고 있는바, 여기에는 일말의 진리가 담겨 있기는 하지만 이들의 연구는 비코 자신을 위한 연구라기보다는 독일의 관념철학 자체를 위한 연구라는 인상을 준다.

이와 비교할 때 미국의 비코 연구는 학문교류적(interdisciplinary) 성격이 짙다. 인문사회과학 전반에 걸친 학문 분야에서 지니는 비코의 의미에 대한 규명은 실로 인간 지식의 통합이라는 거대한 문제를 지향하는 단계라 할 수 있을 것이다. 본질적으로 비교 연구의 성격을 지니는 미국의 비코 연구는 이탈리아 학계의 경향과는 달리 비코와 다른 사상가들 사이의 차이점보다는 유사성의 규명에 초점을 맞추며, 그 결과 때로는 그 차이점을 지나치게 경시한다는 비난을 받기도 한다.

나라들마다 연구 경향에 약간의 차이가 있기는 하지만, 그보다 더 중요한 것은 국제간의 교류를 통해 비코의 연구를 한층 격상시키려는 시도가 본격화되고 있다는 사실이다. 그 대표적인 예가 2005년 11월 나폴리에서 열렸던 국제학술대회였다. 그 학술대회의 명칭은 "비코와 동양: 중국, 일본, 한국"이었다. 제1부는 '비코의 동양'으로 비코 및 당시 나폴리 학자들이 묘사한 동양의 모습에 대한 발표가 있었고, 제2부는 '동양의 비코 연구'로서 중국과 일본과 한국에서 진행되고 있는 비코 연구의 현재 상황에 대한 발표가 있었다. 제3부의 제목은 '동양과 서양 사이에서 통용될 수 있는 주제'로서 예컨대 중국의 상형문자가 비코의 사유 체계 속에서 갖는 의미에 대한 논문이 발표되었다. 이틀에 걸친 논문 발표가 비코가 수사학 교수로 있었던 나폴리 대학교에서 있은 뒤 사흘째에는 나폴리 동양대학교에서 발표자 전원의 원탁 토론이 있었다. 어쨌든 이 학술대회 최대의 성과는 거의 서양 사람들에 의해 진행되어오던 비코에 대한 논의와 연구가 전 세계적으로 확대되었다는 것을 확인할 수 있었다는 사실이다. 이 학술대회에서는 동양의 세 나라와 홍콩은 물론 미국, 캐나다, 이탈리아, 프랑스의 많은 학자들이 발표와 토론에 참여했다.[37] 확실히 이제 비코는 전면에 나섰다.

37) 이 학술대회의 발표문과 토론문은 다음과 같이 출판되었다. David Armando, Federico Masini, Manuela Sanna eds., *Vico e l'Oriente: Cina, Giappone, Corea* (Tiellemedia Editore, 2008). 나는 이 학술 대회에 한국 대표로 참가하여 다음과 같은 논문을 발표했고, 마지막 날의 원탁 난상토론에 참여했다. Hanook Cho, "History and Situation of Vico Studies in Korea," pp. 203~214.

III
『새로운 학문』의 구성과 내용

1) 알레고리 그림과 그에 대한 설명

비코의 『새로운 학문』의 초두에는 알레고리 그림이 실려 있다. 일반적으로 "디핀투라"라고 불리는 이 표제화에 대해 비코는 "독자가 이 저작을 읽기 전에 그 개념을 파악하는 데 도움이 되도록 하고, 책을 읽은 뒤에도 상상력이 제공할 수 있는 도움을 통해 이 책의 개념을 더 쉽게 기억할 수 있도록 하기 위해서" 첨부했다고 밝히고 있다.[38] 그것은 신과 현실 세계 사이의 관계를 묘사하고 있다.[39] 하늘에 떠 있는 삼각형 속의 눈은 신으로서, 눈에서 나오는 빛은 여성의 가슴을 비추는데, 그 여성은 형이상학을 가리킨다. 형이상학은 자연 세계를 뜻하는 지구의를 밟고 있다. 두꺼운 구름과 숲이 개간지를 둘러싸고 있는데, 그곳에는 인간 사회에서 볼 수 있는 잡다한 물건이 있고, 그 가운데 특히 눈에 띄는 것은 시민법의 기원을 상징하는 파스키스이다. 왼쪽에는 형이상학의 가슴에서 반사된 빛이 호메로스의 동상을 비추고 있다. 호메로스는 서양

38) 이 그림에 대한 설명은 다음을 참고할 것. Margherita Frankel, "The 'Dipintura' and the Structure of Vico's *New Science* as a Mirror of the World", in Giorgio Tagliacozzo (ed), *Vico: Past and Present*(Humanities Press, 1981), p. 43.

39) Donald Phillip Verene, *Vico's Science of Imagination*(Cornell University Press, 1981), p. 17.

문명에서 알려진 최초의 시인이다. 중앙에는 하늘과 땅을 나누고, 숲과 개간지를 분리시키는 돌로 된 제단이 있는데, 그 한구석에 형이상학이 올라서 있는 지구의가 있다. 제단 위에는 다른 물건들도 있는데, 특히 눈에 띄는 것은 전조를 알기 위한 제기로서, 그것은 점복(占卜)을 의미한다. 이 그림은 신성한 것과 세계를 구분시키며, 세계는 또다시 자연적인 것과 인간적인 것으로 구분된다. 이러한 두 가지의 구분 속에서 어두움과 밝음, 땅과 하늘, 숲과 개간지, 점복과 인간 사회의 관행, 형이상학과 시가 명백한 대비를 이룬다.

실로 상당한 길이에 달하는 『새로운 학문』의 서문은 이 알레고리 그림에 대한 설명으로서, 비코는 그 그림의 세세한 부분까지 상세하게 해설하며 그것이 『새로운 학문』의 주요 개념을 어떻게 예증하고 있는지 밝히고 있다. 비코가 『자서전』에서 밝히고 있듯, 이 디핀투라는 1725년에 나온 『새로운 학문』의 초판본이 아니라 1730년에 출간된 재판본에 처음 등장한다. 비코는 초판본에서 잘못된 점들을 인식하고 그것을 황급히 수정하고 있었다. 수정하는 과정에서 이미 재판본의 인쇄를 진행시킬 정도로 작업을 서둘렀으나 마지막 순간에 차질이 생겼다. 이미 나폴리에서 절반 정도의 인쇄가 끝났는데, 이 저작을 함께 출판하기로 했던 베네치아에서 최후통첩이 날아와 "이미 인쇄된 86페이지의 분량"을 줄이라는 것이었다. 그것은 이 책을 광고하는 내용이었다.[40] 비코는 그렇게 삭제

---

40) *The Autobiography of Giambattista Vico*, trs., Max Harold Fisch & Thomas

된 부분을 대체하기 위해 마지막 순간에 디핀투라와 그에 대한 설명을 삽입하였다.

어찌되었든 그 알레고리 그림을 통한 설명은 르네상스의 전통을 따르고 있다. 즉 그것은 인문학이든 자연학이든 모든 주제를 간결한 기억 이미지로 바꿀 수 있고, 그 이미지는 장황한 담론에 비해 훨씬 우월할 것이라고 생각했던 르네상스 시대의 수사학의 영향을 많이 받았다는 것이다. 조르조 탈리아코초가 지적하듯, 비코의 『새로운 학문』의 서론은 르네상스 시대 이탈리아에 널리 퍼져 있던 '인위적 기억'의 개념을 따르고 있다.[41] 고대 로마에서 키케로와 퀸틸리아누스는 기억의 기능과 작동 과정에 대해 고찰했고, 중세에는 알베르투스 마그누스와 토마스 아퀴나스가 그 과업을 이어받았다. 르네상스 시대에는 이탈리아의 많은 사상가와 저술가들이 기억에 대한 연구를 확장시켜 그 정점에 도달하게 되었지만, 17세기에 이르면 갑자기 그 열기가 사라져 이후 인간의 문화에서 자취를 감췄다.[42] 비코가 저술 활동을 했던 1720년대부터 1740년대까지는 앞서 언급했던 것처럼 기억술이라는 것이 이미

Goddard Bergin(Cornell University Press), 1944, p. 194. 피시는 아마도 비코가 로돌리 신부로부터 타협조의 편지를 받고 그렇게 결정했으리라고 추측한다. Ibid, p. 221, n. 198.

41) Giorgio Tagliacozzo, "Epilogue" in Giorgio Tagliacozzo & Hayden White (eds.), *Giambattista Vico: An International Symposium*(Johns Hopkins University Press), 1969, pp. 599~600.

42) Margherita Frankel, op. cit, p. 44.

"죽은 사상의 연옥" 속으로 들어갔던 시기였다.[43] 바로 그 시기에 비코는 기억력에 큰 중요성을 부여했다. 어쩌면 기억력에 대한 비코의 언급은 바로 이 주제에 대한 르네상스 시대의 잘 익은 결실을 마지막으로 내뱉던 백조의 노래라고 말할 수도 있을 것이다. 이 맥락에서 그 표제화는 기억력을 돕기 위한 도구로 이용된 것이다.

비코는 이 알레고리 그림이 『새로운 학문』이라는 저작 전체의 개념을 요약하고 있다고 말하는데, 그것은 다음과 같다. "그림의 배경에 있는 암흑은 이 『새로운 학문』의 소재로서, 그것은 불확실하고 형체가 없고 모호한데, 연표와 그것에 대한 주에서 설명하고 있다. 신의 섭리가 형이상학의 가슴을 비추고 있는 빛줄기는 공리와 정의와 준거를 뜻한다. 이 『새로운 학문』은 그것들을 요인으로 삼아 그것의 근거가 되는 원리와 그것이 진행되는 방법을 추론하려 한다. 그 모든 것들은 제1권에 포함되어 있다. 형이상학의 가슴에서 호메로스의 동상으로 반사된 빛은 제2권에서 시적 지혜에 부여된 바로 그 빛이자, 제3권에서 참된 호메로스를 밝혀주는 바로 그 빛이다. '참된 호메로스의 발견'에 의해 이러한 민족의 세계를 구성하고 있는 모든 것들이 명확해지며, 그것은 참된 호메로스로부터 나온 빛이 상형문자들을 비추는 순서에 따라 그 기원을 추적한다."[44]

43) Frankel, loc. cit.
44) SN, p. 66.

2) 원리의 확립

앞선 인용문에서 밝힌 것처럼 비코는 제1권에서 먼저 연표를 제시하고 그것에 대한 설명을 제공한다. 그 이유는 불확실하고 모호한 인간사에 실체를 제공하기 위해서인데, "모든 세계는 신의 시대, 영웅의 시대, 인간의 시대라는 세 개의 시대를 거쳐 진행되어 왔다고 말했던"[45] 이집트인들의 선례를 따른 구분 속에서 "대홍수로부터 시작하여 제2차 카르타고 전쟁에 이르기까지 히브리인, 칼데아인, 스키타이인, 페니키아인, 이집트인, 그리스인, 로마인의 고대 세계의 모습"[46]을 개괄하고 있는 것이다. 그 연표에 대한 설명의 말미에 비코는 자신이 배정한 여러 사건들의 연대가 추론에 불과할지 모른다 할지라도 거기에 기원을 확정지을 수 있는 과학적 원리를 적용시킨다면 그 추론이 확실한 사실이 될 수 있으리라는 희망을 피력함으로써[47] 『새로운 학문』에 적용된 원리와 방법을 논하는 다음 단계로 넘어간다.

먼저 비코는 『새로운 학문』을 구성하는 요인을 말하면서 문헌학적 공리(公理) 또는 정리(定理)를 제시한다. 그것은 이 저작에서 다루고 있는 여러 민족들에게 공통적으로 적용될 수 있는 인간의 본성에 관한 비코 나름의 진리를 가리킨다. 그것은 기하학의 방법과 다르지 않다. 기하학에서는 사람들 사이에서 합의가 되어 논증이

45) SN, p. 89.
46) SN, p. 71.
47) SN, p. 146.

필요하지 않은 '공리'를 먼저 제시하고 그것으로부터 다음의 논증 단계로 넘어간다. 예컨대 원이 360 를 이룬다는 것은 증명할 필요가 없는 공리인데, 그것으로부터 출발하여 기하학의 여러 정리가 증명되기 시작한다. 그런 이유에서 모밀리아노는 비코의 『새로운 학문』의 재판본에 "기하학적 방식"(mos geometricus)이 사용되었다고 말한 것이다.[48] 그러한 여러 공리들 중에서도 특히 중요한 것은 "인간은 인간 정신의 불명확한 본성 때문에 무지로 빠져 들어갈 때마다 자기 자신을 만물의 척도로 만든다"[49]라는 금언인데, 그것으로부터 인간의 역사를 왜곡시켜왔던 두 가지의 오류인 "민족의 자만심"과 "학자의 자만심"이 발생한다.

"민족의 자만심"이란 비코가 그리스의 역사가 디오도로스 시쿨로스로부터 차용한 개념으로서, "모든 민족은 자만심을 갖고 있어서 다른 모든 민족들보다 앞서 자신들이 인간 삶의 안락함을 발견하였고, 그들의 역사에 대한 기억이 세계의 출발점으로 거슬러 올라간다"라고 믿어왔다는 것이다.[50] "학자의 자만심"이란 학자들마다 "그들이 알고 있는 것이 세계만큼이나 오래되었기를 바란다"라는 허영심을 가리킨다.[51] 그 두 가지는 허약한 인간 본성과 타락한 인간 지성의 근원인데, 도널드 켈리에 따르면 그에 대해 비코가 마련해둔 유일한 해결책은 "순수한 이성을 따르는 것이 아니라

48) Momigliano, op. cit., p. 254.
49) SN, p. 148.
50) SN, p. 149.
51) SN, p. 150.

위대함과 부조리함 모두에 있어 다양성과 극단성을 보여주는 인간 문명의 과거를 탐색하는 것"[52]이었다. 비코에게 그 구체적인 방법은 "학문은 그것이 다루는 소재로부터 출발해야 한다"[53]라는 공리로 돌아가는 것이었다. 이것은 말로는 간단한 것처럼 보인다 할지라도 실행하기에는 대단히 큰 어려움이 따르는 방법이다.

어쨌든 이러한 공리를 통해 비코는 『새로운 학문』을 관통하는 원리에 도달하게 되는데, 그 원리는 다음과 같다. "우리와는 가장 멀리 떨어진 최초의 고대를 감싸고 있는 두꺼운 어둠의 밤 속에 꺼지지 않는 영원한 진리의 빛이 나타난다. 누구도 의심할 수 없는 그 진리란 사회 세계는 인간이 만든 것이 확실하고, 따라서 그 원리는 인간 정신이 표출되는 여러 양태 속에서 찾을 수 있으며, 그렇게 찾아야 한다는 것이다. 이 문제에 대해 깊이 생각해본 사람이라면 신이 만들었기 때문에 신만이 알 수 있는 자연 세계에 대한 학문을 철학자들이 진지한 열정을 다해 추종해왔다는 사실에 놀라야 마땅하다. 철학자들은 인간이 만들었기 때문에 인간이 지식을 얻을 수 있는 민족의 세계 또는 사회 세계에 대해 사색하는 것을 간과했다. 그렇게 터무니없는 결과가 초래된 것은 인간 정신의 나약함 때문이다. 즉 육체 속에 잠겨 있고 묻혀 있는 인간 정신은 자연적으로 형체가 있는 사물 위주로 인식하려는 경향이 있어

52) Donald R. Kelley, "Vico's Road: From Philology to Jurisprudence and Back," in Giorgio Tagliacozzo & Donald Phillip Verene (eds.), *Giambattista Vico's Science of Humanity*(The Johns Hopkins Press, 1976), p. 15.

53) SN, p. 216.

서 정신 자체를 이해하려면 많은 노력과 공을 들여야 하기 때문이다. 그것은 마치 눈이 외부의 모든 대상을 보지만 그 자체를 보려면 거울이 필요한 것과 같은 이치이다."[54] 이 인용문이 갖는 중요성은 데카르트의 기하학적 방법을 이용하여 바로 그 데카르트를 논박하며 역사학을 비롯한 인문학이 마땅히 연구해야 하는 대상은 인간의 사회이고 인간의 역사라는 사실을 일깨워놓았다는 데 있다. 그 인간 사회에 공통적인 원리로서 비코는 종교와 혼례와 매장을 꼽는다.[55]

다음으로 비코는 방법을 논하며 거기에서 "학문은 그것이 다루는 소재로부터 출발해야 한다"는 공리에 구체적인 내용을 부여한다. 즉 그 말은 인간 사회 속에서 일어났던 일들을 이해하기 위해서는 초기의 인간들이 "인간적으로 생각하기 시작하였던 시점부터 우리의 논리를 풀어나가기 시작해야 한다"[56]라는 것이다. 즉 초기의 인간들이 야만적이고 기괴하고 난폭하였다면 그러한 조건 속에서 그들이 남긴 자취를 이해하려고 해야 하는 것이지, 후대에 만들어진 세련된 문명의 척도를 그들에게 들이대어서는 안 된다는 것이다. "참된 호메로스의 발견"을 위해서도 이것은 가장 중요한 전제조건인 것으로서, 후대의 철학자들이 후대의 발전된 문명을 호메로스의 시에 대한 해석에 적용시켜 수많은 오해를 낳았다는 것이다.

54) SN, p. 224.
55) SN, p. 225.
56) SN, p. 232.

3) 시적 지혜

원리와 방법론에 대한 고려를 마친 뒤 비코는 『새로운 학문』의 본론의 출발점이라 할 수 있는 제2권에서 "시적 지혜"에 대한 고찰로 넘어간다. 시는 비코에서 대단히 중요한 개념이다. 왜냐하면 비코에 따르면 인간은 본성적으로 태어날 때부터 시인이었기 때문이다. 본디 무지했던 초기의 사람들은 "사물을 발생시키는 자연적 원인을 알지 못하고 비슷한 사물을 통해서조차 설명하지 못할 때 그들은 자신들의 속성을 그 사물에 부여했다."[57] 따라서 인간은 알지 못하는 대상에 마주칠 때 그것을 자기 자신과 비교하여 이해하려 했다. 즉 비유적으로 이해하려 하였다는 것이다. 따라서 초기의 인간은 무감각한 사물에 감각과 감정을 불어넣으려 하는데 그것은 마치 생명이 없는 물건을 손에 잡고 마치 살아 있는 사람을 대하듯 장난치고 말을 거는 어린아이들의 특성과도 같다.[58] 따라서 세계가 어렸을 적에는 사람들은 본성적으로 숭고한 시인들이었다는 것이다.[59]

따라서 앞서 논했던 것처럼 "학문은 그것이 다루는 소재로부터 출발해야 한다"는 비코의 공리를 받아들여 인간 사회에서 통용되는 여러 지식을 파악하기 위해 그 출발점으로 돌아가려 한다면 당연히 "시적 지혜"로 되돌아가야 하는 것이다. 그 초기의 시인들이

57) SN. p. 170.
58) SN. p. 172.
59) SN. p. 172.

먼저 민중의 지혜에 대해 처음에 느꼈고 그 뒤에야 철학자들이 비교(秘敎)의 지혜에 대해 이해하게 되었다. 그런 이유로 시인은 인류의 감각이며 철학자는 인류의 지성이라고 말할 수 있는 것이다. 그러면서 비코는 칸트를 예견하듯 인간 정신은 먼저 감각으로부터 어떤 계기를 얻지 못했던 대상에 대해서는 이해하지 못한다고 단언한다.[60] 따라서 초기의 시적 지혜는 조야한 지혜에 불과했지만 그것으로부터 문명이 출발하게 되었던 것이다.

비코는 그 시적 지혜를 다음과 같이 분류한다. 모든 사물의 기원은 본성적으로 조야했던 것이 확실하다. "이러한 모든 이유로 우리는 시적 지혜의 출발점을 조야한 형이상학에 부여하여야 한다. 그 형이상학을 나무줄기로 하여 거기에서 논리학, 도덕, 경제학, 정치학이 가지 쳐 나왔는데 그 모두가 시적이었다. 또 다른 가지에서는 물리학이 나왔는데 그것은 우주론과 천문학의 어머니라고 불린다. 천문학은 연대기와 지리학이라는 두 딸에게 확실성을 주었다. 이 모든 학문들 역시 시적이다. 우리는 민족들마다 문명의 창시자들이 자연 신학, 즉 형이상학으로 어떻게 신을 상정했는지 확실하고 분명하게 보여줄 것이다. 그들이 어떻게 논리학으로 언어를 발견했고, 도덕으로 영웅을 탄생시켰으며, 경제학으로 가정의 기초를 닦았고, 정치학으로 도시를 창건하였는지, 인간에게만 특수한 물리학으로는 모든 신성한 것의 원리를 확립하였는지, 우주론으로는 신들의 우주를 그들 스스로가 상정하였는지, 천문학

60) SN. p. 249.

으로는 행성과 별자리를 어떻게 지상에서 천상으로 옮겼는지, 연대기로는 시간에 시작을 부여하였는지, 지리학으로는 예컨대 그리스인들이 그리스 내부에서 세계[전체]를 기술하였는지 보여주리라는 것이다."[61]

즉 비코는 "시적 지혜"를 통해 당시까지 인간의 사회에서 통용되던 모든 학문 분야의 기원을 논하고 있는데, 놀라운 것은 데카르트와 뉴턴을 필두로 자연과학이 약진한 이래 모든 사람들이 의심의 여지가 없는 자연과학 속에서 진리를 찾으려던 당시 물리학이나 천문학 같은 최첨단의 자연과학 분야조차 그 출발점이 인간사회에 대한 연구에 있었다는 통찰을 제시하고 있는 것이다. 비코는 이러한 사실을 밝힌 자신의 저작『새로운 학문』에 대해 큰 자부심을 가졌던 것이 확실하다. 그는 곧 이렇게 덧붙인다. "이런 방식으로『새로운 학문』은 곧 인류의 관념과 관습과 행적의 역사가 된다. 이 셋으로부터 인간 본성의 역사에 대한 원리가 출현하게 됨을 알게 될 것이다. 그것이 세계사의 원리인데, 지금까지는 그 원리가 없었던 것으로 보인다."[62]

4) 참된 호메로스의 발견

여기에서 비코는 "참된 호메로스의 발견"이라는 제목으로 제3권을 만들었다. 전체적인 책의 구성으로 볼 때 어느 정도 의외로 보이

61) SN, p. 253~254.

62) SN. p. 254.

는 만큼 이에 대해서는 다소 상세한 설명이 필요할 것으로 보인다.

비코는 이 제3권의 서론에서 제2권을 상기시키며 시적 지혜란 민중의 지혜와 다르지 않다고 말하면서 호메로스의 양대 서사시 역시 예외가 아니라고 주장한다. 비코는 이미 공리를 통해 "호메로스의 시가 그리스 사람들의 고대 관습에 대한 역사였다면 그것은 그리스 민족의 자연법에 대한 양대 보고일 것"[63]이라고 밝힌 바 있다. 그것은 증명되어야 할 명제이지만, 그것을 위해서는 넘어야 할 산이 있으니, 플라톤이 호메로스의 서사시에는 "비교(秘教)의 장엄한 지혜"[64]가 숨겨져 있다는 견해를 확고하게 밝혔고, 다른 철학자들이 그의 뒤를 따랐기 때문이다. 그런데 고대의 현인들이 가졌다고 하는 이 비교의 장엄한 지혜야말로 인간사의 기원을 불투명하게 만든 민족의 자만심과 학자의 자만심이 아닐 수 없다. 그렇지만 플라톤 덕분에 사람들은 호메로스의 서사시를 합리적인 역사가 담긴 자료인 것처럼 읽으며, 초기의 인간사의 본질이 그 합리성에 부합하는 것처럼 읽어왔다.[65] 비코는 호메로스의 서사시에 담겨 있다는 그 철학적 합리성을 부정해야 했다. 호메로스를 철학적 지혜를 갖춘 사변적 시인이 아니라 민중의 지혜를 대변하는 시인으로 만드는 일이 바로 그것이었다.

또한 장엄한 철학적 시라고 한다면 인간성을 고양시키는 격조

63) SN, p. 159.
64) SN, p. 647.
65) Caponigri, op. cit., p. 190.

와 품위를 지키고 있어야 한다. 비코는 호메로스의 서사시가 합리성을 대변하지도, 인간성을 함양시키는 문체를 구사하지도 않는다는 점을 지적함으로써 플라톤의 견해를 비판한다. 비코는 이렇게 말한다. "시의 목적이란 민중의 교사가 되어 그들의 잔인성을 교화시키는 데 있다. 따라서 민중의 잔인한 감정과 관습을 잘 안다고 할지라도 그에 대해 민중이 찬탄하고 즐거움을 느끼게 만들어 그러한 즐거움을 인정하도록 만드는 것은 현명한 사람이 할 일이 아니다."[66] 그런데 호메로스가 바로 그렇게 현명하지 못한 일을 하고 있다는 것이다.

호메로스에 등장하는 신과 영웅들은 서로에게 욕설을 주고받으며, 음주를 통해 고통을 위안 받으려 한다. 게다가 그들의 행동은 모욕을 받은 것에 대한 분노와 그에 대한 보복에서 비롯된 것에 불과하다. 다시 비코의 말을 직접 들어보자. "맹주 아가멤논이라는 사람의 지혜라고 하는 것에는 '어리석음'이라는 말보다 더 적절한 이름을 붙일 수 있을까? 크리세이스를 납치해간 것 때문에 아폴론이 잔인한 역병을 돌게 하여 그리스 군대를 몰살시키자 아가멤논은 아킬레우스의 압박을 받아 납치했던 크리세이스를 아폴론의 신관이었던 그녀의 아버지 크리세스에게 돌려보냈다. 그 뒤 모욕을 받았다고 생각한 아가멤논은 자신의 지혜로부터 나온 정의로운 행동으로 명예를 회복할 수 있으리라 믿었다. 그것은 트로이의 운명을 쥐고 있는 아킬레우스에게서 브리세이스를 빼앗아오는

66) SN, p. 649.

것이었다. 화가 난 아킬레우스가 그의 군대와 전함을 이끌고 물러났고 헥토르는 역병에서 살아남은 그리스인들을 전멸시켰다."[67]

이미 이전에 르네상스 시대 이탈리아의 고전학자 율리우스 카이사르 스칼리제르는 호메로스가 거의 모든 비유를 짐승이나 그 밖의 야만적인 사물에 견준다는 사실에 분개했다. 그것을 거칠고 야만적인 민중을 이해시키기 위해서는 불가피한 것이었다고 인정한다 할지라도, 비유할 수 없는 것을 비유함으로써 큰 성공을 거둔다는 것은 확실히 어떤 종류의 철학에 익숙하거나 그 빛을 본 사람에 어울리지 않는 일인 것은 확실하다. 또한 그리도 많고 다양한 피비린내 나는 전투를 묘사하면서 사용하는 비정하고 잔혹한 문체도 어떤 철학에 가닿아 교화된 정신에서 나온 것은 아니다. 특히 『일리아스』의 장엄함을 이룬다는 잔인한 학살의 묘사가 그러한 것이다.[68]

호메로스가 장엄한 철학적 지혜를 숨기고 있다는 주장에 대한 비코의 비판은 신랄하게 이어진다. 그는 철학의 지혜를 연구함으로써 확립되고 확고해지는 안정된 정신은 그리도 경박한 신이나 영웅을 그려낼 수 없다고 말한다. 왜냐하면 어떤 자들은 너무도 감정이 격해져 고통을 받다가도 그에 반대되는 사소한 일로도 곧 조용해지고 평정을 찾는다. 어떤 자들은 극심한 분노로 끓어오르다가도 슬픈 일을 회상하면서 울음보를 터뜨린다. 어떤 자들은 침착

67) SN, p. 650.
68) SN, p. 651.

하고 조용하게 있다가도 다른 사람이 무심결에 한 말이 자신의 기분에 맞지 않는다고 폭력을 행사하며 참혹하게 죽여버리겠다고 말할 만큼 화를 낸다. 밤에 메르쿠리우스의 도움을 받아 헥토르의 시신의 몸값을 치르기 위해 그리스군의 진중으로 찾아온 프리아모스를 자신의 막사에서 맞아들인 아킬레우스의 태도가 그러한 것이었다. 아킬레우스는 프리아모스와 식사를 했다. 그 불행한 아버지는 용감했던 아들에 대한 연민을 무심결에 입 밖으로 내뱉었는데, 그것이 아킬레우스의 심기를 건드린 것이다. 아킬레우스는 손님을 환대해야 한다는 신성한 법도도 잊고, 그를 전적으로 신뢰했기에 프리아모스가 홀로 찾아왔다는 사실도 고려하지 않은 채, 그 왕에게 내려진 수많은 불행이나 그러한 아버지에 대한 동정이나 노인에게 보여야 할 존경심도 없이, 또한 그 무엇보다도 큰 연민을 불러일으키는 공동의 운명에 대해서도 냉담하게 자신의 야수적인 분노를 폭발시켜 "네 목을 잘라버리겠다!"라고 호통을 칠 지경에 도달한 것이다.[69]

바로 이 아킬레우스는 아가멤논에 의해 이루어진 사적인 모욕을 불경하다고 말할 수 있을 만큼이나 용서하지 않았다. 그 모욕이 아무리 심각한 것이었다 할지라도 자신의 조국이나 민족 전체의 몰락으로 앙갚음을 하는 일은 결코 정당화될 수 없었다. 트로이의 운명을 자신의 손안에 쥐고 있는 그가 그리스인들 모두가 파멸되면서 헥토르에게 비참한 패배를 맞는 것을 보며 즐거워하고

69) SN, p. 652~653.

있는 것이다. 조국에 대한 사랑이나 민족의 영광도 그들을 돕도록 그를 움직이지 못한다. 마침내 그가 그들을 도운 것은 단지 그의 친구 파트로클로스가 헥토르에 살해당해 생긴 개인적 슬픔을 달래기 위해서였다. 또한 브리세이스를 빼앗긴 것에 대해서는 죽은 뒤에도 위로받지 못했다. 단지 한때 부유하고 강력했지만 이제는 몰락한 프리아모스 왕가의 불행한 아름다운 처녀 폴리크세나가 비참한 노예가 되어 그의 무덤 앞에 산 제물로 바쳐져서 그의 유해의 재가 그녀의 피를 마지막 한 방울까지 빨아들이기 전까지는. 이해의 한계를 넘어서는 것에 대해서는 말할 필요조차 없다. 그리하여 비코는 이렇게 되묻는 것이다. "호메로스의 또 다른 서사시 『오디세이아』를 가득 채우고 있는 이야기들은 아이들에게 옛날이야기를 해주는 할머니에게나 어울릴 법한데, 철학자가 갖는 사고의 진중함과 격식을 갖춘 자가 그 이야기들을 만들었다고?"[70]

결과적으로 그렇듯 조야하고, 비열하고, 잔인하고, 거칠고, 불안정하고, 비합리적이고, 비논리적으로 완고하고, 경박하고 어리석은 관습은 어린아이처럼 정신이 나약하거나 여인처럼 상상력이 강하거나 감정이 요동을 치는 청소년에게나 속하는 것이다.[71] 따라서 비코는 호메로스가 어떤 숨겨진 철학적 지혜를 갖고 있다는 주장을 부정한다. 문제는 『일리아스』와 『오디세이아』에 나타나는 등장인물들의 그러한 행동들은 물론 그 두 작품에서 보이는 주인공

---

70) SN, p. 653~654.
71) SN, p. 654.

들인 아킬레우스와 오디세우스의 성격이 절대적으로 상반됨에도 불구하고 그 두 저작의 사실성은 물론 그 둘이 창의적인 상상력의 결과로 나타난 시라는 것을 인정해야 한다는 사실에 있다.[72] 그것은 큰 장애물이지만 비코에게는 "참된 호메로스를 찾기 위한 필요성을 제기하는 의혹의 출발점"[73]일 뿐이었다.

출발점은 호메로스라는 인물의 실체를 찾는 일에 존재한다. 비코는 호메로스의 조국을 묻고 그의 시대를 묻는다. "그리스의 거의 모든 도시가 호메로스의 고향이라고 다투어왔다."[74] 그 이유는 그 서사시에서 보이는 문구나 사투리가 그들의 토속어에 있기 때문이다.[75] 서사시에 등장하는 인물들의 관습이나 사용하는 물건, 음식을 먹는 방법까지 거론하며 비코는 그들의 우아한 생활의 방식이 그들의 야만적이고 잔인한 행동과 모순을 이룸을 보여준다. 결국 비코는 『일리아스』와 『오디세이아』를 동일한 한 명의 작가가 노래했다고 믿어왔던 통념과 달리 호메로스는 그리스의 "평범한 민중의 한 사람이 아니었을까"[76] 하는 강력한 의심을 제기하며, "그리스의 역사를 노래로 말한 한 그는 그리스인들의 영웅에 대한 관념 또는 그 시적 인격체였다"[77]라는 결론으로 향하는 것이다.

---

72) Caponigri, op. cit., pp. 190~191.

73) SN, p. 654.

74) SN, p. 654.

75) SN, p. 656.

76) SN, p. 664.

77) SN, p. 696.

시적 인격체의 본질은 역사적인 것이기에 호메로스의 서사시는 그리스 초기 시대와 관련된 역사적 의미를 포함하고 있다.[78] 그러한 역사는 "민족의 공동적인 기억을 보존하고 있음이 마땅하다."[79] 비코는 그 서사시들의 "표현이 서투르고 상스러운 것은 그리스어의 형성기에 그리스인들이 그 언어로 자신을 표현하려고 애는 쓰지만 그 능력이 극도로 빈곤하였기에 생기는 불균형의 결과"[80]라고 단언한다. "설사 호메로스의 시가 숨겨진 지혜의 가장 장엄한 신비를 포함하고 있다 할지라도, 그것이 표현된 방식은 철학자에 어울리는 솔직하고 질서 잡히고 신중한 정신에 의해 고안된 것이 아니다."[81] 비코는 더 나아가 플라톤과 그 이후의 철학자들이 호메로스의 서사시에는 "비교(秘敎)의 장엄한 지혜"가 숨겨져 있었다고 믿었던 것과는 정반대로 그 숨겨진 지혜는 "후대에 출현한 철학자들에 의해 호메로스의 신화에 침투되었다"[82]라고 논하는 것이다.

결국 호메로스는 자연 속에 실재하는 인물이 아니었다. 그것은 시에 대한 비코 자신의 견해와 일치한다. 비코의 결론은 다음과 같다. "우리는 이미 호메로스 이전에 시인들의 세 시대가 있었다는 것을 논증했다. 첫 번째는 신학 시인의 시대로, 그들 자신이 영웅

78) SN, p. 673.
79) SN, p. 673.
80) SN, p. 678.
81) SN, p. 678~679.
82) SN, p. 680.

으로서 진실하고 엄정한 신화를 노래했다. 두 번째는 영웅 시인의 시대인데, 그들은 신화를 변경하고 타락시켰다. 세 번째가 호메로스의 시대인데, 그들은 변경되고 타락한 신화를 받아들였다. 최초의 민족들에 의해 자연적으로 형성되었던 관념들을 설명하는 데 도움이 되었던 가장 어두운 고대의 역사에 대한 형이상학적 비판은 이제 철학자들이 지금까지 모호하고 혼란된 방식으로 기술해 왔던 극시인들과 서정 시인들의 역사를 석명하고 구분할 수 있도록 해줄 것이다."[83] 풀어 이야기하자면 호메로스의 서사시에 나오는 등장인물들의 정체를 밝히고 그 신화를 연구하는 일의 목적은 "그리스의 문화가 여전히 야만적이었던 시대에, 즉 그리스의 영웅 시대에 참된 인간 문명의 역사"[84]로서 해석하는 일이 되어야 한다는 것이다. 비코는 그 일을 한 것이다.

앞서 비코는 문헌학자들의 오류에 대해 다음과 같이 밝힌 바 있다. "우리가 여기에서 다루고 있는 초기의 영웅시대는 초기 민족의 영웅주의에 대해 논해야 할 엄중한 필요성을 제기한다. 이 영웅주의는 고대인들의 비견할 바 없는 지혜의 결과로 태어났다고 철학자들이 상정했던 것과는 완전히 다르다. 그 철학자들은 '사람들', '왕', '자유'라는 세 개의 단어에 대해 잘못 정의를 내린 문헌학자들에 의해 오도되었기 때문이다. 그들은 영웅시대의 '사람들'에 평민도 포함된다고 생각했고, 그 시대의 '왕'을 군주라 받아들였으며,

---

83) SN, p. 707.

84) Caponigri, op. cit., p. 197.

'자유'를 민중의 자유로 받아들였던 것이다. 게다가 그들은 이 세 개의 단어에 그들 자신의 세련되고 학식 높은 정신에나 적절한 세 가지의 관념을 적용시켰다."[85] 그것이 모든 그릇된 해석의 출발점이었다.

비코는 그러한 그릇된 해석을 배제할 수 있는 방편으로서 철학과 문헌학이 서로에게 관심을 두며 서로를 보완해야 할 필요성을 제기했다. "철학자들은 그들의 이성을 문헌학자들의 근거에 비추어 확인하지 않으며, 문헌학자들도 그들의 근거를 철학자들의 이성에 비추어 검증하는 데 신경을 쓰지 않음으로써 그들 모두가 절반의 실패를 하고 있다."[86] 사실 비코는 자신의 그러한 생각을 호메로스에 대한 새로운 해석에 도입시켰다. 비코에 따르면 "문헌학이란 인간의 임의적인 선택에 의존하는 모든 것에 대한 학문으로서, 예컨대 언어와 관습의 역사는 물론, 전쟁과 평화의 시기에 사람들이 하는 행동의 모든 역사를 다룬다."[87] 반면 철학은 보편적으로 통용될 수 있는 개념에 대해 다루는 학문이다. 비코는 그 두 학문이 같은 줄기에서 나온 두 개의 가지라고 말하며 그 둘이 모두 결합되어 인간과 그들의 사회에 대한 이해에 적용되어야 함을 줄기차게 밝혀왔다. "참된 호메로스의 발견"은 비코 스스로가 그러한 자신의 믿음을 적용시켜 호메로스에 대한 진실에 도달한 경우이다.

---

85) SN, p. 554.

86) SN, p. 154.

87) SN, p. 22.

5) 민족들이 밟는 과정과 그 반복

"민족들이 밟는 과정"이라는 제목이 붙은 제4권에서는 민족들마다 밟아갔던 "이상적인 영원한 역사"의 과정을 제시한다. 비코에 따르면 "여러 민족들마다 관습이 다양하게 나뉜다 할지라도, 그 과정은 이집트인들이 전에 그들의 세계가 밟아왔다고 말하는 세 개의 시대의 구분에 따라 진행되어왔다는 변함없는 동일성을 보이고 있기 때문이다." 그 세 개의 시대란 "신의 시대, 인간의 시대, 영웅의 시대"이다.[88] 다시 비코의 말을 인용하자. "민족들마다 이러한 구분에 상응하여 항상 끊이지 않는 인과 관계의 질서 속에서 그 과정을 밟아온 것이기에, 그들은 세 가지 종류의 본성을 통해 그것을 보여준다. 그러한 세 가지 종류의 본성으로부터 세 가지 종류의 관습이 출현하며, 그러한 관습으로부터 세 가지 종류의 민족의 자연법이 나타난다. 자연법의 결과로 세 종류의 사회적 주권 또는 국가가 규정되었다. 그렇게 인간 사회에 들어서게 된 사람들은 세 종류의 큰 문제인 관습과 법과 국가에 관한 모든 것을 서로에게 소통하기 위하여 세 가지 종류의 언어와 그에 상응하는 세 종류의 문자를 만들었다. 또한 그것을 정당화하기 위해 세 가지 종류의 법학이 세 가지 종류의 권위와 세 가지 종류의 이성과 세 가지 종류의 재판의 도움을 받아 만들어졌다. 이 세 가지 종류의 법학은 민족들마다 그 존속의 과정에서 공언하는 당대의 학파를 통해 실행된다. 이러한 학파는 셋씩 특수하게 한 조를 이루어

---

88) SN, p. 717.

다른 것들을 발생시킨다. 그것은 하나의 일반적인 통일성 속에 포괄되는데, 그것은 섭리적인 신에 대한 신앙이라는 통일성인 것으로서, 이 민족의 세계에 형태와 삶을 부여하는 정신의 통일성인 것이다."[89] 이러한 점에서 비코는 『12표법』이 그리스로부터 로마로 전달되었다고 하는 통념을 결연하게 부정한다.

제5권에는 "민족이 다시 일어났을 때 인간사의 반복"이라는 제목이 붙어 있다. 비코는 여러 민족이 공통적으로 밟았던 "이상적인 영원한 역사"의 원리를 찾으려고 하였다. 따라서 그는 모든 민족마다 같은 과정을 겪어가고 있음을 고대의 민족의 사례를 통해 증명하려 하였고, 그중에서도 그가 특히 관심을 둔 것은 로마의 역사였다. 비코는 "돌아온 야만의 시대"에 그 과정이 다시 반복됨을 보이려 했다. 그가 말하는 "돌아온 야만의 시대"는 중세를 가리킨다. 고대의 문명이 쇠락하고 중세에 다시 민족이 부활하였을 때에도 고대에서와 똑같은 일이 벌어졌음을 보이려 함으로써 그는 『새로운 학문』에서 자신이 증명하려던 인간 역사의 과정에 더 큰 신빙성을 부여하려 했다. 따라서 제5권도 제3권과 마찬가지로 예증을 위한 부차적인 의미를 갖는 기능을 맡고 있다고 볼 수 있다. 비코 스스로가 "그것을 더욱 확실하게 확인하기 위해 이 마지막 권에서 이 특별한 주제에 대한 논의를 제시하려 한다"[90]고 밝히고 있는 것이다.

---

89) SN, p. 718.
90) SN, p. 829.

이 짧은 해제가 비코의 『새로운 학문』이 갖는 중요성을 충실하게 설명했다고 말할 수는 결코 없다. 그렇지만 더 이상의 설명은 독자들의 자발적이고 창의적인 독서에 도움이 되기는커녕 오히려 해가 되리라고 본다. 여기에서 언급하지 못한 비옥한 비코 사상의 수많은 숨겨진 의미는 독자들 스스로 찾아가며 음미하게 되리라 믿는다. 잠바티스타 비코에 대한 이해의 폭과 깊이가 더해져 이후 학문적 결실로 이어지기를 앙망한다.

■ **옮기면서**

이 책은 잠바티스타 비코의 『여러 민족의 공통적인 본성에 관한 새로운 학문의 여러 원리』(*Principi di scienza nuova d'intorno alla commune natura delle nazioni*)를 옮긴 것이다. 비코 필생의 업적인 이 저작은 통상 『새로운 학문』이라고 알려져 있으며, 이 책도 그 제목을 따랐다. 『새로운 학문』은 세 차례에 걸쳐 새로운 판본이 출판되었다. 1725년의 초판본은 비코가 『자서전』에서 『최초의 새로운 학문』(*Scienza Nuova Prima*)이라고 언급한 바 있다. 비코가 『제2의 새로운 학문』이라고 불렀던 재판본은 1730년에 출판되었다. 1744년의 마지막 판본은 두 번째의 판본을 수정한 완결본이라고 말할 수 있다.

본서는 1744년의 마지막 판본을 우리말로 옮겼다. 저본으로 사용한 것은 자신도 뛰어난 학자로서 역사학과 문학비평에 큰 업적을 남긴 파우스토 니콜리니가 1911년부터 30년 동안 공을 들여 편찬한 『비코 전집』(*Opere*)의 제3권이다. 비코와 마찬가지로 나폴리

태생인 니콜리니는 심원하면서도 방대한 지식에 바탕을 두고 이 저작에 상세한 주석을 달았다. 여기에서는 그 주석들 중에서 우리나라 독자들의 이해에 반드시 필요하다고 판단되는 것을 선별하여 옮겼고, 그럴 경우 그것이 니콜리니의 주석임을 밝혔다.

비코의 원전을 독해하기가 얼마나 어려운가 하는 사실에 대해서는 많은 이탈리아 유수의 학자들이 증언하고 있다. 이 책을 옮기면서도 곳곳에서 난관에 봉착했던 사실을 고백한다. 그때마다 다른 언어로 된 번역들을 참고했다. 첫 번째는 프랑스의 역사가 쥘 미슐레가 1827년에 불어로 번역한 판본이다. 미슐레는 세 번째 판본을 선별적으로 번역했는데, 거기에 불만을 품은 크리스티나 디 벨조이오소 공주는 1844년에 『새로운 학문』의 초판본을 불어로 번역했다. 여기에서는 그 판본도 참조했다. 제자 조기홍은 좋은 번역이 나오기를 바라는 마음에 소장하고 있던 그 귀한 책을 흔쾌히 넘겨주었다. 염치불구하고 받았지만 최선을 다한 번역으로 표현하지 못한 고마운 마음을 대체하려 했다.

비코 사상의 전파에 크게 기여했던 맥스 해럴드 피시와 토머스 고다드 버긴에 의한 1948년의 영어 번역본은 당연히 대조해가며 읽었다. 1999년에 발간된 데이비드 마시의 새로운 영어 번역본은 피시와 버긴의 판본에 비해 오늘날의 독자들이 읽기가 훨씬 편한데 그 이유 중의 하나는 단락 구분을 역자 나름대로 새롭게 했다는 사실에 있다. 비코는 스스로 번호를 붙인 단락 내부에서는 더 이상 세부적인 단락 구분을 하지 않았다. 따라서 어떤 단락은 한 줄에 그치는 반면 어떤 단락은 몇 페이지에 달하는데, 그렇게 긴 단락 내부에 구분이 없어 독해에 어려움이 따른다. 피시와 버긴은 비코의 판본을 그대로 따른 반면, 마시는 그 난점을 해소하여 세부적인 단락 구분을 시도했고 때로는 단락의 순서를 바꾸기도 했다. 여기에서는 마시의 단락 구분을 그대로 따르지는 않았지만 많이 참조하여 독자의 편의를 도모하고자 했다.

비토리오 회슬레와 크리스토프 예르만이 함께 독일어로 번역하여 2009년에 발간된 판본도 참고했다. 학술대회에 참석하기 위해 독일에 갈 일이 있었던 한국교원대학교 역사교육과의 이용기 교수에게 부탁하여 그 판본도 구할 수 있었다. 바쁜 일정에도 기꺼이 그 책을 챙겨준 덕분에 여러 군데에서 개념을 정리하는 데 도움을 얻을 수 있었다. 이 자리를 빌려 고마움을 표한다. 2005년 나폴리에서 열렸던 학술대회 "비코와 동양"에서는 일본인 학자 우에무라 타다오와 깊은 교감을 나눌 수 있었다. 그는 시미즈 주니치와 요네야마 요시아키에 의해 1974년에 출간된 『새로운 학문』의 일본어 번역에 만족하지 못하여 2007년에 새로운 번역을 완성했다. 그는 나폴리에서의 우정을 잊지 않고 그 업적을 내게 보내주었다. 일본어의 독해 능력이 없지만 일본어에 능통한 주변 사람들에게 폐를 끼쳐가며 번역의 고비마다 문제의 해결에 도움을 얻을 수 있었다. 우에무라 교수와 일본어 독해에 도움을 주었던 분들에게도 고마운 마음을 전한다.

나의 박사학위 논문은 쥘 미슐레가 번역한 비코의 『새로운 학문』에서 드러난 문제점들에 천착하는 것이었다. 번역을 하게 된 이유는 무엇인가, 번역의 과정에서 왜곡이 있었는가, 있었다면 어느 정도였는가, 그 이유는 무엇인가, 비코 학계와 미슐레 학계에서는 그 번역을 어떻게 받아들이는가, 그 번역 자체가 갖는 사회사적 및 사상사적 의미는 무엇인가? 이런 것들이 그 논문에서 밝히고자 한 것들이었다. 따라서 비코의 『새로운 학문』을 내가 번역하게 된 것은 필연적인 귀결이었다는 생각이 들기도 한다. 그 논문은 비코 속에 살고 있다고 공언한 지도교수 시드니 모나스의 제안에 의해 시작된 것이었기에 이 번역의 출발점에는 모나스 교수가 있다고 말해도 과언이 아닐 것이다.

거의 20년 전에 출판되었던 졸저 『문화로 보면 역사가 달라진다』에서 저자를 소개하는 글의 말미에 학자로서의 궁극적인 목표는 비코의 『새로운 학문』을 우리말로 옮기는 것이라고 밝힌 적이 있다. 그럼에도 그 작업이 얼마나 힘든 것인지를 알기에 선뜻 착수하지 못하고 있었는데, 한국학술협의회에서 번역을 해보지 않겠느냐는 전갈이 왔다. 그것이 번역에 나선 직접적인 계기가 되었지만 여러 사정으로 많이 지체되었다가 이제야 결실을 보게 되었다. 그러니 일찍부터 비코의 중요성을 간파하여 자신이 주관하는 학회에서 발표의 자리를 마련하고 번역의 계기까지 주선한 김용준 선생도 이 번역의 출발점에 함께한다.

안타깝게 모나스 교수도 김용준 선생도 올해 타계하셨다. 책은 나왔다. 그러나 품어가도 반길 이 없을 것 같은 황량한 마음에, 이 세상에서 가장 용서받지 못할 죄는 게으름이라고 자책한들 소용이 없다. 두 분 영전에 이 책을 올리며, 비코에 대한 더 큰 공부로 속죄하겠다고 다짐한다.

■ 찾아보기

ㄱ

ㄴ

ㄷ

ㄹ

ㅁ

ㅂ

ㅅ

ㅇ

ㅈ

ㅊ

ㅋ

ㅌ

ㅍ

ㅎ

조한욱

서강대학교 사학과에 다니며 서양사에 대한 흥미를 갖기 시작했다. 같은 대학원에 진학하여 역사 이론과 사상사에 관심을 구체화시키면서 「막스 베버의 가치 개념」이라는 제목으로 석사학위 논문을 썼다. 1980년대 초에 미국의 텍사스 주립대학교로 유학을 떠나 1991년 「미슐레의 비코를 위하여」라는 제목의 박사학위 논문을 완성했다. 잠바티스타 비코의 『새로운 학문』을 프랑스 역사가 쥘 미슐레가 불어로 옮기면서 원전을 왜곡시키긴 했지만, 어쨌든 그 번역 덕분에 비코의 사상이 널리 알려지게 되었다는 주제로 그 전후의 사정을 밝힌 것이다.

1992년 한국교원대학교에 부임하여 2019년 퇴임할 때까지 문화사학회의 회장을 역임하며 주로 문화사와 관련된 저서를 옮기고 집필했다. 옮긴 책에는 피터 게이의 『바이마르 문화』, 로버트 단턴의 『고양이 대학살』, 린 헌트가 쓰거나 엮은 『문화로 본 새로운 역사』, 『포르노그라피의 발명』, 『프랑스 혁명의 가족 로망스』, 로저 샤툭의 『금지된 지식』, 카를로 긴즈부르그의 『마녀와 베난단티의 밤의 전투』, 피터 버크의 『문화사란 무엇인가?』, 로저 에커치의 『잃어버린 밤에 대하여』 등이 있다. 쓴 책에는 『문화로 보면 역사가 달라진다』, 『서양 지성과의 만남』, 『역사에 비친 우리의 초상』, 『내 곁의 세계사』, 『마키아벨리를 위한 변명』 등이 있다.

문화사를 대표하는 역사학자로 알려져 있지만 『문화로 보면 역사가 달라진다』에서 밝혔듯 본질적으로는 비코의 연구자라고 스스로를 정의하고 있다. 비코에 대한 논문을 여러 편 썼지만 이제 이 『새로운 학문』의 번역이 비코 학자로 들어서는 입구라고 여기며 비코를 알리는 글을 계속 쓰고 번역하려는 계획을 갖고 있다.

새로운 학문

대우고전총서 050

1판 1쇄 펴냄 | 2019년 11월 29일
1판 3쇄 펴냄 | 2024년 5월 24일

지은이 | 잠바티스타 비코
옮긴이 | 조한욱
펴낸이 | 김정호
펴낸곳 | 아카넷

출판등록 2000년 1월 24일(제406-2000-000012호)
10881 경기도 파주시 회동길 445-3
전화 031-955-9510(편집) · 031-955-9514(주문) | 팩스 031-955-9519
책임편집 | 이하심
www.acanet.co.kr

Printed in Seoul, Korea

ISBN 978-89-5733-657-1 94100
ISBN 978-89-89103-56-1 (세트)

이 도서의 국립중앙도서관 출판시도서목록(CIP)은
서지정보유통지원시스템 홈페이지(http://seoji.nl.go.kr)와
국가자료공동목록시스템(http://www.nl.go.kr/kolisnet)에서 이용하실 수 있습니다.
(CIP제어번호: CIP2019043960)